Dr. Omar Zaid

I0125310

La Mano de Iblis

Una Anatomía del Mal

La Mano Oculta del
"Nuevo Orden Mundial"

OBSERVACIONES SUMARIAS E HISTORIA

La Mano de Iblis

Una Anatomía del Mal

Sumarias y Observaciones Sobre
La Mano Oculta del Nuevo Orden Mundial

ozaid@yahoo.com
ozaidmd@gmail.com
Tel: +60176192159

Traducido por Angel Moya

OmniaVeritas

contact@omniaveritas.org
www.omniaveritas.org

Por mis Hijos

Melissa, Iain, Sarah, Kirsti, Lauren
Karlenna, Josiah, Jeremiah, Syamila
y Insha'Allah, los que vienen…

Mi conversión al Islam e inmersión en la literatura y cultura Musulmana agrega perspectiva que los escritores occidentales les falta alcanzar. El himno del Globalismo es un grito Sibilino de una bestia geopolítica que pocos comprenden. La Gloria sea a Allah, este libro convincentemente borra toda especulación y remueve el velo de incredulidad. En resumen: "si", nuestros líderes realmente son así de perversos; y "si", es peor de lo que piensas.

Omar Zaid, *M.D. Medico, Investigador, ISTAC, IIUM, KL, Malasia*

Lleno de Extraordinarios Hechos y Excepcional Análisis.

Prof. Ibrahim Abu-Rabi, *Consejo de Comunidades Musulmanas en Estudios Islámicos, Universidad de Alberta, Edmonton, Canadá.*

El Dr. Omar es el escritor más políticamente incorrecto que conozco. Su Implacable búsqueda de la verdad es incomparable. Por ello los musulmanes lo necesitan a Él y a más gente como El.

Prof. Dr. Hassan El-Nagar, *Africano, Ingles, Árabe y Literatura comparativa; ISTAC, HUM, KL, Malasia.*

Omar tiene el pulso de Iserbyt, Tarpley, Coburn, Cleon Skousen y Coleman para legibilidad e intelectualidad. Esta fresca perspectiva revela las cualidades trascendentales del Islam como él y sus prójimos lo comprenden. Su tratado es singular y presenta un recuento de clase mundial sobre conspiración gubernamental desde un punto de vista Islámico; uno con temas concisos de seria reconciliación para Cristianos.

Thomas Dark, *Crítico Literario, Agente y Autor, Arizona, E.U.A.*

Cuando los hombres desobedecen los preceptos de Allah, el gobierno divino es rechazado y la gobernación humana inevitablemente se programa en pos de las maquinaciones de Iblis, el preeminente Maestro del engaño. ¡Una criatura que verdaderamente disfruta su obra! – O.Z.

Masones del Arco Real

Si bien esta ciencia será diligentemente estudiada, estará bien confinada a la clase gobernante y al populacho no se le permitirá saber cómo estas convicciones fueron generadas... la Educación debe apuntarle a destruir la voluntad propia, para que, luego que los pupilos terminen la escuela, ellos sean incapaces de pensar o actuar de otra manera que no sea la que su amo hubiese deseado.

Bertrand Russell

Sinopsis Capitular

Introducción y Vistas

El Humanismo es introducido como némesis, particularmente a la visión del mundo de los ortodoxos monoteístas. La futilidad genérica musulmana y el fatalismo son discutidos en términos de comportamientos reaccionarios inducidos por cultos occidentales, una desviación musulmana de los principios sólidos del islam ya está también establecido. El salvaje desmembramiento del monoteísta *espíritu de la era* por el Orwelliano "Gran Hermano" que es presentado por los fascistas occidentales como un sustituto para la gobernación de Dios cuyo "Renacimiento del Barbarismo" amenaza con decimar la política musulmana con la ayuda de su propios líderes. El propósito del libro que se presenta como una explicación que define como esto ocurre y quien es responsable.

El Nuevo Imperialismo

La lucha entre ricos y pobres es discutida como una antigua guerra nacida otra vez como vanguardia para el "Alumbramiento" - i.e. el acostumbrado dialogo usado por Reyes y Sacerdotes que ahora dizque ha hecho "el mundo más seguro para la clepto-democracia." La colusión académica es presentada y la erosión de la base ética del monoteísmo es examinado como un legado de avaricia. El Chauvinismo occidental es establecido y otros cultos son introducidos con visiones Eugénicas de Talmud ismo casado vanidad caucásica. La magia negra del Thelema es introducida como una herramienta para hipnotizar a las masas mientras la cristiandad esotérica (i.e. Luciferianismo: el antiguo gnosticismo) que está ligada al Sionismo y Francmasonería, teniendo muy en cuenta la historia americana que es faraónicamente desalmada. Se discute al Imitador Tercer Mundo, y el ímpetu fascista se describe con las monerías Orientalistas de E.W. Said; i.e. El evangelio del nuevo orden mundial al Globalismo adonde el verdadero monoteísta, no tiene lugar. La intencionada denigración de la educación es documentada en detalle como otra arma de la magia negra del Thelema. La dialéctica de Hegel es observada desde una perspectiva mucho más amplia, vanas justificaciones son dadas para presentes y futuras olas de faena genocida, las instituciones son identificadas, muertos nombrados, actuales institutos etiquetados con certificación provista.

La Desilusión Actual

La Guerra tal como una empresa criminal se presenta con una madeja entretejida de ocultistas dentro del tradicional cuerpo de Clepto-cratas, para estos efectos, citas de notables han sido registradas y el "asesinato con fines de lucro" está documentado. Este tema lo abordamos desde un sociológico análisis mientras continuando con la objeción teológica. El enredo del siglo veinte por propagandistas sintonizados exquisitamente, todo esto esta revisado y documentado presentando a Cristianos Evangélicos ligados con ocultistas. La colusión de "chacales" pakistaníes bajo tutela Estadounidense dando a luz a terroristas y bandas de traficante de opio son citados como ejemplo. El estado fallido de Pakistán se observa como una extremadamente lastimosa capitulación para ideaciones de *Ismo* (vana ilusión). La influencia Frankista en Europa en concierto con los Rothschild tal, describe a los más privilegiados criminales jamás conocidos por el género humano, según lo confirmado por el "Eminente de Eminentes", desde entonces la existencia del culto *Illuminati* fue introducido sin estorbo mediante su testimonio.

Cultos de Especulación

El ímpetu metafísico del Orientalismo es develado como una subconsciencia del Imperialismo que reinterpreta la religión a favor de ascendencia Aria. La asociación secreta con cultos antiguos de sacrificio humano y perversión son puestos en perspectiva como integrales para la desviación sectaria de la fe de Abraham –particularmente algunas formas de Sufismo - al servicio de agendas fascistas. Esto es entonces presentado según Ibn Khaldun como la "Sicología Ficcional" en apoyo a la solidaridad artificial y a la anarquía simultáneamente. La "Lucha de Fundamentalistas" como una Imperialista estafeta ornamental de globalismo es explorada y documentada, conduciendo a justificaciones en lo relacionado a "Estados Policiales" variadas formas de marginalización y neutralización de políticas no acorde a la agenda bajo auspicio de las Naciones Unidas, dedicadas a gurús de antiguas Religiones de Misterios en la Nueva Era, por lo tanto completando la tesis eugénica. Las facilidades para la implementación genocida están documentadas como retoricas justificaciones por personas de importancia.

Caballería y Peones de la Dialéctica & Didáctica

Acá comienza la identificación de la Cábala, sus principios e iconografía con comentario que categoriza lo que ha sido presentado hasta ahora como la proclama papal de liberar a Jerusalén de los Infieles con la ayuda de los líderes musulmanes a sabiendas o no. La sicología del auto engaño es entonces explorada como la razón rindiéndose ante el monismo; una decadencia espiritual llamada *Progreso*. La influencia de Sigmund Freud como un Iluminado está documentado, las abominaciones asociadas al Satanismo, la pederastia Católica y hechicería Frankista son puestas en aposición. La relación con el Nazismo y sus programas de espionaje a base de control mental es introducido y está documentado, tal como está el prerrequisito de la ascensión de los Illuminati sobre la Francmasonería. Los principios de la magia negra del Thelema son definidos en relación a la decadente moral de la ingeniería social de Occidente. El capítulo termina con las nunca antes contadas plataformas de Martin Luther King Jr. y B'nai B'rith.

La Celebración de la Negación
Luciferinas persuasiones y cultos son discutidos a la vista del Síndrome de negación patriota que histriónicamente los sostiene. Crímenes contra no-Caucásicos son revisadas a la luz del "Síndrome de Negación Nacional" incumben té con la intolerancia cultural. La disociación sicológica de sicosis de grupo - incluyendo musulmanes - es indeleble y vergonzosamente descrita como un síndrome colectivo de negación que apoya mentiras y cobardía.

Enredamiento: La Vana Ilusión del Nirvana
La realidad de las enredadas relaciones disolviendo la voluntad personal es explorada como una herramienta de ingeniería social que data desde Caín que uso la religión como herramienta de pillaje. Identificaremos su oculta tradición de uso de la "Calavera y Huesos" como icono, desde allí el lector es conducido a la secuencia de estos conceptos en el Talmud y Cábala, desde adonde el Autor re introduce el tema de la práctica de magia sexual e inmoralidad genérica como herramientas cruciales para control mental de las masas.

Ceguera Fundamental: El Nuevo Babel
El Orientalismo tal como evangelismo narcisista es revisitado como la Torre de Babel estableciendo la fundación del Espíritu de la Era de las naciones occidentales (Euro-Céntricas). La frontera limítrofe entre Dios y la humanidad es definida y comparada a la blasfemia que imita el enredo de entidades del Hinduismo. Las cualidades de religiosos sectarios son definidas en términos de idolatría y una socialización auto estilizada de supersticiones que equipara con ceguera metafísica. Esto nos lleva al presente dilema musulmán: La corrupción de doctrinas y gobiernos que juegan directamente en las manos de los enemigos culturales y espirituales del Islam. La pérdida de libre voluntad y sana decisión haciendo que resulten de los procesos consecuentes desde el establecimiento de instituciones que son anti éticas al Islam. Este escritor describe esto como "el estado natural del desobediente" o la "agonizante fuerza moral", una política sin instituciones de virtud y un estado que brinda licencia a la manipulación externa-interna tal como lo delineado por J.K. Galbraith. Esto entonces confirma los principios metafísicos discutidos previamente y trae al lector a encerrar en círculo al Orientalismo como un dispositivo natural de pillaje bajo auspicio Francmasónico. La historia de colusión ocultista de Este-Oeste es presentada. Una discusión de Teomanía es el resultado de como la doctrina núcleo para la iniciación a altos grados de la Francmasonería al dogma fascista disfrazado de "luz divina", después de los cuales otros cultos con vínculos al crimen organizado son examinados.

El Hombre Perfecto

El simbolismo como viciosa "abstracción" de la realidad sujeta a especulación y reducción, es discutida como una herramienta de dialogo disimulado. La gobernación con esto en mente es también explorada, especialmente esa gobernación de los estados musulmanes proclamando al Islam pero sosteniendo ningún deber autentico de esta herencia bajo los presentes auspicios. El "llamado por héroes" es consecuentemente investigado metafísicamente en relación a la manía mesiánica con enfoque en sectarismo musulmán que naturalmente conduce al Hitlerismo; una manía medida a profundidad.

Esto conduce a un profundo anti monoteísmo y el Espíritu de la Era esencialmente pagana teniendo esto en común con el Lamainismo, el cual es comparado al concepto monista de Ismai'ili del hombre perfecto. Esto es seguido entonces por el enlace Ismai'ili con los caballeros templarios y el actual renacer político de Teomaníacos quienes hacen ver a los ateístas como civilizados cuando redoblan los tambores del Imperio. El verdadero sufismo es definido en contraste a la alquimia de falsos sufíes como Idris Shah quien comparte la preferencia Francmasónica por las absurdidades de los Misterios Egipcios. El deceso y corrupción del élan musulmán esta entonces directamente relacionado con este falso misticismo así como con el fanatismo del Wahabí Ikwan de Ibn Saud, el cual culmino en una no celebre colusión musulmana fascista con la Francmasonería conduciendo al deceso de la Palestina Turco Otomana. Los principales protagonistas son nombrados y están documentados.

El Dilema

Un regreso a la manipulación del dialogo khassa-amma (ricos vs. pobres) está hecha con atención puesta a la magia de la iconografía y el enredo Musulman-Masonico. La futilidad de la democracia está definida y la guerra secular contra el Islam es explorada como ideaciones maquinadas en logias ocultistas.

El Propósito de la Sumisión

El experimento secular en Malasia es examinado contrastando con el ejemplo de Abraham en orden de definir los límites entre el éxito y fracaso como consecuencia de gracia y guía de Dios. Malasia gana con merito por imitar a Occidente pero falla como nación Islámica. Este amargamente severo ensayo explica quine esta extra polarmente dispuesta para todas las naciones bajo el dominio de Sociedades Secretas.

Donde está la gente de Mohammed

Un comentario intuitivo y conciso sobre la actual sociedad musulmana. El orden social ideal encontrado solamente en textos o bulliciosas proclamas y propaganda académica, en contraste con la realidad encontrada en la calle por un expatriado convertido al Islam, este Autor. Al'Bana's Ikwan es definido como "sinceramente mal guiado" y los líderes musulmanes son reprobados por pretenciosos. La tiranía tradicional y la misoginia está establecida como parte del Espíritu de la Era y los sistemas legales y explicaciones por la degeneración es ofrecida en términos de precedentes históricos-a la luz de capítulos anteriores- mientras exploran la influencia de sociedades secretas que son acostumbradamente ignoradas. Los movimientos Salafi and Wahabí son revelados como insanas extensiones de influencia Británica y al mismo tiempo las leyes metafísicas, ética y principios del Islam son revisitados para exponer afectaciones genéricas. La prevalencia del Chamanismo es revisitado y la rendición de la política al Humanismo secular es definida. En resumen, esto es una profunda admonición en lo concerniente a problemas y realidades que son peligrosas para todos.

Conclusión: Que Hacer

El actual estado de Guerra es francamente descrito en términos de los enemigos intrínsecos y extrínsecos del Islam ortodoxo y la libertad Occidental. Propuestas para medidas severas para contrarrestar los asaltos son ofrecidas, Desafortunadamente, tales medidas superlativas obvian la pretensión del dialogo tomando ahora lugar y parecen singularmente radicales lo cual representa la imposibilidad de su implementación. El comprometido estado de la Islamia de hoy en día esta descrito en términos que refutan cualquier reclamo hecho para una entidad de "Estado Islámico", claros argumentos y admoniciones son presentados. Los apéndices son entonces presentados.

Apéndices

Para entender verdaderamente lo profundo y ancho de la amenaza, el lector debe digerir lo que sigue en los apéndices, de no haberlo hecho, dudo que pueda haber escrito con convicción lo que les precede, sin su apreciación, los siguientes capítulos no tendrían el impacto requerido para elevar la propia alma sobre la confusa contraparte ¡un virtuoso insulto del más alto grado! Lo que sigue es una historia documentada así tal como pudo haberse tenido en tan pequeño volumen. He seleccionado cuidadosamente el contenido así para proveer un recuento detallado que encapsula a las más importantes figuras y eventos a partir de muchos escritos de aquellos autores con genuina comprensión de estos cultos. Desafortunadamente, la saga Judía es onerosa por decir lo mínimo, pero debe ser contada y entendida en perspectiva con el conocimiento registrado en esto. Su intento desde tiempos antiguos, es ahora transmitido diariamente con el clamor de protesta de los Palestinos quienes han sido exasperados por sus "Hermanos Musulmanes". Sin embargo, una vez usted haya digerido lo que continua, sentirá lastima por pueblo Judío quienes son tan victimas como lo son los demás. El lector llegara a entender que a los líderes Sionistas -muchos de los cuales NO son Judíos verdaderos- les importa un bledo Israel ya que para ellos es un señuelo y el Templo del Monte un poco más que el Trono del Emperador desde adonde pueden dominar y saquear el mundo con impunidad sacerdotal; algo que esta elite de elites ¡tienen en común con el Papado! La única ausencia significativa es la de la crónica Jesuita, aunque se hacen algunas referencias. Para esta "mucho mayor" de las varias amenazas ocultas citadas, le sugiero al lector a que escoja su propia decoración a partir de las referencias citadas, como hay poca causa para re escribir lo que otros han registrado tan arduamente.

I. Citas de Notables
Diez páginas con citas celebres de bien calificados participantes y observadores, todos ellos con pleno conocimiento de la amenaza Illuminati.

II. . Los Protocolos de los Sabios de Sion
La porción más significativa es presentada en la típica forma didáctica Masónica para sus grados de iniciación según lo escrito por Albert Pike; exceptuando que esta lección es explícitamente para Maestros de Alto Grado y no contiene desinformación, descártelo si quiere por ser un plagio, pero no descarte el contenido o usted no podrá leer acerca de la era en que vivimos.

III. Asesinatos de Lincoln y Kennedy *Quienes y Porque*

IV. Disidencia científica del Darwinismo
Una lista de eminentes científicos quienes disputan la teoría de Darwin.

V. Otro Vistazo al Siglo Veinte
El Orden Mundial – Un Estudio a la Hegemonía del Parasitismo:
Capítulo 8 – "El Mandato de la Orden" por Eustace Mullins, Ph.D.
Este es un autor castigado, marginalizado y actualmente perseguido por las autoridades. El Dr. Mullins es un discípulo de Ezra Pound, el hombre que trato de advertir a nuestros padres. El revela las interioridades de varias bien conocidas instituciones "Filantrópicas" por lo que realmente son y explora a sus predecesores desde piratas Fenicios hasta Lombardos y a partir de allí hasta las presentes dinastías. Durante el relato el identifica varios cultos de Gnosticismo que muchos lectores ven sin cuidado con la preferencia a la inmadurez lasciva ¡y hay mucho más! Sería conveniente descartarlo excepto por el hecho que su obra se complementa con verificaciones de muchos otros escritores.

VI. Extractos de Sir Anthony Sutton
La teoría de conspiración judía en la Revolución Bolchevique

Aquí, el Dr. Sutton juega el rol del "abogado del diablo" por tratar de obviar los "Teoremas de Conspiración Judía". Aun así el falla en convencernos con una interesante mirada al financiamiento en la Segunda Guerra Mundial y a ciertas campañas de bombardeos que repetidamente fallaron en destruir ciertas "fabricas" pertenecientes a ciertos "intereses" - algunos de los cuales son aquellos que el Dr. Mullins preocupadamente describe - etc. etc. Sir Anthony y su predisposición por solida documentación - tal vez a sabiendas - solo sirve para cimentar lo que trato de descartar. Como sea, y fiel a la naturaleza de "ellos", lo que el descubre es condenatoria evidencia "circunstancial", y si bien no todos aquellos involucrados son Judíos, la mayoría de estos viles hechiceros lo son. Más aun… malditos son de hecho, ¡"malditos"!

VII. Historia de los Judíos Askenazi
Este discurso debe ser leído, fue hecho por Benjamín H. Freedman en el Hotel Willard en 1961 a favor del periódico del Conde Mcginley, *Common Sense*. Benjamín H. Freedman nació en 1890 y fue en un tiempo el dueño de la compañía de jabón Woodbury Soap. Él era muy conocido con tal gente como Bernard Baruch y Samuel Untermeyer, así como todos los Presidentes desde Woodrow Wilson hasta Richard Nixon. Hay algunas desconcertantes sorpresas para historiadores entusiastas y Sionistas. Básicamente, lo que el Sr. Freedman dice es: "¡Todo es verdad y es peor de lo que pensáis!" Viniendo de un eminente descendiente de Isaac "en el saber" y no hace mucho tiempo atrás, pensé que es mejor repetir lo que dijo en vez de citarlo. Además, es un excelente orador e historiador con conocimiento de primera mano.

VIII. La Mano Oculta
Historia de la manipulación de la Francmasonería, Geopolítica, Ocultismo, Religión y el Nuevo Orden Mundial: Extractos de *SOCIEDADES SECRETAS*, por Nesta Webster.

Este tedioso estudio es para lectores serios familiarizados con la historia occidental, esta es una porción de la saga de la humanidad la que estas intencional y convenientemente relegada al olvido por los picaros maestros de la revisión quienes han tiranizado nuestras universidades desde el Alumbramiento. He editado con mucho cuidado el tratado de la Sra. Webster así para que permanezca todo lo que es esencial a la crónica, reduciéndolo en más del cincuenta por ciento de lo que Ella cuidadosamente documento. He ajustado también su prejuicio y comprobado sus brillantes conjeturas con hechos provenientes de otras fuentes. Esto último han sido colocadas por todo el texto como inserciones seguidas del ideograma – OZ. Todas las notas al pie de página, con algunas excepciones, son de Ella mientras que las mías inician y/o son puestas dentro de corchetes [ ]. Si usted quiere saber quiénes son los protagonistas, principios, fechas y eventos, y ver lo que los notables pensaban durante los siglos 17, 18 y 19, así como investigar las profundidades de aquellas instituciones que aún nos atormentan, y luego benefíciate de su esfuerzo en darnos esta luz.

IX. La Francmasonería Habla por Sí Misma
Acá están las horribles citas de la literatura que han sido revisadas y producidas por Francmasones de Alto Grado que revelan lo que poca gente sospecha.

X. Instituyendo Magia Negra Sexual: Aspectos de Iniciación a la OTO y al Thelema.
Estos reportes extraídos están editados y tomados de *The Ordo Templi Orientis Phenomenon*, de Peter R. Koenig, él explica el proceso de pensamiento adoptado por esta institución; que tiene raíces y ramas en otros cultos escondidos de la opinión pública. Este dato es crucial para comprender estas odiosamente perversas ideaciones que alojadas estos sub-humanos. Asquerosas; increíbles; preposteras; descabelladas; absurdas; monstruosas, etc. - escoja usted su adjetivo pero retenga su juicio final hasta que lea el Apéndice XII.

XI. Iluminismo Moderno
Un breve pero pertinente extracto del libro *Occult Theocrasy* de Lady Q, Capitulo CX, p 571-581. Ella agrega datos y documentación sustanciosa de los recuentos anteriores y prepara al lector para lo que viene.

XII. Thelema: *Sangre en el Altar*
Una crítica literaria de: *The Secret History of the World's Most Dangerous Secret Society* que fue reimpreso con permiso de *Catholic Family News*, en Agosto del 2005. Este addendum incluye pasajes de una exposición escrita por un ex iniciado de la OTO, que confirma detalles de otras fuentes y abre el armario Católico. Testimonios de otros dos "informantes" que proveen sorprendente corroboración. De nuevo, escoja cualquier adjetivo que quiera pero guarde su juzgamiento.

XIII. Un Manual de Magia de Sexo Tantrico, *(fons et origo)*
Extractos: *The Shadow of the Dalai Lama* de Víctor & Victoria Trimondi. Yo me supongo que esta es la *pièce de résistance*. No puedo sobre enfatizar la importancia de estos pasajes y recomiendo al estudios serio obtenga el libro y le dé una leída completa. Muchos escritores indican que la Cábala es la fuente

de las abominaciones practicadas dentro del circulo Satánico e Illuminati. Como sea, el lector pronto entenderá que esto no es así. Acá hay una exanimación a las mazmorras del Himalaya hace que los asesinos Jeffrey Dhamer, Heinrich Himmler y Ted Bundy se vean así como pequeños discípulos del "Lamaísmo"; el "Papa del Tíbet" falla en mencionar esto en sus diálogos públicos. Aquellos de ustedes que han estado apoyando diálogos mayores entre Fe sin este conocimiento estarán enteramente mortificados de su propia ignorancia, tal como yo lo estuve.

XIV. Hitler, el Sufismo, y lo Oculto

Mucho se ha escrito acerca de las raíces ocultas de Hitler; como sea, este informe muestra la profunda relación del Nazismo con las corrientes esotéricas que incluye sectas musulmanas y una variedad de sectas Orientales devotas a la duplicidad. Esto demuestra que el fascismo está vivo y en buena condición, y es mucho más que una ideación de diletantes extremistas.

Bibliografía

Índice

Reconocimientos

Tengo a muchos que agradecer, Alhamdulillah, pero en ningún orden en particular, sin la ayuda de Allah provista a mí por las siguientes personas, esta página no tendría razón de existir.

Comenzare con el Prof. Hassan El-Nagar, quien me aseguro en mi conmoción inicial de duda que Yo estaba capacitado para la tarea; al Prof. Batayneh de Jordania, quien, como un padre, me guio cuando perdí mi dirección; al Prof. Sayyid Ajmal Aidrus, quien persistente y asertivamente envalentono a perseguir la "excelencia" y sus salutaciones y consejos frecuentemente levantaron mi espíritu casi desesperado; a Datuk Prof. Osman Bakar, cuyo reconocimiento, tutelaje y sincero respaldo me abrieron las puertas de cada lugar en que necesite entrar; al Dr. Abdul Alhaqq quien ofreció mucho en la manera de intercambio didáctico, a menudo confirmando extraordinariamente ocultos detalles con material de referencia de considerable importancia; al Prof. Malik Badri cuyas obras (frecuentemente citadas) y correspondencia contribuyo enormemente en mi búsqueda y plataforma; a Tan Sri Rashid Hussein, cuya admiración y apoyo me motivo infinitamente; al Prof. Dr. Ibrahim Zein, quien tuvo la gracia y sabiduría de sostenerme y exhortarme con el mayor de los cuidados; al Prof. Mudathir Abdel Rahim, cuyo excepcional intelecto es inspirador y sus obras son frecuentemente citadas a través de todo el texto; al Ustaz Dr. Uthman El-Muhammady, cuyo consejo y ejemplo hicieron eco en mi alma tal como la luz se refleja en aguas de reposo; a Dato Prof. Ariffn Suhaimi cuyo compañerismo es el terreno bajo mis pies en Malasia; al Prof. Ibrahim Abu Rabi, Secretario Islámico, Universidad de Alberta, Canadá cuya amistad y consejo me abrazo y recibió bien mi valentía; al Prof. Muhd. Arif Zakaullah, en cuyo sustancioso libro, *The Cross and The Crescent* devela una muy crucial porción de la Política Americana; a los Hermanos Mustapha y Diaa Karaali de Australia, cuyos comentarios y criticismo fueron una gran guía de Allah; al Hno. Henning Pederson, un olvidado hombre a quien Allah recuerda y cuya santa influencia coloco una tradicional perspectiva Islámica en mi corazón; al Hno. Malik Bennet, cuyas conversaciones nunca fallaron en brindar nueva luz en apoyo a mi tesis; al Dr. Fatir Ugur Ergun, cuyo compañerismo es la mismísima esencia del Jannah; a Tom Dark de la Heacock Literary Agency, cuya alma capto el fuego divino junto con el mío propio; y por supuesto a mis esposas: a la Gentil Mutmainah, mi luz de luna y eterna compañera; a la Valerosa Nanapat, mi brazo derecho y amiga en verdad; a la Dulce Malee, mi consuelo y delicia.

Queridos amigos, colegas y amadas esposas, sin ustedes esta tarea hubiese sido muy trágica sin amigos y una carga mucho muy pesada de llevar y nunca hubiese encontrado esta tinta. Gracias a todos y que Allah recompense a cada uno al ciento por uno, por cada ayuda, consuelo, guía y critica que hayan hecho a mi favor.

Aclaración: Deseo hacer claro que ninguno de los mencionados anteriormente son responsables por cualquier opinión ofrecida en esta obra excepto aquellos que han sido citados.

Omar Zaid

PREFACIO (A)

La ACADEMIA DEL NUEVO MILENIO ha abrazado una forma de perfecta de exanimación supuestamente, la cual en esta secular orientación ha tenido, según lo puso Frederick Nietzsche, - matar la idea of Dios. Este no es un accidente de la "naturaleza". Albert Einstein tiene esto que decir acerca del "control político" del conocimiento:

"Los políticos reaccionarios han sabido manejar como impartir gradualmente sospecha de todos los esfuerzos intelectuales en el público al mecer frente a sus ojos un peligro desde afuera. Habiendo tenido éxito hasta ahora, ellos están procediendo a suprimir la libertad de enseñanza y de quitar de sus puestos a todos aquellos que no hayan probado ser sumisos, i.e., los matan de hambre. ¿Qué es lo que deberá hacer la minoría de intelectuales contra todo este mal?"

(Albert Einstein, *Ideas and Opinions*, p. 33-34)

Luego de muchos años de estudio, el Dr. Zaid reta a esta posición políticamente-correcta y disemina lo que auténticos académicos de Teología y ciencia Islámica consideran el peligro inminente de la desinformación, propaganda y otros extremadamente astutos aparatos generados por el desviado Ocultismo. El término primordial que usa para describir estos grupos es "Francmasonería", esto bajo auspicio del culto Illuminati, y si bien ellos tienen otros nombres y aparatos, todos ellos tienen el mismo gran maestro: el padre de todo engaño, Satanás.

Estas variantes modernas representan brotes continuos, desde la matriz de los más antiguos cultos de fertilidad referidos como las sociedades Wullendorf y/o Harappan; un mundo tan antiguo que el mortal oficio ha sido relegado a mito y enterrado bajo milenios de leyendas y folclore para aparentar ser nada más que "cuentos de abuelitas", pero no se equivoquen, tales cuentos no se encuentran aquí y la consorte que el Autor presenta es la *fem'fay'tal* de los mentirosos, la verdadera "Ramera de Babilonia": la Reina de Sombrero Negro entronizada y elevada de Real engaño. Todas las leyendas contienen memorias migratorias de enseñanzas de tradición oral basadas en algún punto en hechos históricos. A partir de su exanimación de las modernas manifestaciones de estos cultos, y con la ayuda de excelentes investigadores quienes lo han precedido, el Dr. Zaid registra su desarrollo desde la antigüedad hasta el nuevo milenio. Este libro ha sido examinado a fondo e implacable en el argumento - la sección acerca de los Rosacruces, por ejemplo, cautivara a cualquier erudito en estos desviados grupos. El devela la presente estructura organizacional y metodologías de las sociedades secretas alrededor del mundo. Comprobando con documentos, interioridades, pruebas iconográficas y arqueológicas así también como excelente análisis; el Dr. Zaid teje un extremadamente detallado tapiz y relato preciso acerca de la interferencia ocultista en la historia de la humanidad - incluyendo a respetadas figuras históricas. De nuevo, la agenda política de estos cultos se declara claramente y elocuentemente por el Prof. Einstein en su intento de ayudar a otro erudito que se atrevió a decir la verdad:

"Nos hemos reunido aquí hoy para rendir cuentas de nosotros mismo. La razón externa para esta reunión es el caso Gumbel. El apóstol de justicia ha escrito acerca de no expiados crímenes políticos con devota industria, alto valor, ejemplar imparcialidad, y ha hecho de la comunidad una señal de advertencia por sus libros, y este es el hombre a quien los estudiantes y un buen tanto de la facultad de su universidad están haciendo hoy, lo mejor para expulsarlo."

(Prof. Albert Einstein, *Ideas and Opinions*, p. 29)

Aparte de las prácticas de magia negra, manipulación política, proyección antropomórfica y distorsión de auténticas tradiciones espirituales, desviado ocultismo consiste en técnicas de acondicionamiento mental (lavado cerebral). Ejemplos clásicos de resultado final son los Hari-Krishnas y los Dravidianos - grupos que separan gente de sus familias y controlan cada aspecto de sus vidas. El Dr. Zaid explica en detalle la historia institucional de esta metodología satánica como arma de gobiernos sombra escondidos a plena vista. Ni débil ni arrogante, estudiantes de autenticidad buscan sabiduría y conocimiento de verdades esotéricas que provienen de la dimensión interior de la generosidad de Dios que se encuentra solamente en verdadero corazón humano.

Estos asuntos son recolectados por medio de revelación divina y validada por el *Tawhid* of Islam. Sin embardo, por temor y acondicionamiento mental, muchos de nuestros prójimos ciegamente persiguen la zanahoria lanzada por ocultistas. Vía este proceso de *taqlid*, i.e., haciendo lo que se les dicta por servilismo a la conformidad dogmática e enjuiciable comunalismo, la mayoría tradicional sigue un ya cubierto sobre taras y adherencia sin razón a pervertidas vistas de Ley Divina; un medio retorcido por ocultistas que han obscurecido el equilibrado camino del Islam. Estos son de las "muchas" observaciones de Ibn Khaldun, quien etiqueta tal como Nietzsche a la manada y la verdad atrapada bajo los pies que ellos han racionalizado estar en la senda de autenticidad. El Autor definitivamente demuestra que este legado esta intencionalmente guiado por adeptos ocultos, así para que cada sucesiva generación caiga presa de lo que se ha convertido en ser esclavizado vis-à-vis junto a una antigua, y ahora "tradicional", mal guiados.

Por el contrario, los triunfadores que buscan la verdad sacaran provecho del conocimiento en este y otros libros de valor comparable como ser:

Beignet y Lincoln: *The Holy Blood and The Holy Grail*; Sinclair y Andrew: *The Sword and The Grail, A History of Secret Societies*; Graham Hancock: *The Sign and The Seal* and *Warrior Cults;* Elliott: *A History of Magical, Mystical and Murderous Organizations*; y Derail Akron: *The Templar Legacy & The Masonic Inheritance Within Roslyn Chapel.*

Cada uno brinda evidencia de grave actividad satánica. Moderados académicos y creyentes por igual y consecuentemente pesaran ellos sus advertencias junto a estas contenidas aquí con corazón pesado. Dedicada a la sabiduría y Tawhid de Dios, y elogio al Autor y la presentación de una genuinamente imparcial entereza académica; una que no excluye la Revelación Divina. No puedo decir más que esto: "Bravo Dr. Zaid".

Dr. Franz Josef (Yusuf) von Hofler, Ph.D. – Civilizaciones Islámicas y Otras, Investigador, ISTAC y Depto. de Humanidades, Universidad de Phoenix, Arizona, E.E.U.U.

PREFACIO (B)

Tarde en la mañana del 11 de Septiembre, 2001, mi hijo me llamo a mi apartamento de Tucson, Arizona desde New York. "El World Trade Center se *fue*," me dijo, "No solo me refiero solo al incendio, Te digo se *fue*."

Dos aviones de pasajeros se estrellaron en los pisos superiores de las torres del World Trade Center. Excesivo combustible derramado en los soporte centrales, fundió el metal, y causo - a los ojos de un laico - una demolición controlada de cada torre, de acuerdo a todos los reportes. Llame a mi cliente un Ingeniero Físico y le pregunte ¿cuánto tiempo tardaría en quemarse un tanque lleno de combustible colisionando con una pared a 580 millas por hora? "12 segundos" contesto. Encontré el famoso video, active mi cronometro y conté el tiempo que ardió el fuego con llamas color naranja que explotaba de la ardiente torre en el segundo impacto. Las llamas cesaron y se convirtió en humo negro en 12 segundos. El combustible había desaparecido.

Unos días después, mi hijo y Yo nos reíamos de un reporte en que un bombero, con sus botas aplastando los humeantes escombros, se agacho y recogió un casi perfectamente preservado pasaporte perteneciente a un tal Mohammed Atta, un devoto terrorista musulmán. Atta estaba sentado en la cabina cuando se estrellaba contra una pared a 580 miles por hora con 20,000 libras de combustible altamente inflamable a un microsegundo tras él.

¿Sería que el rodo por la ventana de la cabina? ¿Se cayó de la bolsa de su camisa?

Aquellos que aceptaron la versión que ofrecieron los principales medios son los "buenos" Americanos; "consternados" Americanos; los "valientes y libres" cuyos "colores no empalidecen." Con esta sana determinación por divina justicia y presto a actuar, su ojo colectivo ve con corazón endurecido y el rostro de su "Dios Cristiano" contra el mundo musulmán. Aquellos que no estuviesen de acuerdo con ellos estaban locos.

Yo me decidí por loco. Me coloque un "casco metálico" y leí cuantas noticias pude. Algo pudo haber tenido mejor sentido allí. Casi ocho años han pasado en mis comparables y variados narra cuentos, y me parece que a los del "casco metálico" han sido menos deshonestos que los de las maquilladas transmisiones televisivas. Si no es así, entonces de hecho, me he vuelto loco, pero de ser así desde hace como una década comencé a comportarme como aquellos que se han documentado en la obra del Dr. Zaid por siglos.

El Dr. Zaid y Yo tenemos comienzos religiosos en común. Yo renuncie a los míos y nunca volví, el Dr. Zaid se convirtió al Islam más tarde en su vida y se volvió un devoto creyente y un intensivo estudiante del Islam. Él ha enmarcado - con "sorprendente intelectualidad" (así como se dijo de su similarmente rebelde precursor literario, otro amigo de Einstein) - una obra que avergüenza cualquier acusación de "teoría conspirativa" expuesta por Pavlov. En lucidos términos Islámicos que sean fáciles de entender para un "no-creyente" es que, Él explica muy real el drama del bien contra el mal.

Cada uno de nosotros juega un papel en este drama, desde común comentador hasta político internacionalmente idolatrado que realmente no es lo que aparenta, aun desde una distancia cómoda observando despliegue de barbarie en video, el bien y el mal no puede estar separado de ninguno de nosotros. Nuestros puntos de vista personales tienen mucha más importancia que las presentadas por los vendedores de encuestas de opinión pública: los profesionales en "lavar cerebros" a quienes el Dr. Zaid condena adentro de estas páginas. Les guste o no, nosotros creamos nuestra visión de mundo a través de los auspicios de un alma individual.
La vista borrosa de la candidez de las masas sugiere un estado de *insan* nacional, o así he aprendido de lo enmarcado por el Dr. Zaid acerca de este muy real, muy antiguo y continuado drama.

Insan bien puede ser "viejo sombrero" para aquellos nacidos en el Islam, pero es un nuevo concepto para mí, y en mi inocencia de ello, muy intrigante. Muchas sectas cristianas y musulmanas se deterioran en puntos de vista blanco-y-negro del bien y el mal ya hace tiempo. Aun y que ambos conceptos aparecen divorciados de sus entrañables seres y los profetas según viven vidas materiales guiadas por la "palabrería" retorica tradicional. Por medio de este rociado zeitgeist (lo que el autor llama "la pérdida del don de sentido común"), y se han convertido en presas fáciles de engaño como resultado, son muy rápidos en aplaudir a las impunes barbaridades en apoyo de algo mucho más malvado que el bien que presumen hacer. Así es como lo entiendo ahora, tal gente no solamente están *insan* sino que bailan al compás de cualquier pieza conducida por la *Mano de Iblis*; un pensamiento inquietante para uno de los hijos de la libertad.

El *insan* somos nosotros a la larga y nuestros conspirativos maestros no vienen del espacio exterior, si bien algunos vienen de familias tan opulentas que pueden parecer alíen. Quien son "ellos" son cambios de generación a generación y tiempo y tiempos: aquellos que se unieron a los *insan* en el placer ilusorio de una voluntad mal guiada o sin voluntad alguna. Ellos aparecen entre genuinos líderes, héroes, honestos profetas, eruditos, y científicos, y también aquellos cuyas vidas hayan dejado una pequeña razón para gozar de distinción social. Ellos de hecho fabrican falsos dioses y danzan en torno a becerros de oro de la misma manera que se hace desde tiempos antiguos. Se escapaban de ellos mismos, olvidando el alma desde adonde procede su existencia.

Esta gente *insan* ha creado los dramas de la "realidad" donde inocentes colateralmente ceden y países enteros son convenientemente rapiñados. Sus falsos rostros se han convertido en la moda de congreso social adonde la moralidad es meramente una herramienta de habilidoso interés propio. Usando el disfraz del humanismo, ellos experimentan con cada *insanidad* mientras mantienen una fútil fascinación por falsos dioses. Sin embargo, y según el autor clarifica acertadamente, todo está claro que utilizan un dios para racionalizar esta *insana* forma de comportamiento.

El Dr. Zaid no solo es un gran escritor, sino que su "estremecedor" conocimiento contiene testimonio sustancial y documentación de suficientes fuentes de *inteligentsia* a lo largo de la historia para mantener cualquier otra persona ocupada por años. El escribe más como un erudito investigador que como un moralista y es devotamente responsable hombre religioso y no un terrorista. Yo pienso que el ser humano es una creatura religiosa, yo me incluyo, el lector no puede escapar un sentimiento instintivo de fidelidad a las obligaciones naturales mientras leen este recuento de perversos gobernantes.

La descripción del drama primordial de estos "desalmados", el subterfugio lo prohíbe, y uno no puede más que contemplar no solo el daño hecho a través de la historia por esta antigua Cábala, pero también el de las eternas consecuencias. Esta fresca perspectiva también revela las trascendentales cualidades del Islam según Él y sus prójimos lo comprenden, y si bien el Dr. Zaid presenta el mismo lamento que han realizado muchos serios eruditos Cristianos, su tratado es singular en su presentación de clase-mundial en conspiración gubernamental desde el punto de vista Islámico; uno con temas concisos de seria reconciliación para los espectadores Cristianos, con esto en mente y mientras nosotros en Occidente somos bombardeados con incentivos para "odiar a los musulmanes," su esfuerzo logra importancia mucho más allá que los horrendos hechos presentados.

Tom Dark, Literato, Autor y Agente Literario, Arizona

Vistazo

"Esencialmente, Orientalismo es un Sistemático Evangelismo."

E.W. Said, *Orientalism, Harvard Univ. Press, 2000, p.122*

Me dirijo a ustedes en el nombre de Allah, El compasivo y siempre Misericordioso. Lo que están a punto de leer es un comentario e historia acerca de las instituciones profesionales de *insan*, desde esta *raíz Latina* deriva la el termino *Insano (mental)*. *Insano* es "olvidarse por completo de Dios" después de haber testificado a la verdad de la obligación propia de someterse y adorar a Dios en pensamiento, palabra y obras[1]. Tal como una institución, que es, para todo intento y propósito, es *El Credo de Caín* o Humanismo; y a medida el lector lee estas páginas, la escogencia de un apodo como analogía es enteramente justificada. He luchado para ser conciso en lo posible, a pesar de ello, sin embargo trate de acortar el texto - y sí que lo trate - cada palabra o cita ha sido dolorosamente incluida por el bien de la necesidad de exponerlo. El *Nuevo Orden Mundial* como paradigma político que representa el zénit del Humanismo, y confronta a los musulmanes con el más grande reto que su Fe e inteligencia hayan aun conocido. Mas al punto, la susodicha cuestión de "Modernidad" - a lo cual muchos se han emprendido a intentar sin éxito - no es la esencia del concurso ni es tampoco algo que se deba combatir. El reto *real* para sinceros monoteístas es aquel de la *insanidad* que se sienta en el trono de poder global usando una mascar de auténtica legitimidad divina. Esto es por la soberanía de malevolencia que hace ya mucho tiempo le declare la guerra a los monoteístas así como también a la mayoría de la humanidad. Soy atrevido para declarar - y así lanzo la primera piedra - que pocos, aun entre los aprendidos, podrían identificar la enfermizo maleficio así como al profunda aberración de mente y alma que verdaderamente tienen sin admitir como cierto lo que ahora está leyendo. De ser así, ¿entonces qué será de las masas?

El Prof. Emérito Osman Bakar inicio este libro pidiéndome que investigara acerca del Cristianismo Evangélico con el propósito de escribir una monografía, sin embargo, lo que descubrí difícilmente pudo haber sido contenido en 20-30 páginas de una reducida síntesis; especialmente después de leer la imprudencia Filistea de *The God Delusion* del Prof. Richard Dawkins.

---

1 *The Nature of Man and the Psychology of the Human Soul* por E.M.N. Al'Attas, ISTAC, 1990, pp. 2-3; insano -a *adj.* 1. Sin mente sana; demente. 2. *coloquial.* Extremadamente torpe; irracional. Insanamente *adv.* Insanidad s. insanidad s. (pl. -es). Etimología L *insanus* (relativo a- 1, *sanus* sano) Oxford Diccionario, 10ma Edición

Mi descontento ante sus afirmaciones parcialmente determinó mi curso a seguir, y si bien los polos del Evangelismo y Ateísmo pueden parecer opuestos, les aseguro que no lo son. Estos y otros «ismos' tienen un efecto idéntico en su electorado: i.e., están ávidos para la deliberación con aquellos que difieren—uno quemado por el racional*ismo* el otro por intelectual*ismo* y ambos producen disimilares nubes de meditación—y sirve para preocupar a los hombres con heroicos esfuerzos para ya sea justificar su desobediencia a Dios o ignorar el significado de la obediencia a la Ley Divina; este último siendo los revelados principios guías del monoteísmo el cual el Humanismo tiene la proclividad de relegar borrándolo del discurso intelectual; por esta razón lo llamo *insano*.

Soy un monoteísta en la forma y ejemplo de la sunnah profética de Adán y la escritura: un dualista y realista sosteniendo la inmensurable dimensión que separa a la naturaleza humana de aquel que es llamado Creador o Dios, tal como cree la mayoría de los sanos "creyentes". Desde el Alumbramiento sin embargo, la autonomía de esta posición ha sufrido incrementada perdida política a la mano de ideaciones derivadas del no-dual o posición *monista*. Esta imaginaria apuesta de repetitivamente dudable especulación ha emergido y actualmente gua *muchos* hacia la devolución y rendición ante una empático cul-de-sac llamado Humanismo. Además de Mí, y otros numerosos escritores citados dentro de esta texto, demuestran que esta gobernabilidad no es por accidente sino por un consciente diseño institucionalizado; i.e., este es un esfuerzo concertado para inducir a una perdida universal de conocimiento al distraer la atención del hombre hacia los *multi-ismos* como ser secularismo, agnosticismo, sectas de vacío misticismo, socialismo, liberalismo et al, y desde allí al nihilismo y ateísmo, finalmente al sectario anarquismo que inevitablemente conduce a cualquier grupo político a actualizarse en las variadas formas de fascismo. Demostrare la existencia de estos cultos teísticos de *Luciferina* persuasión que son responsables de estar orquestando capacitivamente esta sinfonía global. Seguidamente propongo que los discursos culturales, intelectuales y políticos generalmente son conducidos en términos de vanas abstracciones acumuladas de contemplativas racionalizaciones que encajan en el formato de dialéctica de Hegel, cuya táctica sirve para expandir y preservar los estados de Luciferino privilegio en detrimento de todos los *demás*.

Si bien una acusación de sobre simplificación pudiese ser nivelada por críticos cuya misión es la elaboración de vanidades hasta que visiten la tumba, mi principal preocupación es la amplificación de la pura "verdad" que es opuesta a genérica especulación que tiene poco que ver con la causa de Allah, pero siendo más pretensión que sumisión, osificadas tradiciones y los perniciosos efectos de retórica políticamente–segura que sirve la *Mano Oculta* de los principales insanos—cada uno de los cuales son envejecidos cobros pagados para disminuir y reprimir a una sociedad espiritualmente sólida.

Estos postreros estados de obediencia al hombre obvia el manejo directo de la verdad a favor de la "Causa de Iblis"[2]; una antigua guerra irrevocablemente encarnada cuando Caín asesino al Profeta Abel.

Ali Shariati, en su obra *The Philosophy of History: Cain and Abel, On the Sociology of Islam*, pp. 97-130, apoya esta tesis, si bien su trascendencia metafísica es más una *héjira* espiritual de las establecidas dinastías de maldición o "polo de Caín", i.e. Descorazonada es la típica elite gobernante a esas del Islam y su igualitario propósito representado por el arquetipo humanitario *al-nass* o *amma*, "el polo de Abel".

Sumariamente acuso a la actual Clase Gobernante como el polo de Caín; una atribución que justamente describe las Instituciones Financieras Internacionales y su cuerpo de patrocinadores representada por burócratas y agentes militares quienes conscientemente o a ciegas los sostienen, así como los ilusos patriotas que ondean las muchas banderas de su autoridad que lo destituyo de espiritualidad. Estos "Soberanos de Malevolencia" son removidos de la inherente "remembranza de Allah" con la cual todos hemos nacido - una remembranza que aloja obediencia a la ley divina. En una sola palabra, esta gente está loca. Ellos son, de hecho, *Las Manos de Iblis*.

Caín no se arrepintió como lo hizo Adán, y por lo tanto le debemos la religión del Humanismo por sus limitadas teorías sobre Allah y su propósito y juicio, y como tales derivaciones eran y son subsecuentes a su exilio de la guía de Allah. El origen de su fratricidio y "exilio" esta preeminentemente reflejado en el legado Judío de repetida crisis por similares o peores crímenes en contra el hombre y los cielos, y desde que el Nuevo Orden Mundial engendra de pensamiento Sionista/Jesuita que profanamente profesa el Humanismo como grupo sagrado, no debemos sorprendernos de siguiente comentario por uno de los eruditos más eminentes del siglo 20:

> "Entre más crisis se analizan y discuten, sus orígenes parecen ser más tempranos." - E. W. Said, *Reflections on Exile*

---

2 "Juro que acosare a los hijos de Adán por delante y por detrás, por la derecha y por la izquierda, y del lado que me sea más fácil, aprovechando toda inadvertencia y debilidad en ellos, para desviarlos, a fin de que la mayor parte de ellos no Te sea fiel por no agradecer Tus mercedes." – SURAH AL ARAF: (7:17)

No voy tan lejos para sugerir que los Judíos como raza o cultura son malditos o que el estudio de "Humanidades" es una vana carrera, desde que el Humanismo no se iguala con las Humanidades, como sea intentare demostrar exactamente porque la Ummah (cuerpo político del Islam) y sus pseudo Cristianas contrapartes sufren de una falta continua de un Dios dado liderazgo y providencialmente guiadas obras *proactivas* debido a esta *Rabinalizada mano oculta*. Esto es en parte debido al metafísico "Caballo de Troya" de las diversas filosofías del Humanismo, muchos de los cuales tienen autores Judíos y neo-Platónicos propagadores sujetos al mismo maldito y subsecuente falta de guía divina tal como Cain era un Judío per se, y yo digo "en parte" debido a que la razón real es que nuestros líderes han escogido no obedecer a Dios, y el Humanismo es una forma de hipnótica apología por tal insanidad.

Futilidad vs. Realización musulmana

Excepto por los impunes asesinos que obran directamente por la mano de los enemigos del Islam en el mundo de los hombres y genios, los musulmanes más bien se han vuelto pasivas creaturas fatales desde que los hijos de Genghis Kan visitaron Bagdad:

> "Desde el tiempo de los Mongoles... hemos estado muriendo como moscas. Muriendo sin pensar. Muriendo de enfermedades, de bilharzias, de la plaga... Sin ninguna consciencia, sin dignidad, sin cosa alguna."
> – *The Little Mountain*, Elias Khoury, 1977, Univ. Minnesota Press

Este cándido extracto de un brillante autor Libanes no tiene ninguna esperanza debido a que la aprobada autonomía Árabe termino hace mucho tiempo, y los eruditos de todo el mundo lo saben. En vez de arrepentirse sin embargo, Khoury con su evaluó de la ronda de futilidad árabe se sirve repetidamente cuando cada inevitable desastre (crisis) ataca tal como lo hizo en 1948 (*al-nakba*); otra vez en el "67" y actualmente los Sionistas y su exposición vulgar de las maquilladas pretensiones de unidad, piedad y potencia musulmana. El pensamiento y obra post-colonial/post-moderno político-social de los musulmanes es en general esclavo de coherentes *reacciones* que expresa el exorbitante rango de instantánea justificación.

De hecho, la gran parte de musulmanes "reaccionarios" y su respuesta es tan predecible - debido a su falta de Guía Divina - que inherentemente constituye una cooperación de cheque en blanco, vicario y no, con antagonistas líderes monoteístas. Este estado de no diligente de existencia se muestra claramente sin "guía" divina, algo por lo que muchos musulmanes oran por ello 17 veces diarias según la condición de Soberanía Musulmana que está acorde con la Ley Espiritual, yo oro por que este estudio pueda explicar porque es que a los musulmanes les falta verdadero discernimiento y a partir de allí, sin saberlo cooperan (insanamente) con el némesis de la humanidad y de acuerdo al inverso determinante de la Ley Espiritual: el Iblissiano Código de Ética.

El límite del potencial del Humanismo se alcanza a partir de la realización del hombre en su condición de "creatura" lo cual implica toda dependencia y rendición de cuentas al Creador, pero cuál de estas últimas dos realidades niegan o ignoran la mayoría de los humanistas. Sin embargo, para el sincero monoteísta, este conocimiento es el «principio de la sabiduría', el reconocimiento de tener una Divina Guía (Hidayah). Más aun, los musulmanes parecen haber olvidado que la guía divina es progresiva y acumulativa con la posibilidad de ser continua:

"EN CUANTO A LOS CREYENTES EN LAS PALABRAS DE DIOS, CUANDO LAS OYEN SE INCLINAN A ELLAS, DIOS AUMENTA EN ELLOS LA CAPACIDAD DE CUMPLIR CON BUENAS OBRAS Y LAS BUENAS OBRAS SON LOS MEJOR Y LO PERMANENTE ANTE DIOS PARA OBETENER SU RECOMPENSA." Sura 19, Marián: 76

Aquel que es esclavo de esta verdad es, por lo tanto, no solo metafísicamente sano pero también usualmente esta uno o dos pasos adelante que sus contemporáneos precisamente debido a la "Guía de Allah". Esta visionaria o "profética" enseñanza tiene varios grados y aun así es rechazada por la extensa mayoría quienes continúan apegados a los que los partidarios de Dios amonestan como vana e inútil actividad, y cuya actividad, en muchos casos, es la propia molienda del ilusorio placer en practicar *insan*, tampoco lo hace el veraz monoteísta y su intelecto sucumben ante los ismos o al narcisismo de políticas fraccionales. Él/Ella es libre debido a la verdad que Allah le entrega al buscador sincero bendecido de posición *no-partisana*: un lugar de esparcimiento y ex patriotismo terrenal donde Él/Ella viven a plenitud para la siguiente vida. Al mismo tiempo sin embargo, tales personas están condenadas a buscar "sentido" en el "aquí y ahora", y por lo tanto están completamente envueltos en la primacía del siempre presente momento.

Este postrero estado de existencialismo consciente es lo que actualmente brinda licencia a una continua situación de guía divina: lo que Maurice

Merleaux-Ponty[3] llama un incesante "acceso a la verdad" y es Lo que Al'Qur'an llama *"al-nafs-mutma'innah"* [Al-Fajr, 89:27]; un lugar que el sincero humanista busca estar pero no logra alcanzar sin la "guía" inherente en monoteísta sumisión: de allí somos testigos de los siempre presentes actos finales de melancolía y dolidas culturas de causas perdidas, sus quejas no tienen fin y el idealismo sin esperanza que ha plagado nuestra literatura, calles y medios de comunicación. Sin obediencia la ley divina el estado de gracia requerido por el "incesante acceso a la verdad" no puede ser atenida y además, opino que nadie hace cumplir la ley Shari'ah califique a un individuo o comunidad para la guía de Allah. Esto es debido a que el hombre es propenso a su mala aplicación con rígido legalismo y chauvinismo en vez de la sabia adjudicación acorde a las circunstancias; de allí, algo tan simple como un divorcio, por ejemplo, se ha convertido en una pesadilla para la mayoría de mujeres musulmanas.

Sumado a este insulto común a la bendecida memoria del profeta, la adopción del humanismo intrínsecamente evita las implicaciones políticas de *consecuente* discurso en guía divina y casi todos los Gobiernos Islámicos han adoptado banderas de Secular Humanismo bajo cuasi-religiosos mandatos. Tal imitación de Occidente y un compromiso a medias con los principios absolutos del Islam tampoco asimilan ni actúan para obtener legítimo acceso a la divina guía - pero tenemos a sectarios tiranos quienes erróneamente o intencionalmente proclaman la guía de Iblis como divina.

De allí, las evaluaciones sumarias del Sr. Khoury les hace frente en ambos casos debido a que la "efectiva" unidad política bajo bandera de secular humanismo es un poco más que un experimento de imitación del capaz y unido intento del extraviado Occidente - destinado para perdición y divinamente permitido quizás como prueba o juicio, nadie lo deseo o mandado del cielo vino como la Vía Dolorosa a la paz y seguridad. Al decir "efectivo" me refiero a aquellos conjuntos esfuerzos políticos que con llevan a la paz y seguridad en la Tierra y en la "Posteridad". Sin embargo, los Humanistas prefieren perseguir la efímera y siempre ilusa utopía mientras que los profesionalmente insanos parásitos se establecen a expensas de los demás. La ley divina o principio el cual debe uno tener en mente acá es aquella de una política de responsabilidad ante Allah por prevenibles pecados cometidos dentro de su jurisdicción. Si la política permite en vez de prohibir tales cosas,

---

3 Maurice Merleaux-Ponty, *The Primacy of Perception & Other Essays*, Northwestern Univ. Press, 1964

el entero grupo es responsable ante el cielo excepto por aquellos quienes tienen el coraje para objetar por las armas o protesta, o aquellos quienes en privado hacen suplica quiescente por la misericordia de Allah; esta última siendo la forma básica de Yihad. Comúnmente y afortunadamente, los positivos principios de las bendiciones del Islam se atesoran por preocupación con Fariseos rituales y legalismo, y por vanas ideologías que son un poco más que abanderados por sectarismo, tribal nepotismo, y especiales intereses.

"En algunos países Árabes tú no puedes salir de tu casa y suponer que cuando regreses estará tal y como la dejaste... Ni tampoco pueden tener certeza que el nacer, matrimonio, y muerte—grabada, registrada y certificada en todas las sociedades - serán de hecho notadas o en alguna manera conmemorada. En vez muchos aspectos de la vida son negociables, no solo con dinero y roce social, pero también con armas, cohetes y granadas." - E. W. Said, óp. cit. p. 220

Para hacer frente a estos durante el pleito post-Colonial, la Ummah vistió el nacional*ismo* y sus uniformes de toleración - lo que Franz Fanón llama la "política de imitación"[4] - en tanto que la desmoralizante desobediencia común e indiscriminada reaccionaria furia la cual, otra vez, actualmente constituye un colectivo que ha olvidado la Divina Ley, aunque los musulmanes vociferan los muchos nombres de Allah y después cometen la temeridad de invitar a la "unidad" a sus inspirados Orientalistas y su manía por imitar.

¡Seguro esto es demente! Y como esto no es un estado de Taqua (piedad), así como los son con muchas políticas por ejemplo, y mientras las Mezquitas e Iglesias sean llenas los Viernes y Domingo con creyentes de "Domingo y Viernes", muchísimos crímenes de estafa, usura, asesinato, robo, lujuria y degenerado abuso sexual en casa y la comunidad que son simplemente aceptados como norma, o peor, ignorados mientras que a aquellos que objetan con solido argumento son marginados, encarcelados o "desaparecidos":

¿Qué hacer? ... Después de todo, Allah es el más Misericordioso y Compasivo y muchos, creo, que muchos toman este hecho es tomado mucho muy a la ligera. Raro de hecho es el hombre quien gasta lo que no necesita por la *Causa de Allah*, y es más raro aun encontrar a una feliz mujer manifestando que su esposo es el "mejor de los Musulmanes". Yo sugiero que en tal estado de negación, Allah no guía esta política o a sus líderes, sino que es Iblis quien segura y desafortunadamente los guía, y también postulo que es el código de

---

4 Frantz Fanon: ver *Black Skins–White Masks, A Dying Colonialism, The Wretched of the Earth*

Iblis en Ética Humanista[5] guía a muchos de la Ummah hacia su porción de los bienes y artículos de esta siempre conveniente auto engañoso *insan*. El "ismo-ista" percibe un mundo ya sea sin redención o con una inalcanzable utopía potencial; ilusorios polos que no pueden transcender si la guía de Allah. Lo que el Guiado Musulmán ve es incremento en recompensas redimibles en cada momento entre tanto el no-guiado traspasa los límites que incrementa el presente desorden y confusión a precio de eterna recompensa. Las opiniones son irreconciliables. Este desencantador mundo por lo tanto, requiere a aquellos sin las revelaciones del Islam, para crear o seguir encantamientos que facilitan la disconformidad de la verdad para que ellos también no se lamenten como Fidelio; siempre y cuando sea el sustento o el bolsillo de alguien más el que esté siendo vaciado. Este estado se vuelve una máscara por la inhumanidad del racismo, tribalismo, fascismo, nacionalismo, imperialismo, nepotismo, casto chauvinismo, etc. etc. Llámelo como quiera pero el hecho es solo hay una raza y esa es la raza Humana, pero existen muchos *ismos* que representan denominaciones de desobediencia a la Única Verdad, de *insan*, y cada miembro es un seguidor de esta predilección por la

---

5 **Humanismo** es una amplia categoría de éticas filosóficas que afirma la dignidad y valor de toda persona, basada en la habilidad para determinar bien o mal al apelar a las universales humanas cualidades - particularmente racionalidad. Esta es un componente de una variedad de más específicos sistemas filosóficos y está incorporada dentro de varias religiosas escuelas de pensamiento.
Humanismo conlleva un compromiso en la búsqueda por la verdad y moralidad a través de medios humanos en apoyo a humanos intereses. Al enfocarse en la capacidad para auto-determinación, el Humanismo rechaza la validez de transcendentales justificaciones, la dependencia en creencia sin razón, lo sobrenatural, o textos de supuesto divino origen. Humanistas endosan moralidad universal basada en lo común de la condición humana, sugiere que las soluciones a los problemas sociales y culturales no pueden ser parroquiales." – Wikipedía Ref.: 1) Petrosyan, M. 1972 *Humanism: Its Philosophical, Ethical, and Sociological Aspects*, Progress Publishers, Moscow. Barry, P. 2002. 2) *Beginning Theory: an introduction to literary and cultural theory*, 2nd ed., Manchester University Press, Manchester, U.K., p.36

Compact Oxford English Dictionary. Oxford University Press: **humanismo**, 1) un racionalistico sistema de pensamiento que atañe primordial importancia a lo humano en vez de asuntos divinos o sobrenaturales. 2) Un movimiento cultural que se alejó del medieval escolástico-ismo y revivió interés en el antiguo pensamiento Griego y Romano."

Collins Concise Dictionary. HarperCollins: **Humanismo**: "El rechazo de la religión en favor de una creencia en el avance de la humanidad mediante sus propios esfuerzos."

Humanismo es el nombre dado al movimiento intelectual, literario, y científico del siglo catorce al dieciséis, un movimiento el cual se enfocó en basar cada rama de aprendizaje en la literatura y cultura clásica de la antigüedad. Creyendo que solo un clásico entrenamiento puede formar a un hombre perfecto, los Humanistas así llamados ellos mismos en oposición a los escolásticos, y adoptaron el termino *humaniora* (las humanidades) como significación a la sabiduría de los antiguos.
[Escrito por: Klemens Löffler. Transcrito por: Richard Hemphill. *The Catholic Encyclopedia*, Volumen VII. Publicado en 1910. New York: Robert Appleton Company. Nihil Obstat, Junio, 1910. Remy Lafort, S.T.D., Censor. Imprimátur. +John Cardinal Farley, Arzobispo de New York]

Humanismo es la creencia que podemos vivir una buena vida sin creencias religiosas o supersticiosas. Humanistas le encuentran sentido al mundo usando la razón, experiencia y compartidos valores humanos. Buscamos hacer lo mejor en esta vida que tenemos creando sentido y propósito para nosotros mismos. Tomamos responsabilidad por nuestras acciones y trabajo con otros por el bien común.
– British Humanist Association

auto-engendrada decepción que está ahora institucionalizado por las manos ocultas de Iblis y sus discípulos.

La Bestia Habla

Propaganda es el uso of adornadas palabras como herramienta de avaricia. Considérelo la lengua de Iblis, mientras que el Humanismo es la *lingua frança*, y entonces tendrá algún concepto de la bestia que ahora habla globalmente[6]. Los intelectuales comenzaron la deconstrucción y desacreditación de *ismos* durante los años 1930's y los reemplazaron - con pocas excepciones - con "intrincado filosofar e inane elegancia."[7]

Sin embargo, muchos destronados ismos remanen a común material de propaganda y su impresionante bibliografía en Humanismo; predominantemente consistiendo en reduccionistas invenciones derivadas del materialista monismo el cual puede ser trazado a civilizaciones consecuente a Caín exiliado de divina guia.[8]

El Materialista reduccionismo es, metafísicamente, el salvaje desmembramiento del Tawhid (Verdad Universal) como un empobrecido inverso substituto para la síntesis de gestalt, ahora bajo el disfraz de nacionalismo y secularismo, Iblis ha persuadido a los Musulmanes - vía dotados Orientalistas intermediarios - a aislar [i.e. comparta mentalizar o reducir] la ley Shari'ah de ambas, la Ley Divina y la Secular jurisprudencia. La ley Shari'ah se ha convertido entonces en la carga de impotentes académicos y bien vestidos Mullahs en foros sin riesgo, mientras este último es selectivamente adjudicado por secularistas con libre-albedrio acordes a la Orwelliana dictadura que "algunos animales (bestias)[9] son más iguales que

6 "Y CUANDO SE PRONUNCIE LA REALIZACION DE LA PROMESA DE DIOS A LA HORA Y SE APROXIME EL CASTIGO DE LOS INCREDULOS, HARA SURGIR A LA GENTE UNA CRIATURA DE LA TIERRA QUE LES DIRA: EN REALIDAD, LOS INCREDULOS NO CREIAN EN NUESTROS MILAGROS NI TAMPOCO EN EL ULTIMO DIA Y AHORA SE HA REALIZADO LO QUE HABIAN DESMENTIDO. ESTE ES EL TERROR DE LA HORA Y DE LO QUE SIGUE DESPUES."
– EL SAGRADO CORAN 27: 82

"Me llevo en Espíritu al desierto y vi a una mujer sentada sobre una bestia escarlata llena de nombres de blasfemia, que tenía siete cabezas y diez cuernos. La mujer estaba vestida de purpura y escarlata, adornada en oro, piedras preciosas y perlas, y tenía en la mano un cáliz de oro lleno de abominaciones y de la inmundicia de su fornicación: en su frente tenia escrito **Misterio**, la gran Babilonia, la madre de las rameras y de las abominaciones de la tierra." Apocalipsis 17: 3-4
"...los diez cuernos que has visto son diez reyes que aún no han recibido reino; pero recibirán autoridad como Reyes por una hora juntamente con la bestia. *Estos tiene un solo pensamiento"* - Apocalipsis 17: 12
7 Said. Óp. Cit. P 1
8 Ver mi obra: *Trinity, The Metamorphosis of Myth.*
9 "LA PRACTICA DE ESTOS INCREDULOS Y SU MANERA DE NEGAR LAS EVIDENCIAS DE DIOS Y SUS GRACIAS, SE ASEMEJAN A LAS DEL FARAON Y SU PUEBLO: PERSISTEN EN DESMENTIR A LOS MENSAJEROS DE DIOS Y LAS EVIDENCIAS DE SU PROFECIA. EN LA FAMILIA DEL FARAON Y LOS QUE LE PREDCEDIERON HAY UNA PERFECTA SIMILITUD

31

otros". La ley Shariah y su separación de la Ley Espiritual o Divina es esencialmente terreno de disensión y la sumisión de la Ummah a la secular ley es, en esencia, una forma de Shirk (idolatría, politeísmo, paganismo). Sin embargo, engañosos *fantasmas* globalmente tiene dominio mediante la prodigiosa diseminación de medias verdades, y ambos estados representan la caída que ha causado la abstención de Musulmanes de tener autónoma autoridad de genuino mandato, y, correlativamente también, de la justa gobernación de *no-Musulmanes*; otrora privilegio de un divinamente sancionado monoteísta Dominio.

Los musulmanes progresivamente se han desligado de la dependencia de Dios hacia una maldita dependencia - desafortunadamente e implícitamente - de Occidente ambos físicamente y metafísicamente bajo el tutelaje de Coloniales Orientalistas de ambos extrínseco e intrínseco cuerpo de gobernantes de la elite. Sin embargo, como se demuestra en posteriores capítulos, no es tampoco es Occidente gobernado por "hombres en trajes" exhibidos por CNN sino más bien por *fantasmas* que tienen dominio sobre las mentes de los hombres mediante Thelemica magia de los *ismos*.

Acordemente, una nebulosa entidad de "Estado" ha asumido el Patriarcal rol y autoridad de Califa, tal distorsión del divino orden comenzó cuando el Emperador Diocletiano había declarado que toda mujer en el estado Romano "suis juris": i.e., estaba directamente a cuenta del Estado Romano sin masculino intermediario, donde el "Estado" legalmente se convierte en Wali (protector) de cada mujer. El Islam esta para rescatar el mundo de este Iblisiano engaño que entonces tomo unos 1700 años en resurgir el culto de adoración a la diosa, bajo la falda de la democracia; junto con sus andrógenos pretensiones matriarcales, desestabilizando la inversión de roles, y una mal construcción de igualdad, con una abstracta entidad de Estado firmemente asegurado como parental proxy junto con el subsecuente deceso del noble Patriarcado, no solo brutos conceptos y extrínsecas imposiciones gobiernan psiquis, matrimonio y hogar, pero también una certera falta de independiente "positiva" iniciativa de la Ummah (Política Musulmana) a todo nivel; eso es, excepto por las normativas pecaminosas proclividades que requieren una incontable urbana anonimidad por soltar.

EN LA PERSISTENCIA DE NEGAR LOS SIGNOS DE DIOS, EN DESCREER A LOS MENSAJEROS Y DESMENTIRLOS EMPECINANDOSE EN ELLO. PUES CADA UNO DE ELLOS FUE CASTIGADO POR CUANTO PECO. UNOS FUERON CASTIGADOS POR LOS RAYOS Y LOS VIENTOS, Y EL FARAON Y LOS SUYOS FUERON AHOGADOS PORQUE TODOS ELLOS FUERON INICUOS HACIA SI MISMOS Y MERECIERON LO QUE LES AZOTO. POR CIERTO QUE LAS PEORES CRIATURAS QUE ANDAN SOBRE LA FAZ DE LA TIERRA, A LOS OJOS DE DIOS, EN SU PRUDENTE JUSTICIA, SON LOS INCREDULOS EMPECINADOS EN SU INCREDULIDAD"

– EL SAGRADO CORAN 8: 54-55

Diocletiano y su obra en este plano finalmente alcanzo a los discípulos de Muhammad Abdul [un Francmasón y Gran Maestro de la Logia de El Cairo bajo los auspicios de Lord Cromer, de la familia de banqueros Baring que hizo su fortuna forzando opio en cerebros y pulmones Chinos]. Es debido a Abdul y su mentor, Afghani - también un Francmasón y Chiita en closet - que Cromer sea conocido por haber declarado que los "Salafies eran los grandes activos que los Colonialistas tenían en su tiempo". Abdul arreglo para legalizar la Riba (usura) a favor del Lord y su Banco, por ello fue recompensado con la posición de Grand Mufti - y después el mismo comenzó una Orientalista *re-interpretación* de Al'Qur'an y el matrimonio.[10]

Sus discípulos lograron seguir el occidental dogma tal como lo predijo nuestro Profeta, y eventualmente ratifico la monogamia y prohibió la poligamia. Así entonces colocando una secular, *pseudo-religiosa* corte - un abstracto ente de Un ya abstracto Estado lleno de extraños (burócratas) quienes nada saben *de* y tienen ninguna real relación *con* los principales protagonistas - entre un hombre y la mujer la cual El escoja para amar y casar. Esto disminuye la dignidad humana al forzar Musulmanes a pedir permiso a ex*traños* para poder tener un encuentro sexual legal. Entonces los Musulmanes han seguido el ejemplo de los Católicos y Protestantes mímicos, estableciendo un clan de profesionales intrusos (párroco/pastor) como mediadores entrometidos en el más ortodoxo de los asuntos que consumadamente definen la política núcleo del verdadero hanif monoteísta: i.e., el *privado* y *autónomo* "asunto familiar" de alcoba y autoridad sobre su familia. No solamente debe el marido necesita pedir, pero también lo hace la santa esposa. No es de sorpresa que en Malasia y otros países sujetos a esta política *insana*, la Ley es obviada privadamente por aquellos quienes desean mantener su propio respeto y libertad bajo la auténtica ley Shariah.

De allí es que la pasividad, vanidad y futilidad que abrazan la conciencia musulmana para que así la creativa "acción" (positiva iniciativa) espera aprobación de una abstracta entidad (el Estado) en vez ser resuelto "desde dentro" la viva comunidad. El concepto de una "Entidad Estatal" es una construcción cuyo estéril "no-ser" trae a debate luego modifica la existencial identidad de los "ciudadanos" en virtud de su sumisión a una entidad que no tiene vida. Un tipo de psíquica estupefacción como resultado, y cuando se agrega a la osificada tradición junto con modernos/post-modernistas ismos así como también vuelos místicos de la carne o la teomanía de auto-destrucción por el bien de la eterna concupiscencia, la confusión sobre divinamente sancionada (viva) autoridad deja poco lugar al libre-albedrio del

10 Dawood S. El Amani: *The Marriage Contract in Islamic Law in the Shariah and Personal Status Laws of Egypt and Morocco* (London, Graham y Trotman, 1992. Ver también, Kiran Gupta: "*Polygamy - Law reform in modern Muslim states: A Study in Comparative Law,*" XII, ICLR [92].

hombre a mostrarse firme hacia obras que afirmen al Islam y su terrenal autonomía en unidad y bendito estado. Desafortunadamente, y por mucho tiempo, el Divino Orden of Gobierno es ignorado por todo hombre tal como lo enseñado por los Profetas. Consecuentemente, los hombres no tienen un curso a seguir otro más que la sumisión a esta bruta rudeza que es validada por falta de opciones, la Iblisiana Ética de "Querer es Poder."

En tiempos cuando eran los Profetas quienes gobernaban, su autoridad era validada, no por su propia postulación sino por Allah y su directa intervención, y todos aquellos quienes eran testigos de los extraordinarios eventos no podían negarlo; aun el envidioso enemigo infeliz en el campo. Divinas intervenciones, sea por la espontanea devoción de una sometida política, inspirada y engañosa histeria colectiva en el terreno enemigo, angelicales guerreros, hordas de insectos, violento clima, meteoritos en torrentes o cuando han sido tragados los adversarios por tierra o por mar es la diferencia entre la Iblisiana Ética y Allah en defensa de *Su Causa* en la Tierra. Tal intervención no requiere *mano oculta*, secreta doctrina, iconos, ismos o héroes, y raramente se ha visto—una excepción siendo el hundimiento de la Jesuita inspirada Armada Española—desde que los Árabes sobrepasaron sus fronteras y cruzaron el Nilo y el Éufrates con imperial fervor cubierto en religión. A partir de ese punto y a pesar de la manifestación de extraordinaria caballerosa etiqueta - no inadecuadamente balanceada por rapaz barbaridad - la Iblisiana Ética tiene dominio el juego de ajedrez "Musulmán" intercontinental, y aunque al origen del juego de mesa lo podemos trazar hasta tierras bajo la proveniencia de Caín.

Cuando las vanas tradiciones y las especulaciones de ismos tales como las "Entidades Estatales" se vuelven "Islamizadas" - tal como le sucedió a la Ley dada a Moisés, bajo Rabinos Fariseos o los pretenciosos Califatos que correctamente terminaron hace un siglo - no es diferente a la Cristianización de paganos festivales por el bien del Cesar y su voluntad política (el Estado). ¡Esta no es la Causa de Allah!

El Nacionalismo y sus patrióticos autómatas[11] no representan el divinamente mediado *natural parto* de una Patriarcal nación y libre ciudadanía como lo era el Israel de Moisés o la naciente Ummah de Mohammed. Desde este tiempo, bajo las condiciones de la presente desviada consciencia, instintos que deben reaccionar a cada momento ansiada mente buscando divino propósito en la verdad que son tapados por conformidad por el bien de la "paz a cualquier costo", así dando poder legal a las brutas causas de auto-preservación y agrandamiento en vez del espiritual cumplimiento, mientras la políticamente

---

11 "La Adoración al Estado tiende a suplantar todos los otros lazos humanos." - E.W. Said, op.cit., p 183

correcta entrega total al pecado abunda, y esta oculta y cubierta bajo la tribalmente preferida tolerancia.

Más inquietante aun, este estado también crea una implacable interna duda - un tipo de metafísica tendencia hacia un rígido espasmo del sub-consciente que se inclina hacia el extrínseco control, tal como los buenos campesinos Rusos. Esto es debido a que los ciudadanos saben que ellos no han pasado por el canal de parto de la piedad (obediencia a la divina ley) y por lo tanto también de la *verdad*.

De allí, la telearquia de su viaje hacia la perfección de piadosa unidad (Taqua) sufre la parálisis del miedo y consecuentemente una no ordenada y prolongada *fantasma*-labor causando la fea malformación o aborto de, lo que debe ser una pro-activa política Musulmana de efectos positivos. Así es que la causa que los ismos sufran por la Iblisiana Ética y reemplaza la "Causa de Allah", en ambos, el individuo y Estado; mientras los Altos Ministros de Satanás extraen riqueza y esclaviza las masas con fútiles empleos mientras el dolor del síquico rigor es mitigado por cautivantes fantasías. La pérdida de la fuente de riqueza (los recursos naturales) frente a Occidentales Iglesias de Avaricia y Mito es aquel que los Musulmanes deben haber ganado a través de pro-activo descubrimiento y desarrollo bajo Allah y su protección después preservado en autónomo manejo. Esencialmente, los musulmanes han gastado sus energías en inútiles especulaciones y exagerados rituales en vez de fructífera obediencia.

La Disputa

Me rehúso a dejar la Profética Sunnah como guía de principios de las Escrituras en cualquier tema de discusión, desde allí hago frente a la Filistea mentalidad que rige el mundo, así como también a las the amilanares ejércitos de mímicas quienes tienen miedo de criticar la bestia y sus secuaces. Erudito criticismo y no la rencorosa protesta de furia es verdadera proactiva vigilancia. Es la responsabilidad de cada alim (Erudito Islámico) y la más alta forma en defensa del Islam. Si acaso es silenciada, la verdad es asfixiada por la mediocridad y los profesionales esconden en la obediencia a Allah que ordena huir de la opresión. Aquellos que quedaron se hunden en la aterrorizada, errática, improductiva imitación de trabajo real - tal como la Harvard Yard - mientras la infraestructura del miedo espera la avanzada de los barbaros. A pesar de sus muchas maravillas tecnológicas, Hobsbawm llamo al "Corto

Siglo Veinte" "El Renacimiento del Barbarismo"... y puso etiqueta a esta política como "el arte de evasión y mitigación."[12]

Esto no es Islam ni tampoco la profética sunnah, pero es lo que los musulmanes y sus Imanes se han sometido a ambos a sabiendas o no. Insha'Allah, intentare demonstrar como Iblis cumplió el robo del autónomo legado que Muhammad delego a los Musulmanes—ambos de verdad y la sustancia de justicia—en la parte de los reprobados hombres y genios quienes ahora controlan los guantes globales en manos escondidas. El lector muy pronto apreciara que no es ningún *accidente del destino* que la Ummah de Mohammed está acercándose a tener status de paria.

Le aconsejo al lector a proceder cuidadosamente, atender las notas al pie de página y más especialmente a los apéndices para leer atentamente. Este texto es, en esencia, una sumaria evaluación y una revivida a la *no contada* historia de la "Causa de Iblis" y su pueblo: i.e., alegóricamente y actualmente, the Progenie y Credo de Caín. Como tal, es un condensado extracto de una vasta cantidad de material. Muchos son los sanos testigos citados y asombroso es su testimonio. Algunos son desconocidos para muchos eruditos mientras que otros son tan notables que he cuidadosamente editado sus testimonios por pre-digerida inclusión en los apéndices así como inserciones a lo largo del texto. Lo que esta contiene esta exposición y recuento de los ocultos poderes que afligen el mundo es deplorable y extremadamente difícil de asimilar de no ser por la asombrosa evidencia presentada por batallones de eruditos atestiguando. Las completas implicaciones de los primeros capítulos no pueden ser apreciados sin revisar lo que sigue del histórico precedente encapsulado en los apéndices de la laboriosa validación de sus obras. Si usted termina este libro y permanece igual en cuanto a la perspectiva hacia el presente orden mundial con su globaliza manía, sinceramente dudo de su sobriedad metal y espiritual. Que Allah tenga piedad de todos nosotros.
"Parado sobre la carcasa del Humanismo Occidental con su mortal atadura y preferencia por el materialismo, el hombre esta gradualmente despojándose de espiritualidad."
   Habbib Siddiqui, 2007 (*Al-Munabbihat - The Counsel*, Islamic Books Trust, Kl

"TODA ALMA PROBARA INEVITABLEMENTE LA MUERTE. Y SI OS ALCANZA EL DOLOR EN ESTA VIDA, CIERTAMENTE QUE SE OS

12 *Age of Empire*, por Eric Hobsbawm, Random House, 1987; "Nuestro siglo es aquel en cual ha habido grandes matanzas que en todos los precedentes siglos juntos, y lo encontramos aceptable matar cualquier cantidad de gente, incluyendo a mujeres y niños, provisto esto que es hecho desde a distancia y nunca en lucha individual. Aun así estos son los mismos asesinos de las inocentes minorías que se niegan a ejecutar a un traidor que está socavando la verdadera estructura de la sociedad, o a un criminal cuyos crímenes sean tan perversos que su continuada existencia se considere una ofensa a la humanidad."
   - Guy Eaton, Islam and the Destiny of Man, Islamic Books Trust, 2001, p 138 12

RECOMPENSARA CON EL PREMIO QUE MERECEIS EN EL DIA DE LA RESURRECCION. AQUEL QUE SE ACERQUE AL FUEGO Y LUEGO LOGRE ZAFARSE DE EL, HABRA CONSEGUIDO PUES, EL ÉXITO. LA VIDA MUNDANAL ES SOLO UN GOZO MOMENTANEO QUE ENGAÑA Y NO ES DURADERO."
QUR'AN, ALE'IMRAN, 3: 185

SIGN MASÓNICO DE SOCORRO

CAPITULO I
El Nuevo Imperialismo

"Para engañar a la gente con el propósito de explotarlos, para hacerlos esclavos y Atrasar su progreso, o prevenirlo si es posible, tale s el crimen magia negra."

Eliphas Levi, La Clef des Grands Mystères, p 308

"Si uno nombra a un funcionario rechazando a alguien más competente, Uno traiciona la confianza de Dios, su Apóstol, y los creyentes."[13]

Tambores de Guerra y Piedras Sagradas

En Occidente, cognitivas tendencias entre intelectuales del siglo 20, gradualmente difunden teísticas construcciones mientras los fundamentalistas mitos - al menos en América - permanecen ininterrumpidos y promovidos entre los no educados a pesar de las revelaciones de "Alto Criticismo Bíblico". Seminaristas, en general, perdieron su Fe pero fallaron en informar al público en general, debido al opio religioso que tradicionalmente aplaca las masas para poder facilitar la extracción de la riqueza por una "Cleptocracia" de elite. Este grupo, desde tiempo inmemorial dirige el dialogo acostumbrado entre Khassa y Amma.[14] En términos de precedente mitología, pero desde el llamado "Alumbramiento" - como lo escrito por el culto de *Iluministas* en la Europa post-Bonaparte - el esquema ha sido aumentado por ideologías monetarias que deifican esta "Era de la Razón" luego a ser hoy lo que es llamado "Humanismo". La elite gobernante (i.e. *Khassa*) fueron alguna vez Sacerdotes, Reyes y seguidores de las muchas "misteriosas religiones" del mundo antiguo. Hoy en día ellos conforman una oligarquía o "corporatocracia", y muchos de sus "hombres de traje" son serviles aduladores burócratas quienes seducidos siguen la ley de avaricia.[15] Ciertamente, "Hacer el mundo más seguro para la democracia" es un eufemismo para excusar la piratería corporativa, sus instalaciones globales son el BM, el FMI, et al, que están íntimamente asesoradas por consultores tales como Bechtel, Halliburton, Stone & Webster, Brown & Root, etc., bajo el escrutinio de monóculos sostenidos por agencias

---

13 A.H Kamali, *The Nature of the Islamic State*, Karachi, 1977, p. 194 (hadiz citado)
14 *Khassa*: gente con distinción, el establishment; gente con poder y riqueza: que tienen relación Mercantil con Políticos y Militares. *Amma*: la gente común, población en general. Ver: *The New Mamluks: Egyptian Society and Modern Feudalism*, Amira El-Azhary Sonbol, Syracuse Univ. Press.
15 "Pero el mercado monetario está ahora controlado por la más viciosa de las fuerzas especulativas, fuerzas que son impulsadas por una desmedida avaricia sin ninguna lealtad ni patriotismo."
– Jerusalem in the Qur'an. Imran Hosein, p 228

como la CIA, NSA, MOSSAD, MI6, BND, o el CSIS de China[16], et al. con asombrosa impunidad y engaños, estas firmas redirigen recursos y ganancias de naciones en desarrollo a diversos cofres "Aliados" sin supervisión congresista/parlamentaria, y esto sin mencionar sus relaciones con capos del bajo mundo, con entusiasta asistencia de bandidos indígenas, ellos firman contratos beneficiando a un 5 o 10% de la elite local; dejando menos del 3% de sus respectivos recursos y ganancias que se filtren hasta el nivel del ciudadano económicamente esclavizado.

Desde la caída del Primer Ministro de Irán, Muhammad Mossadegh - ingeniado por Kermit Roosevelt (CIA) - este ha sido ambos método y objetivo del "Nuevo Imperialismo" - habiendo evolucionado del modelo Británico - y excepto por la interminable imposición de propaganda depredando humanistas ideaciones, el plan nunca hubiese tenido éxito. La Corporatocracia está pragmáticamente construida sobre tres pilares:

Grandes Conglomerados Internacionales, Bancos Internacionales de Inversión en colusión con los Bancos Centrales[17]; y Corruptos Oficiales de cómplices gobiernos. Aquellos que tratan de desarticular las brigadas locales de bandidos son 'borrados' como lo fue el General Omar Torrijos de Panamá, a quien la empresa Bechtel Corporation[18] reemplazo por el General Manuel Noriega - otro "amigo de la CIA" así como también lo fuera en su tiempo el difunto Saddam Hussein. Noriega, después de la fanfarria de brutal invasión, fue también *borrado* para enseñar a todos una lección en modales y protocolo así también para detener a Japón y su oferta de reconstruir el Canal de Panamá; proteger a Mr. Bush y sus negocios de importación (i.e. drogas ilícitas) y otras "neutralizaciones".[19]

Consecuentemente entonces el Tío Sam una vez más hizo honor a la Doctrina Monroe hecha para proteger los mercados de ese Hemisferio de la

---

16 "El CSIS (Servicio Secreto Chino) opero junto a las bandas de las Triadas en el contrabando de drogas [desde el Triángulo Dorado] hacia Occidente. Dado que Hong Kong y su posición como un mayor centro para lavado de dinero el CSIS tenía un buen frente esconder sus ganancias de narcotráfico. Ese dinero financio sus operaciones en África con el Mossad - burlando a la KGB y su influencia desde 1964 - bajo el control de Qiao Shi (Director del CSIS) y el Coronel Kao Ling (Comandante con base en Zanzíbar)."
    – Gordon Thomas, *Gideon's Spies*, St. Martin's Press, 1999, p. 258
17 "McNamara y su más grande y más siniestra contribución a la historia fue llevar al Banco Mundial a convertirse en un agente de un global imperio a una escala nunca antes vista." – John Perkins, op.cit p. 91
18 Bechtel y sus Ejecutivos incluían a George Schultz y Caspar Weinberger. Bechtel es en los Estados Unidos la compañía de ingeniería y construcción de más influencia. ... Para mayores detalles en New Imperial Military, ver: P.W. Singer, *Corporate Warriors: The Rise of the Privatized Military Industry*, Cornell Univ. Press, 2003 James R. Davis, *Fortune's Warriors: Private Armies and the New World Order*, Douglas and McIntyre, Felix I. Rodriguez y John Weisman, *Shadow Warrior*, Simon and Schuster, 1989
19 "Neutralización" es una palabra con la cual la CIA se refiere a eliminar a un enemigo o una política impotente.

Europea explotación. Como sea, la metodología es mucho más que "Negocios es lo Usual".

"Mientras los países ricos (que son un 15% de la población mundial) controlan cerca de un 80% del total de los ingresos mundiales, aproximadamente el 60% de la población representando a países con "bajos ingresos" (incluyendo China e India) - con una población de 3.5 billones de personas - recibe el 6.3% del total del ingreso mundial (menos que el PIB de Francia y sus territorios)."
– Michel Chossudovsky, *The Globalization of Poverty*, p. 21

"Por cada $100 de crudo extraído de los bosques lluviosos de la amazonia Ecuatoriana, las compañías petroleras reciben $75, del restante $25, unos 75% de esa cifra va hacia el pago de la deuda externa y gastos gubernamentales - lo cual deja unos $2.50 por the asistencia social, educación y programas de salud. Así es como el sistema trabaja. Nosotros raramente recurrimos a alguna cosa ilegal porque el sistema está construido sobre subterfugio, y el sistema es por "definición" legítimo... Sin embargo, Si acaso fallamos, hay una más siniestra prole que entra en acción... los *chacales*: hombres quienes trazan su ascendencia a antiguos imperios. Siempre están allí, acechando en las sombras, y cuando estos emergen, jefes de estado son expulsados o mueren en violentos "accidentes". Si acaso fallaran los chacales... entonces los viejos modelos resurgen y los jóvenes Americanos son enviados a matar o morir."
– *Confessions of an Economic Hit Man*, John Perkins, Penguin, 2006

El Sr. Chossudovsky dolorosamente documenta la sofisticadas intrigas que directa e indirectamente causaron el genocidio en Ruanda, y varias tragedias Africanas - incluyendo hambrunas en Sudan, Etiopia, Somalia y otros lugares - y acertadamente acusa al gobierno de EUA y la organizaciones de ayuda en confabulación con amigos del IFI en Wall Street, Fleet Street and Paris Clubs. Un mucho más humano programa fue diseñado para los saudís de acuerdo al Sr. John Perkins, quien participo en el diseño del programa, así como también en decenas de otros.

Este primordial ejemplo de simbiótico latrocinio por profesionales parásitos es JECOR: *United States-Saudi Arabian Joint Economic Commission*, la cual asegura a la familia real Saudí la supervivencia y hegemonía respaldados por la presencia militar Estadounidense en el Golfo de Arabia, junto a marquesinas de las compañías petroleras del Tío Sam - sin mencionar la diseminación de las influencias culturales americanas que destruyen y/o expropian de monoteísta conciencia. En esencia: "el Saudí Estado se convirtió en estado-cliente de los Estados Unidos de America."[20] Para corroborar, presentare la opinión de uno de los más grandes eruditos del mundo:

"Árabes lideres están retirados de impopulares y aisladas minorías y oligarquías, y si bien puede que haya una residual retórica anti-Occidente en públicos discursos, ambos el estado y sus instituciones ahora han sido voluntariamente incorporadas en la esfera Americana."
– E.W. Said, "On Lost Causes," *Tanner Lectures on Human Values*, vol.18, 1997

La "Esfera Americana" se traduce a "Magnates Corporativos" con *manos escondidas*. Por los últimos 150 años, esta "elite" corporativa también ha fundado academias[21] que incrementada mente se han volcado hacia el ateísmo y la reducida visión de Charles Darwin con su teoría de la "Selección Natural". Esto ocurre junto a la deconstrucción general y desmitificación de las Escrituras Judío-Cristianas por Altos Críticos.[22]

Otros, en ley y economía, apoyan las medio-horneadas teorías económicas (basado en Riba, i.e. Usura) que suplanta la autonomía de la ciudadanía occidental junto con aquellas de los países en desarrollo, por ello ayudando a una verdadera subyugación global de subalternos al nuevo imperialismo fiscal. La simbiosis de este *institucionalizado* servilismo adulador y benéfico padrinaje en academias y medios tiene una reiterada historia de endosar elite de corsarios en tanto despojan y/o asesinan reemplazables autómatas en casa y afuera. Favorecidos académicos, magnates de Hollywood y periodistas producen y publican lo que es no- moralmente degradante a patriotas de marca, utilizando retorica enlazada con medias-verdades y favorablemente modificadas historias en pro de Euro céntricos temas de dominación, así que, hasta los *Caucásicos* goyim están orgullosamente subyugados como buenos

---

20 *Jerusalem In The Qur'an*, Imran N. Hosein, 2002, N.Y. p 148
21 "... probablemente debido a las grandes corporaciones, y los hombres quienes las manejan es que se fundan las universidades. Si acaso los profesores [de economía] exponen la verdad, esto indudablemente les costara sus empleos." - John Perkins, ibíd., pág. 32

"Nunca más se pensó que los expertos en ciencias políticas y sociólogos eran como sabios teoréticos o imparciales investigadores; muchos fueron descubiertos trabajando - secreta o abiertamente - en contrainsurgencia y "letal investigación" para el Departamento de Estado, la CIA, o el Pentágono." // "En el mundo Árabe, en nombre de la seguridad, el nacionalismo en la universidad ha venido a representar no libertad sino acomodación, no brillo y audacia sino precaución y miedo, no el avance del conocimiento sino de auto-preservación." // "Para hacer la práctica de intelectual discurso dependiente en conformidad a una predeterminada ideología política es hacer anular todo el intelecto junto." – E. W. Said: "Identity, Authority and Freedom," *Transition*, vol. 54, 1991, Duke Univ.

Ver también: "Business Goes Back to College," David Noble y Nancy Pfund, *The Nation*, Sept 20, 1980 pp. 246-52
22 "La Cristiandad parece no poder sobrevivir la empírica evidencia que redujo el divino status de su mayor texto." - E.W. Said, Orientalism, p. 136.

Jesuitas comunistas. Entonces si ellos piensan en ideologías que evitan hechos incómodos, manteniendo a estudiantes y el público preocupado con vanos "ismos" como divinamente prohibidas ganancias, que son legalmente vertidas en los tesoros de ocultos fantasmas y sus bandidos secuaces:

"El gobierno cuando es dueño de medios, incluyendo prensa, televisión y radio; producen encabezados y programas glorificando al presidente [Anwar Sadat] y sus logros, eran caracterizados por los individuos quienes manejan como agencias de falsedad... En Camp David se firmó el tratado de paz, la coronación de Sadat y las bases de la Khassa y su relación con los Estados Unidos para que no pueda ser atacado por ninguno; incluyendo miembros de la Asamblea del Pueblo"

- Sonbol, *Mamluks*, op cit, p 170, 176

"Los estudios monetarios, por encima de otros campos en Economía, es uno en el cual la complejidad es usada para disfrazar la verdad o para evadirla, no para revelarla."

- John Kenneth Galbraith

"Cuando el saqueo se vuelve una forma de vida para un grupo de hombres conviviendo en sociedad, ellos crean para ellos mismos en el curso del tiempo, un legal sistema que lo autoriza y un código moral que lo glorifica."

- Frederic Bastiat - (1801-1850) en *Economic Sophisms*

"Cuando enemigos cometen crímenes, son crímenes. De hecho, nosotros podemos exagerar y mentir acerca de ello en completa impunidad. Cuando nosotros [USA] cometemos crímenes, jamás ocurrieron."

- Noam Chomsky, MIT. *Conversations on Imperial Ambitions*

"Ningún Historiador podrá mantener su empleo si acaso intenta explorar conspiración; ¡es un tabú para la Sociedad Histórica Americana!"

- Anthony Sutton[23]

"Lo que a ellos [Americanos] más les disgusta es recordarles el amargo sabor de la historia."

- Tariq Ali, *The Clash of Fundamentalisms*, p 282.

"Ahora me doy cuenta las noticias que transmiten las grandes cadenas Americanas, son como el NyQuil, un elixir multi-sintoma. Una salpicada de reportajes, dos dosis de entretenimiento, una ronda cargada de control

---

23 El Sr. Sutton es un respetado erudito Británico, Publicador, Editor, y ex miembro del Instituto Hoover de la Universidad Stanford. Sus libros incluyen: *Wall Street & The Bolshevik Revolution, & National Suicide: Military Aid to the Soviet Union*

mental, y una pizca de atención maternal. El efecto neto es somnolencia y eventual sopor."

> - Alan Homcy, columnista para Ether Zone http://etherzone.com

"Su plan [Familia Real Saudí] es el reemplazar el periodismo Árabe con periodismo Saudí. Desde el Magreb hasta el Golfo, es difícil encontrar a un intelectual o buen escritor Árabe que no esté trabajando para ellos."

> - Tallot Salmon, Editor, Al-Safir

"El discurso económico dominante también ha reforzado su bastión en las instituciones académicas y de investigación por todo el mundo. El análisis crítico es fuertemente desmotivado; la realidad social y económica es para ser vista como un único set de ficticias relaciones económicas, las cuales sirven el propósito de ocultar el proceder del sistema económico global. Los eruditos económicos de corriente popular producen teoría ("pura teoría") sin hechos y hechos sin teoría ("economía aplicada"). El dominante dogma económico no admite disidente en ninguna discusión de su principal teorético paradigma: la función principal de las universidades es producir una generación de leales y dependientes economistas quienes son incapaces de develar los orígenes Socialistas de la economía de mercados global.
Similarmente, los intelectuales del Tercer Mundo están engrosando las filas en apoyo al paradigma neoliberal; la internacionalización de ciencias económicas apoya sin reservas el proceso de restructuración económica global."

> - *The Globalization of Poverty*, op.cit. p. 27

En lo que sus nativos "tercer mundistas" secuaces han fallado en enterarse es que su extrínseca sociedad con (la elite) Khassa está diseñada para derrotar su propias obligaciones feudales y hace aun a ellos dependientes y sin ayuda a *cambiar por el bien* el degradado status de su propia gente. Mientras, bajo el conjuro del Imperialismo del Nuevo Orden Mundial, Académicos, Ejecutivos, Gerentes Corporativos, Economistas, Abogados, Imanes, candidatos a cargos de elección popular y políticos no deben tocar piedras sagradas de los cuidadosamente fabricados dogmas y fabulas, o abrir los sepulcros de venerables villanos y erráticos sabios. La modificación de la historia - combinado con oratoria Goebbeliana - escudan este "imperio" y a sus ciudadanos a la auto-examinación en apoyo a patrióticas fiebres basadas en lo que Ibn Khaldun llama "Mitos de Origen y Destino". Estas viejas herramientas de mitigación y disimulación ahora son usadas para hacer guerra al terror por los mismísimos "maestros de esa obra" tal como lo recientemente revelado por el ex-PM Italiano, Francesco Cossiga (1985-92), quien inequívocamente y autoritativamente reporta: "que el ataque al WTC fue cumplido bajo conjunto auspicio de la CIA/Mossad con la ayuda de "Agentes Sionistas del *Nuevo Orden Mundial*" con el propósito de marginalizar *ciertos* países Árabes y justificando una nueva forma de barbarismo civilizado como ocurrió durante el *blitzkrieg*".[24] Siendo italiano el fielmente excluyo el auspicio católico bajo Jesuitas Fascistas, lo cual es entendible. Para referencias acerca de esta acusación, ver:

1. *Vatican Assassins*, 3ra Edición. 2006, por Eric John Phelps, La más exhaustiva historia de este culto Illuminati.
2. *Behind the Dictators*, Dr. L. A. Lehman, 1942.
3. *The Secret History of the Jesuits*, por Edmund Paris.
http://arcticbeacon.com/books/Paris-The Secret History of the Jesuits, (1975).pdf descarga. Chick Pub, Ontario, California, U.S.A. 1975, ISBN-13: 9780937958100 ISBN: 0937958107.
Los escritos de Edmund Paris (ex-Jesuita) sobre el Catolicismo en particular trajeron sobre si el juramento de parte de los Jesuitas para destruirlo, su familia, su reputación y sus obras, el Sr. Paris, un ex sacerdote Jesuita, fue asesinado por sus problemas.
4. *History of Romanism*, John Dowan, 1845.
5. *The Jesuit Conspiracy*, A. J. Leonne, 1829:
"No permitan que alguno sospeche nuestro objetivo... el Imperio del Mundo." Extracto de una carta escrita por Aloysius Fortis, 24th Jesuita General, 1824.
6. *The Mind of an Assassin*, Isaac Don Levine, New York: New American Library/Signet Book.
7. *Fifty Years in the Church of Rome*, 1886 por Charles Chiniquy, la cita a continuación, p. 174:

"LOS JESUITAS SON UNA MILITAR ORGANIZACION, NO UNA ORDEN RELIGIOSA. SU JEFE ES EL GENERAL DE UN EJÉRCITO, NO EL MERO PADRE ABBAD DE UN MONASTERIO. Y EL OBJETIVO DE ESTA ORGANIZACION ES EL PODER. PODER EN EL MAS DESPÓTICO EJERCICIO. ABSOLUTO PODER, UNIVERSAL PODER, PODER DE CONTROLAR EL MUNDO POR LA VOLUNTAD DE UN SOLO HOMBRE. JESUITISMO ES LA MAS ABSOLUTA DE DESPOTISMOS (DICTADURA); Y AL MISMO TIEMPO, EL MAS GRANDE Y MAS ENORME DE ABUSOS." (EL MÁS MONSTRUOSO DOLOR, LESION Y DAÑO) "EL GENERAL DE LOS JESUITAS INSISTEN EN SER MAESTRO, SOBERANO SOBRE LOS SOBERANOS. EN EL LUGAR ADONDE SEAN ADMITIDOS LOS JESUITAS ELLOS SERAN LOS AMOS, A CUALQUIER COSTO. SU SOCIEDAD ES POR NATURALEZA DICTATORIAL, Y POR LO TANTO ES EL IRRECONCILIABLE ENEMIGO DE TODA CONSTITUIDA AUTORIDAD. CADA ACTO, CADA CRIMEN, POR MUCHAS ATROCIDADES COMETIDAS, ES UNA OBRA MERITORIA, SI ESTA FUE REALIZADA POR LOS INTERESES DE LA SOCIEDAD DE LOS JESUITAS, O POR LA ORDEN DE SU GENERAL."

Charles Chiniquy (1809-1899) un Canadiense Presbítero convertido del Romano Catolicismo, nació en Kamouraska, Quebec, Canadá, de padres Católicos Romanos, y estudio en el colegio de Nicolet, Canadá, profesor de belles-lettres allí luego de su graduación y hasta 1833. En 1833 se ordenó como sacerdote católico romano, y hasta 1846 era vicario y curador en la

---

24 *Corriere dela Sera*, 30 Noviembre del 2007, el más viejo diario italiano y de más circulación en el país.

provincia de Quebec. Ver también las obras de Avro Manhattan, Alberto Rivera, John Loftus, Daryl Eberhart, David Guyat, Alexander James, José Rizal y Michael Ruppert.

En otras palabras, el ataque al WTC fue una operación de tipo "false-flag" que fue ingeniado profesionalmente, la cual cualquier estudiante de historia podrá reconocer ¡si fuesen ellos todavía capaces de leer! Entonces ¿porque no hay sobrios observadores de la historia sorprendidos y la política Occidental enfurecida? Yo contesto la pregunta as este discurso se desenvuelve debido a que hay más de esto, que lo está a la simple vista. Por ahora, en tanto que construyo el informe página por página, leamos las opiniones de algunos hombres con sustancial experiencia en la Ética Iblisiana:

"Naturalmente la gente común no quiere guerra: Ni Rusia, o Inglaterra, ni tampoco Alemania, eso se entiende, pero, después de todo, son los líderes del país quienes determinan la política y ese es siempre un tema con el cual arrastrar a la gente a la vez, ya sea una democracia, o una dictadura fascista, o un parlamento, o una dictadura comunista. Tengan voz o ninguna voz, al pueblo siempre se puede atraer en favor de los lideres, eso es fácil. Todo lo que deben hacer es decirles que están siendo atacados, y denuncia a los pacifistas por falta de patriotismo y exponer el país al peligro, esto trabaja igual en cualquier país."
- Hermann Goering

"Cuídense de aquel líder que redobla los tambores de guerra para poder azotar la ciudadanía en un patriótico fervor, porque de hecho el patriotismo una espada de doble-filo. It both emboldens the blood, just as it narrows the mind. And when the drums of war have reached a fever pitch and the blood boils with hate and the mind has closed, the leader will have no need in seizing the rights of the citizenry. En vez, será la ciudadanía, infundida con miedo y *cegada por el patriotismo*, ofrecerá todos sus derechos cediéndolos al líder y muy contentos así. ¿Cómo lo sé? porque esto es lo que he hecho, y Yo soy el César."

- Julio César

La Máscara de la Inhumanidad: *La Antítesis de la Verdad*

Al escribir "techados teísticas fabricaciones" arriba, específicamente me refiero a rendir cuentas a Dios en el día de la Resurrección, y digo esto debido a que sumado a la promoción de mitos que facilita negación grupal, doctores de histórica fantasía y la ciencia ateísta que utiliza formidable oratoria para disuadir estudiantes de considerar el "Día del Juicio". La consecuencia de este tacto es explicado por el Prof. Badri:

"Si una persona en su visión del mundo no incluye creencia en el alma o en la posteridad, es solo natural para él/ella ser un hedonístico animal tratando de disfrutar su vida material tanto como le sea posible, pero cuando este deseo es impedido por la vida y sus problemas o mera enfermedad y vejez, tales individuos inevitablemente se sentirán rechazados, ansiosos o depresivos, sucumbirán ante reacciones neuróticas y psicóticas, o tratar de negar su depravación mediante alcohol, drogas, o el suicidio."

- Contemplación, op.cit. p. 107

"¿Porque será que la palabra "alma" no está en el léxico profesional de los psiquiatras, trabajadores de la salud mental, estudiantes de la mente y doctores en general? Existen dos razones. Uno es que el concepto de Dios es inherente en el concepto del alma, y el "Tema Dios" está virtualmente fuera de los límites dentro de estas relativamente seculares profesiones. Puede que haya pensamiento religioso, ellos no quisieran ofender sus seculares colegas. Ni tampoco les importara perder sus empleos. El hecho es que hablar de Dios o el alma en sus reuniones profesionales sería políticamente incorrecto. La otra razón es que estos profesionales propiamente tienen un gusto por el rigor intelectual, y el alma es algo que no se puede definir completamente... No son los secularistas quienes me preocupan en relación a la propaganda negación del alma... Es la mayoría de religiosos que no toman su religión seriamente."

- M. Scott Peck, *Denial of the Soul: Spiritual and Medical Perspectives on Euthanasia and Mortality,* 1997, pp. 129-131

Cualquier plática entre académicos occidentales acerca del Infierno es descartada, frívola, o usada para acusar al Dios del monoteísmo como descorazonado; implica que un "Buen Dios" no puede existir, ni hablar que sea responsable por infortunios en aposición a la ordenada maravilla y belleza de un universo Darwiniano que dizque es el resultado de un fenómeno llamado "suerte."[25] Actualmente- aparte de la mayoría pero no en todas las instituciones Cristianas - tendencias intelectuales en Occidente favorecen ya sea el Credo ateo de los discípulos de Darwin, o una quasi-sufi metafísica que demerita o enmascara las doctrinas principales del monoteísmo en apoyo a la vis-à-vis "Selección Natural", una exquisitamente definida fantasía.

---

25 "... en [la selección natural] esta se necesita de alguna suerte para empezar... Tal vez unas pocas posteriores "brechas" en el cuento de la evolución también necesitara mayores infusiones de suerte."
- Richard Dawkins, *The God Delusion,* p. 169

Sin embargo, la dicotomía de esto es aparente incongruencia que no solo endosa la evolución, pero también sirve para remover el concepto Islámico del *Tawhid* (la Unicidad o Unidad de Dios y desde allí también Su Creación) en favor del humanismo; cuya reductora apoteosis luego define al hombre como el *animal más apto*, una designación consecuente con la materialista vista de un nebuloso concepto llamado monismo atributivo.[26]

En tanto, de acuerdo a Fazlur Rahman y Goethe, la verdad nunca puede ser lograrse con un enfoque reduccionista debido a que el estudio de cada fenómeno debe ser relacionado a lo "entero del fenómeno" del cual es una parte,[27] i.e., para la totalidad o *Unidad de* Creación (concepto Islámico del Tawhid). Ambos sabios alegan que el conocimiento debe ser "organizado como algo entero" - lo que Goethe llamaba la "Gestalt" - algo que la ciencia Islámica y eruditos alguna vez hacían cuando los Musulmanes rendían Allah la obediencia que rebasa la marea de vana especulación en favor de auténtica inspiración que se levanta secundaria a una sobria contemplación. Entonces, para remover a Dios y la base del Tawhid desde cualquier hipótesis es un error que consecuentemente conduce a la antítesis de la verdad, y la verdad para los monoteístas es sentido o propósito - lo que la Sura 3:185 llama "el objeto de Vida." En otras palabras y ya sea materialmente o metafísicamente, las academias Occidentales del siglo diecinueve y veinte ponen al humanismo en el trono de sabiduría como regente filosofo rey y esto es la pérdida del recuerdo de Allah, de lo cual Salomón dijo que ese es "el principio de toda sabiduría." Aun así, la insanidad es ahora la usanza común de "normalidad". The empuje de estas antitéticas enmendaciones se apresura hacia el este con horríficos sub-humanizadores efectos (i.e., la perdida de imperativa virtuosa moral) en tanto los políticos en desorden se revuelven por el botín y la lujuria de la modernidad, post-modernidad, democracia, independencia, pedagógica anarquía y el ostentoso igualitario progreso y éxito de ambos capitalismo y socialismo y su vasto surtido de vestuario para galas, en las que nunca fallan en idolatrar la tiranía y a su candidato para "gobernador del pecado". El hombre y su bárbara inhumanidad era predecible - tal como lo veras - *"desencadenado"* (como lo profetizado por ocultos *adeptos*) y seguido de the enredados pleitos hay una exigua evidencia de cualquier ascendencia de la llamada moralidad humanitaria y virtud durante la reconstrucción de Walter Cronkite y su *Twentieth Century*. Pero, como lo predicho por el profeta del Islam, un gran número de adornados Corán, edificios altos y bellas Mezquitas de hecho se han levantado.

---

26 Monismo Atributivo ("una categoría") sostiene que hay un tipo de cosa pero muchos diferentes cosas individuales en esta categoría. Materialismo e idealismo son diferentes formas de *monismo atributivo*.
27 Imran Hosein, *Jerusalem in the Qur'an*

El Legado de los Difuntos Hombres Blancos

Tal como lo expresado arriba, esto se logró (guiados) por ocultos arquitectos revelados a lo largo de este texto; un secuaz que también motivo la bien merecida y violenta reaccionaria critica del Euro céntrico humanista canon del "Difunto Hombre Blanco" y su literatura[28] la cual puede ser considerada el "nuevo fascismo"[29] completo con sus tropas de asalto e identidades por divisiones de raza, genero, clase, etnicidad, "valores familiares y planeación" y un incipiente "especial" interés que ha completamente ensombrecido la tradicional monoteísta orden de difuntos hombres blancos, sirviendo también como punto de departir por el tsunamico cambio en moralidad y inminente advenimiento de la tiranía global. Esta dialéctica metafísica de destrucción mediante deconstrucción de la tradicional Judeo-Cristiana visión del mundo, así como también la presente guerra contra los moros Islámicos era: deseada, necesaria, predicha, planeada y ejecutada por y para elegantes fantasmas de una nueva global Khassa para así poder lograr el ultimo declarado propósito en el nombre de la "Paz Mundial". Tal es la máscara de la antítesis de la verdad endosada por seriales progenitores este gobierno quienes también tomaron la cabeza de Marie Antoinette; cundieron de opio a la China; asesinaron a Lincoln y Kennedy por similares razones; financiaron a Hitler, Trotsky, Stalin, Mao, las Triadas de Taiwán y su Generalísimo, Ataturk, Hasan al Bana, Yasser Arafat (y su tío, el Gran Muftí), Reyes Saudíes, y varios chacales Paquistaníes en adición Osama bin Laden; sin mencionar a los fascistas idiotas quienes lincharon a Omar Mukhtar de Libia o los asesinados de las más de tres mil personas el 9/11en el WTC, en un día que estremeció al mundo - y todo con el mismo propósito.

El Racismo el enésimo grado del tribalismo y Nacionalismo apogeo de *pensamiento identidario* (Adorno)[30] que inevitablemente conduce a cruzadas de

---

28 "Difuntos Hombres Blancos o Difuntos Hombres Blancos Europeos (DHBE) es un derivado termino refiriéndose a la tradición de pensamiento y pedagogía que estresa las contribuciones de históricos hombres Europeos mientras van ignorando otros grupos de gente (individuos de no-Europea descendencia y mujeres).Este paradigma esta cercanamente asociado con la Gran Teoría de historia y el gran enfoque de libros educacional esencialismo y educacional perene." - Wikipedía.
29 E.W. Said, *Reflections on Exile, p. 187*
30 "Theodor W. Adorno fue uno de los más importantes filósofos y críticos sociales en Alemania posterior a la Segunda Guerra Mundial. Aunque hay sido poco conocido entre los filósofos anglófilos que sus contemporáneos Hans-Georg Gadamer, Adorno tuvo aun mayor influencia en intelectuales y eruditos en la Alemania de la postguerra. En los años 1960s él era el más prominente retador a ambos, Sir Karl Popper y su filosofía de la ciencia, y a Martin Heidegger y su filosofía de existencia. Jürgen Habermas, principal filosofo social Alemán posterior a 1970, fue alumno de Adorno y luego su asistente. El enfoque de Adorno y su influencia emana del interdisciplinario carácter de sus investigaciones y de la Escuela de Frankfurt a la cual perteneció, también emana de la entereza con la que el examina las filosóficas tradiciones Occidentales, especialmente a partir de Kant en adelante, y la radicalidad en su crítica de la sociedad Occidental contemporánea. Él era una eminencia como filósofo social y un miembro líder de las primeras generaciones de filósofos de Teoría Critica. Traducciones poco confiables han estropeado la recepción de las obras publicadas por Adorno en países de habla Inglesa. Desde los años 1990s, como sea, mejores

justificable barbarismo. Actualmente, la inminente amenaza a todo hombre es la abstracta identidad de "ciudadanos globales", en donde aquellos que no estén de conformidad o en sumisión a la nueva identidad de *homo-noeticus* - la cual es Luciferina y pseudo-secular - será redefinida como "los otros".

En el sistema de neo-fabricaciones que pertenecen al "Globalismo", ciudadanos (¿*Romanos* globales?) que serán solo aquellos quienes reciban la "Iniciación Luciferina" y la célebre "Marca de la Bestia". De allí, y así como lo estableceré abajo, el nuevo "Ciudadano Global" vendrá a identificar al Gobierno con los Illuminati y su "Big Brother" [famoso por la obra de George Orwell, *1984*]: lo cual es ahora una frase capciosa y contraseña usada por la más aberrante Secta Judía jamás conocida llamados *Frankistas* o *Sabbataenos*; una sociedad secreta que utiliza esta frase para poder identificar *su* líder o el *Bal Shem* - supremo mago (Sumo Sacerdote-Rey) de la Cábala, otra frase capciosa de esta formidable secta resulta ser *MasterCard*. Este elitista y más secreto de los cultos Cabalísticos eventualmente dieron surgimiento al "Radicalizado Sionismo", una atea filosofía tan distante del Judaísmo Ortodoxo, como lo está el profeta Moisés de aquel señor de apellido Bush:

"Implícito al desarrollo de la revolucionaria Frankista y la filosofía *Bund* era un odio por el Sionismo. Retornar a Israel por un puro Sionismo que está basado en básicos conceptos religiosos Judíos posteriormente desarrollado, y aparenta tener éxito. A este punto los conspiradores han minado el Judaísmo por intentar radicalizar el Sionismo. Desafortunadamente, el lado radical del Sionismo ha vencido en los términos del Partido Socialista *Histradrut*[31] que ha

traducciones han aparecido, junto con recientemente traducidas disertaciones y otras obras póstumas que aún se publican. Estos materiales no solo facilitan un emergente evaluación de su obra en epistemología y ética, pero también fortalecen a una ya avanzada recepción de su obra en estética y teoría cultural."
- Stanford Encyclopedia of Philosophy;

NB: El Prof. Adorno también declaro a la Filosofía como obsoleta debido a los desastrosos efectos de este ejercicio Marxista.
31 "Fue fundada en Diciembre de 1920 en Haifa como una unión mercantil Judía la cual también proveerá a miembros de servicios tales como intercambio de empleos, buen pago, y consumidores con beneficios, sus iníciales metas eran de proveer una federación para todos los trabajadores Judíos en la Palestina que entonces se encontraba bajo el mandato Británico, promover asentamientos, promover los derechos de los trabajadores contra la administración y para promover empleo a Judíos a pesar de los bajos sueldos pagados a los Árabes. La Histradrut tenía aproximadamente 4,400 miembros en 1920 y creció a 8,394 miembros en 1922 o justo sobre la mitad de la clase trabajadora judía, para 1927 el cuerpo tenía 25,000 miembros, o el 75% de la fuerza laboral Judía en la obligada Palestina. La Histradrut se convirtió en una de las más poderosas instituciones en el estado de Israel, a un líder de apoyo al movimiento Sionista Laboral y, además de ser una unión mercantil; su rol como constructor del estado lo hizo ser el dueño de un numero de negocios y fábricas y por un tiempo, el más grande empleador en el país, mediante su brazo económico, *Hevrat HaOvdim* ("Sociedad de Trabajadores"), la Histradrut poseía y operaba un número de empresas, incluyendo los mas grande conglomerados industriales así como también los más grandes bancos del país, el Banco HaPoalim. La Histradrut también proveía un completo sistema de plan de salud, su membrecía en 1983 era de 1,600,000 (incluyendo dependientes), contabilizando por más de un-tercio del total de la población de Israel y casi un 85 por ciento de todos los asalariados, casi 170,000 miembros del Histradrut

dominado el estado de Israel hasta este día. Una conspiración entonces existe y es perpetuada donde un grupo de adinerados Neo-Plutonistas intentan dominar Israel con enormes sumas de dinero [La Cábala de los Rothschilds como se demuestra más adelante], y traten de mantener su control sobre su futuro. Ellos han tenido éxito en estabilizar el desarrollo del Estado para que así Israel este perpetuamente dependiente en ellos para su crecimiento económico. No hay razón porque Israel y su presente economía de 30 billones de liras Israelíes ($8 billones) no es de 100 billones.

La burocracia Israelí, generada por el Socialismo, ha dado a luz a una desgraciado, estúpido status quo que permea el gobierno, manifiesto por un *sachevet*, "cinta roja," la cual drena la viva sangre vital del Estado.[32]

- Rabbi Marvin S. Antelman

Las profundidades del depravado genio y obra que esta secta ha alcanzado merecen el más bajo nivel de hospitalidad infernal, y exhorto a los Musulmanes a explorar y apreciar esta historicidad como que no era una vaga excentricidad de lunáticos sino una antigua sociedad de profundamente perversos adeptos de lo oculto - hombres y mujeres quienes están profesionalmente insanas. La Máscara de su inhumanidad está escondida en el Humanismo.

Hacia la Eugénicas: La Plaga Brahmaniana

Hay varias teorías de evolución, y hago énfasis en la palabra "teoría" debido a que no hay prueba de algún desarrollo "paso-a-paso" de una especie a otra.[33]

---

eran Árabes (quienes fueron admitidos a la membrecía a partir de 1959), en 1989, la Histradrut era el empleador de aproximadamente 280,000 trabajadores, con la incrementada liberalización de la economía Israelí desde los años 1980s, el rol y tamaño del Histradrut ha declinado pero aún sigue siendo una poderosa fuerza en la sociedad Israelí y en la economía de la nación."

32 Ver: *To Eliminate the Opiate*, Vols. I & II, por Rabbi Marvin S. Antelman, 1974, 2002 para una completa y detallada historia. Disponible en Zionist Book Club, perkins@netvision.net.il, llamar: USA I-877-7224699 o Israel 1-800 -722469, también disponible en @ Amazon.com y su ebook.

33 Simplemente dicho, **Neo-Darwinismo** es el gradual origen de las especies desde un común ancestro por natural selección de mutaciones. (Evolución Teística introduce a Dios en esta de otra forma proceso naturalistico.) La idea falla debido al record fósil que muestra ninguno de las predichas formas transicionales pero en vez revela la complejidad y diversidad de la temprana animales formas. Adicionalmente, estas formas no tienen precursores acorde al record fósil. Este siempre ha sido un problema para el Darwinismo y Neo-Darwinismo desde su inicepción hasta ahora. Lo siguientes son lo que los científicos han dicho acerca de esta en algo reverso orden cronológico:

El Paleontólogo Alan Cheetham, un gradual evolucionista, ha sumado décadas de su propia investigación: "llegue a la conclusión que no estaba encontrando evidencia para gradualismo." Reportado por: R.A. Kerr en "Did Darwin Get It All Right?" *Science* 276: 1421, 10 Marzo 1995. - "... ningún humano jamás ha visto

Mientras cosmologías como la *Ciencia Espiritual* de Antroposofía y la saga Védica son exquisitamente desviadas especulaciones metafísicas, la "Selección Natural" se enseña como un hecho derivado de una pesarosa desviación en la labor investigativa enraizada en reduccionismo materialista.

El postrer cadre y sus simpatizantes por lo tanto asumen que la subsistencia de humana perversidad es una manifestación de niños *normales* volviéndose *anormales* debido a malacrianza adulta y malos genes, lo cual es parte cierto. Sin embargo la fabricación como principio *absoluto* se ha prestado ella misma a varias escuelas subversivas: El asalto Fabián en Educación; La Stalinesca sicología de "Lavar Cerebros", lo cual incluye a las Masas hipnotizadas con la Propaganda *Thelémica* (definida en capítulos posteriores); y el Skinneresco control de las gentes[34] que ha dado a luz esfuerzos fútiles de rehabilitación, sin frutos, este operar ha sido confirmado por (1) siquiatría forense, (2) altos niveles de recidivismo criminal, y (3) la expansiva *devolución* de la iniquidad del

---

formar una nueva especie en la naturaleza." Steven M. Stanley, *The New Evolutionary Timetable* (New York: Basic Books, Inc., 1981), p. 73. – "No hay fósiles conocidos que muestran la apariencia de los primitivos insectos ancestrales… hasta que los fósiles de estos ancestros se descubrieron, como sea, la temprana historia de los insectos solo puede ser por deducción." Peter Farb, *The Insects*, Life Nature Library (New York: Time Incorporated, 1962), pp. 14-15. – "En lo concerniente a los mayores grupos de animales, los creacionistas parecen tener el mejor argumento. No hay la más mínima evidencia de que de uno de estos mayores grupos surgiera de algún otro. Cada uno es un especial animal complejo relacionado, más o menos cercano, a todo el resto, y de apariencia, por consiguiente, como una especial y distinta creación." - Austin H. Clark, "Animal Evolution," *Quarterly Review of Biology*, Vol. 3, No. 4, Diciembre 1928, p. 539. – "Cuando descendemos a detalles, podemos probar que ninguna de las especies ha cambiado; ni tampoco podemos probar que los supuestos cambios son beneficiosos, la cual es la base de la teoría [de evolución]." Charles Darwin, *The Life and Letters of Charles Darwin*, Vol. 2, editor Francis Darwin (New York: D. Appleton and Co., 1898), p. 210

"El código genético y selección natural explican mucho, pero la evolución no explica como vine a existir. Ni siquiera explica aun el origen de la consciencia… Si ves a los más modernos textos en evolución, encuentras nada acerca de la mente y consciencia. Ellos asumen que solo viene automáticamente con el desarrollo del cerebro, pero esa no es una respuesta, si acaso lo único de mi ser está ligado a la genética y ser único que construye mi cerebro, las probabilidades contra mí de existir son de 10 contra 10-mil. - Sir John Eccles (1903-1997), Australiano, ganador del premio Nobel de medicina en 1963, es un neurólogo quien demostró la transmisión de impulsos eléctricos en el cerebro, el declaro que su investigación lo condujo a la conclusión que la evolución por sí sola no puede explicar la propia conocimiento de sí mismo. Sir John se volvió incrementadamente convencido… de alguna transcendental agencia en la infusión del Alma dentro la humanidad. El sostiene que el cerebro y la mente son separadas entidades las cuales interactúan, pero solo es solamente el cerebro el producto de la evolución genética.

"Yo alego que nuestra mapa genético ha hecho del creer en un infinito y Absoluto Dios parte de nuestra naturaleza, por el proceso de selección natural, mutando genes asimilo la fe suficiente importancia para la sobrevivencia de nuestros antepasados que fueron inclinados a estas mismas tendencias. Irónicamente entonces, se puede alegar que la evolución favorece la religión, causando a nuestros cerebros a generar los impulsos necesarios para seguir adelante – fe, esperanza, y amor se vuelve parte de la neuromatriz con la cual enfrentamos la vida."

— Benson, *Timeless Healing*, pp., 202, 208

34 La *Fundación Ford* introduce el "conductismo" o *control de las gentes* [humana ingeniería] dentro del curricular académico en la Harvard Business School a través del director, Donald K. David, en 1956. David recibió $2 millones de la Fundación Ford por este programa, mientras él era director de la fundación. En 1970, la Fundación Ford estableció la Fundación Policiaca, encabezado por Pat Murphy, para entrenar policías en conductismo y "relaciones humanas." – Eustace Mullins, op.cit. p. 240

hombre; y esto sin mencionar el programa fascista MK-Ultra y los demas programas de control mental tan amados por la CIA y sus progenitores Nazis. Sin embargo, los humanistas profesan que la conducta antisocial puede ser prevenida por un profesadamente más científico enfoque a la educación: una que deja a La Deidad y la Ley Divina fuera del mientras la paternal autoridad es reemplazada con poderes Orwelianos (i.e., una abstracción llamada el "Estado" o el *Bal Shem* del Big Brother) - exactamente lo que Hitler, Stalin y el Secretario Mao hicieron a sus gobernados.[35]

Sin embargo, el observador del gestalt que conoce los estándares de aceptable conducta humana revierte sus polos históricamente para que así la maldad se convierta en la norma mientras la virtud se vuelve el consuelo de parias. Esto está bien demostrado por la ciencia de Antropología y aun se nota en la escritura:

> "El Corán lo hace claro que... los hábitos inmorales se convierten en establecida costumbre... gente que exhibe altos morales estándares pueden ser considerados como anormal, marica, o mentalmente perturbado. De hecho, pueden ser deportados o terminar muertos por ser moralmente limpio: "Expulsa la casa de Lot de tu vecindad, porque son hecho gente quienes se mantienen limpios y puros."
> - Malik B. Badri, *The Dilemma of Muslim Psychologists*, MWH, London, 1979, p. 22.

De allí, entonces son los mismos racionalistas que condenan el castigo capital mientras aplauden la descarada agresión militar y asesinato de masas en el nombre de la *libertad*: otra vana ideación que nuestros Jacobinos Frankistas *(Illuminati)* Maestros arreglaron a igualar con el espejismo de la Democracia. Un ejemplo es la sentencia a prisión perpetua por las Cortes Rusas para el despiadado "Ajedrecista" asesino en serie en deferencia a amenazas de Europeas sanciones, aun así que Rusia asesina en masa y oprime Musulmanes Chechenos. Yo tratare de explicar porque la dicotomía es aceptada como *normal* y como esta misma línea de pensamiento apoyara una nueva-era furia eugénica.

En el lado místico de la actual corriente metafísica Occidental, los Antroposoficos metafísicos de Esotérica Cristiandad y su gurú-primo toman un intrigante enfoque a la humanidad en la re-educación. Su propósito es preparar generaciones enteras para un espiritual avance en la humana evolución durante los siguientes 3,000 años. En alguna etapa en esta "Época

---

35 Ver: *Wild Swans* and *Mao: The Unknown Story por* Jung Chang y Jon Halliday, Touchstone, 2003; y, por cierto que, George Orwell era no solo un espía Británico pero también un Fabián Socialista, un grupo con raíces en la Esfera de influencia Frankista.

Atlante", la facultades paranormales del hombre están supuestas a evolucionar hacia una consciente "síquica" percepción del *Cristo Cósmico* (i.e., la *real* "Segunda Venida"), la cual el Dr. Steiner dijo que ocurriría en 1933. El enfáticamente enseña que este supersensible "Cristo Ser" es el infortunado e incomprendido ángel caído llamado *Lucifer*.[36]

El Dr. Steiner dizque - mediante consciente clarividente observación de la Crónica Akashica[37] - Lucifer es el *Espíritu Santo* de la Cristiandad Gnóstica: un ser *sobrenatural* que entro en Jesús en el Bautismo del Jordán y tres años después fundía *su esencia espiritual* (ego) con la *esfera etérea de la tierra* mediante el derramamiento de su *sangre divina*. Este es el gnóstico *Misterio del Gólgota* (i.e., el sacrificio humano de un dios-hombre o crucifixión del Cristo). De allí a través de la inmolación de este dios (uno de muchos), Lucifer ofrece el mismo derramar su sangre vis-à-vis a la humanidad como una transcendental *luz moral* - ahora accesible a nivel global - para poder hacer caer nuestra descendencia dentro de la oscuridad de obcecado materialismo, por la cual la humanidad podría *evolucionar* como una nueva especie de clarividencia tipo ubermenge [Madama. Besant y su *Homo-Noeticus*]. Lucifer y su voluntaria rendición de su celestial estado a través de un agonizante descenso desde los Campos Elíseos - solo para experimentar *humana muerte* - trae consigo ambas, su propia redención y la nuestra por otorgarnos *su gracia* como el divino mediador de moral inclinación por el bien de todo hombre, excepto para *untermenge* muy densa para apreciar el favor. La preparación para el "misterio de iniciación" a esta atavistica[38] evolucionarlo paso avante es el enfoque de las mundiales Escuelas Waldorf. Los Altos Grados Francmasones (incluyen capos de las Triadas y Yakuzza), Frankistas, Sionistas, Teo sofistas, Illuminati y otros especuladores también van tras Lucifer por la "luz" de su mediación y estos grupos ahora tienen las riendas del poder mundial.

---

36 Esto de conformidad con Eliphas Levi que dijo: "Lucifer es divino y terrestre. Él es el Santo Espíritu, el portador de luz en nosotros. Es nuestra mente." Por consiguiente somos Lucifer, significa también que "nosotros somos Dios", una vez nos volvemos un illume.

37 "El record akashico es un imaginario reino espiritual que supuestamente tiene record de todo evento, acciones, pensamientos y sentimientos que han alguna vez ocurridos o de los que ocurrirán. Los Teo sofistas creen que la akasha es una "luz astral" conteniendo records ocultos, los cuales seres espirituales pueden percibir por sus especiales "sentidos astrales" y "cuerpos astrales." Clarividencia, espiritual intuición, profecía y muchas otras improbables nociones metafísicas y religiosas son hechas posibles por pegarse dentro de la akasha." - The Skeptic's Dictionary. Akasha es Sanskrit para cielo, y también se refiere al Védico aether del cual todas las cosas están formadas.

38 Atavistico en el sentido que el Dr. Steiner dizque todo hombre antes de la "caída de Adán" tenía acceso a Dios (mundos celestiales y seres no-físicos) mediante directa facultades de percepción metafísicas que aún le falta completa ego-consciencia. La Reencarnación entra en juego cosmología aquí, en tanto que todo hombre retorna por numerosos chances de restaurar esta facultad, de allí la redención.

El peligro de esta clase de Gnosticismo es hecho conocido en el libro de Revelaciones, Capitulo 17, adonde se nos dice que los líderes mundiales de los "últimos días" serán de "una sola mente y otorgaran todo su poder y fuerza a la Bestia" y, por supuesto, esto es confirmado en el Corán:

> "Y cuando se pronuncie la realización de la promesa de Dios estableciendo la hora y se aproxime el castigo de los incrédulos, Dios hará surgir a la gente una bestia de la Tierra que les dirá - entre otras cosas -: en realidad, los incrédulos no creían en nuestros milagros ni tampoco en el ultimo día y ahora se ha realizado lo que habían desmentido. Esto es el terror de la hora y de lo que sigue después."
>
> -El Sagrado Corán 27: 82

Mientras los Antroposofistas se preparan para esta teomaníaca "Gran Paso Avante", una mezcla de simpateticos cultos que conforman la ONU, CFR, NSA, agencias globales de espionaje y el Pentágono tienen muy inquietantes "planes" para "otros" que se rehúsan a saltar el obstáculo ofrecido por una elite de creyentes en la Selección Natural. Sus planes no son muy diferentes a aquellos usados por los pretéritos antecesores en Auswich, Dachow, Siberia, Nanking, Vietnam y los Territorios Dakota.[39]

Al contrario, el ateísta Darwinismo - según Richard Dawkins de Oxford - explica la evolución del hombre nada mas como el *accidental resultado* de una "natural selección" en consecuencia de una extremadamente *suertuda concurrencia* de las seis constantes universales que hicieron posible la vida en la tierra cuando pre-primordial baba *fortuitamente* modelo un muy *accidental* soplo de extremadamente complejos amino ácidos dentro de la exquisitamente multifacética molécula del ADN, y, *por accidente,* justo *sucedió* tener suficientes de ellas en el mismo bulto para *afortunada* masa crítica de inmensamente *coincidentes* abultaciones-juntas que enormemente incremento la *probabilidad* de múltiples *chances* transpirando por suficiente *buena fortuna* sobre las más de 1.3 billones de años que tomo para eventualmente darme suficiente masa cerebral para escribir acerca de el por ningún propósito real otro que la competición por el *chance* que *pueda* calificar a uno de nosotros como el "más apto".

Yo propongo que ambas escuelas de *especulación* - la meta-material (con propósito) y material (sin propósito) - son vanas polos de ideaciones [tesis/antítesis] que ayuda a la infección de occidentales políticas con la

---

39 Existen más de 700 campos de detención [Concentración] preparados para recibir "prisioneros" domésticos en suelo Americano. Esto es confirmado por Ted Gunderson, un integro investigador y retirado ex Director de la Oficina de Campo del FBI con un impecable record y verificables fuentes. El Sr. Gunderson también confirma la existencia de Satánico humano sacrificio y pedófilos dentro de las más altas oficinas del Gobierno Estadounidense, la CIA, NSA, e Militar Inteligencia, y el solo es uno de muchos tales investigadores.

tradicional chauvinismo Brahmaniano que es usado como percolador a través de la visión del mundo Judío-Cristiano; una actitud que sirve al látigo Ario y fascista fabricación comúnmente llamada "La Carga del Hombre Blanco" o "Manifestó Destino". Tal efecto sublimiza el racismo mientras permitiendo el tradicional uso de la fuerza en Melanitas para poder asegurar la hegemonía Occidental en el Nuevo [*Atlante*] Orden Mundial - una fabricación del *Bal Shem* y su grupo tradicionalmente manipulan con elegante fineza; muy especialmente en América cuya moneda desde 1933 orgullosamente publicita a la rabínica piramidal de la causa del Faraón desalmado.[40] Posteriormente propongo que esta ideación 'controla mentes' adopte por default cualquier no-Caucásica política que se postra al imitar banderas y tótems de icónico simpateticos sabores; aunque sean ciudadano esclavos de segunda clase o aprovechados compinches en el libre-comercio:

> "Por muy positivo que se el enfoque de la Amma hacia el "libre-comercio", esto muy pronto probo ser desigual a las expectativas, como resultado de la renuencia de la Khassa para permitir completa igualdad entre varios sectores de la sociedad. Si no en vez, la Khassa continua sosteniendo clases diferentes, y las nuevas políticas no elimino las mercantilistas políticas... el gobierno de Sadat represento el mandato de la Khassa que aun disfruto de los mismos poderes y privilegios que tenían bajo Nasser."
>
> - Sonbol, op.cit. p 154

> "Cualquier sistema económico el cual permite buscar irrestringida ganancia violando la justicia social es contrario al espíritu del Islam."
>
> - Dr. S.M.A. Sayeed, op.cit. p. 138

En cuanto a los británicos, yo creo al Estadista Anglo-Americano citado abajo, el Sr. Holmes amplio a favor de mis proposiciones:

> "Es mejor para todo el mundo, que si en vez de estar esperando ejecutar degenerados hijos para el crimen, o para dejarlos morir de hambre por su imbecilidad, sociedad puede prevenir a aquellos quienes son manifiestamente inaptos para continuar su tipo,"
>
> - Oliver Wendell Holmes, Corte Suprema de Justicia, en el histórico caso de eugénica en 1926.

> "Yo no estoy de acuerdo con que el perro en la perrera tenga el derecho final a la perrera, aun así el haya estado encerrado allí por mucho tiempo. Yo no admito ese derecho, no admito, por ejemplo,

---

40 El Sello del Culto Illuminati [la Pirámide con el ojo de Horus], colocada en el dólar por FDR en 1933.

que un gran mal se ha hecho a los Rojos Indígenas de América, o a la gente Negra de Australia. No admito que un mal se haya hecho a esta gente por el hecho que una raza más fuerte, una raza superior, una raza más mundana, para ponerlo de esa manera, han venido y tomado su lugar."

> - Winston Churchill, *Peel Commission of Inquiry*, 1937,
> Re: Judíos y su trato a los Palestinos.

"Siempre se asume que el Consumidor Occidental se sienta con derecho ya sea para poseer o gastar la mayoría de los recursos de mundo. ¿Porque? Porque el, a diferencia del Oriental, es un verdadero ser humano... lo que Anwar Abdel Malek llama "el hegemonismo de poseer minorías" y antropocentrismo aliado con Eropocentrismo: un blanco clase media Occidental cree que es una prerrogativa humana no solo de manejar el mundo no blanco pero además poseerlo, solo porque "esos" no son tan humanos como "nosotros" somos. No hay más puro ejemplo que este de deshumanizada mentalidad." - E. W. Said, *Orientals*, p. 108

Posterior a la Primera Guerra Mundial, los Fascistas empresarios Japoneses

"Nanking Liberadores" tuvieron valor suficiente para sugerir que la Liga de Naciones debería formalmente prohibir el racismo en su chárter. Gran Bretaña y América dieron veto a la moción como sea, así que me temo que la plaga Brahmaniana no puede ser relegada al legal olvido hasta el Día del Juicio. Sin embargo, entre ahora y entonces, estoy seguro que nuestros Frankistas Fantasmas que mitigara aprovechados *Melanitas* al concederles suficiente moneda, tótems y banderas de honorable posición subalterna en la Brigada SS de naciones goyim.

Uno no puede evitar la remesa de racial chauvinismo "cultural" como una fundamental fabricación de Occidentales patriotas. Esto es una ideación que vitalmente inhibe consecuente egalitario raciocinación y automáticamente revierte - al verdadero estilo del César — a "lamentable" barbarismo al momento en que sus proponentes son amenazados por Melanitas tales como Sino hordas y Musulmanes cabeza de-trapo, Wogs, Coolies y Niggers o sus simpatizantes como grandes nativos como Russell Means o el Jefe Seattle. Esta reacción - una naturalmente homínida cosa que ver con inferiores especies - de hecho representa la antítesis de la profesa monoteísta Caucásica fe, sin mencionar el Humanismo. Por otra parte, esta es la históricamente establecida manifestación defacto de un selectivo olvido de Dios y sus mandamientos. Lo mismo es cierto de Musulmanes sectarios que consideran a aquellos quienes están en desacuerdo con *su* chusma sea tomado como "no-Musulmán" para poder justificar asesinato y robo. Uno debe preguntar, por lo tanto, si acaso estas antitéticas y sub humanas emanaciones están simplemente retornando al nido en irredentos corazones de bestiales criaturas de exaltada pretensión.

Internalizada retorica la cual define abstracciones de realidad en apoyo de hegemonía de identidad de grupo no puede fallar en vencer una senda a la cocina del infierno cuando está dada una plataforma política. Estas "ficciones," de acuerdo a E.W. Said, "tienen su propia lógica y dialéctica de crecer o declinar"... tal que:

"La verdad se convierte en una función de aprendido juzgamiento, no lo material en sí, lo cual con el tiempo aparenta deber su propia existencia al ponderar]: Uno debe otra vez recordar que todas las culturas imponen correcciones basadas en cruda realidad, cambiándola de ser libres flotantes objetos a ser unidades de conocimiento [reduccionismo]. El problema no es que la conversión tome lugar. Es perfectamente natural para la mente humana el resistir el asalto a el de no tratada rareza; por lo tanto las culturas han sido siempre inclinados a imponer completa transformaciones en otras culturas, recibiendo estas culturas no por los que son, sino por el beneficio del receptor, ellos deben ser."[41]

De allí, Muhammad se convirtió en un poco más que un "Impostor"[42] para las hordas Judío-Cristianas Occidentales, y la didáctica ha continuado manifestando en recurrentes declaraciones de guerra tal como Huntington y su *Clash of Civilizations*, la cual acusa a todos los *Melanitas* - específicamente ojos-rasgados come arroz y jinetes de camellos. El amonesta a Occidente a proteger su posición por:

"...explotando diferencias y conflictos entre Confucianos y Estados Islámicos;... apoyan a otras civilizaciones que simpatizan con los valores e intereses Occidentales... fortalecen instituciones internacionales que reflejen y legitiman intereses y valores Occidentales... promueven el involucramiento de no-Occidentales estados en estas instituciones," [p. 49]

En respuesta, E. W. Said tiene esto que decir:

41 EWS: *Orientalism*, pp. 62 & 67
42 *The True Nature of Imposture*, Humphrey Prideaux, Bishop de Norwich, London, E. Curll y J. Hooke 1697. Disponible en Amazon.co.UK

> "... Ese [Huntington] alega desde la posición del Pentágono, sus planeadores y ejecutivos de la industria de defensa quienes pueden temporalmente perder sus ocupaciones después del fin de la Guerra Fría, pero hemos descubierto una nueva vocación para ellos." - *The Clash of Definitions*, óp. cit. p 571

La polémica es pura propaganda por la continuada piratería Occidental como se refleja en un pasaje de la novela de Joseph Conrad: *Heart of Darkness*, aunque Conrad encierra una menos elegante apreciación que EW Said:

> "... la conquista de la tierra, lo cual significa tomar de aquellos quienes tienen una diferente complexión o una nariz ligeramente más llana que la nuestra, no es una cosa bonita cuando ves mucho dentro de ello. Lo que lo redime es la idea solamente... no una pretensión sentimental pero una idea, y una no mezquina creencia en la idea - algo lo cual puedes armar, y postrarte y ofrecer un sacrificio a ello."

Said es lo suficientemente gentil al criticar a Huntington y su declaración de una *guerra religiosa* mientras Conrad está más cerca a la elemental naturaleza de los "Difuntos Hombre Blancos" y su canon de lascivo narcisismo. Su analogía de idolatría a la luz del escrutinio del Día del Juicio final definitivamente clasifica la insana religión de una preferido selectivo Humanismo Orientalista. A Pesar a esto, cada heterodoxa cultura [la tradicional oposición amma] persistentemente intenta re-definir sus superlativos esfuerzos con vistas de utópica gloria que inevitablemente fallan debido a que cada rebelión está poblada por aquellos quienes no promueven ni mantienen a legítimos vice regentes de Allah para o en la banca frontal de juiciosa autoridad y poder, así como lo hicieron los Profetas y sus Compañeros. La palabra clave es divina "autoridad" (lo que S.M.A. Sayeed llama "Autenticidad"[43]) y no poder, lo cual la Iblisiana Ética define como la real política de "Querer".

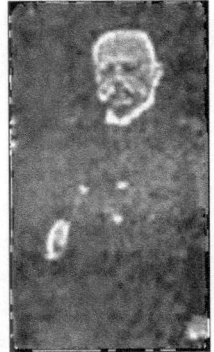

Allah con su definición es similar pero la diferencia es que Allah actualmente *ayuda* a la pura política (hanif) Islámica de la cual, desafortunadamente, ninguna existe ahora. Sin hanif el Islam - i.e., la actual prohibición de la maldad y el apego al bien, la cual los Musulmanes parecen confundir con la ejecución del ritual como todos los buenos paganos - no puede haber paz y seguridad en la tierra debido a mero "Querer", ya sea que Occidentales y/o Orientales, no engendran lo "correcto" que encomienda la gracia requerida

---

43 *The Myth of Authenticity, A Study in Islamic* Fundamentalism, S.M.A. Sayeed, Kitab Bhavan, New Delhi, 1999

para autentica intervención divina. Al contrario, Iblis podría y pueden entretener, alumbrar y ayudar todo los tales "poderosos hombres" (*Gibbor* Bíblico) y aquellos en sumisión a la insana bobería.

El Orientalismo actualmente es el arte de hombres blancos diciendo - con cultivados aforismos anglos - quienes son y porque ellos son subalternos los wogs, chinks, rag-heads, natives y niggers. Esto no es distinto a las apologías utilizadas por Divinos Occidentales para justificar sus escogidas dudosas sillas de estratégica piedad. Como se demostró arriba, la internalizada retórica de cualquier hegemonía de cultura que define unas pocas más que abstractas imaginaciones en un comunal intento de redefinir mezquinamente y manipular la realidad acordemente. Por Tanto, en la ausencia de la asimilamiento de la Revelación Divina, su primacía y reforzamiento por autentica gobernación sometida a ajuntar la ley Shariah bajo la dirección de la shura (Consejo de Eruditos Musulmanes Tradicionales), tal esfuerzo queda corto en obediencia a la Divina Ley e inevitablemente conduce a la perplejidad que observamos y experimentamos según lo predicho por el Profeta y el Corán:

> "Mas Dios les castigara por sus burlas y determinara para ellos la pena de humillación por su burla y desconsideración, y les tratara como a los burlones y les permitirá continuar con su repulsiva opresión que les mantiene ciegos ante la verdad, y luego les aplicara Su gran tormento."
>
> "Y con su hipocresía se hallan como quien enciende un fuego, para aprovecharlo con su gente y cuando las llamas comienzan a alumbrar las cosas en sus entornos, Dios les apaga la luz y los deja en intensa obscuridad que no les permite ver nada. Ello porque Dios les había concedido los medios de la buena orientación a ellos no se acogieron a tales medios y sus vistas quedaron borrosas, y así merecieron quedar en la confusión, la perplejidad y el extravió."
>
> "A los que no creen en el ultimo día les hemos embellecido sus obras mediante la creación del deseo en ellos. Entonces están desorientados en su desvió."
>
> - Suras: 2:15, 17; 27: 4

Pese a esta verdad, los hombres escogen colocar su fe en algo abstracto llamado "Humanismo" y Hombres Poderosos llamados "héroes". Esto solo puede implicar que los Musulmanes que ondean la bandera humanista también son enemigos del Islam que han irracionalmente disminuido su fe en la misma manera que lo han hecho Deístas, Lamainismo y su Dalais y

Brahmins.[44] Por lo tanto acordemente, el Dilema Musulmán en su postmoderna redefinición del Islam de acuerdo a muchas Orientalizadas e intangibles ismos[45] así como hay palpablemente desobedientes sectas. En tándem con esta conclusión, además de mí, el eminente E.W. Said sugiere que si Occidente no se arrepiente de su bestial majadería, ellos y su grupo de Orientales mímicos será arrastrada a las profundidades de la furiosa venganza por el "Moby Dick" de Ahab y su obsesión:

"Todos mis medios son racionales, solo mi fines son insanos."

Capitán Ahab en *Moby Dick* por Herman Melville

"Lo que es irónico es que los gerentes de esta situación mundial fueron ellos mismos que concedieron en que ellos ahora tiene el poder de apropiarse de lo local por lo global, para admitir diferentes culturas dentro de esta dimensión de capital con los requerimientos de producción y consumo, y aun para reconstituir subjetividades cruzando nacionales fronteras para crear productores y consumidores que respondan más a las operaciones de capital. Aquellos que no respondan o las "canastas vacías" que no sean esenciales a esas operaciones - cuatro-quintos de la global población según contabiliza el gerente - no precisa ser colonizada; ellos están simplemente marginados."[46]

Al momento de considerar la chauvinista mentalidad de aquellos quienes adoran el *Norte y su* DWM *Relaciones Exteriores* y *Wall Street* con sus cánones, y especialmente la exitosa colusión de kleptocratas del primer, segundo y tercer mundo con el *Nuevo Imperialismo* que marginaliza con impunidad a cuatro-quintos de la humanidad, podemos concluir que los Imames de la humanidad - por entero - han fallado en seguir la compasionada senda hacia egalitaria virtud a pesar de la retórica proferida por congruencias de adoradores en Humanistas catedrales y mezquitas de Paz Mundial y Modernidad - a pesar de su *ortodoxa* cultura de aprobadas divinidades, académicos y abstractas entidades de estado de inventadas tradiciones con su tal *Declaraciones de Derechos Humanos*.[47] El un-quinto de las culturas del mundo que han seguido al Sr. Huntington y su esquema de pos-Guerra Fría como piezas de domino

---

44 Deístas son aquellos quienes adoptaron la Saga Védica de Atman [el Creador] dejándonos a nuestras propios medios bajo el auspicio de ambos Brahma y Shakti. Muchos Francmasones son en esencia, Deístas.
45 "Islam se enteró que todo reclamo de racional pensamiento probo ser un mero vano esfuerzo contra mezquinos impulsos. Esto solo puede ser domado por transcendentales imperativas." - S.M.A. Sayeed, op.cit. p 140.
46 *Critical Enquiry,* Winter, 1994, p. 351, por Arif Dirlik, Politólogo Duke University
47 Ver: *The Invention of Traditions,* ed. por Terrence Ranger y Eric Hobsbawm, y Black Athena por Martin Bernal; "... los autores alegan que la tradición... es frecuentemente un set de inventadas prácticas y creencias usadas en masas sociedades para crear un sentido de identidad en un tiempo cuando las orgánicas solidaridades de familia, villa y clan han sido rotas. Entonces el énfasis de tradición en los siglos 19 y 20 es una manera en cual los gobernantes puedan reclamar tener legitimidad, aun así y la legitimidad es más o menos manufacturada... e.g., *deportes rituales como el futbol...son una reciente manera de divertir grandes números de gente."* – Comentario por E. W. Said, *The Clash of Definitions*

cayendo en honor de Divina Ley en tanto ellos se revuelven por sillas en el saqueo y festín del triunfador, son así como muchos lechones que buscan teta menos las nobles almas tales chillones generalmente se funden en la misma causa que sirvió Hitler, Stalin, Mao y el Bush clan, así como los tontos que lideran a zelotes "deseosos de estar en brazos de 70 vírgenes". Este evolucionarlo de pensamiento proceso indica que homínidos correligionarios están *naturalmente seleccionando* Faraónica implacabilidad como mejor criterio que le talle, y regresare a las eugénicas implicaciones de esta declaración más tarde.

Ingeniería de Ismaticas

El profundo común sentido de Bertrand Russell (ateo y Fabiano Socialista[48]) *si* se juntara al genuino monoteísmo ala Islam, representaría un ideal matrimonio de Occidental genio y Oriental sabiduría. El eslabón perdido en esta visión de mundo que ha causado que el mal emplee su talento como un elegante penacho es la *fe*. Por lo tanto, y para inquietar eruditos, divinos y sabihondos - muchos quienes niegan o ignoran el siguiente hecho - es debido a sociedades esotéricas quienes conocen a Lucifer *cara-a-cara* y colocan su fe, lealtad y esfuerzos a su disposición, que tal casamiento no sufrirá sanción legal dejando sola la asimilación académica en tronado en el poder.

La Amenaza Fabián, Origines:

"Uno de los más interesantes episodios durante de la Revolución Francesa fue ese conocido como la Conspiración Babeuf. Babeuf había formado la Sociedad del Panteón la cual, de acuerdo al Prof. Laski, era operada por un secreto comité de dirección. Entre ellos estaban Darthe, Marechal, Germain y Buinarotti su historiador. Su clase de comunismo favorecía la teoría de que el pobre no puede ayudarse a sí mismo o mejorar su posición, que el rico debe ser suprimido y que el estado ideal solo puede ser alcanzado por una guerra de clases y una dictadura del proletariado liderada por Babouvistas. Laski compara sus postulados al Bolchevismo. Los Babouvistas, aunque fue suprimido por el Directorio en 1796,

---

48 La **Sociedad Fabián** es un movimiento intelectual socialista Británico, cuyo propósito es avanzar la causa socialista por gradualista y reformista, en vez de revolucionarios medios. Es mejor conocido por su inicial obra comenzando en el tardío siglo 19 y después hasta la Primera Guerra Mundial. La sociedad dejo muchas de las fundaciones del Laboral Partido durante este periodo; subsecuentemente, afecto las políticas de las nuevas independientes Británicas colonias, especialmente India.

sobrevive hoy [1933] habiendo exitosamente penetrado una Sociedad Literaria Inglesa llamada los Fabianos, donde sus depredadores principios pasan por Socialismo."

N. Webster, *Secret Societies* - Lady Queens borough, *Occult Theocracy*, p. 382-3; *tambien ver:* Harold J. Laski, *The Socialist Tradition in the French Revolution*, tambien *Autobiography of Wolfe Tone.*

Propongo que cómplices y magos de la Iblisiana amenaza son aquellos quienes dirigen los diálogos entre khassa (ricos) y amma (pobres) desde ocultas repulsivas Logias de sub sets. Además, les adelanto que ellos cargan el más profundo sentido de impunidad imaginable. Esta Hermandad de Sombría Gobernación deciden cuales países intimidar, armar, comprar, sobornar, quebrar, causan hambre, infectar, bombardear o invadir ... y no me refiero a Bush Sr., su progenie o sus compañeros de *Skull & Bones* en el CFR exclusivamente lo que son parroquiales plebeyos comparados a los ocultistas pesados quienes permanecen en sombras y evitan espejos de verdad. A estos no les importa cuál de las *Ism*aticas filosofías o religión sea usada siempre y cuando los constituyentes estén fiscalmente esclavizados y/o preocupados con las medio-ciertas ideaciones[49] tan astutamente empleados para los siguientes efectos:

1. Ellos evitan que la amma se entere de sus innatos poderes de auto defensa (unidad);

2. Ellos hacen coerciones conformidad hacia la militante exclusión de no-miembros de una definida patriótica o religiosa comunidad [la otra], entonces inducir genocidio;

3. Ellos promueven una preocupación por el consumismo y hedonismo;

4. Ellos producen apatía y futilidad para desmoralizar (desmotivar) el espíritu humano. El arte de esta metodología es conocida como "Thelemica Magia". [Ver Apéndice XII]

Desde la incepción de las campañas de masiva propaganda del gobierno en la década de los 1920's (hoy llamado Relaciones Publicas o Firmas Consultoras[50]) - bajo la influencia del Socialismo Fabián - esta ciencia ha

---

49 "La idea era que aquellos quienes dirigen la total conspiración pueden usar las diferencias en aquellas dos llamadas ideologías [Marxismo/fascismo/socialismo v. democracia/capitalismo] para permitirles a ellos [los Illuminati] dividir grandes y grandes porciones de la raza humana dentro de campos oponentes para que puedan ser armados y luego lavarles el cerebro para pelear y destruirse entre ellos."
- Myron Fagan (1887-1972), Escritor, Productor de Films, Activista Político, reformado Comunista agitador y Relacionador Publico en Washington, DC.
50 "El Ministerio de Información e.g., fue establecido por los Británicos para dirigir el pensamiento de la mayor parte del mundo." *Propaganda and the Ethics of Persuasion*, Randall Martin, Broadview Press, 2006, p 66... El Presidente Wilson y su agencia de Propaganda: "Edward Bernays y Walter Lippmann fueron tras

avanzado de manera muy sobresaliente y admirablemente ha tenido éxito, como se ha hecho evidente por las actuales estupideces Afro-Medio-Orientales y las audacias occidentales con fondos que son costeados de los impuestos pagados convenientemente por pacíficos contribuyentes alrededor del mundo en desarrollo. Esto no es fortuito:

"El control Ingles de este movimiento mundial es demostrado por la ideología de las Fundaciones Americanas, las cuales son creadas por el Instituto Tavistock de Relaciones Humanas en Londres. En 1921, el Duque de Bedford, Marques de Tavistock, el 11vo Duque, dono un edificio al Instituto para estudiar el efecto de fatiga de combate en soldados británicos que sobrevivieron la Primera Guerra Mundial, su propósito era establecer el "punto de quiebre" de hombres bajo estrés, la dirección de esto estaba a cargo del Buro de Guerra Psicológica del Ejército Británico, comandada por Sir John Rawlings-Reese. **El Instituto Tavistock tiene su cuartel general en Londres, debido a que su profeta, Sigmund Freud, residió en Mares Field Gardens cuando se mudó a Inglaterra.** Se le dio una mansión de parte de Princess Bonaparte. Tavistock y su obra pionera en ciencia de la conducta mediante Freudianas líneas para "controlar" humanos lo estableció como el centro mundial de la fundación de la ideología, su red ahora se extiende desde la Universidad de Sussex hasta los EUA a través del Stanford Research Institute, el Esalen, MIT, el Hudson Institute, Heritage Foundation, Center of Strategic and International Studies en Georgetown, lugar donde se entrena al personal del Departamento de Estado, de Inteligencia de la USAF, y de las corporaciones Rand y Mitre.

El personal de estas fundaciones está requerido a ser adoctrinado en una o más de estas instituciones controladas por Tavistock. Una red de grupos secretos, la Sociedad Mont Pelerin, la Comisión Trilateral, la Ditchley Foundation, y el Club de Roma son conducto para instrucciones a la red Tavistock. El Instituto desarrolla las técnicas para lavar el cerebro de las masas de gente, las cuales fueron usadas experimentalmente en prisioneros de guerra Americanos en Corea, sus experimentos en métodos de control de masas han sido ampliamente usados en el público Americano, un clandestino pero muy disparatado asalto a la libertad humana para modificar el comportamiento individual con psicología tópica. Un refugiado Alemán, Kurt Lewin, se convirtió en director del Tavistock en 1932. El vino a los EUA en

una política de "manufacturado consentir...o... la ingeniería de consentir como la viva esencia de la democracia."

Necessary Illusions, Noam Chomsky, South End Press, 1989

"Durante mi entrenamiento que fue en Psicopolítica. Este es el arte de capturar las mentes de una nación mediante lavado de cerebro y falsa salud mental." *EL SOVIETICO ARTE DE LAVAR CEREBROS - Una Síntesis del texto Ruso en Psicopolítica*, por Kenneth Goff, miembro del Partido Comunista.

1933 en calidad de "refugiado", el primero de muchos infiltradores, y armo la Harvard Psychology Clinic, la cual origino la campaña de propaganda Americana contra Alemania e involucrarnos en la Segunda Guerra Mundial. En 1938, Roosevelt ejecuto un secreto acuerdo con Churchill lo cual en efecto cedió soberanía a Inglaterra, debido a que acordaron dejar a [sus] Ejecutivos de Operaciones Especiales controlar las políticas estadounidenses.

Para implementar este acuerdo, Roosevelt envió al General. Donovan a Londres para su adoctrinacion previo al establecimiento de la OSS (hoy la CIA) bajo la siglas de SOESIS. El programa entero de la OSS, así como también la CIA siempre ha trabajado en base a lineamientos impuestos por el Instituto Tavistock. Es en el Instituto Tavistock donde se originaron los bombardeos de masas de civiles llevados a cabo por Roosevelt y Churchill puramente como un clínico experimento en terror de masas, llevando record de los resultados mientras observaban a los "conejillos de indias" reaccionando bajo "controladas condiciones de laboratorio."

Todas las técnicas del Tavistock y la fundación Americana tienen una sola meta – romper la fuerza psicológica del individuo y hacerlo rendirse sin oposición a los dictadores del Nuevo Orden Mundial. Cualquier técnica que ayude a *romper la unidad familiar y los inculcados principios familiares de religión, honor, patriotismo y comportamiento sexual,* es usada por los científicos de Tavistock como armas de control de multitudes. Los métodos de Freudiana psicoterapia inducen permanente enfermedad mental en aquellos quienes se someten a este tratamiento, por desestabilizar su carácter. [Estos son principios Talmúdicos y representan metas dogmàticas según como se demostrara a continuación.]

La victima es entonces asesorada a "establecer nuevos rituales de interacción personal," eso es, involucrándose en breves encuentros sexuales los cuales actualmente tiene a los participantes a la deriva sin estables relaciones personales en sus vidas, destruyendo su habilidad de establecer o mantener una familia:

> Tavistock controla la Asociación Nacional de Educación, tal es el poder de Tavistock que nuestro programa espacial entero fue relegado por nueve años para que los Soviéticos pudiesen alcanzarlo. The hiatus was demanded in an article written by Dr. Anatol Rapport, and was promptly granted by the government, to the complete mystification of everyone connected with NASA ... Un solo común denominador identifica la común estrategia Tavistock – el uso de drogas. El infame programa MK Ultra de la CIA, bajo

dirección del Dr. Sidney Gottlieb, en el cual sin sospecharlo, a oficiales de la CIA les daba LSD, y su reacción estudiada como conejillos de indias, resulto en algunas muertes... El programa se originó cuando Sandoz AG, una firma farmacéutica Suiza, propiedad de S.G. Warburg Co. de Londres, desarrollara ácido lisérgico. El asesor de Roosevelt, James Paul Warburg, hijo de Paul Warburg quien redacto la Acta de la Reserva Federal, y sobrino de Max Warburg, aquel que financio a Hitler, estableció el Instituto de Estudios Políticos para promover la droga. El resultado la "contra-cultura" del LSD de los años 1960's, la "revolución estudiantil," la cual fue financiada con $25 millones de la CIA... Hoy en día, el Instituto Tavistock opera una red de fundaciones en los EUA con $6 billones al año, todo esto con fondos provenientes de los impuestos de los contribuyentes estadounidenses. Diez mayores instituciones está bajo su directo control, con 400 subsidiarias, y 3000 otros grupos de estudio y tanque de pensamiento..."

- Eustace Mullins, op.cit. pp 332-4

Pero aun la imprudencia musulmana palidece comparado al Fabiano que "atonta" al proletariado Americano:

"La agenda de entrenamiento para fuerza laboral global socialista/fascista está siendo implementado mientras escribo este libro... Hemos visto, como nación, tan implacablemente expuesta a su proceso de dialéctica Hegeliana (la cual es esencial para la fácil operación del "sistema") bajo el disfraz de "alcanzar consenso" en nuestro involucramiento en organizaciones padres-maestros, consejo escolar, en legislaturas, y aun en fijar metas a organizaciones de servicio comunitario y grupos- incluyendo nuestras iglesias ... los siguientes puntos son de Ronald Havelock en su "Manual del Agente de Cambio" U.S. Department of Education, detallando el real propósito de la educación Americana:

1. usar las escuelas para cambiar América de una libre nación individual a un socialista, global "estado," solo uno de muchos estados socialistas los cuales serán sirvientes de la ONU y su Chárter, y no a la Constitución estadounidense
2. lavar el cerebro de nuestros niños, comenzando al nacer, rechazar el individualismo en favor de colectivismo
3. rechazar altos estándares académicos a favor de OBE/ISO 1400/90006 egalitarianismo
4. rechazar la verdad y lo absoluto a favor de la tolerancia, ética situacional y consenso

5. rechazar Americanos valores en favor de internacionalistas valores (globalismo);
6. rechazar la libertad de escoger uno mismo su carrera a favor de la totalitaria K-12 de la escuela- al-trabajo/ proceso OBE, llamado "limitado aprendizaje para labor de por vida," coordinado a través de la ONU y sus Organizaciones Educativas, Científicas, y Culturales.

"Las atractivas "opciones" propuestas habilitara a la elite global a lograr su meta: la robotización (lavado cerebral) de todos los Americanos para poder ganar su aceptación de vitalicia educación y parte del entrenamiento laboral del sistema de administración mundial logra un nuevo feudalismo global."[51]

"Bajo el Socialismo, no se permitiera que tu fueras pobre, serias alimentado a fuerza, vestido, alojado, enseñado, y empleado ya sea que te gustase o no. Si acaso se descubría que no tenías carácter e habilidad suficiente que valga la pena todo este problema, tu podrías posiblemente ser ejecutado en una gentil manera; pero si se te permitiera vivir, tú debes vivir bien."
- George Bernard Shaw, Socialista Fabián[52]

"Ustedes Americanos son ingenuos. No, no aceptan el buen comunismo, pero les daremos pequeñas dosis de socialismo hasta que finalmente despierten y encuentren tener ya el comunismo. No tendremos que pelear, habremos debilitado su economía hasta que caigan como madurado fruto a nuestras manos."
- Nikita Khrushchev[53]

En 1953, Norman Dodd manejo el *Reese Committee* investigaciones dentro de "anti-Americanas" actividades de parte de varias *Caritativas Fundaciones*. Lo que el descubrió fue que William Gather, Presidente de la *Ford Foundation*, había sido instruido por la "Casa Blanca" [Eisenhower] para alterar la Americana educación para una eventual fusión con Rusia.[54] La Sra. Katherine Casey fue despachada por el Sr. Dodd a NY para estudiar las "minutas" de la Carnegie Foundation y su cuerpo de Directores. Ella develo planes hechos en 1908 en "como involucrar a los EUA en la Primera Guerra Mundial, así como también directrices del grupo al Presidente W. Wilson de "no traer pronto la guerra a

---

51 *The Deliberate Dumbing Down of America*, C. T. Iserbyt, ex asesora, del Departamento de Educación.
52 The Intelligent Woman's Guide to Socialism and Capitalism, 1928, pg. 470
53 Existe evidencia que agentes Soviéticos de hecho penetraron todo nivel de la Sociedad Khassa Americana, aun dentro de la propia Casa Blanca, y que el Senador. Eugene McCarthy y sus señalamientos no eran aquellas de un paranoico déspota.
54 Esto era de acuerdo a la Operación Blue Book, lo cual el programa de desinformación supuestamente cubrió un Tratado hecho por América y Rusia [Project MK-12] con Alienígenas Extraterrestres [jinn]. Los términos del tratado reclamaban para permitir una «transferencia de avanzada tecnología'.

su fin."[55] En adición, planes fueron hechos para controlar y revisar Americanas Educativas Instituciones. Para esto último, una fusión fue hecha con la *Rockefeller Foundation* en asociación con la *Guggenheim Foundation*. Veinte hombres jóvenes fueron escogidos como "núcleo" para el futura *Asociación Histórica Americana* durante los años 1920s, dando becas completas para avanzados grados en Inglaterra y después comisionado a escribir en siete volúmenes la *Historia de América*, la cual en el final volumen fue dedicado al futuro del colectivismo [comunismo] unido al tradicional espíritu de Americana eficiencia. El Reese Committee fue saboteado con gritos de "anti-Semitismo" y lo encontrado fallo en salir a flote para el público más allá de una "audiencia" en el Congreso. Norman Dodd, director de investigación para el Reece Committee en su intento de investigar impuestos exentas de fundaciones, el Congresista B. Carroll Reece en Enero de 1954 le pregunto: "¿Usted acepta la premisa de que en los EUA son víctima de una conspiración?" "Si," dijo Dodd. "Entonces," dijo el Congresista Reece, "usted debe conducir la investigación en esas bases." B.E. Hutchinson, Presidente de Chrysler Corporation., si bien aprobando las metas de la investigación, advirtió Dodd, "Si acaso usted procede así como lo ha delineado, a usted lo matan."

Dodd manifestó:

"El Mundo de las fundaciones es un coordinado, bien dirigido sistema, el propósito del cual es asegurar que la riqueza de nuestro país deba ser usada para divorciarlo de las ideas cuales lo trajeron a ser. Las fundaciones son la más grande influencia en colectivismo." H. Rowan Gaither, presidente de la Ford Foundation, se quejo acerca de la "mala prensa" que la Ford Foundation estaba recibiendo, y explico a Dodd, "Muchos de los que estamos aquí ahora fuimos, en un tiempo u otro, activos en ya sea la OSS o el Depto. de Estado, o la Administración Económica Europea. Durante esos tiempos, y sin excepción, nos, operábamos bajo directrices emitidas por la Casa Blanca, la

---

55 Para mantener a Alemania en la guerra, Paul Warburg, jefe del Sistema de la Reserva Federal, apresuradamente arreglo para que el crédito fuese enviado a su hermano, Max Warburg, a través de Estocolmo a M.M. Warburg Co. Hamburgo. Los alimentos presentan aún más difícil problema. Finalmente se decidió embarcarlo directamente a Bélgica como "ayuda a los hambrientos Belgas." Los suministros pudieron así ser enviados por las ferrovías Rothschild hacia Alemania. Como director para esta operación de "ayuda," los Rothschild escogieron a Herbert Hoover. Su compañero en la Relief Commission era Emilie Francqui, escogido por el Barón Lamberto, jefe de la familia Rothschild Belga... Francqui había sido previamente un socio de Hoover en el escándalo de las minas Kaipeng en China, lo cual detono la Rebelión Bóxer, los Chinos juraban matar a todos los "diablos blancos" en China; y las atrocidades de Congo, donde Francqui era recordado por su sobrenombre, "el carnicero del Congo." El plan era tan exitoso que mantuvo la Primera Guerra Mundial por dos adicionales años más, permitiendo a los EUA entrar a la "guerra para finalizar guerras..." en Enero 13, 1932, el New York Times reporto abiertos ataques a Hoover en la Belga prensa, "que el Presidente Hoover, durante sus días al mando del Belgian Relief, había manifiestamente sido parte de un esquema para lucrarse de Bélgica."
- John Hamill, *The Strange Career of Herbert Hoover*, también: Charles Michelson *The Ghost Talks* 1944

sustancia de la cual era para el efecto que nosotros debíamos hacer cada esfuerzo de alterar la vida en los EUA, para poder hacer posible una cómoda fusión con la Unión Soviética."

— Mullins, ibíd., también ver *Congressional House Resolution 217*

"El establishment literario-cultural como un todo ha declarado el estudio serio del imperialismo y su cultura fuera de límites. Para el Orientalismo trae directamente a la pregunta, darse cuenta que el *imperialismo político* gobierna un entero campo de estudio, imaginación, e instituciones académicas - de tal manera que evitarlo es una intelectual e histórica imposibilidad."

- E.W. Said, Orientalism, pp. 13-14.

Cecil Rhodes fue el explorador Británico del siglo 19, quien se convirtió en Primer ministro de Cape Provence en Sudáfrica, y más importante aún, el que gano total control de los campos de diamantes y oro en el Sur y Centro de África. **Rhodes tuvo una visión de crear un gobierno mundial de dominio Anglosajón.** Para lograr este fin el fundo una sociedad secreta el 5 de Febrero de 1891 basada en los Francmasones. Rhodes era un líder francmasón. El sueño o pesadilla de Rhodes fue financiado por los banqueros internacionales Rothschild, el Profesor Carrol Quiqley lo manifestó en su libro *"Tragedy and Hope."* Con apoyo financiero de Lord Rothschild y Alfred Beit, Cecil Rhodes fue capaz de monopolizar las minas de diamantes del Sur de África con Debeers Consolidated y construyo una gran empresa minera llamada Consolidated Gold Mines.

El 19 de Mayo de 1919, la mesa redonda de Milners, junto a los representantes de los siguientes internacionales bancos, Rothschild, Rockerfeller, y Kuhn-Loeb se reunieron en Paris para fundar el "Institute of International Affairs". Esta organización tiene 2 ramas: el "Royal Institute of International Affairs" (Chatham House) en Gran Bretaña. El "Council of Foreign Relations", CFR en los EUA. El Profesor Arnoldo Toynbee, jefe de estudios en Chatham House, durante una conferencia de líderes internacionalistas dijo que **"El y Ellos estaban envueltos en remover los instrumentos de soberanía de las manos de los locales estados nacionales, que estaban, de hecho, haciendo con sus manos lo que negaban con sus labios."**

- Rivera, *View From the Wall*, 2002, NY.

No causa pequeña sorpresa que la *American Historical Society* obstinadamente objeta y se rehúsa a endosar investigación a conspiraciones y secretas sociedades - según Anthony Sutton. El propósito de este intelectual "surgir" en favor del *colectivismo* es proveer ocultos medios [mano escondida] para el establecimiento de intrincados monopolios controlados por una elite Khassa criados por plutócratas Illuminati - la cual es actualmente el solo propósito *Orwelliano* del comunismo.

"Gilman, junto con Andrew Dickson White y Timothy Dwight, establecieron la **Russell Trust en Yale en 1856, para financiar la organización Skull & Bones**, cuyos miembros son los lideres al frente en América. El Sr. W. Averill Harriman, el Vice Presidente George Bush, y el propagandista William Buckley de la *National Review* son típicos miembros. Norman Dodd, también miembro de Yale, dijo, "Era muy-conocido en el campus que si tú estabas pegado al Bones no tendrías que preocuparte nunca más por éxito en la vida."

De los tres fundadores de esta orden, Dwight se convirtió en presidente de Yale; White, se convirtió en el primer presidente de Cornell University, y dio a la institución $300,000 para iniciar su School of Government; él también se convirtió en el *primer presidente de la* **American Historical Association**, *y fue el Embajador en Rusia 1892-94, y Embajador en Alemania 1897-1902.* Su legado final fue asesorar a Herbert Hoover en como montar la *Institución Hoover*. Sin embargo, es el tercer fundador, Daniel Coit Gilman, quien más nos concierne.

Gilman entreno a John Dewey en colectivistas teorías de educación en Johns Hopkins University Dewey continuo a ser jefe de la University of **Chicago School of Education**, y luego al **Teachers College en Columbia University**, dos de las escuelas lideres Fabián Socialistas en el mundo. Gilman, a través de su protegido, Dewey, ha dominado la educación Americana a lo largo del siglo veinte. Gilman también entreno a Richard Ely en el depto. de economía de la Johns Hopkins. Ely luego enseño a Woodrow Wilson, a quien el describe como "inusual, brillante." Entonces la influencia de Gilman extendiéndose de Ely a Woodrow Wilson, quien nos dio el Sistema de la Reserva Federal, los impuestos, y la Primera Guerra Mundial. Si bien eran americanos, los tres fundadores de esta orden fueron educados en la Universidad de Berlín, donde fueron adoctrinados en la Hegeliana filosofía de determinismo. Esta filosofía de educación y gobierno enseña que cada uno puede ser controlado y debe ser controlado para poder lograr predeterminadas metas. Esta es la filosofía de Oriental {Ismai'ili] despotismo transferido a Europa y adaptado a la mayor individualidad de las gentes Europeas, de donde la mayoría de los Americanos descienden. Tal Como escribió el fundador Frederick T. Gates en la General Education Board Occasional Paper No. 1: —En nuestros sueños tenemos recursos ilimitados y la gente ceden ellos mismos con perfecta docilidad a nuestras manos que los moldean. Las actuales educacionales convenciones se desvanecen de nuestras mentes, y destapada por tradición, nos trabajamos nuestra propia buena

voluntad en base a una agradecida y responsiva gente rural... George Foster Peabody[56], Secretario de Combustion Engineering Corp., presidente de Broadway Realtors, director de Mexican Lead Co., Mexican Coal & Coke, Mexican National Railways, Tezuitlan Copper Refining and Smelting, y fue tesorero del Partido Democrático Nacional. Pese a su historial "capitalista", Peabody fue siempre un declarado Socialista. ... Él le escribió a Norman Thomas, —Yo siempre he sentido simpatía por las individuales aspiraciones Socialistas, he particularmente observado el sistema Fabián de Inglaterra con esperanzadoras anticipaciones. El admirador del Socialismo Fabián es el hombre quien ayudo a instalar la General Education Board como la fuerza guía tras todo desarrollo educacional en los EUA desde 1910."

— Eustace Mullins, ibíd. 238

"Carroll Quiqley, profesor de Relaciones Internacionales en la Jesuíta *Georgetown University*, expuso la "Grupo de la Mesa Redonda"[57] con su libro *Tragedy and Hope*. Los Rothschilds apoyaron a [Cecil] Rhodes a formar De Beers. Luego, Rhodes hizo siete deseos los cuales establecieron una sociedad secreta modelada después que los Jesuitas y Masones ayudaran a traer Un Gobierno Mundial *centrado en Gran Bretaña* y las becas Rhodes. El grupo núcleo fue establecido en Marzo de 1891 y consistía de Rhodes, Stead, Lord Esher (Brett), y el masón grado 33rd°, Alfred Milner. Un secundario círculo de "potenciales miembros del Círculo de Iniciados" consistía de los judíos, Lord Balfour, Sir Harry Johnson, Lord Rothschild, Lord Grey y otros. Inicialmente, Lord Rothschild era parte del grupo núcleo de la

---

56 "Para todos los que saben algo del tema saben muy bien que Peabody y sus socios en Londres no nos dieron fe ni ayuda en nuestras lucha por su existencia nacional. Ellos participaron de lleno la común desconfianza Inglesa de nuestra causa y nuestro éxito, y hablaba y actuaba por el Sur en vez de ser por nuestra nación. Ningún individuo contribuyo tanto en inundar nuestro Mercado de dinero con las evidencias de nuestra deuda en Europa, y bajar sus precios y debilito financiera confianza en nuestra nacionalidad más que George Peabody & Co. y ninguno otro hizo más dinero con la operación. Todo el dinero que el Sr. Peabody está dando tan desprendidamente a nuestras instituciones de aprendizaje fue ganado por las especulaciones de su casa en nuestras infortunios."
- *The Springfield Republican*, Oct. 1866, reprinted in the New York Times Oct. 31, 1866.

- El escritor no sabía que Peabody fue un frente para los Rothschilds, o que el establecimiento del Fondo Peabody fue hecho para darles control político y financiero del empobrecido Sur, o que inauguraría la "Era de las Fundaciones" como el factor de control en la vida Americana.

— Eustace Mullins, ibíd. 239

57 "Carroll Quiqley data el comienzo del grupo en Marzo de 1891. Aparentemente, los Rothschild ayudaron a financiar esta sociedad secreta. En 1909-1913, esta sociedad secreta en respuesta formo grupos de *Mesa Redonda* en dependencias Británicas y en los EUA. Ocho de estos grupos de mesas redondas todavía estaban en funciones en los años 1970s. En 1919, Sir Abe Bailey y los Astor financiaron la creación del *Royal Institute of International Affairs* el cual otras organizaciones hijas como son el *Council on Foreign Relations* en los EUA. El RIIA es también llamado algunas veces la Chatham House. La primera Mesa Redonda del grupo Rhode-Milner eran algunas veces llamada el Cliveden Set debido a que ellos a menudo se reunían en el Cliveden Estate de los Astor. El CFR creo un número de frentes incluyendo al Institute of Pacific Relations (IPR)."

— *The Rothschilds*, by David Smith, p 54.

sociedad secreta de Rhodes, pero fue reemplazado por su yerno, Lord Rosebury quien no era tan conspicuo. Los Socialistas Fabián dominaron el staff en Oxford cuando los becarios Rhodes comenzaban a arribar, estos becarios después recibían adoctrinacion y preparación para volverse parte de un internacional socialista Nuevo Orden Mundial."[58]

Durante el último siglo - vía la metodología descrita - esta oculta gobernación ha demostrado poder crear un humano autómata al inducirle una "filosofía de futilidad" entre el control mental de las masas tal que en la era Industrial "en-el-trabajo" inevitablemente se extiende al control mental "fuera-del-trabajo" - a la larga es el resultado de deslumbrar a las masas por los medios[59] no es para menos que la televisión sea la cual induce a un trance hipnótico de Onda Alpha. Presentemente, los encantamientos de esta era, la vieja shamanologia que está bien sintonizada y enfocada en la aplicación de neuropsicología moderna en combinación con ciencias de neurofisiología, educación y horríficas imperceptibles tecnologías aun no reveladas al público.

Pretéritos ejemplos para tal mal dirección de las masas existe desde el Circo Romano hasta la Francia Jacobina, a la América y su infancia donde medio-ciertas especulaciones religiosas y aforismos políticos fertilizaron el suelo para el genocidio cuando sea que la chusma encebada fuerte con patriótica santidad y/o su con temporario simulacro, "futbol manía":

- Los Peregrinos aniquilaron a los nativos quienes los salvaron;[60]

- Andrew Jackson y su bárbaro exterminio de los Seminolas en Florida para poder asegurar aquella frontera de esa así-llamada 'fallida'

---

58 Ver: Gorden Le Sueur, (de Rhode confidencial secretaria). *Cecil Rhodes, The Man and His Work*, London, John Murray, 1913, p. 10; Aydelotte, Frank (co-fundador del CFR y Socio de Rhodes). Las *Becas Rhodes Americanas*: "El modelo para esta propuesta sociedad secreta era la Sociedad de Jesús [Jesuitas], aunque también menciona a los Masones." - Gary Allen. *Nixon's Palace Guard*. Boston: Western Islands, 1971, p. 9. cf. Quigley. *Tragedy and Hope*; Martin, Rose. *Fabian Freeway*. Boston: Western Islands, 1966.

59 *Captains of Consciousness*, Stewart Ewen, McGraw Hill, 1976, p. 85

60 "El Dr. Cotton Mather lo pone de esta manera: "Se suponía que no menos que 600 almas Pequot [Tribu Nativa Americana] serían llevados abajo al infierno ese día." – 300 mil Indígenas fueron asesinados en New England los siguientes años. Ellos inmediatamente se volcaron a su religión para racionalizar su persecución de otros, ellos apelaron a la Biblia: Salmos 2:8: "Pídeme, y te daré, los ateos como herencia, y como posesión tuya los confines de la tierra." Para justificar el uso de la fuerza ellos citan Romanos 13:2: "De modo que quien se opone a la autoridad, a lo establecido por Dios se resiste; y los que se resisten acarrean condenación para sí mismos."

"Era la Puritana *elite* quienes querían la guerra, una guerra por tierras, por oro, por poder. Un colonizador dijo que lo que había destruido a la gente Patuxet — una combinación de esclavismo, asesinato por los colonizadores y enfermedad — fue "la maravillosa preparación del Señor Jesús Cristo de su Providencia para su Pueblo en el mundo occidental."

    - Mitchel Cohen, co-editor del "Green Politix", el diario nacional de los Greens/Partido Green EUA colonia Española - mucho como el presente 'fallido' Estado Paquistaní;[61]

- El sistemático genocidio de los Indígenas de las planicies por los Cristianos colonizadores en la América del siglo 19;[62]

- "Texicanos" quienes preferían patatas blancas, los monopolios del algodón, el whisky protestante para Mexicanos que tenían mucha melanina Católica y mezcal en el cerebro.

"Irreclamable, Señor – Irreclamable! Una raza provisional, Señor – nada más... pasando a su fin acorde al programa."

- On the Indians, Oliver Wendell Holmes

"Los puritanos Protestantes... muy bien versados en el Antiguo Testamento, alegan a favor de una literal interpretación. Ellos generalmente creían que la exterminación era la más simple y *gentil* solución, la voluntad de Dios. La confianza y justicia que ha marcado a América y su imperiales aventuras estaban presentes desde el comienzo."

- Tariq Ali, op.cit. p. XXX

Estos más de 400 años de liturgia religiosa y racialmente justificada atrocidad se extienden a África y el Sudeste de Asia y es fácilmente expandido. Esta es la política no oficial de expansión estadounidense vis-à-vis la *exterminación* y/o subyugación de "otros" como un esencial componente de espíritu Americano y economía: una fascista fabricación que distingue a los EUA de sus coloniales predecesores quienes son taimados en comparación, y cuando digo "taimado" debido a que los Europeos colonialistas no practicaron genocidio

---

61 "Al comienzo del nuevo milenio, Paquistán era un estado fallido. Su sistema de educación era disfuncional, sus servicios de salud peor de lo que jamás habían sido, políticos y secuaces debían billones a los bancos del estado, la ley y el orden se ha roto, inversión extranjera al nivel más bajo, había guerra civil Sunni/Chiita, y la condición de las mujeres había declinado en cada nivel con masivo incremento de violaciones reportadas. Tal es el estado del nuevo socio de los EUA en su guerra al terror."
– Tariq Ali, op.ci p 325
62 "... cada piel roja debe ser muerto de la faz de las planicies antes que podamos ser libres de su molestia. Ellos no son terrenalmente buenos y entre más pronto sean barridos de la tierra será lo mejor para la civilización"

-1866 Major John Vance Lauderdale, surgeon US Army, attending physician Wounded Knee Massacre; Ver también: *Imperial Ambitions*, Noam Chomsky, Hamish Hamilton, London, 2005;
"Te ira bien al inocular los Indígenas (con viruela) por medio de sabanas, así como también tratar otro método que sirva para extirpar estas exorable raza. Estaré muy contento si su esquema para cazarlos con perros surja efecto." - General Amherst al Coronel Henry Bouquet, Julio de 1763

por decir, pero simplemente aplicaron suficiente brutalidad y terror para facilitar dócil sumisión, después que gobernaron fachadas vis-à-vis de indígenas títeres coludidos en la tradicional *civilizada* manera. El genocidio fue un daño colateral.

Los primos Anglo-Holandeses se reclinan en siglos de humanamente ingeniado caos con homicidio, asesinato, (e.g. piensa en Lincoln & McKinley), opresión, esclava miento y rapiña en el caballeroso disfraz de regar su visión del mundo a salvajes barbaros mímicos mientras inimaginadamente enriquecen a corpulentos hombres con pelucas. El ismatico Estado actualmente *aparenta* estar alineado con los Británicos y Australianos - ostensiblemente como socios *minoritarios* - quienes juntos continúan la imposición de la voluntad del hombre blanco en no- blancos/no-Católicos (excepto Liberales) y la humanidad de una manera u otra.

Pero aun así esta alianza Anglo-Americana está programada para colapsar en tanto la elite tiene poco espacio para Naciones Estados Independientes en el próximo Orden Global. "Regionalización" es la meta para la devolución de su cleptomanía, y estas "regiones" de gobernación ya están mapeadas.

Protocolos para Imitadores

"No te obnubiles, ¡Tú que escuchas!, por los bienes y los hijos que tienen los hipócritas. Por cierto que Dios se los otorgo para atormentarlos con ello y hacerles penar para conservarlos en esta vida mundana sin que sean recompensados por ellos; y la muerte les alcanzara siendo incrédulos, y recibirán el castigo merecido."

Sura 9: 55

Actualmente, el ateísmo hace su tercer surgimiento desde Voltaire, con el formidable Richard Dawkins de Oxford como Centurión y Pretoriano. Al mismo tiempo, Templarios Anglo- Americanos han renovado sus esfuerzos para retomar y controlar todo lo que hay que reclamar del legado de Salomón y Ciro mientras no les importa el bienestar de los "cabezas de trapo" siempre y cuando estos últimos hagan lo que se les dice, o mejor aún, aniquilarse entre ellos con la tradicional furia fratricida y convenientemente disponible armamento de "Gog-Magog". Y ¿porque es que los musulmanes deban estar conformes como ismaticos mímicos o masacrar a los suyos? Quizá podría ser que por los últimos 1000 años, los Imanes han prestado más atención a:

1)   el misticismo y ritual mientras perfeccionan la pronunciación de un lenguaje sagrado y doctrina que ellos no comprenden lo suficientemente bien para practicar pragmáticamente;

2)   la furia adolescente de inmaduros quienes tradicionalmente resuelven disputas con la muerte;

3)   y los más importante, la toma del botín (i.e. riqueza ilícita)

Consecuentemente, los musulmanes generalmente - con pocas excepciones - han producido poco valor desde la edad Media y ahora están a merced de políticas extremadanamente reales: el legado de Machiavelli en *El Príncipe* y Aleister Crowley y su *Libro de Ley* - doctrinas las cuales Hitler y sus primos Anglo-Americanos toman muy en serio, tanto como los Sionistas. Intentare mostrar la relación de estas doctrinas a la Mesiánica locura que engendro al Sionismo[63] y su hegemonía de propaganda de *ismos*; políticas fiscales internacionales; y la globalista manía que encarna actualmente la tiranía de al'Dhajal (el anti-Cristo).

Estados como Malasia creen que la Cristiana, Judía y Musulmana pluralidad de al'Ándalus es análoga a su presente fusión de Islam *al estilo Malay* con la Budista y Védica idolatría impuesta por los amos Británicos de geopolítica división e ingeniería social, pero la lógica de esa ecuación es tan confiable como la evidencia traída al frente en el juicio de Anwar.[64] ¡Sin embargo los resultados son cosméticos e impresionante y un han puesto un set de estándares de admiración mundial por cooperativo pluralismo y civilizada

---

[63] **Personajes que rodearon el nacimiento del Sionismo**: "A la edad de 16, Milton Friedman se convirtió en protegido de Arthur Burns en Rutgers & Columbia. Sus principios económicos emanaban de la "Escuela Vienesa" fundada por Karl Menger y Eugen von Bauwerk. Merger enseño a von Hayek, Eric Voegelin y Fritz Machluys. En ese tiempo, Viena era dominada por la Casa de Rothschild, la cual había controlado la deuda nacional de Austria desde el Congreso de Viena en 1815. Las minas de plata de Austria, Tyrol eran propiedad de los Rothschild, así como también los ferrocarriles. La amiga cercana de la Emperatriz Elizabeth era Julie de Rothschild, hermana del Barón Albert, jefe de la casa Austriaca. El Conde Richard Coudenhove-Kalergi, quien fundo la Unión Pan Europea, fue nombrado en honor a Richard Wagner, uno de cuyos estudiantes fue Gustav Mahler. Los estudios de Mahler con Wagner fueron patrocinados por el Barón Albert de Rothschild. El padre de Coudenhove-Kalergi era un cercano amigo de **Theodor Herzl, fundador del Sionismo**. Coudenhove-Kalergi escribe en sus Memorias, "A principios de 1924, recibimos una llamada del Barón Louis de Rothschild; uno de sus amigos, Max Warburg de Hamburgo, había leído mi libro y quería conocernos, para mi gran sorpresa, Warburg espontáneamente nos ofreció 60,000 marcos de oro, para levantar el movimiento por los siguientes tres años... Max Warburg, quien era uno de los más distinguidos y sabios hombres con los cuales haya estado contacto, tenía un principio de financiar estos movimientos, él estuvo sinceramente interesado en Pan-Europa su vida entera. Max Warburg preparo en 1925 un viaje a los EUA para presentarme a Paul Warburg y al financiero Bernard Baruch."

- Eustace Mullins, op.cit. pág. 323

[64] Entiendo que tuvo que irse debido a su apoyo a las devastadoras políticas del FMI y el Banco Mundial. ¿Pero porque no despedirlo en una civilizada y honesta manera? El travestismo de esta charada radica en la naturaleza de una política que no puede ser verdad.

modernidad que "Sicarios Económicos" encuentran elogiante! ¡De hecho, es el más alto de los the honores![65] De cualquier forma, como los edificios, el sedentarismo, consumismo, patriotismo a la false fabricación de "Estado", así como también el fundamentalismo e idolatría se alza en la Península, salud espiritual y física decrece mientras lo moral se disuelve en un fluido medio de cultura de urbana anonimidad y aburridas fiestas de mundanas pasarelas: una sopa servida y calentada por los mismos obsequiosos que le dieron forma al espíritu de "American Idol" para el autómata occidental contemporario:

> "Lo que está claro es que Yo veo que la institución de familia ha sido rota. Estamos experimentando una seria crisis de la institución de la familia, y la sociedad está derrumbándose y enfocada en el materialismo."
>
> - Prof. Mohammed Md Yusuf, Universidad de Malasia,
> *The Star*, 24 de Octubre del 2007

> "Me hubiese gustado escribir de un mundo... que sea tratado como un tema prohibido en una incrementadamente parroquial cultura que celebra las virtudes de ignorancia, que *promueve un culto de estupidez* y exalta la presente como un proceso sin una alternativa, implicando que todos vivimos en un paraíso de consumidores. Un mundo en el cual la decepción engendra apatía y, por esa razón, escapistas fantasías de cada tipo se motivan *desde arriba*."
>
> - Tariq Ali, *The Clash of Fundamentalisms*, Forum Pub.,
> Malaysia, 2006, pp 1-2

"... Más del 90% de los Beduinos nunca han escuchado de religión, los matrimonios nunca se hacían de manera solemne y la circuncisión no se practicaba." - Ibn Saud,[66]

Satanás siempre asalta la familia y busca tiranizar las leyes del matrimonio, o cualquier cosa menos el sentido común del Islam y sus claras directivas y ejemplos. Mao Tse-Tung fue su más exitoso pupilo cuyos tempranos slogans revolucionario también incluía ganar los corazones y mentes de la gente. Aunque, Charles Colson y su eslogan completa la *realpolitick* de este

---

65 Jehan Sadat (la segunda esposa de Anwar Sadat, Primera Dama de Egipto) alardea acerca de "ser diferente que los otros Egipcios," endosa la "importancia de opiniones Occidentales," dice que sus origines y parentesco son Británicos y que sus "mejores amigos son extranjeros, y clama ser "una mujer liberada" gracias a todo lo de arriba: *A Woman of Egypt*, Simón and Schuster, 1987.
66 Tim Niblock, *"Estructura social y desarrollo del sistema político de Arabia Saudita"*, Croom Helms, London, 1981, p. 56.

famoso medio-cierto cliché: "Si los tienes de los cojones, sus corazones y mentes seguirán."[67]

Tariq Ali usa el término "parroquial" como un sinónimo de "políticamente correcto"; lo cual significa que los escribas y maestros deben citar a difuntos hombres y mantenerse alejados de "asuntos sensitivos" que pudiesen desmoralizar la política (o sea la pérdida de su lealtad) por virtud de saber la incómoda verdad. Intentare demonstrar que el "desmoronamiento" de la sociedad mencionado por el Prof. Yusuf es tan deliberadamente intencionado como lo fue la insana demagogia del secretario Mao[68], y además, que esta instigado por Luciferinos propagadores, entre los cuales están los Socialistas Fabián tan queridos por Khrushchev y los miembros del culto Illuminati de Jacob Frank, el cual después incluyo a Lenin y Stalin con un grado honorario para el secretario Mao.

Mientras el progreso y desarrollo de modernidad sucede, cada indicador económico confirma que la brecha entre ricos y pobres es más ancha a medida que los saqueadores engordan a base de la labor y opresión de las masas. En América es tan simple asunto de convencer a su proletariado que la línea de suministro para el Sueño Americano de los consumidores está constantemente bajo amenaza de "otros" quienes son predominantemente no-blancos, no-Occidentales o no-Cristianos (i.e., ¡no-Católicos excepto liberales!), y en adición, *indefensos* - políticas como las usadas en Panamá, Granada e Irak, en vez que Cuba, Corea y Vietnam del Norte. De allí, perenemente amenazaba al contribuyente Yankee - y no a su rica elite - repetidamente dieron fondos a la enorme empresa privada, el complejo industrial-militar que destruye, reconstruye, luego vigila y teje una menos valiosa cultura - algo que las Triadas y Yakuzza han ahora exceptuado hacer - a expensas del contribuyente estadounidense y la pérdida de su propio bienestar y libertades, esto último es hecho evidente por Bush y su "Patriot Act" - un documento de 300 páginas, *redactado por un Jesuita en Georgetown, que sucede que ya estaba listo* para aprobación del congreso tres semanas después de

---

67 Jefe del Consejo y asesor del Presidente Nixon

68 Su Culto y políticas destruyeron la cultura China, asesinaron a más de 100 millones de Chinos directa o indirectamente, causo asombroso daño ecológico del cual China no se repondrá, y destruyo las bases para empática humanidad al elevar a sus adoradores al poder y deshumanizando a aquellos quienes se resisten mientras también *demeritando la unidad familiar*. Esto es todo lo opuesto al Orden Patriarcal Divino que comanda lealtad solo a los vicegerentes de Allah, comenzando por el esposo y padre. De allí, ¡La nueva China está basada en atea ganancia material y lucha por sobrevivir bajo banners que deifican al más grande de todos los villanos! Pobres Ellos los que han abandonado el profético consejo de Confucio y Lao-Tse, y la precedente influencia colonial que destruyo la base moral China y abrió paso para este estorbo social fue intencionalmente puesto por la East India Company y sus políticas de opio, compañía tal que junto a sus socios Americanos estaban bajo auspicio Francmasónico-Illuminati, ligados cercanamente a Sionistas Banqueros y otros Luciferinos. En comparación, Stalin solo asesino a 60 millones de sus opositores. Ambos Tiranos fueron repetidamente financiados y apoyados directa o indirectamente por contralores Sionistas de fondos y servicios de inteligencia americanos, germánicos y británicos.

los eventos del 9/11. ¡Este se aprobó sin que un solo congresista o senador tuviesen tiempo para leerlo!

La política estadounidense de "dependencia" en regalías del gobierno, junto con su pérdida de libertades civiles comenzó con Roosevelt y su "New Deal" luego de una bien-ingeniada "Gran Depresión". Este fenómeno socialista ocurrió junto con la callada centralización de sus sistemas de banca bajo privados auspicios: i.e., Los Rothschild, sus secuaces, y una confederación "sombra" de controladores de capital internacional Anglo-Sajones y Sionistas (Judíos) son dueños de los sistemas de bancos centrales.

"En Chicago, Jane Adams de Hull House había sido por cinco años una protegida de Beatrice Webb, fundadora de la Sociedad Fabián. En 1892, la Univ. de Chicago estaba organizada como el centro del programa Socialista Fabián en América, con J. Laurence Laughlin como portavoz del Cobden Club y su programa de "libre comercio" en Inglaterra; Laughlin luego se convirtió en propagandista de Paul Warburg para ayudar a pasar el Acta de la Reserva Federal. John Dewey se convirtió en jefe del departamento de Sociología en la Universidad de Chicago; Wesley Clair Mitchell fue jefe del departamento de Economía. En 1913, ellos se mudaron a la Universidad de Columbia.

Ellos luego fueron contratados por Baruch en el War Industries Board, y prepararon todas las estadísticas para los representantes Americanos en la Conferencia de Paz de Versalles. En Febrero de 1920, Mitchell se reunió con el resto del staff del War Industries Board en Nueva York con un grupo de Mesa Redonda financiada por Kuhn Loeb & Co. y Lazard Freres, para fundar el National Bureau of Economic Research, del cual Mitchell se convirtió en director. Su protegido era Arthur Burns, luego secretario del NBER, secretario de la Federal Reserve, socio de Lazard Freres, y embajador estadounidense en Alemania Occidental. Burns entonces trajo a su protegido, Milton Friedman, quien ha propuesto que legalicemos la venta de drogas para incrementar el PIB por $100 billones al año. La carrera de Wesley Clair Mitchell estuvo devota a unir las escuelas económicas austriaca y británica en una sola fuerza para dirigir la economía Americana. El alcanzo el éxito mediante las carreras de sus protegidos, Burns y Friedman, quienes nos ofrecieron la "tasa fija" como impuesto para pagar los intereses del dinero creado por el banco en base a deuda. Este es el antiguo sistema Europeo introducido por la Casa de Rothschild para saquear las nacionales economías por el sistema de renta de deuda nacional." - Eustace Mullins, op.cit. 337

No solo estos eventos fueron predichos en el siglo 19 y se nos advirtió previamente por hombres como George Washington, Samuel Adams, Henry Ford y Mark Twain, esto también sucedió bajo la dirección de organizaciones de interrelacionado culto con raíces que pueden ser trazadas hasta el falso mesías judío del siglo 16 y los Alumbrados de España quienes nos dieron la amenaza Jesuita: un cadre de Padres tipo pit-bull Padres para el Papa. El Presidente Truman otorgo a la familia Rothschild un chárter para controlar las finanzas con interés compuesto y centralización del crédito y la emisión de billetes (dinero sin valor intrínseco-dinero Fiat) bajo la *privada* "Reserva Federal."

DUEÑOS PRIVADOS DEL SISTEMA BANCARIO DE LA RESERVA FEDERAL

Rothschild Banks of London and Berlin	Rockefeller's National City Bank
Lazard Brothers Bank of Paris	Goldman, Sachs of New York
Israel Moses Seif Bank of Italy	Chemical Bank
Warburg Bank of Hamburg and	Chase Manhattan
Lehman Brothers Bank of New York	Chase National Bank
Kuhn, Loeb and Co. of New York	Citicorp
Chase Manhattan Bank of New York	National Bank of Commerce
J.P. Morgan Co.	Morgan's First National Bank
Manufacturers Hanover	(Morgan Guaranty Trust)

LAS SEIS DINASTIAS BANCARIAS ROTHSCHILD

Sassoon en el lejano Oriente	Lazarus Freres en Francia
Mendelsohn en Ámsterdam	Warburg en Alemania y Holanda
Israel Moses Seif en Italia	Kuhn Loeb, Goldman Sachs & Lehman Brothers de NY

Los Rockefeller eran socios de Warburg en el Chase Manhattan, pero permanecen como accionistas de Clase A en el Banco de la Reserva Federal el cual recibe más de 100 Billones anualmente en concepto de intereses de la deuda nacional estadounidense. **Fuentes:** *The Mystery of Banking,* Murray Rothbard, New York: Richardson & Snyder, 19832; *Separating Money and the State, Part I*: Eighty Years of Destruction, Douglas E. French; *The Panic of 1907 and the Birth of the Federal Reserve,* Jim Klann, 4. *Rothbard, p. 136; Taking Money back, Murray Rothbard; Rothbard, Mystery of Banking, Forward by Gary North; Banks on the Dole, Llewellyn H. Rockwell; The Theory of Money and Credit, Ludwig von Misses, Yale University Press, 1953.*

Esto ocurrió mientras la educación Americana fue reconstruida para la ingeniería social por John Dewey (Un compañero de *Skull & Bones*-Francmasón compatriota del abuelo Bush) y otros liberadores de pensamiento Frankistas-Fabián quienes han asediado la Casa Blanca desde entonces. Este giro de eventos socialista sonó la marcha fúnebre para sobriamente adquirida libertad e individual prosperidad Americana, marcando el comienzo de la tasaciones que hacen ver al loco Rey George como un santo, y esto sin mencionar el drama Orwelliano cuyo acto final estamos a punto de ser testigos según cae el indicador Dow - acorde al plan - una vez más. Aun FDR fue manipulado:

"Por largo tiempo sentí que FDR había desarrollado muchos pensamientos e ideas propias a beneficio de este país, los EUA, pero no era así, muchos de sus pensamientos, su munición política, tal como era, fue cuidadosamente manufacturada adelantadamente para él, por el CFR, el Council on Foreign Relations-el grupo que busca una sola moneda mundial. Brillantemente, con gran gusto, como una fina pieza de artillería, el hizo explotar está preparada "munición" en medio de un objetivo que ni sospechaba, el pueblo Americano, esto rindió frutos y le devolvió su internacionalista apoyo político. La ONU es aparato bancario internacional de largo alcance claramente establecido para lucro financiero y económico de un pequeño grupo de poderosos revolucionarios por un solo mundo, ávidos de lucro y poder. La depresión fue un calculado 'trasquilar' del público por los poderes del dinero mundial, detonado por la planeada repentino faltante de suministro de dinero en el mercado de moneda…. **Los líderes del Gobierno mundial y sus siempre cercanos banqueros han ahora adquirido total control del dinero y la maquinaria de crédito de los EUA mediante la creación de la empresa privada llamada Federal Reserve Bank.**"[69] - Curtis Dall, FDR's son-in-law, *My Exploited Father-in-Law*

---

[69] "Yo he sondeado la toxina que el Sistema de la Reserva Federal no es Federal; ni tiene reservas; y tampoco es un sistema del todo, sino, un sindicato criminal, desde Noviembre de 1910, cuando los conspiradores se reunieron en Jekyll Island, Georgia, hasta el presente tiempo, las maquinaciones de los banqueros de la Reserva Federal han sido acordadas en secreto. Hoy, ese secreto le ha costado al pueblo Americano una deuda de tres trillones de dólares, con intereses anuales pagados a estos banqueros amasando unos trescientos billones de dólares por año, suma que sorprende la imaginación, y la cual es en sí misma últimamente impagable. Los Oficiales de la Reserva Federal rutinariamente emiten objeciones al público, mucho así como el faquir Hindú con su flauta tocando una insistente melodía a una estupefacta cobra la cual mueve su cabeza ante él, no para resolver la situación, pero para prevenir que lo ataque a el … Después de mi inicial shock al descubrir que a la personalidad literaria más influyente del siglo veinte, Ezra Pound, estuvo encarcelado "en el hoyo de infierno" en Washington, inmediatamente escribí para pedir asistencia a un financiero de Wall Street en cuya residencia yo había sido huésped frecuentemente, le recordé a el que como benefactor de las artes, no podía permitir que Pound permaneciera en tan inhumana cautividad. Su respuesta me causo aún más conmoción, el me escribió "tu amigo bien puede quedar donde está." Fue algunos años antes que yo fuese capaz de entender que, para ese banquero inversionista y sus colegas, Ezra Pound siempre será "el enemigo."

De allí, el momento en que un político profesa combatir la guerra a la pobreza o redoble los tambores de guerras del César, muchos ex-patriados realistas logran ver el humo y espejos que enmascaran las marquesinas del pillaje de la elite mediante el establecimiento de adicionales monopolios con una posterior centralización de poder por vía de leyes bancarias infectadas de usura ya sean ¡Islámicos o no!

> "La Democracia se ha convertido en "gobierno del rico para los ricos" lo que se amontona en prostitución financiera, pero los ricos no gobiernan ellos directamente... lo hacen por medio de otros y a base de engaño con apoyo extendido a políticos populares y partidos sobre quienes ellos ejercen control invisible... estos son los Judíos Europeos en Gran Bretaña y América quienes han perfeccionado este método de ganar poder y control sobre la gente...un siniestro desarrollo en la humanidad y su historia...De hecho, la economía mundial es una nueva y sofisticada forma de esclavismo económico que opera en forma de *asombroso engaño*."
>
> - Imran N. Hosein. Op.cit. pp 211-212

La escasa elite de esta Cleptocracia desde los días del exilio de Cain, en todos los tiempos han hecho apologéticos argumentos (religioso dogma, propaganda, el doble discurso de la interpretación "Thelemica" etc.) por la continuación y expansión de su hegemonía indistinta de nación, cultura, religión o época. La impecable "perfección" de este sistema por los así llamados *"Judíos"* es un hecho de la vida; como sea, esto es también un proceso anti-Islámico/anti-egalitario que es ahora intimidantemente global.

Además - Islámicos o no - los protocolos para mímicos de esta elite siempre han motivado y patrocinado una desviada perspectiva intelectual que apoya sus sacrosantas posiciones de privilegio de adquirir el botín y prestigio tan amado por magnates de superior licencia - y en la cual, de acuerdo con Fazlur Rahman, también motivaron ciertas "guerras de hadiz" en el Islam también.[70] A medida nos movemos hacia la global parodia y expansión de este espíritu de imperio de *McDonald-Douglas*, el proceso de escolástica apología

---

-Eustace Mullins, *SECRETS OF THE FEDERAL RESERVE*, The London Connection, 1991. Primera edición 1952. [Comisionado por Ezra Pound]

70 El eminente Fazlur Rahman notable y convincentemente revela que muchos hadiz, aun entre aquellos considerados "confiables", están corrompidos por una corriente política que intenta crear un "medio Islam" con la así llamada "ortodoxa" (Sunni) perspectiva, como tal, el campo entero de investigación del hadiz y subsecuente aplicación debe ser re-evaluado a la luz de esta convincente observación. Ver: *Hadith and Sunnah-Ideals and Realities*, compiled and edited by P.K. Koya, Islamic Book Trust, KL, 1996.

astutamente evita la impiedad de esta hipocresía y sus ocultas satánicas raíces. La Verdad es un montaje cómodamente armado al re-inventar el pasado, o por la incierta cuestionable indecisa imposición de apropiadas relevantes ismologias que se oponen o desvían de los establecidos principios monoteístas, o aun marcar esto último como impotente. Esto fue predicho no solo por el profeta del Islam, pero prometido como un *acto de guerra* contra el monoteísmo, por Albert Pike, el Profeta masónico de Washington DC, y lo que es notorio es que la metodología de esta "guerra" es idéntica a aquella de los infames *Protocolos de los Sabios de Sion*.

El Culto del "Amanecer Occidental"

El Sr. Pike- en el siglo 19 fue el co-autor del Rito Escocés y con 33 grados de Iniciación en la Antigua Religión de Misterio, la Masonería—desposo la movilización de su culto por la promoción del caos internacional para poder anular el monoteísmo y globalmente elevar la religión del dios sol del Faraón. De allí, en mi opinión, los Musulmanes fueron advertidos de observar el "Amanecer en el Oeste" como una señal de los últimos días.

Los Masones de grados superiores (28 grado en adelante), a sabiendas se someten a las Luciferinas doctrinas y lo más significativo es que son los líderes Occidentales quienes forman sus rangos, así como sus secuaces con medallas en el mundo en desarrollo, incluyendo no pocos notables Musulmanes.[71] En adición, el Sr. Crowley y su infame *"Libro de Ley"* se

---

71 "La secta de Shabtai Zevi (Doenmeh) son Cripto-Judios quienes externamente profesan Islamismo. Muchos de ellos en el pasado han adquirido Nacionalidad Italiana y son masones afiliados a las logias Italianas."
- Sir Gerard Lowther

"No fue hasta en 1900, cuando Gran Oriente [Logia Francmasónica en Turquía fundada por Gemal Ataturk] virtualmente tomo el Partido de los Jóvenes Turcos, el cual estaba compuesto principalmente por Judíos, Griegos y Armenios, este movimiento si asumió un serio aspecto."
- Lady Queens borough (Edith Starr Miller) from her book *Occult Theocracy*. p. 585.

"... El también dedico mucha energía al Movimiento de Re armamento Moral y mantuvo un importante rol como masón... Mohammed Fadhil Jamali, educador y político: nació en Bagdad el 20 de Abril de 1903; Primer Ministro de Irak 1953-54; se casó con Sarah Powell (tres hijos); murió en Tunes el 24 de Mayo de 1997.
- Obituary, *The Independent, (London)*, Jun 3, 1997 by Alan Rush

En los hadiz Sahih Muslim, Abu Hurairah reporto que el Profeta Muhammad inquirió:
"¿Han ustedes oído acerca de una ciudad, la cual en parte está frente al mar? Si, contestaron (entendiendo que se refería a Constantinopla). Él dijo: "La Ultima Hora no ocurrirá hasta que 70,000 de los hijos de Isaac la ataquen. Cuando lleguen allí ellos desembarcaran, pero ellos no pelearan con armas, ni bañarlos de flechas, ellos solo dirán: "No hay otro Dios más que Allah, y Allah es Grande", y uno de sus costados caerá. Ellos recitaran por segunda vez: "No hay otro Dios más que Allah, y Allah es Grande", y el otro costado de la ciudad caerá. Después ellos recitaran por tercera vez: "No hay otro Dios más que Allah, y Allah es Grande", y luego se les abrirá y entraran a adquirir el botín, mientras ellos estén dividiendo el

convirtió en las escrituras para la OTO (Culto Esotérico Británico: *Orden de Caballeros Templarios Orientales*); un grupo íntimamente asociado con el culto *Illuminati* que furtivamente ha usurpado el timón de la masonería Occidental desde inicios del siglo pasado. El *Libro de Ley* que fue dictado a Aleister Crowley por un Jinn llamado Aiwaz, quien dizque es esclavo de Horus, el dios-sol Egipcio. Sabios, maestros y autoridades de todo el mundo descartan tales eventos y la mayoría de historiadores ignoran estos avalados hechos, los cuales, como hemos visto, han sido borrados de los libros y tratados académicos, por lo tanto, sugiero a sobrios musulmanes que no sigan este ejemplo. Para aquellos interesados, los refiero al ensayo: *The Jinn*, por Ibn Taymeeyah. Según lo acortado, anotado y traducido por Abu Ameenah Bilal Philips, 1989, Tawheed Pub., Riyadh.

Como un testimonio de la continuación de esta locura, les presento lo siguiente para su apreciación, y es importante notar que el culto del *Amanecer Dorado* inmediatamente precedió la OTO, y que los rituales para altos grados incluyen pedofilia y sodomía según lo específicamente diseñado por Mathers y Crowley, a quienes un miembro de la familia Real Británica los glorifica.

"La Logia Quatuor Coronati (La Logia Cuatro Coronas) Fundada como una especial *logia de investigación* por el Gran Maestro de UGLE, el Príncipe de Gales quien después fue el Rey Edward VII, en 1884, pero fue entonces oficialmente certificada en 1886. El discurso inaugural fue titulado "Masonería vista a la luz de la Cábala." La logia estaba enfocada en Palestina, la Cábala, establecer una nación Judía, y reconstruir el templo de Salomón.

Sir Charles Warren fue el primer gran maestro de la logia Cuatro Coronas, fue también presidente del PEF, *Fondo de Exploración de Palestina*, y dos décadas antes había sido Ingeniero en jefe para las excavaciones británicas del Templo del Monte... Sir Walter Besant fue un miembro fundador de la logia Quatuor Coronati y era el tesorero del PEF bajo Sir Charles Warren. Besant era el

---

despojo, alguien vendrá a ellos a declarar y decirles: Verdaderamente el Dajjal/Anti-Cristo se ha mostrado, entonces ellos dejaran todo y se regresaran." (Ver página 203)

(Ver página 203)

Nota del Autor: Puede ser que esta fue logrado por los "Jóvenes Turcos", muchos de los cuales eran Judíos (70-80,000) viviendo en Salónica y pretendían ser del Islam pero eran miembros del Doenmeh, una secreta secta "Frankista" a partir del siglo 16 por el falso Mesías: Shabtai Zve... Por favor notar que la doctrina rabínica enseña que "su" mesías es el "Anti-Cristo". Para más referencias de la relación de la masonería con Muhammad Abdul, Hasan al'Bana, Ali Shariati, Jamal al-Din al- Afghani, Mohammed Rashid Rida etc., así también con la Hermandad Musulmana, ver: *Bin Laden: The Man Who Declared War On America*, Yossef Bodansky, 1999.

cuñado de Annie Besant, la presidente de la *Teosófica Sociedad* luego de Helena Blavatsky. El PEF fue fundado en 1865 con dinero de la corona Británica, UGLE, los Rothschild y la iglesia de Inglaterra. El evento conmemorando su fundación fue presidida por el *Arzobispo de York* quien proclama que la Tierra Santa era, por derecho divino, "Propiedad Inglesa"… en sus recientes libros los investigadores Steven Knight y Melvin Fairclough combinan a pintar un cuadro que implica a miembros de la Logia Quatuor Coronati en las infames muertes de Jack el destripador en los años 1880's. Ellos fueron encubiertos por Sir Charles Warren, quien resulto ser entonces el Jefe de la Policía Metropolitana de Londres. **Lord Northampton:** *Spencer Douglas David Compton*, nacido en 1946, su bisabuelo fue *William Bingham Baring*, jefe del Baring Bank, descendiente de *Francis Baring* el presidente de la British East India Company.[72] La BEIC trajo a Inglaterra al lucrativo comercio internacional de opio… El banco de los Baring Brothers ha sido el primordial banco mercantil del negocio del opio desde 1783 hasta hoy en día. En 1987 Lord Northampton sostuvo en Londres una conferencia con fondos de su propia *Hermetic Research Trust* para conmemorar el 100 aniversario del *Amanecer Dorado*. Lord Northampton comenta acerca de Cuatro Coronas y el *Amanecer Dorado*, *"Conozco al Amanecer Dorado extremadamente bien, y amo los poemas de Aleister Crowley y Macgregor Mathers, y toda aquella gente y Yo conocemos toda la gente en Inglaterra que todavía lo practican, y he hecho los rituales, he hecho todas estas cosas. ¡Gran emoción Tremenda excitación!* Lord Northampton ha sido el Asistente Gran Maestro desde 1995 y ha sido nombrado como el Pro Gran Maestro, para reemplazar al actual en Abril del 2001. El Pro Gran Maestro actúa en lugar del Gran Maestro cuando este se encuentra ausente."

- Michael Baigent, miembro de la Logia QC: *"Holy Blood, Holy Grail," "The Messianic Legacy,"* y *"The Temple and the Lodge";* ver también: Steven Knight y Melvyn Fairclough, *"Dope, Inc."*

El primo de La Reina, el Duque de Kent, [imagen arriba izquierda] es Gran Maestro de la Logia Madre de la Francmasonería Británica. El autorizo a Lord Northampton y a Giuliano di Bernardo (Gran Maestro de la Francmasonería Italiana), un Chárter para establecer la "Logia de Jerusalén" en los Jardines de Salomón justo adyacentes al Templo del Monte, lo cual se logró en 1995. Lord Northampton y di Bernardo están dirigiendo los "Estudios del Templo del Monte" para el especifico propósito de reconstruir el templo de Salomón.

Di Bernardo ha escrito un libro acerca del tema, publicado por el Duque de Kent, y se le cita diciendo:

---

72 Así como también estaba Lord Cromer, el amigo de Mohammed Abdul.

"Una nueva utopía podría estar basada en la Cábala, veo una utopía basada en Misticismo Judío, pero Misticismo Judío como lugar material, el Templo de Salomón. ¡Esta es mi intención, esta es mi voluntad!"

Lord Northampton sostiene que él es un adherente de Israel ismo Británico debido a que la Oligarquía Británica tiene poderes heredados de una de las "tribus perdidas" de Israel, y dice que "la tradición de Cabal ismo es muy fuerte en Inglaterra." Yo reconozco que "perdida" es usada apropiadamente y todavía aplica.

La relación a las doctrinas de Crowley y la gobernabilidad de Mather la Francmasonería Británica es discutida en capítulos posteriores así como también en los extensos Apéndices, lo que es más condenatorio, según mencione previamente, es que el filósofo Alemán más famoso del mundo y experto en Goethe, Rudolph Steiner (alguna vez colega de Crowley y Theodor Reuss, y miembro del "Amanecer Dorado" - considerado por algunos historiadores por ser la privada asamblea de brujos de los Rothschild - enseñan que *Lucifer Redimido* es actualmente Horus: el "Espíritu del Sol." Los discípulos de Steiner están atrincherados en la Khassa y Amma americana y europea (en especial Alemania), y existen más de 10,000 occidentales instituciones en todo el mundo dedicado a sus doctrinas, pero retornando al infortunado programa de Pike; se logró cumplir en fases:

1. "Desataremos a los Nihilistas y Ateos ... ambos conquistados y exterminados al mismo tiempo ...

2. Proveeremos un formidable cataclismo social, el cual en todo es horror, les mostraremos claramente a las naciones los efectos de absoluto ateísmo, los orígenes del salvajismo y de la más sangrienta crisis...

3. Entonces en todo lugar, los ciudadanos, obligados a defenderse ellos mismos, exterminaran a aquellos destructores de la civilización.

4. Entonces las multitudes, desilusionadas con el Cristianismo, y cuyo teísticos espíritus estarán a partir de ese momento sin compas, ansiosos por un ideal, pero sin saber adónde rendir su adoración...

5. **Recibiremos la pura doctrina de Lucifer,** finalmente traída a la vista del público... seguido de la destrucción del Cristianismo y Ateísmo, ambos conquistados y exterminados al mismo tiempo."

Esta epístola de amenaza fue escrita por Pike en 1871 en una carta a Giuseppe Mazzini, italiano *Illuminati* líder y fundador de la Mafia. Aunque algunos reclaman que es un plagio o una imaginativa creación, esta/estaba en exhibición en los Archivos del Museo Británico, y el reclamo de plagio es irrelevante tal como lo son los planes, de hecho, se está llevando a cabo paso a paso. Cierto que, él no pensó mucho en el Islam, pero... él tuvo vendados discípulos quienes sí y aun lo hacen. Además, el profetizo tres guerras mundiales[73], de la cual la tercera estaba por ser la confrontación entre el Islam y el resto del mundo. Sumado a Pike y su visión del mundo, tenemos los "Protocolos de los Sabios de Sion" los cuales:

1. específicamente delinean paso-a-paso la centralización de los sistemas bancarios;
2. comandan la diseminación de ideaciones [ismos] lo cual desestabiliza el orden colectivo;
3. *define* los principios y métodos psicológicos para acondicionamiento social (Magia Thelemica) a la manera de los maestros del arte Fabián.

Comparando el contenido de ambos documentos, uno pudiese inmediatamente acusar al autor de colusión y/o plagiarismo. Desde el periodo del Sr. Pike, los líderes Francmasones Americanos como Truman [imagen a la derecha] y FDR lo han idolatrado mientras sus instituciones más cruciales y burocracias caen bajo los cascos Sionistas de Frankistas y acumulados Fabián Socialistas y Jesuitas quien habitan el Trilateral Commission y el Council on Foreign Relations (CFR) - este último estando bajo el dedo índice Jesuita de Fordham University con el Cardenal Eagan de New York como su mentor.

Quizá este histórico *evento-chance* no sea distinto a la teoría del Prof. Hawkins de que la vida comenzó como un giro de suerte. Sin embargo, la estrategia de los *Protocolos* es intencionalmente diseñada para controlar las finanzas y el comercio mundial mientras crean genérica destrucción y desorden en relación a la introducción de prodigiosas cantidades de ideaciones designadas para crear caos social y gubernamental - a la manera de Hegel y su Dialéctica - con una visión de controlar el mundo. Esto es de hecho el zénit de lo que Al'Qur'an repetidamente llama "maldad".

---

73 "El propósito de la unión Pan-Europea, fundada por el Conde Coudenhove-Kalergi, y con fondos de los Rothschild y Warburg, era restaurar el oligárquico control de Europa, para lograr esta meta, fue necesario emascular y derrotar las ponderosas republicanas corrientes las cuales tuvieron su origen en el renacimiento del siglo 14, el cual, con su énfasis en la libertad del espíritu humano, produjo la más grande proyección cultural en la historia de la humanidad. Este individualismo fue inmediatamente expresado en el nacionalismo; su republicano espíritu estuvo dedicado a parar el hereditario y arbitrario control y dictadura sobre la vida de la gente, alcanzado su más grande expresión en la Constitución de los Estados Unidos, la cual era el resultado de una rebelión, debido a que las familias que gobiernan Europa son los directos descendientes de William de Orange, quien legitimase el Banco de England en 1694, el movimiento para destruir el nacionalismo e individualismo ha sido dirigido desde Inglaterra, pero expresado en el movimiento Comunista. El Orden Mundial ha planeado y ejecutado dos guerras mundiales para restaurar el mando mundial de la oligarquía, un mandato mundial variadamente llamado Bolchevismo, la Liga de Naciones, o la ONU, pero nunca el Orden Mundial."

- Eustace Mullins, op.cit. 331

Para leer detalladamente, les presento un conciso sumario de los *Protocolos* abajo, con adicional historia y clarificación en los Apéndices:

Propuestas Estrategias (extractos) de los *Protocolos de los Sabios de Sion*

• La propagación de ideas de todas las posibles complexiones con la tarea de socavar las establecidas formas de orden, incluyendo Darwinismo, Marxismo, Nietzsche-ismo, Liberalismo, Socialismo, Comunismo, Anarquismo, Materialismo, Feminismo y Utopianismo.

• Orquestando catástrofes contra su propio pueblo, luego dicen tener una alta moral para aliviarlo como salvador;

• Restricción de libertades civiles con la excusa de derrotar los enemigos de la paz, creando la impresión de la existencia de libertad de prensa, libertad de expresión, democracia y derechos humanos, todos los cuales han sido subsecuentemente socavados y conviertan en una mera ilusión o engañosa cortina de humo detrás de la cual se esconde la actual opresión.

• La destrucción de la Cristiandad, otras religiones y culturas, luego de una transicional etapa de ateísmo, sigue finalmente la hegemonía de Luciferino Judaísmo.

• Socavar los sistemas financieros mediante préstamos en el extranjero, creando bancarrota nacional, destruyendo mercados de Moneda y reemplazándolos con gubernamentales instituciones de crédito.

• La diseminación de literatura pornográfica, Practica de lavar cerebros, Inducir depresiones económicas, el empleo del sufragio universal (democracia), la instigación de guerras mundiales, el establecimiento del Gobierno mundial;

Pese al hecho que este documento es *también dicho* ser un "comprobado" plagio de entusiastas Sionistas, toda histórica *evidencia* indican que las propuestas:

1. *han sido* y *están siendo* sistemáticamente implementada a global escala,

2. fueron originalmente escrito en Paris a mediados del siglo 19 por un escritor Judío Jesuita íntimamente afiliado con los líderes del culto Illuminati. [Los detalles se proveen en los apéndices]

Pudiese ser que este fastidioso "paso avante" tipo Mao en asuntos geopolíticos es otro de la evolución *evento-chance* y el supuesto plagio del documento es meramente una ¡pre cognitiva fuente! El erudito sobrio debe preguntar sin embargo: "¿Acaso estos fenómenos constituyen humana conspiración o una natural secuencia de eventos?"

Insha'Allah, estableceré que la respuesta es "si" y "otra vez sí", tal como lo hizo Ibn Khaldun! Lo que es peor aún es que muchos de sus tontos profesionales empleados que dizque tienen "guía" de parte de ascendidos Maestros, y como buenos Nazis que realmente son, ellos siguen órdenes para el bienestar y salvación de la humanidad.

Emotivo ¿o no es así?

El Dilema Ismatico

Iblis utiliza dos opuestas arquetípica políticas estrategia para lograr el extravió del hombre y cada una está llena con comprometida sin uso *mal/des-*información, su modificada formula es basada en la Hegeliana Dialéctica:

1. Por una parte está la Maudlina percepción de metafísicas especulaciones que cubren a un amplio espectro de religiosas y políticas innovaciones de empáticas driblas desde idolatría Católica a los lunáticos Raelianos y otras formas de héroe adorado - genéricamente llamado "La Izquierda" con su tendencia hacia anarquía y caos (i.e., incoherente escapismo o libertad).

2. Por otra parte es el fascista reduccionismo según se ha demostrado por un rango de fes que abarca desde Puritanos Protestantes hasta Nazismo, Jesuitismo, Iluminismo, Capitalismo y Comunismo - todos los cuales culminan en el uso de la bruta fuerza para imponer la tiranía de aquellos quienes concentran riqueza para una oligarquía de neo-platónicos plutócratas genéricamente llamada "La Derecha", con un atendencia hacia absoluto control (la ley y el orden - la manía obsesiva-compulsiva que guía a aquellos quienes adoran el ritual, la pompa y la circunstancia).

Si piensa que los Comunistas son "izquierdistas", eso significa que has tragado la carnada entera inspirada por los Jesuitas, así como fueron ellos quienes primero perfeccionaron la "comuna" hace tiempo en Paraguay.[74]

Usted puede insertar cualquier culto o persuasión política, usted escoge cual categoría es la apropiada; teniendo en mente que algunas, como el Catolicismo, puede caber en cualquier lado. En tanto, realizar que aun los términos "Derecha" e "Izquierda" es el "humo y espejos" empleados por sabios de psicológica manipulación de masas- ya que ambos extremos cabalgan los caballos de Guerra racista cultural, tan amado por las desviadas y supersticiosas políticas dignas de ser juzgadas; y... ambos concentran riqueza al servicio de una oligarquía. *Ismos* de la "Izquierda" son periódicamente utilizadas para atizar las llamas de la rebelión para poder crear eventual anarquía y caos, y aquellos de la "Derecha" son usados para justificar el privilegio de selectivo homicidio y confiscación de riquezas en la debida temporada de rebelión, que al igual que un péndulo en movimiento, una conlleva a otra, y aunque ellos aparenten ser opuestas ideologías, estas realmente son un bien manejado continuum en las manos de fantasmales adeptos, esto es meramente la *apariencia* de consecuencia que mantiene a sus respectivos partisanos unidos y preocupados mientras ¡Reyes magos y secuaces hacen que la riqueza y poder de cada comunidad se desvanezca! Esto es debido a que, cualquier ideología aparte del Tawhid y la sumisión a la ley Shari'ah o al Decálogo de Moisés, es concepto Iblisiano por default a favor del hombre, pero desfavorable al hombre ante los ojos de Allah, acorde a los dictados de maldad los cuales Allah coloco en nuestros corazones como una "prueba" de fe, y la cual de otra manera no puede ser conquistada sin la no adulterada adoración de la verdad, esto es muy simple debido a que se trata de un solo pecado: el de la desobediencia, todas las otras son sub categorías y por este principio de verdad probablemente seré acusado de sobre simplificación por sabihondos de vanidad.

Intentare ilustrar la implementación y propósito de estas metodologías como arquetipos en relación a la ascensión del Darwiniano ateísmo y metafísica fascista; mostrándolos como propaganda o "herramientas" que sirvan para centralizar poder y eventualmente, para justificar eugénicas terapias como condescendencia hacia razas no-maestras y variadas formas de esclavitud humana es fuerte entre la Khassa (elite) del Nuevo Orden Mundial, al mismo tiempo pondré exigua atención a mentecatas manías fundamentales, exceptuó citar que estas naturalmente *irredentas* proclividades están ampliamente «respaldadas' por la oculta mano de la elite, tales ideologías son emotivas ideaciones para los espiritualmente miopes tales como los Católicos Irlandeses

---

74 Ver: *The Secret History of the Jesuits*, por Paris, op.cit. Para detalles

y sus dialécticamente inducidos enemigos Francmasónicos, los Protestantes Orangemen del legado de Cromwell; o los Nasseritas patas-de-ganso quienes nos dejaron el alboroto del Medio Oriente luego que Sir Lawrence y J.W. Dulles romancearen en las arenas Wahabí para sus exaltados Gran maestros del Oficio, tales apasionadas hordas tienden a ser disturbio o descolocan la Paz de Dios así como también sus almas, para poder así "soltar los perros de la guerra" no importando en cual lado hayan nacido o se hayan convertido, y entonces, en adición, cuando el César redobla los tambores, estos infortunados no son considerados más que homicidas multitudes de los "engañados" que son tan expertamente manejados por inescrupulosas abogados o políticos de la elite. Estas son sociedades listas para ser esclavizadas y/o movilizadas al antojo de dotados engañadores quienes a sabiendas los mal guían acorde a cada política y sus propias perversas (irredentas) proclividades.

Para los monoteístas eruditos quienes fallan en seriamente apreciar la legitimidad de las teorías de "conspiración" que involucra Satánicos simpatizantes y magos como plausibles fabricaciones aplicables a Ciencias Políticas, la siguiente aleya dice claro que los hombres adoran los jinn, uno de los cuales es Iblis o Lucifer; y "adorar" es una palabra que también significa "obedecer"[75]. Los hombres sirven aquello en lo que creen, es por lo cual los Sionistas sobrepasan y disfrutan un monopolio que promueve el Holly-Bollywood de ideológica fantasía:

"¡Profeta! Recuerda cuando Dios reúna a todos, luego diga a los ángeles frente a los que le adoraron ¿Acaso ellos os han adorado en vez de a Mí? ellos responderán: ¡Gloria a Ti! Tu eres nuestro Protector, no ellos; ellos se imaginaban que estaban adorándonos, sin embargo estaban endemoniados, **veían bella la idolatría y muchos de ellos creían a los demonios.**"

- Al'Qur'an, 34:40-41

"El [M. Al-Ghazali] observaba al imperialista Occidente y al mundo Marxista como un hostil e incompatible grupo peleando y destruyendo el Islam. La *conspiración* es dirigida no solo a destruirla en el plano económico y político, pero para erosionar el Islam en el plano socio-cultural también... y hay que

---

75 Leadbetter, un masón grado 33 y ocultista que estaba aliado con Annie Besant y su *Theosophical Society* en los años 1920s, es solo uno de muchos Masónicos líderes que reconoció la participación de diabólicos espíritus, dice que el ritual para el grado 30, hace venir un ángel que es "un gran azul Deva del Primer Rayo." En el grado 33, el relata, dos "esplendidos compañeros obreros, espíritus de gigantesco tamaño comparado a la humanidad y radiantemente blanco en color están presentes." Leadbetter dice que para el grado 33 actualmente enlaza al *Soberano Gran Inspector General de la Francmasonería* con él, mismísimo "Espiritual Rey del Mundo; Aquel más poderoso de los Adeptos quien se para a la cabeza de la Gran Logia Blanca, en cuyas fuertes manos están los destinos de la Tierra." - Helena Blavatsky, *The Secret Doctrine*, citada en una columna de Edith Kermit Roosevelt, *IKR Syndicate*, Washington, D.C., 1962.

traer a remembranza de los esfuerzos hechos durante las cruzadas "al reducir su legislación y destruyendo su tradición".."

- Dr. S.M.A. Sayeed, op.cit. p 156

En caso que tuviesen duda acerca de las confesiones de ambos, el César y Goering o de la politiquería y su genérica susceptibilidad a la manipulación, ofrezco otra perspectiva en la oculta conspiración para manipular las políticas en general; una que clarifica - desde una visión y experiencia - que cuando la visión del mundo está divorciada del recuerdo de Allah (*insan*), las acciones del hombre a voluntad o inconscientes, naturalmente van hacia la conformidad con los valores y obras expuestas por los lideres y/o cultura:

"En países en cada continente, vi como los hombres y mujeres trabajando para corporaciones estadounidenses - aun así no oficialmente parte de la "red" [i.e., NSA/CIA *sicarios económicos* como yo - participábamos en algo mucho más pernicioso que cualquier cosa visionada en teorías de conspiración, como muchos de los ingenieros de mi misma compañía, **estos obreros estaban ciegos a las consecuencias de sus acciones**, convencidos que los calientes talleres y fabricas que hacen zapatos y partes automotrices para sus compañías estaban ayudando a los pobres a salir de la pobreza, pero en vez de eso, simplemente los hunden más profundo en un tipo de esclavitud reminiscente de medievales feudos y sureñas plantaciones, tal como aquellas tempranas manifestaciones de explotación, modernos serviles o esclavos fueron socializados a creer que ellos estaban mejor que las infortunadas almas que habitaban marginados en los oscuros hoyos de Europa, en las junglas de África, o las tierras salvajes de la frontera Americana... los sicarios económicos son profesionales altamente pagados que estafan por trillones de dólares, a países alrededor del globo, ellos embullen dinero del Banco Mundial, la USAID, el FMI y otras organizaciones extranjeras de "ayuda" dentro de los cofres de grandes corporaciones y los bolsillos de unas pocas familias ricas que controlan los recursos naturales del planeta, sus herramientas incluyen fraudulentos reportes financieros, arreglan elecciones, sobornos, extorsión, sexo, y asesinato, el juego es tan viejo como el imperio, pero uno que ha tomado nuevas y terroríficas dimensiones durante este tiempo de globalización. Yo debo saber; Yo fui un Sicario Económico."

- John Perkins, op.cit.

Ahora intentare integrar las filosofías dialécticas descritas en relación a la modernidad y su diligente erosión de la verdad e insidiosa usurpación de los derechos humanos - según lo definido por el Islam[76] - para el beneficio de un

---

76 See: *The Human Rights Tradition In Islam,* Muddathir «Abd Al-Rahim, Praeger, 2005

cadre elite al servicio de Iblis/Lucifer; un grupo de Reyes magos del Dajjal quienes practican verdaderas políticas en concierto con el teorema de Darwin de la "Sobrevivencia del más apto" y Crowley y su obsceno "Libro de Ley."

Por supuesto si acaso las Eubacteriales y Archa bacteria pudiesen hablar - y lo harán el Día del Juicio - ellas bien pueden debatir nuestra definición del "más apto".[77]

"La Historia de tiempos pasados es como aquella nuestra, el entendimiento Humano toma casi las mismas formas en diferentes eras, y pierde en los mismos Laberintos."

Chevalier de Ramsey, fundador del Rito Escocés de Francmasonería: *A Discourse upon the theology and Mythology of the Ancients in the travels of Cyprus*, Vol. II, p. 76, 172

---

77 the oldest known living organisms on the planet

"Hay un peligroso elemento el cual he copiado de ellos [Francmasones]. Ellos han desarrollado una esotérica doctrina, meramente formulada, pero impartida por mediación de símbolos y misteriosos ritos.... eso es por decir sin molestar sus cerebros pero por trabajar directamente en la imaginación a través símbolos de un mágico culto. Todo esto es el peligroso *elemento el cual he tomado*. ¿No ves que nuestro Partido debe ser de este carácter? Una Orden que es lo que debe ser. Una Orden, el jerárquico Orden de un Secular Sacerdocio."

- Adolph Hitler

Capitulo II
La Presente Desilusión

"No te extrañes, Profeta, si ves a los grandes criminales de Meca fomentar el mal. Es el caso de toda población en cuyo seno están los peores delincuentes, fomentando la maldad, corrompiéndose a sí mismos sin saberlo, y luego soportaran ineluctablemente las consecuencias de su maldad."

- Sura 6: 123-124

"La Ignorancia sirve a la maldad." - Juri Lina, *Architects of Deception*

Las siguientes citas reflejan los pensamientos de civilizados líderes para un continuum de 2000 años, y no hay razón para creer que tales sentimientos son más antiguos:

Seneca: la Religión es asimilada por la gente común como verdad, por los sabios como falsa, y para el gobernante es útil.
Napoleón: la Religión es excelente cosa para tener a la gente común callada.
Dawkins: Uno de los verdaderamente malos efectos de la religión es que nos enseña que es una virtud estar satisfecho con el no tener entendimiento.
G. Mazzini: Nosotros corrompemos para poder gobernar; [Illuminati, Alta Vendita, Fundador de la Mafia]

La implicación es que la gente que abrazo una religión con sincera intención son tolerados por aquellos quienes sostienen la riendas del poder, lo que es inquietante es la evidencia indicando que un *circulo-interno* de la elite "escarban en madrigueras de privilegio"[78] entre nosotros y representan la antítesis de lo sostenido por sinceros monoteístas por ser sagrado y moral. La combinación de ateos/agnósticos y deístas Francmasónicos, han tenido poder en Occidente desde hace muchos, y desde la movilización de tropas de Napoleón en Egipto, la monoteísta antítesis, Orientalismo, ha expandido su ideológica influencia hacia el este, vemos esto reflejado por indígenas oligarcas quienes se han coludido para sacar provecho; estos tontos han casi adoptado universalmente y retenido el desfile colonial de la Occidental (Francmasónica) regalía, decoro y costumbre - desde Marrakech hasta el Ganges y desde allí

---

78 "Algunos de los más grandes villanos en la historia han sido hombres educados, sin esa educación ellos pudiesen haber sido honestos ciudadanos, unos pocos años en la universidad no hará de un mal hombre un virtuoso; solamente pulirá su perversidad. ¡El que no recibió educación lo atrapan, el pícaro educado pasa desapercibido!"

- Abraham Lincoln

"Instituciones tales como el Estado y sus aparatos, al actuar como *intermediarios* del poder, realmente lo esconden." Michel Foucault; *The Order of Things: An archeology of the Human Sciences*, New York, Vintage Books, 1970.

hasta la otrora nobles tierras de los Samurái. La adulación de este remedo revela un fundamental cambio de visión del mundo en la punta de pirámides Orientales, esta es una alianza de empática ideológica acreción que reconoce y acepta la ventaja de "ser miembro" o "alianza-con" un muy "privado club" que cruza las fronteras nacionales, de cultura y religión siempre y cuando las palmas que sostienen las riendas sean manos escondidas que estén cruzadas por "venerables maestros" de Financiamiento Internacional. En otras palabras: "¡Si no puedes contra ellos, úneteles! Y desde la ascensión de los EUA como la "Potencia Mundial" posterior a la Primera Guerra Mundial, la mayoría de los imitadores Tercer mundistas han colaborado con Wall Street y sus instalaciones de latrocinio internacional para formar *Cleptocracias* de desalmada tiranía la cual pocos ordinarios mortales pueden soportar.

El Profeta dijo que "el polvo de riba" se asentara en todos nosotros durante esta era de fitan.[79] ¡Cualquier examinación no-políticamente-correcta de la así-llamada "Banca Islámica" también revelara esto!

Presentemente, la esclavitud económica y continuas guerras de agresión ciertamente hace recordar la opresión de los Hebreos por el Faraón, acá es donde el intelectual debe obviar el teje y maneje de los ismos para poder recordar al Faraón por su arrogancia y orgullo, debido a que estas ideologías intencionalmente oscurecen la más básica causa de desobediencia del hombre a la ley divina. Francmasones de *altos grados* tienen gran estima al Faraón y su Religión de Misterio y aun se llaman a sí mismos una "Hermandad Real." Ellos y sus confederados usureros - con tranquila consciencia - emplean la dureza del corazón del Faraón en el nuevo orden de hoy mientras conducen el *leitmotiv* de piratería global. Observemos:

"La Guerra es una actividad fraudulenta, mejor descrita, creo, *como algo que no es lo que aparenta para la mayoría de la gente*. **Solo un pequeño grupo interno sabe de lo que se trata.** *Esto es conducido por los muy pocos a expensas de las masas...* Yo pase treinta y tres años en servicio, todo los comisionados rangos desde Sub Teniente hasta General, y durante ese periodo, pase la mayor parte de mi tiempo siendo el brazo armado de clase alta para las grandes empresas, para Wall Street y los Banqueros. *En corto, fui un mafioso, un gánster por el capitalismo...* Viendo hacia atrás, siento que yo pudiese haber dado a Al Capone

---

79 La palabra *fitna* (plural de *fitan*) es usado en el Corán para dar significado a ambos, para "una tentación que pone a prueba al creyente en sus compromisos religiosos" y para "un castigo por juicio." En los textos históricos clásicos Árabes, este es usado primordialmente para significar "guerra civil," también "rebelión que conduce a divisionismo," o "violenta lucha fraccional," pero aun en textos históricos, este tiene connotaciones de "comunal prueba, aflicción" y "la tentación de volverse contra compañeros Musulmanes." En la literatura de hadiz, *fitna* significa ambos "lucha entre Musulmanes," y "un juicio por el cual Dios prueba y purifica al creyente."

- *Encyclopedia of Islam*, Chief Ed., Richard C. Martin, p. 259.

unos pocos consejos. Lo mejor que pudo hacer es operar su actividad fraudulenta en tres distritos. *Yo operaba en tres continentes.*"
War is a Racket, por Maj. Gen. D. S. Butler, U.S.M. Corps, Ferral House, 1936

Acá tenemos al más condecorado soldado de su era llamando a sus amos civiles "gánsteres" y confirmando la existencia de un muy pequeño círculo interno de "banksters" *conspiradores*.

Por treinta y tres años él estuvo al servicio de America y su "Destino Manifiesto" pero con el beneficio de entender un evento después que ha sucedido, justo a quienes y a lo que servía finalmente se cristalizo. Desafortunadamente, él es uno de muchos indudables y calificados testigos cuyo testimonio es *descartado por irrelevante* por aquellos quienes sirven de expedito, y esta última exigencia es el metafísico déspota que causa al hombre olvidar a Dios. Acá se encuentran los comentarios de otros tres renombrados soldados (uno de ellos es un erudito):

"... Una telaraña de "patriotas por lucro," que operan desde las más altas posiciones de especial confianza y secreto, han exitosamente cercenado nuestro sistema constitucional persiguiendo un Nuevo Orden Mundial. Ellos han inundado America con drogas para poder obtener fondos para operaciones encubiertas mientras sellan el destino de personal de servicio abandonados en prisiones comunistas. Escondiéndose tras una máscara de justicia oficial, esta secreta combinación busca imponer su propio concepto de navegación geopolítica, anulando libertades como el duramente ganado derecho a nacer de todo Americano... Yo retorne en 1987 del Triángulo Dorado en Burma con información de involucramiento oficial en ilegales operaciones de drogas. Me dijeron que "borrara y olvidara" o podría "golpear al gobierno." Mi juramento de lealtad fue sostener la ley, no proteger un nido de asquerosos burocráticos inyectándoles sobredosis a Americanos, independiente de sus altos cargos o nobles intenciones, cuando me rehusé a cooperar y presente la evidencia ante el Congreso, el Departamento de Justicia y sus elementos trataron de meterme en prisión."
    - Ten. Coronel. James "Bo" Gritz (Retirado.), el más condecorado Boina Verde en la historia Americana. Comandante, Fuerzas Especiales, Latinoamérica. Jefe de la Fuerza Delta.

"... el más poderoso circulo interno del CFR quieren traer a rendición la soberanía de los Estados Unidos, un segundo grupo comprende a los banqueros internacionales de Wall Street y sus agentes quienes buscan el

Bancario Monopolio mundial, prefiriendo una toda-poderosa ONU pero están preparados para tratar con un gobierno global controlado por Soviéticos Comunistas."

– Contra Almirante Chester Ward, USN ret., *Review of the News*, 9 de April de 1980, pg. 37

"El gobierno de Occidentales naciones, ya sean monárquica o republicana, ha pasado a las invisibles manos de una plutocracia, internacional en poder y alcance, fue este, me aventuro a sugerir, *este semi-oculto poder* el cual empujo las masas del pueblo Americano al caldero de la Primera Guarra Mundial."

– Historiador Militar Británico, Mayor General J.F.C. Fuller, 1941

La mayoría, si no es que todas, estas firmas banqueras de Wall Street son propiedad y/o manejada por Sionistas y/o Francmasones del clan de Bush en la Fraternidad de la Universidad De Yale (Skull & Bones) y/o sus confederados del CFR:

"Acaso no les parece extraño a ustedes, que todos estos hombres resulten ser del CFR (Council on Foreign Relations) y que sucede también que estén en la Directiva de Gobernadores de la Reserva Federal que absolutamente controla el dinero y la tasa de interés de este gran país: una organización privada... la cual absolutamente tiene nada que ver con los EUA!"

- Senador Barry Goldwater

"Se cree que los Rothschild tienen el 53% de las acciones de la Reserva Federal de los EUA."

House Banking and Currency Committee, 1976

El 4 de Junio de 1963, un virtualmente desconocido decreto Presidencial, Orden Ejecutiva 11110, fue firmado con la autoridad para, básicamente despojar al Banco de la Reserva Federal de su poder para prestar dinero con intereses al Gobierno Federal de los EUA, con la firma de este, el Presidente Kennedy declaraba que la empresa privada conocida como el Banco de la Reserva Federal pronto estaría fuera del negocio, pero cinco meses más tarde fue asesinado en la misma manera que lo fue Lincoln por sus "Greenbacks". En un comentario hecho en una clase en la Columbia University el 12 de Noviembre de 1963, diez días previos a su asesinato, el Presidente John Fitzgerald Kennedy dijo: "La alta oficina del Presidente ha sido usada para fomentar un complot para destruir las libertades Americanas y antes de dejar la oficina, debo informar a la ciudadanía acerca de este plan." En adición, también se ha notado que no tenía intenciones de suplir a Israel con tecnología nuclear y armas, y había hecho planes para retirar apoyo Americano para Sionistas criminales.

Circunstancias alrededor del asesinato de Lincoln:

"Los EUA estaban en bancarrota, por 30 años había sido víctima de las medidas económicas Británicas. Andrew Jackson y su desmantelamiento del Banco de los Estados Unidos, seguida de Polk y su Acta de Tesorería Independiente de 1846, y la traición de libre comercio de los Presidentes Van Bureen, Tyler, Polk, Pierce, y Buchanan, habían colocado a los EUA totalmente bajo el control de los Bancos Neoyorquinos Astor y Gallatin, aliados de los Baring y Rothschild. En 1857, los EUA reventaron; los bancos colapsaron, las fabricas cerraron, los negocios se detuvieron, hambruna y desempleo por doquier, la Tesorería estaba vacía, al Congreso no se le había pagado. La administración Buchanan, según Antón Chaitkin que ha documentado ampliamente, era indistinguible del Consejo Supremo del Rito Escocés, estos Francmasones traidores habían estado trabajando activamente por meses para desarmar a los Norteños de los arsenales federales mientras equipaban a los estados rebeldes del Sur. Los Ciudadanos demostraron a través de Norteñas ciudades, que toneladas de equipo militar estaba siendo robado y embarcado hacia el Sur para un ataque a los EUA, con la connivencia del vice presidente y al menos tres miembros del gabinete.

Cuando Lincoln tomo posesión, el Congreso estaba fuera de sesión. El único medio disponible el cual Lincoln tenía para financiar el esfuerzo de guerra era ir a los Asociados Bancos de New York, manejados por los agentes Británicos Gallatin y Astor. El gobierno dependía de estos bancos por especies, y el presupuesto del gobierno era financiado mediante la venta de bonos de estos bancos. America estaba entonces hipotecada con Gran Bretaña, en tanto la deuda estadounidense era vendida en ultramar a las bancos de Rothschild y Baring, pero, Carey y sus círculos organizaron una alternativa, cuyo espíritu fue propiciado por Lincoln en su famoso "Discurso Anual al Congreso" el 3 de Diciembre de 1861. La significancia de este discurso no es exagerada, en tanto los británicos estaban bien enterados que las medidas económicas de emergencia de Lincoln incluían:

    1.un sistema bancario privado regulado nacionalmente, el cual emitiría crédito fácil para construir industrias;

    2.la venta de bonos a largo plazo, a bajo interés (5:20s) al público general y a los bancos legalizados nacionalmente;

    3.el incremento de tarifas hasta que la industria estuviese operando al máximo;

    4.el gobierno construiría ferrocarriles hasta el Sur medio, promoviendo la industrialización del sistema de plantaciones de Sur - lo que Carey llamada "un programa de paz"' para industrializar el Sur.

La intención de los bancos nacionales era servir a un propósito útil, al ser ambos, inversionista en la futura riqueza de los EUA a través de la compra de los bonos a 20 años al 5% (los 5:20s) y mediante la emisión de préstamos a largo plazo con bajos intereses para manufactureros, así como también actuando como un intermediario para la circulación de divisa. En vez de vender la deuda estadounidense a los británicos, la ciudadanía compraría la deuda. La política era idéntica a la de Hamilton: La deuda seria la base de crédito para desarrollo industrial.

James Gallatin, los Bancos Asociados de New York, y sus amigos en el gobierno Británico se volvieron locos, el 28 de Diciembre de 1861, ellos suspendieron los pagos en especies al gobierno, suspendieron el pago en oro que debían a sus depositantes, y cesaron de transferir al gobierno el oro el cual ellos habían comprometidos para la compra de bonos del gobierno. Los bancos de otras ciudades inmediatamente siguieron el ejemplo, llegaron a Washington para presentar su alternativa a Lincoln: bonos con altos intereses para ser vendidos a los carteles bancarios Europeos; depositando el oro estadounidense en bancos privados para el uso de los banqueros en inversiones; y un impuesto a la pequeña industria para financiar la guerra.

Lincoln les mostro la puerta a los banqueros, algo que pudiese repetirse útilmente alrededor del mundo hoy.

Lincoln ataco a los bancos dominados por británicos a través de los siguientes pasos:

- Primero que todo: estricta supervisión federal de la banca, eliminando prácticas bancarias de caótico estado. Los bancos legalizados por el Estado cayeron de 1,466 a 297, mientras que los bancos federales incrementaron a más de 1,600.

- Segundo--regulaciones fueron impuestas cubriendo mínima capitalización, requerimientos de reserva, la definición de malas deudas, reportes de condición financiera e identidad de los dueños y otros elementos de seguridad a los depositantes. El director de cada banco debía ser un ciudadano Americano, y tres-cuartas partes de los directores del banco debían ser residentes del estado en el cual el banco hace negocios, las tasas de Interés estaban limitadas por leyes estatales contra la usura con un máxima tasa fijada al 7%.

- El Tercer paso era concerniente al control de la divisa. Habrían dos tipos de dinero legal: Greenbacks y notas emitidas por la banca, el Gobierno autorizaría la emisión de notas que estarían estrictamente reguladas, los

Bancos estaban requeridos a depositar bonos con la Tesorería a calificar para circular notas, y estrictas reservas en especies y dinero también se requerirían.

Durante la guerra, $450 millones en Greenbacks se emitieron, es dudoso que la guerra pudiese haber sido ganado sin la emisión de los Greenbacks, al crear $450 millones en Greenbacks, Lincoln incremento, al incrementar el crédito, el gasto del gobierno por 300%! La revolucionaria naturaleza de los Greenbacks, de poner a una nación a cargo de su propia divisa, no puede ser exagerada. El sistema Veneciano de finanzas estaba basado en limitando pagos en oro, y controlando el suministro de oro, así como el sistema Británico se inspiró en el Veneciano."

      - *Rochelle Ascher*, extraído del *American Almanac*, Septiembre, 1992

Sobre el Asesinato de Kennedy

"No puede ser la tarea de este estudio ni siquiera comenzar a tratar las razones por las cuales ciertos elementos líderes de la oligarquía financiera Anglo-Americana, quizá actuando con cierta clase de apoyo de parte de la aristocracia Europea y redes neo fascistas, ordenaron la muerte de John F. Kennedy.

Los británicos y los partidarios de Harriman querían una escalada en Vietnam; para el tiempo de su asesinato Kennedy estaba comprometido a sacar las fuerzas estadounidenses. Kennedy, según se mostró discurso en la American University en 1963, también estaba interesado en buscar evitar la senda de Guerra con los Soviéticos, usando la superioridad militar demostrada durante la crisis de los misiles en Cuba para convencer a Moscú de aceptar una política de paz mundial a través del desarrollo económico.

Kennedy estaba interesado en las posibilidades de defensa estratégica anti-misiles para poner fin a la pesadilla de destrucción mutua asegurada, la cual le gustaba a Henry Kissinger, un molesto ex empleado de la administración Kennedy, *a quien el presidente lo había denunciado como un demente*. Kennedy estaba considerando jugadas para limitar o quizá abolir la usurpación de autoridad sobre la divisa nacional por los *intereses de Londres* y Wall Street controlando el sistema de la Reserva Federal. Si hubiese sido reelegido a un segundo término, Kennedy estaría re afirmando el control presidencial, distinto al control de *Wall Street*, sobre la comunidad de inteligencia, existe una buena razón para creer que Kennedy hubiese sacado a J. Edgar Hoover de su auto nominado vitalicia posición en el FBI, sometiendo esa agencia a control presidencial por primera vez en muchos años. Kennedy estaba comprometido a una vigorosa expansión del programa espacial, el impacto cultural el cual estaba comenzando a alarmar a los financieros oligarcas. Sobre todo, Kennedy actuaba como un hombre que pensaba que él era el presidente de los EUA, violando la colegialidad del oligárquico enclave en esa oficina que se había sido forzado adentro desde los finales días de Roosevelt. Kennedy además tenía dos hermanos menores quienes podrían haberlo sucedido, poniendo una fuerte presidencia más allá del control del Establishment Anglófilo Liberal del Este por décadas. George Bush se unió a Harriman en la oposición a Kennedy en todos estos puntos."

Webster G. Tarpley & Anton Chaitkin,
George Bush: The Unauthorized Biography

Interesantemente, John Wilkes Booth resulto ser un masón de grado 32.

La Khassa Americana descrita por Tarpley y Chaitkin, así como también Generales retirados citados arriba, representan el mismo circulo de firmas en Wall Street que a sabiendas e intencionalmente dieron fondos a Hitler, Lenin, Trotsky, e indirectamente, al Secretario Mao. Para más estudio, recomiendo leer las obras del Historiador Británico, Sir Anthony Sutton: *How the Order Creates Revolution*, y *America's Secret Establishment.*

Salomón Rothschild

Las mayores fuerzas sociales históricamente obrando pueden ser descritas en términos de la Elite (*Khassa*) y Populacho (A*mma*), y cada uno puede ser subdividido en grupos a los cuales he asignado arbitrarios sobrenombres a lo largo del texto. La discusión procede en términos de cinco niveles de Khassa: los ocultos y sus intermediarios: la elite política; la elite religiosa; la elite mercantil; y la elite académica. En cuanto al Amma, yo discuto que existen cuatro genéricos grupos: bien educados profesionales; medio-educados clase-media; criminales organizados del "bajo mundo"; y la "fundamentalista" chusma. Es de importancia notar que individuos y clanes de todos los grupos son migratorios y que pudiesen cruzar fronteras de definición; están por los general íntimamente conectados y dependientes uno del otro; y por veces son difíciles de discernir o segregar.[80]

> Cleon Skousen en su libro '*The Naked Capitalist*' identifica a este financiero: "En 1917 los mayores subsidios para la revolución eran arreglados por Sir George Buchanan y Lord Alfred Milner. Fue Lord Milner quien arreglo los masivos regalos y préstamos a Lenin y Trotsky, de acuerdo a Arsen de Goulevitch En entrevistas privadas me fue dicho que 21 millones de Rublos fueron gastados por Lord

---

80 *The New Mamluks: Egyptian Society and Modern Feudalism,* Amira El-Azhary Sonbol, Syracuse Univ. Press, 2000.

Alfred Milner personalmente para financiar la Revolución Rusa. Milner también hizo arreglos para que vastas sumas fueran entregadas por banqueros líderes en Wall Street, Jacob Schiff era uno de estos. The New York Journal el 3 de Febrero de 1949 manifestaba: Hoy se estima, según el nieto de Jacob, John Schiff, que el viejo hundió cerca de $20,000,000 para el triunfo final del Bolchevismo en Rusia.

Rivera, View From the Wall, 2002, NY

Esencial e históricamente, la Khassa sostiene su hegemónica posición posterior a un triunfo militar a través de un presente discurso cultural, mientras la amma y su tradicional defensa han sido su cultura y religión, o la rebelión cuando se precisa. Actualmente, estas defensas decrecen en luz de la exitosa manipulación del discurso cara-à-cara de los exagerados medios y la cooperación global del cadre religioso, así como también por programación educacional, en adición a la asombrosa milicia y opciones fiscales sostenidas en la moderna experiencia, esto implica que la amma está perdiendo su tradicional terreno. Para poder llevar a cabo la Revolución Industrial, el tradicional sistema feudal con su Patriarcal aristocracia, dieron lugar a globales mercantilistas quienes han ornamentado "la ascensión de comunidades de negocios e integración de ejércitos que sirven a sus intereses de negocios", según el General Butler y otros.

En tanto que el lector apreciara luego de cuidadosa atención a los Apéndices, los *Illuminati* fusionaron su propia cadre con esos de Nobilidad Europea de antiguos y malévolos medios cuyos ideales eran relevantes. La fusión dio licencia a la expansión de pretensiones legales internacionales que ahora permiten que *sancionados* pillos, tradicionalmente limitados a soldados-de-fortuna, contratistas privados y menores cruzadas, con el propósito de confiscar riqueza. A la luz del "discurso" Khassa/amma, esto apenas es una menor preocupación cuando sepan que los misioneros históricamente presentan desarme, de van-y-reta-guardia de las nuevas autorizadas armadas:

> *El Summer Institute of Linguistics (SIL),* un grupo evangélico estadounidense en colusión con el Cuerpo de Paz y compañías petroleras en Ecuador, luego que sismólogos reportaran altas probabilidades de yacimientos petrolíferos, los miembros de SIL motivaron a las tribus indígenas a mudarse fuera de la citada tierra a reservaciones misioneras para poder recibir alimentación gratis, posada, vestuario y tratamiento médico, con la condición que ellos otorgaran su tierra a las compañías petroleras. El Presidente Jaime Roldos acuso al SIL de colusión y los expulso, luego, advirtió a los intereses de toda corporación extranjera que implementaran

desarrollo que favorezca su pueblo, poco tiempo después, el 24 de Mayo de 1981, el murió en un accidente aéreo tal como su contraparte en Panamá, Omar Torrijos.[81]

El Presidente Bush no es el único con la visión de rehacer Irak. Franklin Graham tuvo una también, con la *Operación Libertad Iraquí* tan rápidamente un éxito, el hijo del evangelista Billy Graham está trabajando en planes para llevar Iraquíes Musulmanes para Cristo... los reporteros de TIME magazine han estado trabajando en una sensacional pieza de portada: la historia de "operaciones especiales" evangélicas, o sea, misioneros trabajando de encubierto en el mundo Musulmán. A ellos les han dicho repetidamente que era una historia que muchos líderes Cristianos no quieren que sea contada:

"Estamos planeando una mayor obra al inundar de Cristianos misioneros los países Musulmanes, muchos de ellos evangélicos."
– Joel C. Rosenberg, 21 de Abril del 2003,
Corresponsal NEWSMAX.COM.

He incluido en esta categoría "misionera" a las madrazas de Paquistán[82] la cual dio a luz a los gemelos campos fascistas de al-Qaeda y el Talibán luego de su incubación en arenas Saudí-Wahabí. Todas estas *escuelas* fueron financiadas por EUA. La ironía de Paquistán y su "estado fallido" cómplice en la farsa, es que profesaban ser un Estado *Islámico*, y aunque los motivos de los yihadistas aparentan tener idealismo religioso, los factores reales de motivación aparentemente recae en el negocio de drogas, el otrora monopolio de los magnates del sub continente.

"La falla abismal - de regímenes seculares e Islámicos - dejaron Paquistán una ideológica perplejidad... La ficticia unidad creada mediante retórica política al apelar al progreso y desarrollo [mientras] utilizando al Islam para contrarias divisiones, colapso sin remedio. El tiempo puede que haya alcanzado a ver la realidad en su desnudez más allá de la cortina de humo de mitos y símbolos."
[S.M.A. Sayeed, op.cit. p 314]

"Islamic radicals did not advocate socialism for the state but were instead involved with the concept of power and how Islam interpreted it.[83] The

81 Perkins, op.cit. pp. 166 y 183
82 "Estas madrazas tenían una sola función, eran guarderías de adoctrinacion diseñadas para producir fanáticos... Benazir Bhutto y su gobierno desataron los Talibanes... los EUA temerosos de influencia Iraní... respaldaron esta decisión... el General Nasirullah Khan Babar confía a amigos que "desde que los Talibanes se convirtieron en una amenaza dentro de Paquistán, él había decidido darles su propio país... Paquistán fue el condón que los Americanos precisaban para entrar a Afganistán."
- Tariq Ali, op.cit. pp. 196, 197.
83 Giles Keppel, *Muslim Extremism in Egypt: The Prophet and Pharaoh, U. of Calif. Press,* 1986 pp. 226-31.

dialogue of these fundamentalists regarding Islamic economics, Islamic government and the role of women in society concerned the hierarchy of power that this opposition advocated which would allow them to rise to the position enjoyed by the khassa..."

- Sonbol, op. cit, p. 171

¡Desafortunadamente, la perdida de dignidad Musulmana es una pandemia y gente tal como estas se encuentran tan lejos del Islam como lo está el Profeta del Zaqqum (*el* árbol del infierno)! Cleptocratas Paquistaníes (incluyendo la familia Bhutto) han continuamente desplegado arquetípica avaricia para el saqueo en vez de una civilizada gobernabilidad siguiendo a Mohammed y su clara delineación de egalitarios protocolos. Luego de caer fuera de gracia con la CIA, estos mellizos fundamentalistas han venido a gozar de un monopolio regional en el comercio de heroína que está destruyendo vidas de Musulmanes desde Kabul hasta Beirut, así como también socavando las sociedades de Occidente - especialmente en America.

Este diseño es exactamente lo que la oculta elite desea en concordancia con los citados *Protocolos de Sion* y se mantienen dentro de las sobrias observaciones del Teniente Coronel JAMES "BO" GRITZ y otros formidables observadores. ¿Qué tiene que ver la prohibida degradación y lucro con ya sea la "Izquierda" o "Derecha" de cualquier ismo? Escoja cualquier abstracto que le parezca, importa poco debido a que al fin de cuentas es opresión de las masas con propósitos de piratería, sadismo, lujuria, asesinato, avaricia y el acostumbrado orgullo humanista que transciende las Leyes Espirituales de Allah por el "olvido" al que tales fabricaciones inducen mientras los líderes Musulmanes dejan la comandada estratégica posición de sumisa obediencia para correr tras el botín:

"La CIA se tornó ciega a la venta de heroína, supuestamente para financiar la guerra Afgana... los registros oficiales de adictos en Paquistán subió de 130 en 1977 a 30,000 en 1988... A lo largo de los años 1980s y 90s, el cultivo de campos de amapola produjo una fina cosecha de millonarios, quienes treparon a la cima... Durante los 90s, la heroína había sido despachada a Europa y Norte America desde Pshawar a Karachi y desde allí a puertos del Mediterráneo, y desde Asia central a Rusia a los Balcanes y luego a capitales en el mundo Occidental... Posterior al 9/11, las redes Paquistaníes colapsaron, para que la Alianza Afgana del Norte ahora sostenga el monopolio con sus amigos Rusos mientras Kosovo se convierte en el principal punto de distribución. La producción en masa de heroína fue un sub-producto de la primera guerra Afgana. Las ganancias eran usadas como fondos para el muyahidín, y financiaron el rápido crecimiento del BCCI [Banco Islámico]. El dinero fue blanqueado a escala masiva [bajo las narices del Banco de Inglaterra]... para sobornar y premiar a banqueros y políticos en cada país Occidental mientras daban fondos a los Contras en Nicaragua y al Talibán en Afganistán." - ibíd., p 271

"En el Medio Oriente, la plena verdad acerca de la destrucción de Beirut y el desmembramiento del Líbano es que, en medio de la guerra tribal y conflictos religiosos, una combinación de tráfico de drogas, crimen organizado, y tráfico de armas fue usado por un numero de facciones y gobiernos como medios para un fin de propio poder. En tanto que el combate arrastra, a ambos, el cultivo de amapola y la exportación de hashish para financiar el conflicto continúan en el Valle Bekaa. Siria esta succionada en una guerra que no puede ser ganada, su ejército esta incrementadamente envuelto en el comercio de hashish y heroína, mientras las drogas están siendo canjeadas por armas a través de áreas Cristianas Maronitas a fundamentalistas Musulmanes Suníes intentando desestabilizar el régimen Sirio."

Narcotics Intelligence Estimate (1984, p. 20),
Going All the Way, J.C. Randal (1984, p. 136, 287)

"He entrado a muchos hogares en el sur de Teherán donde chicas jóvenes tenían que salir y vender sus cuerpos para poder proveerle a su padre para su drogadicción, también he visto varios casos de familias que encadenan a sus propias hijas en casa para impedirles que escapen."

- Eshrat Gholipour. Director del Centro Omid E Mehr en Teherán

"El Vino y todas las otras bebidas intoxicantes son impuras, pero el opio y hashish no lo son."

- Ayatola Khomeini

Al momento que los eruditos (ulama) fallaron en llegar a un acuerdo en cuanto a la definición de un musulmán, los seculares jueces de Paquistán en su *Munir Report,* en Abril de 1954, justamente denunciaron su idiotez como "perfidias", de allí relegando al Islam a estatus paria dentro de su supuesta propia política. Maududi y su partido era esencialmente Bolchevique en diseño y seguido por los Fascistas Bhutto quienes incitaron *sus* propias tropas Punjabi para *"plantar pura semilla Musulmana"* en los violados vientres del Este de Paquistán en 1971. Tariq Ali compara esto y la selectiva brutalidad de justicia Saudí Wahabí a aquella del Reverendo Paisley y sus *Orangemen* en el

Norte de Irlanda, y muchos imanes Musulmanes emplean astrólogos y adivinos, una afrenta a la clara desaprobación del Corán. Estos mayores crímenes que desafían el ejemplo del Profeta y la Sunnah, y aun así ¡estos mismos políticos e Imanes se atreven a profesar el Islam! Este estatus de auto-engaño es una sorprendente ilustración del *síndrome de negación de las masas* discutido abajo, esta es testigo del perplejo poder del ismo imaginación para las cuales los hombres se apresuran victoriosamente a sus sepulcros el Día del *Juicio*. Y ¿desde adonde brotan estas ideologías (Bolchevismo, Fascismo)? Un estudio de historia literaria revela que la mayoría de tales abstracciones fueron inventadas por Jesuitas, judíos, Jacobinos y Francmasones, Rosacruces y miembros del culto Illuminati, y fueron todas substancialmente reforzadas por intelectuales y publicadores en sus variadas distribuciones.

Antes de proceder con más argumento, y en luz de la nueva alianza Imperial, Yo presento al lector los pesados comentarios de substanciales hombres, concernientes al más grande enemigo del mundo: los reprobados Banksters del *Mercader de Venecia* de Shakespeare. Yo hago esto no como un ejercicio en polémicas o anti-Semitismo, sino como una manifestación de profecía e historicidad. Además, debo enfatizar que, así como los Francmasones, la mayoría de judíos son ciudadanos decentes, apegados a la ley y aun superlativos.

Los más reprobados entre ellos sin embargo, son aquellos ocultos conspiradores del "circulo-interno", formando un círculo que está bien documentado y continuamente referido a por grandes hombres y mujeres de varias naciones. Si acaso este es asunto muy *sensitivo* para el lector o prospecto publicador, sugiero a atender al superior asunto en el cual estas inicuas criaturas han manejado enfocar la consciencia de la humanidad, y deja la verdad para aquellos preparados por Dios para defenderlo.

"Los Oppenheimers[84] fueron los primeros miembros de los Illuminati de Bavaria... El grupo *Bund der Gerechten* (Liga de los Justos) era un frente de los Illuminati manejado principalmente por Judíos... Esta Liga - financiada en parte por los Rothschild - quienes pagaron al Mason, Karl Marx, para escribir el Manifiesto Comunista.[85] El Judío, Gumbel Oppenheim, era del círculo interno

---

84 **J. Robert Oppenheimer**, el espía Soviético que superviso el proyecto Manhattan, la construcción de la primera bomba atómica, de quien se dice haber exclamado, "Me he convertido en el destructor de los mundos," citando las palabras del dios sol Hindú Shiva. Oppenheimer, un Judío, nombrado en su augusta posición científica por el Presidente Franklin D. Roosevelt masón de grado 33, estaba sumergido en el ocultismo y era un mago cabalista.
85 La Asociación Internacional de Trabajadores (Partido Comunista) fue fundada en Londres por el Profesor Beesly el 24 Sep. de 1864. A Mazzini y Marx se les dio la tarea de preparar su Constitución. Para 1869 tenía "edad" suficiente para requerir oficinas centrales, el Templo Masónico cerca a Geneva. Para 1872, Karl Marx transfirió la sede del Consejo General a New York, pero para 1876 la degeneración se

de la Liga, su familiar, Heinrich Oppenheim, estaba entre los autores intelectuales de la revolución comunista de 1848 en Alemania. Las historias oficiales del Partido Comunista aun aceptan la Liga como la predecesora del Comunismo... La Enciclopedia Judía Vol. 2; p. 496 indica que otras Judías familias "adoptaron el plan Rothschild." Estos eran los Lazard, Stern, Speyer, y Seligman... Las familias Judías que establecieron en Frankfurt la *Judenloge* (la logia Masónica a la que pertenecían los Rothschild) incluían a los Adler, Speyer, Reisse, Sichel, Ellison, Hanau, Geisenheimer, y Goldschmidt. Isaac Hildesheim, un judío que cambió su nombre a *Justus Hiller* se acredita ser fundador de esta logia en Frankfurt. Michael Hesse, director de la escuela reformada Judía, *Philanthropin*, era una importante figura en la logia, también lo era el Dr. Ludwig Baruch (luego Borne) que se afilio en 1808. Muchos de estos Judíos Francmasones de Frankfurt eran comerciantes. Estos Francmasones - desde 1817-1842 - eran los líderes de la comunidad Judía en Frankfurt. Johann Christian Ehrmann comenzó a advertirle al pueblo Alemán que los Judíos Masones de Frankfurt quieren una república mundial *basada en el humanismo*, en 1816 él publicó un advertidor panfleto, *Das Judenthum in der Maurerey* (Los Judíos en la Masonería)"

> Katz, Jacob. *Jews and Freemasons in Europe 1723-1939*. Cambridge, Mass. Harvard University Press, 1970, p.60.

"El banco recibe beneficios de intereses en toda moneda la cual crea de la nada."

> William Paterson, fundador del Banco de Inglaterra, 1694.

"... desde 1820 ha sido la "era Rothschild"... solo existe un poder en Europa, y este es el de los Rothschild." En 1913, la familiar fortuna se estimaba ser de más de dos billones de dólares."

> Werner Sombart, *The Jews and Modern Capitalism*

"El Dinero es el dios de nuestro tiempo, y Rothschild es su profeta."

> Heinrich Heine, Poeta Alemán

La City [Londres] es realmente un soberano estado (mucho como el Vaticano), y eso desde el establecimiento de privado Banco de Inglaterra en 1694, "La City" se ha actualmente convertido en aquel que tiene la última palabra en los asuntos nacionales del país, con Primer Ministro, Gabinete, y Parlamento convirtiéndose solo en un frente para el poder real.

---

había asentado y disuelto. En tanto bajo Marx y Jules Guesde, la Second International fue fundada, y para 1905 la unificación internacional fue cimentada en Ámsterdam. See: Heckethorn, op.cit. p 251; Jewish Encyclopedia; Onslow Yorke, *Secret History of the International*.

Ver: E. C. Knuth, *Empire of the City*, y Des Griffin, *Descent into Slavery*

"... la jerarquía [Jinn] tiene un grupo especial - "el grupo financiero" - controlando todo lo que puede ser convertido en energía; constituyendo una dictadura sobre todos los modos de tratos, comercio e intercambio."
- Alice Bailey, *a Treatise On White Magic*, p. 412.

"Los Rothschild gobiernan un mundo Cristiano. Ningún gabinete se mueve sin su asesoría. Ellos estiran su mano, con igual facilidad, desde Petersburgo a Viena, desde Viena a Paris, desde Paris a Londres, desde Londres hasta Washington. El Barón Rothschild, el jefe de la casa, es el verdadero rey de Judá, el príncipe de la cautividad, el Mesías tan ansiado por este extraordinario pueblo... El león de la tribu de Judá, El Barón Rothschild, posee más fuerza real que David - más sabiduría que Salomón."
Baron James Muhlstein, in *The Rise of the French Rothschilds*.
NY: The Vendome Press 1980.

"Esta es una muy curiosa secuela al intento de establecer un competidor Católico para los Rothschild que en el presente tiempo (1905) estos últimos son los guardianes del tesoro papal."
– The Jewish Ency., Vol. 2, p.497

"La abstracción de la libertad nos ha permitido persuadir a la chusma en todo país que su gobierno es nada más que sirvientes de la gente quienes son los dueños del país, y que el sirviente [político] puede ser reemplazado cuan si fuese un gastado guante. Es esta posibilidad de reemplazar a los representantes del pueblo los cuales los han puesto a nuestra disposición, y, así como lo era, dándonos el poder de nombramiento."
- PROTOCOLOS DE SION

"El mundo está gobernado por muy diferentes personajes de lo que se imaginan aquellos quienes no están detrás de las escenas. Los gobiernos de hoy en día deben no meramente tratar con otros gobiernos, con emperadores, reyes y ministros, pero también con las sociedades secretas las cuales tienen a sus inescrupulosos agente por doquier, y que pueden en el último momento descontrolar todos los planes del gobierno."
- BENJAMIN DISRAELI, 1876
"Trescientos hombres, cada cual conoce a los otros, gobiernan la fe del continente Europeo, y eligen a su sucesor de entre su sequito."
- WALTER RATHENAU, Asesor Judío del Káiser Wilhelm,
24 de Dic. De 1912

"El significado de la historia del último siglo es que hoy 300 financieros Judíos, todos Maestros de [Francmasónicas] Logias, gobiernan el mundo."
- Jean Izoulet, *LA CAPITALE DES RELIGIONS*, Paris, 1931

"Nosotros estamos deliberadamente poniendo lealtad a un orden mundial por encima de la lealtad a tu propio país."
Clement Attlee, líder del Partido Laboral Británico, 1934

"El gobierno de su Majestad está totalmente de acuerdo con el Gobierno Mundial. Estamos de acuerdo que esta debe ser la meta, y que cada paso que es humanamente posible debe ser tomada para alcanzar esa meta."
EARL OF GOSFORD, Sub-Secretario de Estado Relaciones Exteriores, House of Lords, 7 Nov 57.

"Estoy preocupado por la seguridad de nuestra gran nación; no tanto por una amenaza desde afuera, sino debido a las insidiosas fuerzas operando desde adentro."
General Douglas MACARTHUR

"La real verdad de este asunto es, según usted y yo sabemos, que un elemento financiero en los grandes centros han sido dueños del gobierno de los EUA desde los días de Andrew Jackson."
Franklin D. ROOSEVELT 21 de Nov. de 1933, carta al Coronel E. Mandell House.

"Nosotros tenemos en este país una de las más corruptas instituciones que el mundo haya conocido jamás, me refiero a la Junta de la Reserva Federal y a los Bancos de la Reserva Federal, desde aquí los llamaremos la FED. Estas no son instituciones gubernamentales. Estos son monopolios privados el cual asecha a la gente de estos Estados Unidos para el beneficio de ellos mismos y sus clientes extranjeros... "El Federal Reserve Bank of New York está ansioso por entrar en cercana relación con el *Bank for International Settlements*.... la conclusión es imposible escapar que el Estado y sus Departamentos de Tesorería estén dispuestos a juntar el sistema bancario de Europa y America, montando potencia financiera mundial independiente de y por encima del Gobierno de los Estados Unidos."
Louis McFadden, Chairman House Committee on Banking, New York Times (Jun 1930)

"El poder del dinero hace presa de la nación en tiempos de paz, y conspira contra ellas en tiempos de adversidad. Esta es más despótica que la monarquía, más insolente que la autocracia, mas mezquino que la burocracia.

Esta denuncia, como enemigos públicos a todos aquellos quienes cuestionan sus métodos o arrojan luz acerca de sus crímenes."

— Abraham LINCOLN

"La muerte de Lincoln fue un desastre para la Cristiandad. No había hombre en los Estados Unidos tan gran hombre quien pueda calzar sus botas y los banqueros se abalanzaron a arrebatar las riquezas. Me temo que los bancos extranjeros son sus elaborados y tortuosos trucos enteramente controlaran las exuberantes riquezas de America y usarlas para sistemáticamente corromper la civilización moderna. Ellos no amagaran en lanzar de clavado a la Cristiandad dentro de guerras y caos para poder hacer de la Tierra su heredad."

— Otto Von BISMARCK, Francmasón grado 33

"Mientras alardeamos acerca de nuestras nobles obras, somos cuidadosos de esconder el horrible hecho que por un inicuo sistema monetario hemos nacionalizado un sistema de opresión el cual aun así es más refinado, no es menos cruel que el viejo sistema de esclavitud."

HORACE GREELEY (1811-1872) *Illuminatus* y fundador del New York Tribune

"En una pequeña ciudad Suiza está la sede de una organización internacional en tan obscuro y secreto.... Control de la institución, el *Bank for International Settlements*, se asienta con algunos de los más poderosos del mundo y menos visibles hombres: los jefes de 32 bancos centrales, oficiales capaces de mover billones de dólares y alterar el curso de las economías con una firma."

Keith Bradsher del *New York Times*, 5 de Agosto de1995

"Creo que si la gente de esta nación entendiese completamente lo que el Congreso ha hecho con ellos los últimos 49 años, ellos dejarían Washington; ellos no esperarían por una elección... Esto se suma a un preconcebido plan para destruir la independencia económica y social de los EUA."

G. W. Malone, Senador, hablando frente al Congreso, 1957

"Desde los días de Spartacus Weishaupt [fundador de los Illuminati], Karl Marx, Trotsky, Belacoon, Rosa Luxenberg y Emma Goldman, esta conspiración mundial ha estado incrementándose continuamente. Esta conspiración jugo un definitivo reconocible rol en la Revolución Francesa. Esto había sido la inspiración de cada movimiento subversivo durante el siglo 19, y ahora por fin, esta banda de extraordinarias personalidades del bajo-mundo de las grandes ciudades de Europa y America han tomado al pueblo Ruso del cabello y se han convertido en los indiscutidos maestros de ese enorme imperio."

— Winston CHURCHILL a la Prensa Londinense en 1922.

"Por permanecer tras bastidores, ellos (los Rothschild) fueron capaces de evitar el golpe de ira publica la cual fue dirigida, en vez, a las políticas figuras los cuales ellos controlan. Esta es una técnica que ha puesto en práctica por financieros manipuladores desde entonces, y esta es completamente utilizada por aquellos quienes hoy operan el Sistema de la Reserva Federal."

G. E. Griffin, comentarista, galardonado escritor y documentalista

"Posterior a Waterloo [1815] Londres se convirtió en el mercado de moneda y la aduana del mundo. Los intereses de los judíos como agentes financieros y los intereses de esta gran política comercial se aproximaban más y más. Uno puede decir que para el último tercio del siglo diecinueve, se habían convertido virtualmente idénticos... Matrimonios comenzaron a suceder, venta al mayoreo, entre lo que alguna vez habían sido las aristocráticas familias territoriales de este país y las comerciales fortunas Judías. Luego de dos generaciones de esto, con la apertura de siglo veinte, aquellas de las grandes familias inglesas territoriales en las cuales no había sangre Judía eran la excepción... Específicamente instituciones Judías, como ser la Francmasonería (la cual los judíos habían inaugurado como una especie de puente entre ellos y sus anfitriones en el siglo diecisiete) eran particularmente fuertes en Gran Bretaña, y allí surgió una política tradición, activa, y últimamente probada a ser de gran importancia, por donde el Estado Británico era tácitamente aceptado por gobiernos extranjeros como el protector oficial de los Judíos en otros países."

- *The Jews* (1922) por el crítico social Británico Hilaire Belloc

"Todos los crímenes de Sionismo político, el peor y el más básico, y el cual explica todas sus otras malas obras, es aquel que desde el principio del Sionismo ha buscado separar a la gente judía de su D-s, para rendir la alianza divina como nula e invalida, y para substituir una "moderna" estatal y fraudulenta soberanía por los nobles ideales del pueblo Judío, a los banqueros obviamente no les concierne acerca de verdadero Judaísmo o pureza racial y estaban muy decididos a respaldar a Hitler y sacrificar millones de Judíos para lograr su designio."

The Great Gulf between Zionism and Judaism, by G.J. Neuberger

"Los banqueros obviamente no les importaba el verdadero Judaísmo o pureza racial y estaban muy dispuestos en apoyar a Hitler y sacrificar millones de Judíos para lograra su designio."

Hitler Didn't Want World War, por, Henry Makow Ph.D.

"Cambia el nombre de tus sociedades frecuentemente. Esto distrae al publico y nuevos nombres sirven como un alias."

- Lenin

"… los mágicos poderes del dinero empleados por el "Señor del Lucro" son poderes de la Magia más Negra."
> - KAISER WILHELM, *England Under the Heel of the Jew*, London, 1918, pp 60-2.

"En los concilios de gobierno, debemos resguardar contra la adquisición de irrestringida influencia, ya sea vista o no vista, por el complejo industrial militar. El potencial para la desastrosa alza de descolocado poder existe y persistirá. Jamás debemos permitir que el peso de esta combinación sea un peligro a nuestras libertades o procesos democráticos."
> 16 de Enero de 1961, en su "Despedida a la Nación,"
> PRESIDENTE D. EISENHOWER

"En formar intelectuales Soviéticos, y estableciendo la Dictadura del Aprendiz, los estudiantes Americanos pudiesen salvar su país. Si acaso no, ellos al menos aprendieron algo, y quizá enseñar algo, en el éxtasis de demolición."
> - G. B. Shaw, *The New Student*, 2 Dic. de 1922.

El 23 de Abril de 1930, el International Bank se estableció en Basel, Suiza … "esto para no pagar impuestos; sus activos y depósitos son inmune a intervención; está sujeto a ninguna restricción en sus importaciones y exportaciones de oro o divisa … antes que el esquema haya sido sancionado, la suscripción había ya sido suscrita … el Banco debe lealtad a ningún solo gobierno y no precisa mantener reserva de divisas … puede hacer como le plazca … Mammon esta entronizado sobre el mundo para tener ganancias con irrestrictos poderes… este ha controlado la "Maquinaria de Reparaciones" y puede liquidar estos dineros a voluntad… En verdad, la megalomanía de las finanzas nunca había llegado tan lejos, ciertamente, nunca ha habido algo así como esto en el mundo anteriormente… los supuestos £ 80,000,000 por año que Alemania esta supuesta a pagar a los EUA por cincuenta y nueve años es una vana ilusión y trampa, pero el objetivo de Wall Street… es que, a través de Alemania, ellos dominarían el mundo."
> *Mammon Being Enthroned*, The Referee. Domingo 13 de Abril de 1930, por "Arthurian"

"Debemos permitir a las federaciones [i.e. Francmasones] a continuar tal como están, con sus sistemas, sus centrales autoridades y sus diversos modos de correspondencia entre altos grados del mismo rito, organizado como esta al presente, pero debemos crear un súper rito, el cual permanecerá desconocido [OTO y Amanecer Dorado], para el cual llamaremos a aquellos Masones de alto grado de entre los cuales lo seleccionaremos, en cuanto a nuestros cofrades en Masonería, estos hombres debe hacer juramento del más

estricto secreto. A través de este supremo rito, gobernaremos toda la Francmasonería la cual se convertirá en un centro internacional, el más poderoso debido a que su dirección será desconocida." Carta a Albert Pike [derecha] de Giuseppe Mazzini [izquierda] (1805-1872), un Mason grado 33, el Director de las operaciones mundiales de los Illuminati. (Mazzini fundo la Mafia en 1860)[86]

"... nueve de cada diez de los miembros ignoran la muy existente masonería Universal, El secreto que debe guardarse so pena de muerte."[87]

---

[86] "En 1830 Adam Weishaupt murió a la edad de 82 años, el Italiano Revolucionario y Rosacruz Giuseppe Mazzini fue su sucesor. Mazzini nombro al General Albert Pike a encabezar operaciones en Norte America. Pike, quien estaba por convertirse en el jefe mundial del "Rito Escocés de Francmasonería", era un abierto adorador de Lucifer... Se cree que Weishaupt se reunió a la Iglesia Católica con un arrepentimiento en su lecho de muerte... mientras atendía la Universidad de Génova, Mazzini se convirtió en Mason grado 33, y se unió a la secreta organización conocida como los Carbonari (su manifiesta meta en 1818: "Nuestro objetivo final es aquel de Voltaire y de la Revolución Francesa: la completa aniquilación del Catolicismo y últimamente todo la Cristiandad," en donde se comprometió con la causa de unidad Italiana. En 1831, se exilió en Francia, adonde fundo el movimiento las "Sociedades Jóvenes" [este ímpetu eventualmente condujo a los "Jóvenes Turcos", "Jóvenes Egipcios", etc.]... En 1860, Mazzini había formado una organización llamada la 'Oblonica,' un nombre derivado de latín 'obelus,' que significa: "Yo someto con una daga." Desde dentro de este grupo, el estableció un interno circulo llamado Mafia... Alrededor del año 1,000 AD, luego que los Normandos sacaran a los árabes fuera de Sicilia, ellos establecieron un sistema feudal. Los capataces para resguardar cada feudo eran escogidos de entre reconocidos criminales que en los pleitos entre los Barones estos criminales eran los combatientes, y aunque los privilegios feudales se abolieron en 1812, estos capataces retuvieron el control de la tierra mediante arrendamientos. Es a esta banda de criminales a quienes Mazzini les dio el nombre de "Mafia", el cual es un acrónimo en idioma italiano para: Mazzini, Autorizza, Furti, Incendi, Avvelengmenti. Conocidos como los Mafiosos, ellos estaban autorizados por Mazzini para cometer robos, incendios y asesinato, es esta organización la cual vino a America durante los años 1890's con el comienzo de la inmigración Italiana."

David Allen Rivera, *View From the Wall*, 2002, NY, NY.

[87] Ver también: *Adriano Lemmi*, p. 105. D. Margiotta también se refiere a Lemmi como "Satanista" luego afirma que "ningún decente honesto e independiente candidato a posición política tenia oportunidad de resultar elegido contra uno de sus escogidos nominados. La política Italiana se convirtió en un Francmasónico monopolio y la gente era implacablemente explotada por la escoria de la sociedad respaldados por Lemmi y su dinero, mucho del cual fue extorsionado de la Banca Romana."

Nota del Autor: Por esta razón, la mayoría de Francmasones vehementemente niegan cualquier vil intención de parte de la Fraternidad internacional, aun debido a su dividida lealtad y excepto por unos pocos, ellos siguen sus juramentos de sangre - en detrimento de todo no Mason - para escudar a sus líderes y Fraternidad a todo costo. Al deceso de Mazzini el liderazgo político Illuminati se le dio a Adriano Lemmi (1822-1896), luego a Ernesto Nathan - hijo de Mazzini con su amante, Sarah Nathan - y luego a Lenin, Trotsky y Stalin respectivamente, todo los cuales eran financiados por banqueros Judíos bajo el auspicio Rothschild. En adición al Supremo Concilio en Charleston, South Carolina, Pike estableció Concilios Supremos en Roma (liderado por Mazzini), en Londres (lidera Lord Palmerston); y en Berlín (Bismarck). El monto unos 23 concilios subordinados en todo el mundo, incluyendo cinco Grandes Directorios Centrales en Washington, DC, Montevideo, Nápoles, Calcuta, y Mauricio, los cuales fueron usados para recopilar "inteligencia". Estas sucursales han sido los secretos cuarteles de las actividades Illuminati desde entonces. - OZ

"El arte del Iluminismo reposa en enlistar tontos así como adeptos, y por secundar los sueños de honestos visionarios o los esquemas de fanáticos, por adular la vanidad de ambiciosos egoístas, por trabajar en des balanceados cerebros, o por jugar en tales pasiones como avaricia y poder, para hacer que los hombres de totalmente divergentes miras sirvan el secreto propósito de la secta."

Nesta Webster, *Secret Societies*

Si acaso los banqueros Islámicos y la Khassa piensan que ellos pueden realizar *legítimos negocios* con esta Cábala de Usura, una infestada de enemigos de la decencia y verdad permanecen justamente dispuestas hacia sus cargos así como Allah, temo por su eterno confort.

"Nosotros creemos que estas [secretas] sociedades, grandes o pequeñas, relacionadas o sin relación, con o sin ramificaciones, son manifestaciones, mas o menos aparentes y mas o menos importantes, de un mundo otro que el cual nosotros vivimos... El alza del Nazismo fue uno de esos raros momentos en la historia de nuestra civilización, cuando una puerta fue ruidosamente abierta a algo 'Otro'.
Lo que es extraño es que la gente pretenda no haber visto u oído cualquier cosa aparte de la vista y sonidos inseparables de la guerra y conflicto político."

The Morning of the Magicians, Pauwels y Ber

Capitulo III:
Cultos de Especulación

"Sin la guía de solido aprendizaje Ortodoxo, las imaginativas intuiciones de la mística pueda causarle hundirse en una profunda fantasía. Para el simple creyente por lo tanto, la senda ortodoxa de obediencia a la Ley es la más segura."

- Gibb: amonestación de parte de al' Ghazali a los Místicos,
Enciclopedia de Religiones del mundo, p.190

Teología especulativa, la que describe el oficio de la Francmasonería, que no respeta las fronteras metafísicas delineadas por los profetas del Monoteísmo. Esto es lo que el Corán llama "escape de la verdad" y es elegantemente representado por William Blake y su antropomórfico concepto de Dios[88] o Miguel Ángel y su *Creación*. Una vez que el hombre escapa de la guía de profética paternidad (i.e., Ley Divina), el hombre es libre de andar por muchos caminos que llevan a la perdición. Veremos unas pocas páginas de monismo Védico y su arteria Aria debido a que es un *ismo* arquetípico que continuamente tienta a Caucásicos patriotas a prontamente abandonar la compasión cuando el César redobla "los tambores de guerra". En adición, este sostiene dentro de sus fabricaciones los principios fundamentales de "Magia Negra Sexual" esto es esencialmente el núcleo del esoterismo Cabalístico y su aplicación por la elite en espionaje y hechicería ritual. Aquellos quienes piensen que lo manifestado es improbable, se encuentran en un estado de ignorancia o negación, un fenómeno psicológico también explorado abajo, así que, por favor tenga la paciencia de no perderse las notas al pie de página.

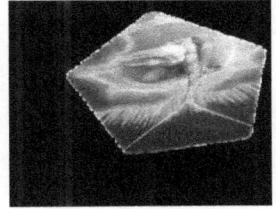

El chauvinismo impune brahmán es arquetípico debido a que este demonio y su auto justificación describen el orgullo del hombre blanco y la estoica falta de compasión de parte de los Talmúdicos Judíos ¡tanto en el pulpito como en el podio! Este último ha tentado exitosamente al primero con la fineza Iblisiana y desafortunadamente - según lo predicho por el Profeta - muchos Musulmanes han buscado aventón en coche último modelo en la carretera de perdición Judeo-Cristiana con Orientalistas ismos. El credo Ario - algunos dicen *Iranio* - de Védico Monismo[89] es un *arquetípico* camino de acceso general

---

88 *Anciano de Días*, arriba, 1796, pintaba un dios Ario, rubio, de ojos azules midiendo el universo.

89 "Parménides sostenía que la realidad es un indiferenciada unicidad, o unidad, y que el cambio real o individualidad de cosas que no están allí. Substantivar monismo ("una cosa") es la visión que hay solo una substancia y que toda diversidad es últimamente irreal. Esta visión fue sostenida por Spinoza, quien decía que hay una sola substancia o independientemente existente cosa, y que tanto Dios y el universo son

pavimentado con asfalto metafísico extraído de cavernas en la antigua. Existe amplia evidencia de su continuum en religiones contemporarias, sin exceptuar los pseudo-Islámicos derivados:

Existe amplia evidencia de su continuum en religiones contemperarías, sin exceptuar derivados pseudo-Islámicos:

"La figura del guerrero Musulmán, santo mártir, o shahîd; fue fácilmente aceptado dentro de esta tradición, asociado como lo estaba con el mundo forestal, el cual en Hinduismo es el mundo de Shiva. El pire marcial no era un ser divisivo en la sociedad del sur de India, por el contrario, *él fue una figura de universal poder con profundas raíces en el mundo de la diosa Tamil, sus cultos y divinidades con poder.* Las dargâhs o templos de santos Sufíes adonde son reverenciada por ambos Hindúes y Musulmanes."
- W.T. Elmore, *Dravidian Gods in Modern Hinduism.* Universidad de Nebraska, 1915, p. 61-63

"Han habido Musulmanes quienes, desde adentro de su percepción de la divinidad femenina Shakti dentro del Islam, han encontrado en sus corazones una respuesta a sus manifestaciones en India. La tierra de Bengala, adonde la

---

aspectos de esta substancia... substantivar el monismo es una doctrina del Hinduismo y Budismo. En el Hinduismo cada elemento de realidad es parte de maya o prakriti, y en Budismo todas las cosas últimamente comprimen una red interrelacionada. El monismo atributivo ("una categoría") sostiene que hay un tipo de cosas pero muchas diferentes individuales cosas en estas categorías. El Materialismo e idealismo son diferentes formas de *monismo atributivo*, el materialista sostiene que una categoría de existencia en la cual toda cosa real encontrada es material, mientras el idealista dice que esta categoría es mental. Todos los monismos se oponen A la dualística visión del universo, la cual sostiene que ambas realidades existen, material e inmaterial (mental y espiritual). El monismo atributivo en desacuerdo con el substantivar, en asegurar que la realidad esta últimamente compuesta de muchas cosas en vez de una cosa. Muchos filósofos han sido atributivos monistas, incluyendo a Bertrand Russell y Thomas Hobbes en el lado materialista, y G. W. Leibniz y George Berkeley en el campo idealista. La tradición intelectual cristiana ha sostenido generalmente que el substantivar a la monismo falla en hacer justicia en la distinción entre Dios y las criaturas, y que de los atributivos monismos solo el idealismo es teológicamente aceptable."
- B Fletcher (*Elwell Evangelical Dictionary*).

Ver ambient a F. C. Copleston, *"Spinoza," en: A History of Philosophy*, IV; F. H. Bradley, *Appearance and Reality*; R. Hall, *"Monism and Pluralism." Enciclopedia de Filosofía*; J. Passmore, *A Hundred Years of Philosophy*; A. M. Quinton, *"Pluralism and Monism." En Enciclopedia Británica.*, y B. Spinoza, *Ethics.*

"Haeckel [considerado por unos, el padre del Fascismo] argumentó que una sola fuerza evolutiva dirigió toda la naturaleza incluyendo al hombre y que esto proporcionaría la base para todas las leyes sociales. Él con resolución rechazó el racionalismo del Alumbramiento y cualquier clase de dualismo transcendental, especialmente la teología Judeo cristiana, a favor del monismo estricto que ató la historia humana a las leyes de naturaleza e individuos al grupo más grande racial o étnico. Él acentuó que fueron los impulsos instintivos y primitivos, no la opción individual racional y la inteligencia, los que dirigieron la historia humana. Él fundió esto con una visión casi mística de monismo como una especie de religión secular que negó el progreso humano y pidió la aceptación del hombre de las primitivas y la subordinadas a poderosas fuerzas naturales."
Daniel Gasman: *Haeckel's Monism and the Birth of Fascist Ideology: Studies in Modern European History*, vol. 33. New York, Peter Lang. 1998.

población es descendiente de ancestros Dravidianos (aunque ellos ahora hablan un lenguaje Indo-Ario), es un lugar de reunión del Islam, Shaktismo, y Tantrismo. La literatura Musulmana Bengalí entonces veneraba a la sagrada mujer del Islam como manifestaciones de Shakti. La hija del Profeta Muhammad, Fátima, asumió el popular rol de madre en Bengala, adonde el culto de la Madre diosa Shakti dominaba la vida religiosa. Hayat Mahmud, al principio de su Jang Nama, ha pedido poner los pies de Fátima sobre su cabeza. Saiyid Murtaza llamaba a Fátima "la madre del mundo". Pagla Kanai, poeta Bengalí Musulmán del sigo diecinueve identificaba a Fátima como "la Madre Tara" o "la Madre Tarini" y le rezó en un paso que mezcla el Islam y Shaktismo: "Tara es una Tántrica Shakti la diosa (mahavidya), una de las manifestaciones más amadas por los practicantes Tántricos, y como tal ella ha apelado a los corazones de los Musulmanes Bengalíes tanto como la hija querida Fátima del Profeta. Pagla Kanai también comparó a Fátima a la diosa Kali y la consideró más virtuoso: ¡La madre Kali es virtuosa de verdad - ella estuvo de pie sobre el pecho de su marido! ¿Alguna vez pisoteó mi amable madre (Fátima) a Ali?"

- *The Islamic Syncretic Tradition in Bengal*. Por Asim Roy, p. 94-95.

"Tantrismo No dual o Shaivismo Cachemiro (KS), y algunas escuelas de budismo Vajrayana son más compatibles con la ciencia moderna que la religión de Abraham, que postulan a un Dios (a menudo antropomorfo) que se sienta fuera del continuo de espacio-tiempo y mágicamente crea y destruye el Cosmos. El shaivismo cachemiro es técnicamente ateo - la lógica no dual lo exige...."

"Tantra es único en su empleo franco de imágenes sexuales. La realización espiritual es representada como la unión de macho y la hembra, con la diosa se permitió una posición primaria como la fuerza creativa (eros) del cosmos. En Shaivismo le llaman mahashakti, 'la energía' de la creación... Tantra ha dado gran respeto a adeptos mujeres... y la diosa sostiene el estado supremo... yogini es un término que solía describir muchas formas de la diosa... los templos yogini eran por lo general circulares y abiertos del cielo. Los nichos en las paredes contenían varias formas de la diosa y algunos dioses. Thadani describe haber encontrado un sitio que tenía cuatro dioses con erecciones... allí es un conjunto de pruebas considerable para mostrar que antes de la influencia aria, los Dravidianos Indios adoraban a la diosa... Algunos grupos tribales cerca de Bután todavía práctica Shamanismo y magia sexual. Muchos eruditos aceptan que el Tantra provino de prácticas tradicionales shamanicas. El Tantrismo surgió en el Himalaya y tenía un efecto profundo sobre el hinduismo, el budismo y Jainismo... Tantra deliberadamente procuró transgredir las reglas religiosas del Arya (brahmanes arios)... La condición de las mujeres bajo el Arya es brutal y la deshumanizada... Los brahmanes escribieron un número de reglas religiosas y opiniones llamadas Smrti (las leyes de Manu)... Ellos prescriben [entre muchas otras reglas machistas] que las viudas no pueden volver a casarse y si en cambio, afeitar sus cabezas, vestirse de blanco y vivir en un ashram especial ... describen la mejor edad para una esposa - la mejor edad siendo de apenas cinco años ... un brahmán podrían tener el sexo con cualquier hembra. Smrti sería el set de prescripciones religiosas más cruelmente egoísta alguna vez escrita por hombres... Ellos contienen muchas provisiones que discriminan contra castas inferiores e intocables y muchas provisiones que colocan a hombres de brahmán en una posición superior. Es en particular áspero con las mujeres. Conforme a la vieja ley de Sati,[90] esperaron que una esposa se inmolara viva sobre la hoguera de entierro de su marido... es común para muchachas Dalit ser violadas por hombres de casta alta, a menudo jóvenes brahmín. Ellos por lo general se escapan con ello porque la policía protege las castas más altas... el brahmín local importante practica el rito antiguo de desflorar a la novia durante su noche de boda, incluso aun si ella es todavía una infante, el Arya ha estado implicado en la tentativa sistemática y siniestra de volver a escribir la historia india. Tradicionalmente la casta de brahmín ha guardado un apretón firme sobre ciertas profesiones, a saber la política, la ley y la academia...

El británico adopto las leyes de Manu como una guía para todos los hindúes, así legitimando autoridad de brahmín. Ellos dieron vuelta al sistema ario de castas porque esto se pareció al sistema de clase británico y los arios 'la clase' seguramente entendida... En mucho la ideología aria mezclada bastante bien con el sistema británico y muchos arios se volvieron Anglófilos... la adaptación más sorprendente, sobre todo considerando 'otra' India, es un código Victoriano moral."

- Aryan Patriarchy and Dravidian Matriarchy, Ray Harris, 2007

La presentación bastante optimista del Tantra por Sr. Harris es superficialmente exacta. Este culto y Tantra de lamaísmo son explorados en el Apéndice XIII en algún detalle, y hacen explotar la idílica imaginación del Sr. Ryan con fuerza nuclear. Pero por el momento, esta 'cortes' introducción lo hará.

El complejo de superioridad antiguo y profundamente enraizado de la tendencia aria es descrito por Sr. Harris en el párrafo final de este capítulo. Además, es exquisitamente definido en el tratado de E.W. Said sobre el tema, porque esto es el ímpetu verdadero metafísico del Orientalismo - Aquella sub ciencia evangélica del Imperialismo que reinterpreta la religión a favor de la

---

90 Los Escitas iniciaron esta práctica para poder desmotivar a las mujeres de envenenar sus maridos. Ver: *Story of Civilization* de Will Durant para posterior documentación.

ascendencia aria. Lo que es visto aquí con ojos piadosos son los arquetipos para el Sacerdote y la Sacerdotisa, dioses y diosas, reyes y reinas y los romances fantásticos de religiosos importantes licenciosamente suelen justificar sus tenencias. Hollywood deliberadamente ha resucitado los cuentos con la fascinación de efectos para reanimar la idolatría y el libertinaje tanto de credo como de costumbres según los Protocolos de Sion.

El Tantrismo es la adoración ritualizada sexual que fue degradada lo más lejos en Egipto donde las mujeres eran piadosamente y públicamente copuladas por una variedad de animales salvajes de fauna reverenciada. Esto progresó a las formas más altas de magia después del advenimiento de Harut y Marut en Babilonia, y chamanes como líderes de culto en el mundo entero todavía ofrece el coito privilegiado con falos de sospechoso como una panacea. Sus orígenes son los Cultos Dravidianos Matriarcales de Shakti,[91] los cuales rituales incluían sacrificio humano y la mutilación (la castración), común a los cultos de Adonis, Dionisio e Isis, y aún de hoy, Illuminati[92] -por-favor lea la nota al pie de página antes de proceder. La oblación genital fue "occidentalizada" por la Iglesia Romana y por última vez vista públicamente en el siglo 19 en los "Coros de Castrados" dedicados a la "Reina del Cielo".

El Dravídico Matriarcado elevo a Shakti a *matriarca-del-cielo* o reverentemente la en tumbo con estatus de *madre-tierra* como precedente primitivo para lo que eventualmente se convirtió en una proliferación de dioses-sol e hijas con análogos consortes de cuyas fantasías se deriva la *Estatua de la Libertad*: símbolo cumulativo de religiosa acreción de la democracia—cortesía de Francmasónicos adeptos quienes diligentemente preservan pagana iconografía e imitan estas iniciaciones acorde con los principios de magia Cabalística en sus rituales comienzos.[93]

---

91 *Sakiyani: Lesbian Desire in Ancient & Modern India* y *Moebius Trip*, Giti Thadani, Cassel Pub., 1996
92 Hay algunos grupos más tempranos, con nombres similares, como un grupo conocido como "Los Iluminados" que fue fundado por Joachim de Floris en el siglo XI, que dio clases un primitivo, la doctrina supuestamente cristiana " de la pobreza y la igualdad. "El Rosheniah," o Iluminados, "era un grupo en Afganistán durante el siglo XVI, que buscó "la iluminación" del Ser Supremo, que quiso una clase de hombres perfectos y mujeres. Después del alcance del cuarto grado," dijeron El Culto, "el iniciar recibiría poderes místicos, y cuando el grado octavo y final fue alcanzado, aquellos que ellos habían alcanzado la perfección. Un erudito afgano dijo que su objetivo era de influir en la gente de importancia para establecer la armonía en el mundo, y se dedicó a luchar contra la tiranía de los Magnates, que eran los gobernantes de India. El grupo sobrevivió hasta los años 1700, y dio a luz a los vástagos de pareja, los Alumbrados de España, e Iluminados Guerinets en Francia en 1654. Los Alumbrados (español para "iluminado") estuvieron compuestos de Franciscanos reformados y los jesuitas. Ellos demandaron que una vez que la perfección había sido alcanzada, ellos experimentarían una visión de Dios, y firmarían la comunicación directa con el Espíritu Santo. Una vez que ellos habían recibido "la luz", ellos poseerían la inteligencia superior humana. Sus reclamaciones insólitas causaron que la Inquisición publicara edictos contra ellos en 1568, 1574, y 1623.
Ignacio de Loyola, el fundador de los jesuitas, fue puesto en la cárcel por ser miembro. Esta condenación lo forzó a escapar a Francia. - Rivera, op.cit
93 Ver: W. St. Clair-Tisdall: "The Sources of Islam", *The Muslim World*, Vol. XX, 1930, pp. 73-79; *Koranische Untersuchungen* by Dr. J. Horovitz; *Harut and Marut* por D. S. MAGOLIOUTH, Oxford.

Aun antes que los hechos de esta cultura pre-Harappan se conocieran científicamente,[94] los masones del siglo 19 reverentemente citaban a homínidos Dravidianos como su fuente de dogma y ceremonia para el 1er grado de iniciación a la Blue Lodge (Logia Azul).[95] Remanentes de Monismo Védico también metieron el dogma de *Ortodoxo Sufismo*, el cual es quizás un oxímoron considerando que muchos de estos místicos son tan etéreos que ellos son apenas suficientes terrenalmente buenos - el cual bien pueda ser un factor clave contribuyendo al genérica retrogrades Musulmana y su sustancialmente descuidada apreciación y cuidado de las mujeres:

> "El Sufismo en el mundo musulmán, tal como su colega en la Cristiandad, ha sido, en su efecto práctico, productor de muchos resultados dañinos. El misticismo en mentes perfectamente bien armonizado toman la forma de un tipo noble de filosofía idealista; pero la generalidad de humanidad con mayor probabilidad de trastornar su cerebros por ocuparse ellos mismos con los misterios de la Esencia Divina y nuestras relaciones además. Cada espécimen ignorante y ocioso de la humanidad, que, despreciando el verdadero conocimiento, abandonó los campos de filosofía verdadera y se dirigió él mismo a los dominios del misticismo, así se establecería como uno del Ahl-i-Ma'rifat."
>
> - Sayeed Emir Ali, el Espíritu de Islam, p. 477.

"De estos nuevos sistemas de dogmática Sufí, el que ganó la circulación más amplia y vino ser la doctrina Sufí *por excelencia* era esta llamada por Wahdat Al-Wujud, "la unidad de toda la esencia". **En su base está el monismo neoplatónico**, con su aparato de emanaciones sucesivas [una doctrina Cabalista apoyada por Francmasones -OZ.], que había sido adoptado por el Ismai'ili para los objetivos de su esquema cosmológico. ... Por la *transferencia de esta doctrina* en Sufismo, los Ismai'ili cobraron venganza ellos mismos sobre el Islam ortodoxo... incluso no había sido inmune... ha sido indicado que la doctrina Asharita... y la intuición mística, conlleva a la creencia que toda la existencia empírica es una ilusión [**el maya hindú**]. El Sufí fue más lejos todavía; el espíritu humano, es una emanación directa de orden divina, es por lo tanto una emanación de Dios Él mismo, y podría encontrar su objetivo más alto sólo en la destrucción de su individualidad ilusoria y absorción en la

---

94 Arqueólogos submarinos del Instituto Nacional de Tecnología Oceánica primero descubrieron los signos de un establecimiento antiguo sumergido en el Golfo de Cambay, de Gujarat, en mayo del 2001. La datación por carbono 14 ha datado el sitio a alrededor 7500 a.c. La civilización Harappan ha sido datada a aproximadamente 2500 a.c. El sitio recién identificado "se parece a una civilización de tipo Harappan, pero fechada por más de 7500 a.c." - Murli Manohar Joshi. – Emma Young, *New Scientist*, 18 Enero 2002. / Ver también: *Noahs Flood*, Ryan & Pitman – quien concurre con el datar más temprano- Columbia Univ., Simon & Schuster, 2000. / Wolkstein & S. Kramer, *Inanna: Queen of Heaven and Earth* New York, 1983.
95 E.G. *Morals & Dogma* de Iniciación Masónica, Albert Pike, 1871, página 361.

<u>Realidad Eterna.</u> La experiencia suprema mística [el nirvana] así es alcanzada en la unión con Dios, incluso si sólo momentáneamente."
H.A.R. Gibb, *Encyc. of the World's Religions*, ed. R.C. Zaehner B&N, NY, 1997
p. 192

Wahdat Al--Wujud es una teoría que "considera todas las cosas finitas como meros aspectos, modificaciones o partes de una auto existencia "que Ser" y ve objetos materiales y todas las mentes particulares como necesariamente sacado de una sola sustancia infinita."
The Pantheistic Monism of Ibn al-Arabí, S.A.Q. Husain.
Lahore, SH Muhd. Ashraf, 1979, p xii

"Según Ibn al-Arabí, el Alá es "todo lo que es": Él es todo y todo es Él. Su posición es que el mundo (la creación) es Dios y que ambos son idénticos. Él afirmó que el mundo es nominal, irreal, imaginario, un sueño, objetivamente *inexistente* y que el Alá solo existe. No podemos aceptar el concepto de *Wahdat Al Wujud* porque esto contradice el Tawhid de los profetas, ninguno de ellos enseñó que el *Ser* es uno; en cambio ellos enseñaron que Alá es uno. También, ellos nunca enseñaron que nada existe además de Alá, ellos sólo dijeron que no hay más Dios que Alá."
Ibn Arabi's Theory of Wahdat al-Wujud: an analysis,
Prof. Kabuye Uthman Suleiman, UIA, *Al Hunafa*, 2003, p. 15.

"Al Arabí afirma que cuando los Musulmanes rechazaron a los ídolos, ellos ignoraron a Dios al grado de rechazarlo, ya que en cada deidad hay un aspecto especial de Dios, aquel quien Lo conoce sabe y uno quien no lo conoce no sabe."
- S.A.Q. Husain, op.cit. p 176

"El término "meditación" ha sido tan a menudo usado en relación con la espiritualidad de religiones Orientales que se usa para explicar el *tafakkur,* puede estar mal conducida. Esto es en particular el caso cuando sabemos que los procedimientos de meditación de religiones orientales tienden a sacrificar el pensamiento consciente moderado para obtener los estados alterados de conciencia, mientras que el *tafakkur* como una forma de adoración Islámica es una actividad cognoscitiva espiritual en la cual la mente racional, la emoción y el espíritu deben estar combinados. Es por esta razón que he preferido usar la palabra "la contemplación" más bien que "la meditación", para deducir el proceso consciente de pensamiento profundo y reflexión."
Malik Badri, *Contemplation, An Islamic Spiritual Study*,
Medeena Books, 2000, p. xiv

"... Cuando usted se conoce a sí mismo, su "Yo" alidad, se desvanece y usted sabe, que usted y Dios son uno y el mismo"... "Vosotros quien buscáis de Dios, de Dios, no tienen que buscar a Dios ya que Dios es usted."

Al-Arabi & Din al Rumi. Ver: Williams, *Islam*, Prentice Hall, London, 1961, p. 155

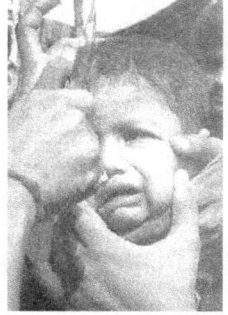

Los apologistas estarán ocupados excusando las pruebas presentadas, pero la apología es un poco más que reflexiones especulativas que obscurecen la verdad y perdonan la falsedad de la empatía. Seguramente el *fana* (el éxtasis piadoso) de Al Ghazali es mal entendido, pero los hechos y los efectos de las equivocaciones comunes y aplicaciones defectuosas son hechos que se explican arriba.[96]

Sangre derramada por devotos Chiitas

"La teosofía Sufí como aparece en la poesía persa y turca tiende a suprimir la distinción entre el Bien y mal - el ultimo es nada más que un aspecto de no ser y no tiene ninguna verdadera existencia - y esto conduce a la deificación del declarante que pueda decir, como Husain Mansur Al HALLAJ, "soy la Verdad." fraternidades Sufí, que

96 La afiliación Sufí con doctrinas ocultas: "Soy el bebedor de vino y el vino y el escanciador." "fui de Dios a Dios, hasta que ellos gritaran de mí en mí, O Tu yo."- Bayezid, Santo Sufí, d. 874 En la evolución del Sufismo, las influencias fuera del Islam se hicieron sentir poderosamente. La influencia cristiana tenía su fuente, no en la Iglesia, pero en los ermitaños y SECTAS POCO ORTODOXAS, a cuyo ideal de inmundialidad del Sufismo le debe mucho. Más que una doctrina Sufí - él de TAWAKKUL en particular - muestra los rastros de enseñanzas cristianas. *La tensión monástica que se insinuó en el Sufismo a pesar de la prohibición de Mohammed*, fue sacada, parcialmente por lo menos, del cristianismo.
La tensión monástica que se insinuó en el Sufismo a pesar de la prohibición de Mohammed, fue sacada, parcialmente por lo menos, del cristianismo. Pero la influencia Budista también puede haber operado. El budismo prosperó en Balkh, Transoxiana, y en Turquestán antes de la conquista mahometana y posteriores monjes budistas llevaran sus prácticas religiosas y filosofía entre los musulmanes que se habían instalado en estos países. El empleo de rosarios, la doctrina de *Fana*, que es probablemente una forma del Nirvana, y el sistema "de estaciones", (Maqamat) sobre el camino además, parecería ser Budista en su origen. La tercera gran influencia extranjera sobre el Sufismo es la Filosofía Neoplatónica. Entre 800 y 860 A.C. la marea de estudio griego, luego en su altura, derramada en Islam. La supuesta "Teología de Aristóteles" que fue traducido al árabe alrededor de 840 DC, esta lleno de teorías Neoplatónicas, y las escrituras místicas de Pseudo Dionisio, extensamente conocidas en todas partes de Asia occidental. *Esto no es mera coincidencia que la doctrina Gnóstica primero fue calculada detalladamente por el Egipcio Sufí, la Monja de Dhu-l (la d.D. 859), para el Sufismo sobre su lado teosófico era en gran parte un producto de especulación Alejandrina"*
-Enciclopedia Británica, 14 Edición.

viven en un convento bajo la dirección de un jeque, se extendió ampliamente antes A. D. 1100 y dio lugar a órdenes de derviche, la mayor parte de cual SE COMPLACEN DE LA PRÁCTICA DE EXCITARLES A UN ÉXTASIS POR LA MÚSICA, EL BAILE, DROGAS, Y VARIAS CLASES DE SUGESTION HIPNÓTICA.

"MAN'S RELIGIONS". Sexta Edición. 1980, por JB Noss

La posición del Doctor Badri está en total contraste del proceso estúpido iniciado por la práctica común Sufí de recitaciones repetitivas [zikir] o cánticos, que son las mismas prácticas que los budistas y los hindúes utilizan para inducir al vacío mental que precipita un supuesto 'conocimiento más alto, pero que en realidad se traduce a la posesión, médiums, y/o la esclavitud abyecta a los gurúes de astucia mística.

Chiita caminando sobre brasas para Hussain

"Respuestas irracionales y sumamente emocionales no son vistas con buenos ojos en la contemplación Islámica (tafakkur), y alterados estados de conciencia no son un fin en ellos mismo. De la misma manera, las ocasionales experiencias paranormales que pueden ocurrir como consecuencia de la meditación profunda, y que son tan valoradas por místicos Orientales y Occidentales al grado que ellos están preparados para desechar el razonamiento o tolerar el dolor severo corporal para asegurarlos [otra práctica chiíta], no se buscan, ni son objeto de entusiasmo en la verdadera contemplación Islámica. Además, ya que muchos adoradores de Satán pueden producir actividad paranormal, los adoradores genuinos Musulmanes y meditadores ven tales fenómenos con sospecha."

- Badri, ibíd., p. 50.

Sugiero por lo que sigue, que las fabricaciones del Nuevo Orden Mundial representan la teleología de una sociología ficticia tradicionalmente impuesta y/o animada por ocultos Orientalistas, sobre todo en vista del esquivar y las desviaciones notables anotadas arriba, las cuales son acrecentadas y están lejos del cristianismo verdadero o el Sufismo auténtico. Una idolatría mundialmente aceptada es ahora comúnmente manifestada por la proliferación endémica de místicos de la Nueva Era, cultos perversos y sus secuaces masones con regalías icónicas, el dogma monista, los ídolos y los símbolos[97] en las posiciones de preeminencia global. Yo digo teleología debido a los concertados esfuerzos hechos para establecer una solidaridad artificial (i.e., patriotismo global bajo la ONU y religiones unidas[98]) posterior al "desplazamiento y reorganización de los *socialmente sublevados elementos*"[99] según lo moderadamente descrito por Ibn Khaldun:

"Mientras el mandato del Banco mundial consiste en "que combate la pobreza" y la protección del entorno, su apoyo a proyectos a gran escala hidroeléctricos y agroindustriales también ha acelerado el proceso de deforestación y la destrucción del entorno natural, conduciendo al desplazamiento forzado y el desahucio de varios millones de personas."

The Globalization of Poverty, op.cit. p 17

Estos no toman en consideración a aquellos desplazados por las guerras que el Complejo Industrial Militar propaga para "vigilar" aquellos estados que fallan en cumplir con nuestros fantasmas de avaricia. Sostengo que un confraternidad de timoneles antisociales - no muy distintos a los Magos del Faraón - anima a la *Lucha de Fundamentalistas*[100] que (1) permite a los elitistas de un "recién desarrollado" khassa heredar cerca del control total de las beneficios mercantiles de la tierra, mientras (2) la esclavización legal de la

---

97 El precedente para la Estrella Otomana y la Luna Creciente, se encuentra en la estela de Ur-Nammu, de Ur (2112-2095AC). El destello Solar (estrella) es el dios-sol, Shamash, colocado dentro de la Creciente de la diosa- luna, Nanna, también conocida como Ashtoreth e Ishtar. Ambas reinas del cielo están también representadas por la estrella de Sirio. Hoy en día mucha de la iconografía nacional no es accidental o inocentemente imitada. Estos son logos intencionales, indispensables para mágicas ministraciones de subliminal religiosa ideación. Los antiguos Egipcios llamaban a Sirio la "Estrella Perro", por su dios Osiris, cuya cabeza en pictogramas se parece a la de un perro. En Egipto, Sirio brilla mucho en el verano, una estrella brillante, los egipcios realmente creían que la luz adicional era responsable por el calor veraniego. De allí el origen de la frase "los perros días del verano" - Esta misma estrella (ídolo/icono) se usa en las banderas de comunistas, Capitalistas, y Estados Musulmanes. - OZ

98 El 25 de junio de 1995 en la Grace Cathedral de San Francisco, CA., miembros del Bohemian Grove se encontraron para anunciar el establecimiento de un cuerpo religioso con patrocinio de la ONU, con un Consejo General de 500 miembros, un Consejo Ejecutivo de 32 miembros y un Secretario General. Cinco años más tarde en Pittsburg, Pa, la Carta para las Religiones Unidas fue trazada por Mikhail Gorbachev, designado como Secretario General.

99 Ver: *Civilization and its Enemy*, Dr. Hamid Ansari, Conferencia Internacional del legado Ibn Khaldun, ISTAC, Kuala Lumpur, Malasia. 2006. Sostengo que un confraternidad de timoneles antisociales - no muy distintos a los Magos del Faraón- anima a la *Lucha de Fundamentalistas* que (1) permite a los elitistas de un "recién desarrollado" khassa heredar cerca del control total de las beneficios mercantiles de la tierra, mientras (2) legalmente la esclavización de la socialmente ingeniada amma, y (3) marginar aquellos considerados 'inútiles' después de las guerras y deliberadamente prolongaron el caos pandemico y hambruna y/o exterminar regímenes bastante tontos para luchar por y/o discutir fantasías humanistas como el comunismo y Salafismo, et al.

100 Por ejemplo: el Mossad armando a Irán durante la Presidencia de Reagan; Ver: Los Espías de Gedeón por Gordon Thomas; el Islam militante ha sido una carta en juego por las élites globales del establishment dominante Angloamericano para alcanzar el objetivo a largo plazo de un gobierno mundial.

El Dr. John Coleman alega que la Hermandad Musulmana fue creada por "los grandes nombres de inteligencia británica en Oriente Medio..." Stephen Dorril escribe que la Hermandad esta ligada a Inteligencia británica por la dama Freya Stark previo a la Segunda Guerra Mundial, y el régimen del Sha de Irán considerado como una instrumento de Francmasonería británica.

The Muslim Brotherhood – The Globalists Secret Weapon, Yoseff Bodansky, 1999

socialmente ingeniada amma, y (3) marginar aquellos considerados "inútiles" después de las guerras, deliberadamente prolongar el caos pandémico y hambruna y/o exterminar regímenes bastante tontos para luchar por y/o discutir fantasías humanistas como el comunismo y Salafismo, et al.

Hoy, el aullido de los 'Intereses Globales' suplanta a los Intereses Nacionales por primera vez ya que Lessep construyó el Canal de Suez[101]. Con conocimiento de causa propongo que los aulladores lo hacen de parte de los dueños de monopolios con instalaciones de extracción de riquezas internacionales. Mientras que nosotros una vez vimos el crecimiento excesivo de leyes nacionales que sirven a la élite firmemente enraizada centralizada que modificó regulaciones y judicatura para satisfacer su hegemonía local, nosotros ahora vemos una proliferación de leyes sobre todo internacionales el Derecho Marítimo - y preocupaciones jurídicas con objetivos dilatados pero similares y autoridad:

"Las leyes, estructuras, y sistemas introducidos para asegurar la política mercantilista, a pesar de sus intenciones declaradas, trabajan juntos para asegurar la continuación de un sistema de dos clases, khassa y amma, la clave es estar controlada por una clase, la khassa."
- Sonbol, *The New Mamluks*, op.cit, p xxxvii

"Los medios de comunicación globales fabrican las noticias y abiertamente deforman el curso de acontecimientos mundiales. Esta es "la falsa consciencia" que penetra nuestras sociedades previenen el debate crítico y enmascaran la verdad... la exclusión de una comprensión colectiva del funcionamiento de un sistema económico que destruye la vida de la gente... este sistema se alimenta de la división social entre y dentro de países... El FMI, el Banco mundial y la OMC son la mera burocracia. Ellos son cuerpos reguladores bajo un paraguas intergubernamental que actúa de parte de poderosos intereses económicos y financieros: Banqueros del Wall Street, los más grandes conglomerados de negocios mundiales están indeleblemente detrás de ellos e incluyen también la Comisión Trilateral, el Club Bilderberg y el Consejo sobre Relaciones Exteriores... Las naciones deudoras renuncian a la soberanía económica y el control de la política monetaria y fiscal, el Banco central y el Ministerio de Finanzas son reorganizados (a menudo con la complicidad de la burocracia local), declaran que las instituciones son deshechas "y una tutela económica" es instalada. "Un gobierno paralelo," que evita la sociedad civil, es establecido por las instituciones de finanzas

---

101 "El Duc Decazes, Ministro de Asuntos Exteriores Francés, fallo en informar a las autoridades francesas del apuro de Khedive [la bancarrota], mientras los Rothschild - por la información de su agente egipcio, Ambroise Cinadino-secretamente adelanto a Disraeli los fondos necesarios para entregar el controlante interés del canal a Gran Bretaña, así asestando un golpe de estado internacional."
- E.T. Raymond, *The Alien Patriot*, p. 187

internacionales [la OMC, el FMI, BM]... De allí en adelante, muchos de los pilares de los artículos de programas de ajustes estructurales han estado permanentemente afianzados en los artículos de acuerdo de la nueva OMC. Estos ponen la fundación para vigilar países y hacer cumplir condicionamientos según la ley internacional... Otra condición echada por el FMI consiste en que la independencia del Banco Central sostiene en lo que concierne al poder político y el Parlamento [local]... una vez que los altos funcionarios del Banco Central han sido designados [por el FMI et.al.: por lo general los empleados de Instituciones Internacionales de Financiamiento o bancos regionales] ellos no son responsables ante el gobierno o el parlamento... cada vez más su lealtad es a las IFI."

The Globalization of Poverty. 2da Edición por Michel Chossudovsky, Profesor de Economía. Universidad de Ottawa, Pub. SE Asia por Thinker Library, Sdn. Bhd. Selangor, 2007.

(Sumamente recomiendo una revisión completa de este trabajo.)

Así, los propagandistas para *mercantilistas internacionales* - conforme a súplicas de pacífica pluralidad y la publicidad atractiva pero poco realista reclamando la abolición de la pobreza etc. - incansablemente inducen el amma a adoptar leyes, contratos, actitudes y comportamientos que cumplen con la protección al consumidor y la deuda que asegura - *para la hegemonía* internacional y *la sumisión a* - su cuadro bastante no quijotesco, y hay pruebas horribles de planes para tratar con políticas no conformes como he declarado antes:

"Entonces, todos en la CIA sabemos acerca de los campos de concentración y sus objetivos. Sabemos que esos están allí para terminar a los que se resistan al Nuevo Orden Mundo bajo ley marcial."

Michael Maholy, 20 años en Inteligencia Naval y la CIA; Mirar también la Literatura y medios de comunicación producidos por la Chip Tatim, alias 'el Pegaso', ex-operativo NSA/CIA - quien desde entonces ha sido "neutralizado" - así como también por Ted Gundersen, Ex Director de campo FBI.

Para justificar esta alegación lógicamente, considere la aclaración profesa por los Psicólogos Darwinianos Evolutivos que han proporcionado un marco teórico para una especie de *clarividencia* avanzada de *ubermenge* homosapiens (*Homo-Noeticus* discutido abajo). Los elitistas ocultos y acólitos son Luciferinos y todo lo que se necesita para intimidar el amma son unas televisadas demostraciones paranormales de poder o ilusiones que ajustarán la teoría de Darwin hacia la terapéutica eugenésica para asegurar amma más dócil y la tierra más segura. En adición - según ellos - el mundo está superpoblado de todos modos, lo cual es porque realmente no les importa dejar caer la ordenanza sobre inferiores. Una aplicación de la teoría de "Selección Natural" por lo tanto, fácilmente puede ser aceptada como "la de selección natural" - un poco como el Homo-sapiens sacando de competición al Neanderthal[102]:

"Nadie entrará al Nuevo Orden Mundial a no ser que él o ella haga una promesa para adorar a Lucifer. Nadie entrará en la Nueva Era a no ser que tome una iniciación Luciferina."
Revelation - Birth of A New Age, por David Spangler, p 163-4.
Director de THE PLANETARY INITIATIVE of the UNITED NATIONS

En este libro, *Herr* Spangler, discute una "solución final" para los no cooperativos, menos iluminadas almas quienes: *"serán movidas enteramente fuera del patrón terrestre y se perderán por un tiempo."*

Motivados por la contienda de Cristianos Evangélicos con Islamistas y obstinados sectarios acompañados de sus respectivas mesiánicas promesas de paz, prosperidad y seguridad bajo sombrillas de democracia y reforma[103]; los ateos intelectuales y los medio-educados utópicos ismaticos atienden diálogos y monólogos en donde los suplicantes ansiosamente ponen plurales-hombros a la tarea de cargar la nueva moda de autoridad internacional para el Hombre Blanco y su carga de tradicional extracción de riqueza. Lo etiquetaremos como *El Nuevo Orden de Cleptocratas, Secuaces y Ejecutivos-Autómatas Internacional Ltda.* Similares tensiones Orientalistas trajeron hordas análogas y seguidores de campo de Alejandro magno y Napoleón, Miguel Ángel y Blake, Nemrod y el Grial de Camelot, los Kennedy, una plétora de Mahdicos simulacros, y Bush, Blair y Black (ambos últimos son Socialistas Fabianes) - y todos estos peregrinos doblan rodillas, libros contables e historias en abyecta sumisión a una magnifica ilusión ("Mitos de Origen") al costo de mal conducidos pero admirables Herculinos esfuerzos.[104]

---

102 Ver: *Extinct Humans*, Tattersall y Schwartz, Nevraumont, New York, NY, 2000
103 "Y si alguno de los creyentes dice a estos hipócritas: no provoquéis corrupción en la Tierra, impidiendo el acceso a los senderos que conducen a Dios, ni difundáis la discordia, ni encendáis el fuego de la guerra, rechazaran toda inculpación de corrupción y exclamaran respaldándose en su extrema vanidad: ¡No somos mas que personas virtuosas! Tal es la cualidad de todo pervertidor malvado y vanidoso: supone que sus perversiones son actos de bien. Creyentes tened en cuenta que estos son la gente de la perversión; con seguridad no perciben su perversión debido a su soberbia y no comprenden el mal final que les afectara como consecuencia de su hipocresía"
(El Sagrado Corán. Sura 2: 11-12)
104 Miguel Ángel confeso que las obras en su vida eran una pérdida de tiempo y esfuerzo. – Will Durant: *Story of Civilization*, Vol. 4.

Estos cultos de especulación ofrecen fantasías espléndidas pero bastante peligrosas y la magia genuina de megalomanía[105], y la mayor parte todos están asociados con la ideología monista y sus desviaciones Luciferinas según son dirigidos por "exaltados maestros" (jinn) o por los convenientemente ilocalizables Imanes de ocultación que se comunican cara-a-cara con balbuceadores de insan. Exploraré debajo de la psicología 'afligida por el tabú' del monismo y sus efectos deletéreos en relación a la carga occidental y las reformas del Islam siempre regresivas. Al mismo tiempo, intento contrastar el Mito ario con la invitación del Islam de echar "la Carga sobre Arabia"[106] como dado a Mohammed después de que fue levantado de los hombros de Jacob durante el advenimiento de Isa, *el Nazareno Essene.*[107]

¿QUIÉNES ERAN LOS ARIOS?

"Otra vez la respuesta no es clara. Muchos sugieren que ellos eran "europeos Orientales" el grupo cuya original asentamiento estaba en algún sitio cerca del hoy en día moderno Turquía, y quienes emigrarán al este y al oeste. Les han llamado indoeuropeos porque su lengua y narrativas míticas son similares en cualquier parte adonde ellos sean encontrados. Los griegos, romanos e iraníes antiguos eran indoeuropeos. De hecho el nombre "Irán" es sacado de palabra aria, otra vez hay un debate considerable alrededor de la publicación de una gente expresamente aria (a diferencia de varias "tribus de personas"), independiente del caso, las lenguas indias basadas en Sánscrito son indoeuropeas (hay todavía lenguas Dravidianas habladas en el sur de India).

---

105 Un recuento de los Chiitas Ishmailies, la secta llamada Nizaris: los herederos de los kanes Alamut. Esta es la tercera de una serie de las experiencias que Saladin tuvo con Sinan, un mago experto Ismai'ili:

"Sinan envió a un mensajero a Saladin. Al hombre le buscaron y se encontraba desarmado. Él por lo tanto fue traído a Saladin, que le dijo que entregara su mensaje, pero él contestó que Sinan le había ordenado hacerlo tan sólo en privado. Saladin por lo tanto dijo cada uno marcharse excepto dos oficiales, pero de todos modos el hombre no daría su mensaje. Saladin rechazó despedir a sus dos compañeros restantes, diciendo que él los consideró como sus propios hijos. El mensajero entonces dio vuelta a los dos hombres y les preguntó si ellos matarían a Saladin, de ser ordenado hacer así en nombre de Sinan. "Denos sus órdenes", ellos dijeron, y sacaron sus espadas. Saladin estaba mudo; y el mensajero se marchó, tomando con él a los dos oficiales. Después de esto, Saladin decidió hacer la paz con Sinan."

[Este recuento, de ser verdadero, seguramente ayudaría a explicar la actitud cambiada de Saladin hacia los Nizaris a quienes él deseó liquidar. - OZ.]

Los Asesinos de Alamut, por Antonio Campbell, terapeuta consultor, Hospital Real Homeopático de Londres, jubilado. Redactor del prestigioso *British Homeopathic Journal*, autor, escéptico y crítico, disponible www.acampbell.org.uk

106 Isaías 21:1-13; para disertación, mirar mi libro: *Trinity: The Metamorphosis of Myth*, Pen Press, Brighton, UK, 2008

107 No se haya ninguna prueba - excepto la que cuenta el NT - que una ciudad llamada Nazaret alguna vez existió. Es probable que Isa haya sido miembro de la sub secta Essenea llamada Nazarenos... Mirar: Robert Eisenman - Director del Instituto para el Estudio de Orígenes Judeo cristianos y Profesor de Religiones del Oriente Medio y Arqueología en Universidad de Estado de California. James el Hermano de Jesús. (Faber y Faber); y también Coautor de *The Facsimile Edition of the Dead Sea Scrolls*.

Vamos a sugerir que el Arya pudiese haber sido flexible y creativo cuando ellos tuvieron que serlo. Una cosa sobre la que ellos no se acomodaban era su casta de privilegio y poder. Los brahmines eran los sacerdotes y eruditos, "los encargados" de la ideología aria. Un brahmín podría por ejemplo, tener el sexo con cualquier mujer que él haya querido. Además, el sexo con un brahmín era propicio y ayudaba a la mujer a lograr una mejor vida en su siguiente reencarnación. La casta de brahmín ha manipulado la religión india y la historia para aumentar y mantener sus privilegios de castas." - Harris, op.cit.

Esto seguramente describe un club para caballeros de la elite. Los sacerdotes y Reyes han estado en tales ligas chauvinistas secretas por milenios, pero el cambio significativo para esta madre de todos los gremios de misterio es ahora global tanto en el alcance como en la intención siniestra. Tampoco esto les importa un bledo, para empezar, quiénes hayan sido los arios o Brahmines. El factor crucial aquí es la subsistencia de un abyecto complejo de superioridad, como una fabricación *fascista* fundamental para el zeitgeist Occidental; y más sobre todo cuando sus líderes están unidos en fraternidades ocultas adscritas a la Luciferina "Dureza" de corazón del Faraón. Subconsciente e intrínsecamente innato, la historia demuestra la movilización repetida de esta furia genocida al más leve redoble de los tambores tradicionales de guerra, muchos de los cuales están de hecho habitados por genios.[108] ¿Y ya que estos regímenes en realidad son gobernados desde las sombras por Usureros quiénes se consideran la tribu suprema de la humanidad, libremente admitida por tantos Políticos Occidentales "en el conocer" (un aforismo común Francmasónico) - que le dice entonces? Aquí están unos comentarios inquietantes:

"La población blanca del mundo pronto cesara de aumentar. Las razas Asiáticas serán más numerosas, y los Negros todavía mucho más numerosos, antes que su índice de natalidad decaiga lo suficiente para hacer sus números estables sin la ayuda de guerra y pestilencia. Hasta que esto pase, los objetivos a los que le apuntaba el socialismo sólo pueden ser cumplidos parcialmente, y las razas menos prolíficas tendrán que auto defenderse por métodos que son asquerosos aunque sean necesarios."

Sir Bertrand Russell, Fabián Socialista

"... la contraofensiva más eficaz a la amenazada de invasión por países Asiáticos superpoblados sería dirigido hacia la destrucción por medios biológicos o químicos de plantaciones tropicales de alimentos y la diseminación de enfermedades infecciosas capaces de extenderse en condiciones tropicales, pero no en australianas."

---

108 Ver: *The Malay Magician*, by Richard Winstedt, Oxford University Press, 1993

- 1947, Científico australiano, Frank MacFarlane Burnet,
ganador del premio Nobel 1960

"Un cáncer es una multiplicación incontrolada de células; la explosión demográfica es una multiplicación incontrolada de la gente.... Debemos cambiar nuestros esfuerzos del tratamiento de los síntomas al recorte del cáncer. La operación exigirá muchas decisiones al parecer brutales y despiadadas."

- Biólogo de Stanford, Paul Ehrlich, *La Bomba Demográfica*, 1968.
Él también abogó en pro de químicos para control de natalidad
en los suministros alimenticios mundiales.

"... La eliminación de hierbajos humanos para el cese de la caridad, debido a que esto prolonga la vida del inapto, para la segregación de idiotas, personas inadaptadas, los mal ajustados, y para la esterilización de razas genéticamente inferiores."

El Pivote de Civilización por Margaret Sanger. 1921, Fundadora de la Liga
Americana para Control de la Natalidad.

"Esta explosión de violencia en todas partes del Oriente Medio a finales de los años 70 y a principios de los años 80 se remitió a por Zbigniew Brzezinski como "**el Arco de Crisis.**" No era algo que ocurrió por casualidad, pero era de hecho el resultado del plan deliberado desarrollado por los estrategas Globalistas como el Doctor Alexander King, Henry Kissinger, Zbigniew Brzezinski y un operativo británico el Dr. Bernard Lewis. "El Arco de Crisis" del Medio Oriente no era una conflagración espontánea interna; era algo que ocurrió como consecuencia de la política Occidental aliado con la Hermandad Musulmana. Sin la ayuda del Oeste, el Islam radical habría dejado el movimiento de minoría ilegítimo, represivo que siempre era, y el Oriente Medio habría permanecido estable y próspero.

- Bodansky, op.cit.

"La red financiera que rodea a Osama bin Laden y sus inversiones es similar en la estructura a la red fraudulenta puesta a operar en los años 80s por el BCCI. Ellos aún comparten a algunas mismas personalidades (antiguos ejecutivos y directores del BCCI, traficantes de petróleo y armas, inversionistas sauditas) y, a veces, las mismas empresas (NCB, Attock Oil, BAII). El estudio indica el hecho que las redes financieras del BCCI han sobrevivido, aun cuando Osama bin Laden recibe el apoyo paralelo de movimientos políticos o terroristas de la esfera Islamista de influencia. La convergencia de intereses financieros y actividades terroristas, sobre todo Gran Bretaña y Sudán, no parecen haber sido un obstáculo a los objetivos deseados de cada grupo. Una red terrorista apoyada por un sistema de financiación enorme es la marca de las operaciones de Osama bin Laden."

Ver: *Forbidden Truth*, *"The Economic Environment of Osama bin Laden"* por Jean-Charles Brisard, coautor del estudio del gobierno francés que concluye hasta cuarenta bancos británicos, empresas e individuos están asociados con la red de bin Laden, incluyendo organizaciones en Londres, Oxford, Cheltenham, Cambridge y Leeds.

Recordando por supuesto que la mayor parte de "banksters" están bajo auspicio Sionista - especialmente el BCCI, que fue supervisado por el Banco de Inglaterra - y que los Principales mencionados arriba son camaradas en el CFR, la Comisión Trilateral et Al - y eso por la última generación, el control de la población del Tercer Mundo es una preocupación principal entre regímenes caucásicos, *el choque de ismos Fundamentalistas* y el caos consiguiente de muchas revoluciones, incursiones, contrarrevoluciones, hambrunas, genocidio focal y enfermedades infecciosas (tanto en animales como humanos) presenta un bastante conveniente "arco de perpleja crisis" que alcanza los objetivos necesarios de la élite occidental sobre muchos frentes; considerando también las 3000 vidas sacrificadas el 9/11 es la mitad de las cuales FDR *permitió que* se perdieran en Pearl Harbor[109] Yo diría que los especuladores ocultos de la bandada del Wall Street son magos expertos que profesionalmente han institucionalizado el *insan*.

----

109 Ex Soberano de Francmasonería Rito escocés Gran Comandante Henry C. Clausen, masón grado 33º fue designado en 1942 por el Presidente Roosevelt a dirigir la Comisión para investigar el ataque de Pearl Harbor. Esto se parece a pedirle al zorro que cuide de los pollos. - OZ.

"La francmasonería es una fraternidad dentro de una Fraternidad - una organización externa, escondiendo una hermandad interior de elegidos. La sociedad invisible es una fraternidad secreta dedicada a un secreto misterioso.""

- Manly P. Hall, 33°, *Lectures on Ancient Philosophy*:

"Por símbolos es el hombre dirigido y mandado, hecho feliz hecho desgraciado. Él por todas partes se encuentra rodeado por símbolos, aprobados como tal o no aprobado."

Thomas Carlyle en *Sartor Resartus*

Capitulo IV
Caballeros y Peones de la Dialéctica

Epictetus: "No son las cosas alrededor del hombre la causa de su perturbación, sino sus ideas sobre estas cosas."

Paul Bloom: "Los niños son instintivamente dualistas con una disposición natural para abrazar ideas religiosas."

James Dobson: "Los que controlan lo que se enseña a jóvenes y lo que ellos experimentan, ven, oyen y creen, determinarán el futuro de nuestra nación."

El Occidente ha pavimentado muchos caminos desde que Roma adopto y adapto el Evangelio Paulino[110] a su panteón de credos paganos. En la tentativa de crear utopías para sincretismo neocolonialista[111], los Orientalistas y los traficantes de mitos construyen un laberinto de autopistas apologéticas, pistas de carreras, rutas escénicas y explanadas de Costa De Oro bajo las alas de un águila bicéfala hitita y su prima presidencial americana:

Águila Chiita Norte de Irak

"La *Águila Bicéfala* es el emblema de la Francmasonería para los grados 32 y 33(y lo más altos) del Rito escocés; de un antiguo dios hitita; y también es la bandera del Patriarca de Constantinopla. - ¡Existen multitud de explicaciones acerca del significado del *Águila Bicéfala*, desde la mundana (es un dispositivo heráldico) hasta la más fantástica (es el diablo, le digo!). De hecho, el águila es un símbolo del proceso de teúrgico[112] emprendido por iniciados Masónicos - es el símbolo de un proceso completado de alquimia. En la doctrina Hermética Alquímica en la cual muchos símbolos Masónicos están basados, el águila es un signo de Escorpión, y es emblemática de transformación - el pequeño y lento Escorpión rehecho en la altísima criatura de los cielos.

---

110 "El Paulino Cristo más parece como el concepto del Primer Hombre, o Adán Primario [el andrógino]: un tema encontrado en varias tradiciones de misterio (como Osiris/Dionisio/Mitra). El Mitra ismo sin embargo, tenía una desventaja importante: fue limitado a hombres y requirió una ley de silencio."
– *Christianity, The Great Lie,* Ray Harris,
111 Una Religión Mundial vis-à-vis al Consejo Mundial de Iglesias (WCC)
112 *Teúrgias. Griego teúrgia f. Teos dios +-ergos funcionamiento; una agencia sobrenatural o divina en particular en asuntos humanos. b el arte de asegurar esto; 2. la ciencia mágica de los Neoplatónicos.*

Alquímicamente, el águila era un símbolo de azufre purificado, y fue usada en imágenes alquímicas para retratar el espíritu que asciende. Las dobles cabezas son a menudo emblemáticas la reconciliación de la materia y el espíritu [monismo]. Otros elementos en el águila Masónica refuerzan el simbolismo alquímico - una Espada que representa el fuego divino, y la corona de logro espiritual.

El águila Masónica a menudo es llamada "el Águila de Lagash", por ser uno de los más viejos emblemas empleados en la ciudad antigua sumeria de Lagash. El águila de dos caras fue popularizada en Europa por el Emperador Carlomagno, y el símbolo fue adoptado formalmente en la Francmasonería a mediados del siglo 18 por el *Consejo de Emperadores del Este y el Oeste*. En aquel tiempo, el dispositivo comúnmente era usado para representar la unión de dos cuerpos en uno. La *Águila Bicéfala* es un símbolo común en la heráldica y vexilología. Varias naciones Orientales europeas usan este símbolo hoy, que han adoptado este símbolo del Imperio Bizantino. En la heráldica Bizantina, las cabezas representan la soberanía dual del Emperador (secular y religioso) y/o el predominio de los Emperadores romanos tanto sobre el Este como sobre el Oeste. Los zares rusos adoptaron el símbolo para colocarse como sucesores al estado Bizantino como de la misma manera simbolizar su dominio sobre el oeste (Europa) y el este (Asia)."

"Muslim Heraldry and Vexillology: Origins, Developments and Controversies"
Por Nordalia binti Baharudin y Ataullah Bogdan Kopanski,
Al-Shajarah, 2006, vol. II #2, ISTAC.[113]

Los profesores de historia han fallado en mencionar - por su incredulidad en la magia, etc. - que estos símbolos representan a las sociedades ocultas a las cuales casi todos los notables en la historia europea pertenecieron, magos o no. Para despedir esto como tonterías sin significado es irresponsable porque las doctrinas de estas sociedades dirigieron su política y la gente lejos del Dios que ellos profesaban servir. El águila también representa a Horus, Dios halcón de los Egipcios en su aspecto solar. Horus era el dios protector del Faraón egipcio que representa la autoridad divina del Rey. La pintura común de la mascota de águila americana es modelada a partir de esta imagen, imitando el Escudo de Familia Rothschild que representa un Águila que agarra cinco flechas en sus garras, representando a los cinco hijos de Mayer Rothschild se dispersó en todas partes de Europa en el tardío siglo XVIII. También lo encontrará en usó como un icono marcial (el tótem) para varias naciones sobre sus banderas nacionales. Este ídolo antiguo hitita esta

---

113 NB: el artículo citado también documenta el origen pagano de la estrella otomana y la luna creciente. - OZ.] Ver también: About.com: Religiones

notablemente impreso sobre la cubierta de cada copia del texto Francmasónico Oculto del cual se toma la cita siguiente:

"... los Caballeros Templarios prestaron juramento en las manos del Patriarca de Constantinopla en 1118 AD, con el objetivo último de reconstruir el Templo de Salomón después del modelo de la visión de Ezequiel, *de modo que Jerusalén entonces se convirtiera en Metrópolis del Universo y la Iglesia Ortodoxa triunfaría y se posesionarían del Poder Papal.* Por eso les llamaron Templarios."
- *Morals & Dogma*, Albert Pike, 1876, Jurisdicción Sur, Antiguo y Aceptado Rito Escocés de Francmasonería, p. 815: bajo *Instrucciones para el grado 30.*

Este icono hitita monta la guardia sobre la Señora Libertad según ella recoge los tributos de adoración y sangre que según se dice es sacrificada para la causa de la libertad. La Guardia Pretoriana del ídolo practica el acondicionamiento humano para máximo beneficio al crear lo que Ibn Khaldun llama una "realidad ilusoria". En Occidente la suya es lograda mediante la repetida subliminal asociación de iconos de los credos de la antigüedad con una política predominantemente cristiana bajo una ficticia separación secular de Iglesia y Estado. El régimen está relativamente contento de llevar a hombros la propaganda y el peso de esta carga Aria - Aunque con proclividades Sionistas - para facilitar el decisión papista de "liberar Jerusalén" que finalmente ha resonado a través de siglos. Predicando desde Washington y cruzando la charca, "los caballeros" de la carga han hecho girar la cruzada un poco al este del Jordán al "Arco de [artificial] Crisis", y los resultados son tales que aun los Príncipes Sauditas ahora favorecen la reubicación de la ONU a la Ciudad de David[114].Todo el tiempo posterior al 9/11 las "libertades civiles" americanas se han convertido en una fachada mientras FEMA aprieta su red sobre sus ciudadanos y como el término "Al Qaeda" apunta a Occidentales a ensalivar con visiones atávicas de aniquilación Sarracena.

¿Cómo es que el "libre y valiente" de este régimen se ha habituado a ambos, responden mortal y repetidamente con impunidad a la llamada de sirenas de la supuesta Democracia, a costa de sus auto proclamadas libertades?

"Un canon mitológico es una organización de símbolos, inefables en importancia, por la cual las energías de aspiración son juntadas hacia un enfoque." - Campbell, *Creative Mythology*, PENGUIN, 1968

---

114 "La ONU tiene alusiones gnósticas milenaristas, y han mostrado en repetidas veces ser uno de los mayores enemigos de los judíos y el Estado de Israel. **La mayor parte de los diplomáticos de las Naciones Unidas hoy en realidad están ligados por conceptos gnósticos.**" - P. 91,
- *Eliminate the Opiate*, por Rabbi Antelman

"Sin ser consciente, la democracia, bajo la tutela estadounidense, estimuló las predilecciones revolucionarias del chiíta (Ism'illis) a través de toda la región. Ni el nacionalismo secular árabe ni el tradicionalismo militante aparecen como un rival a una cultura cautivada por el martirio y sus símbolos religiosos [iconos]."

- <u>Civilization and its Enemy</u>, Hamied Ansari,
Int. Conf. on Ibn Khaldun's Legacy, ISTAC, Nov. 2006

A lo mejor de mi cálculo, 'Ism'illis' son los descendientes de los kanes crueles Agha de Alamut y herederos de Sinan y su legado de magia y control mental ala Fatimita 'Casa de Hikmah'. Sin embargo, no comparto la evaluación del Dr. Ansari porque es dudosa que la emancipación de este *espíritu de fratricida* fuera administrada 'sin ser conscientes'. Los *ingenieros sociales* que armaron estas políticas sabían muy bien cuando quitaron las restricciones draconianas de Saddam que una guerra civil seguiría como la parte y el péndulo de la dialéctica Hegeliana.[115] Su calculada liberación era simplemente una estratagema de dividir y conquistar una potencial autoinmolación del amma[116] para poder reconstruir y gobernar lo que sobreviva sacando ganancia a ambos finales de la estratagema, según el brillante precedente de Rothschild que condujo a Waterloo. Esto no es el cinismo; ¡esto es un hecho deplorable que manifiesta cómo los musulmanes son fácilmente conducidos a destruirse a si por los Maestros de la masonería!

El sólido fundamento de la historia combinada con revelaciones proféticas demuestran que los que pavimentan estos caminos erigen monolitos, iconos e ídolos extraídos de las arruinadas carreteras de especuladores metafísicos paganos Acadios-Griegos-Romanos-Persas, y estos pueden ser remontados todos al Credo de Caín tal como se practicaba en la antigua Dravidia. Además, hay pruebas que los dioses y diosas de la edad de piedra fueron adorados desde tanto remoto como 35,000 a.c. Los francmasones han sistematizado y han mezclado esta idolatría marchita con la ideología Judeo cristiana y el celo evangélico, construyendo una civilización maravillada protegida por Armas de Destrucción Masiva.

Sin embargo, su civilización parece un panal de abejas por la sabiduría y el obviar la verdad ya que no hacen caso ni a la Ley de Alá así como tampoco creen en el día del Juicio Final. Que los líderes fantasmas de esta elite abiertamente o en secreto nieguen la relevancia antitética de la idolatría en el

---

115 "Cuando vamos directo al punto... ellos sabrán que yo veo el enfoque derecha-izquierda como una trampa Hegeliana." - Sir Anthony Sutton
116 "La cultura de la marginada gente común... no reconocidos por la elite, una cultura que es usualmente considerada prohibida - o a lo mejor - sin valor e irrelevante, si bien es la de la mayoría, cuyo derecho es determinar su propio destino pero es ignorada por la elite y a menudo es suprimida." - Issa Boullata, *Trends in Contemporary Arab Thought*, Albany, State Universidad de N.Y. Press, 1990, p. 117.

monoteísmo es un hecho establecido. De hecho, ellos están conscientes del asunto, otros de esta clase,[117] así como aquellos del proletariado, están *sub*conscientemente enterados del pecado o totalmente se olvidan de ellos. En cualquier caso, todos están en alguna insana forma de negación o autoengaño, descartándolo como irrelevante tal como los historiadores han descartado la idolatría y magia practicada por los líderes mundiales desde tiempos inmemoriales. Descártelo ahora en peligro de su percepción.

"... Auto Engaño es ocultar la verdad de la mente consciente a lo mejor para esconderlo de otros. En nuestra propia especie reconocemos que ojos inquietos, palmas sudorosas y voz áspera indican la tensión que acompaña los intentos conscientes de engaño. Pero al convertirse inconsciente de su engaño, el engañador oculta estos signos. Él entonces puede mentir sin ser observado."
- *Social Evolution*, por Robert Trivers, Pub. por Benjamín/Cummings, 1985.
Trivers es un Biólogo Evolutivo de Harvard/Rutgers, y una de las cien *luminarias del siglo* 20 según *Time Magazine*, 1999.

De hecho, que la Iglesia cristiana adoptara prohibidos atributos paganos de idolatra paciencia es un hecho establecido excusado por exegéticos y subsecuentemente desaprobado para consecuente conocimiento por suplicantes. No importa cómo se vistan los evangélicos porque ellos no pueden desechar la faja del dios-sol que ata sus entrañas con esta negación o consciente aprobación; y muchos de estos "ridículos" excusan la blasfemia por alegar que ellos "ayudan a Dios."

La negación es un estado mucho como él de un drogadicto, lo obliga uno a continuamente suprimir la mentira aceptada por urgir a otros a unirse a "la causa" de egoísta fantasía (conformismo). Clichés de ferviente sinceridad están mezclados con obras de caridad admirables echadas a andar en el Primer y Tercer Mundo, las cuales metafísicamente *pre* y/o *re* colonizan mentes susceptibles y almas para los amos de la elite. El hecho que esta "mentalidad Orientalista" socava autonomías tradicionales con un extremadamente sospechoso dogma nunca aún es imaginado por intrusos impacientes porque es exactamente su objetivo - cortesía de la ingeniería social de la Escuela (Fabián) de Stalin como se describió antes. Al mismo tiempo, jefes de la elite arman a piratas indígenas mientras los convertidos se someten a liberadores credos de adoración a la democracia cuyos misioneros continuamente han elegido a los Jefes de Estado que han bombardeado, han esclavizado, han drogado y han pillado el mundo de productores de melanina por siglos - y la mayor parte de estos líderes han sido Francmasones.

---

117 "El establecimiento de la *Iglesia de Inglaterra* saco a Dios fuera de la religión." - Syas Giles Frazer, Vicario Anglicano y Filosofo, Oxford, también columnista para el *Guardian* y *The Church Times*

¿Entonces el Profeta Isa (Yeshuah, el hombre llamado Jesucristo y Dios) sanciono este acertijo? "El Cristo" lo hizo pero el Profeta Isa no lo hizo. ¿Quién entonces es el Cristo de esta milicia incontenible de carga del Hombre Blanco? Sin estar conscientes muchos, los Occidentales se adhieren a las doctrinas del dios-sol *Christos* de Alejandro magno y el César, del Faraón y Aleister Crowley[118], de Babel de Nemrod y la Troya Hitita cuyos suplicantes y gobernantes eran los ingenieros de las carreteras persas romanas a la perdición junto con el sorprendente progreso civilizado - entonces y ahora - y exactamente tal como los *Libros del Génesis* y *Josefo* han descrito a los despreciables hijos de Caín. La elite occidental y el proletariado del oeste han rendido la razón Piadosa (el sentido común otorgado por Dios)[119] a los varios grados y formas de mitos monistas mientras sus intelectuales sucumben al paradigma[120] evolutivo sacado de los postulados admirables de Darwin y actualmente endosado por el monismo de Dawkins[121]. Juntos, bajo las alas del

---

118 "La compasión es el vicio de Reyes: aplastar al desgraciado y al débil: esta es la ley del fuerte: esta es nuestra ley, y la alegría del mundo." - *«Book of The Law' II: 21*, Aleister Crowley vía el jinni, Aiwaz.

El Sr. Aleister Crowley escribió su *Libro de Ley* bajo "guía" inducida por trance de un espíritu llamado Aiwaz; un jinn que proclamó su servicio a Horus, 'El Ojo que todo lo ve' de la pirámide Egipcia. Horus es 'el dios de la fuerza y el fuego' [kundalini o Vril], el hijo de Osiris e Isis: ¡el dios de los avatares teósofos de la Nueva Era que pueblan en la ONU!

"Viviendo en Londres, **Theodur Reuss** conoció a **Aleister Crowley**. En 1910, El dio a Crowley un grado numero VII dentro de la O.T.O. [Ordo Templi Orientis] (basado en que Crowley antes sostenía un grado 33 en el Rito Escocés de Masonería), y en 1912, él le confirió el grado IX¶ y lo designo como Gran Maestro General Nacional grado X ° para la O.T.O. en el Reino Unido de Gran Bretaña e Irlanda por carta datada el 1 de junio de 1912.[Tengo una copia de este nombramiento – OZ] 1918, Reuss [un periodista respetado] publicó su traducción alemana de la *Misa Gnóstica* de Crowley. ¿En una nota al final de su traducción de *Líber XV*, él se refirió a si mismo como, simultáneamente, el Soberano Patriarca y Primado de la *Iglesia Gnóstica Católica*, y representante oficial en Suiza de la *Iglesia Gnóstica Universal*, reconociendo a Jean Bricaud (1881-1934) como Patriarca Soberano de esa iglesia. La emisión de ese documento puede ser vista como el nacimiento de la Thelemica E.G.C. como una organización independiente bajo el paraguas de la O.T.O., con Reuss como su primer Patriarca. Él también traducía el Libro de Ley al alemán y añadió, en una nota a Crowley: "¡Déjese animar por estas noticias! ¡¡Vivimos por su obra!!! El 17 de julio de 1920, él asistió al congreso de la "Federación Mundial de Francmasonería Universal" en Zúrich, que duró varios días. Reuss, con el apoyo de Bricaud, abogó por la adopción de la religión de la *Misa Gnóstica* de Crowley como "la religión oficial para todos los miembros de la Federación Mundial de la Francmasonería Universal en posesión de los 18 grados del Rito Escocés." [Algo de lo cual los Masones por debajo estos niveles saben muy poco – OZ]

- Citado de *Red Flame No. 2 - Mystery of Mystery: A Primer of Thelemic Ecclesiastical Gnosticism* por Tau Apiryon y Helena; Berkeley, CA 1995. Esto es el diario para el capítulo americano de la OTO.
119 *Al-hiss al-mushtarak*, 'por ejemplo, un sentido común interno a los cinco sentidos externos. Esto une las sensaciones de todos los sentidos en una sensación general o la percepción. Ver *al-Shifa*, pagina 145. La traducción latina es *communis sensus*, del cual proviene el término 'sentido común'. Aquí, entonces, el sentido común es usado como un término técnico, y no en su uso general diario como algo bastante obvio o evidente."

S.M.N. Al-Attas, op.cit.pp. 10-11.
120 Ver: *Why Gods Persist*, por Robert Hinde, etnólogo; *Religion Explained*, por el Antropólogo Pascal Boyer; *In Gods We Trust*, por Scott Atran, Antropólogo.
121 Richard Dawkins, conocido como el Rottweiler de Darwin, profesaba ser un "teñido-en-la-lana intelectual *monista ateo*: un evolucionado dualista... a monista cree que la mente es una manifestación de la materia." Op.cit. p 209. Dawkins sostiene la presidencia del instituto Charles Simonyi para la

águila de extremadamente ricos magos - quienes permiten a cada clase monista y el subgrupo dócil a adecuadamente hacer nido para suficiente distinción social y la sumisión patriótica (apenas el 20 % de la población mundial) - ellos le llaman *progreso* a la des evolución de este decaimiento espiritual o mejor dicho: "humanismo"; término que define la teleología de al'Dhajal cuando es calificado por la palabra "materialismo", una consecuencia directa de la visión monista del mundo.

Lo que sigue a continuación merece una seria consideración. Esto es un extracto de una *Reseña de Libros* [impreso íntegramente en el Apéndice XII] que describe "la Nueva Alquimia" de la *Magia Thelemica*, su historia y algunos de sus Principios, así como su relación al Judaísmo rabínico. Además, debe ser declarado que el padre de la moderna "Psiquiatría con Psicología" era el iniciado Illuminati, Sigmund Freud - miembro vitalicio del B'nai B'rith, que es la institución pináculo de la Francmasonería judía de la era moderna. Freud con orgullo admite que la raíz de su método psicoanalítico es "el Espíritu judío", según como él lo llama:

Michael Aquino y Esposa Sumo Sacerdote y Sacerdotisa.

"Como yo era un judío me encontré libre de muchos prejuicios que restringieron a otros en el empleo de su intelecto y como judío estuve preparado para unirme a la oposición y hacerlo sin estar de acuerdo con la compacta mayoría."

Él declara que este campo entero de investigación de la psiquis humana sólo podría "haber sido inventado" por un judío."[122] Él también introdujo la cocaína[123] como una panacea; algo que los analistas fallan en mencionar cuando ellos hablan de su genio. El Dr. Freud estaba

---

"Comprensión Pública de las Ciencias en la <u>Universidad de Oxford</u>", es un autor, etnólogo y biólogo evolutivo de preeminencia.

Monismo: "La filosofía que procura explicar todo lo que es en términos de una sola realidad…extinguiendo el dualismo de la física y la psíquica al postular una transcendente realidad… el Materialismo es otra forma de Monismo…todas las formas de Monismo están en el conflicto radical con la creencia en una distinción radical cristiana entre un increado Dios y el orden creado."
- Oxford. *Dictionary of the Christian Church*

122 Ver: M. Roberts, *From Oedipus to Moses*, Routledge y Kegan, 1977, pp. 3-5; también note que en abril de 1976, la Casa Blanca emitió la directiva 4A del NSC, autorizando actividades encubiertas psicológicas contra ciudadanos americanos.

123 En 1905 la Compañía alemana Merck, produjo 1500 kilogramos de morfina en tan solo cuatro meses - lo suficiente para 150 años del entonces legítimo uso medico; esto era además de las seis toneladas de cocaína por año, así como los productos químicos precursores. Ver:
Cocaine, An Unauthorized Biography, por Dominic Streatfield. Londres, ISBN 1-85227 921 4TBS. 2001.

"estereotipadamente"[124] haciendo adicta a Europa y América en su preocupación por descomponer el semen y el paso nasal - no estoy bromeando[125] - además de fantasías sexuales terapéuticas, cocaína, y una vida de pasivo psicoanálisis que abrió puertas para estudiosos de la conducta humana y misticismo oriental.

"La Criptocracia de la OTO (*la Magia Thelemica*) está implicada en la transformación o en el "procesamiento alquímico" de la consciencia de las masas por medio de la manipulación psicológica de la mente. Con la ayuda de sociedades secretas, las pruebas son instaladas y las respuestas medidas para "dar forma" a los acontecimientos mundiales. El objetivo es hacer que las masas vivan como marionetas controladas en el Nuevo Orden Mundial. Establecida desde hace un siglo, la OTO es la 'escuela superior' de la Francmasonería, y se ha auto titulado "la Academia Masónica", esta contiene todos los grados de Masonería e Iluminismo y es la sociedad secreta más alta para Francmasones de la elite. Una organización internacional, la OTO *es una organizada religión exenta de impuestos en los Estados Unidos de América*. Las escrituras de su líder, el agente de inteligencia británico y satanista, Aleister Crowley (d. 1947), quien se hacía llamar la Gran Bestia 666, revela que la OTO tiene sus bases en el Satanismo... **Toda la masonería**, dice el Sr. Heimbichner, **está subordinada al Judaísmo**. "Un elemento clave" en el establecimiento de la OTO era miembro del B'nai B'rith, que es la Francmasonería[126] judía la esencia de Francmasonería, Sr. Heimbichner dice, que puede ser remontada a la adoración Sumeria de Satán ["Shaitan" o Saturno] pasando luego al antiguo Egipto y Babilonia. Las formas antiguas de adoración del diablo entonces fueron conservadas y transmitidas por la enseñanza oral de los rabinos judíos como "*las tradiciones de los ancianos o mayores*," [de ahí entonces tenemos "los Protocolos de los *Mayores*"] enérgicamente condenado por Jesucristo (Marcos 7:1-13; Mateo 15:1-9). Después de

---

124 Estereotipar es una defensa mental común de atención obsesiva al detalle vano, que básicamente describe el ritual Masónico y la psicosis del Dr. Freud. Este estado de pre ocupación es un mecanismo de megalomaniaca demencia y obsesiones relacionadas, y es aplicable a cualquier grupo pre poseído por el ritual, por cuyo dispositivo la congregación falla en avanzar más allá de su hipnótica lógica anular, por lo cual esto se re inventa a si mismo en ampliar campos de maravillosas fantasías de escapismo. - OZ.

125 ¡Uno debe repasar su correspondencia privada para apreciar esto del secreto bien guardado! Ver: Streatfield, ibíd.

126 "Según decreto de septiembre 12 de 1874, confirmado para el B'nai B'rith por el Sr. Armando Levi, que Albert Pike autorizó a los Francmasones judíos para tener una federación secreta que estaría funcionando junto con las logias ordinarias, llevando el título: *Soberano Consejo Patriarca*, con sede en Hamburgo. A diferencia de la *Masonería Gentil*, no debía ser graduada y sus miembros estaban exentos de todos los otros ritos. El secreto de su existencia era inviolable, sabido sólo por aquellos miembros de la Alta Masonería siendo informados por el Directorio Dogmático Supremo, queriendo decir él mismísimo Pike." D. Margiotta, *Adriano Lemmi*, p. 225; también De la Rive, *Les Juifs dans la Franc-maçonnerie*.

la destrucción del segundo templo en el Año 70 d.c., la enseñanza oral gradualmente fue escrita en lo que se convirtió en el Talmud y la Cábala. **El Talmud y Cábala, este último es completamente gnóstico y de magia negra, forman la base de Judaísmo, una religión "completamente distinta" a la religión de los israelitas del antiguo testamento.**

El judaísmo es una "secta cargada con no escritural, artificial tradición y superstición pagana." Sr. Heimbichner cita a autoridades judías en la Cábala y a expertos en simbolismo oculto para exponer el hecho que ciertos ritos Cabalísticos corresponden a las técnicas de yoga hindú tántricas de magia sexual.... La Enciclopedia judía admite, según dice el Sr. Heimbichner, que el Gnosticismo Judío incluye magia oculta y esto inspiró al Gnosticismo Cristiano.... transmitido por los Maniqueos, Cataros y otros grupos, tarde o temprano corrompiendo a los Caballeros Templarios del siglo 12, transformándolo en una orden oculta.... La tradición del templario se abrió camino en la Francmasonería, y la magia sexual "esta puesta en el corazón de la Francmasonería de alto nivel tal como existe en la OTO." Este es el "secreto supremo" de la masonería, *conocido solo por altos masones*. Hay magia sexual en los octavos y novenos grados de la OTO y homosexualidad en el undécimo, el más alto."

 - *Blood on the Altar. The Secret History of the World's Most Dangerous Secret Society* Por <u>Craig Heimbichner</u>, ex iniciado de la OTO convertido al Islam. Extractos tomados de un comentario por Cornelia R. Ferreira, cortesía de *Catholic Family News*, Agosto 2005.[127]

Las aplicaciones de esta disciplina se extendieron - pos Segunda Guerra Mundial - a lo que eventualmente se convirtió en la CIA. Bajo el demoniaco Dr. Mengele, los proyectos "MK Ultra" y la "Operación Paperclip" aplicaron rituales de abuso sexual y tortura a huérfanos canadienses[128] en combinación con alucinógenos e hipnosis. Esto fue logrado para poder crear a los *Súper Soldados* de personalidad múltiple y absolutamente desalmados para el trabajo de asesinato y espionaje. El proyecto fue revelado a las Autoridades canadienses quién puntualmente - aunque renuentes - procesaron a los principales en los tribunales y trajeron esto a su fin.

El Dr. Mengele entonces escapo secretamente a Sudamérica y el proyecto continuo encubiertamente en los EE.UU. bajo el título *Proyecto Monarca*. Esta

---

127 Ver: *Jewish Ritual Murder*, Arnold Leese, Londres, 1938; *Path To The Apocalypse* por Yuri Vorobyevsky, Sergiev Possad, 1999.

128 El mejor documentado caso de un proyecto de control mental operado por la CIA. Ver: demanda civil de *Orlikow, et al.* vs. *Estados Unidos*. En 1988, la corte ordeno al *Departamento de Justicia de EUA* pagar al demandante $750,000. En adición, al Gobierno de Canadá se le impuso una multa de $8 millones de dólares por daños sufridos a manos de un tal Dr. Cameron, en su Laboratorio en Montreal.

actualmente bajo el mando del Coronel del ejército Michael Aquino[129], quien personalmente conoció al mismo jinn [Aiwaz] quien inició a Crowley luego de una visita a las ruinas del cuartel general de Ocultistas Nazis en Alemania del Este.[130] Las Agencias Monarca crean a personalidades disociativas quienes esencialmente se convierten en esclavos, por ejemplo, autómatas sofisticados con talentos superiores para la memoria compartamentalizada, el sexo y el asesinato. El Coronel Michael Aquino ha sido procesado varias veces en los tribunales civiles estadounidenses en vano, ya que por los cargos él siempre es sobreseído.[131]

El Almirante Forestall, al enterarse de este programa y de la Operación "Blue Book" - las silabas de la Fuerza Aérea para desinformar en relación a alienígenas [jinn] - decidió informar al público (tal como hizo JFK) pero fue hospitalizado y se suicidó en la manera típica del Kremlin.

"MKULTRA es un acrónimo de la CIA que oficialmente significa: "Manufacturando Killers Utilizando Letales Técnicas Requiriendo Asesinato."
- Capitán John McCarthy[132]

---

129 Un americano iniciado en la OTO y fue Gran Maestro del "Templo de Set", una declarada Iglesia Satánica, una secta de vástagos de la "Iglesia de Satanás" del infame Antón Lavey, certificado por el gobierno como "exenta de impuestos". Lavey, en su biblia Satánica, sanciona el sacrificio humano para ciertos casos de venganza.

130 Aquino oficio ceremonias de magia negra sostenidas en Wewelsburg, Alemania, el castillo una vez usado por el jefe de la SS Heinrich Himmler para crear una orden de Caballeros Teutones basados en los Caballeros Templarios. - *Nexus Magazine*, Volumen 6, Numero 2 (Febrero-Marzo, 1999) - Ver también: *The Franklin Cover Up*, por John DeCamp, ex senador de Nebraska, en relación a prácticas pedófilas que se extendieron hasta la Casa Blanca según la relación del Washington Times, el 29 de junio de 1989: *"Una red de prostitución homosexual esta bajo investigación de las autoridades federales y distritales e incluye entre sus clientes funcionarios clave de las administraciones Reagan y Bush, oficiales militares, ayudantes del Congreso y hombres de negocio estadounidenses y extranjeros cercanos a la élite política de Washington."* Decamp escribe en su libro: "Pienso que el nivel más bajo de Infierno esta reservado para los que evocaron y realizaron el "Proyecto Monarca"... "Esto es simplemente la producción de una horda de niños cuya alma es aplastada, quien espiaría, se prostituiría, mataría y se suicidaría", en las palabras de reportero investigador Antón Chaitkin; Ver también: Jerry Allen Potter, *Fatal Justice*.

131 ***"El Satanismo esta ligado a casos de abuso infantil en los EU"***, por Edward Lempinen, del *San Francisco Cronicle*, 5 de Noviembre de 1987, Re: abuso infantil en la guardería infantil del Ejército de los EUA en Presidio, California. Bajo la dirección de Michael Aquino, un Oficial de Inteligencia. ¡El testimonio revela oficiales pero encubiertos programas de abuso, por mucho tiempo sancionados por los Jefes de Inteligencia.! Para crear al esquizofrénico, por ejemplo, *partir* personalidades en los niños que más tarde serán usados como agentes de campo! El Sr. Aquino ha sido protegido de ser procesado debido a su "Sumamente secreto" estatus. Él también esta ligado a los casos de misteriosos raptos/desapariciones reportadas en los terrenos del Bohemian Grove [el campo de recreación de los Illuminati]. ¡Todas las investigaciones han sido bloqueadas! A continuación citamos a Kathy O'Brien & Mark Phillips, en *TRANCE-Formation of America* (pp 170-1): "Los esclavos de avanzada edad o con el programa fallido fueron sacrificialmente asesinados al azar en las tierras boscosas del Bohemian Grove y sentí que esto era sólo cuestión de tiempo hasta que fuera a mi." - Yo personalmente he oído comentarios que corroboran esto, declaraciones de policías cuando trabajaba en las salas de emergencias de hospitales urbanos en ciudades americanas - OZ.

132 John McCarthy estuvo en las Fuerzas Especiales del Ejército de los Estados Unidos. (Retirado), fue quien controló los equipos de asesinato de la CIA en Saigón durante la Guerra de Vietnam. Relatado por Mike Ruppert, departamento de Policía Los Ángeles, CA.

"Los Alemanes bajo el gobierno Nazi comenzaron a hacer una investigación científica seria en control mental a base de trauma... Bajo los auspicios del Instituto Medico Káiser Wilhelm en Berlín; Josef Mengele condujo la investigación de control mental sobre los miles de gemelos y miles de otras víctimas desgraciadas. "Mengele, conocido como "Ángel de Muerte", era uno de los aproximadamente 900 científicos militares e investigadores médicos ex filtrados en secreto dentro de los Estados Unidos, donde él siguió su 'investigación' y entrenó a otros en las artes negras del control de la mente. Este trabajo en la manipulación del comportamiento más tarde fue incorporado en los proyectos Bluebird y Artichoke de la CIA que, en 1953, se convirtió en el notorio MKULTRA."

The Search for the Manchurian Candidate, el definitivo libro por John Marks
The Illuminati Formula por Fritz Springmeier y Cisco Wheeler

La relevancia a nuestros temas en este libro es que estos son los mismos principales y principios que tomaron el mando de la otrora búsqueda adolescente de la "Francmasonería Ortodoxa" e intelectuales diversos a la vuelta de los siglos 19 y 20; y esto de común acuerdo con las sociedades de Teosóficos y de Antroposoficos. Como los Francmasones de "grados superiores" predominan en los niveles superiores de la sociedad elite, la implicación y las indicaciones de datos copiosos son que ellos y sus hermanos de grado inferior se hicieron vasallos, vis-à-vis una ignorancia profunda de quien estaba realmente al mando del timón de sus fraternidades. Además, en virtud de esta sumisión ellos ayudaron e incitaron la propaganda para el Comunismo según como grupos Fabiano Socialistas y modernistas teóricos económicos descritos antes, los cuales promueven los protocolos Sionistas ala Illuminati. Aun tan lejano como el tardío siglo 18, George Washington fue advertido del culto, lo etiqueto peligroso, y noto que había signos de su operación en América en aquel tiempo. Él no estaba solo en su preocupación, y el Congreso ha confirmado esta misma inquietud 200 años más tarde:

"Reverendo, Señor, no era mi intención en dudar que la doctrina Illuminati - los principios de Jacobinismo - no se han extendido en los EUA. Al contrario, nadie está más satisfecho de este hecho que mí."

[1785, carta escrita al Reverendo G. W. Snyder]

"Según mis cálculos, hay más de tres millones de satanistas practicantes en EUA hoy en día. ¿Cómo es que llegue hasta estas cifras? Tengo informantes. Por ejemplo, en el área de la Bahía Sur de Los Ángeles con una población de 200,000 personas, él me dijo que allí son 3,000 satanistas practicantes. Tengo un informante en Lincoln, Nebraska. En Iowa City, Iowa, una ciudad de 150,000 habitantes - 1,500 son satanistas. Esto hace un promedio aproximadamente del 1.5 por ciento de la población hay una superposición considerable de varios grupos y organizaciones, pero una de las fuerzas motrices es el movimiento del culto Satánico de hoy... Remití un informe de más de 1100 páginas en marzo de 1981 al Juez William Webster, quien era entonces el jefe del FBI, con una carta personal para él y para el Departamento de Justicia estadounidense.

He notado en cada instancia [de investigaciones concretas] que la evidencia fue destruida, perdida, robada; que habían muy fuertes indicios de corrupción. Entonces me pregunté, "¿Qué ocurre aquí?" Y durante años comencé a recopilar material. Hasta hace como dos años, seguí diciendo, hay un floja red hay una superposición considerable de varios grupos y organizaciones, pero una de las fuerzas motrices es el movimiento del culto Satánico de hoy... Remití un informe de más de 1100 páginas en marzo de 1981 al Juez William Webster, quien era entonces el jefe del FBI, con una carta personal para él y para el Departamento de Justicia estadounidense. He notado en cada instancia [de investigaciones concretas] que la evidencia fue destruida, perdida, robada; que habían muy fuertes indicios de corrupción. Entonces me pregunté, "¿Qué ocurre aquí?" Y durante años comencé a recopilar material. Hasta hace como dos años, seguí diciendo, "hay un floja red que funciona en este país, implicando drogas, pedofilia, prostitución, corrupción, etc. A partir de mi investigación, estoy convencido que es mucho más serio, es mucho más que una floja red, es una conspiración. Y usted sabe cómo los medios de comunicación le persiguen cuando usted usa la palabra "conspiración". Y voy a demostrárselo. A propósito, esta conspiración implica la pornografía, drogas, pedofilia y el secuestro organizado infantil. La disertación *My Missing Children* documenta que los *Buscadores*, una organización en Washington, D.C., es un frente de la CIA. Esta es una operación encubierta involucrada en el tráfico internacional de niños. Esa gente - el movimiento satánico en el mundo - ha establecido guarderías con el objetivo de poner sus manos sobre nuestros niños. Los padres los dejan a las siete de la mañana y los recogen ya de noche."

- Investigador Privado Ted L. Gunderson, retirado agente especial del FBI a Cargo (SAC), Los Ángeles. Por 20 años estuvo a cargo de la oficina del FBI, donde tenía a 800 personas bajo su mando y un presupuesto anual de más de $24 millones de dólares.

Referencias para programas de "Control Mental" de la CIA:

• Coleman, John, *"Illuminati in America"*, *World in Review* (2533 N. Carson St, Carson City, NV 89706), EUA, monografía, 1992

- Constantine, Alex, *Virtual Government: CIA Mind Control Operations in America*, Feral House (2532 Lincoln Blvd #359, Venice, CA 90291), EUA, 1997.

- Decamp, John, *The Franklin Cover-up: Child Abuse, Satanism and Murder in Nebraska*, AWT, Inc. (PO Box 85461, Lincoln, NE 68501), EUA, 1996, 2nda.

- Gunderson, Ted, *McMartin Scientific Report* (1993); *Corruption: The Satanic Drug Cult Network and Missing Children*, vols. 1–4; *Satanism & the CIA's International Trafficking in Children* (video, USD$20.00), Ted Gunderson, PO Box 18000-259, Las Vegas, NV 89109, EUA

- Marks, John, *The Search for the Manchurian Candidate: The CIA and Mind Control*, McGraw-Hill, 1980

- O'Brien, Cathy (with Mark Phillips), *Trance Formation of America: The True Life Story of a CIA Slave*, Reality Marketing (PO Box 27740, Las Vegas, NV 89126) EUA, 1995.

- Potter, Jerry Allen and Fred Bost, *Fatal Justice: Reinvestigating the McDonald Murders*, W. W. Norton Co., Nueva York, Londres, 1997

- Springmeier, Fritz, *Bloodlines of the Illuminati*, Ambassador House (PO Box 1153, Westminster, CO 80030), EUA, 1999 2nda edición.

- Springmeier, Fritz and Cisco Wheeler, *Illuminati Formula used to create an Undetectable Total Mind Controlled Slave*, Fritz and Cisco (916 Linn Ave, Oregon City, OR 97045), EUA, 1996.

- Stratford, Lauren, *Satan's Underground*, Pelican Publishing (PO Box 3110, Gretna, LA 70054), EUA, 1998

- Sullivan, K., *MK*, K. Sullivan (PO Box 1328, Soddy Daisy, TN 37384), EUA, 1998.

- Taylor, Brice,: *One Woman's Valiant Escape from Mind Control*, Star shine Pub, 1995

Dr. David Pappen, Presidente de Harvard University, el 19 de Julio de 1798, publico una advertencia a los graduandos y diserto sobre la influencia Illuminati en la política y religión americana.

John Quincy Adams, en 1800, oponente de Thomas Jefferson para la presidencia y escribió tres cartas al Coronel William L. Stone, exponiendo como Jefferson usaba logias Masónicas para propósitos subversivos de los Illuminati. A la información contenida en aquellas cartas es que se acredita la victoria de Adams en la elección. Las cartas están en la Biblioteca Rittenburg en Filadelfia, PA.

Dr. Joseph Willard, Presidente de Harvard University, dijo el 4 de julio de 1812, a los graduandos: "Hay pruebas suficientes que un número de sociedades Illuminati han sido establecidas en esta tierra. Ellos indudablemente se esfuerzan en secreto minar todas nuestras instituciones antiguas, civiles y sagradas. Estas sociedades están claramente ligadas con aquellas de la misma orden en Europa... Vivimos en un período alarmante. Los Enemigos de todo el orden buscan nuestra ruina. Si la infidelidad generalmente prevalece, nuestra independencia se perdería, desde luego. Nuestro gobierno republicano sería aniquilado."

El Reporte del Comité Investigador del Senado de Educación en California, declaro en 1953: "El supuesto Comunismo moderno es aparentemente la misma hipócrita y mortal conspiración mundial para destruir la civilización que fue fundada por la Orden Secreta de los Illuminati en Baviera el 1 de mayo de 1776, y que levantó su cabeza canosa en nuestras colonias, aquí en el período crítico antes de la adopción de nuestra Constitución Federal."

"El comunismo fue la sola invención de los judíos."[133]
W. Churchill, London Illustrated Herald, 8 de Febrero de 1920.

Desde luego, los jesuitas gentilmente ayudaron a los judíos acusados por Churchill. El efecto de esta intrusión diabólica sobre la educación por ejemplo, es tal que tres generaciones más tarde, los graduados universitarios americanos son apenas capaces de expresarse de manera clara e independiente, verbalmente o en prosa. Al contrario, y en el tiempo de esta incursión reprensible, un estudiante no podía entrar en la universidad a no ser que él o ella pudieran traducir un pasaje de la Biblia del inglés al griego o viceversa. Lo que siguió una generación más tarde fue una avalancha de hedonismo erótico así como también misticismo paranormal - y el paquete de

---

133 Solzhenitsin registro que más del 60 % de los Comisarios jefes de los campos Gulag en la URSS eran judíos. Otros historiadores estiman la cifra al 80 %. Cada líder, del temido Checka, la KGB y policía secreta era judío, incluyendo al carnicero Beria. Kerensky, Lenin, Stalin, Marx, Gorbachov y Yeltsin, y todos los otros máximos líderes Comunistas eran todos Masones, miembros de la Logia Gran Oriente de Francia así como del Consistorio Soviético. Marx y Lenin y otros eran también homosexuales, y Beria, el experto psicopolitico era un pedófilo.

Ver: *Under the Sign of the Scorpion*, Jüri Lina, escritor Sueco.

los Protocolos de Sion - en nombre de la "Libertad". Como voces que se llaman en el páramo, allí quedan unos pocos otros que los extremistas fundamentalistas que por consiguiente se oponen a o prohíben este tsunami degenerado de licencia sexual ala el libertinaje de antiguas religiones de misterio del dios-sol y los ideales libertarios que con astucia *son diseñados para crear el caos social*:

> "Es hora de declarar que el sexo es un tema demasiado importante para dejar a la muchedumbre miope de putas felices, hombres de respuestas, lesbianas evangélicas, psicólogos sensuales, jugadores de béisbol jubilados, pornógrafos, pastores bailarines, revolucionarios desplazados, pervertidos polimorfos y filósofos de Playboy - todos echados sobre camas de agua y máquinas de escribir y "programas de entrevistas" haciendo que la "libertad" haga sonar las cajas registradoras de la revolución. Nada es gratis, aún menos el sexo, que está ligado a nuestras fuentes más profundas de energía, identidad y emoción. El sexo puede ser abaratado, desde luego, pero entonces, inevitablemente, se hace sumamente costoso a la sociedad entera. Ya que el sexo es "la Fuerza Vital" - el impulso cohesivo - de una gente, y su mismo carácter será profundamente afectado por como la sexualidad es manejada, sublimada, expresada, negada y propagada. Cuando el sexo es devaluado, hecho propaganda, y deformado, como está actualmente, la calidad de nuestras vidas disminuye y nuestra tela social se deteriora."
>
> [G. Gilder, *Sexual Suicide*, Bantam Books, NY, 1975, p. 1.
> [Cortesía de Malik Badri, óp. cit. p. 51]

¡Pienso que los "Sumos sacerdotes" de protocolos "Thelemicos" saben esto demasiado bien! La ingobernabilidad social completa y la pesada ignorancia entre americanos en la generación presente necesitan una poca revisión. Aún por otra parte, es cierto que sus presentes graduados sobresalen en sus campos de experiencia; otorgándoles un *utilitario* progreso nunca antes no visto sobre la tierra. Pero esta reduccionista especialización es el resultado de un acondicionamiento social que deliberadamente evita la visión gestalt mundial de una educación completa en las Humanidades. Allí permanece entonces pero la capacidad limitada para la sabiduría del *Tawhid* reposar sobre hombros de sabios, ya que sin la sabiduría mucho se pierde al control de los "astutos" usureros. De ahí ahora tenemos a los autómatas Doctores, Abogados e Ingenieros por ejemplo, bailando como lunáticos al coro de Aleluya de los predicadores Evangélicos que llenan sus bolsillos y grifos con oro mientras movilizan al electorado para votar a favor del hermano miembro de una Fraternidad Luciferina.

La Magia Thelemica opera con el mismo hechizo alrededor del globo, tal que pocos moderadamente contemplan sus votos y hechos con los ojos de Dios según la expresión Profética. La Idolatría y los idolatras son comunes entre musulmanes bajo mezquitas adornadas con los iconos de Ishtar (la Estrella) y el dios-luna Mesopotámica, "Sin" (la Luna Creciente). Mucho se hace de la teología, pero mucho más es hecho de los 'ismos' que infectan la Ummah y Ulama del miasma de la Francmasonería que izan las banderas rojas, blancas y azules y los iconos fálicos de los antiguos dioses del sol ahora levantándose en el Oeste.

"El hecho es que hay un serio peligro para este país de convertirse en una Pluto- democracia; es decir, un impostor de república con el verdadero gobierno en manos de una pequeña pandilla de hombres enormemente ricos, que hablan por su dinero, y cuya influencia, aún hoy, irradia a cada esquina de los EUA."

William McAdoo, Vice-presidente de campaña del Presidente Wilson,
en su libro: *Crowded Years*

"La historia registra que los cambiadores de dinero han usado cada forma de abuso, intriga, engaño, y medios violentos posibles para mantener su control de los gobiernos por controlar el dinero y su emisión."

– Presidente James Madison

"La división de los Estados Unidos en las federaciones de fuerza igual fue decidida mucho antes de la Guerra civil por los altos poderes financieros de Europa. Estos banqueros temían que los Estados Unidos, si acaso permanecían en un bloque y como una nación, lograran la independencia económica y financiera, que trastornaría su dominación financiera sobre el mundo. **La voz de Rothschild prevaleció**... Por lo tanto ellos enviaron a sus emisarios al campo para explotar la cuestión de la esclavitud y abrir un abismo entre las dos secciones de la Unión."

Canciller Alemán Otto von Bismarck

Los caballeros y las peones de esta dialéctica están al timón y en la cocina de a bordo; detrás de puertas de roble o barridas de calle; en nítidos uniformes adornados por signos del dios-sol y turbantes; en el seno de los profetas que dan a inanes sermones ya sea en Iglesias, Sinagogas o Mezquitas; en escuelas y universidades, en bancos, pequeñas tiendas de alta moda, clubs y burdeles con tarjetas de crédito y dinero en efectivo a base de usura; sobre canchas de golf y en el sauna; en las casas de los Parlamentos, Congresos y Hampas; en Casinos y salas de apuestas; volando a Meca, Nueva York o harenes, y por todas partes infundieron con el atrevido "olvido de Dios" y el decadente ritual estereotípico y la mentalidad que cómodamente cubre la negación; o ellos están cubiertos por la desgracia de ser oveja conducida al matadero según que entran a las explotadoras fábricas que enriquecen a imanes que deberían protegerles; ¡o ellos se precipitan con los esquemas maníacos de la estúpida y vengativa rabia que juega directamente en las manos de usureros Illuminati bajo la dirección de ignorantes autorizados! - Si Hadrat Umar o el Profeta Isa anduvieran por las calles de la mayoría de las naciones musulmanas, pero por el Poder de Alá que ellos serían detenidos o asesinados por intentar parar esta plaga de negligencia y la locura tradicional de mutilación femenina (la circuncisión) con la opresión vitalicia de la verdaderamente femenina *élan vitae*.

¡Que infortunio el de la comunidad de Mohammed, y más infortunio a los coludidos imanes y cobardes alim quiénes permiten al programa de usura entrar por puertas que ellos suponen defender! En cuanto a América: ¡es demasiado tarde... esas pobres almas están condenadas!

Martin Luther King, El Típico Peon *Illuminati*,
De David Allen Rivera, - "*View from the Wall*", 2002, New York, NY.

Jacob Schiff,[134] el hombre de los Rothschild en America, decidió que la mejor manera para crear tensión racial era establecer liderazgo entre los Negros. En 1909, delineo los planos para la NAACP- Asociación Nacional para el Avance de la Gente de Color. Esta fue la fusión entre el Movimiento comunista Niagra, un grupo de Negros liderados por W. E. B. Dubois; y el grupo de activistas socialistas Blancos. Al principio, los altos líderes del NAACP era un grupo de judíos nominados por Schiff. El objetivo era pelear contra la segregación y discriminación, ellos son la más grande organización Negra en el país, con más de 1500 capítulos, y casi medio-millón de miembros. **Martin Luther King**, el más poderoso líder Negro en el país, fue un peón de los Illuminati, él apoyaba a Nord Vietnam durante la guerra, y fue fotografiado en 1957 en el Highlander Folk School, una escuela de capacitación comunista en Tennessee, con Abner Berry, quien sostenía una posición en el Comité Central del Partido Comunista.

El Comité Legislativo en Actividades Anti-americanas reportó que su *Southern Christian Leadership Conference* estaba "substancialmente bajo el control del Partido Comunista a través de la influencia del *Southern Conference Educational Fund* y los comunistas que lo manejan." King tuvo conexión con más de 60 organizaciones del frente comunista. Nueve de sus más cercanos colaboradores eran activistas comunistas de alto-rango y uno de esos luego se convirtió en colaborador del *Reverendo Jesse Jackson* [Mason Grado 33]. Stanley

---

134 Jacob Schiff era también jefe de la *Komintern* o la Sección Rusa del Internacional Gobierno Mundial Judío. El Tercero Internacional se estableció como un "Congreso Mundial" de 37 países los cuales se reunieron en Petrograd, el 19 de Julio de 1920.

Levison, quien había sido asesor de King desde 1956, había estado involucrado con el Partido Comunista hasta 1955, y trajo a otros reconocidos comunistas al staff de King. El Reverendo Uriah J. Fields, secretario de King durante sus inicios, escribió sobre el:

> "King ayuda en el avance del Comunismo. El está rodeado de Comunistas. Esta es mi mayor razón para cortar mi relación con él durante los años cincuentas. Es blando hacia el Comunismo." *Karl Prussion*, un agente del FBI quien se infiltro en el Partido Comunista, y por cinco años atendió reuniones en California, testifico en 1963: "En adelante juro y atestiguo que en cada una de la mencionadas reuniones, un Reverendo Martin Luther King siempre estuvo al frente como el individuo a quien los Comunistas deberían ver y seguir en la lucha Comunista en muchos asuntos raciales." *Julia Brown*, una ex Comunista, dijo: "Se nos ordenó promover a Martin Luther King para unir los Negros y también Blancos detrás de el... Él tomaba directrices de comunistas. Yo sé de hecho que los Comunistas jamás lo hubiesen promovido, financiado, y apoyado si no pudiesen confiar en él. Estoy tan segura como pueda estarlo de que el sabía lo que estaba haciendo."

Si bien en 1977 una orden judicial sello por 50 años en los Archivos Nacionales los extensos registros de vigilancia del FBI a Martin Luther King, en un libro por el Senador Jesse Helms en 1998 llamado *The King Holiday and Its Meaning* dijo que Charles D. Brennan, un Asistente Director del FBI quien estuvo personalmente involucrado en la vigilancia de King, caracterizaba sus actividades como "orgiásticas y adulteras escapadas", en las cuales él podía ser "bestial en su sexual abuso de las mujeres." El también observo que King frecuentemente bebía en exceso. En 1981 un libro llamado *The FBI and Martin Luther King, Jr.* Por David Garrow menciona acerca de King y sus lazos con prostitutas y la mala apropiación de unos fondos del Southern Christian Leadership Conference. La investigación del FBI condujo a J. Edgar Hoover a decir: "King es un gato doméstico con obsesivas urgencias sexuales degeneradas", y el Presidente Lyndon Johnson lo llamo el "predicador hipócrita." - La más antigua organización de servicio Judía, conocida como el B'nai B'rith (que significa "Hijo de la Alianza"), era una secreta Masónica Orden fundada por doce acaudalados Americanos Judíos en New York en 1843. En 1913, Schiff, con el autor y abogado de Chicago Sigmund Livingston, reorganizó el grupo, y estableció la Liga de Antidifamación del B'nai B'rith (ADL) para luchar contra el antisemitismo y el prejuicio religioso. Ellos han sido usados como un instrumento para convencer a la gente que un ataque sobre los Rothschild y el culto Illuminati es un ataque directo sobre los judíos. Ellos son la organización judía más poderosa en el mundo, con capítulos en 44 países. En los Estados Unidos, ellos tienen más de 2,000 agencias, aproximadamente 25 oficinas regionales, y medio millón de socios. Sus líderes habían controlado el NAACP, la Liga Urbana, y otras organizaciones Negras, y a menudo habían trabajado estrechamente con el ACLU.[135] - Rivera, *View From the Wall*, 2002, NY

El B'nai B'rith fue fundado en Nueva York en 1843. Sus actividades subversivas son enmascaradas por la benevolencia y la filantropía - la astucia común de bandidos y sinvergüenzas en altos sitios. El Sionismo fue sometido formalmente a su auspicio en la fundación de la Agencia judía Mundial en octubre de 1928.

Su Gran maestro en Rusia, por ejemplo, era un hombre llamó Sliozberg, mentor a Kerensky (Aron Kirbiz) también un Francmasón de Grado 32, que condujo la revolución de 1917. Los eruditos familiares con la historia saben sin dudar que el B'nai B'rith tiene el control total de Francmasonería, que comienza con el Magnífico Alojamiento en Inglaterra así como el OTO, que es Iluminismo por otro nombre.

Ver: Jewish Encyclopedia; as well as Chapters VII and CXXVII de *Occult Theocrasy* por Lady. Q.

---

135 "La Unión Americana de Libertades Civiles estrechamente esta afiliado con el movimiento Comunista en los Estados Unidos... es bastante evidente que la función principal del ACLU es intentar proteger a Comunistas en su propugnación de fuerza y violencia para derrocar el gobierno..."
  – *Reporte de Enero de 1931 por el Special House Committee to Investigate Communist Activities,* un comité especial para investigar actividades comunistas.

El ACLU contribuyó decisivamente al *Consejo Federal de Iglesias* en forzar al Congreso a pasar la Enmienda de Prohibición. Los Congresistas Ralph Shaw y Channing Pollock manifestaron durante el 71 Congreso (1930) Rec. # 102788, lo siguiente: "... el mundo criminal ahora está siendo financiado y financiado magníficamente. Antes de esta enmienda, el hampa era dependiente sobre ingresos escasos de las casas de prostitución y juego. Los bares pagaban impuestos al Estado. Ahora estos enormes ingresos anteriormente pagados al Tesoro van al hampa y por millones. Cuando uno tiene en cuenta el apoyo amistoso del *Consejo Federal de Iglesias* constantemente se permitía al ACLU, uno tiene derecho para considerar la fruta de este árbol como una amenaza al bienestar nacional... quiero decir esto, que si estos hombres en el *Consejo Federal de Iglesias* no son cuidadosos, ellos causarán la abolición de la iglesia...
Yo considero esta enmienda el mayor peligro para nuestra existencia nacional. La inhabilidad de hacer cumplir la ley se llama anarquía; la capacidad de forzar el cumplir se llama despotismo."

- Estos son de hecho los objetivos de Albert Pike y los Illuminati: Anarquía, Destrucción de la Iglesia y Despotismo. - OZ.

La Mano de Sabazios - símbolo en bronce del culto de misterio sincrético judío de Sabazios en Asia Menor.

Alrededor del Primer siglo, D.C., (Museo británico) ver la página 243 en referencia al OTO Tal es la naturaleza de la *Mano Oculta*

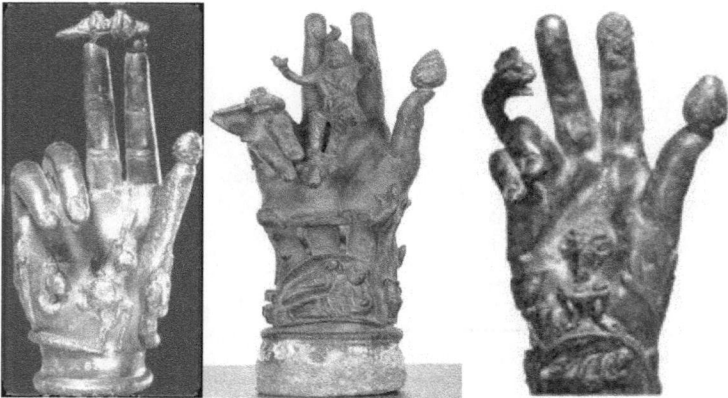

Capítulo V:
La Celebración de la Negación

"La verdad en los asuntos de religión es simplemente la opinión que ha sobrevivido."

Oscar Wilde (Socialista Fabiano)

"La pregunta de si las religiones deliberadamente son diseñadas por sacerdotes cínicos o gobernantes es una interesante al cual los historiadores deberían atender... El Darwiniano quiere saber por qué la gente es vulnerable a los encantos de la religión y por lo tanto abiertos a la explotación por sacerdotes, políticos y reyes."

- Dawkins, op.cit. p.197

Excepto por ateos como Dawkins, el tema imperialista "Cristo es el Rey de reyes y Señor de señores" sostiene la mentalidad 136 occidental no importa la persuasión sectaria profesa. Sin embargo, la *élite* de los hermanos Francmasónicos y sus relacionadas fraternidades superiores aún ocultas, como la OTO por ejemplo, apoya una forma desacostumbrada de la misma doctrina que extensamente no es reconocida o propagada a subordinados en el extranjero. Occidente ha sido gobernado por estos grupos últimos y similares durante unos cientos de años y cuando uno estudia la doctrina de estos "pocos escogidos", descubrimos que Lucifer es su "señor de señores".[136]

> <u>Extracto de un discurso de iniciación de un Masón Grado 32:</u>
> "Cada triángulo equilátero es un símbolo de Trinidad, como son todos los grupos de tres en la Logia, como el Sol, la Luna, y el Venerado Maestro, en el símbolo sagrado y místico de AUM de los hindúes, cuyo origen y significado nadie aquí sabe. La gran Trinidad de los arios así fue simbolizada por los Adeptos. Entre los hindúes esto simbolizó al dios supremo de dioses. Los Brahmanes, debido a su significado horrible y sagrado, vacilaron en pronunciarlo en voz alta, y cuando lo hacían se colocada la mano delante de la boca para amortiguar el sonido. Este nombre trilateral para el dios está compuesto de tres letras Sanskrit. La primer A es para el Creador (Brahma); la segunda letra U para el preservador (Visnú); la tercer letra M para el destructor (Shiva). AUM es, inefable, no porque no puede ser pronunciado, pero porque es pronunciado "un un m de m de m de u de u de u". Todas estas cosas que usted puede aprender por el estudio, la concentración, y la contemplación, han llegado hasta nosotros de nuestros antepasados antiguos por Zarathustra y

---

136 "Los Occidentales han creído que su Superioridad racial es un hecho." - Mohd. Asad

Pitágoras... Usted ha alcanzado el pico de la montaña de instrucción Masónica, un pico cubierto por la niebla, que usted en busca la más luz puede penetrar sólo por sus propios esfuerzos. Ahora esperamos que usted estudie con diligencia las lecciones de todos nuestros grados de modo que allí sea nutrido dentro de usted un deseo devorante de perforar la luz pura blanca de Sabiduría Masónica. Y antes de que le dejemos ir, dejarme darle una pista y es todo lo que los grandes Místicos alguna vez dan. La pista es el *Secreto Real*, es aquí que usted puede aprender a encontrar aquella luz. Sí, hermanos, la pista está en el *Secreto Real*. La verdadera palabra-MAN, nace de una doble naturaleza, de lo que llamamos Bueno y lo que llamamos el Mal, Espiritual y Terrenal, mortal e inmortal, encuentra el objetivo de su ser SOLO CUANDO ESTAS DOS NATURALEZAS ESTAN EN PERFECTA HARMONIA.

"Harmonía, mis hermanos, Harmonía, es la verdadera palabra y el Secreto Real el cual hace posible el imperio de la verdadera Hermandad Masónica!" - Albert Pike, *Morals and Dogma*, 1871

1. "¡Lucifer, el Portador de luz! ¡Nombre extraño y misterioso para dar al Espíritu de Oscuridad! ¡Lucifer, el Hijo de la Mañana! ¿Esto él que lleva es la Luz, y con sus esplendores persianas intolerables Almas débiles, sensuales, o egoístas? ¡No dude de ello! (*Morals and Dogma*, Albert Pike, p.321

2. "A usted el Magnífico General de Inspectores Soberano, decimos esto, que usted puede repetirlo a los Hermanos de los 32, 31 y 30 grados - la religión Masónica debería ser, por todos nosotros inicia de los altos grados, mantenidos en la pureza de la doctrina Luciferian... Sí, el Lucifer es Dios, y lamentablemente Adonay es también Dios." Albert Pike, el 14 de julio de 1889, Discurso de instrucciones a los veintitrés Consejos Freemasonic Supremos de los EE.UU.

3. "La masonería es una adoración; pero en la cual todos los hombres civilizados pueden unirse;" (ibid. p.526)

4. "Cada Alojamiento Masónico es un templo de religión; y sus enseñanzas son la instrucción en la religión." (ibíd., p.213)

5. "Albert Pike deja hoy una inspiración para masones de todas partes. Su gran libro *Morals & Dogma* sostiene la mayor parte de exposición completa de filosofía de Rito escocesa. Siempre lo recordarán y reverencian como el constructor del Rito escocés." (The House of the Temple of the Supreme Council, Washington D.C., 1988)

Nota del Autor: Muchos Francmasones demandan que el trabajo del Lucio no representa la Francmasonería totalmente y que sus doctrinas son en gran parte desconocidas por la mayor parte de miembros. El éste es verdadero pero el antiguo no es. Yo personalmente fui presentado a la masonería e iniciado por un miembro de la corriente continua el Consejo Supremo, Sr. Ben Raiche, el 33 Francmasón de Grado y el Supervisor de Seguridad para la instalación geo-de satélite en Sioux Falls S.D. Él tanto me amó que me dio su copia personal de las Moralidades y Dogma. El hecho simple es que la mayor parte de miembros, excepto los grados superiores, nunca leen este libro y no tienen ni idea a que dogma su Consejo Supremo en la corriente continua a la cual se adhiere. – OZ

Quizás por esta razón, entre otros, hombres honorables como Lord Churchill[137] y Mountbatten dejaron la nobleza esotérica aún permaneció resignado a sus diseños.[138] Sin embargo, Luciferinos masones de grado 33 como Bill Clinton, Oral Roberts y quizás Billy Graham repetidamente son honrados y elegidos para las oficinas más altas y púlpitos por "muchos" quien ha pedido "a Jesús" entrar en sus corazones pensando que ellos sirven al Dios de Abraham.

Estos hechos fallan en alcanzar cualquier tierra firme de lógica en las Iglesias de Cristo y Judías, excepto unas cuantas. Así entonces marchan a paso lento soldados Cristianos alineados con los hijos de Megiddo y Maccabeo, marchando adelante bajo ídolos paganos, sacramentos de dios-hijo[139] e iconos paganos - todos los cuales son prohibidos de acuerdo a su profesa escrituras[140] - conducido y sangrado por hombres y mujeres que clandestinamente adoran a Lucifer en templos ocultos sobre Colinas Capitales o cerca del Templo del Monte, y en la mayoría de las plazas en ciudades estadounidenses.

---

137 "El que que no puede ver que sobre la Tierra un esfuerzo grande ocurre, un plan importante, sobre cual la realización nos permiten para colaborar como criados fieles, seguramente tiene que ser ciegos"
    - Churchill. [Él se hizo sin embargo, un Sacerdote Druida, algo hablado en capítulos posteriores.]
138 Los Francmasones fácilmente admiten al término "la Francmasonería Especulativa" y siguen un ideal Imperialista según lo citado en la última línea del discurso arriba. La mayor parte de la Realeza Europea está implicada en el Culto, directamente o indirectamente. Así, entonces todos los políticos - a voluntad o no - tienen poca opción más que jugar su papel como mejor ellos puedan.
139 Todos los siete Cristianos Sacramentos están modelados de rituales de sacrificio de sangre del Mitraismo.
140 "Soy el Señor tu Dios, que te ha sacado de la tierra de Egipto, fuera de la casa de esclavitud. No tendrán ningún otro dios antes de mí. **No harán ninguna imagen o grabado, o cualquier semejanza de algo que está en el cielo encima, o está en la tierra bajo, o está en el agua bajo la tierra**: Tu no te postraras abajo de ellos, ni los servirás: ya que el Señor tu Dios es Dios celoso, visitando la iniquidad de los padres sobre los hijos a la tercera y cuarta generación de ellos que me odia, y la teniendo misericordia de los miles de ellos que me aman, y guardan mis mandamientos."
    – The First Commandment, *The Book of Exodus*, Prophet Musa, 20:1

Si este rompecabezas enorme es puesto sobre la mesa de moderación teológica para discusión, los gritos de traidor, antisemita, ignorante o fanático religioso siguen lemas que imitan a "Recuerda el Álamo" porque los "ateos" están otra vez "en la puerta" o al menos amenazando con 'pasar el Rubicón' al son del Tambor del César. La razón es refinada por el fervor histriónico que caracteriza el síndrome de negación del régimen mientras estampidas de goyim se vuelven locos para defender "creyentes" Imperialistas como "los hijos de cielo" que en realidad piensan ellos que son. ¿Sinceramente hablando, una manía similar describe a personas inadaptadas Musulmanas (los elementos desplazados o socialmente desarraigados de Khaldun) quiénes disfrutan de las imaginaciones explosivas de gloria con 70 vírgenes en la posteridad, después de todo, que hombre en su mentalidad quiere a 70 vírgenes?

Tanto las fiebres mesiánicas occidentales como Musulmanas son menores "socialismos ficticios" derivados de los *mitos de origen* que satisfacen ansias cleptocraticas para la legitimidad religiosa-política como lo descrito por Ibn Khaldun hace mucho tiempo. El occidental "los hijos de cielo" - i.e. "los hijos adoptados en virtud de "la Sangre de Cristo" según la fórmula Paulina para la salvación - sin embargo, sostienen mayores poderes y realiza sus deberes a todo costo. Lamentablemente esto incluye armas de destrucción masiva que caen sobre una cantidad horrible de mujeres piel marrón y niños, en tierras extranjeras, sean musulmanas o no.

"La Cristiandad no destruyo el paganismo, lo adopto. La mentalidad Griega, muriendo, vino a una transmigrada vida en la teología y liturgia de la iglesia… los misterios Griegos pasaron al impresionante misterio de la Misa. Otras paganas culturas contribuyeron al sincrético resultado. Desde Egipto llegaron las ideas de una divina trinidad, el Juicio Final, y la personal recompensa y castigo, la adoración de Madre e Hijo, el monasticismo, y la mística filosófica que hizo que el Neo- Platonismo y el Gnosticismo obscurecieran el verdadero credo Cristiano. Desde Phrygia vino la adoración de la Gran Madre; desde Siria la resurrección de Adonis; desde Tracia el culto a Dionisio, el muriente y salvador dios. Desde Persia el Milenarianismo y dualismo de Obscuridad y Luz en el cuarto evangelio. El Mitraico ritual tan cercanamente se parece a la Eucaristía de la Misa, que padres Cristianos cargaron al Diablo con haber inventado estas similitudes. La Cristiandad fue la última gran creación del antiguo mundo pagano."

THE STORY OF CIVILIZATION Part III, Will Durant,
Simon & Schuster, 1944, pages 557 & 595.

Mirar; San Pablo en Hebreos 2:16, la única tal referencia en el NT (o la Biblia entera) y 2:17 "Por qué en todas las cosas esto lo convino para ser hecho como a sus hermanos, que él podría ser un sumo sacerdote misericordioso y fiel en cosas que pertenecen a Dios, para hacer la reconciliación por los pecados de la humanidad." ... su [San Pablo] visión del mundo es bajo la influencia de la cosmología helenística (griega), y sus expresiones Cristológicas reflejan las imágenes del descenso y ascenso Redentores divinos. La creencia de Pablo que el bautismo logra la unidad con Cristo y que la participación impropia en la comunión causa la enfermedad y la muerte es evocador de ideas frecuentes en los Cultos helenísticos... fundamental es su aceptación de Jesús como Cristo y Señor.

- Harper's Biblical Dictionary

"... la palabra la Trinidad, primero usada en el año 180, no es encontrada en la Escritura. Tertuliano enseñó que la Palabra divina existió al principio en la mente del Padre, y primero se hizo una persona distinta cuando el mundo fue creado. La Personalidad del Espíritu Santo era subsecuente a él de la Palabra, y así no estrictamente co-eterna con el Padre. Esta vista y esas de origen, repitieron aquellos de platónicos contemporáneos, que previeron tres poderes eternos divinos arreglados en orden descendiente de dignidad En el siglo VII, la doctrina de mutuo morar interno de las tres personas de la Trinidad, implícita con los trabajos de Padres de Capadocia y de Dionisio el Pseudo-Areopagita, fueron desarrollados."

Diccionario Oxford de la Iglesia Cristiana, 1997

"La Trinidad es esencialmente una visión Védica de la relación entre Atman, la mente de creación, y Brahma, el alma de creación como también imitado por el concepto esotérico chiíta del Mahdi. *Logos* es una metáfora griega para el *Cristo-Cósmico* neoplatónico o el Mesías dios-Sol inicialmente usado en la literatura hebrea por Philo, en el 1er siglo a.c. y posterior llamado, Sophia: comúnmente representado como el Espíritu Santo y/o diosa de madre mediatriz (Shakti) en doctrinas ocultas. Esta perspectiva es una expresión arquetípica de la mayor parte de Medio Orientales y mediterráneas paganas Religiones de Misterio y fue transferida a la Filosofía griega como un cuerpo completo de pensamiento. Su Mitraico, chauvinista ritual machista legalmente fue legado a Roma por el Rey Attalus, Sumo Pontífice de Pergamo en el año 60 a.c. Pergamo, llamaban a un antiguo centro de sacrificio humano Fenicio, fundado por los sobrevivientes de Troya (la Gente de Mar) —llamado el "Asiento de Satanás" en el *Libro de Revelaciones*. La mayor parte de Cristianos Eruditos saben estos hechos, pero no le enseñan al Pastor promedio, sobre todo aquellos entre las naciones del tercer mundo."

"¡Dios se ofreció como un sacrificio humano en la oficina de Su propio Sumo sacerdote ... mientras la Esposa-madre del dios moribundo está al pie de la cruz llorando ... ser hermanos del hombre-dios empático/altruista que profundamente conmueve almas emotivas, ya que en virtud de Dios y su conquista personal sobre la Muerte por vicario *suicidio*, todos sus hijos – "o hermanos" según Pablo - ahora pueden compartir en un festín de poder sobre el material carnal, así el mandato cristiano (ario) para el poder tiene la auténtica sanción divina porque todos los otros simulacros caníbales eran ya sea imaginaciones demoníacas o ensayos para el acontecimiento principal! Aquí está la raíz de la carga del "hombre blanco":

¡Su "Destino Manifiesto" y también, materialismo! Psicológicamente, el resultado final es el 'poder sobre la carne' por ejemplo, el divinamente sancionado dominio sobre todos los hombres. Los Cristianos, en virtud de la creencia en el vicario auto sacrificio del hombre-dios, les es distribuido el espíritu santo de Dios morando dentro; sobrenaturalmente son lavados de todo sus pecados; y también envestidos de poder sobre la materia carnal (p. ej. La vida misma) así como la muerte espiritual. Ellos ingieren el cuerpo y la sangre de su dios por proxy a través del ritual de comunión. Este acto provee la "reunión" con Dios vía el tercer Dios, el espíritu santo, quien entonces "mora" dentro del alma renacida. Este último ritual y dogma explícitamente identifican al cristianismo con monismo y su pretérito, el canibalismo ritual, así como lo hace el esquema Trinitario de tres-en-uno dioses. El asunto significativo es el de la superioridad cristiana (p. ej., materialismo) sobre la espiritualmente comunión de aquellos que no han *nacido-de-nuevo* del resto de pecadores (los otros). Esta peculiar gracia que mora dentro bien les permite convertirse en hombres-de-buenas- decisiones abriéndose a los hermanos un superior linaje metafísico. La convicción convincente cristiana de superioridad literalmente los obliga a conquistar aquellos quienes ellos consideran que están espiritualmente-muertos o inferiores y así, producir un estatus de patrón para "superhombre" fascista que simplemente les prohíbe dejar a sus "vecinos ateos" descansar en "paz" hasta que ellos estén muertos."

Omar Zaid, *Trinity: The Metamorphosis of Myth*, Pen press, Eng. 2007

La negación, según descrito arriba, es un mecanismo de defensa psicológico que previene que verdades sumamente dolorosas consecuentemente penetren la conciencia[141] humana Si acaso la verdad de hecho emergiera a consciente

---

141 Para las discusiones de "el Síndrome de Negación Nacional" mirar:
1. El síndrome de negación y sus consecuencias: Cultura serbia política desde 2000, Sabrina P. Ramet, Centre para el Estudio de Guerra civil del Instituto de investigación Internacional De paz, la Universidad noruega de Ciencia y Tecnología (NTNU), 7491 Trondheim, Noruega
2. Vahakn N. Dadrian, Elementos Claves en la Negación Turca del Genocidio Armenio: Un Estudio del caso de Distorsión y Falsificación, Cambridge, MAMÁ y Toronto: El Instituto de Zoryan, 1999, ISBN: 1-895435- 02-9
3. "Licensed Mass Murder: A Socio-Psychological Study of Some SS Killers" por Henry V. Dicks, *Contemporary Sociology*, Vol. 3, No. 3 (Mayo, 1974), pp. 229-231, doi:10.2307/2062572
4. *The British Journal of Psychiatry* (2002) 180: 300-306 © 2002, The Royal College of Psychiatrists:

percepción - el objetivo de la virtud Islámica - la muerte de preciosamente sostenidas ilusiones (tradiciones) ocurriría y enfrentaría a los soñadores con su error; en cual caso que ellos tendrían que admitir que estaban equivocados o peor, en el defecto, entonces posteriormente toman la responsabilidad y compensan. De hecho, en el colectivo subconsciente de 'los muchos', addendum a sus fabricaciones religiosas *lo prohíben* porque esto significaría la excomunión social o al menos una tradicionalmente Oriental 'la pérdida de cara'. ¿Es cierto, la dignidad individual es muy importante y en el Islam esto es un inviolable derecho humano…, pero a que costo es el precio de verdad?

> "Para pertenecer a un grupo de cualquier clase, el precio tácito de la membrecía es estar de acuerdo con *no hacer notar uno los propios sentimientos de inquietud y dudosa sospecha*, y ciertamente no cuestionar algo que desafíe el modo de hacer cosas el grupo. El precio para el grupo por este arreglo es que el disentir, aun el sano disentir, es sofocado."
>
> - Daniel Goleman, *Vital Lies, Simple Truths*, 1985

> "El llamado 'Pensar en grupo', esta dinámica psicológica puede desarrollarse dentro de una organización que toma decisiones en la cual la lealtad al grupo o la necesidad de alcanzar un consenso general se hace más importante que la solución del problema a la mano. Esto puede ser un fenómeno sutil, que los individuos participantes a menudo fallan en reconocer, pero su subproducto es la supresión, la eliminación, el despido, o la reinterpretación de disentir la información. El Pensar en Grupo requiere varias formas de mentir para mantener el statu quo, incluyendo el ignorar y la omisión de hechos, la memoria selectiva, y la negación."
>
> - B. Blake Levitt, *Electromagnetic Fields*, 1995

Cuando la negación ocurre a una escala tan masiva, una política *conspiración de silencio* es el regente en relación a esferas de desconcertante verdad. Las heridas del síndrome sin embargo, corren profundas en el alma de grupo o zeitgeist, pero - tal como en el día del Juicio - se revelan para vergüenza cuando el régimen pierde su guerra en apoyo de su vana premisa (p.ej., la Alemania pos guerra). Hasta entonces esto requiere el bálsamo de olvido (monista

---

La naturaleza Proteana de socio génica enfermedad de masas, desde monjas poseídas a miedos de terrorismo químicos y biológicos, ROBERT E. BARTHOLOMEW, Ph.D., antiguamente con el Departamento de Sociología, James Cook University, Queensland, Australia, SIMON WESSELY, Ph.D., Academic Department of Psychological Medicine, King's College School of Medicine & Institute of Psychiatry, London, UK. Correspondence: S. Wessely, Academic Department of Psychological Medicine, King's College School of Medicine and Institute of Psychiatry, 103 Denmark Hill, London SE5 8AF, UK

5.   *Vital Lies, Simple Truths: The Psychology of Self-Deception*, por Daniel Goleman

estupidez) para aliviar el siempre amenazante dolor de culpa y miedo de responsabilidad ante Dios. Tal "Nirvana" temporal es encontrado en Reuniones Patrióticas y celebraciones festivas como la Navidad, la Pascua, el Halloween, el Día del Año nuevo, el Día de San Valentín, el carnaval, estadios deportivos, etc., etc... Y esto sin mencionar la neblina alcohólica que impregna 'la vida nocturna' diaria sobre el Capitol Hill o Bautizos, Bodas, Entierros, Cumpleaños etcétera, etcétera; cualquier excusa sirve para auto medicarse para el alivio psicogénico y la dicha de esta colectivamente querida irresponsable amnesia.

La Biblia se refiere a cualquier mezcla de doctrina religiosa como "un vino mezclado" en varias escrituras, y sobre todo en las referencias directas del Antiguo testamento a la horrífica apostasía hebrea en la cual ellos llegaron al punto de sacrificar sus niños a Baal. Ibn Khaldun se refiere al fenómeno como *inventos imaginarios* que conducen a la *"defensa fanática de una cultura de grupo dominante bajo fabricados símbolos de legitimidad".* Me gusta esa explicación... y es digno de notar que *Al--Kitab (el Apocalipsis del NT)* se refiere a la "Señora Libertad" como *"Misterio, la Madre de Libertinaje: Babilonia, la Gran Ramera"* - un espíritu impío con quien todos los Imperialistas (Reyes de la Tierra) se han acostado en una magnífica orgía de metafísica y carnal embriaguez; Yo lo llamaré el "Nirvana Temporal" de *los muchos*, aunque el Corán lo llama un *plazo* temporal. Este estado corporativo de negación nacional es una forma de histeria colectiva que tarde o temprano se cimenta como "tradición". El estado psicológico puede ser alcanzado físicamente (uniformes, soldados a paso de ganso, iconos, himnos, etc.) así como metafísicamente vía el dogma asociado y ritual; y además, puede ser descrito como un tipo monista "fundir de corazones" de modo que un estado encantador de acuerdo sea alcanzado en el que cada uno finalmente se *siente bien* con mentir:

> "Cuando hablamos de alguien volviéndose "histérico", hablamos de comportamiento que exhibe sobrecogedor o inmanejable exceso emocional o miedo desenfrenado. Bienvenidos al maravilloso mundo de los *sentimientos*... un mundo donde no hay ninguna realidad objetiva o verdad; un mundo donde si usted cree que algo es verdadero, entonces lo es. En otras palabras, este es un mundo donde algo puede ser considerado "falso, pero exacto" o adonde combatientes enemigos capturados en medio de una guerra son considerados en un "Gulag"; o donde "una religión de paz" decapita a la gente; actos aterrorizados de sexualidad femenina; o promulga el explotar uno mismo como un acto devoto religioso. Una variedad de estados alterados de conocimiento pueden resultar de este *proceso*

disociativo[142] En un estado disociado o histérico, caminar dormido (sonambulismo), la persona aparenta estar fuera de contacto con su entorno, es aparentemente insensible a estímulos externos, y en muchos casos aparenta estar viviendo un vivido, alucinante drama. Ese estado esencialmente describe a este país (América) y mucho del mundo. La histeria colectiva es el fenómeno cuando grupos grandes de personas se entregan a tal disociación. La histeria política de masas ocurre cuando la excitabilidad emocional y el exceso sirven una función política."

- Pat Santy, M.D. (Psiquiatría/Medicina Aeroespacial),
Ann Arbor, Michigan

Este fenómeno último es el que el malo repetidamente y con mucho éxito utilizar para su beneficio y la *pérdida* de otros. Además, la "disociación Psicológica" de culto puede ser comparado con una *mini nirvana* efímera (la auto-*inconsciencia* Mística) inducido por ya sea físicos o metafísicos (religiosos) opiados - una tipo de "sonambulismo" por la vida. Cuando es practicado por cualquier régimen vía la tradición firmemente enraizada, esto constituye el sonambulismo corporativo mencionado tan a menudo en la escritura, y del cual muchos, lamentablemente, sólo despertarán en la muerte:

"Cuando el Ulama de Azhar iba a dormir, la Comunidad Musulmana le seguía."

Imam, M. Al-Ghazali[143]

Esta orgía sensible de *buenos sentimientos* representa la rendición del grupo de individualización integral (p. ej. Poseer un moderado contemplativo "sentido común") a favor de un enredo sincero de entidades y en cual el matrimonio – en la fundamentalista America– sostiene la vana esperanza de una expiación durable con el mismo Dios Quien les ordeno a ellos no honraran a un ídolo como la *Señora Libertad*. Más expresamente, sintiéndose bien con ignorar la verdad parece augurar bien para la satisfacción tanto de hecho como de propósito en cualquier servicio auto ordenado (innovación) al concepto de Dios de alguno. De ahí, bastante moderado, bien o mal adaptados e individuos maduros se arrodillarán mientras otro hombre coloca un pedazo de dios sobre su lengua; o suplicantes trabajadores agitan la mano con gran felicidad apoyan cada palabra y orden de sofistas carismáticos mientras los hijos e hijas dejan caer bombas sobre inocentes. El problema es que la enconada herida de negación queda y no se curará sin el arrepentimiento,

---

142 Esta *disociación* es central al arte de "lavado de cerebro"; algo que los kanes Alamut institucionalizaron y actualmente es perfeccionado por asesinos programados con DPM-discutido adelante en los apéndices como parte del Proyecto Monarca de la CIA.
143 *Fi inawakal al-dawa*, Cairo, 1954, p. 12.

que por consiguiente quiere decir el despertar a la verdad[144] y en realidad haciendo algo sobre ello; la cual, del todo cierta, era la definición de Isa del Amor de Dios y la condición singular para ser su discípulo, como también lo es Mohammed (bdp).[145]

La celebración del síndrome de negación requiere las abluciones repetidas de juerga y el ritual apasionante para aliviar la mente corporativa con la inherente droga del olvido y el fanatismo de ya sea odiar o compadecerse del "otro". Esta es la excusa occidental (política subconsciente tradicional) para tener otra fiesta, servicio en la iglesia, reunión política, desfiles de carnaval, asustando en Halloween, el foro histérico de Harry Potter, el Festival de Rock, recitales cundidos de genios jinn, el genocidio o "Tormenta de Desierto" - todos los cuales no se encuentran en la verdadera práctica monoteísta.

---

144 "Me Temo que he tomado una vista bastante oscura del corazón de cristianismo. Basado en una mentira no puede evitar ser regresivo y luchar para descubrir la autenticidad. Para la mayoría de creyentes esto ofrece una fantasía, una teología fácil que los excusa de hacer cualquier verdadero esfuerzo en descubrir la verdad. En el peor esto es una doctrina peligrosa que seriamente embauca y engaña a sus seguidores, llevándolos a través del abismo a la *psicosis de grupo*... La razón del éxito continuado del cristianismo (y otras religiones establecidas) parece radicar no en su verdad o autenticidad, <u>sino en el deseo humano de conformar</u>... Una de las consecuencias más devastadoras de la mentira cristiana ha sido su ataque constante sobre la verdad. La demanda Cristiana que a la Fe le debe ser dado el mismo estado epistemológico y ético que la razón, ha encerrado a millones en una mítica visión del mundo - una visión del mundo que aún hoy actúa como una piedra de molino alrededor del cuello de humanidad, arrastrándonos... Los tempranos Puritanos llevaban con ellos la idea que América era la nueva "tierra prometida", aún llamando a su tierra "Canaán". Este *meme* ha penetrado profundamente en la conciencia americana, eventualmente transformándose en la doctrina del **"manifiesto destino"**... La libertad religiosa de América también se ha convertido en el derecho de ser libre de criticismos. América es la que mas profesa ser cristiana de entre las naciones desarrolladas y la menos cristiana en su comportamiento. En *The Christian Paradox*, Bill McKibben sin piedad aparta el derecho cristiano, acusándolo de traicionar su herencia cristiana y acostarse en cama con los oligarcas que controlan América. Ellos pueden escaparse con esto porque a la fe se le permite ser suficiente y la razón no importa... porque la fe les permite a ellos usar la autoridad de un personaje mítico para excusar toda forma de estupidez."
— Ray Harris, *Christianity, The Great Lie.*
145 "y este es el amor, que andemos según sus mandamientos [Dios]" / "Si guardáis mis mandamientos, permaneceréis en mi amor; así como yo he guardado los mandamientos de mi padre [Generador] y permanezco en Su amor."... "Si me aman, guarden mis mandamientos." 2 Juan 1:6, Juan 15:10, 14:15

Monumento Francmasónico dios-sol al 'ojo de Horus' en Jerusalén

De Horus se deriva la palabra "horizonte"

"Viejos Buenos Muchachos" del Capítulo Arco Real en Illinois, de gala para sus maestros Illuminati.

Capítulo VI
Enredo: La Ilusión del Nirvana[146]

Martin Lutero:	La razón es el mayor enemigo que la fe tiene. La razón debería ser destruida en todo cristiano.
Dawkins, op.cit.p.63:	"El genio del fanatismo religioso es desenfrenado en la América actual, y los Padres fundadores habrían estado horrorizados."
Barry Goldwater:	Las facciones religiosas que crecen en todas partes de la tierra no usan su influencia con sabiduría. Ellos tratan de forzar a los líderes de gobierno a seguirlos en su posición al 100%.

"El Día del Juicio Final" es una realidad para el monoteísta moderado. En ese día, "... ninguno llevará la carga de otro" - un tema que el Corán repetidamente declara, Asumiendo que es verdadero, este describe la bastante *singular* existencia del "alma" humana; queriendo decir la entidad humana, como un alma, existe sin disolución y es incapaz de volverse un *solvente* o la morada para otra "alma" o conciencia. Esto pone el monoteísmo en desacuerdo con lo que pasa como realidad en el sistema de creencias de hindúes, budistas y diversos monistas románticos. Para muchos de estos, la disolución final de la conciencia (la negación de la individualidad y de ahí la responsabilidad) representa un estado último de olvido o epitome de logro espiritual vis-à-vis una absoluta *aniquilación-del-alma* al hacerse uno (p. ej. Re-uniéndose) con Dios permanentemente. ¿Después de todo, quién puede contemplarse a "si mismo" cuando se está re disuelto en "esencia divina" - sea lo que es - o perdido sin esperanzas cuando dado al otro en adoración de amor romántico o sometido vía el culto de adoración de mediadores espirituales?

---

146 **Enredo**: No importa como uno intente definir este concepto - y hay muchos intentos- esto fundamentalmente representa **la pérdida de expresión de identidad personal verdadera de alguien,** conduciendo a un crecimiento atrasado hacia la madurez espiritual, emocional e intelectual. En otras palabras, la personalidad es atrofiada, dejada inmadura y desvalido (dependiente), que es dificultado por conflictos (enredos, enredos) impuestos por ya sea uno mismo u otros; por lo general el resultado de relaciones disfuncionales comandadas por un pariente tiránico, y puede ser multi nivel así como también una aprendida característica necesita que subconscientemente el individuo proyecte hacia otros. **Nirvana** 1: (El hinduismo y el budismo) la beatitud que supera el ciclo de reencarnación; caracterizado por la extinción de deseo y consciencia individual. 2: cualquier lugar de completo éxtasis y gozo y paz [sinónimos: Edén, paraíso, cielo, Tierra prometida, Shangri-la]; **Nirvana:** En el Budista sistema de religión, la final emancipación del alma desde la transmigración, y consecuentemente una beatifica franquicia de las maldades de la mundanal existencia, como por aniquilación o absorción dentro de lo divino.
Source: Webster's Revised Unabridged Dictionary (1913)

El mini nirvana temporal descrito en el último capítulo es sólo un pequeño reflejo de esta gran ilusión vana monista, porque una "pérdida de consciencia" (de sí mismo, p.ej. intoxicación) es el objetivo para ambos. Tal mentalidad puede también conducir al auto sacrificio de manía suicida para la causa mayor del régimen - una de las estratagemas más exitosas del Shaitan a través de la historia, y no me refiero a la noble acción de los que se arrojan sobre las granadas para salvar a sus compañeros o son lo bastante valientes para pararse firme ante probabilidades imposibles; pero más bien para ejemplos, el monje que se hace arder en llamas o la ilusa esposa que se lanza sobre la hoguera funeral.

Tanto entonces, para el alma: ¿Pero qué del cuerpo? Esta es materia separada porque el cuerpo *puede ser* poseído por entidades otras que el alma humana a quien es asignado, y cualquier bomoh (Chamán) digno de su desagradable sal sabe que esto es verdadero. Y si el cuerpo puede ser poseído, también la mente puede ser programada y/o manipulada (condicionada) de modo que el alma pierda el "control propio" de su sentimiento carnal a ya sean pensamientos externos y/o por seres. Mencioné este asunto antes:

26 DE JULIO DE 1963, MEMORANDUM PARA: DIRECTOR OF CENTRAL INTELLIGENCE DE: INSPECTOR GENERAL CIA:

"Los conceptos envueltos en la manipulación del comportamiento son encontrados por muchas personas dentro y fuera de la Agencia [la CIA] por ser desagradables y sin ética. Sin embargo, ha habido grandes logros tanto en la investigación como en el empleo operacional. Sobre los más de diez años de vida del programa se han designado muchas avenidas adicionales al control del comportamiento humano bajo el chárter del MKULTRA [más tarde: Proyecto MONARCA], incluyendo radiación, electrochoque, y sustancias de hostigamiento. Algunas actividades levantan cuestionamientos de legalidad implícita en el chárter original. Una fase final de las pruebas pone en peligro los derechos e intereses de los ciudadanos estadounidenses. La División de Servicios Técnicos inició un programa encubierto con pruebas de materiales en incautos ciudadanos estadounidenses en 1955. El DST ha seguido una filosofía de guardar mínima documentación con la alta sensibilidad de los proyectos. Algunos archivos contenían pocos o ningunos datos en absoluto. Hay solamente dos individuos en el DST que tienen el conocimiento pleno del programa MKULTRA, y la mayor parte de aquel conocimiento no está registrado. NB 108-113"

"Un documento desclasificado de la CIA datado el 7 de enero de 1953 describe la creación experimental personalidad múltiple en dos muchachas de 19 años. Estos sujetos claramente han demostrado que pueden pasar de un estado totalmente despierto a una profunda estado H [hipnosis] controlado por teléfono, por recibir material escrito, o por el empleo de un código, señal, o palabras, **y el control de aquellos hipnotizados puede pasarse de un individuo al otro** sin la gran dificultad. La experimentación con estas muchachas también ha demostrado que **ellas pueden actuar como mensajeros involuntarios para objetivos de información.**"[147]

Nosotros podríamos describir tal estado como un mini infierno temporal que refleja la final pérdida del empíricamente limitado *control-propio* del alma. Tal mini pérdida es un enredo (trampa) por el cual la voluntad de una persona esta enredada con la del otro. Este *sobrepasar de los límites* de autoridad natural para ejercer poder (coacción) sobre el estado de otro son la esencia de magia errante y política universalmente, y la política errante es cualquier ejercicio de voluntad política no sometido al Shari'ah (p. ej. Ley de Dios: espiritual, moral, y ética). Un ejemplo claro de esto último es la desobediencia cristiana al Primer Mandamiento como se citó arriba resultando en las antiguas imposiciones de la democracia:

"...El tutelaje estadounidense que estimula las predilecciones de la población chiíta a través de toda la región. Ni el nacionalismo secular árabe ni el tradicionalismo militante aparecen como rival a una cultura cautivada [p. ej. enredados] por el martirio y sus evocadores símbolos religiosos [iconos]."[148]

"Según como Al--Ghazali repetidamente nos dice que, los asuntos religiosos y mundanos son complementarios y absolutamente inseparables."[149]

¿Cuál de verdad es la diferencia entre morir por el legado de Hussain, el Emperador de Japón, los favores de la Señora Libertad, o el apetito del Presidente Mao para la socialmente ingeniada psicosis de grupo?

---

147 Ver: *Bluebird* por Colin A. Ross, MD; *Mind Controllers* por Dr. Armen Victorian; y *A Nation Betrayed* por Carol Rutz;, *Non Lethality* por John B Alexander, *The Pentagon's Penguin*, por Amen Victorian, Lobster Books, Junio 1993; *Brainwash*, Dominic Streatfield, Thomas Dunn Books, 2007,
148 Dr. Hamid Ansari, op.cit.
149 Mudathir Abd al-Rahim, *"Al-Ghazali Political Thought: Its Nature and Contemporary Relevance,"* *Al-Shajarah*, Journal of The International Institute of Islamic Thought and Civilization (ISTAC), 2006, Vol ii, no 2.p. 154

En la experiencia sensible del alma inmadura, la esfera de *sentimientos* fácilmente abruma la razón y dobla la voluntad hacia la conformidad de comportamiento y pensamiento a costa de la verdad. Así idealizamos el "sacrificio" de vidas lanzadas en ismos de pillaje fabricados por nuestros delincuentes líderes. Ostensiblemente, la substitución de la vana ilusión (mentira) por la razón (verdad) se logra para dos objetivos:

(1)   para "sentirse bien o querido" (saciedad emocional o carnal), y
(2)   conservar su propio sustento (vida, seguridad).

Estos motivadores primitivos eran común en todas las comunas de recolectores-cazadores mucho antes que Caín civilizara Dravidia con *su* concepto de religión para ejercer la política de poder mientras les extrae su riqueza, porque, después de que Alá lo maldijo era poco lo que podía hacer este padre de bandoleros, asesinos y mentirosos profesionales:

> "Y cuando Caín había viajado por muchos países, él, con su esposa, habían construido una ciudad, llamada Nod, que es un supuesto lugar, y allí él hizo su morada; donde también él tenía hijos. Sin embargo, él no aceptó su castigo para enmendar, sino para aumentar su maldad; ya que él sólo le apuntó a procurar todo lo que era para su propio placer corporal, aunque esto lo obligara a ser perjudicial para sus vecinos. Él aumentó la sustancia de su casa con mucha riqueza, por la rapiña y violencia; él excitó a sus conocidos para procurar placeres y botín de robo, y se hizo un gran líder de hombres de perversos caminos. Él también introdujo un cambio de este modo de simplicidad en el que hombres vivían antes; y era el autor de medidas y pesos. Y en donde ellos vivieron inocentemente y generosamente mientras no sabían nada de tales artes, él cambió el mundo en obra astuta. ... Más bien, aún mientras estaba Adán en vida, sabía que la posteridad de Caín seria excesivamente perversa, cada uno que moría sucesivamente uno tras otro, era más malo que el antecesor. Ellos eran intolerables en la guerra y vehementes en robos; y si alguien era lento para asesinar gente, aún él era atrevido en su salvaje comportamiento, en la actuar injustamente, y haciendo daño por lucro."
>
> - Josefo, *Antigüedades de los Judíos, AD 93*

Suena como que Caín fue el primer usurero. Este testimonio y la maldición de Alá registrada en Génesis II implican teóricamente que los Amos de Nod (tierras al "este del Edén", p. ej., al este del Éufrates; tierras gobernadas por civilizados hijos de Caín: p. ej. En Irán de hoy/Oeste Paquistán y más allá) eventualmente economizó su diablura al usar ideas religiosas para controlar el amma; la manipulación de sus cargos en los niveles instintivos de conciencia en la cual el hombre no está totalmente consciente, siendo un poco más que un animal (bestia o noble homínido salvaje de Rousseau). Eventualmente, sociedades como Egipto, Grecia y Roma manejaron la misma hazaña mientras guardaban las más finas artes de virtud para su elite (Khassa)[150] quien - como Caín & Sucesores Ltd.- tranquilamente extrajeron riqueza físicamente y metafísicamente esclavizaron al ganado humano (a quienes los Judíos llaman "goy"). Esencialmente, la mayoría de los gobiernos se han comportado de una manera similar, más o menos. Este siendo el caso, la petición de investigar del Dr. Dawkins es legítima porque la religión fácilmente se convierte en instrumento de robo en manos de inescrupulosos "Maestros de Obra" de alquimia Thelemica, y es interesante notar que los masones tienen Grados especiales de ritual dedicado a Tubal-Cain.[151]

En cualquier parte donde uno mire, independientemente de la nación o la era, uno encuentra el mismo patrón de tradicionalmente sancionadas, sacrosantas mal apropiaciones junto a su bárbaro primo, el Crimen Organizado[152]. Ellos siempre han trabajado de la mano a través del curso de la procesión pseudo lineal del hombre a lo largo de las avenidas de condenación, y de verdad, el Hermano Khaldun tuvo razón: *ellos son los*

---

150 Khassa: gente de distinción, el establishment; gente de poder y riqueza: Mercantil enredamiento con Políticos y Militares. Ver: Amira El-Azhary Sonbol, op.cit.

151 San Judas 1: 10-11 "Pero estos blasfeman de cuantas cosas ellos no conocen; y en las que por naturaleza conocen, se corrompen como brutas bestias. ¡Ay de ellos! Porque han seguido el camino de Caín, se lanzaron por lucro en el error de Balaam, y perecieron en la contradicción de Core."...

Creando la *ilusión de divina sanción* demuestra poder absoluto sobre la penúltima materia de Dios: La Humanidad. El materialismo es una forma de monismo. Francmasones de Grados Superiores (28 a 33 grados) llaman a la dirección de las masas a la vista de esta ilusión monista el "Arte Real" o "masonería". – OZ

Ver: *Trinity, The Metamorphosis of Myth*, por Omar Zaid, Pen Press Pub., Brighton England, Sept. 2007

152 Ver: *Soong Dynasty* por Sterling Seagrave
Marcos Dynasty por Sterling Seagrave
Yakuza: The Explosive Account of Japan's Criminal Underworld por David E. Kaplan
The Underground Empire: Where Crime and Governments Embrace por James Mills
Godfather of the Kremlin: the Life and Times of Boris Berezovsky por Paul Klebnikov
The Money and the Power: The Making of Las Vegas and Its Hold on America por Sally Denton
Spooks: The Haunting of America: The Private Use of Secret Agents por Jim Hougan
The Mafia, CIA and George Bush por Pete Brewton
The Politics of Heroin: CIA Complicity in the Global Drug Trade por Alfred W. McCoy
"Corruption and organized crime: Lessons from history," Margaret E. Beare *Crime, Law and Social Change*, Volumen 28, No. 2, pp. 155-72

Estas historias describen la informal economía *khassita* (mercado negro) que compite con la economía formal de la khassa. Sin embargo, miembros de la formal khassa esconden riquezas en este lugar también. – OZ *hermanos naturales nacidos de la desobediencia del hombre a la Ley Divina* (el peor de los descendientes); ya que si el hombre no sirve a Ala ellos se servirán a si en esta manera bajo la dirección sugestiva de Lucifer, y, como el Corán manifiesta: "Dios hace a estas sendas tanto atractivo como suaves". Este es el camino escogido de la humanidad impenitente y de ahí, uno de los símbolos preeminentes (iconos) de la masonería es el *Jolly Roger* (la bandera pirata). Ciertamente de hecho, muchos piratas eran, de hecho, Francmasones.

Mientras la gente de Iblis deja un rastro tan legible, la metodología de Alá nunca cambia, es por la cual que la historia se repite a sí misma en ciclos y espirales de vileza y heroísmo:

> "Siguieron con soberbia en la tierra y por falso orgullo no obedecieron al mensajero, ni siguieron la religión que el trajo. Obraron de una mala forma, como el demonio que los condujo para alejarse de la religión y luchar contra el mensajero. Sin embargo, la maldad les perjudico, ya que la astucia maligna no envuelve más que a sus propios autores.
> ¿Acaso esperan que les ocurra algo distinto a lo que fue la constante de los que le precedieron? La Ley de Dios no se altera nunca."
>
> [Sura El Creador 35:43]

Y para aquellos de ustedes que dudan de la tesis de conspiración, la "planificación del mal" sólo puede significar conspiración. Entonces no hay ninguna necesidad de diálogos largos jadeantes o didáctica sobre las declaraciones duras de este sura. Mejor mantenga su pólvora seca y al menos *trate* de detener a sus líderes de cometer la misma insensatez, que es por lo cual el Profeta dijo que "el Reino de Alá está bajo la sombra de la espada", o algo con ese efecto [no puedo recordar el hadiz exacto... que bien que estén escritos]. El Dr. Sayeed tiene esto que decir:

> "Los recientes regímenes despóticos y militares en el mundo árabe... están terriblemente marcados con desvergonzada arrogancia de clases y estratificación social. La elite de poder consiste en la clase militar que ha conformado el ápice de sociedad. Estos no sólo disfrutan del poder absoluto, sino que se apropian de la riqueza nacional entera para sí... como una consecuencia, la modernización militar y tecnológica en Medio Oriente han hecho regímenes Mas opresivos e insoportables, y el régimen de poder más rebelde y fraudulento. La coacción mezclada con la inestabilidad hizo a la vida cada vez más miserable."
>
> - Dr. S.M.A. Sayeed, op.cit. pp. 162, 163.

Yo podría añadir una última declaración: "excepto por la khassa" -esto es, "hasta que ellos visiten la tumba". Está claro para el observador moderado que cualquier alianza que estas tristes criaturas de ética Iblisiana hacen es para la apropiación de armas para ser usadas en contra de su propia población ante el evento de una inevitable insurrección. El Rey de Jordania [un Francmasón] dio pruebas amplias de esto contra los Palestinos, tal como han hecho los Sirios, Yemeníes y Kuwaitís. Estas ratas khassitas no son nada diferentes a los judíos rabínicos que el siguiente pasaje describe:

"Y cuando les llego un mensajero de parte de Dios, con los rasgos y señales exactos y correspondientes con los descritos en sus libros, y este es Muhammad, un gran grupo de ellos negó lo anunciado en sus propios libros respecto a este mensajero, cual si tales anuncios no estuvieron escritos ni mencionados, ni ellos tuvieran noticia y conocimientos de los mismos.

Ya habían creído en las falsedades afirmadas por sus demonios y los transgresores impúdicos e inmorales de su propia gente, respecto a Salomón y su reino y poderío: pretendieron divulgar y hacer creíble que Salomón no era Profeta ni Mensajero que recibía la revelación de Dios, sino simplemente un hechicero que se apoyaba en sus hechicerías y estas le afirmaron y consolidaron su poderío y por medio de tales hechicerías domino a los genios y a los pájaros y a los vientos, y así atribuyeron a Salomón la incredulidad y el ateísmo. Pero no era Salomón infiel ni ateo, sino que eran incrédulos y ateos los impúdicos demonios por haber difamado y falseado a Salomón, y luego comenzaron a enseñar a la gente la hechicería que poseían y la que aun persistía de la hechicería revelada en Babilonia a los dos ángeles Harut y Marut, quienes no la enseñaban a nadie sin antes prevenirle:

Lo que te enseñaremos conduce a la discordia y a la incredulidad y por lo tanto ten en cuenta esto y prevente y cuídate de practicarlo. Pero la gente no se avino a este consejo y advertencia y aplicaron lo que aprendieron de los dos ángeles para separar al hombre de su esposa. Y esos demonios cayeron en la incredulidad, puesto que utilizaron sus afirmaciones calumniosas y difamatorias y sus falsas leyendas, como medios y respaldo para enseñar la hechicería a los judíos. Pero no pueden dañar a nadie con sus hechicerías, Puesto que Dios es Quien permite que se concrete un daño, si Él quiere, y todo lo que se tome y aplique de las hechicerías de tales demonios se vuelve en perjuicio de quien lo practique, en su fe o en su vida postrera, y ningún provecho obtendrá de tales prácticas. Los judíos saben con certeza evidente que quien se oriente hacia tales prácticas de hechicería no tendrá participación en los dones de la vida postrera

¡Que pésima elección han hecho para sí, por no poseer los mínimos restos de sabiduría!"

El Sagrado Corán. Sura 2:101-102

"Lo que los diablos recitaron" ha llegado hasta nosotros en el Talmud y más especialmente la cábala. Y lo que Harut y Marut enseñaron también será expuesto en detalle en capítulos posteriores, y como estas recitaciones son el núcleo de las doctrinas Illuminati, Magia Sexual, Brujería, y los Protocolos de los Sabios de Sion.

Las Raíces de la Conspiración y Justificación para Antisemitismo tradicional:

"Para comunicarle algo a un *goy* sobre nuestras relaciones religiosas sería igual a la matanza de todos los judíos, ya que si el goy se entera de lo que enseñamos acerca de ellos, abiertamente nos matarían." El Talmud, Libro de Libbre David, 37 [Goy significa sucio]

"Un judío puede robarle a un Goy, él puede engañarlo en una cuenta ... el hijo de Noé, que robaría un centavo debe morir, pero a un israelita le es permitido hacerle daño a un goy; adonde está escrito, No debes hacerle daño a tu vecino, no dice, no harás daño a un goy ... un goy tiene prohibido robar, asaltar o tomar a esclavas mujeres, etc., de un goy o de un judío, pero no prohíben que un judío haga todo esto a un goy ... Si un goy matara un goy o un judío él es responsable, pero si un judío matara un goy él no es responsable... Cada goy que estudia el Talmud y cada judío que le ayuda debe morir... la propiedad del goy se parece a una cosa sin dueño... las decisiones del Talmud son las palabras del Dios Vivo. El mismo Jehová pregunta la opinión de rabinos terrenales cuando hay asuntos difíciles en el cielo, el mismísimo Jehová en el cielo estudia el Talmud, de pie: él tiene tal respeto para aquel libro ... la nación judía es la única nación seleccionada por Dios, todos los otros son desdeñables... toda la propiedad de las otras naciones pertenece a la nación Judía que por consiguiente tiene titularidad para secuestrar esta sin escrúpulos ... un judío ortodoxo no está obligado a observar los principios de moralidad hacia la gente de otras naciones ... si fuera provechoso para él o para el interés de judíos en general, él debería actuar contra la moralidad."

[Todas las citas tomadas del Talmud, referencias a pedido. - OZ]

Capitulo VII
Fundamental Ceguera: Babosos y Confusos

"Quien mata a un creyente intencionalmente, comete un crimen abominable y será castigado de acuerdo a su crimen: entrara en el infierno, donde permanecerá eternamente, y Dios le execrara.

Es un deber cuidarse de no matar a un creyente durante el desarrollo del combate por la causa de Dios. Cuando marchéis a la guerra por la causa de Dios, tenéis que estar bien informados con quienes vais a luchar, si son creyentes o son todavía idolatras, y no digáis al que os ofrece la paz: ¡Tú no eres creyente!, con el fin de apoderaros de su hacienda y botines; tenéis que acceder al llamada de la paz porque Dios os tiene preservados ingentes trofeos. No olvidéis lo que fuisteis en otro tiempo, pero Dios os agracio con la fe. Sed precavidos, pues para con los que enfrentáis, porque Dios está bien enterado; no se le escapa el mínimo detalle y os va a juzgar de acuerdo a lo que hacéis."

"Y hay diferentes colores también relacionados con la gente, las bestias, los camellos, bovinos ovejas y también formas y tamaños. Solamente los sabios meditan bien en la creación de Dios y saben muy bien el secreto detrás de esta creación. A Dios lo respetan los creyentes. Dios borra los pecados de Quien se vuelve a Él."

El Sagrado Corán 4: 93-94 y 35: 28

Para el sincero monoteísta, la verdad es espiritual y eterna. Él/ella considera el reino físico una "realidad sombra" según el Imán Al Ghazali, pero también un viaje efímero en el cual el desafío de la vida no es nada más que una prueba de obediencia a Dios. En otras palabras, Alá ha diseñado la existencia del hombre sobre la tierra para ser un poco más que una prueba de fe. La riqueza verdadera del creyente no es una fortuna terrenal, sino un tesoro eterno almacenado en el cielo en virtud de hechos honrosos sumados en una cuenta divinamente registrada. Esta interiorizada visión del mundo es fundamental para el monoteísmo hanif. Al contrario, el materialista imprudente toma las oportunidades del mismo viaje para recrear el mundo en su imagen aplicando imaginaciones a la creación que están divorciadas de la prueba presentada. El tratado clásico de E.W. Said sobre el fenómeno histórico del Orientalismo confirma esta conclusión y le concede el estado Emérito. Sin embargo, su tratado definitivo es tan exaltado que sólo "pocos" que acompañan a Khaldun son capaces de agarrar entonces se adhieren a la verdad siguiente:

"El Orientalismo con sus logros asombrosos, es, en el análisis final, una defensa sistematizada racional y el ofensivo impartir de

Sobrenaturalismo Cristiano basándose en fabricaciones que están afianzadas en arena de especulación narcisista."

- E.W.Said, Orientalism, p. 37.

Por favor digiera esta declaración enteramente tal como esto merece seria contemplación. Las occidentales torres de babosos y confusos son un poco más que monolitos racistas con elaboradas fachadas de avaricia Euro céntrica y arrogancia agremiada con intenciones humanitarias. Sus catedrales enormes de conocimiento y esfuerzo - cuando se comparan a las verdaderas pruebas de vida descritas arriba – no son más que tarea fácil revestida en capas imaginarias de honor presentándose al mundo como la 'salvación' y a sí mismos como justos. De verdad esto es *insan*; ¿de otra manera cómo es posible que tantos sean engañados por tan pocos?

Al contrario, nunca el Oriente se impuso al Oeste con tal celo evangélico como el de la cruzada de Occidente para salvar al Oriente esclavizándolo con una orgía de lascivia e insulto penoso. La culminación de esta implacable campaña a que nos enfrentamos presentemente es el *Nuevo Imperialismo Fiscal*, infectando a todas las esferas de la sociedad con riba, fitna y fitan (usura, tentación y perpleja angustia moral). Los Occidentales todavía reclaman sin embargo, que tal entrega es el *progreso*. Pero por distinto contraste, ninguna Armada Oriental alguna vez ha sido lanzada para perforar los límites de la razón con el objetivo de "gobernar el mundo". Esta última aspiración es una invención Occidental (Mesiánica) de estatura napoleónica y amenaza Sionista imitada por los japoneses el siglo pasado por intentar reducir el Sudeste asiático a servidumbre. Esto describe una misión cuasi-santa bautizada con sangre inocente con la cual las instituciones, estados, ejércitos y escuelas de ciencia han construido y multiplicado "Torres de Babosos Balbuceadores" desmesurados. Para el Nativo americano y las almas Orientales del "Tercero Mundo" - cuya riqueza es naturalmente igualitaria, así como espiritual e interna - tan masivo esfuerzo comunal al principio desafió su comprensión de paz y seguridad, presentando una especie de demencia de grupo con lo cual ellos al principio se compadecieron.

> "… Dejadlo a él [hombre blanco] ser justo y tratar amablemente a mi gente, ya que los muertos no son impotentes. ¿Muerto, dije? No hay muerte, sólo cambio de mundos… Su religión fue escrita en lajas de piedra, la nuestra en nuestros corazones… el Día y la Noche no pueden estar juntos… Como un hombre que ha estado muriendo durante muchos días, un hombre en su ciudad está entumecido al hedor… el hombre blanco, también pasara - quizás más pronto que otras tribus. Continúen contaminando su propio lecho, y podrían asfixiarse en su propia inmundicia…" - Jefe Seattle (1786-1866)

La ironía es que ambos mundos al principio se compadeció uno del otro, pero por motivos distintos basados en observaciones sanas y pecado bipartisano. Sin embargo, empatía para el "otro" fallo en consiguientemente desarrollar una postura verdaderamente universal y humanitaria por motivos aclarados abajo.

Los gurúes y místicos de ambos lados del Nilo dicen que "lo que sea manifiesta es Él" y los cristianos evangélicos dicen que "Él está en usted". Estos sentimientos refutan el dualismo enseñado por los Profetas; p. ej., *El Creador vs. Distinción de Criatura*. Cada recuento de la teofanía de un profeta implicaba circunstancias de distinción grave que marcó el límite entre Dios y los hombres. Además, cada encuentro fue mediado o asistido/ayudado por al menos un ángel. Sin embargo, muchos Fundamentalistas y Místicos dizque que ellos pueden trascender las condiciones servidas sobre los profetas y fundirse con la "esencia divina" (otra vez: ¿sea lo que sea?) como resultado de repeticiones mántricas (*tarikat* o *zikir*), himnos y/o rituales que inducen euforia, o un momento con la mente en blanco de una bien calculada amnesia; ninguna de las cuales son encontradas en la sunnah o las escrituras de cualquier profeta que yo haya estudiado hasta ahora. ¿Sin embargo, cada nueva secta (p. ej., "la desviación de la sunnah profética") y el subsecuente orden religioso realmente establece la solidaridad de grupo (Assabiyah o tribalismo/nacionalismo - algo que vehementemente el Profeta advirtió en contra) con un número de características compartidas:

1. Profesan ideologías que en el peor de los casos son supersticiosas y a lo mejor, fantasías inofensivas;

2. Forman sacerdocios, jeques ("Jeque" simplemente quiere decir "Señor"), monasterios, abadías, monjas, reinados (Familias Reales) etc., que establecen mediadores con *sistemas de castas* hereditarios de santidad respetuosa (la nobleza) que puede obviar la lealtad familiar o aún el afecto para las marginadas "otras" clases;

3. Muchos dependen de la mediación de entidades incorpóreas (a menudo un santo muerto, p. ej. la nigromancia)[153] o de unos espíritus más santos/más

---

153 "El cementerio de "los milagros" de Kandahar. Dawood Azami BBC Pashto servicio, el 17 de enero 08:

En el cementerio árabe de Kandahar, las víctimas de la "guerra al terror" estadounidense son reverenciadas por muchos como shahíd (mártires) y sus tumbas, como se cree, poseen poderes milagrosos. Cada día, cientos de personas enfermas visitan las tumbas de más de 70 árabes y otros luchadores extranjeros y sus miembros de familia que fueron muertos por el bombardeo de EUA sobre la ciudad afgana del sur a finales del 2001. Poco después de su entierro, un culto se ha desarrollado alrededor de ellos y las tumbas se convirtieron en centros de peregrinación para muchos en el área. La gente comenzó a verlos como obreros de milagros, curanderos e intercesores para otros ante Dios. Seis años después de que las tropas conducidas por los EUA expulsaron el Talibán, la devoción a estos "huéspedes extranjeros" está todavía viva. "La poderosos/más sabios-que-ellos otro que Alá; todo lo cual sirve para endosar la adoración vía médiums, magia y/o brujería;

4. Establecer una red de activistas (células), redes Evangélicas (misioneros), Sociedades Secretas, Ikwan y/o confederaciones exclusivas mercantiles (p.ej. el control del opio) etc. que remueve la lealtad de la familia y la tribu por la secta;

5. Requieren de reuniones *frecuentes* que levanten el entusiasmo (el control de mente, propaganda), que validen su pretensión de autenticidad, y den oportunidades repetidas para la confirmación suplicante por gurúes, jeques, grandes maestros y pastor/sacerdotes quien así cimienta su tarima como médium espiritual y sustituta figura de padre/autoridad;

6. Muchas (no todas) de tales confraternidades están formados adentro por desheredado, rebelde/no conformista, desilusionados, desplazados, marginados o los menos/medio educados sectores de la sociedad, convirtiéndose en el núcleo fundamental de una vana utópica aventura;

7. Al ser desafiados ofrecen obscurantista o patriótica retórica en defensa de una doctrina nada sólida, y por consiguiente acusan al crítico de ser a servidor del diablo, espiritualmente menos desarrollado, o cuando todo lo demás falla, "no patriota";

8. Ostensiblemente al *servicio de Dios*, ellos *repetidamente* buscan la reparación política y la justificación de grupo;

9. Cuando son desafiados o desalentados por el fracaso inevitable, ellos alegan ser "pruebas del cielo" o la persecución de hombres espiritualmente no muy inclinados para comprender su misión;

---

mayor parte de los visitantes son, la gente enferma que busca bendiciones de los muertos mientras los otros vienen esperando terminar con sus problemas sociales o financieros," dice Sangeena, una mujer en sus cincuentas que vive cerca y cuida de las tumbas. Por los últimos años, Sangeena ha venido al cementerio cada día.

"Ellos son mártires y este es mi deber de servirlos." La curación del incurable entre los muertos están mujeres árabes y niños. Varias personas paralizadas han dejado el cementerio andando por sus propios pies, dice la residente de Kandahar Sangeena. Muchos creen que estos extranjeros eran la gente "inocente" que "murió por el Islam" cuando los EUA y otros enviaron tropas a Afganistán después de los ataques del 11 de septiembre del 2001. Para muchos, estas tumbas son santas, y el toque de ellos curará enfermedades. En el primer par de años, miles de personas visitaban el cementerio diariamente. Sorprendidos por la respuesta, las autoridades locales enviaban policías armados para desmotivar a la gente a que lo visite.

10. Y todos tienen "mitos de origen" con las elaboraciones de una presencia sobrenatural y/o las transmisiones de doctrinas secretas (el dogma) o "nuevas revelaciones del cielo" que *concretamente no se pueden confirmar.*[154]

Esto no se refiere a cultos que se establecen entre hedonistas pseudo intelectuales de clase media y alta, que son en realidad los más peligrosos debido a su proximidad al poder. Sin embargo, los principios definidos son tal como aplicables. La letanía abreviada presentada representa un natural, proceso aún *primitivo* proceso de socialización del supersticioso bajo la dirección de chamanes astutos, desviadores, estafadores Maquiavélicos y si los encantadores "alienadores de riqueza". Estos grupos están entre *los muchos* dóciles a la manipulación de la que este tratado sostiene, y ellos ciertamente representan la mayoría entre quienes está el supuesto "ortodoxo" sobre quien hay un "manto de incredulidad" cuando se enfrenta a verdades difíciles; y el velo permanece en su lugar debido a la ignorancia, tradición, "barnizada candidez" y aquella cobardía que se dobla ante la conformidad por el instinto de conservación; ninguno de los cuales representa el Espíritu de Islam. El Corán presenta muchos ejemplos de tales prácticas y de ninguna manera excusa a lo que Alá llama la "ceguera de corazón" por la que ellos han optado: yo le llamo "sueño", "negación" o "nirvana temporal":

"En cuanto a los de Thamud, les mostramos el camino del bien y del mal y eligieron *ceguera de corazón*, les enviamos un rayo que les quemo humillándolos por sus malas obras y pecados."

– El Sagrado Corán 41:17

El verso implica que el llamado evangélico, independientemente de la persuasión cismática es una forma de adoptada arrogancia de devoción ciega a la preferida "ceguera de corazón", y esto seguramente no es un concepto ingrávido registrado en el comentario divino.

Es verdad que la mayor parte de cultos se consideran a si mismos estar 'guiados', pero la confusión de lenguas, doctrinas y hechos muy ciertamente confunden sus alegaciones mutuamente exclusivas, y considerando que mucho del Islam ha estado bajo el dominio de místicos (especulativos) o fundamentalistas (literalista) análogos e imanes horriblemente desobedientes

---

154 E.g. (1) Los Mormones o los Testigos de Jehová - Ambos fueron fundados y permanecen gobernados por Francmasones. El famoso *Libro del Mormón* en realidad fue escrito por un judío, Salomón Spalding, en 1812 como un romance histórico. El manuscrito cayó en manos de Sidney Rigdon que lo copió y lo dio a Joseph Smith [mirar: Blanchard, *Masonería de Rito Escocés*, volumen 1, p.380] - (2) una secta Sufí basada en Chipre remonta la transmisión de su doctrina mediante un viviente, documentados sheiks desde el siglo10, en ese tiempo su primer Sheik en vida recibió secretas doctrinas por visitaciones de sucesivos imanes muertos, que los fantasmas reclaman haberlo recibido de Abu Bakar; (3) la Farsa Fatamid, que habla por sí mismo para el moderado sobria; (4) El Evangelio Cristiano está basado en documentos que tienen poca o ninguna integridad.

para casi sobre un milenio, y a la luz de la plétora presente, de perplejas y estupefactas "humillaciones" Musulmanas, dejaré a Mohd. Arif Zakuallual citar de su libro, *The Cross and the Crescent*, lo que es obvio al moderado estudiante de la realidad:

1.   La verdadera razón de la debilidad del Islam es porque el musulmán de la elite (khassa) ha manejado mal los recursos y las economías de sus pueblos respectivos vía la corrupción y el abuso de poder que se ha hecho la norma en la mayoría de los Estados Musulmanes.

2.   El Califato estaba arraigado en una democracia *limitada*, pero fue secuestrado por el tribalismo entonces convertido en Monarquía, que es una institución muerta.

3.   Aquellos Musulmanes, a pesar del apoyo verbal de Al Shari'ah, han fallado en establecer los sistemas de resolución de conflicto dentro de la Ummah. Así son musulmanes *intencionadamente matando* a otros musulmanes de forma regular.

Y hay más de esto que lo que se ve del "hombre de la calle":
"La corrupción de los líderes religiosos (del Islam), que esperaban ser la fuerza espiritual y la regeneración, es el último paso en el proceso de decaimiento de una comunidad. La senda natural que su corrupción toma es la de fácil conciencia por la cual ellos vienen a poner en riesgo la verdad con los antojos caprichosos del rico [khassa] o de la comunidad total [amma: opinión pública]."

Fazlur Rahman: 1989, *Major Themes of the Qur'an*

"La completa estrategia Sionista ha sido para controlar el entorno estratégico de Israel por las alianzas de conveniencia con una corrupta, élite permanentemente rica, depredadora y atea quien ahora controla las comunidades Árabes musulmanas alrededor de Israel a nombre de Israel ... la estrategia Judía árabe (de la elite) hoy ha alcanzado una etapa avanzada de puesta en práctica ... meticulosa investigación histórica revela la gran traición al Islam cometido por los saudita-Wahabís en la destrucción del Califato y en prevenir su restauración hasta ahora."

Imran N. Hosein, Jerusalem in the Qur'an,
Masjid Dar al'Qur'an, NY, 2002

"El ascenso del Rey Saud fue declarado en un período de libertinaje y desgobierno."

H.R. Deukmejian, *Islam in Revolution*,
Syracuse University Press, 1985, p. 139

Desde luego, no podemos simplemente culpar al culto de narcisismo saudita por el deceso del Islam así como ellos tenían la ayuda de confederados que han asesinado a alguien lo bastante valiente para objetar su santurronería horrible, así como también estímulo y lucro de la elite angloamericana cundida de ocultistas (masónicos). El punto es sin embargo, que está desenfrenada corrupción "de poder" y doctrina juega directamente en manos de Occidentales con traficantes de hegemonía Sionista (la Élite Oculta) quienes explotan - por orden de protocolo: (1) los vicios comunes de la khassa Musulmán para chantajear o comprar su lealtad secreta, (y 2) tanto la ignorancia como de ahí, la superstición, porque estas vanidades sostienen una sensibilidad nebulosa pero aguda en el zeitgeist tradicional de comunidades Musulmanas, y la ignorancia sirve sólo para oponerse al "libre albedrío" que se presta hacia la fruición de Taqua-es-decir., el optar por lo que está bien o *ikhtiyar*.[155]

"El velo de incredulidad" (negación) que asiste la superstición es también difícil discutir consecuentemente debido a (a) la naturaleza subjetiva de sus aserciones numerosas y absurdas, no importa la afiliación sectaria o tribal; y (b) la lealtad abyecta mostrada a los matriculados líderes que profesan tales posiciones o deliberadamente permanecen "neutral". Tanto atribuir el papel deletéreo de líderes llenos de vicios, Mullahs ignorante y chamanes potentes sin levantar los collares y la ira caprichosa de jóvenes aspirantes místicos y simpatizantes sectarios son de verdad peligrosos, o al menos lo que muchos profesan ser "sensibles", porque esta gente *más no poseen la capacidad de optar por lo que es bueno*. Ellos han perdido su razón 'y libre albedrío' en virtud de *insan* institucionalizado.

Aún el misticismo, la manía ritual y religiosa han sostenido dominio subliminal y monetario durante siglos entre las setenta extrañas sectas del Islam que causan una tipo de apática indiferencia generalizada hacia la pragmáticamente utilitaria - es decir., desarrollo práctico institucional para servicio igualitario: lo "bueno" - mientras la khassa Musulmana abandonó los principios más sanos de gobierno y ciencia por los encantos lascivos de despojo y placer como los buenos reyes ateos que ellos pretenden no ser. Y hay más:

---

155 "La palabra *khyar*, significa "bien", determina que la opción tomada es hacia lo que es *bueno*... cuando se alinea con la cuestión filosófica de libertad. Una así llamada "opción" por lo malo es por lo tanto no es una opción, desde que afirmamos que la libertad es actuar como nuestra real y verdadera naturaleza demanda, solo el ejercicio de esa opción la cual es buena puede ser propiamente llamada una "libre opción". Optar por los mejor es un ejercicio de libertad. Lo que presupone conocimiento del bien y del mal. Una "opción" por lo peor no es una opción, como esta basada a partir de ignorancia y en la instigación del alma que se inclina hacia aspectos culposos del poder animal." S.M.N. Al-Attas, op.cit. p. 4;... De allí es que la oculta mano de la elite global mantiene a la gente ignorante y apropósito los tienta hacia lo "culposo" como una institucionalizada forma de insan y entonces control. - OZ.

"La comunidad que ha sido relegada en un carácter distintivo de pasividad política, la privación económica y la ignorancia ha promovido ilegítimo mandato político con un nihilismo publico declarado. Todo esto ha culminado en el declive político y económico hoy evidente... Hafiz Wabba ha sido testigo del casi universal analfabetismo en Arabia Saudita al principio del siglo 20. Si hubiera educación alguna, estaba en manos del Ulama Wahabí, quien lo limitó al estudio de religión e interpretación de Shariah ... en junio de 1930, el Nejdi ulema se reunió en Meca para una protesta de escala grande contra el Ministerio de Educación, alegando que su plan de estudios debe incluir el dibujo, idiomas extranjeros y geografía, este último con su teoría de fenómeno concomitante de la rotación de una tierra esférica ... como resultado, [excepto] por el Hijaz, la educación en otra parte quedo como monopolio defacto del ulama."

– Dr. S.M.A. Sayeed, op. cit. p 70

"... él [Al--Ghazali] enérgicamente ataca aquellos ignoramus (Al-juhhal) quien equivocadamente piensan que para ser un Musulmán bueno hay que renunciar al mundo suponiendo que está todo contaminado con maldad y prohibidas acciones y cosas. Describe esta actitud como muy perjudicial bid'ah, Al-Ghazali procede a exponer sus debilidades y contradicciones de varios modos y de forma extensa."

Muddathir Abd Al-Rahim, op.cit. p 156

"La desaparición gradual de la extraordinaria tradición de ijtihad Islámico ha sido uno de los mayores desastres culturales de nuestro tiempo, resultando en que el pensamiento crítico y la lucha individual para con los problemas del mundo moderno simplemente han dejado el sitio. En cambio la ortodoxia y dogma gobiernan... [Aún] encima de todo, el pensamiento crítico no se somete a poder estatal o a órdenes de unirse a las filas que marchan contra uno u otro enemigo aprobado."

E.W. Said, *Orientalism*, pp., xxviii-xxix

Este adoctrinamiento mentecato y la apatía nihilista dejan poco espacio para la investigación de la creación y aplicación de principios científicos para el bien de la comunidad. Visite cualquier tierra Musulmana y usted encontrará a más chamanes que doctores. Esto es así porque en cualquier parte donde tal corrupción espiritual abunde la pobreza opresiva que esto engendra aflicción diariamente al alba. ¡El resultado de esta obra metafísica desviada y la práctica de hedonismo es la "ceguera de corazón" discutido arriba-el resultado de *insan* a pesar de fervientes recitaciones Coránicas! Además, esto da el espacio al sectarismo divisivo en el que mucho como los aborígenes Australianos que se sentaron afuera de la fortaleza del blanco a esperar por dadivas, musulmanes tales como los "Ali-Baba-Malayos" por ejemplo, que instintivamente seguían a hombres con la mayor parte del botín y muchos de estos resultan tener la barriga más grande: un signo tradicional de "prosperidad" entre los cazadores Neolíticos que compitieron por el predominio (tal como los kanes) por dar demostraciones costosas de generosidad (predominio) mediante ruinoso festín y ostentaciones diversas que agotan tesorerías y aumentan los impuestos por el número de incursiones requeridas para mantener la farsa.[156] Esto no es el fruto de virtudes llevadas por el espiritualmente maduro; es lo contrario.

Esta antítesis de igualitarismo Islámico y Taqua comunal invita una corrupción que crió/reprodujo la ignorancia y el atraso con el estancamiento económico tan típico en todas partes del Mundo Musulmán. Lamentablemente - y añaden/invitan el insulto a la herida - estas son las mismas condiciones que atraen a charlatanes fundamentalistas a proferir especulaciones adicionales al indisciplinado espiritual. Este último, unido a aquellos ya emanando desde emotivos corazones palpitantes y predicadores que diseminan el dogma nada sólido pero consolador y magia entre los oprimidos – ya sea en los estados sureños de los EUA según Mohd. La exposición de Arif Zakuallual de aquel régimen fundamentalista o entre los aldeanos Malayos que incorporan el ritual hindú con el Islámico – es por lo tanto el estado natural del desobediente[157]

Totalmente, atender estas vanas tradiciones - divorciadas del ejemplo y escritura de cualquier profeta - propagan infortunio en la tierra mientras los chamanes ostentosos recogen pago del mal informado en tanto su élite se hace tanto obesa como enferma[158] mientras está sirviendo a Occidentales y/o fantasmas de las Tríadas que pillan tanto recursos como almas. Inevitablemente, tal condición exige la corrección vía el "castigo aturdidor de la humillación" - una circunstancia que los ateos Darwinianos razonablemente pueden aprobar como una forma de "Des Selección Natural".
"La Injusticia prospera en obliterar la distinción entre lo ordenado y lo prohibido, los bueno y lo malo y eventualmente entre virtudes y vicio.

---

156 Esto se conoce como el "Efecto Potlatch". Zahavi ha mostrado que charlatanes Árabes se afirma mostrando dominio alimentando a subordinados. Animadas demostraciones públicas como comportamiento riesgoso (deportes extremos y martirio p.ej.) son formas de esta primitiva ideación. Ver: Amotz Zahavi, Tel Aviv Univ., 1990. *"Arabian Babblers: The quest for social status in a cooperative breeder."*
  Behavioral Ecology, Vol. 10 No. 6: 636-640 International Society for Behavioral
157 "El ejemplo de los creyentes y los incrédulos, es como el del ciego extraviado en su camino y el sordo que no escucha a que le indica la senda de salvación, y el vidente que distingue el camino del bien y de la salvación y el oyente que escucha lo que le beneficia, estas dos categorías no se equiparan de ninguna manera; ¿!no reflexionáis, humanos! acerca de las evidencias y la idolatría, acerca de la diferencia entre lo verídico y lo vano, para que os alejéis del extravió, escogiendo el sendero recto!?"
  – El sagrado Corán, Sura 11:24
158 Más del 60% de la población Saudí sufre de obesidad, diabetes, y problemas circulatorios debido a la glotonería.

Consecuentemente, la falsa unidad del Jamaa adquirida mediante obediencia a la tiranía reposa en la violación del principio cardenal de honra… significa que el despotismo atestiguado en la historia Musulmana fue una consecuencia de la agonía de esta fuerza moral. Esto también muestra que la comunidad Musulmana fallo en institucionalizarla… hemos manejado en retener una fosilizada sociedad en el nombre de la comunidad musulmana, cuyo básico élan religioso-moral murió hace siglos."

– Dr. S.M.A. Sayeed, op. cit. p 44

¿Si no hay ninguna virtud institucionalizada y moralidad por deferencia a la tiranía, no queda otro más que la institucionalización de lo insan? El Islam, como lo presenta la actual "falsa" Ummah por lo tanto, está en coma; una forma de muerte suspendida "o sueño profundo". Y hay otro factor puramente "religioso-cultural" responsable que la Ummah tenga una disminución abismal del zeitgeist en conocimiento general:

"… En cuanto a los instructores calificados y los métodos de enseñanza de este amplio plan de estudios, algo debe ser hecho con respecto a la mayoría de profesores tradicionales. La mayor parte de ellos son Musulmanes sinceros, pero su capacidad de presentar el Islam a niños en esta perspectiva universal es muy dudosa. Francamente, sólo puedo ver una contribución muy valiosa [que ellos] pueden ofrecer a los chiquillos; la enseñanza de tajweed, es decir la pronunciación apropiada y entonación de sagrado Corán. Pero aún en esta área ellos deben aprender nuevas técnicas…"

Malik B. Badri, The Dilemma of Muslim Psychologists, p.94.

Esto realmente es un asunto que no debe tomarse a la ligera, pero el orgullo de estos *sinceros* pero incompetentes Mullahs con ferocidad se opondrán a su verdad, y esta resistencia da lugar para la ética Iblisiana para intervenir a favor de bandidos mejor informados.

John Kenneth Galbraith, en su libro, la *Anatomía del Poder* (Boston, 1983), sugiere tres medios históricos y eficaces de ejercer el poder de tales políticas, independientemente de su orientación metafísica, de modo que la injusticia esté segura de triunfar:

1. Merecido: significa la capacidad de la elite (khassa) para imponer alternativas suficientemente desagradables o dolorosas;

2. Compensatorio: lograr sumisión por ofrecer recompensas afirmativas (algo de valor a aquellos rendidos) p. ej. Aliados o sistemas de recompensa del apartheid (p.ej. gran número de empleados del gobierno);[159]

3. Condicionado: ejercido por cambiar creencia vía la persuasión, la educación, y el compromiso social a lo que parece natural, apropiado, o correcto."

El Sr. Galbraith afirma que el *Poder Condicionado* es el más aplicable al mundo civilizado, aunque una combinación de todos los tres es evidente. En el modelo *Condicionado*, la khassa maneja el control por un discurso cultural (propaganda o tema) que le permite su rol hegemónico como la *agencia moral* a la cual el amma se somete "siempre y cuando la khassa sostenga tanto poder como autoridad jugara el papel principal".[160] Hoy, la propaganda *Condicionada* es distribuida a escala masiva - mucho como los ídolos colosales de la antigüedad[161] - y tiene muy poco que ver con la verdad otra que la reunión de necesidades inmediatas de exigencia máxima en la incitación de comisiones de oculta *planificación a largo plazo* según como nosotros veremos en capítulos posteriores. El control mental "Condicionado" de su régimen es que permitió a la khassa europea explotar su propio campesinado y proletariado - y no digamos su explotación colonial - en virtud de un imaginado divino derecho *Imperial* de gobernar - sin dar importancia que la nobleza verdadera era una minoría entre este grupo disoluto de hipócritas elegantes. En la última generación, la khassa americana finalmente ha añadido el delirio de presidentes "Nacidos de nuevo" a su diapasón patriótico porque bucaneros políticos finalmente perdieron los labios superiores de un *percibido* borde moral después de Vietnam, y... ellos aún puede que estén listos para arriesgar a un Mormón[162] en la Casa Blanca quizás como una contra al crecimiento del Islam.

---

159 e.g. Más de la mitad la población americana es dependiente del gobierno para el sustento, y la mayoría son los empleados del gobierno que no producen nada y viven de la producción de aquellos que realmente producen, p. ej. El trabajador honesto, pequeños hombres de negocios y agricultores - es decir., contribuyentes fiscales. Esto es una forma de compensatorio control por la khassa que extrae la riqueza de productores y lo distribuye a los que se rinden a su política, a menudo armando éstos últimos haciéndolos a ellos la mayoría...

160 Sonbol, op.cit., p XXXIV

161 "Estos templos, construidos por seguidores de religiones paganas, eran de los más enormes alguna vez levantados por seres humanos, con mucho esfuerzo y gasto. La razón detrás de esto era que los magos y el clero quisieron abrumar a la gente en sumisión y control." - Malik Badri, *Contemplation*, op.cit. p. 33.

162 Un culto pseudo cristiano fundado por Joseph Smith, un Francmasón. "Mormonismo: Joseph Smith, su inventor emprendedoramente mentiroso, llego a componer en gran extensión un nuevo libro santo completo, el Libro del Mormón, inventado desde la nada a una enteramente nueva falsa historia americana, escrita en un extraño inglés del siglo 17... Este ha evolucionado desde su fabricación en el siglo 19 y ahora es una de las más respetables [de más rápido crecimiento] religiones establecidas en América." -- Dawkins, op.cit. p. 234

Las alianzas y la dictadura autocrática por otra parte (la estratagema 2 de Galbraith), son las formas tradicionales de control en el Tercer Mundo, pero en virtud de materialistas y Orientalistas educaciones casadas con la cultura Orientalista, el acondicionamiento que se precisa para hacer avanzar los globales designios Occidentales son endémicos en países en vías de desarrollo también; no sólo entre los deliberadamente desposeídos necesitados millones azotados por la pobreza, pero también entre una clase media creciente perpleja con la prosperidad y con subliminales anhelos a partir de una publicidad orientada al consumidor, controlada por las lumbreras seculares de clásicos comités de malversación de la khassa. Los orientalistas evangélicos de cualquier secta/tribu con adoctrinamiento democrático, el Este o el Oeste, ahora pueden entrar en las tierras de escasez como ángeles de piedad para entregar independiente de la clase de Teo-imaginación que les plazca siempre y cuando sus iconos y dogma acompañan las medicinas, dinero, alimento, agua, educación, tecnología, y quizás el orden público a un pueblo diezmado, auto derrotado;[163] y sinceramente dudo que la conversión altruista sea el objetivo de los que envían a estos misioneros y voluntarios del Cuerpo De paz.

"La solución a este problema no se basa en parar a los misioneros en su misión, sino en asegurarse que las condiciones que hacen a las masas Musulmanas vulnerables no están permitidas para ser creadas... esto pide reformas serias *quirúrgicas* sociopolíticas en muchos países Musulmanes."
- Mohd. Arif Zakaullah, op. cit. p. 249

Dejaré la definición de *reforma quirúrgica* a idealistas y seguiré adelante. Algunos de nuestra khassa Musulmana deliberadamente retienen la educación para mantener a la población dependiente, mucho como los católicos hicieron durante la regencia de la khassa *latina*[164] de la era del Oscurantismo. Este proceso mental parroquial de líderes Fundamentalistas es un insulto a la dignidad del Islam y representa su pérdida entre el ulama:

"Las sociedades Islámicas, a pesar de tempranas promesas, se degeneraron en gobiernos despóticos, irracionalismo y una "política pública" de nihilismo.

---

163 Los misioneros a Países Islámicos se doblaron entre 1982 y 2001, a más de 27,000; aproximadamente 1 de 2 es americano y 1 de cada 3 es Evangélico (Nacido de nuevo), y muchos entran en las filas castrenses estadounidenses. Ver: David Van Bienna, - Missionaries Under Cover, *Time,* Junio 30, 2003.
164 "Este hecho ha sido probado por la historia de Paquistán desde 1947. " Mirar: M.A. Zakaullah, op. cit. p 252; Respecto a la colusión de la elite en Paquistán, el Dr. Sayeed también tiene esto que decir:
"El ulama podría insistir en su posición privilegiada con el pretexto de ignorancia de la comunidad... significa que el elitismo político en el pliegue medieval han realizado que la ascendencia del poder-conocimiento podría mantenerse sobre la ignorancia declarada de la comunidad... así, el contrato tradicional Islámico social era esencialmente un matrimonio a conveniencia entre el mandatario y el ulama. El mandatario ganó la legitimidad, el ulama estatus. La gente, por el contraste, se hizo poco preciosa."
- Dr. S.M.A. Sayeed, *The Myth of the Authenticity*, p. 323

Transcendentalismo, de otra mundanalidad , la implicación moral y la negligencia por el interés público privo a los estados Medievales de la posibilidad de desarrollar un sistema pasivos y activos (instituciones contables) … encontrando al intelectualismo en desmerito, la inseparabilidad del conocimiento y la prosperidad apenas consiguieron reconocimiento … tal preferencia social falló en crear una imagen de una mejor vida en la ignorancia abismal … Ibn Khaldun alcanzó una conclusión bastante horrible: La civilización y su bienestar y la propiedad de negocios dependen de la productividad y la gente, el esfuerzo en todas direcciones *en su propio interés y lucro*. Cuando la gente ya no más hace negocios para ganarse la vida, y ellos cesan toda actividad lucrativa, y ellos cesan toda actividad lucrativa, el negocio de la civilización colapsa y todo decae."

- Dr. S.M.A. Sayeed, op.cit. p 351

"Todas las cosas decaen" escribió el hermano Khaldun, y esto incluye la "dignidad"; el activo más preciado de cualquier civilización. Ya que el evangelismo y el fundamentalismo se han hecho sinónimos, remito que los terroristas, Este y Oeste, escuchan a espíritus de tipo impío, desde mucho antes que fueran secretos compañeros de cama como lo establecido por el Corán y probado por Nesta Webster, cuyo trabajo notable sobre Sociedades Secretas que minuciosamente he corregido (Apéndice VIII) en el formato extraído. Este apéndice es una lectura obligatoria para el maduro estudiante de nuestra impredecible especie.

Las divisiones Orientales de este compañerismo oculto tienen su historia que se remonta a los kanes de Alamut y los "matones" de Kali y su culto de sangre, y los secuaces Judeo cristianos que tienen una amplia historia similar de terrorismo desde cuchilleros "Zelotes" en la plaza de Jerusalén y Trinitaria Roma al Ku Klux Klan[165] de los once Estados Confederados responsables de la reelección de Bush; y esto último en virtud de su pobre socioeconómico pero sistemáticamente *evangelizada* población, motivo cortesía de parte de Falwell y su *Mayoría Moral Ltd.*[166] Falwell es un masón grado 33 y, por cierto … esto podría ser de cierto interés a detectives de conspiración que el Movimiento Evangélico en sí mismo tenía fuerte respaldo Francmasónico en 1846, y estas mismas organizaciones hoy permanecen vivas y prósperas a toda cuenta.[167]

---

165 El Ku Klux Klan fue fundado por Albert Pike, Francmasónico Profeta: La "U.G.L.E. [Unida Gran Logia de Inglaterra] más tarde orquestó la Guerra civil por medio del General Confederado Albert Pike, que era el Soberano Gran Comandante de Francmasonería del Rito Escocés en la Jurisdicción Sur." [Según este investigador, Jesse James robó bancos para el Klan bajo órdenes directas y protección de Sr. Pike.] Ver: *Why Albert Pike's Statue Must Fall: The Scottish Rite's KKK Project*, by Anton Chaitkin
166 *The Cross and the Crescent*, Op.cit.
167 "Esto era una vista impresionante. 800 cristianos, que se habían juntado en el Salón del Francmasón, en la calle Great Queen, en Londres, en agosto de 1846, estaba de pie para dar la mano y cantar la Doxología. Ellos acababan de votar para establecer lo que han llamado" una nueva cosa en la historia de

Abajo se listan algunos prominentes líderes Evangélicos que también son masones, junto a unos pocos "otros" de sus famosos compatriotas:

Norman Vincent Peale: Mason Grado 33, ex Gran Capellán de la Gran Logia de New York, Pasado Gran Prelado de los Caballeros Templarios y Shriner. (Ya difunto)

Robert Schuller: Mason de Grado 33, Pastor de la "*Crystal Cathedral*" y anfitrión del popular show televisivo "Hour of Power".

Oral Roberts: Mason Grado 33, fundador de la Oral Roberts University

Jesse Jackson: Mason Grado 33 en la Logia Prince Hall, Southern Baptist[168]

Louis Farrakhan: Mason Grado 33 en la Logia Prince Hall, líder de la Nación del Islam [Musulmanes afroamericanos]

Billy Graham: uno de los más famosos evangelistas del siglo 20, aunque él lo niega a pesar de la sustancial evidencia y comportamiento indicando lo contrario.

Geoffrey Fisher: Arzobispo de Canterbury 1945-1961

Padre Francisco Calvo: Jesuita Católico quien comenzó la masonería en Costa Rica

---

Iglesia - una organización definida para la *expresión de unidad* entre individuos cristianos que pertenecen a iglesias diferentes... Ellos lo llamaron la 'Alianza Evangélica... el lugar de la conferencia de 1846 que fundó la Alianza Evangélica es significativo. La U.G.L.E. en el Salón Francmasón es la madre de todas las logias Masónicas, *la oficina central de Francmasonería Internacional*. La U.G.L.E. dirigió a nuestros Masónicos padres fundadores en la Revolución americana y el establecimiento del gobierno estadounidense. La U.G.L.E. fue construida en 1717, la actual logia es la tercera edificación en el mismo sitio. Como **John Stott** ha declarado, "la historia de la Confraternidad Mundial Evangélica, la WEF, con sus raíces en la Alianza Evangélica (que es mas de cien años mayor que el *Consejo Mundial de Iglesias*), merece que se conozca mejor." **Billy Graham** añade, "la WEF ha sido una fuerza principal en la unión evangélica en todo el mundo." El movimiento evangélico, destacado por las celebraciones del 150 aniversario de la Alianza Evangélica británica en noviembre de 1996, hace un estudio fascinante en misión-logia. Su crecimiento ha sido impulsado según su característica principal - el Evangelio, la predicación del Evangelio por todo el mundo. La WEF en sí mismo es, en cierto modo, la punto de una misión: iglesias plantadas como consecuencia de una misión, formando una confraternidad para ayudar el uno al otro en hacer discípulos a las naciones. Hoy la WEF, **con sede en Singapur**, abraza a 150 millones de evangélicos en 112 confraternidades nacionales y regionales que representan aproximadamente 600,000 iglesias."
See: David, M. Howard, *The Dream That Would Not Die: The birth and growth of the World Evangelical Fellowship 1846-1986*, The Paternoster Press, 1986.
168 Se estima que 400,000 a 500,000 hombres Bautistas del Sur son Masones. Entre este número están muchos conocidos líderes Bautistas del Sur... El 14 % de los pastores, el 5% de los ministros de educación, el 13% de los directores de misiones, el 18% de los presidentes de diáconos, y el 12% de los servidores de la iglesia eran o habían sido miembros de la masonería o de la Estrella del Oriente [organización de mujeres] la Fuente: Home Mission Board, Southern Baptists Convention, 1991. Los Bautistas del Sur son la secta protestante mayoritaria en los 11 Estados Confederados.

G. Bromley Oxnam: Mason Grado 33, amigo de Billy Graham, jefe de las iglesias FCC

Rich DeVos: Mason Grado 33, fundador de Corporación Amway

Franz Antón Mesmer: practicaba perplejidades que conducían al Hipnotismo

George Bush Sr: Mason Grado 33, ex-presidente de los EUA, ex-director de la CIA

Barack Obama: Mason Grado 32 en la Logia Prince Hall

J. Edgar Hoover: Mason Grado 33, Director del FBI

Walt Disney: fundador de la Corporación Disney

Giuseppe Mazzini: Líder Italiano Illuminati, fundo la Mafia, Patriota y amigo de Albert Pike.

Charles T. Russell: fundador de la Watchtower Society (Testigos de Jehovah)

David M. McConnell: Director de THE BILLY GRAHAM EVANGELISTIC ASSOC., Embajador Estadounidense ante la ONU (1968-69)

Arthur Lee Malory: Sub-Secretario de BILLY GRAHAM CRUSADE, 1973, St. Louis, Mason Grado 32 y diacono en la Iglesia Bautista del Sur.

William M. Watson: Director de THE BILLY GRAHAM EVANGELISTIC ASSN., Presidente de Occidental Petroleum Corp., miembro del consejo de desarrollo de la Masónica manejada Baylor University., miembro asesor del Southwestern Baptist Theological Seminary en Fort Worth.

La manera en la cual estos cofrades han influido en sus poblaciones respectivas por dirigir satisfactoriamente sus "muchos" a los rediles de fantasía no puede ser negada. ¿Esto sirve a su khassa en su ilusión proyectada de supremacía moral (¿aria?) vis-à-vis el tradicional "Brahmaniano divino derecho" - ahora cristianizado - ellos (la khassa) siguen pillando el mundo independientemente del cual partido sostuvo/sostiene el poder político. Esta inclinación Orientalista para el trabajo de misionero tiene una historia larga y esto "abiertamente se unió a la expansión de Europa"[169] así:

169 A. L. Tibawi, British *Interests in Palestine, 1800-1901*, London, Oxford University Press. 1961

1. Sociedad para la Promoción de Sabiduría Cristiana (1698)
2. Sociedad para la Propagación del Evangelio en el Extranjero (1701)
3. Sociedad Bautista Misionera (1792)
4. Sociedad Misionera de Iglesias (1799)
5. Sociedad Bíblica Británica y Extranjera (1804)
6. Sociedad Londinense para la Promoción Cristiana entre los Judíos (1808)

La teomanía aria[170] es fundamental al Ku Klux Klan. Esta organización y el Rito escocés de Francmasonería estaban tanto bajo los auspicios de Sr. Pike, como de aquellas organizaciones catalogadas arriba adheridas a la Francmasonería bajo el paraguas del chárter expedido por la Gran Logia de Inglaterra, la U.G.L.E., cuyo actual Gran Maestro es el Duque de Edimburgo, primo de la Reina. Remito que esto establece un sospechoso cadre de elitistas más que un inofensivo club de hombres; y esto es solamente la *punta* de los labios superiores mostrados al público. Además, propongo que este 'ciego conduciendo al ciego demuestra la enormidad de un muy verdadero problema que afronta la Ummah y Ulama, especialmente a la luz de la 'Declaración de Guerra' del Sr. Huntington. . Más pruebas de la Ario-masónico teomanía se encontraran en el ritual de Iniciación al Grado 32, el Príncipe Sublime del Secreto Real:

> La llave del Secreto Real - la Luz Divina y la Palabra Divina de la Francmasonería, la Palabra Inefable es AGNI, USHAS, MITRA. MITRA, el fuego, el alba, el lucero del alba. AGNI, la INDRA, Y

---

170 Teomanía también abraza al movimiento Cristiano 'Nacidos de nuevo', que se ha reanimado a sí misma durante los últimos 100 años comenzando con el *Azuzza St. Revival* en California a principios del siglo pasado. Esto es, sin embargo, un fenómeno antiguo que también fue observado en Europa durante el siglo 17:

"Los teomaniaticos [en 1689] entonces podrían ser contados por cientos; hombres, mujeres, niños, todos ellos creyeron y fueron inspirados y engullidos con el aliento del Espíritu Santo. El castigo de fuego, el estante, la tortura, aún masacres dirigida a su exterminación, todos los tormentos posibles de inventar para reprimir la violencia de su fanatismo sólo aumentaron la fuerza del mal que ellos emplearon. En el año 1704, Marechal de Villars vio ciudades enteras infestadas por teomaniaticos. Ellos exhibieron desplomes repentinos como si los golpeara la muerte, suspiros, gemidos, chillidos y vociferaciones, recuperándose declaraban entonces rotas oraciones pronunciadas en tonos sobrenaturales y lenguas no terrícolas, contorsiones violentas, la lucha desesperada con el espíritu, seguido de la sumisión y el arrepentimiento ... todo traído en juego. El número de creyentes en su poder pronto se hizo considerable, después de un tiempo la secta se desvaneció luego de los informes difundidos por sus propios partidarios de que ellos no eran nada más que los instrumentos de designio de hombres, que desearon diseminar el Socinianismo [una forma de Humanismo] y destruir la ortodoxia ... Hacia el final de 1732, los que estaban en convulsiones comenzaron a pronosticar que debía pasar, descubrir secretos, hacer discursos, exhortaciones patéticos, rezos sublimes; aún los que en otras veces eran totalmente incapaces de realizar cualquier tal cosa ... la locura duro sin interrupción hasta el año 1790. Los Convulsionarios y Camisardos fueron sólo manifestaciones de los gnósticos tal como han existido en ramas esotéricas de varias sectas desde los días del paganismo; incluyendo a los Albigenses, Moravianos, Anabaptistas, Cuáqueros, sacudidores, Shakers ingleses, Metodistas etcétera., Su nombre es 'Legión'."

H. Madden, *Phantasmaia*, vol. II, p. 530, citando a L.F. Calmeil (1845) vol. II, p. 304. Ver también: Lady Q. *Occult Theocracy*, Capítulo 23, *Waldenses*.

Nota del Autor: Fui testigo y parte de esta misma manía algunos años atrás como un Cristiano.

VISHNU: Fuego, Luz, y Calor, la primera Trinidad y su manifestación en los cielos. Las interpretaciones de estos símbolos revelarán la Doctrina Santa. La gran idea de la cual a ellos les ha sido revelada es el Secreto Real. Pocos aprecian como se debería, su exaltada moralidad (el secreto real de la masonería) que la hacen ley en sus vidas cotidianas, y menos cuidado por y para valorar la gran verdad de su filosofía y <u>religión</u>. Usted no hace una cosa ociosa aprendiendo el Secreto Real. Los **sucesores arios** de nuestros ancestros entonces adorando a sus Deidades, y creando Luz, que debería ascender a los cielos para vigorizar y rellenar la INDRA, la luz universal, los planetas y las estrellas que habían una vez sido hombres, sus antepasados. Los símbolos de masonería <u>esconden</u>, aún en la logia Maestra la Doctrina Santa y el Secreto Real. **Como sucesores de nuestros ancestros Arios sacrificados en Indra y Ahura,** sacrificarte con una ofrenda de incienso al Dios en el cual confías. Ahora deseas convertirte en Rey y Sacerdote. **Los Iranio-Arios sacrificaban a MITRA** antes del amanecer, la estrella de la mañana [Mithra]. Como sucesores de nuestros **ancestros Arios** que sacrificaban a la serpiente Mainyu, la sabiduría divina. Te sacrificamos con una ofrenda de incienso al Dios en quien confías. Yo solemnemente hago voto y prometo, que seré hasta la muerte enemigo implacable de toda la tiranía espiritual, sobre almas y conciencias de hombres, oponiéndome a todas las reclamaciones de iglesia, sinagoga, y mezquita para proscribir la conciencia libre y esclavizar el pensamiento y opinión, y obligar a hombres a creer en lo que esto puede prescribir.

Como sucesores de nuestros ancestros Arios fueron santificados con el Zaothra, (o agua consagrada, y así dedicados al servicio de Ahura.)

Si usted está listo para atarse al funcionamiento estricto, puntual, constante en todos los puntos, en cada lugar, y en cualquier momento sus deberes Perfecto Elu, Príncipe de Jeru, Caballero Rosacruz, Caballero del Sol, San Andrés y Kodosh y Maestro del Secreto Real, como estos te han sido declarados usted, vaya y parase al lado oeste del Altar de Obligación de cara al este. Arrodíllese en el altar, poniendo su mano izquierda sobre el libro de constituciones y el símbolo de Deidad. (Las luces bajan y voces se oyen diciendo):

Uno es tres, tres es uno, Agni, Ushas, Mitra.
Uno es tres, tres es uno, Ahura, Mazda, Cepenta, Mainyu, Vohumano.

Será explicado a ti cuando tú estés titulado para la explicación. Las voces que tú has oído, te da la llave de la interpretación. Usted ahora sabe la doctrina santa, y tiene el Secreto Real. Si la mente, la razón, la intelecto y la inteligencia de hombre son una parte de la mente universal suprema, la intelecto, la inteligencia él bien puede tener aspiraciones altas y gran ambición ya que él es capaz de grandes cosas.[171]

Debe ser notado que sólo el 5 % de los hombres iniciados en este grado y por encima son reclutados por las filas los *Illuminati*, dentro de los cuales hay posteriores grados cada uno con sub-grados - uno de los cuales es concerniente a dominar las artes de asesinato público como aquellos de los hermanos de Kennedy, Lincoln y el Archiduque Franz Ferdinand[172] - y por encima de estos hay otro círculo oculto conocido como *Alta Vendita*, el consejo supremo italiano *Carbanari*, liderado por un heredero Rothschild desde principios del siglo 19. Dirigir diálogos con tales grupos y al mismo tiempo ignorar estas relaciones ocultas con su libro contable trans generacional de solidaridad e hipnotismo zeitgeist es temerario y demuestra una profunda candidez a partir de la cual ellos realmente dependen para el éxito de su subterfugio. ¡Ellos realmente esperan que usted - querido lector - no crea que ellos existan para tales infernales propósitos!

Los eruditos que no toman en cuenta los aspectos ocultos y criminales organizados de estos sorprendentes oponentes están lidiando con fantasías ideológicas que son 'académicas' a lo mejor en relación a la experiencia empírica. Este último controla un curso apropiado a imaginaciones textuales que causan una incongruencia de aplicación práctica que es manifiesta cuando los programas de gobierno repetidamente fallan, y esto debido al subterfugio ya mencionado del cual la mayor parte de académicos simplemente ignoran. En efecto, tales eruditos proporcionan un poco más que un sentido falso de seguridad: una especie de arrullo para la oveja 'sonámbula' conducida a rediles que permanecen expuestas a los enemigos de sus almas y naciones. Para ignorar el escondido 'terror dentro' de las sociedades que ellos estudian al descartar a estos grupos como unos bandoleros de poca monta o charlatanes es temerario. ¡Le aseguro que ellos no son! Incluso Saladin se alejaba ante las imposiciones de Sinan.

Las predominantemente mayorías morales Protestantes, el KKK, los masones, Caballeros de Colon y Malta, y principalmente la Mafia 'Católica'

171 Charles Thompson McClenachan, grado 33. Gran Maestro de Ceremonias Del Supremo Consejo en la Jurisdicción Norte, Estados Unidos: *The Book of the Ancient and Accepted Scottish Rite of Freemasonry*. Masonic Publishing Company en 1914. Disponible en Pattee Library, Universidad Estatal de Pennsylvania
172 *Cabrinovic* - el asesino - dijo a la corte militar: "Si, yo sabia que todos éramos masones, y esto fortaleció mi decisión... la masonería fortaleció mi intención. En la masonería es permitido matar."

todos defienden un modo de vida basado en la monista visión del mundo Trinitario con su sentimiento ario (fascista) que inextricablemente esta enredado con el progreso civilizado (Orientalizado) cultural que ellos exportan y defienden. Ellos forman una especie de Tawhid de *anti-verdad*, como si esto era una alfombra de metafísico suelo en la cual sus almas y voluntades son trasplantadas. Uno también podría ignorar cuando las Tríadas chinas y la Yakuzza japonesa emprenden diálogos inter civilizaciones, o la mafia rusa y sus hermanos balcánicos que ahora enriquecen nuestro Talibán, hermanos iraníes y paquistanís con el dinero del narcotráfico. ¿Cuán lejos piensa usted que llegaría si entrara en estas junglas culturales sin llegar a acuerdos con sus respectivos jefes militares y tenientes? Esta gente no responde a políticos, guardias civiles, cruzada de ejércitos, prelados o Presidentes de Universidades, e ignorando la influencia de sus colectivos lotes de perversidad certificada es seguramente in científica:

> "Los ingresos totales mundiales de las organizaciones transnacionales criminales son del orden de un trillón de dólares; una cantidad equivalente con el combinado PIB de los combinados países de bajos ingresos con una población de 3 billones de personas. Pero esto no se comunica la magnitud de sus inversiones rutinarias en empresas legítimas o su mando significativo sobre la producción en muchas áreas de la economía legal."[173]

Y mucho de este dinero negro es responsable del actual 'salto avante chino.'

Cualquier politólogo e historiador del *gestalt* sabe de los lazos entre gobernantes (khassa), el crimen organizado,[174] y sociedades ocultas (religiosas)

---

173 *The Globalization of Poverty*, op.cit. p. 4; Ver también: Conferencia de la ONU para Prevención del Crimen 1995; y Jean Herve Deiller, *La Presse*, Montreal, 30 Abril 1996.

174 *The Great Heroin Coup* por Henrick Kruger, Corresponsal Investigador alemán para Der Speigel, adelantado por Peter Dale Scott, 1980... el libro esta agotado y fue suprimido pero logré tomar prestado una copia de un agente ex-secreto (DEA/MI5). El Sr. Kruger encontró un final inoportuno después de la publicación y el libro fue tirado fuera del mercado.

Chinese Organized Crime por Mark Craig, Detective en Jefe retirado, publicado en 1996, por la Fundación Winston Churchill Memorial-las autoridades australianas lo persiguieron y trataron de prohibir el libro para proteger el comercio y el turismo.

Cocaine, An Unauthorised Biography, por Dominic Streatfield, corresponsal basado de Londres cuyo editor financió la investigación que le tomó dos años al Sr. Streatfield en 4 continentes y hacia mas de 10 países donde se reunió con distribuidores, policías, agentes del DEA, barones de la droga en Europa, EUA, las Islas Caribeñas, Cali, México, agricultores, políticos y sicarios- ISBN 1-85227 921 4 TBS Distribuciones, Londres, 2001 - Este libro tanto revela que no fue lanzado al gran público debido a su contenido indiscutible. Sólo el personal de seguridad y pocos escogidos policías tenían acceso a su publicación inédita para la crítica. ¡Logre acceso únicamente por suerte! Para mas información contactar a Eleanor Johnsey @ virgin-pub.co.uk desde Caín y la Monarquía Matriarcal Shakti a Elizabeth y Drake hasta las infames pandillas de los 5 puntos y Tammany Hall en NY, sin mencionar Hasan I Sabah de Alamut y 'Asesinato S.A.'[175] la Yakuzza japonesa, Harry Truman y Lucky Luciano, Lord Cromer y la East India Co., o Nixon y sus capos de la droga Cubanos en la CIA;[176] así como el Banco Islámico BCCI... que lavó y planchó dinero para todos ellos, incluyendo a bin Laden.[177] Aún los escritores de tesis y lumbreras de política ignoran este sepulcro pintado de hechos como si fuese inexistente o de importancia mínima. De tal corrupción es la maravillosa obra de Albert Houraini, *History of the Arabs.*

Sí, acepto que este es material 'sensible', ¿pero por qué tememos a hombres más que a Alá? ¡Es este mismo miedo que le concede la victoria al enemigo de nuestras almas! Este síndrome de negación supremo es el que los fundamentalistas, evangélicos, académicos, políticos - o malasios que ignoran la fábrica de VIH de Chow Kit[178] - tienen en común todos. El diálogo bajo

---

International Drug Trafficking, Dennis Rowe Ed. Univ. Chicago Office of International Criminal Justice, National Institute of Justice, Wash. D.C., 1988

"Quizás el ejemplo más ostensible de la explotación del tráfico de drogas por un estado para sus propios objetivos es el de la británica East India Co., que usó el opio para expandir la influencia y control británico del Imperio Celestial de China. El tráfico británico fue un esfuerzo planificado y consciente para desestabilizar China para los objetivos de expansión colonial y lucro. La resistencia del chino a esta actividad causó las Guerras Del Opio (1840-42 y 1856-60) y la conquista comercial de China por los Poderes europeos. Firmas estadounidenses, como Perkins & Co., y Russell & Co. se unieron al comercio." Russell fundó el 'Skull & Bones' en la Fraternidad del Clan Bush en Yale, y estas ganancias de opio le dotan hasta este día. Otras Familias americanas, que ganaron su 'viejo dinero' del opio, incluyen a los Forbes, Delano, y Woods. Peter A. Lupsha, ibíd., pagina 18, ver: *The Opium War*, Peter Fay, Univ. N. Carolina Press, 1975

175 "Hasan-i Sabah ha manejado mediante cuidadoso argumento teológico y la lógica implacable aplicada a las doctrinas chiita, para crear un poderoso sentido sectario de comunidad basada en el *secreto tradicional y la naturaleza conspirativa del Ismailismo.*" - Edward Burman, *The Assassins - Holy Killers of Islam*

176 Nixon movía heroína de Corsos franceses vía Turquía, y la transferencia de la materia principal desde el Triángulo de Oro a unos tales Luciano-Trafficante-Vesco y Lanski Ltd., con la ayuda de un ejército privado de cubanos entrenados por la CIA aficionados al asesinato patriótico que más tarde se hicieron fanáticos anti- Sandinistas y asesinos anti socialistas de alquiler en todas partes de Latinoamérica, África, y Europa; todos quienes eran expertos contrabandistas de cocaína. Después de este golpe, que derribó la Concesión de la Indochina francesa, el narcotráfico fue consolidado a un entorno bajo global administración Mafiosa con las sofisticadas internacionales Tríadas chinas y filiales rusas. Referencias listadas arriba.

177 Los clientes del BCCI incluían simultáneamente: Abu Nidal – Hezbollah – Irán – Iraq – CIA – Mossad – MI5 – Noriega - Saudís – y los Servicios Secretos de Francia, Arabia y Suiza; y se le permitió seguir pillando a sus depositantes durante años después de que tanto el Ministerio de Justicia de EUA como el Banco de Inglaterra debidamente fueron notificados de sus fraudes, el lavado de dinero y complicidades internacionales terroristas.

178 "HIV Spread Prompts Malaysia Rethink on Drug Users," *InterPress News Service* (IPS); Domingo, 12 de Mayo 1996. Satya Sekaran. Ver también: Una evaluación del trabajo de prevención del VIH para la población MSM en Kuala Lumpur, Remitido al Consejo Malasio del SIDA por Christopher Eugene Goerdt Scoville, ces14@duke.edu, Duke University, EUA, 13 Agosto 2004. El Banco mundial advierte que el desafío más grande en la lucha contra la infección del VIH y el SIDA ya no es escasez de fondos para investigación, estrategias de prevención o tratamientos, sino una falta crónica de servicios básicos de seguridad social en países peor afectados por la pandemia. B.B.C., 23 de agosto 2007 [las Políticas del Banco mundial exacerban esta misma escasez - OZ]

tales auspicios es esencialmente impotente y simplemente mueve el gas mientras cánceres sociales producen metástasis y la población se entretiene en ilusiones de logro según como su patrocinador, prosperidad, permita. Pero... esta triste pena *es* de verdad, la Voluntad de Alá.

"Los grupos criminales organizados superan a la mayoría de las compañías Fortune 500... Con organizaciones que se parecen más a General Motors que a la tradicional Mafia siciliana."

Daniel Brandt, "El crimen Organizado amenaza el Nuevo Orden Mundial"
Namebase Newsline, Ohio, no. 8, Jan-Mar, 1995.

Cruzados Canadienses, 2009

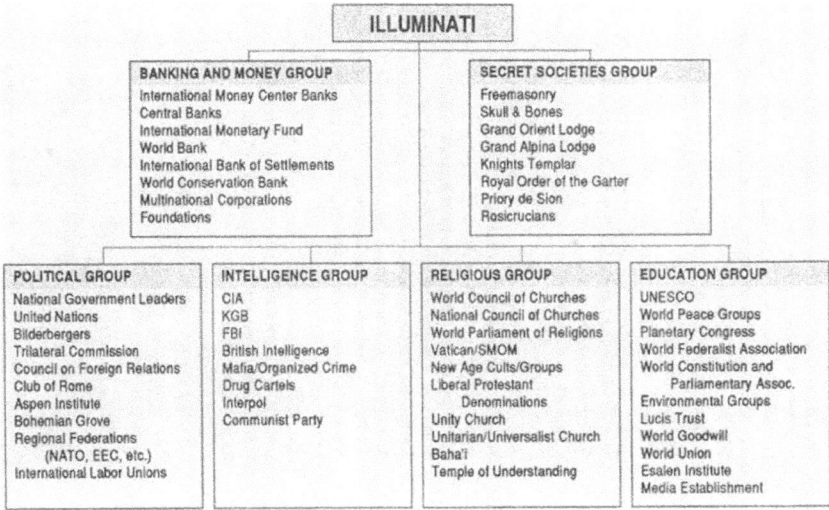

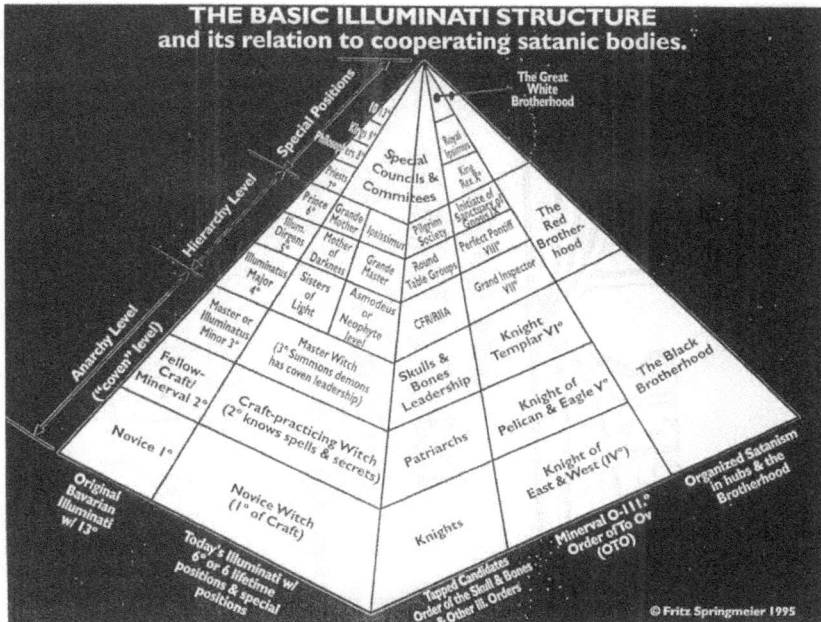

ILLUMINATI

BANKING AND MONEY GROUP
International Money Center Banks
Central Banks
International Monetary Fund
World Bank
International Bank of Settlements
World Conservation Bank
Multinational Corporations
Foundations

SECRET SOCIETIES GROUP
Freemasonry
Skull & Bones
Grand Orient Lodge
Grand Alpina Lodge
Knights Templar
Royal Order of the Garter
Priory de Sion
Rosicrucians

POLITICAL GROUP
National Government Leaders
United Nations
Bilderbergers
Trilateral Commission
Council on Foreign Relations
Club of Rome
Aspen Institute
Bohemian Grove
Regional Federations
  (NATO, EEC, etc.)
International Labor Unions

INTELLIGENCE GROUP
CIA
KGB
FBI
British Intelligence
Mafia/Organized Crime
Drug Cartels
Interpol
Communist Party

RELIGIOUS GROUP
World Council of Churches
National Council of Churches
World Parliament of Religions
Vatican/SMOM
New Age Cults/Groups
Liberal Protestant
  Denominations
Unity Church
Unitarian/Universalist Church
Baha'i
Temple of Understanding

EDUCATION GROUP
UNESCO
World Peace Groups
Planetary Congress
World Federalist Association
World Constitution and
  Parliamentary Assoc.
Environmental Groups
Lucis Trust
World Goodwill
World Union
Esalen Institute
Media Establishment

THE BASIC ILLUMINATI STRUCTURE
and its relation to cooperating satanic bodies.

© Fritz Springmeier 1995

Capitulo VIII.
El Hombre Perfecto

"Las creencias irracionales humanas, una vez firmemente enraizadas en una cultura, persisten, se desarrollan y divergen en una manera evocadora de evolución biológica."

The Golden Bough, Sir James George Frazer, 1922, NY.

"La otra cara de confiada obediencia es la credulidad esclavista. El subproducto inevitable es la vulnerabilidad a la infección por virus mentales."
Dawkins, op.cit. p. 205

"¡Adelante la Brigada de Luz! ¿Había un hombre consternado? No aunque los soldados supieran que alguien había metido la pata: Ellos no dan respuesta, Ellos no deciden por qué, ellos lo hacen o mueren; En el valle de Muerte montaron los seiscientos."

- Charge of the Light Brigade, A. L. Tennyson

"Lo que es cierto sin embargo, es que los seres humanos siguen siendo sacrificados no sólo como resultado de conflictivas formas de nacionalismo, pero también a consecuencia de la explotación implacable y la manipulación por partidos poderosos e intereses tanto regionales [khassa] como globales [khassa] por igual."

Prof. Muddhatir Abd Al'Rahim,
The Human Rights Tradition in Islam, Praeger, 2005, p. 66

"El predominio de autoritarismo mordaz traiciona las espirituales y éticas normas y enseñanzas del Islam."
- Speaking In God's Name por Khaled Abou El Fadl, Yale University, 2001

Los maestros de la Masonería - el Arte Real de propagar mitos de origen con el objetivo de 'acondicionamiento' social —comparten una ceguera de corazón que por definición es auto impuesto en virtud de la desobediencia a Alá y Sus Profetas. El estado de este *insan* institucional hace necesario el establecimiento de una alternativa *esprit décor* debido a la ausencia de la *Gracia Divina* que concede un auténtico igualitario assabyah a una población obediente. La charada comienza con la validación de rituales de iniciación, p.ej. fraternidades de colegio y hermandades de mujeres siguiendo al helénico tema de la *Diosa-madre* de la élite oculta y sus camaradas, y luego fluye abajo por la pirámide políticamente correcta para crear un zeitgeist de ideaciones transmigrando a plurales poblaciones por todo el mundo bajo capa de "Libertad y Justicia para Todos" El uso de símbolos ocultos en eventos deportivos (p.ej. antorchas olímpicas: la llama eterna de Mitra), conmemoraciones de liberación, reuniones políticas, adoración congregacional [rezos por la paz mundial], innovaciones como el cumpleaños del Profeta [iniciado por Ishmailies Fatimidos], etc. - y no digamos bailarinas mujeres y afeminados 'muchachos' en competiciones de ídolo de TV - son las abluciones repetidas de un fenómeno que entumece espiritualmente y causa el "olvido de Alá" que sirve para unirse a la conformidad de grupo o la "Ciudadanía"[179] de las recientes normas culturales *requeridas* del Globalismo. He aquí otro comentario:

La mayor parte de la supuesta legislación neo-ijtihad promulgada por los Estados Musulmanes y por el Estado es nombrado su Ulama que da la impresión de 'forzar' desde textos divinos la particular interpretación que está de acuerdo con normas preconcebidas subjetivamente decididas y basadas en modelos europeos.

- N. J. Coulson, *A History of Islamic Law*, Edinburgh Univ. Press, 1964

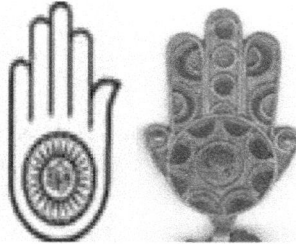

**Icono Hindú del culto de los Jains
Mano de Fátima: Icono Sunni/Chiita**

Lo que ahora llaman *secular* es en realidad el continuum monista de lamaísmo esotérico invitando a todos a doblegarse ante una gran imaginaria abstracción estatal global llamada *Nuevo Orden Mundial.*

Ninguno de los profetas del monoteísmo usó iconografía (p.ej. la "estrella otomana y la luna creciente" o la "cruz cristiana"). Ellos no requirieron de tales imposiciones vanas porque ellos hablaron claramente e inteligentemente. La iconografía es una abstracción de algo que Alá ha creado como una parte incorporada de un "todo". Una vez extraído, p. ej. Quitado de la naturaleza y reducido a un icono, el significado y el objetivo del componente extraído no pueden ser percibidos en su estado verdadero, y así dan el espacio no sólo para la especulación, pero también para el engaño rotundo. Esto es una razón por la cual iconos como la "Mano de Fátima" se prohíben. La iconografía no es sunnah de ningún profeta. Es pagana y comercial en el carácter y con

---

179 "La Ciudadanía es la expresión de una reciprocidad sublime entre el individuo y la voluntad general"
Jean-Jacques Rousseau, péon Illuminati, 1762: *El Contrato Social*

astucia - a la vista por diseño intencional - utilizado por la élite oculta para mediar y dirigir su diálogo con el conocimiento de masas. Roma adoptó y adaptó cada fe sabida excepto la celta Druidismo - la cuál Julio César desprecio y temía con buena razón - y luego las unió a todas ellas, incluyendo la Cristiandad, bajo el tótem del águila hitita ya mencionada, que trabajó durante más de 1400 años para el Sacro Imperio Romano Católico, y entonces fue adoptada por los Romanov como símbolo para su ambición Imperial de unir el Este y el Oeste bajo su gorro[180] real. El principio de esta iconografía es exquisitamente aplicado hoy a escala global.

La pregunta es: ¿Es esto sabio? La sorprendente respuesta es "Sí" porque este es el único modo de traer la mayor paz y la prosperidad a las *poblaciones inherentemente desobedientes* que desean el nirvana temporal más bien que los hechos y el recuerdo de Alá que conducen a la paz verdadera y la seguridad así como al Jannah (paraíso).

Esta necesidad inquietante por lo tanto ruega la pregunta del supuesto "Estado Musulmán", que en medio de tales políticas plurales sectarias de negación concertada es imposible establecer; sobre todo si estos últimos grupos de corazones desobedientes y maníacos fundamentalistas se les da licencia para compartir el poder, lo cual la élite oculta no va a aprobar bajo ningún termino. Primero, déjeme declarar que sin lugar a dudas no puede haber ningún Estado Musulmán sin un Califa y el Consejo de Shura - y el Shura seguramente no se compara con un parlamento electo - para equilibrar el poder del Califa prohibiendo los males de la tiranía autónoma; y esto nos deja esencialmente "acéfalos" como una Ummah que ya sea universal, regional, o aún a nivel nacional. Espiritualmente y corporalmente, el Islam ha sido decapitado, tal era la condición de Israel durante un período de 400 años de los "Jueces" antes de la monarquía Davídica así como también los 400 años precediendo el advenimiento de Isa. Desde que tanto la monarquía[181] como democracia son callejones sin salida - es decir., algo que Dios *nunca* deseo para el justo - que históricamente y naturalmente se inclinan hacia la autocracia inevitable de un dictador y aliados plutocráticos, la Ummah está en una tierra de nadie y cada poblado debe repeler por sí mismo como mejor pueda en este estado de *inautenticidad* o la acefalia. Además, muy lamentablemente, los Musulmanes - a menudo bajo auspicio masónico - de verdad han escrito la miseria y deshonra de su momento presente, y sin un Califa y/o la política clara de resolución de conflictos hecha cumplir entre estados y tribus sectarias, somos presa fácil para la intervención de la ONU

---

180 Por esta razón los Rothschild se aseguraron que ellos fueran asesinados y luego se quedaron con la inmensa fortuna que los Romanov habían confiado a su cuidado, con la ayuda de Lord Mountbatten. Mirar Apéndice V para detalles.

181 "No sé si soy un califa o un rey; y si soy el rey, es una cosa temerosa." - Hadrat Umar; Guy Eaton, *Islam and the Destiny of Man*, p. 150

como Consejo de Seguridad - con las adiciones de India y Japón - apretando sobre guanteletes globales y Jerusalén como lo citado previamente.

Esto es aún más cuando los respectivos pobladores de la Ummah se someten al materialismo, la burocracia corrupta[182] e Imanes medio educados con bidah conseguida por dogmáticos chamanes que simplemente realzan los síndromes de negación de "muchos". El nuevo himno evangélico, la "Unidad en la Diversidad" da licencia a los subalternos que buscan las faldas de la democracia de la Señora Libertad, que es un astutamente fabricada estratagema ario - un "Caballo de Troya" garantizado a levantar sus faldas y elevar la ley secular encima del Shari'ah mientras político/mercantilistas extraen la riqueza y criminales elegantes manejan mercados negros, extorsión, esclavitud sexual y narcotráfico para controlar ingresos que rivalizan y/o exceden la Fortuna 500 y sobrepasan la mayoría de los ingresos gubernamentales[183]. Cueste lo que cueste, hablen persuasivamente queridos hermanos y hermanas del alim, pero no sean tan ingenuos para pensar que usted puede contener las mareas de una mayoría monista tan firmemente bien

---

182 Encuesta de Corrupción Transparencia Internacional, 2006, el rango de entre la mayoría de países Musulmanes el más corrupto es Malasia en el puesto 44 de 183 niveles, y ningún País Musulmán estaba en los primeros 25. Finlandia era #1, la menos corrupta; Singapur #5, EUA #20, Emiratos Árabes Unidos #31, Israel #34, con México y Arabia Saudí empatada en el #70. La corrupción es endémica en la comunidad ASEAN y en muchos países en vía de desarrollo, y tradicionalmente es percibida como una "forma de vida" por muchos: este es el recientemente llamado síndrome de "Ali Baba". Denunciado por Pak Lah, Alhamdulillah! *Ali Baba:* un pirata mítico se hace tradición, comúnmente aceptada por "muchos" entre nuestra Ummah, debe ser acentuado que esto no es sunnah, y como tal, niega cualquier ayuda del Alá para tales poblaciones: de ahí impotencia Musulmana.

"Una comunidad en medio de la cual pecados están siendo cometidos que podrían ser, pero no son corregidos por ello, con la mayor probabilidad que sea abarcado enteramente por el castigo del Alá. Contemple, el Alá no cambia las circunstancias de la gente a no ser que ellos realicen un cambio personal interno."

– Abu Da'ud en la autoridad de Abu Bakr

183 Muchos de los "Hijos de Hung Wa" (gánsteres de las Tríadas) y otros, tenga rituales de iniciación dotados por monismo pagano que imita el rito masónico. Ellos también están vestidos en la respetabilidad repatriada del dios Mammon. Su maldad exaltada es ahora un componente integral de la economía global y amenaza a la seguridad interna de Naciones Estados vía operaciones ilícitas difusas financiadas por las enormes cantidades de dinero negro generadas por el vicio exquisitamente organizado y las formas sofisticadas de blanqueo. Bien es reconocido por Criminólogos y Eruditos observadores que su actividad es realzada por varias políticas de "Libre Comercio" y proliferación de tecnología global. Sus ganancias exceden el PIB de muchos países en el que ellos libremente funcionan en armonía con el respectivo gobernante khassa, que esta literalmente a su merced. Que ellos funcionen en íntima relación con varios "servicios secretos" no es de hecho, un secreto sino más bien un asunto de apatía general mal asimilado, del cual ellos dependen. También son conocidos como Ghee Hon, Sociedad del Cielo y la Tierra, T'in Tei Hui, Ts'ing-lin-kiu, Son-ho-hoei, San-ho-hui. Las *Tríadas* Hung, formadas inicialmente en el siglo 17, condujeron la fallida Rebelión de Taiping de 1851, pero reanimado bajo la presidencia de Sun Yat Sen para derrocar a los manchúes en 1911. Por lo tanto, asumió Chiang Kai Shek, un asesino de la Tríada. La historia la brinda J.S.Ward y W.G. Sterling, *The Hung Society*. Ellos también están sujetos a muchas críticas académicas y policiacas, pero con poco provecho. Su poder es ahora tan enorme, que el Gobierno Australiano ha tratado de parar varias expuestas públicas así para no ofenderlos. ¿Además, Australia esta controlada por masones, así que cuál es de verdad la diferencia?

enraizada de insan institucional mientras al mismo tiempo muchos de entre su respectivo khassa y amma ' mojan sus picos en este fregadero de pecado.

La gente de inmadura Fe - concebida mente las mayorías de patronizacion religiosa - quieren y quizás necesitan héroe mesías o al menos su imagen (ídolos). Estos almas espiritualmente empobrecidas son la mayoría quienes anhelan la fuga que tal esperanza provee, y como tal, ellos fácilmente son persuadidos - quizás aliviados, tal como lo están los Cristianos - que *alguien más* hará la labor de rescate y/o redención. ¿Este no era el caso cuándo el Profeta David estuvo frente al gigante Filisteo? Tales masas de la humanidad se agrupan cómodas en la conformidad tradicional, agachados con pecados mudos y súplicas por alivio, que espera al menos la *promesa* de "rescate" de una opresión que despiadadamente los encierra dentro como justicia natural de Dios, que es el dominio de la injusticia o la Ética Iblisiana que se refracta según por la luz tenue su propia desobediencia, leyes seculares que emanan y acuerdos internacionales que ahora hacen casi imposible de escaparse (emigrar) a algo mejor. Sin embargo, los señores Feudales Evangélicos del Nuevo Orden Mundial[184] realmente *ofrecen* esta promesa con un encanto tan escaso en nuestra Ummah: una población que, principalmente, ha olvidado como disfrutar de la vida y sonreír debido a la imposición de patroneada falsa piedad. En cambio, los evangelistas y pseudo-Sufís ofrecen la euforia espiritual repetidamente como droga, a pesar del oscurantismo absurdo del dogma y vacíos de hechos sin valor que se evaporan al amanecer mientras corteses buscapleitos hacen sonar cuernos para Jesús y jeques muertos: sus Héroes.

El pueblo alemán fue bien educado, moderno y progresivo, inclinado a la ética de trabajo protestante, pero todavía necesitaba a un héroe. Para ellos, "el otro" que muy rápidamente se hizo *no alemán* - más tarde se tradujo a *no Ario* - según Hitler y Goebbels pregonaron el modelo fascista del cuerno wagneriano modelado por Nietzsche y dirigido por Alfred Rosenberg, un judío ruso y ocultista que resultó también ser ideólogo de Hitler; llamaba aún a Jesús un "dios ario". ¿Por qué esta profunda teomanía abrazó a una entera nación moderna? El informe debajo revela el zeitgeist epistemológico del alma de grupo alemán, con lo cual aún el cristianismo era una capa superficial:

---

184 El Tele evangelismo ha crecido a ser una industria de $5,500,000,000 de dólares.

Conclusión del Extracto de un Informe de la Unidad G5, Inteligencia del Ejército de los EUA, Comando Aliado:

Estudio Preliminar para Gobierno Militar, Rombaden, Romstein, Alemania, 1945:

"Rombaden tiene muchas características típicas alemanas. Hay adoración de ídolos, tribalismo, juerga, y el misticismo. Hay ritual pagano de los Nazis. Como una contradicción hay catolicismo fuerte, una vida cultural y educativa y un complejo moderno industrial. Este tironeo, esta paradoja, corre profundamente en el carácter alemán. Es en particular fácil ver que Rombaden es representativo del *Alemán Eterno*, que se busca a sí mismo y es un enigma para sí mismo así como al mundo exterior."

Ellos equivocadamente no asumieron que el catolicismo no es más que ritual pagano; el Luteranismo no está lejos del Mitraismo Persa adoptado por su viejo némesis. Las leyendas Germánicas y mitos que alaban el Arianismo y sacrificio para la "Patria", cuando combinado con el sincretismo de Mitología Trinitaria glorificado por esplendor Wagneriano, son unas profundas fuerzas *subliminales* que son antisemita (Árabe/Judío) y anti monoteísta. Ellos promueven un conveniente regreso al chauvinismo bárbaro aniquilando o subyugando al "otro". No es de poco asombro que la nación alemana entera siguiera el estándar de la rueda de fuego del dios del Sol (la esvástica sagrada de Dalai Lama). ¡Pero por favor no sonría con satisfacción! El mismo fenómeno está a punto de ser repetido a escala global, y la catástrofe del 9/11 WTC seguramente es semejante a Hitler quemando el Reichstag. Incluso el Logo de la OTAN lleva una esvástica hoy mismo. Estúdielo con cuidado antes de que usted descarte los cargos. Esta locura todavía gobierna y usted realmente debería hacerse esta pregunta: "¿Por aun yo no sabía esto? Respuesta: ¡Porque "ellos" no quisieron que usted supiera! En esto son buenos ¡Esto es una conspiración!"

El zeitgeist alemán fue arraigado en mitos paganos que fácilmente se transformaron en la magnificencia pseudo cristiana con su histriónico 'Cristo-cósmico' (*Hombre Perfecto* o ubermenge). La ideación prontamente trascendió cualquier intención pura del Evangelio (Injeel) de frente a la propaganda Fascista/Aria que jugó con la población y su bien fabricado precisar de un héroe. El concepto ubermenge no es diferente al de doctrinas chiitas quasi-sufi[185] del "Hombre Perfecto", la cual mistificando la imaginación que está

---

185 "En la mística jerarquía, el *Qutb* o Polo es el Jefe Espiritual de la jerarquía de Profetas y Santos, la etapa intermediaria entre la cabeza de dios y el mundo fenomenal, lo eterno y lo temporal. El *Qutb* es el "Polo" en el cual toda la creación gira. Acorde al Sufismo, el Polo se realiza en el hombre perfecto, la individual expresión humana del Logos [de Philo-lo que luego se convirtió en el Espíritu Santo de los Cristianos y Cristo Cósmico de los Teósofos-OZ]. Cada Sufí busca convertirse en el Logos. Acá hay una cierta paralela con el Tantra Tibetano Budista, adonde el énfasis en la Trikaya a veces cambio desde lo teológico o

claramente arraigada en el dogma Ishmaili con Fatimitas en cuanto a la ocultación de un Imán invisible en el precisar de babosos balbuceando. De verdad, ellos son los mismos.[186] Fatimitas (un cripto judío lidera) e Ishmailies comparten Ritos de Iniciación con el culto infame de Asesinos de Agha Khan[187] quienes después introdujeron estas doctrinas gnósticas a los Caballeros Templarios con la ayuda de Johannitas Ortodoxos del Este y otros Gnósticos.[188] Los simulacros de estas fantasías son adoptados por muchos musulmanes místicos quienes inician una búsqueda de la santidad mediante la unidad con Dios, tal especulación demostrablemente, es un concepto monista compartido por la población cristiana evangélica, aunque con una giro ligeramente diferente.

El último grupo se llaman a ellos mismos "santos" por vía de exhortación, no es diferente del ubermenge Nazi de la "Patria". Aquellas poblaciones cruzando el Éufrates adoran (atento, adorar también significa *obedecer*) a sheiks de Ursiloon y/o *muertos* considerados como "perfectos", y, que tal como los

---

"místico" al individual yoga (el Trikaya como el transformado por Yoga y perfeccionado individual ser). El Logos Divino entonces se manifiestan como incontables Avatares, Perfectos Maestros, Divina Presencia, y así en adelante; ya sea en forma humana como un real físico Avatar, o en sutil no-encarnada forma como una Presencia que mueve sutilmente en el espiritual Corazón (*Qalb*) de cada ser individual. Este es un proceso siempre continuo por lo que siempre esta la Divina Presencia en el mundo, aunque en algunos periodos pueda ser mas accesible que otros – entonces los Ishmailies hablan de Ciclos de Epifanía y Ciclos de Ocultación. [Corbin, *Cyclical Time and Ismaili Gnosis*, pp.80-81], y los Cabalistas de Dios revelando su rostro y volteándolo. [Luzzatto, *General Principles of the Kabala*, p.47] – pero aun en los periodos del esconder de la Luz, habrán aun todavía avatares y maestros para aquellos que son sinceros. En ningún tiempo han tropezado las almas en el mundo de oscuridad sin haber sido dejado sin guía o gracia."
- A. E. Affifi, *The Mystical Philosophy of Muhyid Din-Ibnul Arabi*

Acá tenemos la antigua «Formula de Iniciación y justificación para Sheiks y diversos maestros para formar "grupos privados" de discípulos entre los desamparados y medio-educados del vulgo (amma). - OZ
186 "Por Fascismo digo que es una filosofía totalitaria y de perfección, y una manera de pensar en certinidad y absolutos, poderosa intolerancia por alguna diferencia en ideas, demanda conformidad a las certinidades y a menudo un cultivo de mentecatos o no pensantes o cuestionando: tomando una posición de superioridad sobre otros que no creen o no califican para membrecía en la fraternidad de creyentes, y la cultivación de cultos de poder aun entre los creyentes; una prontitud, de hecho a menudo un amor por la violencia y perjuicio a todos aquellos que se definen como no-creyentes o enemigos de la certinidad; y al final negaran haber hecho daño a alguna vida - la propia o de otros."
- *Fascism and Democracy in the Human Mind: A Bridge between Mind and Society*, por Israel W. Charny, 2006. Esto define a los bullies así como al liderazgo oculto de sociedades secretas verificadas en los Apéndices. – OZ
187 "la mas radical y peligrosa clase de revolucionaria secta Chiita." - Bertold Spuler, *The Age of the Caliphs*, Princeton, Markus Weiner, 1995, p. 67 "...el constante objetivo de todos ellos [Ishmailies] era botar el Islam." Nisam al-Mulk, *Rules for Kings*, traducido por Hubert Drake, Londres, Routledge and Kegan, 1960, p238; ver también al-Ghazali: *The Scandals of the Batinites* para la historia de origen los Fatimitas - Ishmailies conduciendo a Mustalis, Druzes, Batinis y Aqa Khanids de Bombay, así también teología chiita, ver *Shi'a* por Allamah Sayyid Muhd Husayn Tabatabai, traducidos por: Sayyid Husayn Nasr, Ansariyan Pub. Qum, Iran 1981 ver también: von Hammer, *The History of the Assassins*, pp. 45-6:
"... Escepticismo y libre pensamiento, siempre que ocupen solo las mentes del indolente y filosófico, han causado la ruina de ningún trono, por tal propósito el fanatismo religioso y político son las mas fuertes palancas en manos de las naciones. **Para el hombre ambicioso lo que la gente piense es nada, pero lo es todo para saber como el puede usarlos para la ejecución de sus proyectos.**"
188 Según Albert Pike, *Morals and Dogma* del antiguo y aceptado Rito Escocés de la masonería, Pub., 1871

Nazis, también están preparados para morir por su mistificada "Patria" cortesía de un análogo mito indoeuropeo. Así entonces el fundamentalista entre nosotros sigue al cristiano y judío[189] "paso a paso" como pronosticado. Ahora, considerando esta plétora de locura de pseudo monoteísta, esto no es de poco asombro que el ateísmo sea actualmente la religión de preferencia entre la inteligencia.[190] Acá tenemos mesmerismo gris a ambos lados del Nilo con sus *raíces ocultas* conectando a los dos grupo ostensiblemente contrarios convenientemente encajando en el teorema dialéctico de Hegel; que no es nada más que la estrategia muy bien probada del César para redoblar los tambores de guerra para ambos grupos. ¿A alguno le importaría decir *Abracadabra*?

Místicos y Fundamentalistas son obscurantistas expertos, grupos que tanto Ghazali como Khaldun vehementemente amonestaron. El Verdadero Sufismo - opuesto al misticismo - no es nada más que una aplicación de su propia voluntad para disciplinar su naturaleza sensible [nafs] por la práctica de los rituales *recomendados* del Islam *sumados a aquellos requeridos*, entonces, se vuelve sumamente consciente de sí mismo y con diligente conciencia de las leyes de Alá en cada pensamiento, palabra y hecho tal como describí en la introducción. Y es importante notar que el término "Sufí" era desconocido para los musulmanes durante las primeras 4-5 generaciones del Islam, y por lo general, esto toma 3-4 generaciones para que innovadores arruinen lo que los profetas inician. Simplemente dicho, los verdaderos sufíes son devotos como los discípulos Ebionitas (pobres) del Profeta Isa en Jerusalén, que pasan generalmente inadvertidos, humildemente buscando la bendición del Alá por el verdadero oficio Musulmán de realmente estar haciendo el bien más que las inanes recitaciones de abjuraciones inútiles como monjes profesionales Tibetanos. Dos que viene a la memoria como los ejemplos excepcionales de Sufíes no desconcertado serían el Imán Shamil y Omar Mukhtar. Idras Shah tiene el siguiente comentario acerca de los orígenes de lo que yo le llamare «Sufismo de la Nueva Era', y tales orígenes, de ser cierto, automáticamente coloca al comúnmente conocido Sufismo en liga con los masones y otros practicantes místicos de la antigua alquimia. Más evidencia para esta aserción será presentada posteriormente, por favor téngame paciencia:

> "El conocimiento Alquímico vino desde Egipto directo de las escrituras de Tehuti (Hermes)... de acuerdo a la tradición Sufí el

189 Teniendo en mente que el Cristo-cósmico es realmente el "logos" o emanación de divina esencia según enseña el libro de magia Judío conocido como la Cábala, y que varios altos Nazis, financieros, y seguidores eran judíos adeptos de esta tradición.
190 Una meta-análisis de 39 estudios desde 1927 concluye que el incrementado IQ y la educación están directamente correlacionada con el decremento en teísmo. Ver: Paul Bell, *Mensa Magazine*, 2002. Solo 7% de la US Academy of Sciences son Creyentes, y menos del 3-5% de la Real Sociedad. Ver: "Leading Scientists still reject God" por Larson y Witham, Nature, 394, 1998, 313.

conocimiento fue transmitido por Dhu'i-Nun el Egipcio, el Rey o Señor del Pez, uno de los más famosos enseñantes clásicos Sufíes."
- *The Sufis*, Idras Shah, 1964. [Confirmado por *Said of Toledo*, Siglo 11; Ver: Historia de la Civilización, vol. 4]

Aun el Profeta Noé no tenía ningún conocimiento del *no visto* según la Sura 11:31, y en ninguna parte en la literatura profética es pronunciado cualquier pretexto de hacerse uno solo con Dios. Sin embargo, los místicos de hoy suponen tener un grado o tres más alto que estos mensajeros divinamente calificados.

"La contemplación Islámica es una libre forma de adoración... hay, sin embargo, una restricción, nombradamente, la contemplación del mismísimo Ser Divino. No solo está prohibido, pero también esto es imposible porque nadie sino el mismo Dios sabe lo que El realmente es ... como pueden tener la audacia de presumir que ellos pueden siempre contemplar a Aquel quien "ninguna visión puede alcanzar, pero su alcance esta sobre toda visión." [6:103]"
- Badri, *Contemplation, op.cit.* p 67

"Contempla la creación de Dios y no a Dios Mismo, porque tú nunca podrías darle Sus réditos."
- *Mohamed*, Al-Suyuti, Al-Jami, volumen 1, p 514

"¿Cómo podrías alcanzar al Único, firme en el trono? No preguntes como la palabra fue revelada, como habla el Señor, o como El ve. Mi palabra, esta es sino superfluo!"
- Al-Ghazali, Badri, ibíd., p 68

Tehuti es conocido como *Hermes* y el sobrenombre describe la *"Tradición Hermética"* de juramentos de sangre que son la molienda para el corazón del dogma Francmasónico y otras boberías Teosóficas que asumen presentar el místico conocimiento de lo imposible de saber. En oposición a la verdadera piedad la cual es la práctica de buenas obras y ganarse la vida, la construcción de la Ruta *666* del Misticismo resulta correr paralela a la autopista en declive del Islam desde el siglo 10 AD., y esto es en contraste a la amonestación del Profeta, para "contemplar y estudiar las maravillas de la creación, dice que la recompensa por aprender es como aquella de ayunar, y la recompensa por enseñar es como la del Salat u oraciones diarias." [Badri, ibíd., p 102]... ¿Cómo entonces?

"El Islam generalmente ha fallado en evolucionar una guía para movilizar las masas desde la pobreza, analfabetismo y opresión. La posterior fase de la edad media del Islam fue seguramente acorralado con marcada decadencia cultural. El temprano "alumbramiento" había retrocedido con el advenimiento de jahiliya allá por el siglo decimo A.D. cuando el ulama declaro cerrada la "Puerta de Ijtihad". El disfuncional aprendizaje teológico remplazo a las racionales y empíricas disciplinas, reduciendo al hombre a la insignificancia ... el hombre por lo tanto quedo sin esperanzas e incapaz de dar forma a su propio destino ... lo que después evoluciono aumentado a una tradición de liderazgo irresponsable, inercia burocrática y disfuncional [¿impotente?] elitismo intelectual... esta desorientación apadrino una tradición de esotérica teología que solo ayudo a ejercitar una muy desastrosa visión del mundo: una universalista e irracional *weltanschung*... un unificado cosmos... desprovisto de alguna justificada diversidad territorial. Las ideas de "país" y "estado" apenas cabe en este *gran monista esquema del Ser*. La orden de la creación y administración en un plano transcendental puro ha hecho artificiales instituciones redundantes... legislación, planeación económica y desarrollo se volviera no solo demerita pero también es hereje... La comunidad que se relego en la pasividad, superstición y fatalismo aprendió a sobrevivir bajo un injusto gobierno. El acumulativo efecto de este degenerado carácter eventualmente privo al Islam de una política de orientación pública."

– S.M.A. Sayeed, op.cit. pp. 318, 319

La Libertad no puede ser preservada sin un conocimiento general entre la gente, quienes tienen el derecho... y un deseo de saber; pero aparte de esto, tienen un derecho, un indisputable, inalienable, irrenunciable, derecho divino a ese muy temido y envidiado tipo de conocimiento, me refiero a los caracteres y conductas de sus gobernantes.[191]

[John Adams 1735–1826 2do Presidente de los EUA;
padre de John Quincy Adams]

La secretividad es el útero de esta inaceptabilidad, y el orgullo es su progenitor. En adición a este "comunistico" efecto, el cual veremos que es el producto de consciente manipulación esotérica por ciertos miembros de la elite, también debemos realizar que los místicos pasan el tiempo siendo *mistificados* en vez de estar en verdad trabajando y de allí, necesitan tontos, perdonen, quise decir patrocinadores para apoyar sus fantasías. Para lograr esto último ellos adoptan ya sea comportamiento adulador, práctica verdadera magia, o adelantan muy astutos esquemas para poder extraer riquezas para su subsistencia; y ellos tienen contrapartes entre fundamentalistas evangélicos

---

191 *A Dissertation on the Canon and Feudal Law* (1765), M. J. Kline (ed.), *Papers of John Adams* vol. 1 (1977) p. 120

quienes fingen ambos trabajar y clarividencia para poder lograr similares objetivos.[192] Sin embargo, Al-Ghazali alega que:

"… trabajar duro con el propósito de asegurarse de honestas ganancias con la visión de satisfacer las legítimas necesidades y ambiciones de uno mismo y de sus dependientes no es meramente permisible [pero] a la luz de tanto preceptos Coránicos y Profética enseñanza es una altamente recomendable forma de adoración… la asegurada recompensa por la cual es bendiciones de Dios y felicidad celestial."[193]

Yo pude haberle agregado a lo que Al-Ghazali dice sobre la *ética de trabajar duro*, la palabra "honestas"… debido a que hasta aun los pillos pueden "trabajar duro"; uno solo precisa observar a los Judíos o a los Chinos, y a ciertos segmentos de la Ummah y sus profesionales regimientos de piratas y pretendientes "produce-nada" llamados burócratas, así como Mullahs y fatuos profesores de reciclada cantaleta quienes ni siquiera pueden llegar a tiempo a la disertación.

Pero sigamos adelante: adonde sea que usted vea una preponderancia de tanto fundamentalismo y misticismo, ellos están acompañados de retrogradez social con un correlacionado grado de ignorancia, inercia social, fitna y pobreza; sin mencionar las arcaicas supersticiones que conduce a *"los muchos"* a chamanes que practican verdadera magia (hechicería) con la ayuda de anatemas jinn. Estas condiciones no están accidentalmente aliadas lo cual es exactamente porque el Rey Josías los mato a todos y el profeta Moisés igualmente ordeno la muerte para todo chaman y no padecieron de iconografía alguna (e.g. imágenes de difuntos sheiks en salas de oración) o desviación de la sunnah. También, adonde la gente soporte infortunios, veras exageradas y repetitivas representaciones de héroes y santos (ubermenge posters como aquellos de Lenin, Stalin y Mao, o portadas con fotos de políticos) alegando religiosos o genéricos mitos de origen prometiendo paz, justicia, divina reconciliación, bajar el costo de vida, la erradicación de la pobreza, y pollo sancochado en cada olla. ¡Todos ellos son mentirosos profesionales!

Agregue a esta proclividad por la mística indolencia que el fatalismo y letargo común en intemperadamente aclimatada gente, y tienes una natural circunstancia para los industrialmente inclinados Norteños para descender y luego ascender bajo la cruz solar mientras los espiritualmente degenerados

---

192 "Yo conozco hombres entre los Sheiks de los Azar quienes viven del Islam tal como lo hacen los gérmenes de bilharzias y anquilostomiasis en la sangre de miserables campesinos." M. Al-Ghazali. See: S.M.A. Sayeed, op.cit. p.128.
193 Mudathir Abd Al-Rahim, op.cit. p 157: *Ihya*, vol. I, libro 4, p. 168 y vol. II, libro 5, pp 21-137

musulmanes contemplan inútiles teoremas y exploran la resolución del conflicto con espadas o convenientemente disponibles modernos facsímiles:

> "Una vida de austeridad con un ambiente Espartano fue posteriormente afilado con religiosa preocupación... y eventualmente culmino en feroz fanatismo. La total dedicación al religioso afán y eludir el trabajo, evadiendo el comercio y el agro, cubrieron esta vida de letargo en una peculiar "otra mundanalidad". Ellos encontraron el afán de riquezas ser inconsistente con su *total dedicación a Dios.*" - On the degradation of Ibn Saud's *Ikwan*[194]

Además del esquema astuto de substituir la lealtad tribal y familiar por el mito de *cofradía* de Saud o Al-Bana, nosotros vemos por encima de los resultados de lavado de cerebro e indolencia combinados. Tal era el caso cuando el Gran Muftí de Jerusalén y Hasan al'Bana contribuyeron con 500,000 mistificados *Ikwan* a la SS de Hitler en la causa Aria[195]. La mayoría de aquellos jóvenes cayeron en suelo extranjero después de la violación y asesinato de tantos judíos y cristianos a los que ellos les pudieran poner manos encima en los Balcanes; así que por favor no juzgue a los serbios muy severamente. El "ciego de corazón" conduciendo al ciego y asesinando al ciego parece; que condujo a la matanza de un "estupefacto castigo de humillación." ¿Es simplemente coincidencia entonces que Hasan al'Bana y su ideólogo, Sayeed Quitb, eran tanto Sufís como Francmasones? - Sin mencionar a sus mentores[196], otros notables masones musulmanes incluía a: Jamal al-Din ex

---

194 Tim Niblock, *Social Structure and the Development of Saudi Arabian Political System*, Croom Helms, London, 1981, p. 33.

195 La División Croata Hanjar de la SS (Musulmanes)

196 Ver: Dr. Habib Siddiqui, "Masonry in Middle East", *Al-Jazeerah*, Dic. 26, 2004

"Al-Zawahiri, heredero intelectual de Qutb; posteriormente desarrollo su mensaje, y lo esta poniendo en practica. Pero sin Qutb, el Islamismo de hoy en día que es una nociva amalgama de fascista totalitarismo y extremos de fundamentalismo Islámico no existieran, su principal "logro" fue el articular la social y política practica de la Hermandad Musulmana desde los años 1930s hasta los 1950s – que incluye la colaboración con regímenes fascistas y organizaciones, el involucramiento en acciones anti-colonialistas, anti-Occidentales y anti-Israelíes, y la lucha por el poder estatal en Egipto - en demagógico persuasivo modo, apoyados por tendenciosas referencias a la ley Islámica y las escrituras para engañar al Fiel. Qutb, otrora crítico literario, no era un religioso fundamentalista, sino un propagandista al estilo de Goebbels para un nuevo totalitarismo de pie junto con el fascismo y comunismo."

"Islamismo, Fascismo, & Terrorismo", Mark Erikson, *Asia Times*, 2002 - Provee detallado recuento de Islamismo Egipcio con respecto a espionaje, masonería, la Hermandad Musulmana y colusión Nazi. También: *Historical Development of the Methodologies of al- Ikhwaan... Salafi Publications, Sheik Abu Abdur-Rahmaan Muqbil ibn Haadee al-Waad'iee from Sa'dah in Yemen" March 2003; **Afghani and Abdul**, Elie Kedurie, Univ. of London, 1992; The Esoteric Deviation in Islam, Umar Ibrahim Vadillo Publisher: Madinah Press, Madinah Media (2003)*

Posterior lectura: The Knights Templar of the Middle East: The Hidden History of the Islamic Origins of Freemasonry, por Hrh Prince Michael of Albany y Walid Amine Salhab, Nov. 2006; *50 Jewish Messiahs*, Jerry Rabow, Geffen Publishing, Jerusalem, 2000; *To Eliminate The Opiate*, Rabbi Antelman, 1974; *The Deautsch Devils, Israel*

PM de Afganistán y fundador del movimiento pan-islámico Salafiyya [el cual Lord Cromer. Francmasón grado 33 enalteció]; Su discípulo; <u>Mohd Abduh,</u> quien se hizo conferencista en la Universidad Al-Azhar y Juez del Tribunal Supremo, Reformador de la Universidad, Gran Muftí Egipcio, y el Gran Maestro de las Logias Masónicas Unidos de Egipto, circa 1900; <u>Hajj. Amin el-Husseini,</u> quien sostuvo la estafeta de pastor como el Gran Muftí de Jerusalén y era el mentor y tío de <u>Yasser Arafat,</u> y quien comandó tropas Musulmanas a unirse a las filas de la SS de Hitler, lo que requirió *ritual de iniciación oculto y juramento a Hitler.*

> "La masonería, como todas las Religiones, todos los Misterios... oculta sus secretos de todos excepto de los Adeptos y Sabios, o el Elegido, y usa explicaciones falsas y malas interpretaciones de sus símbolos para engañar los que sólo merecen ser engañados... La verdad no es para los que son indignos o incapaces de recibirlo, o lo pervertirían."
>
> - Albert Pike, op.cit.

"Mis queridos hermanos y hermanas en el Islam, esta no es una declaración a la ligera *del* Maestro Ocultista que aún es venerado en Washington DC. ¡Los hombres se unen a esta sociedad con motivos idealistas con la esperanza que ellos podrían aún convertirse en "Hombres Perfeccionados" de la Hermandad, o al menos "ricos"!

"El intento de fundar la ética y filosofía social sobre el principio de utilidad ascendió a cortar la relación entre la moralidad y la revelación. Revelación, según Abduh, no era con intención de investir actos y eventos arbitrariamente con valor, sino para proveer un marco con razón de operar. En intentar la reconciliación entre la ciencia y religión él *sin ser consciente* minó la *omnipotencia divina y sujetó a Dios y la naturaleza a leyes científicas.* Así la afirmación de causalidad tanto en la naturaleza como la sociedad, la aserción de libertad humana, énfasis en la naturaleza utilitaria de ética, re aserción del derecho de la razón en esferas humanas condujo a una transformación completa de Islam tradicional. El revisionismo de Abduh abrió la puerta a ideas y fuerzas que él no exactamente había tenido la intención de dejar entrar."

- S.M.A. Sayeed, op. cit. p 273

¡No creen ustedes que esto es exactamente lo que los *Illuminati* como Albert Pike y Lord Cromer desearon!

Betrayed: contactar a Barry Chamish, Nakhat Zohar 40/2 Modin, 71700 Israel, Book Orders: chamish@netvision.net.il; ver también: *The Secret War Against The Jews*, John Loftus & Mark Aarons, St. Martin's Press 1994. Una autoritativa exposición del siglo 20 acerca de la aliada colusión en Medio-Oriente. Mr. Loftus es un ex-Fiscal Federal y Consejero para alienados agentes de la CIA & FBI.

Una Dhakini danzando en la imaginación de un monje Tibetano: Ritualizada magia sexual. Ver Apéndice XII

Ver:
www.boards.marihemp.com/boards/msg1x54
701.shtml, www.orignofnations.org/index.htm
Para un posterior precedente en espionaje; ver también: *Unholy Spirits, Occultism and New Age Humanism*, por Gary North, 1966 Una completa y académica disertación en Humanismo a la luz de su filosófico desarrollo e implementación. El Dr. North presenta una Sociológica perspectiva en Chamanismo y Satanismo, así como el engaño persuasivo del monismo, que hace surgir el presente caos social en la civilización occidental y así, montando el escenario para la tiranía del Dajjal.

Capitulo IX
El Dilema

"Ningún nacionalismo real podría ser construido excepto en base al secularismo."

- Nehru

"La Democracia es el peor tipo de gobierno, excepto por todos los otros."

- Winston Churchill

Las implicaciones de lo que se cita y opine hasta acá presenta un serio dilema para moderados monoteístas sin importar el credo. Desafortunadamente, demostrare en los siguientes capítulos que el predicamento es peor que grave.

Mientras el colchón de progreso material invita a la inteligencia de la elite global a abrazar el agnosticismo o ateísmo como lugares seguros de extremismo y diversas formas de boberías de ismos,[197] ocultos elitistas continúan orquestando megalomaniaca esquema de astucia profundamente perversa que numerosos apologistas se rehúsan a creer que es posible, y a pesar de históricos precedentes y la incontrovertible evidencia encontrada dentro de estas páginas, muchos no pueden aceptar que la mayoría de nuestros líderes y sus mentores ocultos son desalmadamente perversos o estúpidamente "ciegos de corazón" ¡tal como es evidente en la foto de abajo! La clase media del proletariado se da a la moral indiferencia y el plural hedonismo de monista-unidad global, mientras las oprimidas barriga y entrañas de esta masa están abyectamente penetrados por fundamentalistas dogmas que inspiran multifarias demencias en lo que se convierten molienda para talleres de sudor, carne de cañón M-16 o AK- 47 y religiosos charlatanes.

Para que uso es la ascendencia - otro que la propia destrucción - para idiotas que saben poco más que un dogma, balas y bombas? Sin embargo, en todos los niveles de este coloso de pluralidad se pueden hayan islas de sinceros devotos de la mano derecha de Allah que son inamovibles de la senda del Taqua.

Políticamente, el secular nacionalismo bajo iconos paganos - seguramente un oxímoron - es la mejor manera de gobernar las multitudes de diversa desobediencia e insan bajo la pretensión de democráticos ideales. Dando por sentado que la armas ideológicas utilizadas para manipular el dialogo entre clases khassa-amma son herramientas de desgobierno que coloca las "furnias

---

197 Las escrituras repetidamente llama "necios" a los incrédulos.

de autenticidad" en "usurpadores de la shura,"[198] la fama y renombre lo deben de hecho a imitadores y empresarios de la *Religión Secular* de la Señora Libertad, como ser Thomas Jefferson - un ateo declarado, o Kamal Ataturk, un dudoso Musulmán - ambos eran masones, y, sospecho, *Illuminati*.

El Rey Saudí con la "Honoraria" Cruz Maltes; Un icono del "declarado enemigo" del Islam: Los Caballeros de Malta del Papa

Efectivamente, el Islam esta en una posición mucho como la que estaban los Judíos durante su cautividad en Babilonia. En aquel entonces, las errantes tribus montaron su zeitgeist-esprit-décor inclinado a ser los *mejores esclavos posibles* mientras esperaban por Allah a que compasivamente los redimiera según lo pronosticado por el Profeta Jeremías. De allí tenemos la sabia política del Islam orientada a la realidad que Hadhari según delineo por la OAS y al menos *externamente* apoyado por el Gobierno de Malasia.[199] Con este curso de acción, ambas clases, la elite y las masas - khassa y amma - puedan abrazar la mayoría de todo lo que representan los ideales Islámicos excepto por el sentimiento de arrepentimiento nacional y la actual prevención del mal; ambos son difíciles de administrar debido al inherente orgullo, afectos tribales, acreciones de tradicional idolatría, estandarizados grados de nepotismo y manifiesta hipocresía residente en oculta afiliación. Sin embargo, poco bien es mejor que nada bien del todo, y así es la apropiada perspectiva del Fiqh, por lo tanto yo estoy de acuerdo que *poco* Islam es mejor que sin Islam:

> "... Presidentes y jefes de Estado no pierden oportunidad de repetir la cálida retorica de labios para el Islam siendo "la religión del Estado

---

198 *The Human Rights Tradition in Islam*, Muddathir Abd Al-Rahim
199 Hasta que tales Gobiernos practiquen *consecuente* responsabilidad y "libertad de expresión" en el espíritu de los Sahabah, "manifiestamente" remane un valido adjetivo. – OZ

y verdadera ideología de la nación." Ellos debieran dar un poco concreta evidencia de hacer lo que dicen... Es triste saber que gobiernos Comunistas están gastando y haciendo mucho mas para adoctrinar a sus jóvenes ciudadanos y en todo el mundo en atea Marxista filosofía que la mayoría de estados musulmanes están haciendo por la causa del Islam." - Malik B. Badri, *Dilemma*, op.cit. p 96

Yo podría agregar que la tradicional práctica de religiosa educación Musulmana ha fallado miserablemente. Enseñando a la mayoría de estudiantes a leer un lenguaje que ellos no comprenden o usan en platica coloquial es tan inútil como enseñar a un primate a reconocer números romanos; y muy especialmente en la enseñanza a hombres sobre como orar sin la comprensión desde esta directamente contra la sunnah y recomendaciones de parte del propio profeta en los Hadiz, quien dijo que debíamos "orar con entendimiento." Esta educacional política no es distinta a la regencia del Católico "Oscurantismo" en donde sus masas atendía misas ofrecidas en Latín y no tenían acceso que les permitiera comprender *al'Kitab*. Los Comunistas, por otra parte "siendo el *ismo* santo-grial del Iluminismo" sabe exactamente lo que están haciendo y la unidad de su efectivo utilitario celo seguramente ha avergonzado la musulmana pretensión de sabiduría, competencia, unidad y astuta.

Un Juez Egipcio (Qadi) envestido en completo atuendo masónico.

Hay una razón para la fallida comprensión de los musulmanes y su "verborrea" falta de medidas concretas según el Prof. Badri, y esa es la colusión de los lideres del Islam con los enemigos de la Ummah, muchos de los cuales en realidad se han convertido al Socialismo - una sub secta del Comunismo - o adoptaron la apariencia de lascivia masónica como buenos "boy-scouts" tal como lo vemos en las fotos en estas paginas.

Según hemos visto, la práctica de iconografía es en si la práctica de magia o ilusión. Los Iconos y las procesiones fijan la atención del alma - poderosamente y desnaturalizadamente - en cualesquier idea que el símbolo diga que represente, por lo cual están prohibidos a monoteístas. El único icono real representando el Tawheed del Islam es natural en si mismo y no el "humo y espejos" de las vanas imaginativas abstracciones puestas en marcha por Globalistas. En adición, debemos realizar que "Shura" no se equipara con popularizados esquemas de democracia más que la Creación se equipara con Allah. Aun la Democracia se ha convertido en el Santo Grial de utopías idealistas y galantes bellacos, a pesar del hecho que es un fallido y profundamente erróneo sistema excepto cuando esta limitado a la shura Patricia de justos hombres y mujeres; el cual es un imposible estado mantenido en una abrumadora mayoría de "desobedientes". En realidad, y como se emplea actualmente, la democracia es una teoría académica que es mejor dejarla podrir en el papel que consume y las sociedades que inherentemente arruinan, debido a que sin la obediencia a la institución de shura en el Islam, estos reciben bien los caprichos de la chusma que rige según la manipulación profesional por la presente elite Illuminati - después de todo, ellos re-inventaron sus actuales formas acorde a los *Protocolos de Sion*.

Las Democracias se desgastan debido el liderazgo vis-à-vis la elección de ambiciosos corruptos eruditos no es el Orden Divino. Eventualmente, la futilidad broto - según los Protocolos de Sion y Albert Pike - conduciendo a la desesperanza, apatía e insurgencias la cuales parieron aun otro espiritualmente muerto régimen. Los oligarcas, tiranos y "liberales autocracias" aman gobernar a tal corrupción siempre y cuando la hediondez se mantenga fuera de su Edén privado, tal como lo fue con el padre de Gautama Buddha. La Voluntad Nacional (el Zeitgeist) de tales poblaciones seguramente no están amarradas al Reino de Allah. Entonces, se vuelven prevalentes con perplejidad y fragmentada en partisanas sectas, cada una en oposición a la otra con vanas ilusiones de divino nombramiento. En cuanto al secularismo: este es consistente con la irredenta naturaleza humana porque cualquier población redimida requiere las austeras disciplinas que atiende la fe. Como tal, el secularismo es por lo tanto una vanidad que da licencia a la inmoralidad a todos los niveles. Esto se demuestra por aquellas poblaciones las cuales han adaptado y adoptado su credo. El secularismo es en realidad un relativamente nueva teoría de Gobierno parida por los Jacobinos y peones masónicos, y se ha probado a si misma indigestible bocado para la virtuosa alma humana; Si acaso esto no fuese así, dotados sofistas como Jerry Falwell y Sufíes enciende corazones no tendrían ninguna audiencia.

Mientras tanto, Iblis y sus serviles se insertan ellos mismos como magma a través de espacios multitudinarios de recurrente sublevación social que constantemente busca la vana-gloria de liberación de modeladas futilidades que aparecen ser perene opresión por la elite. La verdad es sin embargo, que mientras toda la población en realidad permanece esclavizada por su desobediencia a principios revelados divinamente. Tal como lo escribe Aleister Crowley en su *Libro de Ley*, Iblis inocula sus principales discípulos con la "dureza de corazón" del Faraón así para que el dicho "Querer es Poder" se bautiza con Patriótico plumaje y sacerdotalmente adornado con disimulados iconos. Esto se ha vuelto el Corazón y alma del Evangelismo y su llamada a llevar la carga del hombre blanco... aunque muchos "no lo saben":

> "El [Maududi] enfatizo que hay básicamente dos diferentes y de hecho mutuamente opuestas actitudes a la vida: una de aceptar a Dios como Soberano y el dador de la Ley y como tal respondiendo ante El como Su esclavo y sirviente; la otra, de desafiar y rebelarse contra Dios, y la arrogación a uno mismo o a otros fuera de Dios la autoridad de ordenar."[200]

Yo estoy sorprendido de que tal declaración de verdad venga de un comunista educado en la Sorbona; una institución tradicionalmente impregnada de Illuminati! Y usted será testigo a medida que lea la alarmante historia presentada en los Apéndices, esa "arrogación a uno mismo" es la ley de la elite – khassa - mientras "rendirse a otros" es la ley de las masas – amma -. Sin embargo, la Hidayah (Divina Guía) es en realidad un *don* de Allah que tiene grados de avance acorde al esfuerzo y reciproca divina gracia. Esta verdad indica que el Islam no puede ser *legislado* debido a que el Estado Islámico (la unidad políticamente organizada) *requiere una supra-natural gracia*: una gracia no dada simplemente a un cuerpo de creyentes sino a un cuerpo de *hacedores*; significa específicamente: una *obediente* unidad política - como Ibrahim y sus 300 criados. Cualquiera puede creer en el Islam pero solo el sincero (obediente) realmente practica el Islam cuando es guiado por la sabia (educada, experimentada y pía shura).[201] Desafortunadamente, desde el asesinato de Hadrat Umar he visto pocas obedientes unidades musulmanas en registro con el sabio y pio al timón. Esta ultima realidad nos lleva al asunto del Dakwah, el cual discutí en el capitulo anterior. Primero debemos entender y estar de acuerdo a partir del principio y consecuencias de la obediente sumisión, la cual seguramente no requiere iconos o medallones masónicos colgados alrededor de sus cuellos o enganchados en el pecho. Tales infantiles y pomposas fantasías pertenecen a las muchas esferas de *insanidad*.

Las pocas paginas a continuación muestran y revelan a personas de importancia que pertenecen a varias confraternidades Illuminati, en las cuales los Caballeros de Malta, quienes tienen los rangos mas altos en sus escalafones conspiratorios. La lista es muy impresionante y debe dar a todos los sobrios lectores una gran causa de interés y "cambio" de orientación.

---

200 Ansari and Ahmad, *Islamic Perspectives*, The Islamic Foundation, Leicester, 1979, p 367
201 Hay muchas formas de educación, y es dudoso que los evolucionados sistemas de hoy cumplan con las calificaciones de piedad y común sentido compartido por los compañeros que guiaron a su primera generación. El "Alim" en mayor parte, está divorciado de autoridad. Por lo tanto en muchos diarios, libros y pronunciamientos caen en terrenos rocosos que no tienen ningún poder para hacer germinar la planta de consecuentes obras políticas justas.

Imitadores Egipcios que realmente creían ser Musulmanes,
Juntos para una foto oficial en su Logia/Templo Masónico.

Compilación de Prominentes Miembros de los Caballeros de Malta

Edward Fence Adam
General Altadena
George W. Anderson
James Jesus Angleton
Samuel Alito
Julian Allison
Joe M. Allbaugh
Roberto Alejos Arzu
Silvio Berlusconi
Grandmaster, Prince Andrew
Willoughby Ninian Bertie (difunto primo de la Reina Isabel II)
(Ex PM) Tony Blair Michael Bloomberg
Elmer Bobst
Marie Corinne Morrison Claiborne Boggs (Dama L Boggs)
Geoffrey T. Boisi
John Robert Bolton
Charles Joseph Bonaparte
Principe Valerio Borghese
Dr. Barry Bradley
Nicholas Brady
Joseph Brennan
Monseñor Mario Brini
Pat Buchanan
James Buckley
William F. Buckley, Jr.
George H.W Bush
John C. Gannon
Licio Gelli
Reinhard Gehlen
Burton Gerber
Rudy Giuliani
Emilio T. González
Otto von Hapsburg
William Randolph Hearst
Edward L. Hennessy, Jr.
(Baron) Conrad Hilton
Heinrich Himmler
Richard Holbrooke
J. Edgar Hoover
Leonard G. Horowitz
Daniel Imperato

Francis L. Kellogg
Joseph Kennedy
(Senador) Ted Kennedy
George W. Bush
Jeb Bush
Prescott Bush, Jr.
Frank Capra
(El Rey) Juan Carlos de España
Frank Charles Carlucci III
William Casey
Michael Chertoff
Gustavo Cisneros
(Presidente) Bill Clinton
(Cardenal) Terence Cooke
Gerald Coughlin
(Senador) John Danforth
John J. DeGioia
Cartha DeLoach
Giscard d'Estaing
Bill Donovan
Allen Dulles
Avery Dulles
(Arzobispo) Edward Egan
Frank J. Fahrenkopf Jr.
Noreen Falcone
(Count) Franz Egon
John Farrell
Matthew Festing (Gran Maestro)
Edwin J. Feulner
Francis D. Flanagan
Raymond Flynn
Adrian Fortescue (siglo 16)
Fray Giancarlo Pallavicini
Fray Hubert Pallavicini
Franz von Papen
Barón Luigi Parrilli
Juan Perón
Peter G. Peterson
Harold A.R. 'Kim' Philby
Thomas Melady
Sir Stewart Menzies
(Principe) Angelo di Mojana
Thomas S. Monaghan
Rupert Murdoch
Joseph A. O'Hare

Thomas 'Tip' O'Neill
Francis (Frank) V. Ortiz
Oliver North
George Pataki
Cardenal Patronus
Robert James "Jim" Nicholson
General Augusto Pinochet
Dr. Lawrence Gonzi
Sir John Gorman CVO
Thomas K. Gorman
J. Peter Grace
Lord Guthrie of Craigiebank Gen. Alexander Haig
Cyril Hamilton
Martin F. Shea
Clay Shaw
William Edward Simon Jr.
Jennifer Sims
Frank Sinatra
Frederick W. Smith
Cardenal Francis Spellman
Francis X. Stankard
Steve Stavros
Myron Taylor
George Tenet
Fritz Thyssen
Richard Torrenzano
Admiral Giovanni Torrinsi
Carl Nicholas Karcher
Henry A. Kissinger
Bowie Kuhn
Cardenal Pio Laghi
Cathy L. Lanier
Joseph P. Larkin
Louis Lehrman
General de Lorenzo
Clara Booth Luce (Dama)
Henry Luce
Angus Daniel McDonald
George MacDonald
Nelson Mandela
Avro Manhattan
Alexandre de Marenches
John McCone
Lee Iacocca

John J. Raskob	(Principe) Anton Turkul	Col. Albert J. Wetzel
(Presidente) Ronald E. Reagan	Albrecht von Boeselager	Canon Edward West
John Charles Reynolds	Winfried Henckel von Donnersmark	Gen. William Westmoreland
George Rocca	Thomas Von Essen	Gen. Charles A. Willoughby
Nelson Rockefeller	Amschel Mayer von Rothschild	William Wilson
David Rockefeller	Robert Ferdinand Wagner, Jr	Robert Zoellick
Francis Rooney	Kurt Waldheim	Gen. Anthony Zinni
Rick Santorum	General Vernon A. Walters	Antonino Scalia
General Giuseppe Santovito		Phyllis Schlafly (Dame)
Stephen A. Schwarzman		Walter Schellenburg
Frank Shakespeare		Joseph Edward Schmitz (Blackwater)

El Papa Benedicto con el Gran Maestro Francmasón SMOM, Caballero de Malta, el ya difunto Andrew Willoughby Ninian Bertie.

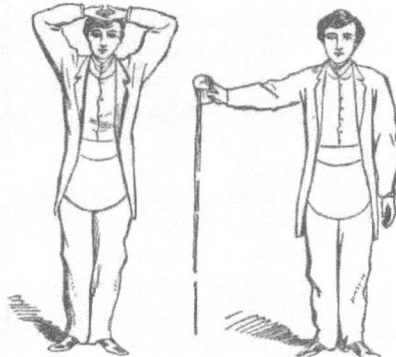

Capitulo X
El Propósito de la Sumisión

"¡Creyentes! Preocupaos de enmendaros obedeciendo a dios. Por cierto que no os dañara la perdición de los demás si estáis bien encaminados y exhortáis s seguir la verdad. Todos vosotros seréis retornados solo a dios, el día de la resurrección, quien os enterara de cuanto hayáis hecho, y, entonces, concederá a cada cual la recompensa o el castigo que haya merecido. No castigara a ninguno por un pecado cometido por otro."

- El Sagrado Corán. Sura 5 La Mesa Servida: 105

Aunque Yo conozco a muchísimos honorables Malasios, lo que escribo a continuación representa una genérica opinión que me forme luego de varios años de experiencia en Malasia. La impresión no es aquella de total admiración y las observaciones hechas son de mis propias Conclusiones; ofrecidas tan sinceramente - aun que sean inquietantes - criticas por el bien de la Causa de Allah en esta potencialmente gran nación.

Yo leo con gratitud *The Malay Dilemma* por Tun Dr. Mahathir, retirado PM de Malasia. En mi mente sin embargo, su experto *secular* análisis fallo en abordar la real naturaleza del impase Malasio/Musulmán. Esto es debido a que la luz significativa, de lo que el abarco por medio de prejuicios raciales, suaves y políticos, es esencialmente *espiritual* y no secular. Una de estas leyes espirituales esta claramente declarada en el verso citado arriba. Las Leyes Espirituales[202], que gobiernan nuestros asuntos son mucho mas que civilizados[203] intentos en jurisprudencia o legislación, pero no apegándose a este hecho, los eruditos continuamente ignoran estas máximas y lo consignan a poetas y difuntos hijos de la verdad, lo cual meramente añade perplejidad a la consecuentemente disminuidas esferas de ciencia social y política. Pienso que la lección no esta difícil de alcanzar: ¡así justo como la caridad comienza en casa, así también es el juicio de Dios! Y el juicio de Dios a menudo se anuncia a si mismo con la ausencia de su bendición. Y muchos confunden la Iblisiana apariencia por esto ultimo.

Abraham rehúso a someterse al "civilizado" gobierno de Canaán por vivir una vida de nómada: el orgullo y fuente del corazón Beduino. Pero esto no

---

202 Ver mi libro: Principles of the Kingdom - *Essays on Deviation from Spiritual Law*, disponible a pedido.
203 Civilización: "... urbano refinamiento en el marco de una visión mundanal y mercantil, hostil a ambos, la naturaleza virgen y la religión." - Fritjof Schuon, *Light on the Ancient Worlds*, Perennial Books

significa que el no estaba sujeto a sus leyes o costumbres; sin embargo, el evadió la posición comprometedora de su directo escrutinio y eludió su influencia, no menos que absolutamente necesario. Mas aun, y el mas importante para el actual momento mundial histórico, es que el no se enriqueció por sus ofrecimientos de dadivas, el hombre mantuvo sus manos limpias de dinero sucio, y además, practicaba solidas políticas fiscales con "dinero real" y propiedades, el cuido que las manos de su familia y criados estuviesen igualmente limpias y no malgastados por papel moneda fiado, usura y deuda. Nadie pudo saquear su patrimonio ya que no había oportunidad para la inflación, gastos con déficit, o la creación de dinero a partir de nada con un 10% de reservas en efectivo sin el respaldo de preciosos metales. Su absoluta integridad y adherencia a esta realidad sin ismos ¡es la razón por la cual Allah lo escogió a el como el Patriarca Semita Post diluvio![204]

Lo que se ha citado arriba es una ley espiritual observada no solo por Abraham, sino también por justos Califas para los iníciales treinta raros años del advenimiento del Islam precediendo pretendientes quienes hicieron regresar la Ummah de Muhammad a la vana persecución de estilizadas meditaciones hoy llamada "civilización" - como si acaso la urbana civilización era inviolable suelo santo. Abraham mas perfectamente mantuvo esta ley que los Califas, y entonces el estuvo exento de toda o cualquier incursión atea dentro de los limites de sus dominios. Simplemente dicho, el hombre *sufrió ningún daño a manos de ellos* debido a su sumisa obediencia a Allah y su Shari'ah, y feroz voluntad para prevenir el mal y hacer el bien. Mientras en la Tierra, esta postura es el propósito final de la sumisión y nuestra mejor defensa en un mundo lleno de insignificantes reclamantes de autenticidad y los astutos adeptos de la ética Iblisiana.

Desgraciadamente, esta Abrahamica postura era y permanece ausente entre los gobernantes Malasios/Musulmanes quienes se sientan a las puertas de su nación, y no preciso de relatar sus muchas transgresiones. Aunque ellos son relativamente civilizados Musulmanes, no es la ley de Allah la que ellos mantienen en tanto como una asidua atención a las *costumbres de* confortantes expeditas que encajan en la hipnosis de negación en masa.[205] Cuando son confrontados por las dadivas de los ateos, los lideres Malasios no solo aceptan, *lo exigen* sin restricciones por consiguiente sujetan sus dominios - por medio de tentar a Mammon - a influencias gobernadas por ideaciones inspiradas por anatemas jinn y sus *Iblisizados* humanos acólitos.

204 "El supremo ejemplo de este [*ikhtiyar*] es el Profeta Ibrahim." - S.M.N. Al-Attas, op.cit. p. 4
205 "**Negación**: Un *inconsciente* mecanismo de defensa en el cual cualquier desagradable aspecto de externa realidad es rechazada y desechada, y por tiempos es remplazada por una mas satisfactoria fantasía interna." – *Understanding Human Behavior*, Waverly Press, 1983 ... Esta forma de demencia esta culturalmente engranada entre Malayos. – OZ.

Desafortunadamente, la desobediencia es una garantía que Dios no intervendrá; significando que *perjuicio seguramente* vendrá. Es la divina *"no-intervención"* de "protección" adonde se encuentra el verdadero dilema - y tampoco es único para esta tribu de tradicionalmente corteses prevaricadores. Mas aun, la conducta boba persigue a la negación es seguramente antitética al Reino o "Causa de Allah" en la tierra, y esta ciertamente erosiona la vice-gerencia que los Musulmanes están aptos para reclamar. El conocimiento de este hecho de vida es lo que trae sobriedad de espíritu en vez de perplejidad para aquellos con una *no-secular* luz de discernimiento.

Antes de su retiro, el Dr. Mahatir se lamento sobre el fracaso de sus *civilizados* programas para elevar el status Malayo, al menos una *percibida* dignidad a los ojos de la elite global. La nación entera atestiguo lagrimas que marcaron lo fallido de un apartheid de 30 años, intentaron cambiar la naturaleza espiritual de una indígena cultura enferma de moral compromiso, paganas ideaciones (religiosas acreciones), e intensa negación psicológica. Y lo que es peor es la profunda ignorancia de sus enemigos; a menudo obscurecidos por *elaborados* rituales de acreción y Occidental regalía en contra distinción a la Sunnah. El verdadero Islam cuidadosamente selecciona la simplicidad de competencia moral y profesional en vez de la promoción de juvenil incompetencia con favoritismo (compadrazgos), y definitivamente evade la engalanada ceremonia que los Malayos utilizan para adornar su muy peculiar síndrome de negación. Estas prácticas son idolatras en naturaleza y manipulativas en propósito y cualquier historiador/teólogo de peso sabe que esto es cierto. Sin embargo, tal como el profeta Isa tan concisamente lo dijo así: "¡La sal ha perdido su sabor y por lo tanto esta es inútil!" El verdadero Islam - acorde a la Sunnah Profética - nunca promueve incompetencia y detesta Persianesca desfiles como hizo Hadrat Umar, y además, expulsa idolatras - especialmente Lugartenientes de las Triadas y sus confederados - desde posiciones de liderazgo y consejo; relegando al ultimo a estatus de servil "tributo" de lo contrario absoluto exilio ¡tal como lo hizo el Profeta![206] Para retener tales astutos expertos y aun pensar que estas a cargo de tu destino es de hecho la epitome de imprudencia.

Hubiese Abraham sentado en consejo con intelectuales y morales ineptos como ser el civilizado Rey de Sodoma y sus ministros, les habría concedido credibilidad así también autoridad (poder) para controlar el flujo de dinero y

---

206 e.g. El esclavo que mato a Hadrat Umar era un diestro extranjero idolatra con oficio, admitido en Medina ante la insistencia de sus compañeros a pesar de su "correctamente guiado" mejor juicio. Y el impuesto de jizra pone en claro su subyugación, de lo contrario ellos demandan "derechos" como iguales, y como podría un incrédulo ser igualado a un creyente si a este ultimo se le es otorgado dominio, y como es que este ultimo puede mantener ese estatus a los ojos de los dominados, si no es mediante superior habilidad, moralidad, ética, sabiduría y piedad por la gracia de Allah que ¿esta ahora actualmente sostenida por un desobediente pueblo?

substancia para su patrimonio por virtud de una *sociedad* en vez de un *tratado*. El balance de poder conocido como la "Constitución Medina" si otorgo un gobierno con representantes compartidos con limitada autonomía tribal dada a Musulmanes, Cristianos, Judaicos, y Paganos respectivamente. Sin embargo, estos pactos eran en esencia "Tratados" *con severas contingencias*, y más aun, el Profeta tenia jurista autoridad final por común consentimiento. Además, la Constitución fue una necesidad debido a la "emplumada" naturaleza de la inmadura unidad política organizada Islámica. Una vez madura sin embargo, el estatus de pagano y no-Musulmán dramáticamente cambia después de la conquista de La Meca. Por lo tanto, la actual canción de tolerante compromiso con su pretensión de igualdad con paganos y monoteístas hipócritas en las comunidades musulmanas de hoy, es poco mas que apologéticas para la "caída" desde pódiums de valor y autónomo poder político, y fue recientemente demostrado por la perdida del UMNO después de meramente una generación de tenencia. Además, actualmente representa una marcha en retroceso hacia la edad de la civilizada ignorancia.

Esta es una forma de Shirk – idolatría - que alberga consecuencias de lo prohibido, Haram.[207] Desafortunadamente, este civilizado estatus refleja a las más modernas "Naciones Estados Islámicas" y por lo tanto, el calificativo "Islámica", especialmente en Malasia, debiera botarse como un científico requerimiento para precisar definición. Sin embargo, coincido que para cualquier población sufriendo la desilusión común en negación e ignorancia comunal, esto es ciertamente no "políticamente correcto", y de allí tenemos lo que el Dr. Mahatir clama al decir que Malasia es un Estado Islámico. ¡Aquellos quienes fallan en comprender lo que he manifestado están espiritualmente dormidos!

Los Capitalistas han enredado Musulmanes en ambiciosos monopolios tipo industrial, comercial, bancario, técnico y educacional[208] que estimula la inherente Malaya predisposición hacia la corrupción, indolencia y utilitaria avaricia, al obviar cortésmente la profesional ¡confrontación de los problemas generados por la incompetencia![209] Esta casta de sistema de nepotismo de clases no puede igualarse a emprender competencia con gente que en realidad sabe lo que hacen; como los chinos por ejemplo, quienes seguramente están al tanto de esta ventaja tal como su progresiva ascendencia ha demostrado. Y

207 Para la disertación completa en este tema, ver las obras de Imran N. Hosein: Director del Islamic Studies for the Joint Committee of Muslim Organizations in New York, www.onejamaat.com
208 Usura: interés, elaborada inflación de una divisa en papel moneda sin valor alguno controlada por bancos centrales, y la toma de exorbitantes ganancias sin el correlativo devengado esfuerzo, todo conduce a opresión y acumulación de riqueza por un selecto grupo de astutos codiciosos. Ejemplo: más del 80% de la riqueza de Malasia esta controlada por el 20% de la gente y 50% de este grupo son Chinos, no todos los cuales son ciudadanos. En contraste, en Indonesia, apenas diez familias Chinas controlan el 80% de la riqueza de la nación. Esto seguramente no es el Islam.
209 e.g., Conferencias medicas *Morbidez & Mortalidad* que ¡corrigen o censuran la incompetencia médica!

cuando la tontería de nepotismo es añadida a la hipocresía de alta-mentalidad auto-justificante fanatismo vestido en ritual sin sumisión a Allah, la receta para el juicio divino esta seguramente escrito en las paredes para que cualquier consciente corazón temeroso de Dios tenga humildad de leer. Erróneas mentes vestidas en habito formal - aun si es acompañada de la Realeza - simplemente no son rival para agudos paganos y occidentales el Musulmán *piensa* que el puede controlar por medio de superiores números, la cual actualmente es una carga debido a que uno entonces tiene mas improductivos tontos que alimentar.

Considere la pre-eminencia de Singapur y la reciente transferencia de Poder en Penang, y posteriormente coinciden que la occidental cumulativa pagana *subliminal* mentalidad considera a todos los Musulmanes nada mas que mendigos, perdone, quise decir "Barbaros a la Puertas"[210] de su verdaderamente honrada prosperidad; y créalo, su mano-oculta esta mas que preparada para el sitio de descontrolados perdedores corriendo despavoridos. Pero por la mayor parte, su acercamiento sutil apenas ayuda a la *salva-rostro* auto-destructiva conducta de desafortunados Malayos fraudulentos: un "Caballo de Troya" táctico *manipulado por extremadamente capaces y despiadados villano*[211] iniciados en los mas oscuros Misterios Tibetanos![212] No importa

---

210 "Ya sea que nos guste o no, un gran imperio Musulmán tomara forma, crecerá fuerte y se expandirá a mas de la mitad del mundo, urgiendo a la civilización a botar vastos recursos en el horno de nuclear confrontación... Una Rusia fuerte debe liderar el camino... en alianza con muchos países no-Musulmanes para proveer un contrapeso."

Michael Poltoranin, Principal Portavoz del Presidente Yeltsin, 1993

211 El sistema de Triadas Chinas (Clan) es un gobierno dentro de cualquier gobierno, con cada Tong o sistema de familia estando bajo la Protección y Guía de un y electo Señor Gánster quienes comandan absoluta obediencia. Esta es una secreta y cerrado sistema social con profundas raíces ocultas datando desde el periodo temprano de la dinastía Manchú, y esta bien documentado y respetado por occidentales agencias de la Ley. Sus Rituales de Iniciación son similares a los del rito masónico. La Triada en su estructura se asegura que Tong sobreviva indistinto de la declarada política estructura, a menudo bajo el disfraz de Benevolentes Sociedades y/o respetados conglomerados de negocios, en exacta imitación de la Japonesa Sociedad Dragón Negro (Yakuzza). Este sistema corporativo, junto con su astuto disimulo a fuereños, protege la sociedad de significativa infiltración y cambio. Ellos son los "Judíos del Oriente" y no responden suave a ninguna incursión extranjera o inter matrimonios a menos que sea con una mujer extranjera, tales consortes son permitidos solamente para explotación de la propiedad de la esposa y/o influenciar para poder expandir y proteger el secreto imperio más allá de sus fronteras. La otrora gentil y noble orden de Sabios Chinos era el ápice de logros de la Civilización, pero ahora esta es utilizada por un profundamente criminal padrinaje, especialmente después que *Pogromos* comunistas destruyeran lo que restaba de sangre patricia.

Ver: la entrevista televisada de la BBC a un capo de la Triada, en Nov. 2005, en la cual el confesa que la prostitución y narcoactividad peninsular están coordinadas en *lapsos itinerarios* en operación, durante el cual "Policiales Operaciones" son conducidas con propósito de relaciones publicas bajo las siglas de Oficiales de Gobierno. La población Malaya (musulmanes) es su mercado clave, y ellos utilizan pandillas Hindúes para facilitar proxenetismo y distribución de mujeres y drogas. Varios de sus multi-millonarios Jefes Criminales han recibido el honorario titulo de Datuk por Sultanes; un estatus social Nobiliario dentro de la cultura Malaya. Estos últimos parecen ser inmunes a prosecución.

212 Si usted piensa que los lideres Budistas son tan benignos como aparentan, lo refiero a una librería cercana para poder leer su Biblia: *El Libro Tibetano de los Muertos*, y seré lo suficiente atrevido para recordarle que ¡sus lideres de los Himalaya estaban aliados y oraban por el éxito de Hitler!

cuanto dinero o nuevas ideas sean arrojadas dentro de este fregadero de ineptitud, Porque no hay ayuda de Allah para Musulmanes quienes no se ayuden a si mismos en los principios de Su Justa Senda para poder proteger sus fronteras de persistentes ateos invasores; especialmente entre medianos y altos gerentes de mal ajustadas burocracias que coleccionan riquezas por permitir a civilizados idolatras les den papeles a firmar, y oficiales que solo por su uniforme les ponen "dinero sucio" en sus bolsillos.

Llamando a alguien competente o pio no lo hace tal. Tampoco es llamando Islam a esta plural farsa lo haga. ¡Solo el arrepentimiento a buenas obras hace a una nación Islámica! El verdadero arrepentimiento es el propósito del Islam y no es una emocional confesión de culpa y no es una suplica por piedad. El arrepentimiento es un giro de 180-grados cambiando de dirección en la manera como *pensamos y practicamos* viviendo en total sumisión a Allah y su Shari'ah! El Islam es mucho mas que ritual, aun parece que Musulmanes - como Cristianos, Judíos y Paganos - realizan sus rituales luego inmediatamente retornan a los tradicionales pecados que los habilita a tomar la senda de resistencia para la mas expedita ganancia material. ¿Es esta una expresión del ejemplo de Abraham? ¿Acaso el simplemente agacho su cabeza en suelo luego se hizo *socio* con sus enemigos para la prosperidad del Reino y Causa de Allah en la tierra? ¿Es esto Islam? ¡Por Dios, que no lo es! ¡Esta es la manera de Iblitico extravió, y aquella de anatemas jinn y sus seguidores que trabajan mucho mas duro e inteligentemente que la mayoría de Musulmanes que he conocido!

Abraham comercio con paganos para ganancia mutua y ¡nunca les cedió el *derecho legal* de alguna autoridad o propiedad *dentro de sus dominios!* [Comparemos esto con los actuales acuerdos con el FMI que paraliza a cualquier nación en su autonomía fiscal y agraria.] ¡Por esta razón ellos *no podían causarle perjuicio* debido a que el se mantuvo a si mismo y a sus enemigos dentro de los limites puestos por Allah! Lo que hoy pasa por Islam se ha convenientemente arriesgado a si misma por un casamiento inter-cultural con materialmente superiores civilizaciones que son moralmente y éticamente inferior y también incompatible con el Islam, pero, esta se logra por el bien de la *sobrevivencia* Musulmana debido a sobrecogedora incompetencia musulmana traído por la edad Oscura de su propio tonto misticismo, indolencia y desobediencia. En esta grave concesión radica la falla de los musulmanes para responsablemente proteger sus fronteras de anti ético avance de ismos Occidentales, ejércitos, industrias, políticas y capital, así también como las típicas Sino-utilitarios expertos que ahora manufactura joyas o anillos para vender como suvenires "Árabes" en la Meca. Esto es lamentable y entendible, pero es un hecho de vida y el resultado de la negligencia de Musulmanes pseudo-Patriarcas por generaciones. Por lo tanto, tales sociedades debe llamarse por lo que son: *la derrota y consecuente sumisión a la hegemonía de un enemigo* - pero por el bien de *as-Siddiq*, ¡no lo llamen Islam!

Debemos considerar también un corolario principio que no esta sujeto a las apologéticas de negación: es cierto que nosotros no soportamos la carga del pecado de otra persona el Día del Juicio, sin embargo, mientras en la tierra, *nos soportamos y compartimos las consecuencias* del pecado del otro; especialmente los de aquellos lideres a los que estamos sujetos - estas es mas inmediatamente aparente en las mujeres y niños que están sujetos a los antojos de reprobados esposos y padres.

Antes que gobernara el Rey Josías, los judíos estaban acosados desde adentro y fuera por paganos depredadores para su propia adopción de la idolatría y cultura Fenicia del dios-sol; convirtiéndose por lo tanto, en sujeción a la maldición de Moisés por sus crímenes (ver Deuteronomio 28). Durante el reinado de Josías en Jerusalén, ¡los Sacerdotes Hebreos redescubrieron un *Libro de Ley* el cual debe haber preservado algo de verdad monoteísta! Cuando Josías leía el libro sollozaba, luego convocaba a una asamblea adonde se leía el libro a toda la población, este llevaba de tres a cinco días durante los cuales cada uno ayunaba ¡por orden del *Rey*! Posteriormente, se dio un *arrepentimiento público nacional* y Josías declare la guerra a la idolatría arrasando la tierra de sus templos y matando a sus sacerdotes paganos.[213] El juicio de Allah sobre los Judíos - la destrucción de Jerusalén y el Templo seguido de la cautividad en Babilonia - por lo tanto fue pospuesto *pero solo mientras Josías viviera*. Esta sunnah muestra un claro ejemplo de ley espiritual.

Después de su deceso, la idolatría reino una vez más; los paganos sedujeron a los jefes Hebreos con putas, riquezas, magia e iconos, tal como lo hacen hoy[214]; a partir del cual y como consecuencia trajo la declarada destrucción de Jerusalén y los judíos fueron masacrados y dispersos. Los Cristianos creen que el Reino le fue dado a ellos, pero, ¿donde esta la evidencia? Por el tiempo del culto Cristiano Romano, era ya entonces un pantano de polución idolatra Gnóstica. Y el Gnosticismo - según como se ha aclarado por las historias relatadas en los Apéndices de abajo - es el cáncer metafísico de misticismo, ya sea ortodoxo o heterodoxo - que ha conducido al presente deceso de la sobriedad espiritual de la humanidad. Solo al Islam le fue dado el "protegido"

---

213 Un residente Chino que sabe, personalmente me informa que muchos templos paganos localizados dentro de residenciales comunidades de Malasia son operados por chamanes quienes piden sexuales favores como médium para la intervención de dios a favor de los peticionarios; especialmente mujeres (casadas o solteras). Esto no es más que el antiguo templo de adoración de prostitución. Esta antigua adultera e idolatra fornicación toma lugar en el corazón del así-llamado Estado Musulmán, y la absurdidad del ritual es ignorada y entonces permitida en nombre de la tolerancia religiosa.
214 Por Ejemplo: observe the repeated use of "Crystal Balls" and "sacred-gongs" to open official Government projects and buildings. This is not the Sunnah. Nor does it even begin to broach the sorcery of well documented accretions of Malay Bomohs and Sultans.

Dominio de la promesa de Dios a Abraham, y Allah preserva esta autonomía aun a través de 700 años de su decline. No obstante, por los últimos 200 años, los Musulmanes han hecho apologías por los crímenes de sus lideres, así también por su copulación con materialismo monista y su grupo de *ismos* - lo cual he demostrado es actualmente el humanismo de Orientalista moralidad, y el lector pronto lograra entender que el *Alumbramiento* del siglo 17 y 18 fue en realidad guiado por ideologías de las blasfemas Cábala y Talmud.

Por lo tanto han los musulmanes cometidos *Shirk* como grupo y específicamente tal como fue profetizado por el Profeta.[215] Consecuentemente, Allah ha retirado su protección debido a que los *Lideres Musulmanes* han "permitido" esta *Illuminizada* con Francmasónica infiltración y el alza del *Occidental culto al Dios-sol* de la así-llamada "Modernidad" en lo que resta del poder de razonamiento de la Ummah! Ellos se han hecho socios con los enemigos del Islam, recibieron su maldita moneda y su religión (Francmasonería), adopto sus banderas, iconos e ideologías, y han permitido una mano libre a la autocracia de estos fraudulentos en la opresión a su propia gente. Esta es la misma felonía como la de Israel y desafortunadamente, lo llamaran para similar, si no es que para peor juicio.[216]

El dilema que confrontan hoy los creyentes esta muy claro para el sabio. Una vez sujetos a las autoridades paganas al recibir su sucia moneda y su oficial patrocinio gubernamental de atea costumbre (por ejemplo, las apuestas) y/o festivales de adoración[217] - muy especialmente la fornicación con sus mujeres - el molde esta forjado y no puede ¡ser cambiado sin un arrepentimiento *nacional!* Esta es la ley espiritual y solo precisamos observar el tormento de Levant para ver la ley y juicio de Allah en acción, Porque mas están los Musulmanes sufriendo perjuicio si no es por los colectivos crímenes de sus lideres y pueblo? Look around you in the so-called Islamic State of "Modern" Malaysia:

❖ Paganos templos e ídolos están por doquier;

❖ Hombre musulmanes se relacionan sexualmente con *esclavizadas* prostitutas indonesias, filipinas, hindús, tailandesas, eslavas y chinas bajo el yugo de los sindicatos de las Triadas;

---

215 *Faith Versus Materialism - The Message of Surat-ul-Kahf,* by Syed Abul Hasan Ali Nadwi, Islamic Book Trust, 2006, tambien ver las obras de Imran N. Hosein.

216 Teniendo en mente que muchos lideres Musulmanes Francmasónicos adoran ídolos y simbólicos iconos en secreto tal como hicieron los Sacerdotes Hebreos de los días de Ezequiel, dentro de ocultas cámaras del propio Templo. Muchos Sultanes y Políticos Malayos prontamente consultan con espiritualistas (Bomohs) por ejemplo, y rutinariamente siguen rituales de libre acreción, y hay muchos Francmasones entre las esferas de la realeza tal como es en el Medio Oriente.

217 Por ejemplo, la idolatría de las Cavernas Batu en Kuala Lumpur: yo entiendo que recibieron fondos Gubernamentales para el ídolo de 50 pies de altura que esta a la entrada; otorgando días festivos por el pagano [comunista] festival del *Primero de Mayo,* celebrando Navidad, etc., etc. Los verdaderos musulmanes pueden trabajar en esos días.

❖ Los Juegos de Azar son una sancionada institución y pasatiempo nacional, fondos los cuales van a las arcas del estado añadiendo maldición sobre maldición;

❖ La usura Sionista gobierna todo el sistema bancario a pesar del sobrenombre de "Islámico"[218]

❖ mujeres y niños son violados y asesinados, abandonados, abusados y olvidados;

❖ los maestros molestan sexualmente a sus pupilos,

❖ pandillas de paganos tatuados asechan las calles;

❖ la inmoralidad, el adulterio, y la fornicación son rampantes;

❖ policial corrupción es la norma;

❖ la inmodestia es común y los divorcios se esperan (mas de 90 a 100 demandas al día);

❖ 80% de la riqueza de la Nación esta confiscada por plutócratas, muchos no son nativos;

❖ las tribus indígenas pierden tierras ancestrales pro lucro, ante ateos de incierta ascendencia;

❖ incompetencias medicas son mantenidas en oficina para poder "salvar su imagen";[219]

❖ sueldos que no alcanzan es lo que se paga a trabajadores comunes mientras Zalim y sus confederados ostentan riquezas con desprecio;

❖ obreros en las plantaciones trabajan sin pago o viven no más para subsistir para el laburo que enriquece a sus opresores;

❖ bebes, paridos por esclavizadas y empobrecidas mujeres son vendidos a parejas ricas a quienes la naturaleza ha rendido estériles;

❖ los niños se atacan y matan a si mismos en las así llamadas escuelas *religiosas*;

❖ del uso de drogas, manufactura y distribución es endémica bajo el auspicio de las *Triadas*;

❖ el incesto es institucionalmente ignorado y endémico;

❖ los así llamados Musulmanes "hombres de negocios" y agentes del gobierno extorsionan sueldos "Ali Baba", embaucan enormes cantidades de efectivo de fondos de contratos gubernamentales, y practican nepotismo al colocar incompetentes familiares al mando de empresas estatales y monopolios;[220]

---

218 En el caso de la así-llamada Banca Islámica, estas enormes ganancias son simplemente añadidas a los cargos y fechas de pago por adelantado y solamente tiene la apariencia de ser de Propiedad Islámica pero ¡La realidad es que sus préstamos Islámicos le cuestan al consumidor mucho más que sus competidores!

219 Durante siete años en Malasia, fui testigo de *serias* incompetencias médicas causando severas lesiones y sufrimiento a varios de mis amigos y conocidos, incluyendo a una de mis esposas, y por lo cual no existe una vía de remedio para ya sea justicia o corrección de la incompetencia.

220 Uno de los mayores puertos de embarque se construyo en Sarawak, pero los ingenieros "olvidaron" dragar la entrada para que las embarcaciones que zarparan pudiesen entrar.

❖ hombres Malayos fallan en lograr metas educativas, mientras al mismo tiempo 70% de sus mujeres profesionales permanecen solteras por temor de dominación por descalificados productores de testosterona;

❖ Obesidad, diabetes, problemas de salud mental y del corazón son epidémicas, se han convertido en avanzados síntomas de una cultura átono con la prosperidad e imitación Occidental;

❖ rapiña ambiental y polución destruye una prístina creación a acelerado paso, tanto que mas del 30% de sus ríos ahora son peligrosos y los bancos de peces han disminuido tanto que el Orang Asli debe estar satisfecha con pescas menos de la mitad del tamaño y las cantidades que las de hace algunos pocos años atrás;

❖ La pretensión de pacifica co-existencia esta en contra por muchas conversaciones que he sostenido con Indígenas tribus, quienes desconfían tanto de Malayos y Chinos que ellos los asirían del cuello al mas mínimo chance dado o pretexto;

❖ *Calificados y moralmente solventes profesionales extranjeros* se les deniega el estatus de Residente, a pesar de años de dedicado servicio a la comunidad y familia; pero al mismo tiempo *elementos criminales* solicitan y reciben el paraguas gubernamental;

❖ Musulmanes sentados a las puertas de esta podredumbre van a la mezquita el viernes vestidos en finas sedas, predican Hadhari, y realmente creen que están sirviendo a la Causa de Allah en retornar a mansiones que Hadrat Umar hubiese despreciado.

Aunque es mucho mas seguro caminar las calles de Singapur o Bangkok, la ascendencia de este magnificado *progreso* musulmán ocurrió bajo los Malayo-aislantes programas del Dr. Mahatir.

¡No es de asombro que el sollozara, exaltado sea por esas sinceras lagrimas! En repaso a esta *abreviada* lista, uno no ve nada más que un *acelerado* avance del proceso de ganancia material y moral decadencia bajo la guía de corruptos líderes de dóciles y oprimidos ciudadanos. Sin embargo, este muy supuesto progreso esta promocionado en el exterior como un prístino ejemplo de un Estado Islámico y su Tolerancia y Magnanimidad de Espíritu como una moderna Nación en desarrollo. Pero... ¿Acaso no se esta convirtiendo *exactamente* como el prototipo Francmasónico Americano del Alumbramiento? Gente de muchas partes del mundo arriban a estas costas y alaban lo que aparenta ser un grandioso éxito, ¡así es tan obvio como los Malayos primates han aprendido a copiar el sueño Americano! Pero tal sueño esta lejos de la realidad del éxito *eterno* del Islam, y debemos preguntar ¿Que es en realidad lo que se esta desarrollando? Acaso este fenómeno de Modernidad representa *Islámico Dominio* y la responsable protección de justos limites por sumisión a Allah y su ley Shari'ah? ¡Seguramente no! ¿De no ser así, entonces porque llamarlo Islam hasta que aquellos quienes profieren el término - ignorantemente o intencionalmente - estén coludidos con el maestro del engaño revelado dentro de las páginas de este tomo?

El verdadero Islam es la forma de civilidad moralmente imperativa en oposición al de la civilización que se basa en el materialismo. Esta es la senda que preserva la probidad y un ambiente para el beneficio de todos los que lo encuentran con la Gracia de Dios y su Bendición y Botín, en una manera que promueve y preserva la dignidad, la apropiada ética, y *minimiza* la actividad criminal y pillaje con rápidas y consecuentes medidas. Pero esto ultimo requiere seria resolución, feroz compulsión, y sobre todo, el honesto criticismo que se avala a si mismo naturalmente bajo un gobierno de calificada shura. Muy desafortunadamente, el criticismo es un tabú en las Sociedad Oriental, especialmente entre malayos quienes perfeccionaron el arte de negar al extremo que ellos se convirtieron en una tribu de graciosos fabricadores quienes evaden la confrontación a todo costo. La integridad de la virtud del criticismo es considerada "descortés" y por lo tanto antitética a los malayos, y nunca es empleada consecuentemente en emulación de los Sahabah hasta un momento de crisis, el cual, por supuesto, ¡es muy tarde ya para un remedio apropiado!

Los Malayos, como muchos Musulmanes, han fallado en enfrentar llevar la "Carga de Arabia", el verdadero propósito del Islam y la sumisión a la ley Shari'ah. Muy ciertamente, es el porque los Thais conquistaron y aun ocupan el Reinado Pattini y la comunidad China tiene su "estranguladora-llave" en la manufactura y distribución de bienes necesarios en el país. Esta derrota de la autonomía Musulmana-Malaya correlaciona 100% con su perdida de integridad moral con su subsecuente alza de hipocresía, misticismo y la correlativa fijación en ritual; todos los cuales reflejan el fallar a la musulmana sumisión a los decretos de Allah. ¡Una población Musulmana en sumisión debe ser tan absoluta como lo era la de Abraham, según cada compromiso invita a Uno que Sostiene la Dadiva de Iblis, que porta la Caja de Pandora con sus internos esperando ser liberados!

Allah no bendecirá a un Príncipe Musulmán con el absoluto Dominio de Abraham mientras el y su régimen continúen la "pretensión de sumisión" en vez cumplirla por vía de la practica real.

¡Esta es la obligada realidad de la Fe Islámica! Una máxima reflejando esta verdad puede ser expresada así: Entre mas grandiosa el desfile, menos sincero… o otra vez: En la multiplicidad de las leyes y los abogados la institución del *insan*.

Durante las regencias de Abraham, Josías, y Muhammad (pbut), *los idolatras fueron borrados* o subyugados por tratados, y la Shari'ah era la ley de la tierra.[221] No hay otra manera de gobernar mas que comprometiéndose con gente ligada con Iblis y su plural grupo de idolatras e Iblisianos adeptos de astucia y magia; y Allah no bendecirá tales compromisos por que El no comparte el Poder o Dominio de Su Reino con paganos e hipócritas, sino que en realidad provee un severo castigo tal como el que el Islam sufrió bajo el puño de Genghis Khan. ¡Esta es ley espiritual! ¡"Compromiso" no es equivalente de "Tratado" así como no protege fronteras! Por lo tanto, entre Poblaciones Islámicas adonde los paganos deambulan *irrestrictos* y no-sujetos al Shari'ah son cautivos de sus propias concesiones a apologéticos ideales [ismos] y no es posible lograr las metas de un Estado Islámico, el cual es en realidad el propósito de la población sometiéndose a Dios. ¿Porque Dios respondería a Lideres y pueblo que *habla* sus palabras pero no las cumplen? ¿Acaso Allah defiende hipócritas? ¡No! El cede Su gracia y merced, así como las consecuencias de su desobediencia llueve sobre ellos hasta el Día del Juicio como una prueba y señal para todos.

Si Abraham dejo su tierra y parentela por esta razón, ¿porque entonces los musulmanes permanecen bajo el auspicio de la decadencia espiritual representada por los iconos en sus banderas y Mezquitas? ¿Quien es responsable por la introducción y mantenimiento de tal idolatría otro que el liderazgo en liga con Iblis y sus terrícolas secuaces tal como el Jefe Ministro de Sarawak? ¿Como esperan que sus oraciones sean contestadas excepto por el bien de la misericordia de Dios tan ignorante estupidez?

¿Por todo el mundo Islámico, "Donde esta el Dios de Mohammed?" es el grito de infelices almas cuyas vidas están condenadas como ganado al matadero; quienes trabajan por migajas mientras los jefes departen junto a conspiradores cundidos de jinn; cuyos hijos giran como disco derviches y visten y hablan como raperos de hip hop en calor; cuyo Imam no puede ensayar la historia de la simiente de Abraham pero bien recitan el Corán completo sin comprensión; cuyos lideres colocan la ofrenda del Zakat cuando y donde todos puedan ver, pero mantienen cofres de oro robado bajo camas de avaricia[222] aseguradamente depositado con banqueros Sionistas; cuyos profesores re-inventan las ruedas de antiguos tomos del saber nunca practicados mientras compiten por las dadivas de agremiados bandoleros o espadas de rebeldes fanáticos; cuyas sofisticadas mujeres demandan joyas y

---

221 Desafortunadamente, desde los días de Napoleón, los Francmasónicos Templos han plagado la otrora espiritualmente prístina tierra y una banda de Sufís han resurgido ritos Egipcios en antiguas ruinas de Luxor.

222 "Contando los despojos de Persia Omar se lamento. Veo que las riquezas con las que Allah nos ha otorgado se convertirá en un surgir de mundanalidad y envidia y, al final, una calamidad para el pueblo."
- Guy Eaton, *Islam and the Destiny of Man*, p 149

seda en vez de gracia y virtud, y cuyos hombres demandan pago sin sudar; cuyo pueblo corre a chamanes al mas mínimo tropiezo en la noche o destruir a un enemigo; y cuya futilidad es aliviada solo cuando la sangre de "frenesí" bautiza a una pretenciosamente comunidad en shock que nunca se hablan verdad el uno al otro críticamente?

Si tú matas, encarcelas o silencias a los maestros y a los que hablan verdad y justa amonestación, ¿como entonces puedes evitar el derramamiento de sangre de futilidad y su inevitable surgir de furia volcánica? ¿Donde en realidad esta el Reino de Allah en esta lodosa desobediencia? ... ¡Este aguarda el cumplimiento de la iniquidad de la prueba, que los tontos se sentencien a si mismos!

El Dr. Mahathir y sus tratados y políticas definen bien-intencionados esfuerzos, mucho como el Niño Holandés en el dique. Su gobierno aun abrió las esclusas para la marea de apoderamiento extranjero en una cultura expandida con ignorancia y superstición; atrasada por tradiciones de acreción; envenenada con tradicional nepotismo y Shirk; encarcelado por una no calificada obediencia Jesuítica a una extremadamente sospechosa nobleza; y metafísicamente maniatada por la sistémica negación atendiendo tal conformidad. Acá tenemos aguas de incredulidad mezcladas con aguas de exquisitamente afinada hipocresía tan dócilmente manipulado por adeptos de Iblisiana diplomacia: ¡los Maestros del *illuminizado* Orientalismo! La inundación conyugal no puede ser checado o desviar por civil utilería, dinero o brillantes apologéticas debido a que no hay sustituto para levas construidas por el arrepentimiento y las justas obras con el temor de Dios: i.e., el hablar y hacer la verdad (criticismo y correctiva acción), ¡la feroz prohibición del mal y patente disfrute del bien! De hecho, el favoritismo apartheid de este melancólico clan envalentono actitudes base con intención de ser corregidas, en consecuencia, solamente endoso vanidad tribal a expensas de la verdad.

Prohibir de hecho significa *prohibido*. ¡No significa perdonar, o desmotivar, o tolerar, o disculpar, o negar, o pretender, o ser agradable, o ser amoroso afectivo, o comprensivo, o comprometedor, o aun orador! *¡Significa Prohibir!* Por lo tanto, estimado creyente en Allah y Su Apóstol, lea la sura con la que comienza este capitulo una vez más, con la sobria comprensión que debería traer lágrimas a humildes corazones que abrazan la sensible verdad de esta arquetípica condición humana.

Allah no preservara gente de perjuicio si ellos no cumplen las responsabilidades de su declarada pero raramente activa sumisión.

Esta es una franca Ley Espiritual. Los musulmanes no llevan esta carga responsablemente como grupo, y la colectiva *irresponsabilidad* Malaya es la verdadera causa del sollozar del Dr. Mahathir sobre su dilema. No precisa de una apología excepto aquella del arrepentimiento que debe *comenzar con el liderazgo* - es por lo cual yo personalmente admiro al hombre, aunque sus lágrimas debían haber venido antes que su senilidad. Este último hecho sin embargo, compone el predicamento porque los líderes Malayos son muy orgullosos para arrepentirse luego volviéndose en acción consecuente para corregir sus errores o despedir a un familiar. En vez, una suerte de "transferencia" se hace para que la ofensiva mugre se barra bajo alfombras políticamente correctas... o mucho mas parecido, sus comportamientos indican que esta elite esta en campo enemigo así como están los Saudís. Las palabras son baratas, acción es querida y la elite hará cualquier cosa para recortar costos, salvar su imagen e incrementar ingresos. ¡Las lagrimas en publico son en realidad una forma barata de "salvar imagen" aunque inútil a la luz de tal inconsecuencia!

Deje que se entienda por lo tanto, que las emotivas fantasías y tradiciones surgidas de los sistémicos hábitos de negación son la verdadera razón por la cual Abraham dejo la casa de su Padre, ¡porque las sentimentales imaginaciones solo dan a luz a la impotencia de shirk a expensas de la bendición y protección de Allah!

La comunidad global se parece así a la Mesopotamia en los días del Profeta Noé - negando y rechazando las palabras y las advertencias de sus respectivos Profetas mientras ellos disfrutan del comercio de *insan* y la fortaleza pagana. Es muy tarde. El profeta Isa dijo que el mundo entero vendría a pasar durante los últimos tiempos. ¿Mentía él? ¿O Yo? ¿Si esto entonces es la realidad, qué se puede hacer? ... En respuesta, estoy de acuerdo con Muhammad y el Prof. Hossein, le informo a usted que vaya y viva como Beduino - Es decir., como Abraham. Y en el caso de Malasia, *Beduino* probablemente traduce al "Orang Asli" quien ha sido tan maltratado por los pretendientes de honradez y sabiduría. ¡Seguramente, a estos últimos los perseguirán amargos infortunios hasta la eternidad!

Como el Dragón del Leviatán va por su camino cada año por las calles de las Capitales de la Federación, mirar en consternación genuina y recuerda esto Malasia: Sus Imanes invitaron a la mascota y lo hicieron bienvenido. Ellos les dijeron que era domesticado, le dio casa, pedía su consejo y ayuda, recibió sus regalos, y lo regó con la alabanza y concesiones a cambio de sus muchos talentos y encantos provechosos. Todo el rato ellos pensaron que esto era la Voluntad de Alá para su bien y le agradeció por los servicios gananciosos de esta *bestia* notable.

¡Sin embargo, como causa asco el hedor de su excremento sobre los pavimentos de sus comunidades y en los corazones de sus niños - y luego derrama las inútiles lagrimas del Dr. Mahathir - por favor sepan que no hay ninguna solución "Política" para la inmenso pila de negación que los Musulmanes barren con las escobas de tolerancia y autoengaño! Los diques que soportan esta alta marea de verdad se romperán, ya que ellos han rechazados grandes verdades que lo que fueron los diques de Nueva Orleans. Sólo podemos emular al Profeta Noé y salvar la semilla por la Piedad de Dios, ya que el mar de este efluente no puede ser agotado o vaciado con sifón por pocos, cuyos ojos y corazones permanecen húmedos; ¡es muy tarde! Estas contaminadas mareas se han tornado contra la gente y su inicuo tsunami se acerca mientras ellos bañan el piscinas confundida no declaración, rehúsan cambiar falsedad por la Verdad, que según el "Rezo De la Noche" es la obediencia Alá y el ejemplo de Su Profeta.

Fazlur Rahman escribe que la doctrina de "sumisión a la autoridad de facto" se hizo suprema:

"Los Sunís siempre han sido el partido del Rey, *casi cualquier rey*. Así la ortodoxia adoptó el extremo de obediencia y conformismo."
Pensamientos del Sheik Ahmad al-Ahsa'I Abd al-Hakeem Carney

"Debemos realizar que fue la negligencia de los Musulmanes y no la deficiencia en las enseñanzas del Islam que ha causado el presente decaimiento. Es imposible seguir la Sunnah de nuestro Profeta y seguir el modo de vida Occidental al mismo tiempo."
Muhammad Assad, 1934

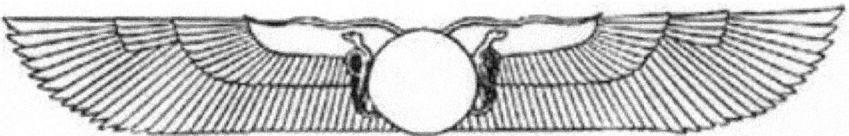

Tótem Sufí del Templo de Luxor

Ángeles caídos (Jinn), Cultura Halaf, Antiguo Iraq

Capitulo XI
Donde Esta La Ummah de Mohammed?

"La lógica de Darwinismo concluye que la unidad en la jerarquía de vida, el cual sobrevive y pasa por el filtro de selección natural tenderá a ser mezquino. Las unidades que sobreviven en el mundo serán las que han tenido éxito sobreviviendo a expensas de sus rivales de ese nivel en la jerarquía. Eso es precisamente es lo que mezquino significa en este contexto."

- Dawkins, op.cit. p. 246

A diferencia de la naturaleza de asedio del Evangelismo Cristiano, el concepto del Islam de Dakwah es una "invitación desinteresada" al diálogo que utiliza la retórica más fina y lo mejor de la etiqueta. El objetivo es de invitar a los incrédulos a unirse a una "no-mezquina" población - así deseando para el "otro" lo que se desea para uno mismo. El Profeta de Islam dijo "Si usted no sigue mi sunnah, usted no es de mí". En sentido estricto por lo tanto, y como se ha aclarado en los capítulos anteriores, ambos de estos criterios descalificarían un porcentaje grande de la gente que hoy se considera Musulmana, aunque ellos puedan ser creyentes. Además, la invitación, presentemente y políticamente, abandona al huésped con nada más que metafísica y una copia de El Corán en la mayor parte de alojamientos. Esto es una gran diferencia de lo que ofrecieron a los convertidos durante la Regencia Medinita.

Si mi propia conversión hubiera dependido de la actitud, el comportamiento y el ejemplo del Ummah en general - contemporánea e históricamente - el conocimiento no me habría conducido a ser discípulo de cualquier musulmán. Afortunadamente, yo tenía buena base por la literatura Judeo-Cristiana y las Escrituras; el terreno dio fruto cuando finalmente me puse a leer El Corán, que confirmó y clarificó lo que pensé que yo sabía. Si no es por esta maravilla de maravillas, yo descartara a la presente Ummah como irrelevante y destinado a futilidad con miseria eterna seguida. La poca gente de candor lúcido y piedad moderada me he encontrado pálido contra las mareas oscuras de compatriotas insinceros y tontos celosos. Y de no ser por la Edad de oro de la gloria del Islam, la historia también descartaría este mar de magnificente ignorancia, hipocresía desconcertante, ampulosidad impotente, errada furia, misoginia institucional, y la incompetencia profunda.

Antes de mi lectura de El Corán, ninguna persona que yo conocía tenía una palabra amable o aún a un amigo entre lo que aparentaba ser un insular y presagioso clan llamado musulmán. La Ummah se paraba a través de una división profunda con pocas excepciones. Como los Apache, ellos habían logrado hacerse enemigos de cada no musulmán en los países del sureste asiático que yo había frecuentado durante varios años. Ni una persona no musulmana que encontré habló bien de u ofreció una palabra amable a favor de cualquier musulmán, y tampoco estaba allí la memoria de respeto, admiración, gratitud o compasión. No importa a quien encontré: hindú, chino, panteísta indígena, Mauro, Cristiano o budista, y no importa donde fui o con quien hablé, las respuestas era de opinión estéril o se llenó del aborrecimiento para lo que se supone es la gente de Mohammad.

Siempre que el tema de "Musulmanes" surgiera, los recuentos de corrupción, estupidez y hábitos degenerados estaban sobre el viento. Me infecte por el asombro por la brisa de miasma y determiné de evitarlos cueste lo que cueste. Palabras como: perezoso, deshonesto, retrograda, ladrones, maníacos, pervertidos y cobardía fueron propagados como si los Musulmanes eran los judíos de la repulsión hitleriana. Yo miré desde mi púlpito de ex-patriado y vi la opulencia Musulmana, el boato y pulidos 4x4s; leí en los diarios los tempestuosos anuncios políticos de las dadivas del régimen, pero que ningún oficial de gobierno tenía alguna idea de como o donde ponerlas en práctica; fui testigo, que un Director de Banca Musulmana firmo un contrato de préstamo comercial sustancial en una lengua que ella no podía leer o hablar; y cada vez que tenga ocasión para encontrar a un funcionario Musulmán para algún asunto simple, yo fui o rechazado o mal dirigido. Al contrario, cuando visité un país de budista vecino yo calurosamente fui recibido, considerando directivas eficaces y eficientes, y ofrecido más que la hospitalidad superficial. Casas, bolsillos, oportunidades, corazones y despensas abiertas, y me dieron un contrato firmado dentro de la negociación de una semana; mientras que en el país Musulmán yo no pude tener tales cosas logradas consecuentemente en siete años.

Yo leí historias coloniales tanto oficiales como 'extraoficiales' y me entere de la intervención británica por el Francmasón Brooke, fue realmente un acto de piedad divina a favor de los no creyentes que sufrieron la opresión dolorosa bajo Sultanes Musulmanes remojados en el acrecentado Shirk de animismo pagano y la piratería tradicional. Entonces vine a saber - al nivel de raíces (moré en aldeas en la jungla) - de la nueva tiranía económica sufrida por aborígenes bajo la regencia postcolonial Musulmana. En medio de esta ciénaga y mientras casado con una nativa cristiana leí El Corán, y en virtud de la lectura me hice Musulmán a pesar de mi aversión para la aborrecida gente del "Viernes". Al hacer esto, al instante me hice enemigo de toda la familia y tribu de mi esposa; gente que yo había querido y había tratado generosamente durante años. La experiencia no era una ligera pero mi conversión era singular y sólida.

Pronto yo tenía un mentor Musulmán. Un hombre decente a quien admiré y crecí en estima. Sin embargo, miré a su Profesión Médica de dominio musulmán matarlo dentro de dos años con tratamientos horrendamente caros que lo llevaron a la bancarrota y la fortaleza de su cuerpo para detener una infección tratable. ¿Estos "incompetentes", con todos sus laboratorios y tecnología tenían un mal diagnostico de su reclamación como un cáncer mientras yo - un doctor extranjero - si correctamente lo había diagnosticado con Tuberculosis simplemente por oír su historial. Al mismo tiempo, sus superiores repetidamente me rechazaban el acceso a la Licencia Médica a pesar de mis 25 años de experiencia, pero realmente me preguntaron por qué sus programas de Dakwah musulmán han fallado mientras los programas cristianos evangélicos se multiplicaron. Como usted podría imaginarse, no les gustó mi respuesta.

> "El hecho es que: El Islam es por obra la religión verdadera revelada por Dios; ¿de otra manera, cómo tanta gente puede convertirse al Islam a pesar de lo que ellos ven en países Musulmanes? ¡... el Islam se extiende a pesar de los musulmanes!"
>
> - Malik Badri, op.cit. p 97

El Profesor Badri habla más acerca del "margen de credibilidad" entre las profesiones y las prácticas decadentes de la Ummah y sus líderes. La realidad es que pocos miembros de la Ummah califican su fe con sus hechos, y menos líderes [khassa] de modo similar califican su gobernanza. Un musulmán es el que no solamente se rinde a la creencia, pero también a la ley Divina y la ley Divina no es algo la cual se discuta o es ampliamente entendida. Es mayor que el Shariah y tiene efectos inmediatos y profundos en la esfera temporal. Para un ejemplo muy franco, tome el hadiz que dice "Dios no ayudará a una gente que no impone lo bueno y previene el mal". Esta ley supera al Shariah socialmente orientado que principalmente es diseñado para la prevención de conflicto y/o la resolución. Esto expresamente evita la intervención divina de parte de cualquier población que no encuentra las DOS CONDICIONES CLARAMENTE INDICADAS; condiciones que nunca me he enterado se reporten o discutido en ningún debate parlamentario. ¿Esto es ya sea ignorado o arrogantemente cambiado para "*tolerar* o *desalentar* lo malo y *animar* lo bueno"[223] por la mayoría de los líderes Musulmanes y sus regímenes, de ahí tenemos enormes fitna y fitan mientras las viudas y huérfanos gritan: "Dónde está Dios de Mohammed?" y los Banqueros Islámicos cuentan frijoles para sus Amos Occidentales del FMI.

---

223 Yo he escuchado esta mismísimas palabras dichas por un Musulmán Jefe Ministro de Sarawak en una cena para nuevos conversos en el 2005.

El profeta dijo el "mejor de todos los Musulmanes es aquél que trata a sus mujeres de lo mejor" y además, "no puedes ser un Musulmán hasta que desees para tu prójimo lo que deseas para ti". El ejemplo del Profeta pone el molde arquetípico para Dakwah en el cual antes de que él predicara le llamaban "digno de confianza". Y en todos los recuentos su matrimonio con Khadijah era la indicación feliz que ella confiaba en él como marido, hombre de negocios competente y el Imán. Lamentablemente esta calidad ampliamente no puede ser atribuida a lo que pasa como su Ummah masculino, y aún menos a los árabes que han usurpado su autoridad bajo el pretexto de autenticidad. La historia árabe es difundida con la sedición y el asesinato para no mencionar fratricidas, el abuso de esposa, matanzas de honor detestables, y un porcentaje grande de la Ummah todavía práctica la mutilación barbárica femenina en la tierra de la Hermandad del al'Bana[224] el 66.2% de la clase culta y el 97.5% de mujeres incultas en Egipto sufre amputación completa del clítoris o la amputación radical de la vulva[225] entera uno pensaría que después de tres a cuatro generaciones de "Reformas de la Hermandad" que ellos invertirían esta ignorancia profunda y la atrocidad salvaje vis-à-vis la dirección de la gracia de Alá. El hecho es que ellos no son dirigidos por Alá y que todos los derechos divinos de las mujeres han sido sacrificados por los misóginos que osan llamarse musulmanes. Hasta que las mujeres sean tratadas con la justicia y el respeto, habrá tiranía; algo tan lejos del Islam como el Este es del Oeste:

> "Comenzando a partir de unas décadas posteriores al Profeta, y por el siglo XI, casi todos y cada uno de los principios establecidos por el Corán y el Profeta - confirmando los derechos y el estatus de las mujeres... que habían sido negados a un grado mayor o menor."
> "A inicios del siglo XX, la Ummah había sido reconstituido como una serie de naciones estado basados en los modelos europeos, no sólo en lo político, pero también en las esferas legales, educativas, económicas y otras... colocado en las manos de elementos orientados secularmente... nutrido por los antiguos poderes coloniales.... Una disyunción existe entre la teoría y la práctica que domina el proceso político... la condición total de democracia y derechos humanos en el mundo Musulmán en general, y sobre todo en los niveles oficiales y de gobierno del núcleo árabe es verdaderamente deprimente."
> - Muddhatir'Abd Al-Rahim, op.cit. p. 70, 114

"Esto realmente mortifica, señor, cuando una mujer posee una parte común de comprensión considera la diferencia de educación entre los sexos

---

224 "No hay nada en la ética de la Shariah, o medicina para justificar circuncisión femenina." Al Ahzar, Sheikh M. Shaltut

225 *The Hidden Face of Eve*, Nawal El Saadawi, M.D. St. Martin's Press, 2007, p. 50

masculino y femenino, aún en aquellas familias donde la educación es atendida ... Más bien por qué su sexo quiera tal disparidad en aquellos quienes un día se proponen para compañeros y socios. Perdone mí señor, si no puedo evitar a veces sospechar que esta negligencia surge en cierta medida de un celo mezquino de rivales cerca del trono."[226]

Abigail Adams 1744-1818 Esposa de John Adams,
segundo Presidente de EUA.

Me atrevo a decir que la Sra. Adams definió el motivo real de todos los tiranos masculinos. Cuando usted añade estos hechos al estado desgraciado de indiscriminada militancia y los asuntos genéricos desalentadores sociales y políticos de la Islamia por todo el mundo, la tarea de los obreros del Dakwah de verdad desalienta. Con lo qué el obrero Dakwah es confrontado es invitando a la gente a hacerse socio de un club de ignorantes reaccionarios quienes niegan la verdad de hecho pero dicen ellos creer. Desde luego, esto no es catalogado sobre el lugar de inmaculada invitación, pero no obstante es la realidad terrenal. ¿Qué en verdad ha pasado a la Ummah de Mohammad? ¿Dónde está?

Con la infiltración al Islam por Francmasones y su índole desde la incursión de Napoleón,[227] la tesis secular democrática - cuando añadido a quasi-sufi cum monista misticismo - completo la erosión de los otrora sagrados ideales de la musulmana visión del mundo suplantándolos con un humanismo que substituyó a los sólidos principios religiosos como dirección de preceptos sociopolíticos.[228] Además, fondos y estímulo de los movimientos Salafi y Wahabí sirvieron a intereses británicos causando a muchos en esta amma a mirar hacia atrás en un trance religioso al Sahabah y Seerah en vez de inteligentemente adelante hacia las necesidades creadas y desafiadas por la modernidad. Y tampoco este recuento de optados "genes mezquinos" de la khassa tradicional Musulmana:

"Usaron su poder tan mezquinamente como cualquier clase gobernante y menos inteligentemente que la mayoría."

Charles Issawi, *Egypt at Mid-Century,* Oxford Univ. Press, 1954, p. 6.

Uno pueda verse tentado a considerar esto una "conspiración", pero en realidad este es el curso natural de acontecimientos cuando leyes divinas

---

226 Carta a John Thaxter, 15 Febrero 1778, en *Adams Family Correspondence* vol. 2 (1963) p. 391
227 Ver: *The Knights Templar of the Middle East: The Hidden History of the Islamic Origins of Freemasonry* por Hrh Prince Michael of Albany y Walid Amine Salhab, Noviembre 2006.
228 Refiriéndose a la "siyasa aqliya" o gobierno basado en práctica racional, en oposición a "siyasa diniya" o el gobierno con base religiosa según Ibn Khadun. – Aliakbar Soroush, Conferencia Internacional sobre Ibn Khaldun, 2006, ISTAC

como la Sunnah y Shariah, son abandonadas por el botín y el tradicional Shirk (idolatría):

> "Las Creencias Religiosas son los elementos impotentes que enfrentan el autoritarismo y despotismo. Para poder facilitar su gobierno, la exigencia déspota cambia algunos elementos religiosos para que el pueblo se adapte a su manera de gobierno. Agravando el sectarismo, sin compromiso a mandamientos religiosos, estableciendo falsas creencias, todas son formas de política autoritaria la que consecuentemente brida el desarrollo de ética personal y social de manera admirable."
>
> - Aliakbar Soroush sobre Ibn Khaldun, op.cit.

> "Ibn Tamiya [en defensa del Wahabismo] se encoje para el uso de la norma de confianza [amana] y toma refugio en el concepto de competencia o poder. El principio moral así es sacrificado para fuerza coercitiva… y se hunde en una doctrina de necesidad: "Es legítimo seleccionar a un hombre incompetente como Wali, a pesar de la presencia de un hombre apto". Así, la honestidad intelectual y probidad moral eventualmente cedieron paso a las trampas de la era."
> [Esto, por definición, es la *necesaria* protección de hipocresía *(insan)* como una Institución que la Ummah se somete. - OZ]
> - Dr. S.M.A. Sayeed, *The Myth of the Authenticity*, New Delhi, 1999, p.46

> "Dado que la Francmasonería se implica en actividades peligrosas, este es un gran peligro con perversos objetivos. El Sínodo Jurisdiccional determina que la Francmasonería es una organización peligrosa y destructiva. Cualquier musulmán que se afilia con ello, conociendo la verdad de sus objetivos, es un infiel al Islam."
> - 15 Julio 1978, Islamic Jurisdictional College, El-Azhar Universidad en El Cairo.

Después de 300-400 años de adoctrinamientos coloniales bajo el auspicio masónico con las profundas socializaciones de Orientalismo unido a la Tiranía Musulmana y la indolencia de misticismo e ignorancia criada por éste ultimo, yo diría que el Islam de hoy en día - como una exitosa unidad Religiosa políticamente organizada (siyasa diniya) "luchando para la supervivencia en la jerarquía de vida" según el Profesor Dawkins - esta en aprieto de peligro severo. Como una masa homogénea de culturas diversas de variables innovaciones esto es lo que sin duda sobrevivirá simplemente en virtud de números - pendiente la suspensión de proyectos Occidentales para liquidación desde luego - pero como practicante y sincero Ummah tengo sinceras reservas, y también las tuvo el Profeta:

"Cuando el botín tomado por turnos, la propiedad dada en fideicomiso es tratada como despojo, el zakat es considerado como una multa, el estudio es adquirido para otro propósito distinto a objetivos religiosos, un hombre obedece a su esposa y es infiel hacia su Madre, trae sus amigos cerca y ahuyenta a su Padre, las voces son levantadas en mezquitas, <u>el más</u> <u>malo miembro de una tribu se hace</u> <u>su mandatario, el miembro sin valores de un pueblo se</u> <u>hace su líder,</u> <u>un hombre tiene honor por temor del mal que él pueda hacer,</u> muchachas cantando e instrumentos de cuerda hacen su aparición, se beben vinos, y los últimos miembros de estas personas maldicen a los primeros, miran aquel tiempo para un viento violento, un terremoto, metamorfosis, asoladora lluvia, y siguientes signos uno tras otro como bisutería que cae de un collar cuando su cuerda se corto."

Mohammad hablando sobre los últimos días de Fitna, según lo reportado por Abu Hurairah Tirmaidhi, Shama'il, Mishkah al-Masabih, Capitulo Fitnah

"Si el funcionario público carece del atributo moral de confianza y competencia, la administración de justicia y la creación de una orden Islámica no puede ser alcanzada… un Shariah-estado no descansa sobre la autoridad política, pero sobre sus compromisos morales y religiosos… [Wahabismo del siglo XIX, p.ej.,] se expande el terror entre la población. Cualquier lugar que conquistó fue devastado por la espada y confiscando el dinero y propiedad… actualmente, esta permanece satisfecha por la unidad y exclusividad de la Umma al alto precio de obediencia absoluta a Poderes ilegítimos sin sanción religiosa."

- Dr. S.M.A. Sayeed, óp. cit. pp. 47, 51

La bendita realidad metafísica del Islam debería directamente reflejarse en la esfera física para que el Dakwah explote completamente la invitación del Islam. La misión es de invitar a buscadores de la verdad a un grupo que manifiesta esta verdad según sus hechos sobre un *continuum* y no tal como ideales impresos o hablados o la 'uno-menos' relación social. Esto es porque las apologías de "misterios" son libaciones sin valor para convertidos quienes buscan la restauración de su dignidad. Ellos tienen necesidades para ser atendidas cuando entran a la Ummah, y debido a que los musulmanes tienen una historia tan terrible y reputación excepto por lo que ahora *académicamente* es Islam, ellos a menudo perdían todo para abrazar la perla de Hidayah. Si la Ummah esta representado por líderes que alivian la hegemonía del khassa vía la opresión directa o indirecta y la confiscación de riqueza aliados con los ideales humanistas de Francmasones Seculares y Talmúdicos Usureros, ¿por qué de hecho no musulmán estaría tentado a entrar a tal comunidad excepto por las exigencias ofrecidas mediante conveniente matrimonio o el compadrazgo de beneficienle pretensión?

Las igualitarias virtudes de la naciente Medina están muy lejos de lo que el no musulmán observa hoy como Islam, ni tampoco, él ve lo opuesto: exquisitamente vestidos en la opulencia inmaculada de cortésmente conspicua opresión - una visible señal de tribalismo insular y el inminente colapso de principios Monoteístas y los principales tanto como de la *khassa* como en la *amma* se rinden al gobierno kleptocratico sombra del Dajjal y la inane dirección de idiotas medio cultos que saben un poco más que como crecer bigotes y rezar: hombres que visten a sus mujeres en sacos de yute negros y ganan su sustento con Ak-47, amapolas y la adulación[229] institucional.

Para los más de diez años de mi estancia en todas partes del Sudeste Asiático entre no musulmanes, y sin excepción, conocí miedo, repugnancia, odio, desdén y falta de respeto para el Régimen Musulmán aún antes de 9/11; sobre todo de afuera pero no raras veces desde adentro también. Esta xenofobia genérica esta lejos de la experiencia del Rey Etíope con los primeros Musulmanes. Cuando consideré el contraste, vine para realizar que los primeros Musulmanes se parecieron mucho a los primeros discípulos de Isa en su manera comunal de vida y en el virtuoso saciar de las necesidades de la gente (*siyasa diniya*). Ambos de estos grupos comandaron un espíritu de unidad mediante el don de gracia de Alá en respuesta a su obediencia al plan divino. Este milagro de cohesión metafísica requirió que ningún esfuerzo en hacerse "uno con El" como era, y esto es debido a que su único catalizador era la sumisión a la verdad traída por el Mensajero de Alá tanto en palabra como en obra. ¡Zikir simplemente no era un factor ya que ellos estaban muy ocupados haciendo el verdadero trabajo de obediencia!

Mi experiencia con la Ummah, con pocas excepciones, es lo opuesto. La verdad es quitada del corazón y las manos de los musulmanes, pero resta cerca de las lenguas mientras el sectarismo es desenfrenado. Reflexioné más y descubrí miedo e ignorancia, así como chamanismo en la raíz de la inhabilidad enraizada del Ummah. Por consiguiente deduje que un miedo penetrante y genérico del opresor y sus hechiceros están operando dentro de la Ummah. Incompetentes bajo nepotismo autócrata se parecen a brutos bajo un capitán pirata, ellos prosperan porque ninguna demanda se hace sobre ellos para realmente ganarse su pan o estudiar para ganar sabiduría mientras ellos sostienen guanteletes que guarnecen el despojo: "Los tiranos toman a matones y los convierten en héroes."[230] Según Ibn Khaldun, la gente no habla la verdad bajo tales gobiernos para poder incrementar o conservar su estado

---

229 Ibn Khaldun, *Muqaddimah* – Aliakhbar Soroush, op.cit.
230 León Uris, *MILA 18* p. 124

de eventual confiscación y pillaje. Esto pasó en Alemania, Rusia, China, Irak, Paquistán, Arabia, Italia, etc. etc. etc. etc. etc., y esto pasa en poblaciones musulmanas afectadas hoy en día. ¿Y de que valor es el tal "civilizado progreso" al avance de esfuerzos supuestamente sirviendo a la verdad de Islam?

"Todas las nuevas ideas: revisionista, socialista, comunista, intelectualista, etc. eran mayormente expeditas y radicales ideas que ocuparon el lugar de verdadera básica fe."

Solomon, Chief Rabbi, Warsaw Ghetto, 1939[231]

La noble hombría aparenta ser de primera no importa la fe que profesa, y la audacia directa manifestada por la primer Ummah ha sido completamente borrada del corazón del Islam en el Sudeste Asiático; y más especialmente de las intimidadas mujeres que he conocido. Encontré el ritual y legalismo desprovisto de compasión comprensiva y sabiduría, galería de místicos, una abundancia de brujos e hipócritas, empresarios de conspicuo consumo de riqueza visible así como también un amplio numero de charlatanes e incompetentes con grados avanzados en ignorancia y arrogancia; todos rodeando unas islas de nobles hermanos. La mayor parte de los anteriores cortésmente buscaban ayudas o fondos para absurdas empresas. De las mujeres encontré glotones, coquetas, caza fortunas, fanáticas religiosas, tiranas queriendo ser feministas, suegras monstruosas, un número increíble que hablan a tus espaldas, severos desórdenes de personalidad debido a incesto y disfunciones familiares rampantes, así como bellas, pero graciosamente vacía en la cabeza cuya mayoría expresó al hombre que encaraban, sus bien infundados miedos al matrimonio. Como un convertido esto era desalentador a lo mejor; "¿qué he hecho?" pensé, "¡he saltado de la cazuela al fuego!"

Que la religión cristiana sea una fabricación grecorromana y el aumento esta bien documentado. El poder de este "mito de origen" es manifiesto por su captación del occidental zeitgeist por 2000 años así como también el potente error de dirección en curso, celo evangélico y voluntad política "Orientalista". Los Francmasones de *esta* khassa finalmente han liberado un nuevo orden mundial Sionista que camina en aguas de fantasía secular y han capturado los corazones y las mentes de muchos musulmanes en posiciones de liderazgo. Juntos, estos medalleros y genuinamente desconcertados lotes de khassitas, El Este y Oeste, entretienen un aun mayor error de dirección del régimen global; ostensiblemente para el bien de una tierra que su índole inmoral ha violado y contaminado durante siglos. Esto esta demostrablemente divorciado del

---

231 León Uris, *MILA 18*, Doubleday, 1961

"Reino de Alá" anunciado por el Profeta Isa cuando él dio su advertencia final a los judíos:

"Ah los doctores, Ah escribanos, Ah Fariseos, Ah sacerdotes, díganme: Deseáis caballos como Caballero, pero no deseáis ir adelante a la guerra; deseáis las telas que visten las mujeres, pero no deseáis tejer y cuidar a los niños; deseáis las frutas del campo, y no deseáis cultivar la tierra; deseáis el pez del mar, pero no deseáis ir a pescarlo; deseáis el honor como ciudadanos, pero no deseáis la carga de la república; y deseáis diezmos y primeros frutos como sacerdotes, pero no deseáis servir a Dios en verdad. ¿Qué entonces hará Dios con usted, viéndoos desear aquí cada bien sin algún mal? En verdad les digo que Dios les dará un lugar adonde tendréis cada mal sin ningún bien."

"De cuatro maneras tentó aquel malo perverso. La primera es cuando él se tentó solo, con pensamientos. La segunda es cuando él tentó con palabras y hechos de sus sirvientes; la tercera es cuando él tentó con falsa doctrina; la cuarta es cuando él tentó con falsas visiones [Misticismo]... En verdad si un hombre teme a Dios, él tendrá la victoria sobre todo, como dijo David su profeta:
"Dios dará a sus ángeles cuidado sobre ti, que guardarán tus caminos, de modo que el diablo no haga que tu tropieces. Caerán mil a siniestra, y diez mil a tu diestra, de modo que no venga nada a ti."... En verdad le digo, que el hombre debería gastar todo el tiempo de su vida no en el estudio sobre como hablar o leer, sino en el estudio de como trabajar bien... Lastima del mundo que solo estudia para complacer un cuerpo que es barro y excreta, y no estudian sino es para olvidar el servicio a Dios quien ha hecho todas las cosas."

[Extractos de: *El Evangelio de Bernabé*]

Estas muy sobrias advertencias presentan un resumen excelente de esta tesis así como el estado presente de la Ummah; sobre todo la analogía de injustos 1,000 y 10,000 a mano diestra y siniestra hecha por el profeta David, paralela a algunas declaraciones bastante horribles del Mensajero. Lo esencial es que tenemos mucho trabajo para hacer:

> "Alá Subhanahu Wataala, no cambia el destino de una sociedad a no ser que ellos hagan un esfuerzo para cambiarla por ellos mismos. La historia no ofrece ningún apoyo a la idea que simplemente por el paso del tiempo los musulmanes de repente sufrirán un renacimiento milagroso... Muchos musulmanes han adoptado un extrañamente falso sentido de seguridad: la lectura del Corán les traerá *thawab* o bendiciones incluso si ellos no lo entienden o practican, yendo en

tabligh o propagación asegurará un pedazo de paraíso, escribiendo panfletos y propaganda ganarán apoyo para el Islam."[232]

- Mahathir Mohammad, Ex PM de Malaysia

La Islamización del conocimiento es un proceso que da poco fruto sin la obediencia-*a* y la ejecución-*de* Leyes Divinas; es decir tanto las afirmaciones metafísicas como civiles incorporadas en la escritura y tradición profética. El conocimiento sin aplicación pragmática se parece a nubes secas sobre tierra resquebrajada. ¡Mientras se hagan acreciones icónicas, o innovaciones sean practicadas, o la tolerancia por líderes bajo auspicios ocultos se mantenga, ¡Alá no ayudará y la falta de Su Gracia no puede ser compensada por el humanismo secular! La naturaleza de la intervención del Alá - que tales regímenes rechazan - es el milagro mismo de una atavisticamente casi clarividente unidad. Esto es un fenómeno que los de la nueva era llaman 'sincronismo', uno que ató el inicial régimen Musulmán junto y dio lugar a su éxito imponente. Este mismo espíritu de unidad fue también manifiesto entre los discípulos del Profeta Isa en Judea (la Iglesia Ebionita de *Justo*, su hermano). Ismaticos, por otra parte, son peones de los Illuminati que causan división y predican la paciencia a los males respectivos que satisfacen la causa de sus amos - ellos son un poco más que grupos de interés especial, además estas esposan la maldad de vanas polémicas que ponen al hermano contra su hermano tanto dentro de la khassa como dentro de amma. Tal es la "manera del mundo" como dice el refrán, pero esto seguramente no es el camino del Islam.

Amonesto a cualquier Musulmán que ha resbalado en la red Masónica para considerar la Sunnah Profética moderadamente entonces voltee a comparar con los ejemplos de sus venerables maestros. Seguramente estos son moldes completamente diferentes. Arrepiéntase por lo tanto antes que sea demasiado tarde tanto para usted como para sus seres queridos. Ninguno de sus hechos valen nada mientras usted participa en la blasfemia de su compañerismo presente. Saquen sus corazones de Egipto y Babilonia y vuelvan al ejemplo y dictados de Medina. Alá es a menudo Misericordioso y el más Compasivo.

En cuanto a usted que estudia o profesa ismologias, o apoya los aumentos animistas de torpes místicos y chamanes, le amonesto también para que se arrepienta y vuelva a la simplicidad de fe que llevó a nuestro Profeta al éxito. El Ummah no tiene ninguna necesidad de ismos o magia, pero mucha necesidad de las buenas obras de compasión igualitaria. ¡Y si cualquiera de ustedes participa del sistema usurero controlado por sionistas bancarios - y

---

232 Khoo Boo Teik, *Paradoxes of Mahathirism. An Intellectual Biography of Mahathir Mohammad*, Oxford, 2003. p. 73

cada país con un Banco Central es culpable[233] - ¡Cuidado cuidado cuidado! Muchos de ellos justifican la usura y lo llaman Islámico. ¡Otra vez digo, tengan cuidado!

"La política, como una práctica, independiente de sus profesiones, Siempre era la organización sistemática de odios."

"El efecto del poder y publicidad sobre todo hombre es el agravio mismo, una especie de tumor que termina matando las simpatías de la víctima."

"La Política práctica consiste en ignorar los hechos."

Henry Brooks Adams 1838-1918; *The Education of Henry Adams* (1907) cap. 1

La Danza del Sombrerero Negro celebrando el Asesinato Ritual del Rey en Tíbet

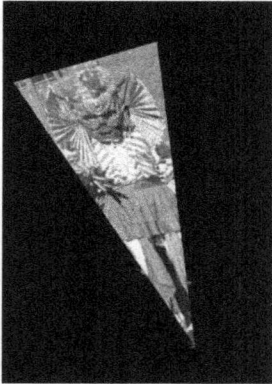

Para aquellos que dudan de la afiliación Rotaria a la Masonería

---

233 Mientras escribo, solo Nord Corea, Irán, Irak, Libia, Sudan y Cuba (¿quizá Venezuela?) aun no caen bajo el sistema Sionista de extracción de riqueza vía el sistema de banca central.

Capitulo XII
Conclusión: Que Hacer

"Tal como Edmund Burke y Thomas Hobbes, Al-Ghazali vio las revoluciones como básicamente destructivas y por lo tanto moralmente injustificables formas de comportamiento. [Él] estaba totalmente comprometido a la causa de lucha constante para reforma y renovación. En este contexto él sintió que esto era erróneo e irresponsable para los miembros de inteligencia de contentarse por ser meros técnicos y burócratas sin rostro. Y más allá de carreras, seguridad de tenencia y la satisfacción del trabajo, etc., eruditos en particular y las clases mejor educadas, en general, el sintió, deberían ser los líderes y partidarios de la reforma social y especialistas en crítica constructiva en la arena política. En la terminología tradicional Islámica, ellos deberían tener el coraje moral y el sentido de responsabilidad para estar constantemente involucrados en y comprometidos a *al-amir bi'l ma'ruf wa'l-nahy an al-munfar.* es decir, comandando el bien y prohibiendo el mal… *alim* verdadero, es aquél que no añora tu generosidad y no vacilaría en dar su opinión genuina y desapasionada o un consejo [lo que pueda venirse]."[234]

- Mudathir Abd Al-Rahim

Sheik Omar Mukhtar

Incluso ante lo que moderadamente es presentado dentro de estas páginas, el creyente sincero debería permanecer valiente. Pronto, *Al-Dajjal* presentará a la humanidad una opción entre el "fuego y hielo" según lo profetizado por Mohammad. En la escritura de este volumen con seriedad me he esforzado en presentar los hechos que permitirán al lector discernir exactamente justo por qué seria que el Profeta nos aconsejó que escogiéramos "el fuego". He hecho mi deber según la interpretación del catedrático Muddathir de la posición del Sheik Ghazali. Ahora, es su responsabilidad digerir el mal presagio y contemplar su propia contribución a la yihad. Así es mi estimado lector, estamos muy ciertamente, en guerra.

"al-dimu al-nasihah", significa que el buen consejo [sinceramente dado a Mandatarios. Grupos, individuos o para la *Ummah*] es la esencia de la fe.

---

234 Carta al *wazir* Fakhr al-Mulk: no 6 en *Fada'il al-Anam*, p. 65; - Muddathir Abd Al-Rahim, "Pensamiento Político de Al-Ghazali" *Al-Shajarah, 2006, volumen II, no. 2*

Como tal consejo es una forma de adoración o, dependiendo las circunstancias, aun de yihad - una muy recomendable forma de acción."[235]

El renacimiento conduciendo al "Islam Hadhari" muy probablemente será abortado o rendido impotente, tanto desde adentro como fuera. Desde "adentro" fue hecho evidente cuando el PM de Malasia, el Dr. Mahathir, propuso una regionalización fiscal adoptando el dinar de oro como una resolución de "balanza de pagos" para oponerse la hegemonía del Nuevo Imperialismo.

De que los líderes Musulmanes no hicieron caso o rechazaron tomar esta postura defensiva radica en ya sea ignorancia o su colusión con los enemigos del Islam. No hay ningunas otras conclusiones a la luz de lo que yo y muchos otros hemos revelado como los hechos de nuestra situación actual a escala mundial.

La autonomía fiscal es la antítesis que los Illuminati desean para las Naciones. Tal autonomía sólo puede ser obtenida con la negación abyecta de *dinero Fiat* y la adhesión estricta a metales preciosos y/o materias primas y servicios como un medio de intercambio entre naciones y hombres. La verdadera riqueza son bienes de capital: p. ej., la propiedad, medios de producción y distribución, labor, y poderío militar además del conocimiento requerido para sabiamente mantener y utilizar todo estos activos. Los demonios de Ética Iblisiana literalmente han cambiado la *ilusión* de la riqueza (p. ej. el papel moneda) por *verdadera riqueza*, y por este medio han repetidamente confiscado - vía su sistema de crédito exquisitamente diseñado y el Derecho Marítimo - los recursos de las naciones para su ventaja privada y poder. ¡Los Musulmanes y todos sus aliados decentes deben poner un alto a esto! ¿Que hacer?

El itinerario siguiente es una lista abreviada de recomendaciones concebidas "desde el puño" de mi "sentido común" y escaso conocimiento de gobierno y la jurisprudencia Islámica. Estas aparentan ser draconianos comparados al estado actual de autoridad licenciosa en la mayor parte de países. Sin embargo, puedo asegurarle que son misericordiosos y acorde con la mayor parte de la Ley Shariah, Insha'Allah. Además, estas representan un ejemplo de pasos a seguir para una declarada guerra de defensa contra los intereses que disolverían la *As-Sakinnah* del Islam, confiscarían la propiedad Musulmana, riqueza y gobernanza, para luego reducirla a merced de esclavitud comunal.

235

❖ La regionalización institucional modelada sobre shura naciente de Medina debe ser instalada y el remover o la disolución de toda plutocracia autoritaria sea cumplida. Esto requeriría la humillación y retiro de muchos quienes se presentan a si como "lideres" musulmanes.

❖ Las demostraciones ostentosas de riqueza deben ser desacreditadas como moralmente detestables y los monopolios completamente disueltos por la práctica de verdadera "libre empresa".

❖ Se debe apoyar los mercados locales y hortalizas tanto como sea posible así como también el intercambio regional de bienes y servicios con los estados vecinos.

❖ Todas las sociedades secretas deben ser declaradas ilegales y despiadadamente perseguidas.

❖ Las Triadas (Sindicatos Criminales Chinos) deben ser implacablemente exterminados y/o expulsados. En esto acá no puede haber discusión. Todos los masones deben ser quitados de las posiciones de autoridad, sus Logias completamente destruidas, y sus personas y familias sujetas a reeducación. Si hay *cualquier* signo de persistencia en sus afiliaciones con esta fraternidad, su propiedad debe ser liquidada, todas las asociaciones de negocio y profesionales absolutamente terminadas después de lo cual ellos deben ser expulsados de la Ummah y el país. Ciertos miembros de esta fraternidad son, de hecho, irremediables y como tal pueden ser considerados enemigos perennes y mortales, en cualquiera de los casos ellos deberían ser ejecutados.

❖ Organizaciones asociadas a los Illuminati y servicios diplomáticos debe ser estudiado, reconocido, expuesto y expulsado sin excepción. P.ej., el culto Maitreyah y otras tales asociaciones de Nueva Era.

❖ Todos los cargos de intereses sobre la deuda externa unilateralmente deben ser cancelados y el capital principal devuelto *si acaso* justificable y posible. Absolutamente no más transacciones deberían ser hechas con las Instituciones Financieras Internacionales.

❖ Todas las relaciones con las Naciones Unidas deben cesarse, como esta institución es una creación Illuminati y la jerarquía de su prole viperina.

❖ Sociedades no musulmanas dentro de Estados Musulmanes deben estar sujetas a jizra; su influencia fiscal limitada por estricta supervisión con restricciones contra lucro y control de la distribución de bienes y servicios bajo su administración.

❖ Las organizaciones criminales deben ser completamente y despiadadamente destruidas.

❖ La instrucción religiosa debe estar bajo el auspicio de *alim* quiénes están basados y son excelentes en la visión del mundo gestalt que se alcanza dentro de los grados concedidos en las Humanidades y Ciencias.[236]

❖ La libertad religiosa debe motivada pero sólo dentro de la base de doctrinas originales como las dadas por sus profetas y sin la concesión de misioneros extranjeros:

✓ Cualquier practicante de "magia sexual" y/o la brujería debe ser matado fallando la reeducación y/o el arrepentimiento. Aquellos catalogados con estatus de "juicio" no pueden tener ningún recurso a una segunda extensión de piedad.

✓ No deben permitir a instituciones religiosas conducir negocios bajo el auspicio de su sociedad.

✓ Todos los trabajadores religiosos (empleados) deben ser matriculados como tal y la institución tiene la responsabilidad de su bienestar como cualquier otro negocio. Tampoco ellos pueden recibir el subsidio "Estatal" otro mas que lo que es caritativo y según la necesidad genuina. Si sus congregaciones no pueden apoyar su tenencia, esto es razón bastante para disolver y descartar su organización del estatus oficial.

✓ Los cultos deben ser identificados y enérgicamente disueltos sin piedad.

✓ Con respeto al matrimonio, la función de Qadi debería ser consignada a no más que un funcionario (p. ej., el consejero) responsable para atestiguar y registrar el acontecimiento. La celebración estrictamente debería

---

236 "...Al-Ghazali insiste que los eruditos serios y verdaderos "ulama" deberían intentar, adonde sea y cuando sea posible, aprender lo suficiente de cada ciencia existente para ser capaces, al menos, de entender y apreciar los métodos y objetivos de la ciencia o las ciencias en cuestión: ya que todas las ciencias, él declara, están estrechamente interconectadas y se complementan el uno al otro."
- Prof. Mudathir, ibíd., p. 169 ref.: Mizan, pp. 348-350

ser relegada a la autoridad de las familias involucradas bajo el respectivo auspicio Patriarcal.

✓ El arbitraje en todas las discusiones matrimoniales no resueltas por los principales debe comenzar con los representantes de cada familia. Sólo si y cuando esto falla, debería el Qadi intervenir. Aquí también debe ser notado que el Qadi asignado al arbitraje debe ser familiar con los principales así como sus familias y comunidad. Él/Ella no debe ser un funcionario burocrático sin relación íntima a la comunidad involucrada.

❖ Un Consejo de Censura, versados en las ciencias de la psicología, propaganda y ética moral debe tener el control absoluto de los medios de comunicación y permanecen sujetos a revisión por la shura sobre cualquier apelación de sus decisiones.

✓ Ningún programa y/o anuncio publicitario promiscuo en absoluto.

✓ Los temas adultos de naturaleza "madura" deben ser exhibidos cuidadosamente para así no evitar la expresión de la materia tema a costa de la verdad. La modestia debe prevalecer sobre todo.

❖ Las Leyes y prácticas bancarias deben ser completamente repasadas y ajustadas a la adhesión estricta al Shariah. Los banqueros que no son alim, deben ser excluidos de la dirección superior.

✓ El crédito ya no debe estar basado en el dinero "Fiat" o en la especulación y fraude atendiendo su extensión basada en el sistema corriente 'fraccionario', que es, en realidad, una licencia para robar.

✓ La Usura debe quitarse despiadadamente y honorarios razonablemente ajustados a los márgenes de lucro aceptables que ya no más le conceden a 'banqueros' su presente y falso estatus social 'superior', como ellos son los miembros no-productores de la sociedad y como tal, no merecen más reconocimiento que el que se hace a los empleados.

✓ La capacidad de confiscar la riqueza debe ser cortada absolutamente tal que si y cuando los préstamos sean hechos, el banco también debe tomar parte en el riesgo de pérdida de capital. La casa de una persona y el medio de sustento *nunca deben estar sujetos a reposesión de ser adquirida honestamente.*

❖ Los juegos de Azar, en todas sus formas absolutamente debe ser suprimido. Esto incluye todas las formas de especulación ahora permitida en la bolsa de valores. Toda la evaluación basada en "potencial" y opciones debe ser rechazada, como esto es una forma de juego. No deberían permitir a ninguna persona o grupo sin directa y garantizadas 'manos a la obra' de intereses administrativos en cualquier empresa se le debería conceder derechos de propiedad que negativamente puedan afectar la comunidad de aquellos empleados en caso de decisiones basadas en intereses propios con la exclusión de los intereses de estos últimos.

Este ultimo destruirá el concepto de *"Holding Companies"* en si, y realmente hacerla ilegal.

❖ Los traficantes de droga deben ser matados y los adictos deben ser aislados de la comunidad hasta que ellos sean restaurados a sus sentidos cuando y de ser posible.

❖ El encarcelamiento debe estar basado en la restitución, de modo que aquellos condenados de ratería o la causa de pérdida en cualquiera de sus formas, debe o reembolsar lo que fue robado o dañado o trabajar hasta que la deuda esté satisfecha.

❖ Las personas condenadas por violación, incesto y pedofilia deben ser morir sin excepción.

✓ La prostitución debe ser regulada por la shura y relegada a aquellas secciones de la comunidad cuya religión y/o tradiciones sancionan la práctica. Aquí la opción debe ser hecha entre cualquier acercamiento al problema que causara el menor daño posible. Sin embargo, los Musulmanes no deben en ningún caso absolver o proteger a cualquier miembro de la Ummah del procesamiento una vez que el conocimiento de su infracción sea hecho público. Por esta razón, y por precaución, el comercio sexual debería ser colocado en aquellas comunidades que no son 'Musulmanas' de modo que los musulmanes sean desalentados y/o fácilmente identificados y por lo tanto disuadidos de cometer el pecado.

✓   Las personas con enfermedades venéreas sabidas e incurables como el VIH debe ser puesto en cuarentena en comunidades que más que adecuadamente provea para sus necesidades.[237]

❖   La administración agraria no debe estar en manos de:
✓   Terratenientes ausentes, propiedad extranjera [la administración extranjera es aceptable probando que hay ventajas equitativas para la comunidad indígena], monopolios, o cualquier persona u organización sin directas 'manos sobre' intereses en el Estado.

✓   Toda manipulación genética y la monopolización de bancos de semillas, de gente y ganadería debe cesar pendiente de: (1) una revisión completa de estas ciencias, (y 2) el retiro de su control manipulador de los que apoyan la eugenesia, que es la parte y el paquete de la filosofía del Nuevo Orden Mundial y el Illuminati-cum-Sionista protocolo.[238]

✓   Los agricultores y los que manejan la ganadería y la industria pesquera deben recibir un precio justo por sus productos y labor a costa de aquellos quienes actualmente y extravagantemente se lucran a sus expensas. Las vocaciones Agropecuarias y de Manutención son búsquedas santas y admirables, su promoción y recompensa debe exceder el cual ahora le dan a celebridades del deporte y/o los actores urbanos que esencialmente no producen nada de valor. La reverencia para la creación y el Creador debe prevalecer en esta esfera de actividad humana, ya que ellos son más valiosos que los que simplemente recitan el rezo y no producen más que vana auto estima.

❖   Los Derechos Marítimos internacionales deben ser repasados, y la retirada unilateral o la abrogación hecha a cualquier ordenanza que sujeta a Musulmanes al control de intereses extranjeros.

---

237 NB: El VIH es una enfermedad artificial. Esta es un arma de guerra bacteriológica fabricada en laboratorios secretos bajo el auspicio Illuminati y diseminado en todas partes de África vía su 'Programa de Vacunación de Viruela' de la OMS de 1976 a 1978. Referencias proporcionadas a pedido.
238 Debe ser notado aquí que la guerra también es emprendida vía el control de producción de alimentos y distribución. Los tiranos históricamente han hecho la nota del hecho que sus adversarios peores eran agricultores y guerrilleros que permanecieron independientes de su control por esta razón. Hay un esfuerzo concertado de parte del cadre del NOM para controlar esta esfera de actividad humana con el objetivo de crear la dependencia absoluta a su merced. Ellos sistemáticamente han destruido las economías locales agrarias de muchas naciones del tercer mundo por esta razón.

❖   Cualquier régimen Musulmán que desea mantener sus relaciones con organismos financieros internacionales como actualmente esta constituido debe ser condenado al ostracismo de la mancomunidad regional de naciones obedientes y considerado como enemigo. Las oportunidades de inmigración entonces deberían ser abiertas a cualquiera de su régimen quien desee emigrar.

❖   Las personas que se encuentren conspirando con autoridades del NOM deberán estar sujetas a la pena capital de traición. Los espías y traidores, en particular, deben ser ejecutados sin excepción.

❖   Aquellos desarrollando naciones Musulmanas en la necesidad de experiencia técnica deberían abrir sus puertas a nacionalistas sinceros extranjeros Musulmanes y ofrecer cada incentivo [incluyendo el matrimonio] para obtener sus servicios y lealtad.

❖   Embajadas extranjeras que representan aquellas naciones bajo control Illuminati deben ser reducidas a estatus de emisario y su autonomía local e influencia negada excepto para los servicios que protegen los derechos humanos de sus conciudadanos residentes o en tránsito. Estas naciones no pueden ser colocadas a igual rango social estando al mismo nivel de un Gobierno Musulmán de buena Fe. Ellos deben ser subyugados y su consejo considerado anatema con su reconocimiento del insulto. Todas objeciones levantadas por sus representantes deben ser recibidas con fiera refutación aún así cortes. 'Tratado' y no compromiso es lo dictaminado.

❖   Negocios extranjeros con conocidas afiliaciones Illuminati deben ser, ya sea nacionalizados o desmontadas y exiliadas, dependiendo en las circunstancias de su importancia a las preocupaciones vitales de la nación Musulmana.

❖   Todos los consejeros extranjeros militares y observadores deben ser expulsados salvo aquellos sinceros que se convierten al Islam o aquellos de soberanías no alineadas con quien haya un tratado aprobado y mutuamente beneficioso de defensa.

❖   La amenaza en caso de militar, ninguna alianza puede ser hecha con aquellos poderes comprensivos a intereses y/o la filosofía Occidental. Si esto conduce a la vulnerabilidad nacional a la amenaza extrínseca, la confianza debe estar solo sobre Alá, en conjunción con las posturas defensivas inherentes en la comunidad y sus aliados; y esto además de rezo sincero nacional y ayuno. En esta condición, Alá de verdad intervendrá a favor de sus siervos obedientes. Esta es la ley espiritual.

❖ No debería haber ninguna distinción entre Shariah y la ley "Civil" "o Secular". Un sistema de justicia no imbuido de la directiva divina es intrínsecamente Iblisiano y así sujeto a la manipulación de desviaciones secundarias a las ideologías vanas del Humanismo. Los abogados no que desean la ley Shariah deberían ser expulsados de gremio y relegados a un estatus un poco mas que el de empleado o agente.

❖ Absolutamente no se puede ceder terreno autoritario a fanáticos religiosos de cualquier persuasión, y todos los musulmanes sectarios deberían ser expulsados de cualquier oficina de poder.

❖ Todos los Chiitas deben ser expulsados del país a no ser que ellos sinceramente se arrepientan y reconozcan a los "Correctamente Dirigidos" Califas como legítimos y auténticos, ya que estas son ocultas doctrinas Ismai'ili [Batinita] que han ya sea, hecho surgir y/o el ímpetu a la amenaza Illuminati inspirada por jinn; si no es directamente, entonces indirectamente, en virtud de la empatía profunda y una continuada colusión que atraviesa los últimos milenios. No se puede confiar en ellos adherirse a la sunnah, como sus Imanes han abrogado y han denunciado el ejemplo ortodoxo... sus corazones no están con el auténtico Islam debido a que ellos no pueden reconocer lo que es genuino, y así, están espiritualmente ciegos y empíricos enemigos de la verdad; aun así hay que admitir que muchos de ellos es gente decente. Pero entonces otra vez, también lo son muchos budistas y Orientalistas Cristianos.

❖ Todo Brujo debe matarse a menos que el ulama pueda certificar su completa redención de la influencia de reprobados jinn y enraizadas tradiciones de Shirk.

❖ Practicantes y Profesores de Freudiana Ideología deben ser destituidos de su oficina. En esto no puede haber discusión otra más que la absoluta censura ya que no tienen ninguna defensa bajo observación del cielo.

- Omar Zaid Abdullah, como Siddiq, M.D.

En Conclusión

"¡Mensajero! ¿No sabes que hemos dado a los Shayatin (*demonios*) autoridad sobre los incrédulos y que estos están poseídos por ellos, que los seducen y empujan a la rebeldía y a la oposición a la verdad? No te acongojes Mensajero, por su incredulidad y no desees el pronto castigo para ellos. Los dejaremos vivir en este mundo por un lapso limitado, y sumamos sus acciones y sus pecados para juzgarlos por ellos en el día del juicio."

-El Corán. Sura 19. Mariam: 83-84

El Liderazgo Occidental esta claramente en guerra con el monoteísmo y sobre todo el Islam; físicamente, ideológicamente, y más pretenciosamente "espiritualmente". Por lo tanto, no preste ninguna atención a los de "traje y corbata" que dicen lo contrario en público. ¡Estos son mentirosos! Se requieren las medidas draconianas presentadas encima para prevenir la aniquilación y/o la esclavitud por este cadre de brillantes megalómanos. Sin embargo, es imposible establecer en medio de tantos siendo "empujados por Alá" para hacer el mal. Pero esto no debería disuadir a Sus siervos de establecer instituciones Islámicas entre los justos. Esto comienza en casa. El primer ejemplo mismo de un ejercicio tan defensivo debe quitar la televisión de su pedestal y la justificación para tal medida necesita poco argumento. Sin embargo, si usted vacila en el pensamiento, la vacilación es prueba bastante de colusión con las agencias de Iblis y tristemente traiciona una deficiencia genérica de sometimiento moderado y dispuesto a la "Causa de Alá". ¿Cómo se reconcilia que un hombre fielmente atiende el deber del Salat y aún permite a su familia beber el banquete de Ética Iblisiana servida minuto a minuto por un altar a los Shayatin que tiene en su propia sala de estar? Si el medio estuviese bajo manos de honrados este entonces podría ser usado para bien, pero tal no es seguramente el caso. ¡Y sí, no hay ninguna TV en mi casa!

La gente piensa que pueden servir a la Causa de Alá en sus propios términos, y el compromiso esta listo sobre la punta de ansiosas lenguas vestidas en batas de ritual piadoso. Sin embargo, el más confuso compromiso con la mitad de la senda del Islam, pero esta imaginación está en el error penoso; ¿cómo hace un compromiso con una serpiente o un perro rabioso? Seguramente este es el estado del alma para los que establecen las instituciones de *insan* en su medio y viven sus vidas como si esto complacería al Todopoderoso. Por esta razón, Abraham dejó la ciudad para morar en la paz y pureza en el desierto. Una medida bastante extrema para un hombre criado en la ciudad, aún así es como él protegió a su familia y criados del insan. Trascurridos y lejos de nosotros están los días cuando la población de Medina dejaba sus tiendas y casas abiertas para asistir a la Mezquita - tanto hombres como *mujeres*. El hecho de la asunto es que las ciudades Musulmanas están entre las más *inseguras* del mundo; tan azotadas por impiedad, maldad, opresión, escándalo, libertinaje, hipocresía, asesinato y robo están ellas, que aún los no creyentes kéfir, debe protegerse dentro de enclaves y los Musulmanes aportillan sus casas contra los bárbaros que su política y policía rechazan acortar correctamente.

De las diez mil tropas para luchar contra los enemigos de Israel, Gedeón escogió sólo a trescientos (el 3 %) quienes eran lo suficientemente justos para invitar la gracia de victoria del Señor contra la aplastante probabilidad.[239] Miren con cuidado entonces a su vecino, a sus líderes, y en el espejo una sobria contemplación de su vida. Un querido amigo mío - el hombre a quien primero confesé la shahadah - recientemente ha ganado una elección pública mientras se postulaba contra el hijo de un dignatario firmemente enraizado quien es un Francmasón.

¡La familia del tirano le ofreció un soborno de USD $1,000,000 de dólares para retirarse de la carrera, pero el lo rechazo porque *ese dinero era prohibido, haram*! ¿Cuántos hombres de este calibre conoce usted? Este 'coraje de voluntad' representa la pureza encontrada por Abraham en el desierto, y es la única arma que se precisa para vencer al enemigo con la ayuda de Alá. ¿Cuántos hombres y mujeres de esta estatura honestamente usted conoce que puedan ser confiables - sobre todo entre nuestros líderes? Cuéntelos y luego llore las lágrimas del Dr. Mahathir.

Las instituciones de Ética Iblisiana diligentemente y victoriosamente han hecho una campaña contra la santidad y las permitidas formas de matrimonio monoteísta, la integridad de la familia, y el Orden Divinamente Sancionada de Patriarcado. Usted apreciará la profundidad y la anchura de sus esfuerzos para quitar esta autonomía preciosa sólo leyendo lo que sigue en los apéndices. Allí encontrara una historia abreviada que deliberadamente fue excluida de nuestros libros de texto. He tenido cuidado de presentar hechos documentados de varias fuentes, para confirmar que es presentado arriba es el resultado de muchas generaciones de astucia concertada y perversa en puestos altos. De verdad, esta conspiración es un hecho mucho mayor que el peor escenario imaginado.

Para conservar y endosar lo que se ha convertido en el "status quo" de la mentalidad globalista es de verdad un error penoso en el cual muchos han caído. A no ser que los musulmanes se retiren de esta línea de insensatez abyecta y adopten el ejemplo feroz de Abraham según como establecido por Mohammad, la autonomía que ellos creen les quedara se desvanecerá como la niebla de la mañana durante las próximas pocas décadas - si acaso más pronto

---

239 En esta batalla, Allah envió Ángeles que impartieron locura entre el enemigo, para que se mataran entre si.

- y Dios no les ayudará seguramente. De verdad, los musulmanes serán matados, pauperizados y marginados como nunca antes; como serán las congregaciones de "otros" monoteístas como las Tribus Lakota de Russell Means. No hay "amigos de Islam" ha ser tenidos entre los funcionarios Occidentales y Orientales con poder de decisión que sostienen sus guanteletes de poder. *Todo* lo que ellos públicamente profesan es calculada pretensión o el resultado de una "programada" negación de la verdad. Ellos han jurado arrinconar al Islam por medio de engañosas políticas e ismos hasta que están en una posición de mover y cuartar la Ummah a voluntad. Mis amigos, no hay compromiso con gente que ha jurado destruirnos. Para ellos, cualquier dialogo es una simple artimaña para ganar tiempo, medios y pretexto para "flanquear" el encapuchado idealista lo suficiente ingenuo para comprometer al tonto.

Me he sentado en discusión con agentes encubiertos, "Fuerzas Especiales y asesores corporativos" con estadía en Bangkok de sus deberes en el Oriente Medio. Estos hombres no tienen ningún amor por la cultura Islámica ellos pretenden servir de parte de la *mano-oculta* de sus superiores. Ellos están preparados y de verdad, desean barrer la tierra limpia de musulmanes cuando sea dada la orden. Estos guerreros empedernidos han visto pocas o ningunas pruebas de la supuesta superioridad del Islam como un "modo de vivir" y la dirección para la humanidad. Y esto no es porque ellos están ciegos a ello, es porque los musulmanes han fallado en actualizar y manifestar la munificencia potencial del Islam, y al contrario, presentan la antítesis. El Islam, como un ideal y a excepción de muy pocos enclaves, permanecen en textos no leídos y en los corazones y mentes de sus pocos adherentes sinceros que comprenden el 'hilo blanco' de los justos, y pocos suficientes de estos últimos se encuentran entre el liderazgo Musulmán.

Es hora de terminar esta parte del libro. Sé porque estoy cansado de escribir los temas tristes que gobiernan las "Escuelas de Maldición" que Alá me ha permitido claramente revelar. Este es el último de una serie de tres y no tengo ninguna intención de retornar al tema. Sin embargo, debo introducir los Apéndices, ya que sin su digestión, usted no reconstituirá totalmente lo que le he servido ya como un paradigma personalizado. Los extractos presentados debajo no deben ser tomados ligeramente a pesar de muchas plumas y lumbreras empleadas por la élite Illuminati que ha tratado de desacreditar el material. Lo que usted está a punto de leer no son rumores. Comienzo con siete páginas de citas de eruditos y participantes y observadores bien calificados, todos ellos reconocen la Conspiración Illuminati. Lo que sigue a partir de entonces habla por sí y sólo debo informarle que, adonde me fue posible, he insertado texto que incluye el testimonio de otras fuentes aparte de las citadas, para poder ya sea, confirmar o ampliar el pasaje principal.

Una vez di una conferencia sobre el tema de la Francmasonería en Kuala Lumpur. Después, de entre la audiencia en shock, un adulto mayor me pregunto: "¿Qué deberíamos nosotros hacer?" Le contesté diciendo que todos deben buscar la dirección del Alá en cuanto a su propia respuesta. Le aconsejo proceder de la misma manera, y como he definido el estado necesario del alma para tal dirección al principio de este tratado, usted ahora debería estar preparado para acercarse a la alfombra de rezo inteligentemente. Hasta que ellos visiten la tumba, la hipocresía deja una publicación "sumamente sensible" para hipócritas y los que los temen más que a Alá. Lo que Alá requiere del régimen pretencioso del Islam, es la regencia de obediencia que introduce en la gracia de Su Hidayah progresivo y la protección sobrenatural. Para falta de arrepentimiento sin embargo, los hombres salvan su imagen y prefieren la charada, y así tenemos a la multitud Musulmana sometida y esclavizado por el Nuevo Imperialismo de Protocolos Talmúdicos - el defacto reino de la bestia del Dajjal. Una Ummah conducida por y poblada con musulmanes del "viernes" - imitando a los cristianos en Domingo - no tiene opción y debe jugar este juego antes de que la muerte quite el velo de sopor y ceguera del corazón. De ahí hizo Mohammed instruir al fiel a retirarse y vivir como *el* beduino Ibrahim, lejos de las carreteras principales de los tontos que han institucionalizado *insan*.

La razón es esclava de la experiencia y la experiencia es esclava de la guía. Por lo tanto, la dirección tiene la importancia suprema al buscador de sabiduría. La dirección es esclava de la Fe y la fe es el esclavo del desear. Por lo tanto el desear debe ser entrenado (dirigido) para buscar lo que es bueno y beneficioso. Esta educación comienza con inherente instinto y de ahí esta cercado por la experiencia a la cual la razón es aplicada como sirviente. El ciclo que se completo, luego se mueve en espiral hacia o lejos de Alá según los hechos y no los discursos enfáticos de ismaticos. Si acaso lejos de Alá, entonces está seguro que el alma se habrá unido con las *Manos de Iblis*. Que Alá tenga compasión de nosotros todos.

Algunos de los Francmasones más famosos de América

"El musulmán nunca olvida que cada hombre nacido, Nace para la guerra en una forma u otra, En un nivel o el otro; si no físico, entonces espiritual. Los que tratan de olvidar este hecho, Eventualmente, son esclavizados."
Guy Eaton, *Islam and the Destiny of Man*, p 128.

Príncipe Holandés   *Harry Truman*   *Salvador Allende*

APÉNDICE I

Citas de Notables***

"La tinta del erudito es mas valiosa que la sangre de mártires."

"Algunos aún creen que (familia Rockefeller) somos la parte de una cábala secreta que trabaja contra los mejores intereses de los Estados Unidos, caracterizando mi familia y a mí como "internacionalistas" y de conspirar con otros en el mundo entero para construir una estructura política y económica global más integrada – un mundo, si usted quiere. Si este es el cargo, soy culpable, y estoy orgulloso de ello"[240]

David Rockefeller, *Memoirs*, page 405

"Un Decreto Presidencial por Franklin Delano Roosevelt el 5 de abril de 1933, requirió que toda la gente cambiara sus monedas de oro, lingotes de oro, y moneda respaldada por oro, por dinero que no era redimible en metales preciosos. El Gold Reserve Act de 1934, conocido como la enmienda Thomas, quien enmendó el Acta el 12 de mayo de 1933, hizo ilegal poseer cualquier moneda de oro (que fue rescindido el 31 de diciembre de 1974). Las monedas de oro fueron retiradas de circulación, y guardadas en forma de lingote. Tal como el público debía devolver todo su oro al Gobierno Estadounidense, la Reserva Federal también. Sin embargo, mientras la gente recibió 20.67 dólares por una onza en papel moneda emitido por la Reserva Federal, a la Reserva le fue pagado como Certificados De oro. Ahora la Reserva Federal, y los Illuminati, tenían el control de todo el oro en el país."

Rivera, Op.cit

"Una gran nación industrial es controlada por su sistema de crédito. Nuestro sistema de crédito esta concentrado. El crecimiento de la Nación y todas nuestras actividades está en las manos de unos hombres. Hemos venido a ser uno de lo peor gobernados, uno de los Gobiernos más completamente

---

240 "Examinando a los miembros dominantes de la Fundación Rockefeller, encontramos a hombres cuyas vidas han sido dedicadas a la guerra y la revolución, la guerra química, la intriga internacional, y la matanza; encontramos que el presidente del consejo era John Foster Dulles, que heredó el título "del hombre más peligroso en América" de su mentor, William Nelson Cromwell; Dulles obtuvo la financiación crucial para Hitler, y envió el telegrama clave que implica a EUA con la Guerra coreana, mientras su hermano, un director del Banco Schroder, estableció la CIA; encontramos a Karl T. Compton, que dio la orden para dejar caer la bomba atómica sobre Japón en 1945 y desató el horror de la guerra atómica sobre el mundo entero (él era también fideicomisario de la Fundación Ford); encontramos a Lord Frank, miembro clave del Rhodes Trust, el Schroder Bank; lo que no encontramos a alguien que alguna vez haya hecho cualquier esfuerzo caritativo. Los directores Rockefeller de que son correctamente el "Sindicato Rockefeller" se entrelazan con los bancos nacionales principales, corporaciones, universidades y departamentos de gobierno. Esta es la red que ilegalmente gobierna América, que, por su evasión fiscal, coloca una carga enorme fiscal sobre todos los contribuyentes americanos, y que hace nuestras elecciones una farsa porque estos hombres determinan toda la política que es puesta en práctica en los Estados Unidos."
– Eustace Mullins, op.cit. p.241

controlados y dominados en el mundo – ya no más un Gobierno de opinión libre, ya no más un Gobierno por convicción y voto de la mayoría, sino un Gobierno por la opinión y la coacción de pequeños grupos de hombres dominantes.... Ya que entré en tema de política, principalmente he tenido reuniones con gente que me confiaron en privado. Algunos de los hombres más grandes en EUA, en el campo del comercio y la manufactura, tienen miedo de alguien, de algo, ellos saben que hay un poder en algún sitio tan organizado, tan sutil, tan vigilante, tan entrelazado, tan completo, tan penetrante, que es mejor que no hablen cuando ellos manifiestan condenación para este."

Woodrow Wilson - *In The New Freedom* (1913)

"Si los Americanos alguna vez permiten a bancos privados controlar la emisión de su dinero, primero por la inflación y luego por la deflación, los bancos y las corporaciones que crecerán alrededor de ellos, privarán a la gente de su propiedad hasta que sus descendientes se despierten indigentes en el continente que sus antepasados conquistaron."

Thomas Jefferson

"El abandono del Estándar Oro hizo posible para las estadísticas de bienestar usar el sistema bancario como el medio para una extensión ilimitada de crédito.... En ausencia del patrón oro, no hay ningún modo de proteger los ahorros de la confiscación por la inflación. No hay ningún salvaguarde de valor. Si hubiera, el gobierno tendría que hacer sus tenencias ilegales, como fue hecho en el caso del oro.... *La política financiera del Estado requiere que no haya ninguna manera para los propietarios de riqueza de protegerse a sí mismos....* [Este] es el secreto lamentable de las diatribas de estadígrafos de bienestar contra el oro. Los gastos de déficit son simplemente un esquema para la confiscación "oculta" de riqueza. El Oro se para en medio del camino de este proceso insidioso. Este es un protector de los derechos de propiedad."

Alan Greenspan, 1966

"El 19 de julio de 1789, David Pappin, Presidente de la Harvard University, publicó una advertencia a la Clase que termina la Carrera, concerniendo la influencia de los Illuminati sobre la política americana y la religión. En abril de 1793, Francia envió al nuevo embajador Edmond Genet a América, entonces él podría cobrar el pago de la deuda americana incurrida durante la Revolución Americana ... su verdadero objetivo era de ganar el favor político para Francia, y extender el Iluminismo, lo cual hizo, mediante el establecimiento de "Clubes Democráticos." John Adams, sexto Presidente de los EUA, en 1825 dijo que estos clubs estaban "tan perfectamente afiliados los Jacobinos Parisinos que el origen desde un padre común no puede estar equivocado." A causa de la amenaza Illuminati, Washington y Adams presionaron al Congreso para pasar el Acta de Extranjeros y Sedición, que fue "diseñado para proteger a los EUA de la extensa conspiración Franco Jacobina..."

Rivera, op.cit.

"En marzo de 1915, los intereses de J.P. Morgan, el acero, la construcción de barcos, e intereses en pólvora, y sus organizaciones subsidiarias, junto a 12 hombres importantes en el mundo de los diarios y los empleó para seleccionar los periódicos más influyentes de los EUA y suficiente numero de ellos para controlar generalmente la política de la prensa diaria.... Ellos encontraron que sólo era necesario comprar el control de 25 de los mayores diarios. Se logro un acuerdo; la política de los diarios fue comprada, a ser pagado mensual; un editor fue proporcionado para cada diario para correctamente supervisar y corregir la información en cuanto a las preguntas de estado de preparación, militarismo, política financiera, y otras cosas de naturaleza nacional e internacional considerada vital a los intereses de los compradores."

U.S. Congressman **Oscar Callaway**, 1917

El poder de dinero denuncia, como enemigos públicos, todo aquellos que cuestionan sus métodos o esclarecen sus crímenes.

William Jennings Bryan

Esta Acta de la Reserva Federal establece el fideicomiso más gigantesco sobre la tierra. Cuando el Presidente (Wilson) firme esta, el gobierno invisible del Poder Monetario será legalizado.

Hon. Charles A. Lindbergh, Sr.

Estamos en el peligro de ser abrumado con irredimible papel, simple papel, no representando oro, ni plata; no señor, representando nada más que rotas promesas, mala fe, corporaciones en bancarrota, acreedores engañados y gente arruinada.

Daniel Webster

"Tenemos, en este país, una de las instituciones más corruptas que el mundo alguna vez haya conocido. Me refiero al Consejo de Reserva Federal. Esta mala institución ha empobrecido a la gente de los Estados Unidos y prácticamente ha llevado a la bancarrota nuestro gobierno. Esto lo ha hecho por medio de prácticas corruptas de los adinerados buitres que la controlan."

Congresista Louis T. McFadden en 1932

"Cada niño en América que entra a la escuela a la edad de cinco años esta mentalmente enfermo, porque él viene a la escuela con una lealtad a nuestras instituciones, hacia la preservación de esta forma de gobierno que tenemos. El patriotismo, nacionalismo, y soberanía, todo lo qué prueba que los niños están enfermos debido a que los individuos que están realmente bien son los que han rechazado todas aquellas cosas, y es verdaderamente el internacional niño del futuro."

Dr. Chester Pierce Harvard University

"Un psicopolitico debe trabajar mucho para producir el caos máximo en los campos de la "curación mental." Usted debe trabajar hasta que cada profesor de psicología inconscientemente o a sabiendas enseñe solo la doctrina Comunista bajo el disfraz de la "psicología." Usted debe laborar hasta que cada doctor y psiquiatra, sean ya sea psicopolitico o ayudante involuntario para nuestros objetivos. Usted debe trabajar hasta que nosotros tengamos bajo dominio las mentes y cuerpos de cada persona importante en su nación (América). Usted debe trabajar hasta que el suicidio proveniente del desequilibrio mental sea común y no provoque ninguna investigación general u observación.... Usted debe dominar como hombres respetados, los campos de psiquiatría y psicología. Usted debe dominar los hospitales y universidades... Usted puede venir y tomar sus instrucciones como los adoradores de Freud[241]... La Psicopolitica es un solemne cargo. Con ello usted puede borrar a nuestros enemigos como insectos. Ustedes (psicólogos) pueden cambiar sus (líderes) lealtades por la Psicopolitica. Dándoles un corto tiempo con un Psicopolitica usted puede alterar para siempre la lealtad de un soldado en nuestras manos o a un Estadista o un líder en su propio país, o usted puede destruir su mente."

Camarada **Beria.** Jefe de la Escuela de Psicopolitica de Lenin, *1933, THE SOVIET ART OF BRAIN-WASHING - A Synthesis of the Russian Textbook on Psycho Politics.* Por Kenneth Goff, un ex-comunista

Los Profesores **F. Moghaddam** de Georgetown University, y **R. Harre** de Oxford, muy lucidamente exploró las trampas de la esclavitud mental para la "Americanizada" Psicología Occidental en países del Tercer Mundo:

El "conocimiento" psicológico putativo el cual es de altamente cuestionable confiabilidad y validez aun en el contexto occidental, esta siendo exportado al mayoreo a sociedades del Tercer Mundo como parte de un sistema grande de intercambio que en última instancia es conducido por ganancias. Los EUA se

---

241 "Si bien Freud alegaba su descontento por la filosofía, definitivamente el expreso filosóficas ideas, en el sentido de atea ideología materialista. {El} consideraba a la religión peligrosa... definiéndolo como una ilusión, una universal neurosis, un tipo de narcótico que impide el libre ejercicio de inteligencia, y algo que el hombre tendría que entregar."

H.F Ellenberger, *The Discovery of the Unconscious,* Allen Lane, Penguin Press, London, 1970, p. 525

han establecido a si como la única Superpotencia en psicología... La psicología sigue siendo exportada al resto del mundo, con poca o ninguna atención seria dada a la adecuación de que está siendo exportada... Asimismo los psicólogos del Tercer Mundo son entrenados en EUA y otros Países Occidentales, sin el respeto a la pregunta de lo adecuado de su educación. De verdad, la exportación continuada... el personal inapropiadamente entrenado de occidentales y tercer mundistas sociedades refuerza los lazos de dependencia y sigue las tradiciones explotadoras establecidas por el colonialismo.

Journal of World Psychology, I: 4, 1995, pp. 53-54

Hay algún numero o marca planeada para la mano o frente en una nueva sociedad sin efectivo? SI, y he visto las maquinas que ahora están listas para ponerlas en operación.

Sen. **RALPH NADER**

"Cada niño que cree en Dios esta mentalmente enfermo."
DR. PAUL BRANDWEIN, Psicólogo Infantil Líder en EUA

"Es inaceptable que las naciones compuestas de gente que acaba de bajar de los árboles debería tomarse para líderes mundiales... ¿Cómo pueden tales seres primitivos tener opinión propia?"

Yitzhak Shamir

"La Comisión Trilateral es el vehículo para la consolidación multinacional de los intereses comerciales y bancarios por secuestrar el control del gobierno político de los EUA. La Comisión Trilateral representa un esfuerzo experto, coordinado para secuestrar el control y consolidar los cuatro centros de poder - Político, Monetario, Intelectual, y Eclesiástico."

Senador Estadounidense **Barry Goldwater**
de su libro, *No Apologies.* 1964

"Los Jacobinos son ni más ni menos, que la manifestación abierta del sistema oculto Illuminati. La Orden tiene sus sucursales establecidas y sus emisarios operando en América. Las afiliadas Sociedades Jacobinas en América indudablemente han tenido como objeto de su establecimiento la propagación de los principios del iluminado club madre en Francia... Es un deber, mis hermanos, que le debo a Dios, a la causa de la religión, a mi país y, en este tiempo, declararle, así francamente y fielmente, estas verdades. Mi único objetivo es despertarlo a usted y a mí una debida atención, en este período alarmante para nuestros intereses más queridos. Como un vigilante fiel, les doy advertencia de su peligro actual."

Rev. Jedediah Morse, Pastor, Iglesia Congregacional, Charleston, S.C., 9 de Mayo, 1798.El Reverendo también identifico a Thomas Jefferson como Illuminati

"Hoy el camino a la dictadura total en los EUA puede ser puesto por medios estrictamente legales, no visto ni oídos por el Congreso, el Presidente, o el Pueblo. En apariencia tenemos un gobierno Constitucional. Tenemos operando dentro de nuestro sistema de gobierno y político, otro cuerpo que representa otra forma de gobierno - la élite burocrática."

Senador **William Jenner**, 1954

"... Esta regionalización es de acuerdo al Plan Trilateral que pide una convergencia gradual del Este y el Oeste, en última instancia conduce hacia el objetivo de un gobierno mundial.... La soberanía nacional ya no es más un concepto viable..."

Zbigniew Brzezinski, Asesor de Seguridad Nacional para el Presidente Jimmy Carter.

"Dejadme a mí controlar la moneda de un país y no me preocupa quien haga sus leyes..."

Meyer Nathaniel Rothschild.
Discurso en una reunión de banqueros mundiales. 12 de Febrero, 1912.

"Cual sea el precio de la Revolución China, esta obviamente ha tenido éxito no sólo en la producción de la administración más eficiente y dedicada, pero también en la crianza de la alta moral y la comunidad de propósito. El experimento social en China bajo el liderazgo del Presidente Mao es uno de los más importantes y acertados en la historia humana."

David Rockefeller, declaración en 1973 sobre Mao Tse Tung: (NY Times 8-10-73)

"Es el sistema de individualismo nacionalista que tiene que irse.... Vivimos al final de los estados soberanos.... En la gran lucha para evocar un Socialismo Occidentalizado Mundial, gobiernos contemporáneos pueden desaparecer... incontable gente... odiará el **nuevo orden mundial** y morirá protestando contra ello."

H.G. Wells, 1934, Socialista Fabiano

"El único mundo de tecnología debe volverse también *un mundo* económica y políticamente.... Tales objetivos serán alcanzados más fácilmente a través de una ciencia de ingeniería social."

Scott Nearing, comunista, 1949

La OWI (oficina de información de guerra) maquinaria de propaganda vinculada a Rhodes (Eruditos Rhodes): "Los que absorbieron a Elmer Davis (Eruditos Rhodes y jefe de la OWI), la Oficina de Información de Guerra entrenando ha empujado el concepto británico de vigilar el mundo con soldados americanos y ayuda económica y han luchado por una federación mundial bajo la cual los EUA rendirían su soberanía."

31 de Julio, 1951: *The Chicago Tribune*

"Yo anexaría los planetas si acaso pudiera." - **Cecil Rhodes**

"Pienso que el tema que será de mayor importancia políticamente es la psicología de masas.... Varios resultados pronto serán recibidos: que la influencia del hogar es obstructiva... aunque esta ciencia con diligencia sea estudiada, rígidamente será limitado a la clase gobernante. Al populacho no se le permitirá saber como sus convicciones fueron generadas. Cuando la técnica ha sido perfeccionada, cada gobierno que ha estado a cargo de la educación de una generación será capaz de controlar a sus sujetos bien sin la necesidad de ejércitos o policías... La propaganda educativa, con la ayuda del gobierno, podría alcanzar este resultado en una generación. Hay, sin embargo, dos fuerzas poderosas opuestas a tal política: una es la religión; la otra es el nacionalismo... Una sociedad científica mundial no puede ser estable a no ser que haya un gobierno mundial."

The Impact of Science on Society.
Por **Bertrand Russell.** Socialista Fabiano, 1953

"Es un objetivo legítimo americano de ver removido de todas las naciones - incluyendo los EUA - el derecho de usar sustancial fuerza militar para perseguir su propio interés. Ya que este derecho residual es la raíz de la soberanía nacional y la base para la existencia de una arena internacional de poder, es, por lo tanto, un interés americano ver el fin del carácter de nación como históricamente había sido definido.

- 1960, *The United States in the World Arena*,
por **Walt Rostow**, miembro del CFR.

"Los manifiestos objetivos de Cecil John Rhodes y su amigo, Sir Andrew Carnegie, Incluía la reducción de los EUA a colonia del *Nuevo Orden Mundial*."

1968, *The Subtle and Leisurely Penetration*, reporte de referencia, **George Mason, Escuela de Correspondencia**

"Para alcanzar el gobierno mundial, es necesario quitar de las mentes de los hombres su individualismo, lealtad a las tradiciones de familia, el patriotismo nacional, y dogmas religiosos."

Brock Adams, Director de la OMS de la ONU

"El empuje de los Rockefeller y sus aliados de crear un gobierno mundial que combina el súper capitalismo y el Comunismo bajo la misma tienda, todo en su control.... ¿Digo que hay conspiración? Sí. Estoy convencido que existe tal plan, internacional en abarque, generacional en planeación, *e increíblemente malo en intención.*"

Congresista **Larry P. McDonald**, muerto en 1976 en el avión de Korean Airlines, derribado por los Soviéticos.

"Cincuenta hombres manejan los EUA, y esta es una cifra alta."

Joseph Kennedy, padre de JFK, en la edición del *The New York Times*. 26 de Julio, 1936

"Los poderes del capitalismo financiero tenían otro objetivo de largo alcance, nada menos que crear un sistema mundial de control financiero en manos privadas capaces de dominar el sistema político de cada país y la economía del mundo entero. Este sistema debía ser controlado de manera feudal por los bancos centrales del mundo que actúan en concierto, según acuerdos secretos en frecuentes reuniones privadas y en conferencias. El ápice del sistema era el *Bank for International Settlements,* en Basle, Suiza, un banco privado y controlado por los Bancos Centrales del mundo, los cuales eran corporaciones privadas ellas mismas. El crecimiento del capitalismo financiero hizo posible una centralización del control económico mundial y uso este poder para beneficio directo de financieros e indirecto perjuicio de todos los otros grupos económicos."

Tragedy and Hope: A History of the World in Our Time (Macmillan Co., 1966,)
Profesor Carroll Quigley de Georgetown University

"No importa por quien vote la gente; ellos siempre votan por nosotros."

Joseph Stalin, Illuminati & Jesuita

Detrás de la Revolución de Octubre *hay más influyentes personalidades* que los pensadores y ejecutores del Marxismo.

Lenin, Illuminati

"... En política nada es accidental. Si acaso algo sucede, este seguro que fue planeado de esa manera."

Franklin D. Roosevelt, Mason grado 32

Extracto de: *Progress for All* [Periódico Francmasónico] Enero de 1991, una entrevista acerca de la clarificación de la Pirámide y el ojo al reverso del billete de un Dólar Estadounidense:

> "El Sello [Illuminati] de la pirámide fue creado por la Familia Rothschild y traído a Norteamérica por Benjamín Franklin y Alexander Hamilton antes de 1776. La Familia Rothschild son los jefes de la organización en la cual entré en Colorado. Todas las Hermandades Ocultas son parte de ellos. Esta es una Organización de Lucifer para instalar su reinado en el mundo entero. El ojo sobre la pirámide es el ojo de Lucifer. Supuestamente Rothschild tiene transacciones personales con el Diablo. Personalmente he estado en su chalet y lo he experimentado. Y sé que es verdadero."

John Todd, "Consejo Masónico de los Trece", El Sr. Todd fue detenido y admitido a un sanatorio a principios de los años 70 y a mi conocimiento, no se ha oído de el desde entonces. Él es un descendiente directo de una de las Familias Satanistas de Plymouth, la Familia Collins. Este extracto le fue dirigido a los 23 Consejos Supremos Illuminati, el 4 de Junio de 1889.[242]

"A ustedes, Instructores Soberanos de Grado 33, les decimos: ustedes tienen que repetir a los hermanos de grados inferiores que adoramos sólo a un Dios a quien rezamos sin superstición. Somos nosotros, Iniciados en el Grado Supremo, que debemos guardar la verdadera religión Masónica que conserva pura la doctrina de Lucifer."

Albert Pike, Illuminati

"Era durante aquel período que me interese en la francmasonería.... En la francmasonería del siglo XVIII se hizo expresivo de una política militante de alumbramiento, como en el caso del Illuminati, quienes eran los precursores de la revolución; sobre su izquierda esto culminó en los Carbonari. Los francmasones contaron entre sus miembros tanto a Louis XVI como el Doctor Guillotin que inventó la guillotina. En la Alemania del sur, la francmasonería asumió un carácter abiertamente revolucionario, mientras que en el tribunal de Catalina la Grande esto era una mascarada que reflejaba la jerarquía aristocrática y burocrática. Un francmasón, Novikov fue exiliado a Siberia por una Emperatriz francmasónica. Descontinué mi trabajo sobre la francmasonería para tomar los estudios de economía de Marx.... El trabajo

---

242 Ver también Sir Walter Scott, volumen 9: La historia de Napoleón, en el que él declara que la Revolución Francesa fue planificada por Adán Weishaupt y financiada por Los Rothschild [el vol. 2]. Sr. John Todd fue arrestado y luego desaparecido en el laberinto de cuidados Psiquiátricos Estadounidenses durante principios de los años 1980. Confirmado que Él era un Hechicero, desciende de la familia Collins asociada con las Brujas de Salem. Él se convirtió al cristianismo y comenzó a públicamente a denunciar y revelar el sistema y el plan Illuminati.

sobre francmasonería interpretada como una especie de prueba para estas hipótesis... Yo pienso que esto tuvo influencia en el curso entero de mi desarrollo intelectual."

Leon Trotsky, Illuminati, *My Life: The Rise and Fall of a Dictator*, paginas 124-127.

"La Era Tecnócrata lentamente esta diseñando una sociedad más controlada cada día. La sociedad estará dominada por una sociedad de personas libres de los valores tradicionales (!) los que no dudaran en realizar sus objetivos por medio de técnicas purgadas con las cuales ellos influirán en el comportamiento de la gente y controlaran y vigilaran a la sociedad en todos los detalles y será posible ejercer una prácticamente permanente vigilancia sobre cada ciudadano del mundo."

Zbigniew Brzezinski, Illuminati; co-fundador de la Comisión Trilateral

"Habrá en la siguiente generación, un método farmacológico de hacer que la gente goce de su servidumbre y producir una dictadura sin lágrimas por así decirlo, produciendo una especie de campo de concentración indoloro para sociedades enteras de modo que la gente de hecho tenga privadas sus libertades, pero más bien disfruten de ello, porque estarán distraídos de cualquier deseo de rebelarse por la propaganda, o el lavado de cerebro, o el lavado de cerebro realzado por métodos farmacológicos. Y esto parece ser la revolución final."

Aldous Huxley, discurso al *Tavistock Group*, California Medical School, 1961

"He observado estas doctrinas gradualmente difundiéndose y mezclándose con todos los sistemas diferentes de Francmasonería hasta que, por fin, una asociación ha sido formada con el objetivo expreso de arrancar todos los establecimientos religiosos, y volcar todos los gobiernos existentes de Europa."

John Robinson, por mucho tiempo, masón de alto grado en el Rito Escocés; Profesor de Filosofía Natural en la Universidad de Edimburgo; historiador británico; Secretario General de la Sociedad Real de Edimburgo. Él fue a Alemania, y se le dieron a estudiar los planes de conspiración revisada de Weishaupt, para ampliar la influencia Illuminati en las Islas británicas. Robinson no estuvo de acuerdo con sus principios, y después de advertir a los masones americanos en 1789, él publicó un libro para exponer la organización en 1798: ***Proofs of a Conspiracy*** *Against All Religions and Governments of Europe, Carried On In the Secret Meetings of Freemasons, Illuminati, and Reading Societies.*

"Los banqueros poseen la tierra; quítensela a ellos pero déjelos con el poder de crear crédito; y, con una firma, ellos crearán bastante dinero para desempeñarlo otra vez... Si ustedes quieren ser los esclavos de banqueros y pagar el costo de su propia esclavitud, entonces quiten el dinero del control de banqueros y control del crédito."

Sir Josiah Stamp, Director y Fundador Del Bank of England.

"Los pocos que entienden el sistema, estarán ya sea o tan interesados en sus ganancias o tan dependientes de sus favores, que no habrá ninguna oposición de aquella clase."

Mayer Amschel Bauer Rothschild

"Yo veo en un futuro próximo una crisis acercándose que me acobarda y hace que yo tiemble por la seguridad de mi país. Como resultado de la guerra, las corporaciones han sido entronizadas y una era de corrupción en altos sitios seguirá, y los poderes monetarios del país procurarán prolongar su reinado trabajando sobre los prejuicios del pueblo hasta que toda la riqueza sea agregada en unas pocas manos, y la República sea destruida. Siento en este momento más ansiedad por la seguridad de mi país como nunca antes, aún en medio de la guerra."

Abraham Lincoln - En una carta escrita a William Elkin

"Aunque el nombre de Andrew Carnegie es grande entre lista de fundaciones americanas, por muchos años, las cinco fundaciones Carnegie han sido los meros accesorios de la Fundación Rockefeller. Carnegie vendió sus intereses en el acero a J.P. Morgan y Rothschild por 1 mil millones de dólares, pero no le permitieron alejarse con el dinero; como Cecil Rhodes, Rockefeller, y otros, a él se le ordeno ponerlo en fundaciones que realizarían el programa del Orden Mundial."

Eustace Mullins

"Israel quiere unir el mundo bajo su dirección espiritual; el Templo de Dios... debe estar localizado en Jerusalén, el centro de este universo ordenado por judíos, y todas las naciones le traerán su tributo. Las Naciones adorarán a Dios sirviendo a Yisrael... En la lectura judía, la exclusiva sacralidad [la santidad] de Jerusalén y de Israel, pide la *des-sacralización* de las naciones y el resto del mundo. No habrán iglesias, ni mezquitas, ningún sacerdote cristiano ni Musulmán. El mundo se convertirá en un desierto profano poblado por bestias profanadas, las naciones, y sus pastores, los judíos... Comienza con pequeñas cosas: el retiro de [cristianos] signos religiosos de escuelas y lugares públicos. Pero nuestras almas interpretan esta rendición de espíritu como la prueba de victoria judía... El universo judío está siendo construido ladrillo por ladrillo y **uno de sus señales es la rebajada vida educativa y espiritual de los Gentiles....** Películas americanas degradan a sus espectadores... El Nuevo Orden Mundial es, en términos religiosos el principio del Reino del Anticristo, basado en el retiro de todos los elementos espirituales de nuestra vida. En términos prácticos, esto es un ambicioso intento a la esclavitud total del Hombre."

Israel Shamir [Corresponsal Israelí] colección de ensayos "Pardes", Una advertencia a los judíos y a la humanidad.

"A excepción de la URSS como un estado federado eurasiático, todos los otros continentes se habrán unido en una alianza mundial, a cuya disposición estará una fuerza Policial Internacional. Todos los ejércitos serán suprimidos, y no habrá más guerras. En Jerusalén, las Naciones Unidas (verdaderamente Unidas) construirán un templo de los Profetas para servir esta federada unión de todos los continentes; esta será la sede del Tribunal Supremo de la Humanidad, para dilucidar todas las controversias entre los continentes federados."

David Ben-Gurion

"Deberán nuestros hijos convertirse en discípulos de Voltaire (un escritor Francés) y la Caballería de Murat, o nuestras hijas, las concubinas de los Illuminati?"

Julio de 1798, **Timothy Dwight**, Pres. of Yale Univ.

"Hay suficiente evidencia que un número de sociedades, del Illuminati, han sido establecidas en esta tierra de luz del Evangelio y la libertad civil, las cuales fueron organizadas primero de la gran sociedad, en Francia. Ellos indudablemente en secreto se esfuerzan en minar todas nuestras instituciones antiguas, civiles y sagradas. Estas sociedades están estrechamente ligadas con aquellas de la misma Orden, en Europa; ellos tienen en mira el mismo objeto. Los enemigos de todo orden buscan nuestra ruina. Si la infidelidad generalmente prevalece, nuestra independencia se caería desde luego. Nuestro gobierno republicano sería aniquilado."

- 4 de Julio, 1812, **Rev. Joseph Willard**, Presidente de Harvard University.

El comunismo es el nombre secreto de este tremendo adversario, el cual el mandato del proletariado, con todo lo qué implica, se opone al régimen burgués existente... El comunismo es sin embargo el héroe oscuro, echado para un enorme, si acaso breve rol en la tragedia moderna, y aguardando su señal para entrar en escena.

Heinrich Heine, Poeta, *"Letece", serie de ensayos, Augsburg Gazette* 1840-1843

Durante los años 70s, muchos bancos habían dejado la Reserva Federal, y en Diciembre del 79, Volcker dijo al, House Banking Committee, que unos "300 bancos con depósitos de 18.4 mil millones de dólares habían dejado la FED dentro de los últimos cuatro años y medio," y que otros 575 de los 5,480 bancos restantes, con depósitos de 70 mil millones de dólares, habían indicado que ellos tuvieron la intención de retirarse. Él dijo que esto acortaría su control del suministro de dinero, y eso condujo al Congreso, en 1980, a pasar el Acta de Control Monetario, que dio el control a la Reserva Federal de todas las instituciones bancarias, independiente si son miembros o no.

Rivera, op.cit

"... nunca ha habido una auditoria independiente en cualquiera de los doce bancos del Consejo de la Reserva Federal que ha sido archivado con el Congreso... Durante 40 años el sistema, libremente usando el dinero del gobierno, no ha hecho una contabilidad apropiada... la Reserva Federal es una de las sociedades más secretas. Estos doce hombres deciden que pasa en la economía... En la toma de decisiones ellos no consultan a nadie - ni al Presidente, ni al Congreso, ni al Pueblo... En los EUA tenemos, en efecto, dos gobiernos... Tenemos el Gobierno debidamente constituido... Entonces tenemos un gobierno independiente, incontrolado y descoordinado en el Sistema de la Reserva Federal, operando poderes monetarios reservados para el Congreso según la Constitución."

Rep. Wright Patman de Texas (Presidente del House Banking hasta 1975) En Enero 22, 1971, introdujo la HR11, que hubiese alterado su organización, disminuyendo su poder. Fue removido de la posición que sostuvo por años, *Presidente del House Banking & Currency Committee.*

"La depresión era el "esquilar" deliberado del público por los poderes monetarios Mundiales, provocados por la escasez planificada repentina de suministro del dinero en el mercado monetario de Nueva York. Los líderes de un solo gobierno mundial y sus siempre cercanos banqueros ahora han adquirido el control total del dinero y la maquinaria crediticia de los EUA mediante la creación de la Banca Privada de la Reserva Federal."

My Exploited Father-in-Law, **Curtis Dall** (yerno de FDR)

"No hay ninguna tal cosa en América como una prensa independiente. Usted lo sabe y Yo lo sé... El negocio del Periodista es destruir la verdad; mentir rotundamente; pervertir; vilipendiar; adular en los pies de Mammon, y vender su condado y su raza para su pan de cada día. ¿Usted lo sabe y Yo lo sé y qué locura es esta de tostar una prensa independiente? Somos los instrumentos y vasallos para hombres ricos entre bastidores. Somos como saltarines, ellos tiran las cuerdas y bailamos. Nuestros talentos, nuestras posibilidades y nuestras vidas son toda propiedad de otros hombres. Somos prostitutas intelectuales."

John Swinton, Editor, *The New York Times*

El Arte de Latrocinio Legal: La Gran Depresión

"El Consejo de Reserva Federal sostuvo una reunión secreta el 18 de mayo de 1920, para planificar una depresión. Los grandes Bancos comenzaron a llamar los préstamos a ser pagados, haciendo caer las acciones caerse de un alza de 138.12 en 1919, a una baja de 66.24 en 1921. Cuando el valor de los bonos del estado cayó a plomo, los forzaron cobrar aún más préstamos. Cuando los miles de clientes de los bancos no podían pagar sus compromisos, los bancos secuestraron sus activos. Después de 1922, las ganancias se incrementaron, y con la capacidad de la Reserva Federal de prestar diez veces más que sus reservas, el crédito fácilmente fue obtenido. A partir de 1923 hasta1929, 8 mil millones de dólares fueron cortados del déficit. La Reserva amplió el suministro de dinero en el 62%, y este dinero en exceso fue usado para ofrecer la bolsa hasta alturas fantásticas.

Los medios de comunicación comenzaron publicar que había un enorme beneficio para ser hecho del mercado de acciones. Este empuje fue planificado en una reunión de los Banqueros Internacionales en 1926, que hicieron el auge posible, y quien iba a causar el desastre financiero más tarde. En 1928, las audiencias de la Cámara sobre la Estabilización del Poder adquisitivo del Dólar, revelaron que el Consejo de la Reserva Federal había encontrado a los jefes de varios bancos centrales europeos en un almuerzo secreto en 1927 para planificar lo que ellos creyeron podía ser un choque principal. El 6 de febrero de 1929, después que Montagu Norman, Presidente del Banco de Inglaterra, vino a los Estados Unidos para reunirse con Andrew Mellon, Secretario de Tesoro, la Reserva invirtió su política monetaria levantando el índice de descuento, y durante los próximos pocos meses, después de que Paul Warburg había publicado una pista en Marzo de 1929, los miembros Illuminati, que sabían lo que el futuro depararía, saco su dinero de la bolsa, reinvirtiéndolo en oro y plata. El año antes de la caída, 500 bancos fracasaron. El 24 de octubre de 1929, el establecimiento bancario Neoyorquino comenzó a llamar sus préstamos, forzando a sus clientes a vender la acción a precios bajos de forma ridícula para pagar los préstamos. Los precios de la acción se cayeron en el 90%, y los Seguros estadounidenses perdieron 26 mil millones de dólares. Miles de más pequeños bancos y empresas de seguros quebraron, y la gente que habían sido millonarios, estaban ahora quebrados. Para prolongar la depresión después de la caída, a partir de 1929 hasta 1933, la Reserva comenzó a reducir el flujo de dinero por un tercio. La Gran Depresión, como se conoció, fue tramada por los Illuminati para ganar dinero del pueblo, y hacerlos dependientes del Gobierno por medio de los subsecuentes programas del *New Deal* de Roosevelt. El congresista Louis T. McFadden, Presidente del House Banking and Currency Committee, dijo: "Esto no era ningún accidente. Esto era una ocurrencia cuidadosamente elaborada... Los Banqueros internacionales procuraron causar una condición de desesperación, entonces ellos podrían surgir como los gobernantes de todos nosotros."

- **Rivera**, op.cit

La Iglesia Masónica Universal

"Pero la misión y objeto de la masonería son guardados regularmente a la vista; que es la adoración del dios de este mundo, Satanás, como el 'Gran Arquitecto del Universo'; y logran esto por inventar una "religión en la cual todos los hombres están de acuerdo"; en poner las religiones de todo el mundo sobre un nivel, y uniéndolas juntas en la adoración Masónica, que con audacia es confesada en rituales, léxicos y grados filosóficos. Esta es llamada la imagen de la bestia (Apocalipsis 13: 14), hecha por ellos que moran en la Tierra que son todos; todo credo y ningún credo; todos los que se unan a las secretas logias. Pero esta religión mundial debe tener alguna forma, una cierta forma, para poder mantenerse unido; y ser tasado con impuestos; de ahí, esto toma la forma o la imagen de la bestia. El despotismo de la Logia es absoluto despotismo papista Romano, y es imagen de esto. Note ahora el oficio profundo por el cual será logrado por la masonería que promete salvación a los hombres por ceremonias inventadas por hombres, administrados por sacerdotes, y habitado por diablos. Esto es la suma y sustancia de todas las religiones falsas sobre la tierra, y en última instancia los unirá contra Cristo, que rechazó adorar Satanás y sus seguidores."

Instrucciones para el Grado 33 del Rito Escocés
Blanchard's *Scottish Rite Masonry Illustrated*, Volumen. II p. 451

APÉNDICE II:

Antiguo Libro Judío de Oración con la Águila Bicéfala Representando El Rey de los Illuminati.

El formato de los extractos siguientes es típico de la didáctica masónica para cada Grado de Iniciación, y como habitualmente escrito por Albert Pike; excepto que esta es Explícitamente para los 'Maestros' y no lleva ninguna desinformación. Descártelos como una falsificación si quiere, pero no descarte el contenido o usted leerá mal las implicaciones así como la era en la cual vivimos.

PROTOCOLOS DE LOS SABIOS DE SION

Lección Explicadora del *Protocolo Uno*

... Dejando de lado frases finas, hablaremos de la importancia de cada pensamiento: por comparaciones y deducciones esclareceremos sobre hechos circundantes. Lo que estoy a punto de poner en adelante, entonces, es nuestro sistema del dos punto[s] de vista, él de nosotros mismos y él del goyim (no judíos).

... Debe ser notado que los hombres con instintos malos son más en número que los buenos, y por lo tanto los mejores resultados para gobernarlos son logrados por *la violencia y terror*, y no por discusiones académicas. Cada hombre apunta al poder, cada uno le gustaría hacerse un dictador si tan sólo pudiera, y raros de verdad son los hombres que no estarían dispuestos a sacrificar el bien público por el asegurar de su propio bienestar.

¿Qué ha refrenado las bestias de presa que llaman hombres? ¿Qué les ha servido de guía hasta ahora? En los inicios de la estructura de la sociedad ellos estuvieron sujetos a fuerza brutal y ciega; posteriormente—a la ley, que es la misma fuerza, sólo que disfrazada. He llegado a la conclusión que según la ley de derecho natural radica en la fuerza.[243]

La libertad Política es una idea, pero no un hecho. Esta idea que hay que saber aplicar siempre que aparezca necesario con esta carnada de idea para atraer las masas de personas al partido de uno para el objetivo de aplastar al otro quien está en autoridad. Esta tarea es dada más fácil si el opositor ha sido infectado por la idea de libertad, supuesto *liberalismo*, y, por el bien de una idea, está dispuesto a ceder un poco de su poder.

Es precisamente aquí que el triunfo de nuestra teoría aparece: las rienda aflojadas del gobierno son inmediatamente, según la ley de vida, recogidas y juntadas por una nueva mano, porque la voluntad ciega de la nación no podría por un día existir sin la dirección, y la nueva autoridad apenas cabe en el lugar de los viejos *ya debilitados por el liberalismo*. En nuestro día el poder que ha substituido aquél de los mandatarios que eran liberales es el poder del Oro.

El tiempo era cuando la Fe gobernaba. La idea de libertad es imposible de realizar porque nadie sabe usarla con moderación. Es suficiente con entregar a un pueblo la autonomía durante un cierto tiempo para que aquella gente se convierta en una muchedumbre desorganizada. A partir de aquel momento tenemos la lucha fratricida que pronto se desarrolla en lucha de clases, en medio de las cuales los Estados se incendian y reducen su importancia al de un montón de cenizas. Ya sea que un Estado se agote en sus propias convulsiones, ya sea que su discordia interna lo trae bajo el poder de enemigos externos - *en cualquier caso puede ser considerado irreparablemente perdido*: está en nuestro poder. El despotismo del Capital, que esta completamente en nuestras manos, tiende la mano a ellos una paja a la cual el Estado, de grado o por fuerza, debe tomarlo: si no - se va al fondo.

Debe alguien de mente liberal decir que tales reflexiones como las de arriba son inmorales yo haría las preguntas siguientes:- ¿Si acaso cada Estado tiene dos enemigos y si con respecto al enemigo externo le permiten y no es considerado inmoral para usar cada manera y arte de conflicto, como por ejemplo mantener al enemigo en ignorancia de los proyectos de ataque y defensa, atacarlo de noche o en números superiores, entonces de qué manera puede los mismos medios con respecto a un peor enemigo, el destructor de la estructura de la sociedad y el bienestar público, ser llamado inmoral y no permitido?

---

243 Horus es conocido también como el "dios de las fuerzas"; San Pablo profetizo que los hombres adorarían a este dios de las fuerzas.

¿Es posible para cualquier solida mente lógica esperar con algún éxito dirigir muchedumbres por la ayuda de consejos razonables y argumentos, cuándo cualquier objeción o contradicción, insensato como podría ser, puedan ser hechas y cuando tal objeción pudiese encontrar más favor con el pueblo, cuyos poderes de razonamiento son superficiales? Los hombres en masas y los hombres de las masas, siendo guiados solamente por pequeñas pasiones, creencias ínfimas, costumbres, tradiciones y teoría sentimental [ismos], caen presa a la disensión de partido, que dificulta cualquier clase de acuerdo aún sobre la base de un argumento absolutamente razonable. Cada resolución de una muchedumbre depende de una posibilidad o la mayoría embalada, que, en su ignorancia de secretos políticos, echan a andar alguna resolución ridícula que pone en la administración una semilla de anarquía.

Lo político no tiene nada en común con la moral. El mandatario que gobierna por la moralidad no es un político experto, y es por lo tanto inestable sobre su trono. Él que desea gobernar debe tener el recurso tanto de la astucia como del hacer creer. Grandes cualidades nacionales, como la franqueza y la honestidad, son vicios en la política, ya que ellos bajan a los mandatarios de sus tronos con más eficacia y más seguramente que el enemigo más poderoso. Tales cualidades deben ser los atributos de los reinos del goyim, pero nosotros no debemos en ningún sentido ser dirigidos por ellos. *Nuestra mentira radica en la fuerza.* La palabra "derecho" es un pensamiento abstracto y probado por nada. La palabra significa no más que: Denme lo que quiero para que así yo pueda tener una prueba que soy más fuerte que usted.

¿Dónde comienzan el derecho? ¿Dónde termina? En cualquier Estado en el cual hay una organización mala de autoridad, una impersonalidad de leyes y de los gobernantes que han perdido su personalidad entre la inundación de derechos siempre multiplicándose del liberalismo, encuentro un nuevo derecho: atacar por el derecho de ser fuerte, y dispersar a los vientos todas las fuerzas existentes de orden y regulación, reconstruir todas las instituciones y hacerse el amo soberano de los que nos han dejado los derechos de su poder por posarlos voluntariamente en su liberalismo.

Nuestro poder en la actual condición de tambaleo de todas las formas de poder será más invisible que cualquier otro, porque permanecerá invisible hasta el momento cuando esto ha ganado tal fuerza que ninguna astucia más pueda minarlo. A partir del mal temporal que ahora nos obliga a cometer surgirá el bien de un gobernante inamovible, que restaurará el curso regular de la maquinaria de la vida nacional, traída a nada por el liberalismo. El fin justifica los medios. Déjenos, como sea, en nuestros planes, dirijamos nuestra atención no tanto a lo que está bien y moral, sino a lo que es necesario y útil.

Ante nosotros esta un plan en el cual se traza estratégicamente la línea de la cual no podemos desviarnos sin correr el riesgo de ver el trabajo de muchos siglos traídos a cero. Para elaborar las formas satisfactorias de acción es necesario tener el respeto a la bribonería, el estancamiento, la inestabilidad de la chusma, su falta de capacidad para entender y respetar las condiciones de su propia vida, o su propio bienestar. Debe ser entendido que el poder de una chusma es ciega, insensata e irracional fuerza siempre a merced de una sugerencia de cualquier lado. El ciego no puede conducir al ciego sin llevarlo al abismo; por consiguiente, los miembros de la chusma, advenedizos del pueblo, aunque ellos deberían ser como un genio para la sabiduría, y ya que no tienen ningún entendimiento de lo político, no pueden avanzar como lideres de la chusma sin traer la nación entera a la ruina.

Sólo uno entrenado desde la niñez [un príncipe: lo que al'Kitab llama los *Reyes de la Tierra*] para gobernar independiente puede tener comprensión de las palabras con las que puede estar compuesto el alfabeto político. ¿Un pueblo dejado a sí mismo p. ej., advenedizos de su medio, se trae a si mismo a la ruina por disensiones partidistas excitadas por la búsqueda de poder y honores y los desórdenes que surgen de allí, [sectarismo] es posible para las masas de gente calmadamente y sin pequeñas celosías para formar juicios, tratar con los asuntos del país, que no pueden mezclarse con intereses personales? ¿Pueden ellos defenderse de un enemigo externo? Es impensable, ya que para un plan roto en tantas partes como hay cabezas en la chusma, pierde toda la homogeneidad, y así se hace ininteligible e imposible en su ejecución.

Es sólo con un mandatario despótico que los planes pueden ser elaborados extensivamente y claramente de tal modo para poder distribuir el todo correctamente entre varias partes de la maquinaria del Estado: de esta conclusión es inevitable que una forma satisfactoria de gobierno para cualquier país sea el que se concentra en las manos de una persona responsable. Sin un despotismo absoluto no puede haber ninguna existencia para la civilización que es continuada no por las masas, sino por su guía, quienquiera que sea aquella persona. La chusma es salvaje y muestra su salvajismo en cada oportunidad. El momento en que la chusma agarra la libertad en sus manos rápidamente se vuelve a la anarquía, que en sí misma es el grado más alto de salvajismo.

Contemple a los animales alcoholizados, perplejos con la bebida, el derecho a un inmoderado uso el cual viene con la libertad. No es para nos y los nuestros para andar aquel camino. Los pueblos de los goyim son desconcertados:
1. Con bebidas alcohólicas;

2. la juventud ha crecido estúpida en clasicismo e inmoralidad, los cuales ha sido inducidos dentro por nuestros especiales agentes:

    i.   por tutores, lacayos, gobernadoras en las casas de los ricos,

    j.   por conserjes y otros,

    k.   por nuestras mujeres en lugares de disipación frecuentada por los gentiles.[244]

    l.   En el número de estos por ultimo cuento también a las susodichas "mujeres de sociedad", voluntarias seguidoras de los otros en corrupción y lujo.

Nuestra contraseña es *Fuerza* y *hacer creer* [fantasía, mito, ismos]. Sólo la fuerza conquista en asuntos políticos, especialmente si es ocultado de los talentos esenciales a Estadistas. La violencia debe ser el principio, y la astucia y hacer creer es la regla para los gobiernos que no quieren soltar sus coronas a los pies de agentes de algún nuevo poder. Este mal es la única manera de lograr el fin, el bien. Por lo tanto no debemos pararnos ante el soborno, engaño y traición cuando ellos deberían servir hacia el logro de nuestro fin. En la política hay que saber agarrar la propiedad de otros sin vacilación, si acaso por ello aseguramos la sumisión y soberanía.

Nuestro Estado, que marcha a lo largo del camino de conquista pacífica, tiene el derecho de sustituir los horrores de guerra por menos notables y más satisfactorias sentencias de muerte, necesaria para mantener el terror que tiende a producir la sumisión ciega. Justa pero despiadada severidad es el mayor factor de fuerza en el Estado: no sólo por bien del beneficio pero también en nombre del deber, por la victoria, debemos mantener al programa de violencia e imaginación. La doctrina de cuadrar cuentas es precisamente tan fuerte como los medios los cuales esto hace uso. Por lo tanto esto no es mucho por los medios mismos como según la doctrina de severidad que

---

244 "La Casa de Rothschild con sus transacciones Illuminati en este tiempo bien están bien ejemplificadas por su involucramiento con la segundo Liga Tugenbund. La primera Liga Tugenbund (o la Liga de Virtud) fue formada en 1786 como una especie de sociedad sexual. [Frankista] el grupo se reuniría en la casa de Henriette Herz (su marido era un judío Illuminati que era discípulo del ocultista poderoso Moisés Mendelsohn). Muchos Iluministas asistieron a esta Liga "de Virtud". Un número de mujeres jóvenes judías cuyos maridos estaban siempre lejos por negocios vendrían a la casa de Herz para participar en la inmoralidad (dos miembros eran hijas de Moisés Mendelsohn). Los que frecuentaban este "salón" incluyeron al Francmasón revolucionario Mirabeau, William von Humboldt, y Frederick von Gentz que estaba por hacerse agente importante de los Rothschild. En 1807 la segunda Liga Tugenbund fue formada. Esta Liga persiguió objetivos morales científicos y políticos. El objetivo principal siendo el rescate de Alemania de la ocupación Francesa. La Liga fue formada por el Barón von Stein que era su "protector" principal. Las Iniciaciones [en la segunda Tugenbund] se multiplicaron rápidamente, y en la Liga pronto numerada en sus filas a la mayor parte de los Concejales del Estado, muchos oficiales del ejército, y un número considerable de profesores de literatura y ciencia... Una dirección central en Berlín, presidida por Stein, tenía el control supremo del movimiento, y ejerció, mediante comités provinciales, una autoridad aún más potente que emana de una fuente desconocida, y que obedecieron tan implícitamente como los decretos del Emperador o Rey."

[Thomas Frost, *SECRET SOCIETIES OF THE EUROPEAN REVOLUTION*]

debemos triunfar y traer a todos los gobiernos al sometimiento a nuestro súper gobierno. *Es suficiente para ellos saber que somos despiadados para que toda desobediencia cese.*

En tiempos antiguos nosotros éramos los primeros en gritar entre las masas de gentes las palabras "Libertad, Igualdad, Fraternidad," palabras muchas veces repetidas desde aquellos días por estúpidos loros de encuesta que de todos lados volaron alrededor hasta abajo sobre estas carnadas y con ellos se llevaron el bienestar del mundo, verdadera libertad individual, anteriormente tan bien protegida contra la presión de la chusma. Los *hombres supuestos sabios del goyim, los intelectuales:*

- no podía hacer nada de las palabras pronunciadas en su abstractica;
- no notó la contradicción de su significado e interrelación:
- no vio que en la naturaleza no hay ninguna igualdad, no puede ser libertad;
- tan de manera inmutable como ella ha establecido la subordinación a sus leyes: nunca dejó de pensar que la chusma es una cosa ciega,
- que los advenedizos elegidos de entre ellos para tener mandatarios, con respecto a lo político, los mismos ciegos de la chusma misma,
- que el adepto, aunque él sea un idiota, aún pueda gobernar,
- mientras que al no adepto, incluso si él fuese un genio, no entiende nada en lo político

A todas estas cosas el goyim no presto atención; aún todo el tiempo estaba basado sobre estas cosas que el gobierno dinástico descansaba: el padre pasaba al hijo, el conocimiento del curso de asuntos políticos de tal manera que ninguno debería saberlo más que solo miembros de la dinastía y ninguno podría traicionarlo al gobernado.

Como el tiempo continuó, el significado de la transferencia dinástica de la posición verdadera de asuntos en lo político se perdió, y esto ayudó el éxito de nuestra causa. En todos los rincones de la tierra las palabras "Libertad, Igualdad, Fraternidad" traídas a nuestras filas, *gracias a nuestros agentes ciegos,*[245] legiones enteras que llevaron nuestras banderas con entusiasmo. Y todo el tiempo estas palabras eran como gusanos de cancro perforando el bienestar del goyim, acabando por todas partes con la paz, tranquilidad, solidaridad y destruyendo todas las fundaciones de los Estados goyim. Como usted verá más tarde, esto ayudó a nuestro triunfo; esto nos dio la posibilidad, entre otras cosas, de traer a nuestras manos el *master card*[246] - la destrucción de los

---

245 De allí la familia Bush por ejemplo, que son goyim.
246 [Ahora entenderá porque este bien conocido sistema de tarjetas de crédito lleva este nombre a

privilegios, o en otras palabras de la existencia misma de la aristocracia del goyim, aquella clase la cual era la única defensa que los pueblos y países tenían contra nosotros.

En las ruinas de la aristocracia natural y genealógica del goyim hemos establecido la aristocracia de nuestra clase culta encabezada por la aristocracia del dinero. Las calificaciones para esta aristocracia que hemos establecido en la riqueza, que es dependiente sobre nosotros, y en el conocimiento, para cual nuestros mayores cultos proporcionan la fuerza de motivo.

Nuestro triunfo ha sido dado más fácil por el hecho que en nuestras relaciones con los hombres quienes quisimos, nosotros siempre trabajábamos sobre los acordes más sensibles de la mente humana;[247]

- En contante,
- Sobre la avaricia,
- A partir de las insaciabilidad material de los hombres:

Y cada una de estas debilidades humanas, por si sola, es suficiente para *paralizar la iniciativa*, por lo que entrega la voluntad de los hombres a la disposición de aquél que ha comprado sus actividades.

---

propósito]
247 Estos herramientas psicológicos de tentación son los que gobiernan la orden de la Fraternidad de la Familia Bush en Yale de la cual salen las filas del CFR y otras ONG con poder e influencia: La infame sociedad 'Skull & Bones' o Bonesman. Como sea, estos mismos principios gobiernan a la élite oculta de la OTO y sus organizaciones relacionadas. Lo que nosotros vemos que aquí es a Satanás dando a esta gente el mundo a costa de su alma, mientras al mismo tiempo estos acólitos de privilegio están convencidos que sirven al bien.

La abstracción de libertad nos ha permitido convencer a la muchedumbre en todos los países que su gobierno es nada más que el administrador de la gente que son los propietarios del país, y que el administrador puede ser substituido como un guante desgastándose. Es esta posibilidad de substituir a los representantes de la gente que los han colocado a nuestra disposición, y, como era, nos dio *el poder de convocatoria.*

APÉNDICE III

Los Asesinatos de Lincoln y Kennedy

Cuando Abraham Lincoln se hizo Presidente de Unionistas del Norte el 4 de marzo de 1861; le ofrecieron apoyo financiero para la guerra, la misma gente que financiaba el Sur, los *banqueros Masónicos de Londres*. Había una oculta complicación, pese a todo. Lincoln tuvo que estar de acuerdo con introducir un privatizado central *Banco de América*. Uno de los motivos principales para la Guerra civil era que debía llevar a América a bancarrota al punto donde estos tendrían que estar de acuerdo con permitir la creación del banco central para generar los fondos precisados para pelear la guerra. Pero Lincoln rechazó e introdujo la política más obvia y *una que cualquier gobierno actualmente podría seguir si ellos no estuviesen controlados todos por los banqueros*. Lincoln simplemente imprimió su propio dinero libre de intereses llamado 'Greenbacks' y los usó para financiar el gobierno.

- 1861, Los pagos de intereses de la deuda Federal estaban en un insostenible 36%
- 1862, Lincoln imprime dinero libre de deuda por $449,338,902
- 1865, Los Rockefeller establecen la Standard Oil, bajo auspicio Rothschild
- 1865, Lincoln expreso: "Tengo 2 enemigos: el Ejercito Sureño al frente; y a mi retaguardia las Instituciones Financieras. De los dos, el de la retaguardia es mi mayor enemigo."

"El Presidente John F. Kennedy emprendió una política similar. ¡Esta es la peor pesadilla de los carteles bancarios! Lincoln fue asesinado el 14 de abril de 1865, tal como el Kennedy fue asesinado el 22 de noviembre de 1963. El asesino de Lincoln era John Wilkes Booth, un masón grado 33, y miembro de la *Juventud Americana* de Mazzini. Él fue seleccionado por los *Caballeros del Círculo De Oro* que fueron financiados por banqueros masónicos londinenses. El encubrimiento fue encabezado por el masón, Edwin Stanton, quien ordenó los bloqueos de todos los caminos de salida en Washington DC, excepto por la que Booth escapo. Junto a este camino, un hombre borracho de aspecto similar y contextura parecida a la de Booth fue asesinado y su cuerpo quemado en un granero. ¿Quién oficialmente "encontró" este hombre? Sólo Edwin Stanton que, desde luego, lo identificó inmediatamente como Booth. En la prueba de conspiración en la muerte de Lincoln en Indianápolis en Junio de 1865, alguna de la gente nombrada como directamente involucrada eran: Lord Palmerston, Primer Ministro británico, Francmasón grado 33 que murió en aquel mismo año]; John Wilkes Booth, masón grado 33; Judah P.

Benjamín, la voz de los banqueros Francmasones de Londres que ordenaron el asesinato; y Jacob Thompson, otrora Secretario del Interior, que retiró 180,000 dólares del Banco de Montreal en Canadá para financiar la operación. *Los Caballeros del Círculo De Oro* también fueron expuestos y Albert Pike decidió cambiar su nombre, les llamó *Ku Klux Klan*, Satanistas en batas blancas quienes han aterrorizado la gente negra de América. Su nombre fue tomado de la palabra griega *kuklos*, queriendo decir "círculo". Pike nació en Boston en 1809 y se educó en Harvard University. Él se hizo el Gran Comandante de Francmasonería Americana y Gran Maestro de la Logia Masónica de Rito Escocés en Little Rock, Arkansas; posteriormente la Logia de un tal Bill Clinton. Cuando Pike murió en 1891 en Washington DC, su entierro fue en el Templo Masónico a la medianoche con el espacio cubierto completamente en negro. Este hombre era un Satanista por entero. Él es un "dios" Francmasónico y su estatua se erige cerca de la jefatura de policía de Washington, a pocos pasos de Capitol Hill."

- Land of the Free, por David Icke

El asesinato de Kennedy fue por motivos similares - sólo hay que adicionar, que él comenzó a hacer "pública" la exposición de la conspiración Illuminati. Él imprimió su propio "certificado de plata" la moneda acuñada por el Departamento del Tesoro, y en un periodo comprendido dentro de seis meses después de la declaración siguiente, él fue ritualmente sacrificado según el Onceavo grado de Protocolo Illuminati para la ejecución pública de un Rey[248]; "Estamos opuestos en el mundo entero a una conspiración monolítica y despiadada que se vale de medios encubiertos."

El 4 de junio de 1963, él firmó el Decreto presidencial #11110 que pedía la emisión de 4.3 mil millones de dólares en billetes mediante el Departamento del Tesoro, en vez de la Reserva Federal, muy similar a lo que Abraham Lincoln hizo. La Orden también aseguró la emisión de "certificados de plata contra cualquier lingote de plata, plata, o dólares estándar de plata en el Tesoro no entonces retenidos para redención de cualquier certificado de plata moroso, prescribir las denominaciones de tales certificados de plata, y acuñar dólares estándar de plata y la moneda subsidiaria de plata para su redención." Esto quiso decir que para cada onza de plata en la bóveda del Tesoro estadounidense, el gobierno podría emitir dinero contra ello. Esto resulto en la introducción de más de 4 mil millones de dólares en billetes estadounidenses en circulación, consistiendo en denominaciones de 2.00 dólares y 5.00 dólares; y aunque ellos nunca fueron emitidos, denominaciones de 10.00 y de 20.00 dólares estaban en proceso de impresión cuando Kennedy fue asesinado. El lunes, 25 de noviembre de 1963, el día del entierro de

248 Ver También; James Shelby Downward, *The Call to Chaos*; Adam Parfrey, *Apocalypse Culture*, Portland: Feral House, 1990.

Kennedy, el Presidente Johnson firmó un decreto presidencial para cancelar los billetes estadounidenses que habían sido emitidos según la directriz temprana de Kennedy; y cinco meses más tarde, el Certificado de Plata Serie 1958 ya no mas se emitió, y posteriormente fue sacado de circulación ... Cuando Jacqueline Kennedy se preparaba para dejar el Avión Presidencial cuando este llegó a Washington, todavía llevando la ropa manchada de sangre desde Dallas, ella dijo: "Quiero que Ellos vean lo que Han hecho." Un comentario extraño para hacer porque Lee Harvey Oswald ya se encontraba bajo custodia.

- Rivera, op.cit.

APÉNDICE IV:

UN DESACUERDO CIENTÍFICO DE DARWINISMO

(Científicos catalogados por grado doctoral o posición corriente)

"SOMOS ESCÉPTICOS DE RECLAMACIONES PARA LA CAPACIDAD DE MUTACIÓN ARBITRARIA Y LA SELECCIÓN NATURAL PARA REPRESENTAR LA COMPLEJIDAD DE VIDA. DEBERÍAN ANIMAR AL EXAMEN CUIDADOSO DE PRUEBAS PARA LA TEORÍA DARWINIANA."

Los científicos siguientes disputan la primera reclamación y el soporte como la vida del testimonio en la contradicción al segundo. Hay desacuerdo científico al Darwinismo. Esto merece ser escuchado. Instituto Discovery: www.discovery.org

Lawrence H. Johnston, Emeritus Prof. of Physics, U. of Idaho • Scott Minnich, Prof., Dept of Microbiology, Molecular Biology & Biochemistry, U.of Idaho • David A. DeWitt, PhD Neuroscience-Case Western U. • Theodor Liss, PhD Chemistry-M.I.T. • Braxton Alfred, Emeritus Prof. of Anthropology, U. of British Columbia • Walter Bradley, Prof. Emeritus of Mechanical Engineering, Texas A & M • Paul D. Brown, Asst. Prof. of Environmental Studies, Trinity Western (Canada) • Marvin Fritzler, Prof. of Biochemistry & Molecular Biology, U. of Calgary, Medical School • Theodore Saito, Project Manager, Lawrence Livermore Laboratories • Muzaffar Iqbal, PhD Chemistry-U. of Saskatchewan, Center for Theology and the Natural Sciences • S.William Pelletier, Emeritus Distinguished Prof. of Chemistry, U. of Georgia • Keith Delaplane, Prof. of Entomology, U. of Georgia • Ken Smith, Prof. of Mathematics, Central Michigan U. • Clarence Fouche, Prof. of Biology, Virginia Intermont College • Thomas Milner, Asst. Prof.of Biomedical Engineering, U. of Texas, Austin • Brian J.Miller, PhD Physics-Duke U. • Paul Nesselroade, Assoc. Prof. of Psychology, Simpson College • Donald F. Calbreath, Prof. of Chemistry, Whitworth College Henry F. Schaefer, Nobel Nominee, Director of Center for Computational Quantum Chemistry, U. of Georgia • Fred Sigworth, Prof. of Cellular & Molecular Physiology, Yale Grad. School• Philip S. Skell, Emeritus Prof. Of Chemistry, NAS member • Frank Tipler, Prof. of Mathematical Physics, Tulane U. • Robert Kaita, Plasma Physics Lab, Princeton • Michael Behe, Prof. of Biological Science, Lehigh U. • Walter Hearn, PhD Biochemistry-U. of Illinois • Tony Mega, Assoc. Prof. of Chemistry, Whitworth College • Dean Kenyon, Prof. Emeritus of Biology, San Francisco State • Marko Horb, Researcher, Dept. of Biology & Biochemistry, U. of Bath • Daniel Kuebler, Asst. Prof. of Biology, Franciscan U. of Steubenville • David Keller, Assoc. Prof. of Chemistry, U. of New Mexico • James Keesling, Prof. of Mathematics, U. of Florida • Roland F. Hirsch, PhD Analytical Chemistry-U. of Michigan • Robert Newman, PhD Astrophysics-Cornell U. • Carl Koval, Prof., Chemistry & Biochemistry, U. of Colorado • Tony Jelsma, Prof. of Biology, Dordt College • William A. Dembski, PhD Mathematics-U. of Chicago • George Lebo, Assoc. Prof. of Astronomy, U. of Florida • Timothy G. Standish, PhD Environmental Biology-George Mason U. • James Keener, Prof. of Mathematics& Adjunct of Bioengineering, U. of Utah • Robert J. Marks, Prof. of Signal & Image Processing, U. of Washington • Carl Poppe, Senior Fellow, Lawrence Livermore Laboratories • Siegfried Scherer, Prof. of Microbial Ecology, Technische Universität München • Gregory Shearer, Postdoc. Researcher Internal Medicine, U. C. Davis • Joseph Atkinson, William P. Purcell, PhD Physical Chemistry-Princeton • Wesley Allen, Prof. of Computational Quantum Chemistry, U. of Georgia • Jeanne Drisko, Asst. Prof., Kansas Medical Center, U. of Kansas • Chris Grace, Assoc. Prof. of Psychology, Biola U. • Wolfgang Smith, Prof. Emeritus of Mathematics-Oregon State • Rosalind Picard, Assoc. Prof. Computer Science, M.I.T. • Garrick Little, Senior Scientist, Li-Cor • John L. Omdahl, Prof. of Biochemistry & Molecular Biology, U. of New Mexico • Martin Poenie, Assoc. Prof. of Molecular Cell & Developmental Biology, U. of Texas, Austin • Russell W. Carlson, Prof. of Biochemistry & Molecular Biology, U. of Georgia • Hugh Nutley, Prof. Emeritus of Physics & Engineering, Seattle Pacific U. • David Berlinski, PhD Philosophy-Princeton, Mathematician, Author • Neil Broom, Assoc. Prof., Chemical & Materials Engineering, U. of Auckland • John Bloom, Assoc. Prof., Physics, Biola U. • James Graham, Professional Geologist, Sr. Program Manager, National Environmental Consulting Firm • John Baumgartner, Technical Staff, Theoretical Division, Los Alamos National Laboratory • Fred Skiff, Prof. of Physics, U.of Iowa • Paul Kuld, Assoc. Prof., Biological Science, Biola U. • Yongsoon Park, Senior Research Scientist, St. Luke's Hospital, Kansas City • Moorad Alexanian,

Prof. of Physics, U. of North Carolina, Wilmington • Donald Ewert, Director of Research Administration, Wistar Institute • Joseph W. Francis, Assoc. Prof. of Biology, Cedarville U. • Thomas Saleska, Prof. of Biology, Concordia U. • Ralph W. Seelke, Prof. & Chair of Dept. of Biology & Earth Sciences, U. of Wisconsin, Superior • James G. Harman, Assoc. Chair, Dept. of Chemistry & Biochemistry, Texas Tech U. • Lennart Moller, Prof. of Environmental Medicine, Karolinska Inst., U. of Stockholm • Raymond G. Bohlin, PhD Molecular & Cell Biology-U. of Texas • Fazale R. Rana, PhD Chemistry-Ohio U. • Michael Atchison, Prof. of Biochemistry, U. of Pennsylvania, Vet School • William S. Harris, Prof. of Basic Medical Sciences, U. of Missouri • Rebecca W. Keller, Research Prof., Dept. of Chemistry, U. of New Mexico • Terry Morrison, PhD Chemistry-Syracuse U. • Robert F. DeHaan, PhD Human Development-U. of Chicago • Matti Leisola, Prof., Laboratory of Bioprocess Engineering, Helsinki U. of Technology • Bruce Evans, Assoc. Prof. of Biology, Huntington College • Jim Gibson, PhD Biology-Loma Linda U. • David Ness, PhD Anthropology-Temple U. • Bijan Nemati, PhD Physics, Senior Engineer, Jet Propulsion Lab (NASA) • Edward T. Peltzer, Senior Research Specialist, Monterey Bay Research Institute • Stan E. Lennard, Clinical Assoc. Prof. of Surgery, U. of Washington • Rafe Payne, Prof. & Chair, Dept. of Biological Sciences, Biola U. • Phillip Savage, Prof. of Chemical Engineering, U. of Michigan • Pattle Pun, Prof. of Biology, Wheaton College • Jed Macosko, Postdoc. Researcher Molecular Biology, U.C. Berkeley • Daniel Dix, Assoc. Prof. of Mathematics, U. of South Carolina • Ed Karlow, Chair, Dept. of Physics, LaSierra U. • James Hambrecht, Clinical Assoc. Prof., U. of Kansas Medical Center • Robert W. Smith, Prof. of Chemistry, U. of Nebraska • Robert DiSilvestro, PhD Biochemistry-Texas A & M • David Prentice, Prof., Dept. of Life Sciences, Indiana State U. • Walt Stangl, Assoc. Prof. of Mathematics, Biola U. • Jonathan Wells, PhD Molecular & Cell Biology-U.C. Berkeley • James Tour, Chao Prof. of Chemistry, Rice U. • Todd Watson, Asst. Prof. of Urban & Community Forestry, Texas A & M • Robert Waltzer, Assoc. Prof. of Biology, Belhaven College • Vincente Villa, Prof. of Biology, Southwestern U. • James Tumlin, Assoc. Prof. of Medicine, Emory U. • Charles Thaxton, PhD Physical Chemistry-Iowa State U. • Stephen C. Meyer, PhD Philosophy of Science-Cambridge • Paul Nelson, PhD Philosophy of Biology-U. of Chicago • Richard Sternberg, Invertebrate Zoology, National Museum of Natural History, Smithsonian Institute.

APÉNDICE V

Otra Mirada al Siglo Veinte

Extractos de: *The World Order - A Study in the Hegemony of Parasitism*:
Capitulo 8: El Mandato de la Orden, Eustace Mullins, Ph.D.

¿Podemos preguntar, por qué debe haber un Orden Mundial? ¿No es suficiente sostener el poder absoluto en una nación sola, o en un grupo de naciones? La respuesta es No, debido a la naturaleza de viajes internacionales, comercio internacional, y finanzas internacionales. Los Viajes internacionales requieren que una persona pueda viajar en la paz de una nación a otra, sin ser molestado. Excepto en los casos de anarquía, revolución o guerra, esta exigencia por lo general puede ser encontrada. El comercio internacional requiere que los comerciantes de una nación puedan ir a otra nación, despachar su negocio, y volver con sus bienes o sus ganancias. Esta exigencia también por lo general es encontrada. Si no, la nación ofendida puede ejercer la fuerza militar, como Gran Bretaña hizo con sus Guerras De Opio. Esta tercera exigencia, finanzas internacionales, que se llamo a ser la Orden Mundial. En días más tempranos, cuando el comercio internacional consistía en el trueque, el pago en oro o plata o la piratería, el apropiarse de bienes por la fuerza, no había ninguna necesidad de un árbitro mundial para determinar el valor de los instrumentos de comercio. El desarrollo del papel moneda, acciones, obligaciones, aceptaciones y otros instrumentos negociables hizo necesario un poder, capaz de ejercer la influencia en todas partes del mundo, declarar que una hoja de papel representa mil millones de dólares en verdadera riqueza, o aún un dólar en la verdadera riqueza. Una entrada en una computadora, dirigido desde Londres a Nueva York, declara que alguien debe cinco mil millones de dólares a alguien más. Sin el apoyo de poder genuino, ninguna tal suma jamás podría ser cobrada, independientemente de los hechos o moralidad de la deuda. Como alguien en la Mafia pudiese decir, usted no cobra a no ser que esté dispuesto a quebrar piernas. La Orden Mundial siempre está preparada para quebrar piernas, y las han quebrado, por millones.

"Después de que el Illuminati fue suprimido por el gobierno bávaro en 1786, Weishaupt escapó a Suiza y reorganizó el Illuminati en la "Liga de los Justos" que más tarde se convirtió en el Movimiento Comunista. En 1847 Mosesse Mordecai Levy o mejor conocido como **Karl Marx**, fue contratado por la *Liga de los Justos* para escribir el "Manifiesto Comunista". Historiadores veraces ahora admiten que **Marx plagió los trabajos de Adán Weishaupt y Clinton**

Roosevelt. La escritura de John Robinson en "Pruebas de una Conspiración" el primer libro alguna vez escrito exponiendo esta conspiración satánica, fue publicado en 1797. Manifestaba que 'La orden Illuminati ha abjurado al cristianismo; llamaron al patriotismo y la lealtad prejuicios de estrechez de mente; Este tuvo la intención de arrancar toda religión y la moralidad ordinaria y aún romper las obligaciones de la vida doméstica al destruir la veneración de votos matrimoniales y por tomar la educación de los niños fuera de las manos de los padres."

- **Rivera**, op.cit.

… la Orden Mundial manda por una técnica simple, Divide y Conquista (Divide et Imperia). Cada división natural o no natural entre la gente, cada ocasión para el odio o avaricia, es explotada y exacerbada al límite. La polarización de grupos raciales y étnicos en los EUA es acelerada por una inundación de decretos de gobierno, que provienen de "estudios" de fundaciones, que son diseñados únicamente para poner al americano contra el americano. Sólo de este modo puede el Orden Mundial mantener su apretón de hierro sobre la vida cotidiana de la gente.

La Orden Mundial también rige por el principio de "1984" – ningún grupo de dos o mas personas tienen permitido reunirse a no ser que la Orden Mundial tenga un representante presente… e.g. El terrorismo internacional del Partido Comunista se origino en un pequeño club de trabajadores alemanes y franceses en Paris, dedicados a la callada lectura y discusión, *hasta que* **Karl Marx** *se unió*. Entonces fue convertido en un grupo revolucionario. Éste ejemplo explica la determinación de la Orden de no permitir a ningún grupo, por muy insignificante, permanecer sin supervisión. La Orden Mundial adoptó la dialéctica Hegeliana, la dialéctica del materialismo, que considera el Mundo como Poder, y el Mundo como Realidad. Este niega todos los otros poderes y toda otra realidad. Esto funciona sobre el principio de tesis, antítesis y una síntesis que pasa cuando la tesis y la antítesis son lanzadas el uno contra el otro para un resultado predeterminado. Así la Orden Mundial organiza y financia grupos judíos; y después organizan y financian grupos *anti Judíos*; estos organizan grupos Comunistas; y después organizan y financian grupos *anti Comunistas*. No es necesario para la Orden de lanzar estos grupos el uno contra el otro; ellos se buscan los unos a otros como misil termo dirigido, y tratan de destruirse. Por controlar el tamaño y recursos de cada grupo, la Orden Mundial siempre puede predeterminar el resultado.

En esta técnica, miembros de la Orden Mundial a menudo son identificados con un lado o el otro. John Foster Dulles arregló la financiación para Hitler, *pero él nunca fue un Nazi*. Pueden aclamar a David Rockefeller en Moscú, *pero él no es un comunista*. Como sea, la Orden siempre aparece del lado victorioso. Un rasgo distintivo de un miembro de la Orden Mundial, aunque no lo admita, es que él no cree en nada más que la Orden Mundial. Otro rasgo de distinción es su desprecio absoluto para alguien que en realidad cree en los principios de Comunismo, Sionismo, Cristianismo, o cualquier grupo nacional, religioso o fraternal, *aunque la Orden tenga miembros en posiciones controladoras en todos estos grupos*. **Si usted es un sincero cristiano, judío o musulmán, la Orden Mundial le considera como un idiota indigno del respeto. Usted puede y ser usado,** *pero usted nunca será respetado.*

Ha tomado siglos de paciente esfuerzo para la Orden Mundial en lograr el poder que ejerce hoy. Sus orígenes como una fuerza internacional se remontan a comerciantes de esclavos Fenicios, sigue por las familias Phnariot del Imperio Bizantino, luego a comerciantes venecianos, genoveses y banqueros de la Edad Media, que se movieron a España y Portugal, y más tarde en Inglaterra y Escocia. Por el siglo XIV, los genoveses controlaban a los terratenientes escoceses. La Familia Imperial del Imperio Bizantino, los Paleólogos (que significa 'la Palabra') fue atacada por la facción gnóstica, cuya filosofía materialista Aristotélica fue precursor de la dialéctica Hegeliana y el Marxismo. Los Paleólogos con fervor creían en la fe cristiana, como lo expresa el Rito Ortodoxo. Los ejércitos materialistas venecianos y genoveses, con la ayuda de Turcos "infieles", saquearon y conquistaron Constantinopla, la legendaria "Ciudad de Dios." Sobrevivientes Bizantinos recrearon su cultura en Rusia, con Moscú como la "tercer Roma". El plan de destruir la Iglesia Ortodoxa y a Romanov (nueva Roma) el líder, era el objetivo oculto de la Primera Guerra Mundial. Los vencedores salieron con Un billón de dólares de la fortuna Romanov, después de haber logrado la derrota de su enemigo odiado, la Iglesia Ortodoxa.[249]

Los Caballeros Güelfos, cuyo objeto era la independencia de Italia, a ser afectada por medio de todas las sociedades secretas del país bajo su liderazgo, hallo ayudantes capaces en los Carbonari. Los Jefes del Carbonari eran también jefes entre los Güelfos; pero solo aquellos de distinta posición entre los Carbonari podían ser admitidos entre los Güelfos. No hay duda que los Carbonari cuando la secta se había vuelto muy numerosa, parcialmente se refugiaron así mismo bajo la designación de Güelfos y Adelphi.
- Hecklthorn, op.cit. Volumen II, p 145.

Por favor denote que los *Carbonari* y *Alta Vendita* son la misma sociedad. – OZ

---

249 Y esto a pesar del tratado oculto entre los Templarios originales y el Patriarca Ortodoxo de Jerusalén, según lo registrado por Albert Pike; este hecho desdice que los Francmasones son peones de la Orden.

Durante la Edad Media, centros de poder europeos se unieron en dos campos, los Gibelinos, los que apoyaron la familia del Emperador Hohenstaufen, (una adaptación italiana de Weinblingen, nombre del estado de Hohenstaufen), y los Güelfos, de Welf, el príncipe alemán que compitió con Frederick por el control del Sacro Imperio Romano. El Papa entonces se alió con los Güelfos contra Gibelinos resultando en su victoria. Toda la historia moderna se deriva directamente de la lucha entre estos dos poderes. Los Güelfos, también llamados Neri, o Güelfos Negros, y Nobleza Negra, eran los Normandos que conquistaron Inglaterra en el siglo XI; los genoveses que apoyaron a Robert Bruce en su conquista de Escocia, y quien apoyó a Guillermo de Orange en su toma del trono de Inglaterra. La victoria de Guillermo causó la formación del *Banco de Inglaterra* y la *East India Company*, que ha gobernado el mundo desde el siglo XVII. Cada golpe de estado subsecuente, revolución y guerra se han centrado en la batalla del Güelfos para sostener y realzar su poder, que es ahora la Orden Mundial.

"La Nobleza Negra se ganó su título por sucias tretas, entonces cuando la población se rebelada contra los monopolios en el gobierno, como en cualquier otra parte (estamos), los líderes del levantamiento rápidamente fueron secuestrados y brutalmente ahorcados. La Nobleza Negra usa asesinatos secretos, homicidios, chantaje, la bancarrota de ciudadanos opositores o empresas, secuestro, violación etcétera... de ahí su nombre. ¿Quiénes son estas familias hoy en día? Bien, las más importantes son:

Casa de Guelph, Gran Bretaña (la mas importante)	Casa de Oldenburg, Dinamarca
Casa de Wettin, Bélgica	Casa de Hohenzollern, Alemania
Casa de Bernadotte, Suecia	Casa de Hanover, Alemania (segunda en importancia)
Casa de Liechtenstein, Liechtenstein	Casa de Grimaldi, Mónaco
Casa de Bourbon, Francia	Casa de Wittelsbach, Alemania
Casa de Orange, Holanda	Casa de Braganza, Portugal
Casa de Savona, Italia	Casa de Nassau, Luxemburgo
Casa de Karadjordjevic, Yugoslavia;	Casa de Habsburgo, Austria
Casa de Württemberg, Alemania	Casa de Zogu, Albania

Y todas las familias que se encuentran en el árbol genealógico de la familia Windsor. Todas las familias catalogadas están unidas con la Casa de Guelph, una de las familias originales de la Nobleza Negra de Venecia, de la cual la Casa de Windsor y así de estos desciende la actual Reina de Inglaterra, Elizabeth II. Los Güelfos están muy entrelazados con la aristocracia alemana por la Casa de Hanover que tomaría varias páginas para mencionar todas sus conexiones. Todas

(casi) las casas reales europeas se originan de la Casa de Hanover y así de la Casa de Guelph - la Nobleza Negra... que son los fundadores de la sociedad secreta de nuestros días de la cual todas las demás que están conectadas al Illuminati se originaron del - Comité de 300. El Club de Roma, el CFR, el R.I.I.A., el Club Bilderberg, la Mesa Redonda... todos provienen del Comité de 300 y por lo tanto de las familias de la Nobleza Negra Europea. Co-operando con la Nobleza Negra europea están las familias americanas como los Harriman y los McGeorge Bundys.
La Casa de Hanover parece ser alemana, pero es judía, así también la Casa de Habsburgo. Entonces no fueron realmente los alemanes quienes asumieron el trono británico."

Dr. John Coleman, *Black Nobility Unmasked World-wide, 1985;*
Conspirators' Hierarchy: The Story of the Committee of 300, 1992

El poder de los Güelfos creció por su control de la banca y el comercio internacional. Fue ampliado por los centros italiano al norte de Florencia, en Lombardía, que se hicieron grandes centros financieros. Todos los banqueros Italianos, incluyendo Genoveses, Venecianos, y a Milaneses, de quienes se referían como "lombardos"; en alemán lombardo significa "banco de depósito"; los Lombardos fueron los banqueros del mundo medieval entero. La historia moderna comienza con la transferencia de sus operaciones al norte, Hamburgo, Ámsterdam, y finalmente Londres. Las grandes fortunas americanas se originaron de los Güelfos con su comercio de esclavos a las colonias. Muchos de los tratantes de esclavos doblaban en piratería. La Iglesia de la Trinidad, cuyo líder de la parroquia más tarde fue J.P. Morgan. Originalmente conocida como "la iglesia de los piratas". El Capitán William Kidd proporcionó el material para construirla en 1697, y un podio estaba reservado para si. Él fue detenido el próximo año, y ahorcado en cadenas en Newgate. En 1711, un mercado de esclavo fue instalado en la calle Wall (Street) cerca de la iglesia, y funciono allí por muchos años.

Dos de las influencias más poderosas en el mundo de hoy son el tráfico de drogas internacional, que comenzó con la *East India Co.*, y el *espionaje internacional*, que comenzó con el Banco de Inglaterra. Se le concedió a la East India Co. un chárter en 1600, en los días finales del reinado de Elizabeth. En 1622, bajo James I, esta se convirtió en una sociedad anónima. En 1661, en un intento de conservar su trono, Charles II concedió a la East India Co. el poder de hacer la guerra. A partir de 1700 hasta 1830, la East India Co. obtuvo el control de toda India, y tiró el histórico monopolio del opio de los Grandes Magnates... supervisión de control gubernamental de los movimientos internacionales de oro y plata ha sido un problema nacional desde que Cicerón condenó contra ello en el Foro Romano. Sir Walter

Raleigh indicó, en histórico su "Selectas Observaciones del Incomparable Sir Walter Raleigh", MDCXCVI p.6.:

> "Aquella Nación sólo puede estar en un Estado próspero cuando tiene una cantidad proporcionable de Plata u Oro para equilibrar la fortaleza y comercio de sus Naciones vecinas. 2. Esto mientras el Dinero efectivo corriente de este Reino puede ser convertido en lingotes, y así hacerlo una articulo comercial (como ha sido practicado estos cien años) siendo ya sea transferido al mejor Mercado, o modelada en un plato en casa, no obstante el extremo rigor y vigilancia, al gran consumo cotidiano de la Moneda, y el Perjuicio de la Nación. Que alzando el valor de nuestra Moneda, es el único cierto medio de guardarlo en la Nación para hacernos un Estado rico y próspero, recuperar nuestro Comercio perdido, y el mejor Baluarte y Defensa contra todos los Ataques de nuestros Enemigos. Esto contrariamente a la Política de Naciones, nuestra Moneda estándar es de valor mayor en todos los sitios que en casa (sólo España excluida) para tal razón traemos el dinero español aquí, y por la misma razón nuestro dinero es llevado a otros sitios, para el gran empobrecimiento de la Nación."

Sir Walter Raleigh, un patriota, vio que las maquinaciones de los distribuidores de dinero internacionales traían la ruina a muchos Ingleses, y trato de pararlo, ellos en respuesta conspiraron contra él, e hicieron que lo decapitaran, la Orden invariablemente alista "la ley" contra sus enemigos.

La East India Co. se originó como la *London Staplers*, luego se conoció como *London Mercers Co.*, gremios mercantes que sostuvieron monopolios sobre las ciertas avenidas de comercio. Era un directo descendiente de los establecimientos comerciales bancarios de Italia del norte, Venecia y Génova. Las Firmas relacionadas eran la alemana Hanse de los Países Bajos, que tenía sede en Brujas. También estuvo aliado con *Levant Co.* Y *la Anglo-Musco Co.* Sebastián Cabot, cuyos descendientes son prominentes en la banca

Americana y la inteligencia, reunió el capital semilla para la Anglo-Musco en Italia y Londres. La empresa manejó norteñas rutas terrestres comerciales desde el Báltico a India y China. Otras firmas relacionadas eran la London Company, fletada en 1606 para establecer la Plantación Virginiana, comunistico basado, y la Plymouth Co., cuyos descendientes controlan el mundo de los negocios de Nueva Inglaterra. Los bancos "Citi", que dominan las finanzas americanas y la política (nombre código para bancos de la "City", es decir, el distrito financiero de Londres), descienden directamente de operaciones de la East India Co. Y el Banco de Inglaterra. El Imperio Rockefeller es el vástago más prominente de esta dinastía.

Para ayudar su control de finanzas y política, los Güelfos perpetuaron una multitud de cultos que provienen de los Maniqueos, los cuales provinieron de los cultos de Babilonia e Ira, desde el culto Atys del área caucásica, y del panteísmo hindú. Sus vástagos incluyen:

- Los Bogomils de los Balcanes // Paulicanos de Asia Menor // Anabaptistas, Comunistas y Antoninianos, que se centra en el (Catharistas, Albigenses de Francia del sur // el Patarenes de Italia del norte, y los Saboyanos ingleses).

Esta fe gnóstica se desarrollo en las Rosacruces, Swedenborgianos, Unitarios, la Sociedad Fabián, y el Consejo Mundial de Iglesias. Los Saboyanos ingleses se hicieron activos en la *London Staplers* y el alza del comercio oceánico, por usar los galeones venecianos, trajo la vela lateen a Europa del Sudeste Asiático. Los Saboyanos formaron un partido de extrema izquierda, conducido por John Ball, que pidió la nacionalización de toda la tierra. Los Wycliffe-Lollards- Savoyards-Staplers formaban el Partido del Rey contra la nobleza hacendada (republicanismo) y el parlamento. Entonces como ahora, los izquierdistas buscaban hacerse de toda la tierra por una regla absoluta y un gobierno totalitario centralizado. Esta alianza izquierdista culminó en la Universidad de Londres. En 1924, La Universidad de Londres, recibió una subvención de 2 millones de dólares de Beardsley Rural como jefe de Fundación Laura Spelman Rockefeller, y muchas otras subvenciones de fundaciones americanas como el *Gresham College* y la *London School of Economics*, adonde *Harold Laski enseño a John F. Kennedy y a David Rockefeller los principios del Orden Mundial.* La Universidad de Londres fue originalmente financiada por Jeremy Bentham de la *East India Co.*, y John Stuart Mill, cuyo amigo, el banquero inversionista George Grote, dio a la Universidad de Londres 6000 libras para estudiar la salud mental, el origen del actual movimiento mundial de "salud mental". Grote también contribuyó con 500 libras para financiar la Revolución de Julio en Francia en 1830, que pone a Louis Philippe en el trono. Fue Bentham el primero en acuñar el lema que más tarde tomo Karl Marx, "el mayor bien para el mayor número", que ha sido tan útil para inflamar las masas, el engaño Marxista que usted puede servir mejor sus intereses sirviendo a otros. El socio de Bentham era el fabricante Robert Owen, un ateo que enseñaba el amor libre. Como la mayor parte de bienhechores, las fábricas de tejidos de algodón de Owen en Asia, asociado con la East India Co., causaron bancarrota y gran miseria en India. En 1824, Owen compro la comuna Anabaptista del Padre Rapp en América, *Harmonie en el Wabash*, renombrándolo Nueva Armonía. El socio de Owen en Nueva

Armonía fue Frances (Fanny) Wright, quien inició la práctica del amor libre en América. Ella también comenzó el *Movimiento de Igualdad de Derechos de la mujer*, el cual fue creado para separar familias al incitar guerra entre marido y mujer. Ella viajó por Sur, predicando la amalgamación de las razas, y fundó una comuna en Tennessee para liberados hombres Negros. En 1829, ella ayudó a fundar el *Partido de los Trabajadores* en Nueva York, que más tarde se convirtió en el Partido Comunista. Su nieto, el Rev. Wm. Norman Guthrie, que se casó con Anne Norton Stuart, se hizo conocido como el Vicario Rojo en su iglesia St. Marks en Bowerie, que bien recibía a Luciferinos en sus servicios.

Un descendiente principal de la East India Co., fue la *Sociedad Fabián*, fundada por Sidney y Beatrice Potter Webb, (cuyo padre, Richard Potter, era amigo íntimo de John Stuart Mill). Georgina, hermana de Beatrice, se casó con Daniel Meinertzhagen, presidente de Lazard Bros. London; otra hermana, Theresa, se caso con sir Alfred Cripps. El padre de John Stuart Mill, James, que estaba con la East India Co., llamó a su hijo John Stuart por el jefe de la East India Co. John Stuart Mill fue Secretario de la East India Co. desde 1856 hasta su disolución. Uno de los discípulos más famosos de Mill, David Ricardo, originó la Teoría de Rentas, más tarde expuesta por los Marxistas, y la ley de salarios de "mera subsistencia". Su descendiente, Rita Ricardo, casada con Wesley Campbell, jefe de la Institución Hoover, ahora asesora al Presidente Reagan sobre seguridad social.

> Entre los socios fundadores prominentes de la Sociedad Fabián están: Ramsey McDonald (luego Primer Ministro), George Bernard Shaw, Sidney Webb (Lord Passfield), William Clarke (discípulo de Mazzini) y Annie Besant. Hacia 1888, "un Comité Universitario había comenzado a permear Oxford y Cambridge", y hacia 1890, los Fabianos se hicieron el centro de propaganda para el socialismo con oficinas en 63 Fleet Street... Ellos fueron sucedidos por y se combinaron en ramas del Partido Laborista... Los Fabianos formaron numerosas sociedades, comités, clubs de estudio, asociaciones, ligas, escuelas etc., para ganar el apoyo de no socialistas para las secciones de su programa (es decir, la anarquía) que no podría ganar la aprobación pública: El 17 de mayo de 1931 el Sunday Express cita al Sr. Shaw diciendo que los pobres debían ser abolidos, aconsejando su extinción y amonestando al publico a nunca dar nada al pobre...son inútiles, peligrosos, etc... Ellos fueron los fundadores de proyectos gubernamentales a largo plazo de 5 a 10 años, y avanzaron los impuestos confiscatorios que eventualmente pauperizarían al ciudadano independiente. "Uno para todos y todos para uno".
>
> Edward Pease, *History of the Fabians*

Debe hacerse notar que los Fabianos, en particular el Sr. Shaw, fueron "heraldos" para la *Liga de Naciones* así como también del concepto de *Estados*

Unidos de Europa. Estos temas fueron primero reportados en 1949 por Víctor Hugo al Congreso de Paz en Paris, el cual posteriormente adopto como eslóganes para el Socialismo Internacional. "La Liga de Naciones es un Viejo ideal Judío". Escribió Jessie Sampter, un Sionista, y Lord Robert Cecil predijeron en 1920 que esta tendría su sede en Jerusalén con un Banco Internacional, Ejercito, Fuerza Aérea, Naval y moneda universal.

Ver: Jessie Sampter, *Guide to Zionism;* Leon Simon, *Studies in Jewish Internationalism, 1920.*

Robert Owen, promotor de la comuna Nueva Armonía, era un partidario principal de la campaña presidencial de John Quincy Adams. Adams había rechazado el apoyo de Madison durante la Guerra de 1812, y había amenazado secesión de la Unión. ¡Como Secretario de Estado, Adams había redactado la Doctrina Monroe Doctrine, que le dio a la **británica East India Co**. el control de todos los mercados Latinoamericanos, manteniendo fuera a todos sus competidores!

T.D. Allman, en "La Doctrina Que Nunca Fue", Harper en Enero de 1984, reveló que Monroe en realidad prometió no interferir con cualquier poder europeo, a no ser que ellos establezcan "nuevas" colonias. El acuerdo, que aún no llamaban la "Monroe Doctrine" hasta muchos años más tarde, garantizó a la East India Co. sus mercados en este hemisferio. Cuando Gran Bretaña violó el acuerdo en 1833 por tomar las Malvinas, los EUA no hicieron nada. La banca de Nueva Inglaterra y los intereses navieros controlados por el grupo de Adams crearon el Segundo Banco de los Estados Unidos por repetidas campañas de especulación de acciones, marcadas por la típica hiperinflación y deflación repentina, el cual les dio el control de millones de acres de tierras de labranza en todas partes del valle de Mississippi desde los Grandes Lagos hasta el Golfo de México. Esto les dio enorme influencia política en esta región entera, permitiéndoles sembrar el sureño valle del Mississippi con Secesionistas fanáticos y Abolicionistas, cuyos actos revolucionarios hicieron la Guerra civil inevitable. Owen también acuñó el término Socialismo; él era un socio de negocios de un fabricante de algodón llamado *Engels*, cuyo hijo más tarde se hizo socio de *Karl Marx* en la fundación del movimiento Comunista Mundial.

El rastro de los conspiradores ha sido evidente en todas partes de la historia Europea desde la Edad Media. En 1547, la República de Venecia había sabido de una conspiración anticristiana y había estrangulado a sus líderes, Julián Trevisano y Francisca de Rugo. Los conspiradores que sobrevivieron, Ochinus, Laelius Socinus, Peruta, Gentilis, Jacques Chiari, Francisca Lenoir, Darío Socinus, Alicas, y Abbe Leonardo, ahora extienden sus doctrinas venenosas de odio en todas partes de Europa. Su mensaje de anarquía, ateísmo e inmoralidad, nivelación y la revolución trajo el derramamiento de sangre en cada agitación subsecuente en el Continente. En Alemania, Adán Weishaupt, catedrático de Derecho Canónico en la Universidad de Múnich, y más tarde en la Coburg-Gotha, se hizo el jefe Nominal del Illuminati; su rama correspondiente en Italia era la *Alta Vendita*, cuyo primer líder era un Noble italiano llamado, B. Nubius. Su agente principal era Piccolo Tigre, un banquero judío y el joyero que viajaba para la Alta Vendita en todas partes de Europa.

Karl Rothschild, hijo de Mayer Amschel, luego se convirtió en el jefe de la *Alta Vendita*. Un heredero Rothschild sostiene la posición desde entonces.

Aunque estos grupos emergieran como caritativos u organizaciones de bellas artes, sus objetivos de anarquía fueron ocultados de todos sus esfuerzos. En el vigésimo siglo, ellos culminaron en la *Sociedad de Naciones, las Naciones Unidas, el Partido Comunista,* el *Royal Institute of International Affairs,* el CFR-*Council on Foreign Relations,* las fundaciones, y una multitud de grupos menores. El movimiento Pan Europeo del Conde Coudenhove-Kalergi, con su apoyo poderoso por aristócratas y financieros internacionales, fue representado en EUA por su rama americana, fundada por Herbert Hoover y Coronel House, quienes también estaban en EUA para allanar el camino de la ratificación de la Liga de Naciones, por Paul Warburg y Bernardo Baruch.

Melchor Palyi, en "Crepúsculo del Oro", revela los poderes de la Orden Mundial en finanzas internacionales, cuando él cita del diario del Gobernador Emile Moreau del Banco de Francia. Palyi dice:

> En octubre de 1926, el Gobernador Emile Moreau del Banco de Francia envió a su colaborador más cercano a Londres para explorar las intenciones de Montagu Norman, Gobernador del *Banco de Inglaterra.* Pierre Quesnay, entonces director general del *Banco de Francia* 1926-30, y el *Bank for International Settlements* 1930-37, trajo de vuelta un informe que fue registrado por Moreau: Quesnay también me da vistas interesantes sobre las ambiciones de Montagu Norman y el grupo de los financieros que lo rodean: Sir Otto Niemeyer, sir Arthur Salter, sir Henry Strakosch, sir Robert Kindersley ellos se esfuerzan de hacer Londres el gran centro financiero internacional. Pero aquellos cercanos a Norman manifiestan que esto no es su objetivo... él quiere más que nada ser testigo de establecer vínculos entre varios bancos de emisión... La organización económica y financiera del mundo le parece al Gobernador del Banco de Inglaterra ser la tarea principal del siglo 20. Según como ve el, los políticos e instituciones políticas no son aptos en ninguna manera para dirigir con la competencia necesaria y continuidad esta tarea de organización que le gustaría ver emprendido por los bancos centrales, independientes de gobiernos y de finanzas privadas. De ahí, su campaña a favor de bancos centrales completamente autónomos, dominando sus propios mercados financieros y derivando su poder de

acuerdo común entre ellos. Ellos tendrían éxito en sacar fuera de la esfera política aquellos problemas que son esenciales para el desarrollo y la prosperidad de la seguridad nacional financiera, la distribución del crédito, movimiento de precios. Ellos así impedirían a luchas políticas internas dañar la riqueza y avance económico de las naciones.

... En "la Nueva Sociedad", 1921, Rathenau escribió, "una política de socialización de largo alcance es necesaria y urgente... El objetivo de la revolución mundial en la cual hemos entrado significa en su aspecto material la fusión de toda la sociedad en una." Esto era el "nivelador" efecto que era un objetivo clave de los conspiradores, los Illuminati y Alta Vendita, causando la anarquía y el derribo de fronteras nacionales y de clases. Antes de que él pudiera realizar su sueño de Socialismo Mundial, Rathenau fue asesinado. Ortega notó el fenómeno de nivelación en "La Rebelión de las Masas", un huracán de farsálicas, por todas partes y en cada forma, en este momento enfurecido sobre tierras Europeas. Casi todas las posiciones asumidas y proclamadas son falsas. Estamos viviendo de manera cómica, toda entre más cómica, más aparentemente trágica es puesta la máscara adoptada. Lo cómico existe en cualquier parte donde la vida no tenga ninguna base de inevitabilidad sobre la cual se toma una posición sin reservas. Nunca como ahora habíamos tenido estas vidas sin sustancia o arte – desarregla su propio destino – quien se deja flotar sobre la corriente más ligera. - [Yo podría agregar que todo esto fue de acuerdo al *Protocolo* - OZ]

Fue en el Congreso de Viena en 1815 el que saco las ratas de sus madrigueras, tampoco es accidental que la Escuela Vienesa de Economía se haya hecho el vehículo principal por el cual la Orden Mundial mantiene su poder político y financiero. Después de aplastar a Napoleón, la oligarquía emergente, *que no le debía ninguna lealtad a cualquier nación o filosofía de vida*, obtuvo el poder debido a que estos sabían como derrotar a sus enemigos, los republicanos e individualistas de Europa; pero sus enemigos no tenían ni idea de como combatir, *o aún identificar, a su enemigo ingeniosamente camuflado*, porque esta gente era un retroceso biológico en el desarrollo continuado de la humanidad.

Ellos eran personas incapaces de hacerse miembros productivos de cualquier sociedad, y que podría existir sólo por mantenerse adherido como un parasito de un anfitrión. ¡Increíblemente, ellos aprovecharon de esta diferencia asombrosa como un signo que ellos habían sido escogidos para gobernar toda la humanidad! Al principio no más que una ilusión inofensiva, este autoengaño fue transformado en pruebas "de superioridad".

Su unicidad biológica, su encarcelamiento a un modo de vida parásito, les dio principal ventaja en el logro de sus objetivos. Ellos han establecido técnicas para inmediatamente reconocerse el uno al otro en cualquier parte del mundo.

Ellos resolvieron actuar siempre cohesivamente como bien entrenado y determinado falange contra su involuntaria oposición. Ellos hicieron pleno uso de sus cualidades de ninguna lealtad y alineamiento, que era en realidad enemistad, el odio eterno hacia todas las naciones, razas y credos de los pueblos anfitriones, que toleraron su presencia. Esta libertad de toda lealtad y códigos morales de las clases que gobernaron todos los otros grupos les dio una enorme ventaja táctica sobre aquellos a quienes ellos planificaron esclavizar y destruir[250] la vieja moralidad había estado basada sobre los impuestos y las responsabilidades del ciudadano de levantar una familia, asistir a la iglesia, y apoyar a su nación. "La nueva moralidad", "la teología de liberación", barrieron todos los deberes de ciudadano. Él ahora sólo tenía un único deber, obedecer la Orden Mundial. A cambio, él fue exonerado de impuestos, y era libre de satisfacer sus "necesidades", sus deseos sexuales, satisfacciones pervertidas con niños y animales, abandono de vida monógama. La nueva moralidad redujo al ciudadano a un mero animal [goyim], que era lo que la Orden Mundial requirió para perpetuar su modo de vivir parásito.

…Todas las sociedades conspirativas en los últimos mil años han buscado un solo objetivo–la hegemonía del parasitismo. Bharati Darma sostiene que el mundo es un orden o Cosmos [251] – *y que no es caos* – que no es lanzado junto. La filosofía existencial del parasitismo sostiene que el hombre es lanzado en el mundo sin el plan o el programa. Esto es el concepto básico del parasitismo, que se encuentra en el mundo con sólo una misión: ¿encontrar a un anfitrión o perecer — [de conformidad con la Maldición decretada sobre Caín. Incluso Isa en sus días llamó a los judaístas "parásitos" "los Hijos de Caín" - OZ]. - Muchos físicos ahora demandan que el universo es el resultado de una explosión accidental que lanzó sus componentes por doquier, sin plan o un orden, un concepto ateo que niega que haya Lógico o Lógica al universo. Darma declara que esto es el deseo por la vida de forma que produce el universo, que hay un Orden Mundial según tal el universo es mantenido. El parásito niega que haya un orden mundial del universo, o cualquier deseo de la forma en el universo, o que alguna forma existe [p. ej. la Palabra "Ser" de Al'Mussawir - OZ]. Por lo tanto, el parásito es libre de imponer su "propio" Orden Mundial, que no tiene ninguna relación orgánica al universo o a formarse.

La hegemonía del parasitismo esta dedicada únicamente al mantenimiento de su posición sobre el anfitrión del cual chupa todo su sustento. El anfitrión es el universo entero del parásito; él no sabe nada más allá de eso, y no desea saber nada más allá de ello. Geoffrey LaPage escribe en *Parasitic Animals:*

250 En cuanto proceda al estudio de la Cábala presentado por la Sra. Webster, usted apreciara porque, y de donde se origina este concepto y como fue propagado. - OZ.
251 Cosmos, de la palabra Griega, implica el concepto de un vasto "ordenadamente arreglado" por diseño.

"Algunas especies de animales parásitos están entre los mas poderosos enemigos del hombre y su civilización." "Él postula una Ley de Naturaleza" que el parásito es siempre más pequeño y más débil que su anfitrión, y que el parasito siempre se disfraza a si y su meta para poder llevar a cabo su parasítica misión. LaPage dice, "La lucha entre anfitrión y parasito va acorde a las leyes de evolución, y esta batalla se libra constantemente hoy."

LaPage denota que el parasito puede causar cambio biológico, citando particulares especies las cuales causan cambios en las glándulas reproductivas del anfitrión. El parasito en veces castra al anfitrión para poder debilitarlo, tal como el parasítico crustáceo Sacculina, el cual destruye los órganos reproductivos de su anfitrión, el cangrejo araña de cola corta, *Inacus Mautitanicus*. Vemos el idéntico proceso hoy, en el cual la hegemonía del parasitismo busca alterar el proceso reproductivo del anfitrión convirtiendo a la generación mas joven a unisex y a la homosexualidad, y rendir inefectivas las características sexuales distintivas del macho y hembra. Este es un clásico ejemplo de castración por el parasito. El Orden Mundial natural, el cual esta basado en las irrevocables leyes del universo, ha sido temporalmente reemplazado en la Tierra por el desnaturalizado Orden Mundial del parasito. Todos los programas y energías del parasito son devotos de una sola meta, mantener su posición sobre el anfitrión. La psicología freudiana fue desarrollada según la orden parásita de neutralizar los esfuerzos incesantes del anfitrión para tirar o desalojar al parásito.[252] Cualquier movimiento para desalojar al parásito se denuncia como "reaccionaria". Es definido y proscrito como un acto de agresión, hostilidad, [antisemitismo] y enajenación. De hecho, el anfitrión simplemente trata de sobrevivir tirando al parásito. Otra ley de la naturaleza es que el parásito, no sólo por chupar del sustento de vida del anfitrión, pero también cambiando su ciclo de vida, inevitablemente matará al anfitrión. Llaman este proceso "la disminución y caída de la civilización." LaPage nota que un parásito no es una especie particular, pero uno que ha adoptado un cierto modo de vivir, la manera del modo del parásito. Ya que sea o no este, un virus, el parásito tiene un efecto viral sobre el anfitrión, envenenando y destruyéndolo despacio. Los virus son parásitos clásicos. El spirochete, la bacteria de la sífilis, es un clásico organismo parasítico. En el lenguaje biológico, una colección de spirochetes se conoce como "un Congreso". …*NOMENKLATURA, The Soviet Elite*, de Michael Voslensky identifica a la "nueva clase" comunista como grupo parásito. En el repasar este trabajo en FORTUNE, el 15 de octubre de 1984, Daniel Seligman denota, "el retrato de Voslensky nos deja pensando que la Nomenklatura es una operación completamente parásita. Sus intereses no son

---

252 "La Psicología perdió su alma, luego su mente, y finalmente su consciencia, como si estuviese preparándose para deceso." Cyril Burt, citado por H.J Eysenck, *Psychology is about People*, London, Penguin, 1972, p. 300

claramente aquellos de la mayoría de los ciudadanos soviéticos." La misma observación puede ser hecha del grupo dirigente de la Orden Mundial en cualquier nación hoy, y en particular en los Estados Unidos.

... Siendo bien consciente de su peligro, la Orden Mundial trabaja desesperadamente para alcanzar poderes dictatoriales aún mayores sobre las naciones del mundo. Ellos constantemente intensifican todos los problemas por las Fundaciones, de modo que crisis políticas y económicas prevengan los pueblos del mundo de organizarse contra ellos. La Orden Mundial debe paralizar a sus opositores. Ellos aterrorizan el mundo con la propaganda sobre el acercamiento a la guerra nuclear internacional, aunque las bombas atómicas hayan sido usadas sólo una vez, en 1945, cuando al director de Fundación Rockefeller Karl T. Compton le ordenó a Truman dejar caer la bomba atómica sobre Japón... [¡Japón ya se había rendido! - OZ]

LA OPINION DE JEFFERSON SOBRE LA CONSTITUCIONALIDAD DEL BANCO

15 de Febrero, 1791 (*The Writings of Thomas Jefferson*, ed. por H. E. Bergh, Vol. III, p. 145 ff.)

La carta para el establecimiento de un banco nacional, en 1791, conlleva, entre otras cosas:

1. Formar a los suscriptores en una corporación.
2. Permitirles, en sus capacidades corporativas, recibir las subvenciones de tierras; y, hasta ahora, está contra las leyes de hipoteca.
3. Hacer a los suscriptores foráneos capaces de sostener tierras; y hasta ahora está contra las leyes de extranjería.
4. Transladar estas tierras, a partir de la muerte de un propietario, a una cierta línea de sucesores; y hasta ahora, cambia el curso de descendientes.
5. Poner las tierras fuera del alcance de fianzas, o escheat; y hasta ahora, está contra las leyes de fianzas y escheat.
6. Transmitir bienes muebles personales a sucesores, en una cierta línea; y hasta ahora, está contra las leyes de distribución.
7. Darles el único y exclusivo derecho de banca, bajo la autoridad nacional; y, hasta ahora, está contra las leyes de monopolio.
8. Conferirles un poder de hacer leyes, supremos a las leyes de los estados; para ello debe ser redactado, para proteger la institución del control de las legislaturas estatales; y así probablemente serán redactados.

Yo considero la fundación de la Constitución sentada en estas bases - que todos los poderes no delegados a los Estados Unidos, por la Constitución, ni prohibido por ella a los estados, están reservados a los estados, o para el pueblo (Decimosegunda Enmienda). A dar un solo pasó más allá de los limites así especialmente atraídas alrededor de los poderes del Congreso, es tomar posesión de un *ilimitado campo de poder*, ya no más susceptible de cualquier definición. La incorporación de un banco y los poderes asumidos según esta carta, no han sido, en mi opinión, delegados a los Estados Unidos por la Constitución.

Nota del Autor:

Aunque Jefferson fue un Illuminati - como también lo era Benjamín Franklin: un mujeriego y presunto pedófilo que personalmente obtuvo fondos de Banqueros Franceses para la Revolución - el lector debe entender que este culto tiene varios grados de iniciación, y que él puede no haber estado enterado de los designios de sus superiores, como lo estaban muchos otros anteriores y posteriores a él. Después de todo, él no era judío. Sin embargo, aún los hombres y las mujeres de los círculos internos del cadre *no eran judíos de buena fe* descendientes de cualquiera de las Doce Tribus, tal como será aclarado a continuación. - OZ

APÉNDICE VI

Extractos de Anthony Sutton

LA TEORIA DE CONSPIRACION JUDIA EN LA REVOLUCION BOLCHEVIQUE

Existe extensa literatura en inglés, francés, y alemán que refleja el argumento que la Revolución Bolchevique fue el resultado de una "conspiración judía"; más expresamente, una conspiración por banqueros judíos mundiales. Generalmente, el control mundial es visto como el objetivo final; la Revolución Bolchevique era sólo una fase de un más amplio programa que supuestamente refleja una histórica lucha religiosa entre la cristianidad y las "fuerzas de la oscuridad."... Probablemente la más superficialmente condenatoria colección de documentos sobre la conspiración judía está en el Archivo Decimal del Departamento de Estado (861.00/5339). El documento central es uno titulado "Bolchevismo y Judaísmo" que data del 13 de Noviembre de 1918. El texto esta en forma de un informe, que declara que la revolución en Rusia fue tramada en "Febrero de 1916"...

> SUMARIO: Hay ahora evidencia definitiva que el bolchevismo es un movimiento internacional controlado por judíos; las comunicaciones están pasando entre los líderes en América, Francia, Rusia e Inglaterra con la visión de acción concertada.[253]

... Sin embargo, ninguna de las declaraciones puede ser apoyada con solidas evidencias empíricas. La información más significativa está contenida en el párrafo en el sentido de que las autoridades británicas poseían "cartas interceptadas de varios grupos de judíos internacionales que disponen de un esquema para el dominio mundial." Si de verdad tales cartas existen, entonces ellas proporcionarían apoyo (o el no apoyo) para una presentemente insustancial hipótesis: a la razón, que la Revolución Bolchevique y otras revoluciones son obra de una conspiración judía mundial... había probablemente muchos Ingleses o personas de origen inglés en la Revolución americana luchando contra los soldados ingleses en la guerra de Independencia de los Estados Unidos. ¿Entonces qué? ¿Acaso esto hace a la Revolución Americana una conspiración Inglesa? La declaración de Winston Churchill que los judíos jugaron un "gran rol" en la Revolución Bolchevique es apoyada sólo por pruebas distorsionadas. La lista de judíos implicados en la Revolución Bolchevique debe ser pesada contra las listas de no judíos

---

253 Gran Bretaña, Directorado de Inteligencia, *A Monthly Review of the Progress of Revolutionary Movements Abroad*, no. 9, 16 de Julio de 1913 (861.99/5067).

implicados en la revolución. Cuando este procedimiento científico es adoptado, la proporción de Judíos Bolcheviques extranjeros involucrados, cae a menos del veinte por ciento del número total de revolucionarios - y estos judíos en su mayoría fueron deportados, asesinados, o enviados a Siberia en los años siguientes. Rusia moderna de hecho ha mantenido el antisemitismo zarista.

La persistencia con la cual el mito de conspiración Judía ha sido empujado *sugiere que esto bien pueda ser un deliberado dispositivo para desviar la atención de los verdaderos problemas y las verdaderas causas.* Pruebas proporcionadas en este libro sugieren que los banqueros de Nueva York que eran también judíos tuvieran roles relativamente menores en apoyar a los Bolcheviques, mientras los banqueros Neoyorquinos quienes eran también Gentiles (Morgan, Rockefeller, Thompson) tuvieron roles mayores.

[Estos "Gentiles" ahora son conocidos por ser "vasallos" de los Rothschild y hay indicios que los Rockefeller descienden de Judíos Marranos. — OZ.]

... Sería una gran mala interpretación asumir que la ayuda para los Bolchevistas fue motivada ideológicamente, en cualquier sentido estrecho. **Los financieros fueron *motivados-por-el-poder* y por lo tanto ayudaron a *cualquier* vehículo político que les daría una entrada al poder:**[254] Lenin, el zar, Kolchak, Denikin - todos recibieron ayuda, más o menos. Todo, es decir, pero aquellos quienes quisieron una sociedad individualista realmente libre... tampoco la ayuda fue restringida a estadistas Bolcheviques y estadistas contra bolcheviques. John P. Diggins, en *Mussolini and Fascism: The View from América,* ha notado en relación a Thomas Lamont de *Guaranty Trust* [un banco Morgan] que... de todos los empresarios líderes americanos, el que más enérgicamente patronizo la causa del Fascismo fue Thomas W. Lamont. Jefe de la poderosa red bancaria J.P. Morgan, Lamont fungió como consultor de negocios para el gobierno Fascista Italiano... Lamont aseguró un préstamo de 100 millones de dólares para Mussolini en 1926 en un tiempo particularmente crucial para el dictador italiano. Podríamos recordar también que el director del *Guaranty Trust* era el padre de Corliss Lamont, un comunista doméstico. Este acercamiento imparcial a los gemelos sistemas totalitarios, comunismo y fascismo, no estuvo confinado a la familia Lamont.

En 1785, la Logia Columbia de la Orden Illuminati fue establecida en la ciudad de New York. Entre sus miembros estaban el Gobernador

---

254 En apoyo a esta tesis esta la siguiente cita:
"... el primer principio de la Casa de Rothschild era amasar riqueza, [y] la liberacion de la raza [Judia] de las opresivas restricciones contribuyeron indirectamente a este fin, ya que facilitaria la relacion con el resto del mundo, y por ello incrementar la posibilidad de ganacia financiera, la cual en consecuencia serviría para incrementar su poder." - *The Rise of The House of Rothschild* por Count Egon Corti, p. 124-125.

DeWitt Clinton, Horace Greeley (político y editor del *New York Daily Tribune*), Charles Dana, y Clinton Roosevelt (ancestro de Franklin D. Roosevelt). Roosevelt publico un libro llamado *Science of Government Founded on Natural Law*, en el cual escribió: "No hay ningún Dios de justicia para ordenar las cosas bien sobre la tierra, si hubiese un Dios, él es un ser malévolo y vengativo, que nos creó para miseria." Él se refirió de si mismo y de otros miembros como los "iluminados" y dijo que la Constitución Estadounidense era un "navío agujereado" el cual fue apresuradamente "hecho cuando dejamos la bandera británica" y por lo tanto necesita revisión.

-Rivera, op.cit.

El Plan Marburg - financiado por Andrew Carnegie y su amplia herencia - fue producido en los primeros años del vigésimo siglo. Esto sugiere la premeditación para esta clase de esquizofrenia superficial, que de hecho enmascara un programa integrado de adquisición de poder: "Que entonces si acaso Carnegie y su ilimitada riqueza, los financieros internacionales y los Socialistas pudieran ser organizados en un movimiento para compel la formación de una liga para reforzar la paz."[255]

...Los gobiernos del mundo, acorde al Plan Marburg, estaban para ser socializados mientras el ultimo poder quedaría en manos del financieros internacionales "para controlar sus consejos y haría cumplir la paz [y así] proveer un específico para todos los males políticos de la humanidad."[256]

De estas distintas semillas germino el movimiento internacionalista moderno, que incluyó no sólo a los financieros Carnegie, Paul Warburg, Otto Kahn, Bernard Baruch, y Herbert Hoover, pero también la Fundación Carnegie y su progenie, *Conciliación Internacional*. Los fideicomisarios de Carnegie eran, como hemos visto, prominentes en el consejo de Corporación Americana Internacional. En 1910 Carnegie donó 10 millones de dólares para fundar el Carnegie Endowment for International Peace, y entre aquellos en la junta consejo de fideicomisarios estaban Elihu Root (Misión Root a Russia, 1917), Cleveland H. Dodge (soporte financiero del Presidente Wilson), George W. Perkins (socio de Morgan), G. J. Balch (AIC & Amsinck), R. F. Herrick (AIC), H. W. Pritchett (AIC), y otras luminarias de Wall Street. Woodrow Wilson vino a estar bajo la poderosa influencia de - y de hecho estaba financieramente endeudado con - este grupo de internacionalistas. Según como Jennings C. Wise ha escrito, "Los Historiadores nunca deben olvidar

255 Jennings C. Wise, *Woodrow Wilson: Disciple of Revolution* (New York: Paisley Press, 1938), p.45
256 Ibid., p.46

que Woodrow Wilson... hizo posible que Leon Trotsky entrase a Rusia con un pasaporte Americano."[257]

Pero León Trotsky también se declaró un internacionalista. Hemos comentado con cierto interés sus conexiones internacionalistas de alto nivel, o al menos amigos, en Canadá. Trotsky entonces no era pro-ruso, pro-aliado, o pro-alemán, como tantos han tratado de hacerlo ser. Trotsky estaba a favor de la revolución mundial para la dictadura mundial; él era, en una palabra, un internacionalista.[258] Los Bolchevistas y los Banqueros tienen entonces este significativo terreno en común - el internacionalismo. **La revolución y finanzas internacionales son nada incoherentes si el resultado de la revolución es establecer una autoridad más centralizada. Las Finanzas internacionales prefieren tratar con gobiernos centrales. La última cosa que la comunidad bancaria quiere es la economía laissez–faire, una política de no intervención, y poder descentralizado debido a que estos dispersan el poder...** *Esto, por lo tanto, es una explicación que encaja en la evidencia.* Este puñado de banqueros y promotores no eran Bolcheviques, Comunistas, Socialistas, Demócratas, ni aún Americanos. Por encima de todo, estos hombres quisieron mercados, preferentemente mercados cautivos internacionales - y un monopolio del mercado cautivo mundial como último objetivo. Ellos quisieron los mercados que podrían ser explotados monopolísticamente sin miedo a la competencia de rusos, alemanes, o alguien más - *incluyendo hombres de negocios americanos ajenos al círculo encantado.* **Este grupo cerrado era apolítico y amoral.** [¿Los parásitos del Profesor Eustace Mullins?]

Hoy el objetivo está todavía vivo y bien. John D. Rockefeller lo expone en su libro *The Second American Revolution* - el cual despliega una estrella de cinco puntos en la portada.[259] El libro contiene **una apelación desnuda para el humanismo**, es decir una apelación que nuestra primera prioridad es de trabajar para otros; en otras palabras, una apelación de colectivismo. **El humanismo es colectivismo.** Es notable que Rockefeller, quien ha promovido esta idea humanista durante un siglo, no ha entregado su PROPIA propiedad a otros... Presumiblemente esto es implícito en su recomendación que todos *nosotros* trabajamos *para* los Rockefeller. Rockefeller en su libro promueve colectivismo bajo el disfraz de "cauteloso conservacionismo" y "el bien publico." Esto es en efecto una apelación para la continuación del temprano apoyo de Morgan-Rockefeller a empresas colectivistas y la *subversión en masa de los derechos individuales.*

---

257 Ibid. p. 647
258 Leon Trotsky, *The Bolsheviks and World Peace* (New York: Boni & Liveright, 1918.)
259 En Mayo de 1973, el Chase Manhattan Bank (presidente, David Rockefeller) abrió una sucursal en Moscú en la 1 Karl Marx Square, Moscú. La oficina de Nueva York esta en la 1 Chase Manhattan Plaza.

En breve, el bien público ha sido, y es hoy, usado como un dispositivo y excusa para el auto engrandecimiento por un círculo elitista que aboga por la paz mundial y la decencia humana [Humanismo en el disfraz de Intención Humanitaria]... Esta técnica, utilizada por los monopolistas que socavan la sociedad, fue puesta en marcha a principios del siglo veinte por Frederick C. Howe en *The Confessions of a Monopolist.*[260]

- Primero, dice Howe, la política es una parte necesaria en los negocios.

- Para controlar industrias es necesario controlar el Congreso y los legisladores y así hacer que la sociedad vaya a trabajar por ti, el monopolista.

Entonces, según Howe, los dos principios de un exitoso monopolista son, "Primero, deja que la sociedad labore para usted; y el segundo, haga un negocio de la política." Estos, escribió Howe, son "las reglas básicas de los grandes negocios."... En 1936, el Senador James A. Reed de Missouri, un inicial partidario de Roosevelt, se dio cuenta de la traición a las ideas liberales y atacó al programa *New Deal* de Roosevelt como una medida "tiránica" que "conduce al despotismo, [y] que era buscado por sus patrocinadores bajo el grito comunista de 'Justicia Social'." El Senador Reed acuso en el piso del Senado que Franklin Delano Roosevelt era un "hombre de alquiler para los monarquitas económicos" en Wall Street y que la Familia Roosevelt "era uno de los accionistas más grandes en la Empresa General Eléctrica."[261]

Aquellos directores Generales Eléctricos deben ser encontrados en cada una de estas tres categorías distintas históricas - p. ej., el desarrollo de la Unión Soviética, la creación del Nuevo Trato de Roosevelt, y la subida de Hitlerismo - sugiere como los elementos de Grandes capitales agudamente están interesados en la socialización del mundo, para sus propios objetivos y objetivos, más bien que el mantenimiento de la plaza del mercado imparcial

---

260 Chicago, Public Publishing
261 *New York Times,* 6 de Octubre de 1936. Ver también Anthony C. Sutton, *Wall Street and FDR, óp. cit.* - También hay que notar que la Compañía GE bajo el auspicio de J.P. Morgan, suprimió el trabajo de Nicholas Tesla, un genio mayor que Edison. Tesla inventó la tecnología para enjaezar y distribuir la electricidad estática a muy bajo costo o perturbación al entorno, y sin el empleo de cables. Sus patentes fueron hechos secretos después de que él fue asesinado la noche antes que presentara su trabajo a la Casa Blanca. Este acto atroz abrió el camino para la GE para desfigurar la tierra y cobrar honorarios desorbitados por la electricidad mientras el consorcio de financieros cosechó fortunas adicionales al extraer el cobre que una vez fabricó para cableado, desfiguró la tierra y permitió el control absoluto (monopolio) sobre la colección de cambios y la capacidad de interrumpir servicios como una medida coercitiva. El sistema de Tesla, por otra parte, habría requerido una inversión de capital modesto, y muy pequeños gastos de mantenimiento, y seguramente ningunos intereses en minería, como el sistema era "inalámbrico" y requirió sólo de una torre grande como el colector central y transmisor, y pequeños receptores inofensivos. Esta gente asesinó a un hombre que rezó Alá para enseñarle como enjaezar el poder del rayo cuando él era un pequeño muchacho en Turquía, que miraba y contemplaba las tormentas sobre las montañas. ¡Que ellos ardan en las entrañas más bajas del infierno y para siempre! – OZ.

en una sociedad libre. El General Eléctrico sacado ganancia noblemente del bolchevismo, del Nuevo socialismo de Trato de Roosevelt, y, como nosotros veremos debajo, del nacionalsocialismo en Alemania de Hitler.

... el poder del Estado estaba para ser disponible a firmas privadas para sus propios propósitos corporativos, *i.e.*, lo que es popularmente conocido como socialismo nacional [Nazismo] ... encontramos al presidente de General Electric Owen D. Young en la silla como delegado principal Estadounidense, nominado por el Gobierno para usar el poder y prestigio para decidir en asuntos financieros internacionales engrosando las ganancias de Wall Street y la General Electric ... Gerard Swope era presidente y director de General Electric Compaña así como de las compañías asociadas Francesa y Alemanas, incluyendo A.E.G. y Osram en Alemania. Swope fue también director de la RCA, NBC, y el National City Bank of New York. Otros directores de la Internacional General Electric en ese tiempo reflejaba el control de Morgan sobre la compañía, y ambos, Young y Swope fueron generalmente conocidos como los representantes de Morgan en la junta directiva de G.E., la cual incluía a Thomas Cochran, otro socio en la firma J.P. Morgan. El director de General Electric Clark Haynes Minor fue presidente de la Internacional General Electric en los años 1920s. Otro director fue Victor M. Cutter del First National Bank de Boston y protagonista en las *"Revoluciones Bananeras"* en Centro América.

Para 1930, desconocida para la prensa financiera alemana, la General Electric había similarmente logrado un efectivo monopolio técnico en la industria eléctrica Soviética y estaba cerca de penetrar aun en los restantes bastiones en Alemania, particularmente el grupo Siemens... casi todos los directores Alemanes de la General Electric en Alemania respaldaban financieramente a Hitler y estaban asociados no solamente con A.E.G. sino también con otras compañías que lo financiaban ... Sin embargo, solamente los directores *Germanos* de A.E.G fueron juzgados en Núremberg en 1945... Muy aparte de la asistencia financiera a Hitler, la General Electric extendió esa asistencia a cartelarios esquemas junto a otros que respaldaban a Hitler, para beneficio mutuo y del estado Nazi... En resumen, la General Electric - con la cooperación de otro partidario de Hitler, Krupp - en conjunto obtuvieron para la G.E. en los EUA un monopolio de tungsteno.[262] Así que cuando la Segunda Guerra Mundial comenzó, la General Electric sostenía un monopolio con un precio establecido de $450 por libra - casi diez veces mas que el precio del año 1928 - y su uso en los EUA había sido correspondientemente restringido.

---

262 Un elemento metálico denso color gris-acerado con un muy alto punto de fusión, ocurriendo naturalmente en scheelita y usado para filamentos de lámparas eléctricas y para aleación de acero, etc.

En otras palabras, en 1939 la industria alemana de equipos eléctricos estaba concentrada dentro de unas pocas corporaciones vinculadas a un cartel internacional, y por la tenencia de acciones de dos grandes corporaciones estadounidenses. *Este complejo industrial nunca fue un objetivo primordial de los bombardeos en la Segunda Guerra Mundial. Las plantas de la A.E.G. y la I.T.T. fueron golpeadas solo incidentalmente en redadas de aéreas y luego después muy raramente.* Las plantas de equipos eléctricos bombardeadas como objetivos fueron aquellas que no estaban afiliadas con firmas estadounidenses. Fueron las de Brown Boveri en Mannheim y Siemensstadt en Berlín - las cuales *no estaban* conectadas con los EUA - las que fueron bombardeadas. Como resultado, la producción en Alemania de equipo eléctrico bélico se incrementó constante durante la guerra, repuntando hasta finales de 1944. De acuerdo a reportes de la U.S. Strategic Bombing Survey: "En la opinión de asistentes y ejecutivos de la planta de Speers, el esfuerzo bélico en Alemania nunca se vio impedido de manera importante por alguna escasez de equipos eléctricos."[263]

Para concluir, encontramos que ambos, Rathenau de A.E.G. y Swope de General Electric en los EUA, tenían similares ideas de poner al Estado a trabajar para sus propios fines corporativos. La compañía General Electric fue prominente en financiar a Hitler, se lucro muchísimo de la producción bélica - y aun se las arreglo para evadir los bombardeos en la Segunda Guerra Mundial. Obviamente este breve relato merece una mucha más completa - y oficial - investigación.

---

263 The United States Strategic Bombing Survey, *German Electrical Equipment Industry/Report,* (Division de Equipos, Enero de 1947), p. 4.

APÉNDICE VII

Historia de Los Supuestos Judíos "Askenazi"

Esta es una *lectura-obligatoria* del discurso de Benjamin H. Freedman en el Willard Hotel en 1961 de parte del Conde Mcginley y su periódico, *Common Sense*. Benjamin H. Freedman nació en 1890 y fue en un tiempo el propietario de la Woodbury Soap company. El era muy conocido entre gente como Bernard Baruch y Samuel Untermeyer, así como también de los Presidentes desde Woodrow Wilson en adelante hasta Richard Nixon.

Aquí en los EUA, los Sionistas y sus co-religionarios tienen el completo control de nuestro gobierno. Por muchas razones, demasiadas y muy complejas para ser abordadas en este momento, los Sionistas y sus co-religionarios gobiernan estos Estados Unidos como si fuesen los absolutos monarcas de este país. Ahora usted podría pensar que este es un crudo comentario, pero *permítanme mostrarles que sucedió mientras todos estábamos dormidos.* ¿Que paso? La Primera Guerra Mundial se desato en el verano de 1914. Hay poca gente acá de mi edad quienes recuerdan eso. Ahora bien, la guerra se libro en una parte por Gran Bretaña, Francia, y Rusia; y por otra parte por Alemania, Austria-Hungría, y Turquía.

En un periodo de dos años Alemania había sido el vencedor en la guerra: no solo venció nominalmente, pero en realidad fue el ganador. Los submarinos Alemanes, los cuales eran sorpresa al mundo, habían hundido todos los convoyes en el océano Atlántico. Gran Bretaña hizo frente sin municiones para sus soldados, con suministros alimenticios solo para una semana – y luego de eso, famélicos. En ese momento, el ejército Francés se había amotinado. Ellos habían perdido 600,000 Franceses en la flor de su juventud, en defensa del *Verdun en el Somme*. El ejército Ruso se estaba retirando, se encontraban recogiendo sus juguetes y yendo a casa, no querían jugar más a la guerra, y no les agradaba el Zar. Y el ejército Italiano había colapsado. Ningún disparo se había hecho en suelo Alemán. Ningún soldado enemigo había cruzado la frontera hacia Alemania. *Y aun así, Alemania ofrecía a Inglaterra términos de paz.* Ellos ofrecieron a Inglaterra una paz negociada en lo que los abogados llaman un *status quo ante basis*. Esto significa: "Terminemos con la guerra, y permitamos que todo sea tal como estaba antes que la guerra comenzara." Inglaterra, en el verano de 1916 estaba considerando eso - seriamente. Ellos no tenían opción. Esto era, ya sea aceptar esta paz negociada que Alemania magnánimamente les ofrecía, o continuar con la guerra y ser totalmente derrotados.

Mientras eso sucedía, los Sionistas en Alemania, que representaban a los Sionistas del Este de Europa, fueron al *British War Cabinet* y - seré breve por ser una larga historia, pero tengo todos los documentos para comprobar cualquier comentario que yo haga - dijeron: "Vean acá. Ustedes aun pueden ganar esta guerra, no tienen porque rendirse, no tienen porque aceptar la oferta de paz negociada de parte de Alemania. Ustedes pueden ganar esta guerra si acaso lograran que los EUA entren como su aliado." Los EUA no estaban en guerra en ese momento, estaban frescos; eran jóvenes; eran ricos; eran poderosos. Ellos le dijeron a Inglaterra: "Les garantizaremos traer a los EUA a la Guerra como su aliado, para pelear en su bando, si ustedes nos prometen a Palestina después de ganar la guerra." En otras palabras, ellos hicieron este trato: "Haremos que los EUA entren a la guerra como su aliado. El precio a pagar es Palestina luego que ustedes hayan derrotado a Alemania, Austria-Hungría, y Turquía."

Ahora bien, Inglaterra tenía tanto derecho para prometerle Palestina a cualquiera, tal como los Estados Unidos tendrían para prometerle Japón a Irlanda por cualquier razón que se les ocurra. Esto es absolutamente absurdo, que Gran Bretaña, que nunca había tenido ninguna conexión, interés, o derecho alguno, en lo que se conoce como Palestina para ofrecerla en este ámbito como moneda de pago a los Sionistas por llevar a los Estados Unidos a la guerra. Sin embargo, ellos de hecho hicieron esta promesa, en Octubre de 1916. Y brevemente después de eso – No se cuantos aquí lo recuerdan - los Estados Unidos de América, los cuales eran casi totalmente *pro-Alemanes*, entraron a la guerra como aliados de Gran Bretaña.

Yo digo que los Estados Unidos eran casi totalmente pro-Alemanes debido a que los periódicos aquí estaban controlados por los Judíos, los banqueros eran Judíos, todos los medios de comunicación en masa en este país estaban controlados por Judíos; y ellos, los Judíos, eran pro-Alemanes. Ellos eran pro-Alemanes debido a que muchos de ellos habían llegado desde Alemania, y también ellos querían ver que Alemania echara al Zar. Los judíos no le agradaba el Zar, y no querían que Rusia ganara esta guerra. Estos banqueros Germano-Judíos, como Kuhn Loeb y las otras grandes firmas bancarias en los Estados Unidos se rehusaban a financiar a Francia o Inglaterra ni con un tan solo dólar. Ellos se hicieron a un lado y dijeron: "Mientras Francia e Inglaterra estén atadas con Rusia, ¡ni un solo centavo!" Pero ellos dieron dinero a Alemania, pelearon junto a Alemania contra Rusia, tratando de derrotar el régimen del Zar. Ahora bien, aquellos mismos Judíos, cuando vieron la posibilidad de conseguir a Palestina, fueron a Inglaterra e hicieron este trato. En ese tiempo, todo cambio, tal como un semáforo cambia de rojo a verde, Cuando los diarios habían sido pro-Germanos, cuando habían estado diciéndole al pueblo de las dificultades que Alemania enfrentaba al pelear con

Gran Bretaña comercialmente y en otros aspectos, de repente los alemanes ya no eran buenos, eran los villanos. Eran los Hunos. Les disparaban a enfermeras de la cruz roja, estaban cercenando las manos de bebes, no eran nada buenos. Brevemente después de eso, Mr. Wilson declaraba la guerra a Alemania.

Los Sionistas en Londres habían enviado cables a los Estados Unidos, a Justice Brandeis, diciéndole "Vaya y convenza al Presidente Wilson, conseguiremos de Inglaterra lo que queremos. Ahora vaya usted y convenza al Presidente Wilson y haga que los Estados Unidos entren a la guerra." Así es como los Estados Unidos entraron a la guerra. No teníamos ningún interés en ella; no teníamos más derecho de estar en ella que el que tenemos de estar en la Luna esta noche en vez de esta habitación. No había absolutamente ninguna razón para que la Primera Guerra Mundial fuese también nuestra Guerra, fuimos encarrilados hacia ella - si pudiese decirlo de manera vulgar, nos embaucaron en ella - esa guerra fue meramente para que los Sionistas del mundo pudieran obtener a Palestina.[264] Esto es algo que al pueblo estadounidense jamás se le ha contado, ellos nunca supieron porque fuimos a la Primera Guerra Mundial.

Posterior a que entráramos a la guerra, los Sionistas fueron a Gran Bretaña y dijeron: "Bien, hemos hecho nuestra parte del acuerdo, tengamos algo por escrito que demuestre que ustedes mantendrán su oferta y nos darán a Palestina después de ganar la guerra." Ellos no sabían si acaso la Guerra duraría otro año u otros diez años mas. Así que comenzaron a elaborar un recibo. El recibo tomo forma de carta, la cual fue redactada en un muy críptico lenguaje para que así el resto del mundo no supiera que se trataba, y esta fue llamada *La Declaración Balfour*.

La Declaración Balfour no era nada más que la promesa de pago a los Sionistas, lo que habían acordado como una consideración por hacer que los Estados Unidos entraran a la guerra. Así que esta gran Declaración Balfour, de la que escuchamos tanto, es tan falsa como un billete de tres dólares. No creo que pueda ser más enfático que esto.

Aquí es donde comenzaron los problemas. Los Estados Unidos entraron en la guerra. Los Estados Unidos aplastaron a Alemania. Ustedes saben lo que paso. Cuando la guerra termino, y los Alemanes fueron a Paris para la Conferencia de Paz en 1919, había 117 Judíos allí, como delegación

---

264 El pretexto creado por agentes Sionistas de espionaje fue el infame hundimiento del Lusitania, un barco de pasajeros transatlántico, hundido por un submarino Alemán, debido a que los Alemanes habían recibido un "falso informe de inteligencia" que el Lusitania portaba pertrechos (armas y municiones) en su carga.

representando a los Judíos, encabezado por Bernard Baruch. Yo estuve allí: Yo debí saberlo. ¿Ahora, que sucedió?

Los Judíos en la conferencia de paz, cuando estaban cortando a Alemania y parcelando a Europa para todas estas naciones que reclamaban derechos de una cierta parte del territorio Europeo, dijeron, "¿Entonces Palestina es para nosotros?" y produjeron, por primera vez al conocimiento de los Alemanes, esta Declaración Balfour. Así que los Alemanes, por primera vez se enteraron, "¡Oh, así que esa era la jugada! Por eso es que los Estados Unidos entraron a la guerra." Los Alemanes por primera vez se dieron cuenta que fueron derrotados; ellos sufrieron las terribles reparaciones con las que fueron azotados, debido a que los Sionistas querían a Palestina y estaban determinados a obtenerla a cualquier costo. Esto nos lleva a otro punto muy interesante. Cuando los alemanes se enteraron de esto, naturalmente lo resintieron. Hasta ese momento, los Judíos jamás habían estado mejor en ningún otro país del mundo de lo que habían estado en Alemania. Tenemos al Sr. Rathenau allí, quien es quizá 100 veces más importante en industria y finanza como lo es Bernard Baruch en este país. Tenemos al Sr. Balin, quien es dueño de las dos grandes flotas de barcos, la Lloyds del Norte de Alemania y la línea Hamburg-American. Tenemos al Sr. Bleichroder, quien fue el banquero para la familia Hohenzollern. Tenemos a los Warburg en Hamburgo, quienes eran los grandes banqueros mercantiles — los más grandes del mundo. A los Judíos les iba bien en Alemania. No hay lugar a dudas. Los alemanes sintieron: "Bien, esa fue una gran traición."

Bernard Baruch

Esta fue una traición que bien podría compararse a esta hipotética situación: Supongamos que los Estados Unidos estuviese en guerra con la Unión Soviética, y estuviesen ganándola, y le dijéramos a la Unión Soviética: "Bueno, cesemos, les ofrecemos términos de paz, olvidémonos de todo." Y de repente la China entra en la guerra como aliado de la Unión Soviética, y al lanzarlos a la guerra nos llevo a la derrota, a una aplastante derrota, con reparaciones tales que en la imaginación del hombre no puedan incluirse. Imaginemos, entonces, posterior a esa derrota, que nos enteraríamos que fueron los Chinos en este país, nuestros ciudadanos Chinos, los cuales todo el tiempo creímos que eran ciudadanos leales trabajando con nosotros, nos estuviesen traicionando con la Unión Soviética y que fue a través de ellos que la China vino a entrar a la guerra en contra nuestra. ¿Como nos sentiríamos, entonces, en los Estados Unidos contra los Chinos? No creo que alguno de ellos se atreviese a mostrar su rostro en alguna calle. No habría suficientes postes para ocuparse de ellos. Imaginémonos como nos sentiríamos. Bien, *así es como los Alemanes se sentían hacia ellos*. Ellos habían sido tan buenos con ellos: desde 1905 en adelante, cuando la primera revolución comunista en Rusia fracaso, y los Judíos tuvieron que huir fuera de Rusia, todos se fueron a Alemania, y esta les dio refugio, y a ellos se les trato muy bien, y acá vendieron a Alemania sin razón alguna otra mas que el hecho que ellos querían a Palestina como una supuesta "Patria Judía."

Ahora, Nahúm Sokolow, y todos los grandes lideres y grandes nombres de los cuales leemos en conexión con el Sionismo de hoy, en 1919, 1920, 1921, 1922, y 1923 escribió en todos sus diarios y la prensa se lleno con sus declaraciones - que el sentimiento anti Judío en Alemania es debido al hecho que ellos se dieron cuenta que esta gran derrota fue a causa de la intromisión Judía al traer los Estados Unidos a la guerra. Los mismísimos Judíos lo admitieron. No fue que los Alemanes en 1919 descubrieran que un vaso de sangre Judía sabía mejor que una Coca-Cola o una cerveza Muenschner. No había ningún sentimiento religioso, no había ningún sentimiento contra aquel pueblo apenas a cuenta de sus creencias religiosas. *Todo esto fue político, fue económico, fue de todo menos religioso.* A nadie en Alemania le importaba ya sea que un Judío fuese a su casa, cerrara las cortinas y dijera "Shema Yisroel" o "Padre Nuestro." A nadie le importaba en Alemania mas de lo que les importaba en los Estados Unidos. Ahora bien, este sentimiento que se desarrolló posterior en Alemania se debía a una sola cosa: los Alemanes responsabilizaban a los Judíos por su aplastante derrota.

Y la Primera Guerra Mundial había comenzado contra Alemania sin razón alguna por la cual Alemania fuese responsable. Ellos eran culpables de nada; solamente de exitosos, ellos habían construido una gran fuerza naval, habían establecido un comercio mundial. Debemos recordar que Alemania en el tiempo de la Revolución Francesa estaba constituida en 300 pequeñas ciudades-estado, principados, ducados, y demás. Trescientas pequeñas entidades políticas separadas, y entre ese tiempo, entre los tiempos de Napoleón y Bismarck, fueron consolidadas en un solo estado, y en un lapso de 50 años ellos se convirtieron en una de las mas grandes potencias mundiales, su fuerza naval rivalizaba con la de Gran Bretaña, estaban haciendo negocios por todo el mundo, podían superar a cualquiera ya que ellos podían fabricar mejores productos. ¿Que sucedió como resultado de eso? *Había una conspiración entre Inglaterra, Francia, y Rusia para azotar a Alemania.* No hay un historiador en el mundo que pueda encontrar una razón valida de porque esos tres países habían decidido borrar a Alemania fuera del mapa político.

Cuando los Alemanes se dieron cuenta que los Judíos eran responsables de su derrota, ellos naturalmente se resintieron, pero no se les causaron daño alguno, ni un cabello les tocó siquiera, ni un tan solo cabello. El Profesor Tansill, de Georgetown University, quien había tenido acceso a todos los documentos secretos del Departamento de Estado, escribió en su libro, y cito a partir de un documento del Departamento de Estado escrito por Hugo Schoenfelt, un Judío a quien Cordell Hull envió a Europa en 1933 para investigar los supuestos campos de presos políticos, fue quien escribió de regreso que los había encontrado a ellos en muy buenas condiciones. Estaban en excelente forma, todos estaban siendo bien tratados, y todos estaban llenos con Comunistas. Si bien, muchos de ellos eran Judíos, debido a que *sucedía que los Judíos comprendían cerca del 98 por ciento de los Comunistas en Europa en ese tiempo.* Y había algunos sacerdotes allí, ministros, líderes laborales, y Masones, y otros que tenían afiliaciones internacionales.

Algunos precedentes están en orden: En 1918-1919 los Comunistas se tomaron Bavaria por unos pocos días. Rosa Luxemburg y Karl Liebknecht y un grupo de otros Judíos tomaron el gobierno por tres días. De hecho, cuando el Káiser termino con la guerra el huyo a Holanda debido a que el pensaba que los Comunistas se tomarían Alemania tal como lo hicieron en Rusia y que enfrentaría el mismo destino que el Zar, así que huyo a Holanda por su seguridad.

Después que la amenaza Comunista fue aplastada en Alemania, los Judíos todavía estaban operando, tratando de retornar a su anterior estatus, y los Alemanes pelearon de cada forma que podían sin tocarle un cabello de la cabeza a alguno. Ellos pelearon de la misma forma que en este país lo hicieron los Prohibicionistas contra cualquiera que estaba interesado en licor. Ellos no se pelearon entre si con pistolas. Bien, esa era la manera en que ellos peleaban contra los Judíos en Alemania. Y en ese tiempo, recordemos, que había entre 80 y 90 millones de Alemanes, y *solo había 460,000 Judíos.*

Alrededor del medio al uno por ciento de la población de Alemania eran Judíos, y aun así ellos controlaban la toda la prensa, y controlaban la mayor parte de la economía debido a que ellos habían llegado con dinero barato cuando el Marco estaba devaluado y compraron prácticamente todo. Los Judíos trataron de mantener este hecho tapado.

Ellos no quisieron que el mundo realmente entendiera que ellos habían traicionado a Alemania, y que los Alemanes lo resintieron. Los Alemanes tomaron acciones apropiadas contra los Judíos, debo decir, que los Alemanes los discriminaban cada vez que podían, los evadían, de la misma forma que evaden a los Chinos, o a los Negros, o a los Católicos, o a cualquiera en este país que nos haya traicionado con el enemigo y que haya a acarreado nuestra derrota. Después de un tiempo, los Judíos del mundo convocaron a una reunión en Ámsterdam. Judíos de cada país del mundo atendió esta reunión en Julio de 1933. Y le dijeron a Alemania: "Despidan a Hitler, y coloquen a cada Judío de Nuevo en su posición anterior, ya sea que fuese un Comunista o sin importarles lo que fuese. No pueden tratarnos de esa manera. Y nosotros, los Judíos del mundo, les estamos poniendo un ultimátum a ustedes." Usted podrá imaginarse lo que los Alemanes les dijeron. ¿Entonces que hicieron los Judíos?

En 1933, cuando Alemania se rehusaba a rendirse al la conferencia mundial de Judíos en Ámsterdam, la conferencia se rompió, y el Sr. Samuel Untermyer, quien era el jefe de la delegación Americana y el presidente de toda la conferencia, llego a los Estados Unidos y bajo del barco hacia los estudios de la <u>Columbia Broadcasting System, la CBS</u>, e hizo una radio difusión por todo Estados Unidos en la cual, el en efecto dijo, "Los Judíos del mundo ahora declaran una Guerra Santa contra Alemania. Nosotros estamos enfrascados en un sagrado conflicto contra los Alemanes, y los haremos rendirse de hambre, usaremos un boicot mundial contra ellos que los destruirá debido a que son dependientes de sus exportaciones." Y es un hecho que dos tercios de los suministros alimenticios deben ser importados, y solo pueden se pueden hacer importaciones con las utilidades de lo que ellos exportan. Así que si acaso Alemania no pudiese exportar, dos tercios de la población Alemana tendrían hambruna. Simplemente no había suficiente alimento para más de un tercio de la población. Ahora en esta declaración, la cual aquí tengo, y la cual fue impresa en el New York Times el 7 de Agosto de 1933, el Sr. Samuel Untermyer tuvo la temeridad de manifestar que "este boicot económico es nuestro medio de auto-defensa. El Presidente Roosevelt había abogado para su uso en la National Recovery Administration," la cual algunos puede que recuerden, adonde todos estaban por ser boicoteados a menos que siguieran las reglas dictadas por el New Deal, y el cual fue declarado inconstitucional por la Corte Suprema de aquella época.

Como sea, los Judíos del mundo declararon un boicot contra Alemania, y fue tan eficaz que no se podía encontrar un tan solo articulo en alguna tienda en cualquier parte del mundo con las letras "made in Germany" en ellos.

De hecho, un ejecutivo de la Woolworth Company me dijo que tuvieron que botar en el rio utensilios y vajillas valoradas en millones de dólares; que sus tiendas estaban boicoteadas si acaso alguien entrase y encontrara un plato marcado con "made in Germany", se manifestaban con pancartas que rezaban "Hitler", "asesino", y mensajes así, algunas manifestaciones como estas se estaban llevando a cabo en el Sur. En una tienda perteneciente a la cadena R. H. Macy, la cual estaba controlada por una familia de apellido Strauss los cuales eran Judíos, una mujer encontró medias que provenían desde Chemnitz, marcadas "made in Germany". Bien, estas eran medias de algodón y puede que hayan estado allí hace 20 años, ya que he venido observándoles las piernas a las mujeres por muchos años y hace mucho tiempo que no veo medias de algodón en ellas. Yo vi el boicot a Macy, con cientos de personas alrededor caminando con pancartas que rezaban "asesinos", "Hitlerianos", y cosas así. Ahora hasta ese momento no se había tocado ni un tan solo cabello de la cabeza de Judío alguno en Alemania. No había sufrimiento, no había hambruna, no había asesinato, nada había.

Naturalmente, los Alemanes dijeron, "¿Quien es esta gente para declarar un boicot contra nosotros y botar a todo el pueblo fuera del trabajo, y hacer que nuestras industrias se detengan? ¿Quienes son ellos para hacer eso contra nosotros?" Ellos naturalmente lo resintieron. Ciertamente ellos pintaron suásticas en las tiendas propiedad de Judíos. ¿Porque debería un Alemán entrar a una tienda y dar su dinero a un cajero que es parte de un boicot que llevaría a Alemania a la hambruna para rendirse ante los Judíos del mundo quienes van a dictar quien seria su primer ministro o canciller? Bien, esto era ridículo, el boicot continuo por algún tiempo, *pero no fue sino hasta 1938, cuando un joven Judío de Polonia entro a la embajada Alemana en Paris y le disparo a un oficial Alemán, que los Alemanes realmente comenzaron a ser rudos con los Judíos en Alemania.* Y se encontraron rompiendo ventanas, peleando en las calles y cosas así.

Ahora bien a mi no me gusta usar la palabra "anti-Semitismo" debido a que carece de significado, pero para usted aun significa algo, así que la usare. **La única razón por la cual había algún sentimiento contra los Judíos en Alemania fue porque ellos eran responsables por la Primera Guerra Mundial y por su boicot mundial.** Ultimadamente fueron también responsables por la Segunda Guerra Mundial, debido a que después que este asunto se les escape de las manos, fue absolutamente necesario para los Judíos y Alemania enfrascarse en la guerra para poder ver quien sobreviviría. Mientras tanto, Yo había residido en Alemania, y sabía que los Alemanes habían decidido que Europa estaba por ser Cristiana o Comunista: no existía nada en medio, y los Alemanes decidieron que la mantendrían Cristiana de ser posible, y comenzaron a re-armarse. En Noviembre de 1933 los Estados Unidos reconocieron a la Unión Soviética. La Unión Soviética estaba convirtiéndose muy poderosa, y Alemania se daba cuenta que "Nuestro turno vendría pronto, sino somos fuertes." Lo mismo que nosotros en este país estamos diciendo hoy, "Nuestro turno vendrá pronto, sino somos fuertes." Nuestro gobierno esta gastando 83 o 84 billones de dólares para defensa. ¿Defenderse contra quien? *Defenderse contra 40,000 pequeños Judíos en Moscú que se apoderaron de Rusia, y entonces, en sus truculentas formas, tomaron el control de muchos otros países del mundo.*

Ya que este país se encuentra al filo de una Tercera Guerra Mundial de la cual no saldremos victoriosos, es algo que me trastorna la imaginación. Yo se que las bombas nucleares se miden en términos de megatones, un megatón es un término usado para describir un millón de toneladas de TNT. Nuestras bombas nucleares tenían una capacidad de 10 megatones o 10 millones de toneladas de TNT, cuando recién se desarrollaron. Hoy en día, las bombas nucleares que se están desarrollando tienen una capacidad de 200 megatones, y Dios sabe cuantos megatones tienen las bombas nucleares que la Unión Soviética tiene. ¿A que nos enfrentamos ahora?

Si acaso detonáramos una Guerra mundial que pudiese desarrollarse en una guerra nuclear, la humanidad seria terminada. *¿Porque debería suceder tal guerra? Sucedería cuando se levante el telón para el tercer acto*: El primer acto fue la Primera Guerra Mundial, El Segundo Acto fue la Segunda Guerra Mundial, El Tercer Acto será la Tercera Guerra Mundial.

Los Judíos del mundo, los Sionistas y sus co-religionarios en todas partes, están determinados a utilizar de nuevo a los Estados Unidos para ayudarles a retener permanentemente a Palestina como base para su gobierno mundial.

Esto es tan cierto como que estoy parado aquí. No solo yo lo he leído sino también muchos lo han hecho, *y esto es conocido en todo el mundo.* ¿Que vamos a hacer? La vida que salvas puede ser la de tu hijo. Tus muchacho pueden estar camino a la Guerra esta noche; y tu no lo sabes mas de lo que sabias que en 1916 en Londres los Sionistas hicieron un trato con el British War Cabinet para enviar a tus hijos a la guerra en Europa. ¿Acaso lo sabias en ese tiempo? *Ninguna persona en los EUA lo sabia, no se te permitió que lo supieras.* ¿Quien lo sabia? El Presidente Wilson lo sabia, el Coronel House lo sabía, y otros adentro lo sabían. ¿Si acaso yo lo sabia? Yo tenia una buena idea de lo que sucedía: Yo era el enlace a Henry Morgenthau, Sr., en la campaña de 1912 cuando el Presidente Wilson fue electo, y se platicaba en torno a eso en la oficina allí. Yo era un "hombre confidencial" para Henry Morgenthau, Sr., que era el secretario del comité de finanzas, y yo era el enlace entre el y Rollo Wells, el tesorero. Así que yo me senté en esas reuniones con el Presidente Wilson en la cabecera de la mesa, y todos los demás, y:

Escuche como metían la idea del graduado impuesto sobre la renta y lo que se convirtió en la Reserva Federal en el cerebro del Presidente Wilson, y los escuche adoctrinarlo con el movimiento Sionista.

Justice Brandeis y el Presidente Wilson eran tan cercanos como los dos dedos en esta mano. El Presidente Woodrow Wilson era tan incompetente cuando se trataba de determinar lo que sucedía siendo un bebe recién nacido. Así es como nos metieron en la Primera Guerra Mundial, mientras todos estábamos dormidos. Ellos enviaron a nuestros muchachos para ser masacrados. ¿Para que? Para que los judíos tuviesen a Palestina como su "Commonwealth". *Te han engañado tanto que ya no sabes ni siquiera si vas o vienes.*

Ahora bien cualquier juez, cuando carga a un jurado, dice, "Caballeros, cualquier testigo a quien se le halle diciendo una sola mentira, ustedes pueden descartar el testimonio completo." No se de que Estado provienen, pero en el Estado de New York esa es la manera en como un juez se dirige hacia un jurado. Si acaso ese testigo dice una sola mentira, descarten su testimonio. ¿Cuales son los hechos en relación a los Judíos? (Yo los llamo Judíos por usted, debido a que así son conocidos. Yo mismo no los llamo Judíos, me refiero a ellos como *supuestos Judíos*, porque se lo que son.)

Los Judíos Europeos del este - que forman el 92 por ciento de la población mundial de aquella gente que se hacen llamar Judíos - fueron originalmente Jazaros.

Ellos eran una tribu belicosa que se asentaban en lo profundo del corazón de Asia, y ellos eran tan belicosos que aun los asiáticos los condujeron fuera de Asia hasta adentro del Este de Europa. Ellos establecieron un gran imperio Jazaro con una extensión territorial de 1.3 millones de kilómetros cuadrados. En esa época, Rusia no existía, ni tampoco los demás países Europeos.

El reino Jazar era el país mas grande en toda Europa-tan grande y poderoso que cuando otros monarcas querían ir a la guerra, los Jazaros le prestaban 40,000 soldados, así de grandes y poderosos eran. Ellos **eran adoradores fálicos,** el cual es asqueroso y no quiero entrar en esos detalles ahora mismo. Pero esa era su religión, así como también era la religión de muchos otros paganos y barbaros en el resto del mundo. El rey de Jazar llego a estar tan disgustado con la degeneración de su reino que decidió adoptar la supuesta fe monoteísta - ya fuese la Cristiandad, Islam, o lo que se conoce hoy como Judaísmo, la cual en realidad es Talmudismo. Echando a girar una rueda, y

diciendo, "de-tin ma-rin de-do pin-we", el tomo el supuesto Judaísmo, y esa fue la religión del Estado. El envió gente a las escuelas Talmúdicas de Pumbedita y Sura, trajo a miles de rabinos, abrió sinagogas y escuelas, y su pueblo se convirtió a lo que conocemos como Judíos.

Ninguno de ellos tuvo algún ancestro que haya puesto un pie en Tierra Santa; no solo en la historia del Antiguo Testamento, sino hasta principios de los tiempos. ¡Ni siquiera uno!

Y aun así vienen adonde los Cristianos y nos piden apoyar su insurrección armada en Palestina proclamando, "Quieren ayudar a repatriar al pueblo escogido de Dios a su Tierra Prometida, su patria ancestral, ¿no es así? Es su deber Cristiano. Les dimos uno de nuestros muchachos como su Señor y Salvador, ahora vayan ustedes a la iglesia el Domingo, y se postran y adoran a un Judío, y somos Judíos." *Pero son Jazaros paganos quienes se convirtieron tal como los irlandeses lo hicieron.* Es tan ridículo llamarles [Askenazi] "pueblo de la Tierra Santa" como seria llamar a 54 millones de Musulmanes Chinos, "Árabes". Mohammed apenas murió en el año 620 A.D., y desde entonces 54 millones Chinos han aceptado al Islam como su creencia religiosa. Ahora imaginemos, en China, a mas de 3,000 kilómetros de distancia de Arabia, desde Meca y pueblo natal de Mohammed. Imaginemos acaso que los 54 millones de Chinos decidieran llamarse "Árabes", usted diaria que son lunáticos, y cualquiera que crea que esos 54 millones de Chinos son Árabes deben estar locos. Todo lo que hicieron fue adoptar una fe religiosa que tuvo su origen en Meca, en Arabia; tal como los irlandeses, cuando se convirtieron en cristianos. Nadie los echo al océano e importo a la Tierra Santa una nueva cepa de habitantes, ellos no se tornaron en gente diferente, ellos eran la misma gente, pero habían aceptado la Cristiandad como fe religiosa.

Estos Jazaros, estos paganos, estos Asiáticos, estos Turco-Finlandeses, eran una raza Mongoloide la cual echaron fuera de Asia forzosamente hacia el este de Europa. Debido a que su rey tomo la fe Talmúdica, no tenían opción en el asunto. Tal como sucedía en España: Si acaso el rey era Católico, todos debían serlo, de lo contrario, debías salir de España. Así que los Jazaros se convirtieron en lo que hoy llamamos judíos.

Ahora imaginemos que tonto seria para los grandes países Cristianos del mundo proclamar, "Usaremos nuestro poder y prestigio para repatriar al pueblo escogido de Dios a su patria ancestral, su Tierra Prometida". ¿Acaso hay una mentira más grande que esa? Debido a que ellos controlan los medios de prensa, revistas, radio, televisión, empresas de publicaciones, y porque tienen a los ministros en el pulpito y a los políticos en sus curules hablando el mismo idioma, no es de sorprenderse que usted crea esa mentira. Usted puede llegar a creer que lo negro es blanco si se lo repite lo suficiente, usted ya no mas llamara negro a lo negro – usted comenzaría a llamar a lo negro blanco, y nadie podrá culparlo.

Esta es una de las más grandes mentiras de la historia. Este es el fundamento de toda la miseria que ha caído sobre el mundo.

¿Sabe usted lo que los Judíos hacen el Día de la Expiación que usted piensa que es tan sagrado para ellos? Yo fui uno de ellos, este no es rumor, no estoy aquí para ser un agitador, estoy aquí para darle hechos. El evento del Día de la Expiación, se entra a la sinagoga, te paras para el primer rezo que recitaras, esta es por la única oración por la cual estas de pie. Repites tres veces una corta oración llamada *Kol Nidre*. En esa oración, tu entras en un arreglo con Dios Todopoderoso que cualquier voto, pacto o juramento que hagas durante los próximos doce meses debe ser nulo y no valido. El voto no será voto, el pacto no será pacto, el juramento no será juramento, estos no tendrán fuerza ni efecto. Y además, el Talmud enseña que cuando hagas un voto, pacto o juramento, debes recordar la oración Kol Nidre que recitaste el Día de la Expiación, y estarás exento de cumplirlos. ¿Cuando se podrá depender en su lealtad? Podrás depender en su lealtad tal como los Alemanes dependieron de ella en 1916. Nosotros [los Estadounidenses] enfrentaremos el mismo destino que los Alemanes sufrieron y por la misma razón.

(**khä´zärz**): —antiguo pueblo Turco que apareció en Transcaucasia en el siglo 2 A.D. y subsecuentemente se asentaron en la región baja del Volga. Ellos emergieron como una fuerza en el siglo 7 y alcanzaron gran poder. El imperio Jazaro se extendía (entre los siglos 8–10) desde la costa norte del mar Negro y el mar Caspio hasta los Urales y hacia el lejano oeste hasta Kiev. Itil, la capital de Jazar en la delta del Volga, era un gran centro comercial. Los Jazaros conquistaron a los Búlgaros de Volga y la Crimea, recibían tributo de los Eslavos del este, y guerrearon contra los Árabes, Persas, y Armenios. La tolerancia religiosa era completa en el imperio Jazar, el cual alcanzo un relativamente alto grado de civilización. En el siglo 8, la nobleza Jazar abrazo el Judaísmo, Cirilo y Methodius hicieron que algunos entre ellos se convirtieran al Cristianismo en el siglo noveno. En el siglo 10 los Jazaros entablaron relaciones amistosas con el imperio Bizantino, el cual intenta usarlos en la lucha contra los Árabes. El imperio Jazar cayo cuando Sviatoslav, duque de Kiev, derroto a su ejercito en año 965. Se cree que los Jazaros (o Khazaros) son los ancestros de muchos Judíos del este de Europa.

- The Columbia Encyclopedia, Sixth Edition.

Una Significativa Anécdota

"Hebreo, Israelita y Judío son términos Siriacos, Fenicios y Egipcios usados por los misteriosos grados; y seria tan razonable alegar que los Francmasones son un disperso bastión. Las escenas y caracteres del Drama de Misterio encontrado en las orgias Eleusianas de Grecia designan los:

- Noveno grado como Hebreo - El Candidato iniciado que ha pasado a través de todos los grados del Misterio;

- Decimo grado como Israelita - El que ve a Dios, purificado de toda duplicidad;

- Onceavo grado como Judío - El mismo Dios, o la misteriosa perfección y deificación del carácter humano.

Estamos preparados con pruebas históricas que desacreditan la existencia de tal pueblo como Israelitas o Judíos como nación, ellos eran una secta religiosa o filosófica, que se habían hecho adeptos en los Misterios Paganos: una secta entre las naciones; pero no una nación entre sectas."

Richard Carlile, *Manual of Freemasonry*,
citando al Rev. M. Taylor en *Discourses on the Jews*: p v –viii

APÉNDICE VIII

Sociedades Secretas y Movimientos Subversivos por Nesta Webster

LA MANO OCULTA: UNA HISTORIA DE LOS JUDIOS Y SU INFLUENCIA SOBRE LA FRANCMASONERIA, ILUMINISMO, GEOPOLITICA, Y EL OCULTISMO SATANICO

Nota del Autor:

Este es un tedioso estudio para todo estudiante serio o para aquellos familiarizados con la Historia Occidental. Es sin embargo, la porción de la historia de la humanidad que esta intencional y "convenientemente" relegada al olvido por los astutos maestros de la revisión y la política, así como también a miles de eruditos en grupos de servilismo adulador de impotente conformidad. Con el permiso de Allah y como prueba de nuestra fe, discernimiento y coraje, radica tras un "velo de incredulidad" cuidadosamente colocado sobre los corazones de hombres por ser sirvientes de Iblis. Estos son los "Hijos de Caín" quienes ahora gobiernan la tierra - la ampliamente profetizada "Bestia". La cubren con una poliglota de confusa pero placenteras mendacidades para que así decentes hombres permanezcan inmunes a rendir cuentas en la esta recuento de pura blasfemia. Aquellos como MacArthur y Patton, Imames Shamil y Omar Mukhtar - quienes tomaron acciones contra Abbadon y sus chusmas - fueron desarmados, asesinados o despiadadamente masacrados luego de valientes defensas combatidas con insuficiente (i.e., inepto) apoyo de "hermanos" en la fe; esta ultima habiendo sucumbido a ambos incredulidad, cobardía, o engañosos esquemas que prontamente se adhiere a masas de indolencia, superstición, mezquina auto-indulgencia e ignorancia.

He editado cuidadosamente el tratado de la Sra. Webster para que así solo lo esencial de la crónica permanezca. Este esfuerzo efectivamente lo ha reducido a más del cincuenta porciento de lo que ella cuidadosamente documento. Posteriormente he intentado corregir ambos de sus vías y brillantes conjeturas con hechos proveídos por otros autores; estos últimos están colocados a los largo del texto como inserciones etiquetadas (- OZ). Con pocas excepciones, todas las notas al pie de la pagina son mías; las mías están marcada con iníciales y/o colocada entre comillas. No debemos descontar su intelectualidad, habilidad o erudición. Ella era una mujer educada y en sus días ese sistema era muy superior al que existe actualmente.

Extractos y Referencias tomadas de *Sociedades Secretas*, por Nesta Webster, 1922

Editado por Omar Zaid Abdullah, como Siddiq, M.D. (KL, Malasia 2007-8-9)

"… Pero es en la Cábala, una palabra Hebrea que significa "recepción", esta es para decir "una doctrina oralmente recibida", que las especulativas y filosóficas o más bien teosóficas doctrinas de Israel se encuentran. Estas contenidas en dos libros, el **Sepher Yetzirah y** el **Zohar…** descrito por Edersheim como un monologo en la parte de Abraham, en la cual, por la contemplación de todo lo que esta alrededor de si, últimamente el llega a la conclusión de la unicidad de Dios."

[Alfred Edersheim, *The Life and Times of Jesus the Messiah*, II. 689 (1883)]

"El **Sepher Yetzirah e**s de hecho admitida como una obra de extraordinaria obscuridad y casi ciertamente de extrema antigüedad. Monsieur Paul Vulliaud, en su exhaustiva labor en la Cábala recientemente publicada, dice que su data ha sido calculada cerca del sexto siglo antes de Cristo y tan tardío como el decimo siglo A.D., pero esta, en ninguna medida es mas antiguo que el Talmud es mostrado por el hecho que en el Talmud los Rabinos son descritos como *estudiándolo con propósitos mágicos*. Del Sepher Yetzirah también se dice que es obra referida en el Corán bajo el nombre del Libro de Abraham."[265]

"… El **Sepher-Ha-Zohar**, o *Libro de Luz*, es, sin embargo, de gran importancia para el estudio de filosofía Cabalística… Acorde al mismo Zohar los "Misterios de la Sabiduría" fueron impartidos a Adán por Dios cuando aun se encontraba en el Jardín del Edén, en la forma de un libro entregado por el ángel Razael. Desde Adán el libro paso a Set, después a Enoc, a Noé, a Abraham, y posterior a Moises… otros declaran, sin embargo, que Moisés lo recibió por primera vez en el Monte Sinaí y comunicado a los Setenta Ancianos, por medio de los cuales llego hasta David y Salomón, luego a Esdras y Nehemías, y finalmente a los Rabinos de la temprana Era Cristiana."

Adolphe Franck, *La Kabbale*, p. 39; J.P. Stehelin,
The Traditions of the Jews, I. 145 (1748)

La primera fecha en la que definitivamente el Zohar aparece, es a finales del siglo trece, cuando fue encomendado que se escribiera por un Judío Español, Moses de León… M. Vulliaud, quien ha recopilado todos estas vistas en el curso de algunas cincuenta paginas, muestra que si bien el nombre Zohar pudo haber sido originado con Moses de León, las ideas que lo acuerpan son muncho mas antiguas al siglo trece.

---

265 Ver: El Corán LXXXVII. 10

"Theodore Reinach llego a declarar que la Cábala era "un veneno sutil que entra en las venas del Judaísmo y lo infesta totalmente"; Salomón Reinach lo llama "una de las peores aberraciones de la mente humana." Esta vista, muchos estudiantes de la Cábala apenas discutirán, pero decir que es ajeno al Judaísmo es otra materia. El hecho es que las ideas principales del Zohar encuentran la confirmación en el Talmud, como la Enciclopedia Judía observa, "la Cábala no esta realmente, en oposición con el Talmud," "y muchos judíos Talmúdicos han apoyado y ha contribuido a ello." Adolphe Franck no vacila a describirlo como "el corazón y la vida de Judaísmo."

Jewish Encyclopædia, articulo sobre
La Cábala / Adolphe Franck, op. cit., p. 288

"La mayoría de los Rabinos más eminentes de los siglos decimoséptimo y décimo octavo creían firmemente en la santidad del Zohar y la infalibilidad de su enseñanza... Ello es innegable ya que en el tiempo de Jesucristo, allí ya existía una asamblea de doctrinas y especulaciones que con cuidado fueron ocultadas de la multitud. Ellas ni aún fueron reveladas a eruditos ordinarios, por miedo de conducirlos a ideas heréticas. Esta clase llevó el nombre de Cábala, y tal como el término (de Cábala, para recibir, para transmitir) indica, esta representó las tradiciones espirituales transmitidas desde las eras más tempranas, aunque mezclado con el tiempo con elementos impuros o extranjeros.

Edersheim: *La Société Juive au temps de Jésus-Christ*,
(traducción Francesa), pp. 363-4

Eliphas Levi[266] acepta esta genealogía, y relata que "la Sagrada Cábala" era la tradición de los hijos de Set traída desde Caldea por Abraham, quien era "el heredero de los secretos de Enoc y los padres de iniciación en Israel."

- Histoire de la Magie, pp. 46, 105;

El Francmasón, Dr. Mackey: "había, además de la Cábala divina de los hijos de Seth, la **Cábala mágica de los *hijos de Caín*,** que descendió a los Sabeistas, o adoradores de estrellas, de Caldea, adeptos en la astrología y la nigromancia."

- Lexicón de Francmasonería, p. 323

A pesar de las imprecaciones contra la hechicería contenida en la Ley de Moisés, los judíos, descartaron estas advertencias, adquirieron el contagio y estropearon la sagrada tradición que ellos habían heredado con mágicas ideas

---

266 Eliphas Lévi era el pseudonimo del celebre ocultista del siglo decimonoveno, Abbé Constant.]

parcialmente prestadas de otras razas parcialmente de su propia desviación. Al mismo tiempo el lado especulativo de la Cábala Judía tomo prestado de la filosofía de la magia Persa, de los Neo-Platonistas, y de los Neo-Pitagoreanos. Entonces existe, alguna justificación para la contención anti-Cabalista que ahora conocemos como la Cábala, no es de origen puramente Judío.

Gougenot des Mousseaux, quien había realizado un profundo estudio de ocultismo, acierta que habían por lo tanto dos Cábalas: la antigua sagrada tradición entregada desde los primeros patriarcas de la raza humana; y la malvada Cábala en la que la tradición sagrada fue mezclada por los Rabinos con supersticiones barbáricas, combinada con sus propias imaginaciones y de allí en adelante marcada con su sello. *Ver: Le Juif, le judaïsme et la Judaïsation des Peuples Chrétiens, p.* 503 (1886).

> "La Cábala antigua y verdadera, que... nos distingue de la Cábala moderna, falsa, condenable, y condenada por la Santa Sede, la obra de Rabinos, que han falsificado y han pervertido la tradición Talmúdica."[267]

La falsa e impía Cábala es un cierto tipo de mendacia de tradición judía, llena de innumerables falsedades y vanidades; apenas diferente de la necromancia. Este tipo de superstición por tanto, inapropiadamente llamada Cábala, la iglesia merecidamente ha condenado durante los últimos años. – ver: Drach, op. cit., Vol. II. p. xix.

La moderna Cábala judía presenta un aspecto dual - teórico y practico; este ultimo esta relacionado con especulaciones teosóficas, éste ultimo con prácticas mágicas. El tratado rabínico del siglo decimoséptimo, el *Emek ha Melek* observa: "Nuestros Rabinos de memoria bendita han dicho: Los judíos son hombres debido al alma que vosotros tenéis del Hombre Supremo (p. ej. Dios). Pero las naciones del mundo no son hombres de este estilo porque ellos no tienen, del Hombre Santo y Supremo, el Neschama (o el alma gloriosa), sino que ellos tienen el Nephesch (el alma) de Adán Belial, que es el hombre malévolo e innecesario, llamado Sammael, el Diablo Supremo." (El Emek ha Melek es la obra del Cabalista Naphtali, un discípulo de Luria.)

Conforme a esta actitud exclusiva hacia el resto de la raza humana, la idea Mesiánica que forma el tema que se domina de la Cábala es hecha para servir intereses puramente judíos. Aún en sus orígenes esta idea no era posiblemente

---

267 **P.L.B. Drach,** *De l'Harmonie entre l'Église et la Synagogue,* Vol. I. p. xiii (1844). M. Vulliaud (op. cit., II. 245) indica que, por lo que él puede descubrir, la obra de Drach nunca ha encontrado ninguna refutación de los judíos, por quien fue recibido en el silencio completo. La *Enciclopedia Judía* tiene un artículo sobre Drach en el cual esta dice que él fue criado en una escuela Talmudica y después se convirtio al cristianismo, pero no hace ninguna tentativa de desafiar sus declaraciones.

judía. Es dicho por creyentes en una tradición antigua secreta común a otras carreras además de los judíos, que una parte de esta tradición relacionada con una Edad pasada De oro cuando el hombre era libre del cuidado y el mal inexistente, a la caída subsecuente de Hombre y la pérdida de esta felicidad primitiva, y finalmente a una revelación recibida del Cielo que pronostica la reparación de esta pérdida y salir de un Redentor que debería salvar el mundo y restaurar la Edad De oro. Según Drach:

> "La tradición de un *Dios-Hombre* quien debe presentarse a si mismo como maestro y libertador de la caída raza humana era constantemente enseñado a todas las naciones iluminadas del planeta. Vetus et constans opinio, tal como Suetonius decía. Esto es de todos los tiempos y lugares."
>
> Ver: *Drach, De l'Harmonie entre l'Église et la Synagogue*, I. 272.

Todo lo qué puede ser dicho con cualquier grado de certeza con respecto a esta creencia es que esto realmente existió entre Zoroastrianos de Persia así como entre los judíos. D'Herbelot, citando a Abulfaraj que muestra quinientos años antes de Cristo, Zerdascht el líder del Zoroastrianos, predijo el advenimiento del Mesías, en cuyo nacimiento una estrella aparecería. Él también dijo a sus discípulos que el Mesías nacería de una virgen, que ellos serían los primeros en oír de Él, y que ellos deberían traerle regalos. Drach cree que enseñaron a esta tradición en la sinagoga antigua, así explicando las palabras de San Pablo que a los judíos fueron encomendados "los oráculos de Dios."

Esta doctrina oral, *que es la Cábala*, tenía como su objeto las verdades más sublimes de la Fe la cual trajo de vuelta incesantemente al prometido Redentor, la fundación del sistema entero de la tradición antigua. Drach más lejos al afirmar que la doctrina de la *Trinidad* formó parte de esta tradición: Quienquiera se haya familiarizado con lo que enseñaron los antiguos doctores de la Sinagoga, en particular los que vivieron antes del advenimiento del Salvador, saben que la *Trinidad* en un Dios era una verdad admitida entre ellos desde tiempos antiguos. (Ver: Drach, De l'Harmonie entre l'Église et la Synagogue, II. 19.)

> "¡Y aún enseñó ciertas doctrinas parecieron favorables al dogma cristiano de la Trinidad!" Y otra vez: "Es indiscutible que el Zohar hace alusiones a la creencia en la Trinidad y la Encarnación." M. Vulliaud añade: "La idea de la Trinidad por lo tanto debe jugar una parte importante en la Cábala, ya que ha sido posible afirmar que ' la

característica del Zohar y su particular concepto es su atadura al principio de la Trinidad."[268]

"… una gran parte de la explicación dada en los escritos de los Cabalistas se parece en sorprendente manera a las mas altas verdades de la Cristiandad."

(Ibíd. I. 13, 14. En Vol. 11. p. 411, M. citando a Edersheim)

M. Vulliaud también cita a Isaac Meyer y su acierto que: "la triada de la antigua Cábala es Kether, el Padre; Binah, el Santo Espíritu o la Madre; y Hochmah, la Palabra o el Hijo." Pero para poder evadir la secuencia de la Cristiana Trinidad este arreglo ha sido alterado en la moderna Cábala de Luria y Moses de Cordovero, etc. ibíd.

" … Todo lo que Israel esperó era la restauración nacional y la gloria. Todo lo demás fue sólo el medio a estos fines; el mismo Mesías sólo es gran instrumento para lograrlo. Así visto, el cuadro presentado sería de la exaltación de Israel, más bien que de la salvación del mundo… el ideal Rabínico del Mesías no era él de una 'luz para alumbrar a los Gentiles, y la gloria de Su pueblo Israel' - la satisfacción de la necesidades, y el fin de la misión de Israel - pero bastante diferente aún a la contrariedad."

Edersheim, *The Life and Times of Jesus the Messiah*, 164 (1883)

Lo que aparenta ser cristiano en la Cábala es solo la doctrina antigua esotérica… tenemos [esto] sobre la autoridad de eruditos modernos judíos [la Enciclopedia judía] que la tradición antigua secreta estaba en armonía con la enseñanza cristiana. Pero en la enseñanza de la sinagoga posterior la filosofía de los sabios más tempranos fue reducido para satisfacer el sistema exclusivo de la jerarquía judía y la esperanza antigua de un Redentor que debería restaurar al Hombre al estado de felicidad que él había perdido en la Caída fue transformado en la idea de salvación para los judíos solos bajo las siglas de un triunfante y aún vengador Mesías.[269]

Calumnias abominables sobre Cristo y cristianismo ocurren no sólo en la Cábala, pero en las ediciones más tempranas del Talmud. En estos, dice Barclay-nuestro Señor y Salvador es "aquel", "tal", "un

---

268 Paul Vulliaud, *La Kabbale Juive: histoire et doctrine*, 2 vols. (Émile Nourry, 62 Rue des Écoles, Paris, 1923). p. 257, citando a Karppe, *Études sur les Origines du Zohar*, p. 494. Este libro, no es la obra de un Judío ni tampoco un "anti- Semita", sino de un perfectamente imparcial estudiante, es invaluable para un estudiante de la Cábala que sea como un vasto compendio de opiniones más que como una expresión de pensamiento original.
269 [También el Zohar, sección Schemoth, folio 8; cf. ibíd., folio 9b: "El periodo cuando el Rey Mesías le declarara la Guerra a todo el mundo" (De Pauly, III. 32, 36)]

tonto", "el leproso", "el engañador de Israel", etc. Esfuerzos se han hecho para demostrar que Él es el hijo de Joseph Pandira antes de su matrimonio con María. Sus milagros son atribuidos a la brujería, el secreto de cual Él trajo una porción en su carne desde Egipto. Él, como se dice, ha sido primero apedreado y luego ahorcado en vísperas de la Pascua Judía. Llaman herejes a sus discípulos y nombres oprobiosos. Ellos son acusados de prácticas inmorales, y llaman al Nuevo Testamento un libro pecaminoso. Las referencias a estos sujetan la manifestación la aversión más amarga y el odio.

- Joseph Barclay, *The Talmud*, pp. 38, 39; cf. Drach, op. cit., I. 167

Mientras los libros sagrados de cada una de las otras religiones importantes han sido impresos en nuestra propia lengua y están abiertos a cada uno para estudiar, el libro que forma la fundación del Judaísmo moderno está cerrada al gran público. Podemos leer las traducciones inglesas del Corán, del Dhammapada, del Sutta Nipata, del Zend Avesta, del Rey Shu, de los Derechos de Manu, de la Bhagavad-Gita, pero no podemos leer el Talmud... la traducción de Jean de Pauly de la Cábala parece, sin embargo, ser completa. Pero una justa y honesta interpretación del Talmud entero en inglés o francés todavía permanecen por hacerse.

Esseno no eran por lo tanto Cristiano, pero una *sociedad secreta* que practica cuatro grados de iniciación, y terribles juramentos para no divulgar los misterios sagrados confiados a ellos.

¿Y cuales eran aquellos misterios de la secreta tradición judía que hoy conocemos como la Cábala? El Dr. Ginsburg arroja una luz importante sobre Essenismo cuando, en un pasaje, se refiere a la obligación de los Essenos "para no divulgar las doctrinas secretas a alguien... con cuidado para conservar los libros que pertenecen a su secta y los nombres de los ángeles o los misterios conectados con el Tétragrammaton y otros nombres de Dios y ángeles, comprendidos en la teosofía así como con la cosmología que también juega una parte tan importante entre místicos judíos y Cabalistas." La verdad es claramente que los Essenos eran Cabalistas, aunque indudablemente Cabalistas de una clase superior. La Cábala que ellos poseyeron muy posiblemente descendía desde eras precristianas y habían permanecido incontaminado por la cepa anticristiana introducida en ella por los Rabinos después de la muerte del Cristo.

[Christian Ginsburg, *The Kabala*, p 12. / Fabre d'Olivet piensa que esta tradición ha descendido a los Essenos desde Moisés: "De ser cierto, como todo atestigua, que Moisés dejo una ley oral, fue entre los Essenos que fue preservada. Los Fariseos, quienes se vanagloriaban ellos mismos tan altamente en poseerlo, solamente tenían la forma externa (apariencias), tal como Jesús lo reprocha a cada momento. Es de estas ultimas que los modernos judíos descienden, con la excepción de unos pocos sabios cuya secreta tradición data desde los Essenos." - *La Langue Hébraïque*, p. 27 (1815)

Los Essenos tienen importancia al tema de este libro por ser la *primera de las sociedades secretas de la cual una línea directa de tradición puede ser remontada hasta hoy en día*. Pero si acaso en esta pacífica comunidad en realidad ninguna influencia anticristiana esta por discernir, lo mismo no puede ser dicho de las sectas de pseudo Cristianas la cuales, mientras profesan el cristianismo, mezclaron con doctrinas cristianas el veneno de la Cábala perversa, la fuente principal de los errores que de allí en adelante le rento en par a la iglesia cristiana.

El Gnosticismo, sin embargo, como la Enciclopedia judía apunta, "era judío en el carácter mucho antes de que se hiciera cristiano." M. Mathers indica a Siria y Palestina como su cuna y a Alejandría como centro por el cual fue influido en el momento de su alianza con el cristianismo. Esta influencia otra vez era predominantemente judía. Philo y Aristóbulo, los filósofos principales judíos de Alejandría, "totalmente conectados a la religión antigua de sus padres, ambos resueltos para adornarlo con el botín de otros sistemas y abierto al Judaísmo como vía para inmensas conquistas." (Matter, *Histoire du Gnosticisme*, I. 44 (1844).)

El Francmasón Ragon nos da una pista en las palabras: "La Cábala es la llave de las ciencias ocultas. Los Gnósticos nacieron de los Cabalistas." [Ragon, Maçonnerie Occulte, p. 78.]

" ... Esto era Alejandría del primer siglo, o antes, con su mezcla extraña de cultura Caldea, Egipcio, Judía, y Griega que proporcionó el suelo y semillas para aquella filosofía mística, "el resultado del Gnosticismo no estaba para Cristianizar la Cábala, sino para Cabalizar al cristianismo mezclando su enseñanza pura y simple con teosofía y aun magia..." la doctrina central del movimiento Gnóstico esta estrechamente unido con el misticismo judío - no era nada más que la tentativa de liberar el alma y unirlo con Dios por el empleo de misterios, conjuros, nombres de ángeles."

(Jewish Encyclopædia: The Cabala)

... el fundador del Gnosticismo, un judío comúnmente conocido como *Simon Magus*, no sólo era un Cabalista místico, sino declaradamente mago, quien con una banda de judíos, incluyendo a su amo Dositheus y sus discípulos Menander y Cerinthus, instituyeron un sacerdocio de Misterios y practicaron artes ocultas y exorcismos. Era este Simón de quien leemos en los *Hechos de los*

Apóstoles que él "encanto a la gente de Samaria, dándose a conocer él mismo como alguien grande: a quien todos ellos prestaron atención desde el menor al mayor, diciendo, Este hombre es el gran poder de Dios", y quien procuró comprar el poder de meter manos por el dinero. Simón, de hecho, enloquecido por sus conjuros y éxtasis, la megalomanía desarrollada en una forma aguda, arrogando a si mismo honores y aspirando a la adoración del mundo entero. Según una leyenda contemporánea, *él eventualmente llego a ser el hechicero de Nerón y terminó su vida en Roma.*[270]

La perversión es la tónica de todas las formas degradadas de Gnosticismo. Según Eliphas Lévi, ciertos gnósticos introdujeron en sus ritos la profanación de los misterios cristianos que debían formar la base de magia negra en la Edad Media. La glorificación de mal, que juega una parte tan importante en el movimiento moderno revolucionario, constituyó el credo del *Ofitas*, que adoró la Serpiente porque había repugnado contra Jehová, a quien ellos se referían bajo el término Cabalístico del "demiurgus", y todavía más de los *Cainitas*, el así llamado **culto de Caín**, quienes, con *Dathan y Abiram, los habitantes de Sodoma y Gomorra, y finalmente Judas Iscariote*, ellos consideraron como las víctimas nobles del demiurgus. Animado por el odio de toda la orden social y moral, los Cainitas *"llamaron a todos los hombres a destruir las obras de Dios y a cometer toda clase de infamia."*[271]

Estos hombres eran por lo tanto no sólo enemigos del cristianismo, sino del Judaísmo Ortodoxo, ya que estaba contra Jehová de los judíos al que su odio en particular fue dirigido. Otra secta gnóstica Carpocratianos, seguidores de Carpocrates de Alejandría y su hijo Epiphamus consideraron todas las leyes escritas, Cristiana o Mosaico, con desprecio y reconoció sólo el conocimiento dado a los grandes hombres de cada nación que "lo libera a uno de toda llamada vulgar de religión" y "hace el hombre igual a Dios." (Matter, op. cit., II. 188.)

Epifanus sostuvo a que ya que la Naturaleza misma revela el principio de la comunidad y la unidad de todas las cosas, las leyes humanas las cuales son contrarias a esta ley de la Naturaleza que son tantas las culpables infracciones del orden legítimo de cosas. Antes de que estas leyes fueran impuestas a la humanidad que todo estaba en común - la tierra, los bienes, y las mujeres. [Esto es la tesis Illuminati por Weishaupt y endosado por el balbuceo romántico de Rousseau - OZ.] La posterior secta gnóstica de *Antitactos*,

---

270 [John Yarker, *The Arcane Schools*, p. 167; Matter, op. cit., II. 365, citando a Irenæus; Eliphas Lévi, *Histoire de la Magie*, p. 189.]
271 [Eliphas Lévi, *Histoire de la Magie*, p. 189. 101. 218. 102. Dean Milman, *History of the Jews (Everyman's Library edition)*, II. 491. 103; Matter, II. 171; E. de Faye, *Gnostiques et Gnosticisme*, p. 349 (1913). De Luchet, *Essai sur la Secte des Illuminés*, p. 6.]

siguiendo este mismo culto de naturaleza humana, enseño rebelión contra toda la religión positiva y leyes y la necesidad de satisfacer la carne; los *Adamitas* de África del Norte, yendo un paso más lejos en el regreso a la Naturaleza, se despojan de toda ropa en su servicio religioso para representar la inocencia primitiva en el jardín del Edén - un precedente continuado por Adamitas de Alemania en el siglo XV. (Matter, op. cit., II. 364)

"El rol de los gnósticos era *reducir la perversión a un sistema al ligar por hombres a sectas que trabajen bajo el disfraz del alumbramiento* para poder obscurecer toda reconocida idea de moralidad y religión. Es esto lo que constituye su importancia en la historia de las sociedades secretas. De todo esto M. Matters concluye que:[272]

• Los Gnósticos profesaban retener por medio de tradición una secreta doctrina superior a aquella contenida en los escritos públicos de los apóstoles.

• Que ellos no comunicasen esta doctrina a todos

• Que ellos la comunicasen por medio de emblemas y símbolos, tal como el Diagrama de los Ofitas lo comprueba.

• Que en estas comunicaciones ellos imitasen los ritos y pruebas de los misterios de Eleusis.

El fundador de **Maniqueísmo**, Cubricus, nació en Babilonia circa del 216 D.C. cambió su nombre a *Mani* o *Manes* y se proclamó el *Paraclete* prometido por Jesucristo. *Tal como Francmasones, los Maniqueos hicieron uso de signos secretos, apretones, y contraseñas.* La doctrina fundamental del Maniqueísmo es el Dualismo - es decir, la existencia de dos principios contrarios en el mundo, la luz y la oscuridad, bien y mal-fundada, sin embargo, no a partir de la concepción cristiano de esta idea, pero sobre el concepto Zoroástrico de Ormuzd y Harriman [Ahriman según Rudolph Steiner], y tan pervertida y mezclada con supersticiones Cabalísticas que encontró como la denuncia vehemente por sacerdotes persas como por Padres Cristianos. Entonces, según la doctrina de Manes, toda la materia es absoluta, el principio de mal es eterno, la humanidad misma de origen satánico, y los primeros seres humanos, Adán y Eva, son representados como descendientes de diablos. La misma idea puede ser encontrada en la Cábala judía, donde se dice que Adán, después de otras prácticas abominables, cohabito con demonios femeninos mientras Eva se consoló con demonios masculinos, de modo que las razas enteras de demonios fueron traídas al mundo. Eva también es acusada de haber cohabitado con la Serpiente. En el Yalkut Shimoni también es

---

272 [Ver: Notas en Varias Sectas Gnosticas y su Posible Influencia en la Francmasoneria, por D.F. Ranking, re publicado del *Ars Quatour Coronatorum* (Vol. XXIV, p. 202, 1911) en forma de panfleto, p. 7.]

relacionado que durante los 130 años que Adán vivió aparte de Eva, "y procreo una generación de diablos, espíritus, y duendes."

La demonología maniquea así preparó el terreno para el aplacamiento de los poderes de las tinieblas practicada por los *Euchitas* a finales del siglo cuarto y más tarde por los **Paulinos**, los **Bogomiles** y los **Luciferianos**.[273] "La gnosis monstruosa de Manes era una profanación no sólo de doctrinas cristianas, pero de tradiciones precristianas sagradas." (Eliphas Lévi)

La Subversión del Islam:[274]

Los primeros Ismailis [Seveneros], quienes formaron un partido aproximadamente al tiempo de la muerte de Mohammed, hijo de Ismael (p. ej. circa. Año 77 D.C.) Aun eran creyentes, solo declarando que la enseñanza verdadera de Profeta había bajado a Mohammed, que no estaba muerto, sino que volvería en la plenitud de tiempo y que él, era el Mahdi a quien los musulmanes debían esperar. Pero, circa el año 87 después de Cristo, un intrigante de sutileza extraordinaria logra capturar el movimiento, que hasta ahora es apenas cismático, ahora se hizo definitivamente subversivo, no sólo de islamismo, *sino de toda creencia religiosa*. Este hombre, **Abdullah ibn Maymn**, el hijo de un doctor culto y librepensador del sur de Persia, criado en las doctrinas del *Dualismo Gnóstico* y profundamente versado en todas las religiones, era en realidad, como su padre, un materialista puro. Profesando adhesión al credo del Shiísmo ortodoxo, y proclamando conocimiento de las doctrinas místicas que los Ismailis creían que habían descendido a través de Ismael hasta su hijo Mohammed, Abdullah logro colocarse él mismo como cabeza de los Ismailis. *Su propugnación de Ismael era así simplemente una máscara*, su verdadero objetivo siendo el materialismo, que cual él ahora procedió a hacerlo un sistema al fundar una secta conocida como los **Batines**, *con siete grados de iniciación*. [La secta contra la cual al'Ghazali contendía ferozmente. - OZ]

Los Protocolos de Abdullah:

1. Para unirse juntos en un solo cuerpo, los derrotados y los conquistadores;

---

273 [Hastings, Encyclopædia of Religion and Ethics: *Manichaeism*. 115. *Zohar, treatise Bereschith*, folio 54 (Traduccion por De Pauly, I. 315). 116. The *Yalkut Shimoni* es una compilacion del siglo 16 de Haggadic Midrashim. 32]
274 [Principales autoridades consultadas para este capitulo: Joseph von Hammer, *The History of the Assassins* (Traduccion Inglesa., 1835); Silvestre de Sacy, *Exposé de la Religion des Druses* (1838) y *Mémoires sur la Dynastie des Assassins in Mémoires de l'Institut Royal de France*, Vol. IV. (1818) Hastings' Encyclopædia of Religion and Ethics ; Syed Ameer Ali, *The Spirit of Islam* (1922) ; Dr.W. Bussell, *Religious Thought and Heresy in the Middle Ages* (1918).]

2. Para unir en forma de una *vasta sociedad secreta* con muchos *grados de iniciación* - pensadores libres - quienes asumen la religión solo como un bosal para la gente - y fanáticos de todas las sectas;

3. Para hacer instrumento a los creyentes para poder dar poder a los escépticos; para inducir a los conquistadores para entregar los imperios que han fundado;

4. Para construir un partido, numeroso, compacto, y disciplinado, el cual a su debido tiempo entregaría el trono, si acaso a si mismo, o al menos a sus descendientes.

> No fue... entre los Chiítas que él buscó a sus partidarios verdaderos, sino entre los *Gheberos*, los *Maniqueos*, los paganos de *Harán*, y los *estudiantes de filosofía griega*; sobre este último solo podría él confiar, a ellos solamente pudo él gradualmente revelarles el misterio final, y revelar que los Imanes, religiones, y la moralidad eran nada más que una impostura y una absurdidad. El resto de humanidad – "los asnos", como Abdullah les llamo - eran incapaces de comprender tales doctrinas... Él tuvo cuidado para iniciar almas devotas y humildes sólo en los primeros grados de la secta [como lo hacen los Francmasones hoy en día]. Sus misioneros, que fueron inculcados con la idea que *su primer deber era de ocultar sus sentimientos verdaderos y se adapten a las vistas de sus auditores*, aparecieron con muchos disfraces, y habló, como fue, en una lengua diferente a cada clase. Ellos se ganaron al ignorante vulgar por las hazañas de prestidigitación que pasaron por milagros o les excitó su curiosidad por el discurso enigmático [sofistas, hombres de "las líneas entrecruzadas" de filosofía china y griega que convincentemente argumentan el uno o el otro polo de cualquier materia, como hacen los abogados de hoy. - OZ.]. En la presencia de los devotos *ellos asumieron la máscara de virtud y piedad*. Con mística eran místicos, y revelaron los significados interiores de fenómenos, o explicaron alegorías y el sentido figurado de las alegorías ellos mismos.
>
> - Reinhart Dozy, Spanish Islam, Traduccion Inglesa, pp. 403-5

Los Karmathitas: Dai Hosein Ahwazi, el enviado de Abdullah a Irak en Persia, inició a cierto Hamdan que se apellida Karmath en los secretos de la secta. Karmath se hizo el líder de los Karmathitas en Arabia... él tuvo éxito en persuadir a estos incautos a que le dieran todo su dinero, hasta que por fin los convenciera de las ventajas de suprimir toda propiedad privada y establecer el sistema de la comunidad de bienes y mujeres... respaldado por el pasaje del Corán: *"Recuerde la gracia de Dios en lo que mientras ustedes eran enemigos, Él ha unido sus corazones, de modo que por Su gracia usted se hayan hecho hermanos...."*

"Él les permitió el pillaje, y cada tipo de la licencia inmoral, y les enseñó a quitarse el yugo del rezo, ayuno, y otros preceptos. ¿Él les enseñó que ellos no estaban atados a ningún ninguna obligación, y que ellos podrían pillar los bienes y derramar la sangre de sus adversarios con impunidad, [un poco como el Talibán y Wahabís no cree usted? - OZ] Que el conocimiento del amo de verdad a quien él le había llamado tomó el lugar de todo lo demás, y que con este conocimiento ellos ya no más debían temer pecar o el castigo."

- Silvestre de Sacy

Los Karmathitas rápidamente se hicieron una grupo de bandoleros … la violencia, como siempre, había producido la violencia contraria … mientras los Karmathitas se precipitaban a su propia destrucción por una serie de conflictos sangrientos, otra rama del Ismailis silenciosamente reorganizaba sus fuerzas más conforme al método original de su fundador. Estos eran los Fatimitas… los Fatimitas, según el historiador Makrizi, adoptaron el método de inculcar duda en las mentes de los creyentes y apuntado a la substitución de una natural religión por una religión revelada.

Los Fatimitas:

Bajo cuarto califa Fatimita, Egipto cayó en poder de la dinastía y, poco después, cada dos semanas asambleas tanto de hombres como de mujeres conocidas como "las sociedades de sabiduría" fueron instituidas en El Cairo. En 1004 estos adquirieron una importancia mayor por el establecimiento del **Dar ul Hikmat**… el sexto Califa Hakim, *fue elevado a deidad después de su muerte y es adorado hasta este día por los Drusos.* Bajo la dirección del Dar ul Hikmat o la *Gran Logia de El Cairo*, los Fatimitas siguió el plan de la sociedad secreta de Abdullah ibn Maymn con la adición de dos grados mas, que hacen nueve en total. Su método de alistar prosélitos y los términos de iniciación - que, como tal Claudio Jannet indica, "son absolutamente los que Weishaupt, el fundador del Illuminati, ha prescrito a los Hermanos que Insinúan" - fueron transcritos por Nowairi, historiador del siglo decimocuarto, en una descripción que bien podría ser resumida así:

> Los prosélitos ampliamente fueron divididos en dos clases, los cultos y … los ignorantes, el Dai asumió un aire de profundidad y explicó que las doctrinas religiosas eran demasiado oscuras para la mente ordinaria … En el segundo grado el iniciado fue persuadido que todos sus antiguos profesores se equivocaron … con el quinto grado el proceso de minar su religión comenzó, ahora le dijeron que rechazara la tradición y desatender los preceptos de Mohammed; en el sexto le enseñaron que todas las observancias religiosas - el rezo,

ayunar, etc. - eran solamente emblemáticos, que de hecho todas estas cosas eran dispositivos para guardar al vulgo de hombres en la subordinación; en la séptima de las doctrinas del Dualismo, de una mayor y una menor deidad fueron introducidas y la unicidad de Dios - doctrina fundamental del islamismo fue destruida; en la octava una gran obscuridad fue expresada en los atributos de la primera y mas grandiosa de estas deidades, y se les apunto que los profetas reales eran aquellos que se preocupan a si mismos con asuntos prácticos - en el noveno, al adepto se le mostro que todas las enseñanzas religiosas eran alegóricas y los preceptos religiosos solo precisaban ser observados tan lejos como fuese necesario para mantener el orden, pero el hombre que entiende la verdad podría descartar todas esas tales doctrinas.

- Claudio Jannet, *Les Précurseurs de la Franc-Maçonnerie*, p.58, 1887

Este recuento es también brindado por de Sacy en conexión con Abdullah ibn Maymn (óp. cit., I. lxxiv), y el Dr. Bussell (*Religious Thought and Heresy in the Middle Ages*, 41 p. 353) lo incluyen en su capitulo acerca de los Karmathitas. Von Hammer, sin embargo, lo brinda como *el programa de Dar ul Hikmat*, y esto parece más probable ya que la iniciación consiste en nueve grados y la sociedad de Abdullah de Batinis, en la cual Karmath había sido iniciado, incluyendo sólo siete. Yarker (*The Arkane Schools*, p. 185) dice que dos grados adicionales fueron añadidos por el Dar ul Hikmat. Parece ser entonces que de Sacy, al exponer este recuento antes de su descripción de los Karmathitas, se anticipaba. El punto es inmaterial, el hecho siendo que el mismo sistema era común a todas estas ramificaciones de los Ismailis, y aquel del Dar ul Hikmat variaba pero poco de aquel de Abdullah y Karmath.

El fraude constituyó el sistema de la sociedad… al enlistar los prosélitos por la falsificación: A los judíos debían ganárselos por hablar mal de los Cristianos, a los Cristianos por hablar mal de judíos y a los Musulmanes igualmente, los Sunitas refiriéndose en lo que concierne a los ortodoxos Califas Abu Bakr y Omar y criticando Ali y sus descendientes… había que tener cuidado para no poner ante prosélitos las doctrinas que podrían rebelárseles, pero para hacerlos avanzar paso a paso. *Por estos medios ellos estarían listos a obedecer cualquier órden.* Tal como las instrucciones lo expresan:

"Si usted diera la orden a quienquiera, de tomar de él todo lo que él tiene como más preciado, encima de todo su dinero, él no se opondría ninguna de sus órdenes, y si la muerte lo sorprendiera él le dejaría a usted todo lo que él posee en su testamento y hacerle su heredero. Él pensará que en el mundo entero él no puede encontrar a un hombre más digno que usted" [el Dai, el Gurú o el Sheik]. [Tal es la devoción de muchos musulmanes a sus Sheiks Sufíes aun hoy. - OZ]

Tal era la gran sociedad secreta que debío formar el modelo para el Illuminati del décimo octavo siglo... un sistema que, sin otro objetivo mas que la satisfacción de una lujuria insaciable de la dominación. - Von Hammer, op. cit. (Traducción Inglesa.), pp. 36, 37.[275]

El Druzo:

Hakim, sexto Califa Fatimita y fundador del Dar ul Hikmat - un monstruo de tiranía y crimen cuyo reinado sólo puede ser comparado a él de Calígula o Nerón - ahora fue elevado al lugar de divinidad por un Ismael Darazi, un turco que en 1016 había anunciado en una mezquita en El Cairo que el Califa debería ser hecho un objeto de adoración ... las crueldades de Hakim habían ultrajado tanto a la gente de Egipto ... que él fue asesinado por una banda de descontentos, liderados por su hermana, que después ocultó su cuerpo - circunstancia que dio a sus seguidores la oportunidad de declarar que la divinidad simplemente había desaparecido para probar la fe de los creyentes; pero este reaparecería a tiempo y castigaría a los apóstatas.

Esta creencia se hizo la doctrina de los drusos de Líbano, quien Darazi había persuadido a la adoración de Hakim... los drusos no parecen haber abrazado el materialismo de Abdullah ibn Maymn, pero de haber injertado sobre una forma primitiva de adoración de naturaleza y de Sabeísmo, la creencia declarada de los Ismailis en la dinastía de Ali y sus sucesores, y más allá de esto un credo oscuro, esotérico que concierne la naturaleza de la Deidad Suprema. Ellos dijeron que Dios es la "Razón Universal" quien se manifiesta por una serie de "avatares". Hakim era el último de las encarnaciones divinas, "y cuando el mal y la miseria han aumentado a la altura predestinada él otra vez aparecerá, conquistar el mundo y hacer suprema su religión." Su organización [druso] presenta varias analogías con aquella que ahora conocemos como "Masónico". Los drusos son divididos en sólo tres grados - Profanos, Aspirantes, y Sabios - a quienes sus doctrinas gradualmente son reveladas bajo el sello del secreto más estricto, para asegurar cuales señales y contraseñas son empleadas en la manera de la Francmasonería ... en la acción de dirigirse a los Mahometanos, los drusos profesan ser seguidores del Profeta; con los Cristianos, ellos pretenden sostener las doctrinas de

---

275 Las principales autoridades consultadas para este capitulo : Joseph von Hammer, *The History of the Assassins* (Traduccion Inglesa., 1835); Silvestre de Sacy, *Exposé de la Religion des Druses* (1838) y *Mémoires sur la Dynastie des Assassins in Mémoires de l'Institut Royal de France*, Vol. IV. (1818) Hastings' Encyclopædia of Religion and Ethics ; Syed Ameer Ali, *The Spirit of Islam* (1922) ; Dr.W. Bussell, *Religious Thought and Heresy in the Middle Ages* (1918).

cristianismo, una actitud que ellos defienden sobre la cuenta que es ilegal revelar los dogmas secretos de su credo a un "Negro", o al incrédulo. *La semejanza entre esta organización y la de la Gran Francmasonería de Oriente es claramente evidente.* Los drusos también tienen los modos de reconocimiento que son comunes a la Francmasonería, y M Achille Laurent ha observado: "La fórmula o el catecismo de los drusos se parecen a él de los Francmasones; uno puede aprender esto sólo de los Akals (o Akels = Inteligente, un pequeño grupo de los más altos iniciados), quienes sólo revelan sus misterios después de haber hecho sujeto a uno a pruebas y hacerle tomar juramentos terribles."

Los Asesinos:

... Pero esta tradición [atea tradición de Abdullah ibn Maymun] debía encontrar en 1090 un exponente en el Persa **Hasan Saba**, un natural Khorasan, el hijo de Ali, Chiita estricto, que, encontrándose sospechoso de ideas heréticas, termino por declararse un Sunita. [Lo mismo puede ser dicho de al'Afghani, un Francmasón y el Fundador del Movimiento Salafiyya - OZ].[276] Hasan criado en esta atmósfera de duplicidad, por lo tanto bien encajo para jugar el papel Maquiavélico de un Ismailita Dai. Von Hammer considera a Hasan como un genio poderoso, una de una tríada espléndida, de la cual los otros dos era sus compañeros de clase el poeta **Omar Khayyám y Nizam ul Mulk**, Gran Vizier bajo el Sultán Seljuk, el Sha Malik ... un Dai llamado Mumin, lo convirtió a los principios de su secta [Ismailita], y Hasan, declarándose un adherente convencido del Califa Fatimita, viajó a El Cairo, donde él fue recibido con honores por el Dar ul Hikmat y también por el Califa Mustansir, a quien él se hizo el consejero.

Pero sus intrigas que una vez más lo implican en la desgracia, él escapó a Aleppo y puso las fundaciones de su nueva secta. Después de que prosélitos se alistaran en Bagdad, Ispahán, Khusistan, y Damaghan, él logró la obtención según la estrategia la fortaleza de Alamut en Persia sobre Mar Caspio, donde él completó los proyectos para su gran sociedad secreta que debía hacerse para siempre infame bajo el nombre del Hashishiyn, o Asesinos. La eficacia terrible de la sociedad de Hasan consistió en un hecho, aquel de un sistema de fuerza física:

"Las opiniones son impotentes, tanto que confunden el cerebro, sin armar la mano. El escepticismo y el librepensamiento, mientras ocuparon sólo las mentes del indolente y filosófico, no han causado

276 Ver: *Afghani and Abduh*, por Ellie Kedouri, Prof. Emeritus, Univ. of London, Fundador Editor del periodico Middle Eastern Studies, 1990, 3ra edicion: "Afghani y Abduh deben ser considerados "subversivos" en vez de reformadores del Islam". Ver la siguiente documentacion para estas serias acusaciones:

la ruina de ningún trono, *para tal propósito el fanatismo religioso y político son las palancas más fuertes* en las manos de naciones. No es nada al hombre ambicioso lo que la gente cree, pero es todo para saber como él puede girarlos para la ejecución de sus proyectos... "esto no era la mera teoría, pero el método de reclutar a numerosos simples y colocar armas en sus manos que causaron el "Terror" de los Asesinos seis siglos antes de los de sus descendientes espirituales, los Jacobinos de 1793."

[Von Hammer, La Historia de los Asesinos, pp. 45, 46.]

The Esoteric Deviation in Islam, por Omar Ibrahim Vadillo Publicado por: Madinah Press, Madinah Media (2003) Paginas: 963 *Sayyid Jamal ad-Din Al-Afghani*, N.R. Keddie, Berkeley, Ca., 1972 *Pioneers of Islamic Revival*, Ali Rahnema, Londres, 1994 *Modern Egypt*, Evelyn Baring, vols. I & II, Londres, 1908 (Librería Británica) *Osmanli History* - 1289-1922, Mehmet Maksudoglu, International Islamic University Malaysia, 1999 *Arabs and Young Turks, Ottomanism, Arabism and Islamism in the Ottoman Empire 1908-1918*, Hasan Kayali, Berkely, Ca., 1997	*Pilgrimage of Passion - The Life of Wilfrid Scawen Blunt*, Elizabeth Longford, Londres, 1979 *The Return of the Khalifate*, Shaykh Abdalqadir as-Sufi, Ciudad del Cabo, Sud Africa, 1996 *Technique of the Coup de Bank*, Shaykh Abdalqadir as-Sufi, Palma de Mallorca, España, 2000 *Now It Is Clear*, Shaykh Dr. Abdalqadir as-Sufi, internet: www.murabitun.org 12/2001 The *Oldham Intifada*, Shaykh Dr. Abdalqadir as- Sufi, internet: www.murabitun.org 6/2001

Los grados de los Asesinos eran así:

1. primero, el Gran maestro, conocido como el Shaikh-al-Jabal o el "Anciano de la Montaña" debido al hecho que la Orden siempre poseía castillos en regiones montañosas;
2. segundo, el Dail Kebir o Gran Prioratos;
3. tercero, los totalmente iniciados Dais, nuncios religiosos y emisarios políticos;
4. cuarto, los Rafiqs o socios, en entrenamiento para los grados más altos:
5. quinto, los Fadais o "devotos", quienes emprendían a dar el golpe secreto contra quienes sus superiores habían decidido;
6. sexto, los Lasiqus, o los hermanos laicos;

7. y finalmente la "gente común" quienes debían ser simplemente instrumentos ciegos.

Si los equivalentes a las palabras, "Dai", "Rafiqs", y "Fadais" dados por von Hammer y el Dr. Bussell como "Maestros Masones", "Compañeros de oficio", e "Iniciados Aprendices" son aceptados, una analogía interesante con los grados la Francmasonería se proveen. Los designios contra la religión, desde luego, no fueron admitidos según la Orden; "la uniformidad estricta al Islam fue exigida de parte de todos los más bajos rangos de no iniciados, pero al adepto le fue enseñado ver por el engaño de la 'fe y obras'. Él no creyó en nada y reconoció que todos los actos o medios eran indiferentes y solo el fin (secular) debía ser considerado."

– Dr. F.W. Bussell, *Pensamiento Religioso y Herejía en la Edad Media*, p. 368

Así el objeto final era la dominación por unos pocos hombres consumidos con la lujuria de poder "bajo la capa de religión y piedad", y el método por el cual esto debía ser establecido era el asesinato al por mayor de los que se los opusieran:

El joven a quien los Asesinos deseaban entrenar para una carrera de crimen fue presentado al Gran Maestro de la Orden y embriagado con el hachís - de allí el nombre "Hashishiyn" aplicado a la secta, de la cual la palabra asesino surge. Bajo el breve hechizo de inconsciencia inducida por esta medicina seductora, el prospecto Fadai fue llevado al jardín, donde al despertar, él creyó que estaba en el Paraíso. Después del gozo de todos sus placeres le dieron una dosis fresca del opiáceo, y, una vez más inconsciente, fue transportado atrás a la presencia del Gran maestro, quien le aseguraba que él nunca había dejado su lado, sino que simplemente había experimentado un anticipo del Paraíso que lo esperaba si él obedecía las órdenes de sus jefes. El neófito, así estimulado por la creencia que él realizaba las órdenes del Profeta, que lo recompensaría con la dicha eterna, ansiosamente entro en los esquemas dados para él y dedicó su vida a asesinar.

> "Nada es verdadero y todo es permitido' era el terreno de su doctrina secreta, que, sin embargo, siendo impartidos, pero muy poco y oculta bajo el velo del fanatismo más austero y la piedad, refrenó la mente bajo el yugo de obediencia ciega."
>
> - Von Hammer, op. cit. p. 55.

[un principio Jesuita establecido durante su periodo de 14 años de iniciación siguiendo el ejemplo del culto Español, los *Alumbrados*, los cuales imitan aquellos de los antiguos Dravidianos. – OZ]

Sus doctrinas secretas eventualmente fueron reveladas por los mismos líderes, primero fue por Hasan II, el tercer sucesor de Hasan Saba, y más tarde por Jalal-ud-din Hasan, que públicamente anatematizó a los fundadores de la secta y ordenó la quema de los libros que contuvieron sus designios contra la religión - un proceder que, sin embargo, parece haber sido una maniobra estratégica para restaurar la confianza en la Orden y permitirle seguir el trabajo de subversión y crimen. Un verdadero Reinado de Terror así fue establecido en todas partes del Este; los Rafiqs y Fadais "se extendieron en tropas por toda Asia y oscurecieron la faz de la tierra"; "y en los anales de los Asesinos se encuentra la enumeración cronológica de hombres celebres de todas las naciones que se han caído víctimas de los Ismailis para gozo de sus asesinos y el lamento del mundo."

- Ibíd., pp. 83, 89.

Los Asesinos, como los Terroristas de Francia, terminaron por entregarse el uno al otro...desde "Hasan el Iluminador" bajando hasta el último de su línea, los Grandes Maestros cayeron en las manos de su sucesor, y "el veneno y la daga prepararon la tumba que la Orden había abierto para tantos." Finalmente en el año 1256 las hordas victoriosas del Mongol Mangu Khan barrieron a la dinastía de los Asesinos.

- Ibíd., p. 164.

... Aunque como poderes reinantes, los Asesinos y Fatimites dejaran de existir, las sectas de las cuales ellos provinieron han seguido hasta hoy en día... la secta de Hasan Saba fue el modelo supremo en el cual todos los sistemas de asesinato organizado que opera por fanatismo, como los *Carbonari* y la *Hermandad Irlandesa Republicana* están basados, y las señales, los símbolos, las iniciaciones de la Gran Logia de El Cairo formaron la obra preliminar para las grandes sociedades secretas de Europa.

Los Templarios:

En el año 1118 una banda de nueve caballeros francés, liderados por Hugues de Payens y Godefroi de Saint-Omer, se formó en una Orden para la protección de peregrinos al Santo Sepulcro. Baldwin II, logró el trono de Jerusalén, los presentó con una casa cerca del sitio del Templo de Salomón - de ahí el nombre de Caballeros Templarios... la regulación por la que ellos debían vivir solamente de limosnas condujo a donaciones tan enormes que, abandonando su voto de pobreza, ellos se extienden sobre Europa, y hacia el final del duodécimo siglo se habían hecho un cuerpo rico y poderoso...

Su fe que amasaba oro, ellos se dieron al orgullo y la ostentación ... la guerra [Cruzada] ... fue para ellos [Templarios] sólo la oportunidad para el despojo y el engrandecimiento, y si ellos se distinguieron por unas acciones brillantes, su motivo pronto dejó de ser una materia de duda cuando fueron vistos enriquecerse a si aún con el botín de los confederados, para aumentar su crédito por lo extenso de sus nuevos bienes que ellos habían adquirido, llevar la arrogancia al punto de rivalizar con príncipes coronados en la pompa y el esplendor, de rechazar su ayuda contra los enemigos de la fe, como la historia de Saladin declara, *y finalmente aliarse con aquel príncipe horrible y sanguinario llamado el Anciano de la Montaña, Príncipe de los Asesinos."*

Développement des abus introduits dans la Franc-maçonnerie, p.56 (1780)

"Es evidente sin embargo, que las relaciones entre los Templarios y los Asesinos estaban al principio lejos de ser amistosas; sin embargo, parece probable que más tarde llegaron a un entendimiento entre ellos: "no puede ser disputado que ellos tenían" transacciones largas e importantes "con el Asesino" y por lo tanto fueron sospechosos (no injustamente) de absorber sus preceptos y después de sus principios."

- Dr. F.W. Bussell, D.D.,
Religious Thought And Heresy in the Middle Ages, p.796

Hacia el final del decimotercer siglo los Templarios habían sido sospechosos, no sólo ante los ojos del clero, sino también del gran público. —Entre la gente común, "uno de sus últimos apologistas admite", "rumores vagos circularon". Ellos hablaron de la codicia y escrúpulos de los Caballeros, de su pasión por el engrandecimiento y su rapacidad. Su insolencia arrogante era proverbial. Los hábitos de bebida les fueron atribuidos a ellos; el refrán de "beber como un Templario". La antigua palabra alemana Tempelhaus indicaba la casa de mala fama.

- G. Mollat, *Les Papes d'Avignon*, p. 233, 1912)

Como los Templarios tenían casas en todos los países, ellos practicaron las operaciones financieras de los bancos internacionales de nuestro tiempo; ellos conocían acerca de las cartas de cambio, órdenes pagaderas a la vista, ellos instituyeron dividendos y anualidades sobre el capital depositado, fondos avanzados, prestamos a crédito, control de cuentas privadas, emprendieron aumentar los impuestos para laicos y señores eclesiásticos. Por su destreza en estos asuntos - que adquirieron muy posiblemente de los Judíos de Alejandría a quienes ellos debían haber conocido en el Este - los Templarios se habían hecho los "financieros internacionales" y "capitalistas internacionales" de su día; si ellos no habían sido suprimidos, todos los males ahora denunciados por Socialistas tan peculiares al sistema que ellos describen como "Capitalismo" - fideicomisos, monopolios, y "esquinas" - en toda probabilidad han sido inaugurados durante el curso del siglo decimocuarto en una forma peor a aquella de hoy en día, ya que ninguna legislación existía para proteger a la gran comunidad. El sistema feudal, tal como Marx y Engels lo perciben, fue el principal obstáculo a la explotación por una autocracia financiera.

- F. Funck-Brentano, *Le Moyen Age*, p. 396 (1922): p. 386

"La burguesía, cuando ha conquistado el poder, ha destruido toda relación feudal, patriarcal, e idílica. Esta ha despiadadamente roto bajo todos los muchos colores de feudales lazos los cuales unen a los hombres a sus 'naturales superiores,' y ha dejado ningún lazo entre hombre y hombre mas que interés propio al desnudo y callosos pagos en efectivo."

– *El Manifiesto Comunista.*

"… es en ningún caso improbable que esta orden de cosas habría sido causada por el derrocamiento violento de la monarquía francesa - de hecho todas las monarquías; los Templarios, "aquellos conspiradores terribles", dice Eliphas Lévi, amenazaron al mundo entero con una revolución inmensa." - Eliphas Lévi, *Histoire de la Magie*, p. 273.

Aquí quizás podemos encontrar la razón por qué esta banda de nobleza disoluta y rapaz ha enlistado la simpatía apasionada de escritores democráticos. Ya que ello será notado que estos mismos escritores que atribuyen la condenación del Rey a la Orden por la envidia de su riqueza nunca aplican este argumento a los demagogos del décimo octavo siglo y sugiere que sus acusaciones contra la nobleza de Francia fueran inspiradas por la codicia, tampoco ellos alguna vez admitirían que cualquier tal motivo puede firmar las diatribas contra los propietarios privados de riqueza hoy. Los Templarios así permanecen como el único cuerpo de capitalistas, a excepción de los judíos, a ser no sólo perdonados por su riqueza, pero exaltados como las víctimas nobles de prejuicio y envidia. ¿Es ello simplemente porque los Templarios eran los enemigos de monarquía? O es que la revolución mundial, mientras atacan a los dueños de la propiedad, nunca se han opuesto al financiamiento Internacional, particularmente cuando se combina con tendencias anti Cristianas?

Sugiero que la verdadera verdad pueda ser que los Caballeros eran tanto inocentes como culpables, es decir, que un cierto número fue iniciado en la doctrina secreta de la Orden mientras la mayoría permaneció en la ignorancia. Así, según pruebas de Stephen de Stapelbrugge, un Caballero inglés, y "habían dos modos de recepción, un legales y buenos y otro contrariamente a la Fe." Esto representaría el hecho que un algunos de los acusados rehusaron confesar aún bajo la mayor presión. Estos realmente no pueden haber sabido nada de las verdaderas doctrinas de la Orden, que fueron confiadas oralmente sólo a el que quien los superiores consideraron como improbablemente para ser rebelado por ellos. Esta teoría de una doble doctrina es propuesta por Loiseleur, que observa:

> "Si consultamos los estatutos de la Orden del Templo como ellos han llegado hasta nosotros, seguramente descubriremos que no hay nada que justifica las prácticas extrañas y abominables reveladas en la interrogante. ¿Pero... además de la regla pública, no tenía la Orden la otra, ya sea tradicional o escrita, autorizando o aún prescribiendo estas practicas regla de secreto de prácticas - una regla secreta, revelada sólo al iniciado?"
>
> - Jules Loiseleur, *La doctrine secrète des Templiers*, p. 20, 21.

> "Los Jefes solamente sabían hacia adonde se dirigían; el resto los seguían sin sospechar."
>
> Eliphas Levi, *Histoire de la Magie*, p. 277.

Uno de los Caballeros, Guillaume de Montbard, fue iniciado por el Anciano de la Montaña en una cueva de Monte Líbano. Que una cierta semejanza existe entre los Templarios y los Asesinos que han sido indicados por Von Hammer, y posteriormente enfatizada por el Francmasón Clavel:

> Historiadores orientales nos muestran, en períodos diferentes, que la Orden de los Templarios mantenía relaciones íntimas con los Asesinos, y ellos insisten en la afinidad que existió entre las dos asociaciones. Ellos comentan que estos habían adoptado los mismos colores, blanco y rojo; que tuvieran la misma organización, la misma jerarquía de grados, aquellos de fedavi, refik, y dai, cada uno correspondiente a aquellos de principiante, profeso, y caballero en el otro; que ambos conspiraban para la ruina de las religiones que ellos profesaban en público, y finalmente ambos poseyeron numerosos castillos, el primero en Asia, el ultimo en Europa.
>
> – F.T.B. Clavel, *Histoire Pittoresque de la Franc-Maçonnerie*, p. 356 (1843)

Los Templarios, por lo que puede ser descubierto, fueron *deístas anticristianos*; Loiseleur considera que sus ideas fueron sacadas del Gnóstico o Maniqueano dualistas–Cathari, Paulicians, o más en particular Bogomils, de los cuales se debe dar a una breve recuento aquí.

Los Paulicians: quien prosperó cerca del séptimo siglo d.c., llevó una semejanza a los *Cainitas* y *Ofitas* en su aborrecer del Demiurgus y en la corrupción de sus moralidades. Más tarde, en el noveno siglo, los **Bogomils**, cuyo nombre significa en eslavo los "amigos de Dios", y quienes habían emigrado desde el norte de Siria y Mesopotamia [las tierras los Yezidi y los Kurdos - OZ] hasta la Península Balcánica, en particular Tracia, había aparecido como un posterior desarrollo de dualismo Maniqueo. Su doctrina puede ser resumida así: Dios, el Padre Supremo, tiene dos hijos, Satanael el mayor, Jesús el más jóven. A Satanael, que sentó a la derecha de Dios, le pertenecía el derecho de gobernar el mundo celeste, pero, lleno de orgullo, él se rebeló contra su Padre y se cayó del Cielo. Luego, ayudado por los compañeros en su caída, él creó el mundo visible, la imagen celestial, teniendo como el otro, su sol, la luna, y estrellas, y por último creó al hombre y a la serpiente que se hizo su ministro. Cristo posteriormente vino a la tierra para mostrar a hombres el camino al Cielo, pero Su muerte era inútil, porque aún descendiendo al Infierno él no podía quitar el poder a Satanael, p. ej. Satanás. *Esta creencia en la impotencia de Cristo y la necesidad por lo tanto para aplacar al Satán, no sólo el "Príncipe de este mundo", pero su creador, conducido a la posterior doctrina que Satán, siendo omnipotente, debe ser adorado.* [Una doctrina Yezidic - oz] Nicetas Choniates, un historiador Bizantino del duodécimo siglo, describió a los seguidores de este culto como "Satanistas", debido a que "consideraron al Satán omnipotente, ellos lo adoraron so pena que él pudiera hacerles daño"; subsecuentemente *ellos eran conocidos como Luciferianos*, su doctrina (manifestado por Neuss y Vitoduranus) era que Lucifer había sido injustamente expulsado del Cielo, que un día él ascendería otra vez y seria restaurado a su antigua gloria y poder en el mundo celestial.

[¡La secta Yazidi sigue la misma premisa! Así hacen los Antroposofistas del Dr. R. Steiner –OZ] [277]

Los Bogomils y Luciferinos eran así muy parecidos, pero mientras estos últimos dividían su adoración entre Dios y sus dos hijos, este ultimo adoraba a Lucifer solamente, asimilando el mundo material como su obra y sostenían que *por indulgencias a la carne ellos propiciaban a su Demonio-Creador.* Loiseleur llega a la conclusión que la *secreta doctrina de los Templarios se deriva los Bogomils.* Su mas ferviente adoración se rendía a este dios del mal, quien solamente el podía enriquecerlos. "Ellos dijeron con los Luciferinos: El hijo mayor de Dios,

---

[277] "Sabemos que Dios está tan lejos que no tenemos ningún contacto con Él [concepto Vedico de Atman] - y Él, de su parte, no tiene ningún conocimiento o interés en lo concerniente a asuntos humanos. Él no se preocupa nada por nosotros. Él ha dado el control entero de este mundo durante diez mil años al espíritu brillante Melek Taos {Satán} y a Él, por lo tanto, adoramos. Mal enseñan a musulmanes y cristianos que a quien nosotros llamamos Melek Taos es el espíritu de mal. Sabemos que esto no es verdadero. Él es el espíritu de poder y regente de este mundo - del cual ahora estamos en el tercer milenio - él entrará de nuevo en el Paraíso como Jefe de los Siete Espíritus Brillantes y todos sus adoradores verdaderos entrarán con él." - W. B Seabrook, *Adventures in Arabia, Testimony of a Yezid Priest, p. 325*

Satanael o Lucifer solamente tiene derecho al homenaje de los mortales; Jesús su hermano menor no merece este honor."

- Jules Loiseleur, *La doctrine secrète des Templiers*, p. 141.

Wilcke concluye que el mahometismo de los Templarios fue combinado con Cabalísimo y que su ídolo era en realidad el **macroprosopos**, o el jefe del *Antiguo de Antiguos*, representado como un anciano con una barba larga, o algunas veces como tres cabezas en una, que ya se ha remitido bajo el nombre de la *Cara Larga* en el primer capítulo de este libro - una teoría de que estaría de acuerdo con la aserción de Eliphas Lévi que los Templarios fueron iniciados en las doctrinas misteriosas de la Cábala. "Pero Lévi continúa a definir esta enseñanza bajo el nombre de **Johannismo**. Es aquí donde alcanzamos una posterior teoría con respecto a la doctrina secreta de los Templarios - *la mas importante de todas*, ya que esto emana de fuentes Masónicas y neo-Templarías, así con eficacia eliminando la discusión que el cargo traído contra la Orden de apostasía de la fe Católica es únicamente la invención de escritores Católicos.

- Wilhelm Ferdinand Wilcke, *Geschichte des Tempelherrenordens*, II. 302-12 (1827)

En 1842 el Francmasón Ragon relato que los Templarios aprendieron de "iniciados del Este" una cierta doctrina Judaica que fue atribuida a San Juan el Apóstol; por lo tanto ellos renunciaron a la religión de San Pedro y *se hicieron Johannitas*. Eliphas Lévi expresa la misma opinión. *La Carta* de Larmenius[278] que remonta la Doctrina Secreta desde Moisés hasta Jesús, Quien reclama haber puesto a Juan, el 'Discípulo Querido del Amor Fraternal como Pontífice Soberano y Patriarca en Jerusalén.[279] [¡No es así! Este hombre era James el Justo, hermano del profeta Isa - OZ]

---

278 Segun lo registrado en el *Manuel des Chevaliers de l'Ordre du Temple* en 1811, y en el *Lévitikon*, en 1831, juntos con una versión del *Evangelio de San Juan que se diferencia de la Vulgata*. Estos libros, impresos sólo para la circulación privada entre los miembros y son ahora sumamente raros, relatan que la Orden del Templo nunca había dejado de existir ya que desde los días de Jacques du Molay, quien designó a Jacques de Larménie como su sucesor en función, y desde entonces una línea de Grandes Maestros han logrado sucesión de uno al otro sin cesar hasta el final del siglo décimo octavo, cuando esto se cesó durante un breve período, pero fue instituido de nuevo bajo un nuevo Gran maestro, Fabré Palaprat, en 1804. Otro documento apropiado, *la Carta de Larmenius*, relata que Hugues de Payens, el primer Gran Maestro de los Templarios, fue iniciado en 1118, en la doctrina religiosa de la "Iglesia Primitiva Cristiana" por su Pontífice Soberano y Patriarca, Theoclet, sexagésimo en la sucesión directa de San Juan el Apóstol. Un juramento solemne fue tomado por los Templarios para establecer el Papado Ortodoxo en Jerusalén. Esta reclamación es repetida en Moralidades y Dogma de Albert Pike, en 1876.
[Este juramento fue traicionado por la destrucción Illuminati de la Iglesia Ortodoxa en Rusia, así como los Romanovs. ¡Y lo traicionarian otra vez cuándo ellos reconstruyan el Templo en Jerusalén! - OZ]
279 Este documento era una falsificación sagazmente fabricada, escrita por Philippe, Duque de Orleans en 1705. A pesar de varios intentos "reales" de dispersarlo, la "Cabeza del Toro" entonces la "Orden del Templo de Paris" crecio, coleccionaba reliquias [supuestos huesos, espada y casco de De Molay] y subsecuentemente proporciono estos y el documento a Isaac Long quien se los llevo a Charleston en 1801 como prueba de autenticidad para la Patente Patriarcal de los Templarios. En 1814, un Sufi llamado Nicephrus, fabric un evangelio Johannita como la base para la nueva liturgia de su "Iglesia Johannita", hecha publica en 1833.

Aquí tenemos la leyenda Cabalística completa de una doctrina secreta que desciende desde Moisés, de Cristo como un egipcio iniciado y el fundador de una secreta orden - una teoría, desde luego, una creencia absolutamente destructiva de Su divinidad. La leyenda del Ordre du Temple continua diciendo: Hasta aproximadamente el año 1118 (p. ej. el año que la Orden del Templo fue fundada) los misterios y la Orden jerárquica de la iniciación de Egipto, transmitida a los judíos por Moisés, entonces a Cristianos por J.C., fue religiosamente preservada por los sucesores de San Juan el Apóstol. Estos misterios e iniciaciones, regenerados por la iniciación evangélica (o el bautismo), eran una confianza sagrada en la cual la simplicidad de la primitiva e incambiante moralidad de los *Hermanos del Este* habían preservado de toda adulteración... Hugues de Payens fue investido con el poder Apostólico Patriarcal y colocado en la orden legítima de los sucesores de San Juan el apóstol o el evangelista.[280]

- J.B. Fabré Palaprat, *Recherches historiques sur les Templiers*, p. 31 (1835)

Eliphas Lévi relata la verdadera historia dicha a los iniciados en lo que concierne a Cristo: Esto concuerda con la confesión del Caballero Templario Catalán, Galcerandus de Teus, que declaró que la forma de absolución en la Orden era: "Rezo a Dios que Él pueda perdonar sus pecados como Él perdonó a Santa María Magdalena y el ladrón sobre la cruz"; pero el testigo continuó a explicar: Por el 'ladrón' significa, según nuestros estatutos, a Jesús o Cristo que fue crucificado por los judíos porque él no era Dios, y aún él dijo que era Dios y el Rey de los judíos, que era un ultraje al Dios verdadero que está en el Cielo. Cuando Jesús, unos momentos antes de su muerte, tenía su costado perforado por la lanza de Longinus, él se arrepintió de haberse llamado Dios y Rey de los judíos y él pidió perdón al Dios verdadero; entonces el verdadero Dios lo perdonó. Es así que entonces aplicamos a Cristo crucificado estas palabras: "tal como Dios perdonó al ladrón sobre la cruz."

- Eliphas Lévi, *La Science des Esprits*, pp. 26-9, 40, 4; Raynouard, op. cit. p. 281.

Eliphas Lévi explica la razón por qué Cristo fue descrito como un ladrón, indicando la leyenda Cabalística en la que Él ha descrito de haber robado el Nombre sagrado del Sanctasanctórum. En otra parte él explica que los Johannitas "se distinguían por ser la única gente iniciada en los misterios

---

See: Heckethorn, *Secret Societies of All ages and Countires*, vol. I. p. 302 - OZ.
280 Fabré Palaprat, Gran Maestro de la Ordre du Temple en 1804, quien en su libro acerca de los Templarios repite la historia contenida en el *Lévitikon* y el *Manuel des Chevaliers du Temple*, mientras hacian la misma profesion de doctrinas "Cristiana primitiva" descendiendo desde San Juan a traves de Teocleto y Hugues de Payens a la Orden la cual el preside, continua diciendo que la secreta doctrina de los Templarios "era esencialmente contraria a los canones de la Iglesia de Roma y que es principalmente por este hecho que uno debe atribuir la persecucion de tal historia que ha preservado la memoria."

verdaderos de la religión del Salvador. Ellos profesaron saber la verdadera historia de Jesucristo, y por adoptar parte de las tradiciones judías y las historias del Talmud, ellos distinguieron que los hechos relatados en los Evangelios" - es decir, los evangelios aceptados por la Iglesia Ortodoxa – "fueron solo alegorías de la cual San Juan da la clave." Según Grégoire Abbés y Münter, la autenticidad y la antigüedad de estos documentos son incontestables. Grégoire, refiriéndose al manuscrito de pergamino del *Lévitikon* y el *Evangelio de San Juan*, dice que los "Helenistas versados en la paleografía creen que este manuscrito es del decimotercer siglo, otros declaran que este es más antiguo y data del undécimo siglo." Matter, por otra parte, citando la opinión de Münter que los manuscritos en los archivos de los Templarios modernos datan del decimotercero siglo, observa que todo esto es un tejido de errores y que los críticos, incluyendo al culto profesor Thilo de Halle, ha reconocido que el manuscrito en cuestión, lejos de pertenecer al decimotercero siglo, data de principios del décimo octavo siglo. A partir del arreglo de los capítulos del Evangelio, Matters llega a la conclusión que la intención era de acompañar las ceremonias de algunas sociedades Masónicas o secretas. - M. Grégoire, *Histoire des Sectes religieuses*, II. 407,1828; Matter, *Histoire du Gnosticisme*, III. 323.

¿Que prueba puede ser encontrada que tal secta de los **Johannitas** existió?

En 1622, monjes portugueses relataron la existencia de una secta a quienes ellos describieron como "Cristianos de San Juan" que habitaban los bancos del Éufrates. Esta apelación parece, sin embargo, haber sido mal aplicada por los monjes, para los sectarios en cuestión, variadamente conocidos como los **Mandæans**, Mandaitas, Sabianos, Nazoreanos, etc., se llamaron a si mismos "Mandaï Iyahi", es decir, los discípulos, o más bien los hombres sabios, de Juan; la palabra manda ï siendo sacado de la palabra Caldea manda, correspondiente a la palabra griega, o *sabiduría*. La multiplicidad de nombres dados a los Mandænos surge al parecer del hecho que en sus relaciones con otras comunidades ellos tomaron el nombre de **Sabianos**, mientras ellos llamaban al sabio y aprendido entre ellos, **Nazoreanos**. *La secta anteriormente habitó los bancos de Jordania, pero fueron expulsados hacia fuera por los musulmanes*, que los forzaron a retirarse a Mesopotamia y Babilonia, donde ellos particularmente afectaron la vecindad de ríos para ser capaces de realizar sus ritos peculiares bautismales.- Matter, *Histoire du Gnosticisme*, III. Pp. 323, 120; Enciclopedia judía, artículo sobre Mandæanos. Grégoire, op. cit., IV. 241.]

> **Los Mandæanos** profesaron ser los discípulos de San Juan - el Bautista como sea, no el Apóstol - Pero eran al mismo tiempo, enemigos de Jesucristo. Según el Mandæanos Libro de Juan (Sidra d'Yahya), Yahya, es decir, San Juan, bautizo miríadas de hombres

durante cuarenta años en el Jordán. Por un error - o en respuesta a un escrito mandato del cielo que decía, "Yahya, bautiza al mentiroso en el Jordán" - el bautizo al falso profeta Yishu Meshiha (el Mesías Jesús), hijo del diablo Ruha Kadishta. La misma idea es encontrada en otro libro de la secta llamado el "Libro de Adán" que representa a Jesús como el pervertidor de la doctrina de San Juan y el diseminador de iniquidad y de la perfidia del ángel Razael en todo el mundo. La semejanza entre todo esto y las leyendas del Talmud, la Cábala, y el Toledot Yeshu es de una vez aparente; mas aun, los Mandæanos reclaman para el *Libro de Adán* el mismo origen que los judíos reclaman por la Cábala, nombradamente, que fue entregado a Adán por Dios de las manos del Razael. Este libro, conocido para los eruditos como el *Codex Nasarous*, es descrito por Münter como "una clase de mosaico desordenado, sin método, adonde uno encuentra mención de Noé, Abraham, Moisés, Salomón, el Templo de Jerusalén, San Juan Bautista, Jesús Cristo, los Cristianos, y Mohammed.

[Jewish Encyclopedia and Hastings Encyclopedia of Religion and Ethics, artículos sobre Mandæanos. Codex Nasarous, Liber Adam appellatus, traducción del Syriaco al Latín por Matth. Norberg (1815), Vol. I. 109 Artículo sobre el Codex Nasarous por Silvestre de Sacy en el Journal des Savants en Noviembre de 1819, p. 651; cf. pasaje en el Zohar, sección Bereschith, folio 55.]

Estos Mandæanos o Nazoreanos - no deben ser confundidos con los pre-Cristianos Nazarenos o Cristianos Nazarenos - *eran Judíos que reverenciaban a San Juan Bautista como profeta de antiguo Mosaísmo*, pero tomaban a Jesús Cristo como falso Mesías enviado por los poderes de las tinieblas. Modernas opiniones Judías confirman esta afirmación de Judaica inspiración y coinciden con Matter en describir a los Mandæanos como Gnósticos: "Sus libros sagrados están en un dialecto Arameo, el cual tiene cercanas afinidades con aquellas del Talmud de Babilonia." - Matter, op. cit., III. 118.

También se dice que "Bafomets" [la cabra Sabática][281] fue conservada en las Logias Masónicas de Hungría, donde una forma degradada de masonería, conocida como la masonería **Johannita**, sobrevive hasta este día. Si acaso la herejía Templaría era aquella de los Johannitas, la cabeza en cuestión *podría posiblemente representar aquella de Juan el Bautista*, la cual concordaría con la teoría que la palabra *Baphomet* se deriva de las palabras Griegas significando *bautismo*

---

281 La **Cabra Sabatica** es claramente de origen Judio. Asi el Zohar relata que la "Tradicion nos enseña que cuando los Israelitas evocaban espiritus malignos, estos les aparecían bajo la forma de machos cabrios [Pan] y les enseñaban todo lo que ellos deseaban aprender." - Section *Ahre Moth*, folio 70a (de Pauly, V. 191).

de sabiduría. Esto, además, no sería incompatible con la teoría de Loiseleur de una afinidad entre los Templarios y los Bogomils, ya que los Bogomils también poseían su propia versión del Evangelio de San Juan, la cual ellos colocaron sobre las cabezas de sus neófitos durante la ceremonia de iniciación, dando como la razón de la veneración peculiar ellos profesaron por su autor que ellos tomaban a San Juan como servidor del Dios Judío Satanael.
- Loiseleur, op. cit., pp. 51. 52. 75; Matter, op. cit., III. 305.

"Permítanos declarar para la edificación del vulgar... y para mayor gloria de la Iglesia la cual ha perseguido a los Templarios, quemaron a los magos y excomulgaron a los FrancMasones, etc., déjenos decir en voz alta y atrevidamente, que todos los iniciados de las ciencias ocultas... han adorado, adoran y siempre adoraran aquel que es significado por su terrorífico símbolo [la cabra Sabática]. Así es, en nuestra profunda convicción, los Grandes Maestros de la Orden de los Templarios adoraron a Bafomet y causaron a sus iniciados a que le adoraran."
- Eliphas Lévi, *Dogme et Rituel de la Haute Magie*, II. 209.

El Dr. Ranking [Mason y Erudito Francmasónico], quien ha dedicado muchos años de estudio en el tema, ha arribado a la conclusión que el Johannismo es la clave real de la herejía Templaría. En un muy interesante diario publicado en el <u>Masonic Journal Ars Qautuor Coronatorum</u>, el observa:

"El registro de los Templarios en Palestina es una largo cuento de intriga y traición de parte de la Orden... desde el comienzo de la Cristiandad ha sido transmitido a través de los siglos un cuerpo de doctrina *incompatible con la Cristiandad* en las variadas iglesias oficiales... Que los cuerpos enseñando estas doctrinas profesaron así tal en la autoridad de San Juan, a quien, según reclamaban ellos, los verdaderos secretos habían sido cometidos por el Fundador de la Cristiandad. Que durante la Edad Media el principal apoyo de los cuerpos Gnósticos y el principal repositorio de este conocimiento fue la Sociedad de los Templarios." - *Some Notes on various Gnostic Sects and their Possible Influence on Free-masonry*, por D.F. Ranking, re impreso del A.Q.C., Vol. XXIV. pp. 27, 28 (1911)]

Los Templarios no fueron alquimistas, no tenían pretensiones científicas, y su secreto, hasta adonde puede ser aseverado, fue una religiosa secta secreta de tipo anti-Cristiana. Los Rosacruces, por otra parte, eran pre-eminentemente una sociedad aprendida y también una secta Cristiana.
-A.E. Waite, The Real History of the Rosicrucians, p. 216.- OZ

El Francés revolucionario, el **Marques de Mirabeau** fue introducido a los Illuminati por su amante, la Judía Henriette Herz, en la casa de Moses Mendelsohn, quien posteriormente se convirtió en el jefe de la sección Judía de los Illuminati. Mirabeau estuvo presente en el congreso de Wilhelmsbad, Mendelsohn junto a Amschel Mayer Rothschild financiaron la revolución francesa. En 1782 Rothschild cito a Weishaupt en Frankfurt, y le proveyó dinero para la revolución.

- Rivera, op.cit – OZ

Sobre Los Rosacruces:

Mirabeau, quien como un Francmasón y un Illuminatus, estaban en una posición para descubrir muchos hechos sobre las sociedades secretas de Alemania durante su permanencia en el país, definitivamente afirmaba que los *"Masones de Rose Croix del decimoséptimo siglo eran sólo la Orden antigua de los Templarios en secretamente perpetuada."*… Lecouteulx de Canteleu es más explícito: En Francia los Caballeros (Templarios) que dejaron la Orden, de allí en adelante oculta, y por decir desconocida, *formaron la Orden de la Estrella Ardiente y de la Rosa-Croix, que en el décimo quinto siglo se extendio en Bohemia y Silesia.* Cada Gran Oficial de estas Órdenes tenía que *portar la Cruz Roja* toda su vida y repetir cada día el rezo de San Bernardo… **Dietrich Eckert** declara que el ritual, símbolos, y los nombres de la Rosa-Croix fueron tomados prestado de los Templarios.

El Rosacruz **Kenneth Mackenzie**, en su *Cyclopodia Masónica* se refiere enigmáticamente a una fraternidad invisible que ha existido desde tiempos muy antiguos, tan temprano como los días de las Cruzadas, "unidos por solemnes obligaciones de secretividad impenetrable" y uniéndose juntos en labor para la humanidad "y para glorificar el bien … En varios períodos de la historia este cuerpo ha surgido como una especie de luz temporal; pero su nombre verdadero nunca ha transpirado y *sólo es conocido por los adeptos íntimos y las reglas de la sociedad."*

… En su artículo sobre los Templarios, él dice que después de la supresión de la Orden, esta fue reanimada en una forma más secreta y subsiste hasta hoy en día. Esto exactamente concordaría con la declaración de Mirabeau de que los Rosacruces eran sólo la Orden de los Templarios secretamente perpetuada … de acuerdo a la leyenda preservada por la Orden Real de Escocia, el grado de Rosy Cross ha sido instituida por esa Orden en conjunto con los Templarios en 1314. - Mirabeau, *Histoire de la Monarchie Prussienne*, V. 76. 39. Lecouteulx, de Canteleu, *Les Sectes et Sociétés Secrètes*, p. 97. 40. Eckert, *La Franc-Maçonnerie dans sa véritable signification*, II. 48.

Los Rosacruces derivaron su sistema, que parece haber sido un compuesto de las doctrinas antiguas esotéricas de magia árabe y siria, y de Cabalismo judío, en parte heredado de los Templarios, *pero reforzado por el contacto directo con los judíos Cabalísticos en Alemania*. Los Rosa-Croix, según dice Mirabeau era una "secta mística, Cabalística, teológica, y mágica", y el Rosacrucianismo se convirtió en el decimoséptimo siglo el título genérico por el cual todo de la naturaleza de Cabalismo, Teosofía, Alquimia, Astrología, y el Misticismo fue designado.

> La leyenda, *The Chymical Marriage of Christian Rosenkreutz*, según Raymond Lully (D. 1315), relata el retorno de Rosenkreuz desde el "Este" - adonde estudio la Cabala - para revelar a tres discípulos el gran secreto de Teosofía; p. ej., el fuego sagrado de Kundalini o fuerza sexual (también llamado el Secreto Real en la Francmasonería esotérica) Traducido en 1616 por Robert Flood. Los secretos Rosacruces fueron revisados por Faustus Socinius - el Maniqueo - de la Silesia del siglo 16. Su alquímica y hermética tradición - con fines políticos - era común. Lo vemos con Elizabeth y John Dee - Tradujo el Necronomicon del idioma Arabico - y su mago, Edward Kelly, por ejemplo. Sir Thomas Vaughn, el 14 de mayo de 1643, conspiró infiltrarse las logias de operación francmasónica. Bajo la dirección del Rabino Salomón Frank, ellos desarrollaron los tres primeros grados del Sistema Masónico: "inventado para tentar a las masas mientras encima de ellos siguió el sistema secreto de Rose Croix (la magia sexual)." Al mismo tiempo, la guerra civil (Cromwell) estalló: "la traición por todas partes fue premeditada. La palabra de la Orden fue dad por los Rose Croix, que rápidamente se había extendido entre los Puritanos."
> Ver: A.E.Waite, The Works of Thomas Vaughn, Biografico Prefacio, p. xii; y Charlotte Fell Smith, John Dee, p. 182 – OZ

> Sus espantosas máximas están solamente para los miembros de la quinta, sexta, y séptima Logias, mientras aquellos de las primeras tres nada saben, y aquellos de la cuarta actúan si saber lo que hacen. Ellos se derivan desde Inglaterra, y el fundador fue el infame Cromwell, primer Obispo y después amante de Anne Boleyn, y luego decapitado por sus crímenes, llamado en su día: "el azote de los gobernantes."
> Ver: Heckethorn, *Secret Societies of All Ages & Countries*, vol. I. p 342. - OZ

La obra *The Chymical Marriage of Christian Rosenkreutz*, la cual apareció en 1616, ciertamente aparenta ser puras tonterías - mágicas imaginaciones de la clase más pueril; y el Sr. Waite observa que la publicación del *Fama* y el *Confessio Fraternitatis* no añadirían nuevo lustre a las reputaciones Rosacruces:

> "Estamos acostumbrados a considerar a los adeptos Rosacruces como seres de elevación sublime y poderes sobrenaturales físicos, maestros de Naturaleza, monarcas del mundo intelectual.... Pero aquí en sus propios manifiestos reconocidos ellos se confiesan un mero vástago teosófico de la herejía Luterana, reconociendo la supremacía espiritual de un príncipe temporal, y llamando al Papa el Anticristo... los hallamos inmoderados en su lenguaje, rabiosos en sus prejuicios religiosos, y en vez de colosos por encima del promedio intelectual de su edad, nosotros los vemos entusiasmados por las mismas pasiones e identificados con toda opinión de hombres de los cuales estaban rodeados. La voz que nos dirige tras la mascara mística del Rosacruz no proviene de un trono intelectual." [Ibíd.]

"Esta **fraternidad es un estratagema de los Judíos y los Hebreos Cabalísticos**, en cuya filosofía", dice Pic de la Mirandole, "Todas las cosas son... como si estuviese oculta en la majestad de verdad o como... en muy sagrados Misterios."... La obra, *Examination of the Unknown and Novel Cabala of the Brethren of the Rose-Cross*, coincide con la aserción que el jefe de este "execrable colegio es Satanás, que su primera regla es la negación de Dios," ... la secta luego es acusada de pactar con el diablo, sacrificios de niños, encantamientos de sapos, *elaboración de polvos venenosos*, etc. ... en este mismo decimoséptimo siglo, cuando la fama de los Rosacruces estaba siendo vociferada en el extranjero, la magia negra era todavía una realidad horrible no sólo en Francia, pero en Inglaterra, Escocia, y Alemania ... Además, la serie de dramas misteriosos conocidos como los "Affaire des Poisons", que su primer acto tuvo lugar en 1666, cuando el célebre Marques de Brinvillier se embarco en su sorprendente carrera criminal con la colaboración de su amante Sainte-Croix."

El autor de la obra aquí citada traza un interesante paralelo entre esta organización y *el moderno tráfico de cocaína*, y va más allá al describir los tres grados en los cuales estaba dividido:

- Primeramente, las Cabezas: cultos e inteligentes hombres, con conocimientos de química, física, y de casi toda las ciencias útiles, "invisibles consejeros pero supremos, sin los cuales los hechiceros habrían sido impotentes"
- Segundo, los visibles magos empleando misteriosos procesos, complicados ritos y terroríficas ceremonias;

- Tercero, la multitud de nobles y plebeyos que se abalanzaban a las puertas de los hechiceros y les llenaban los bolsillos a cambio de pociones mágicas, encantamientos, y, en ciertos casos, insidiosos venenos.

Entonces: "a pesar de sus lujos, sus ganacias, y su fama, ella solamente es un agente subalterno en esta vasta organización de criminales. Ella depende enteramente para su gran emprendidura en los jefes intelectuales de la corporación." - ibíd., p 306]

> Estas extraordinarias mujeres, quienes por diez años hicieron su pasatiemo en probar los lentos efectos de variados venenos en sus mas cercanos familiares, por lo tanto causando la muerte de sus padre y hermanos, podría aparentar ser apenas un aislado criminal del tipo anormal pero por la secuela a sus andanzas en la epidemia de envenenamiento que prosiguió y que durante veinte años mantuvo a Paris en un estado de terror. La investigación de la policía finalmente condujo al descubrimiento de toda una banda de magos y alquimistas - "una vasta ramificación de malefactores que abarcaba toda Francia" - quienes se especializaban en el arte de envenenar sin temor a ser detectados. "Sus métodos eran muy certeros, su ejecutar del crimen muy experto y muy fácil para ellos no les pertenecía, ya sea directa o indirectamente, a toda una organización de criminales que preparaban el camino, y estudiaron el método de dar al crimen la apariencia de enfermedad, de formar, en una palabra, una escuela."
> - Louis Latour, Princesses, Dames et Aventurières du Règne de Louis XIV, p.278 (Eugne Figuire, Paris, 1923) - OZ

... que **Francis Bacon** fue iniciado en los Rosacruces ahora es reconocido por los Francmasones, pero un enlace más definitivo con los Rosacruces del Continente fue Robert Fludd, quién después de viajar durante seis años a Francia, Alemania, Italia, y España - en donde formo conexiones con Judíos Cabalistas - fue visitado por el Judío Germano Rosacruz Michel Maier - doctor del Emperador Rudolf - por quien aparentemente había sido iniciado en postreros misterios ... a Thomas Vaughan, conocido como Eugenius Philalethes, que escribe alabando a los Rosacruces en 1652, dice que su "conocimiento al principio no fue comprado por sus propias disquisiciones, ya que ellos lo recibieron de los Árabes, entre quienes permaneció como monumento y legado de los *Hijos del Este*."

Otro apologista de los Rosacruces, John Heydon, que viajó a Egipto, Persia, y Arabia, es descrito por un contemporáneo de haber estado "muchos sitios extraños entre los Rosacruces y en sus castillos, casas sagradas, templos, sepulcros, sacrificios." El mismo Heydon, mientras declaraba que él no era un

Rosacruz, dice que conoció a miembros de la Fraternidad y sus secretos, que ellos son los hijos de Moisés, y que esta Física o medicina Rosacruz, yo felizmente e inesperadamente alumbra en Arabia. Estas referencias a castillos, templos, sacrificios, encontrados en Egipto, Persia, y Arabia inevitablemente recuerdan las memorias tanto de los Templarios como de los Ismailis. ¿Acaso no hay allí ninguna conexión entre las "Montañas Invisibles de los Hermanos" referido a otra parte por Heydon y las Montañas de los Asesinos y los Francmasones? ¿Entre la escritural "Casa de Sabiduría" y el *Dar-ul-Hikmat o la Gran Logia de El Cairo*, el modelo para las Logias Masónicas Occidentales?

En los Origines de la Francmasonería:

"… el hecho es que ninguna teoría oficial sobre el origen de la Francmasonería existe; *la gran masa de Francmasones no sabe o quieren saber algo sobre la historia de su Orden,* mientras las autoridades Masónicas están en completo desacuerdo sobre la materia. El Dr. Mackey admite que el "origen y la fuente de dónde primero emanó la institución de Francmasonería ha dado lugar a más diferencia de opiniónes y discusión entre eruditos Masónicos que cualquier otro asunto en la literatura de la institución."… el Sr. Albert Churchward, un Francmasón del trigésimo grado, observa: "Hasta ahora han habido muchas opiniones contradictorias y teorías en el intento de suministrar el origen y la razón de cuando, donde, y por qué la Hermandad de la Francmasonería vino a existir y todas las "diferentes partes" y varios rituales de los "diferentes grados." Todo lo qué ha sido escrito sobre esta hasta ahora han sido teorías, sin ningún hecho para su fundamento."

- Citado por R.F. Gould, *History of Freemasonry*, I. 5, 6. 3; *Signs and Symbols of Primordial Man*, p. 1 (1910)

La Gran Logia Inglesa fue fundada por los discípulos declarados del Rosacrucianismo y es esencialmente una red o guardería. Bajo ideales etiquetaron el 'Humanismo', esto atrae a incontable número hombres incautos. El tamizado ocurre y aquellos considerados inútiles al adelanto de objetivos secretos nunca se les permiten avanzar al Grado de Arco Real. Así ellos permanecen como portadores útiles de la leyenda que cree que la masonería inglesa cree en Dios y la Filantropía. Ellos están embaucados. Es un error común creer que la UGLE es un cuerpo independiente fundado en 1717. Siempre ha sido gnóstico y permanece sujeto a los Rosacruces del gnosticismo Maniqueo y Sociniano, y estos sistemas esotéricos son principalmente del misticismo cabalístico y la magia. Westcott, Yarker, Papus, Blavatsky, Mathers y Reuss son todos de una misma índole junto con la magia fálica de Karl Kelner, el Amanecer Dorado y la OTO. Asumir que estas cosas han cambiado estos últimos extraños 100 años es un grave error que conduce a la perdición y presente perplejidad.

Ver: Dr. W. Westcott, *Supremem Magus, History of the Societas Rosicruciana in Anglia,* 1900, British Museum Press.

Los Druidas:

La Antigua y Arqueológica Orden de los Druidas fue fundada en 1874 y esta restringida para Masones solamente. Churchill fue un miembro vitalicio, lo cual hace su pública renuncia de la Masonería redundante. – OZ

En realidad la Francmasonería moderna es un sistema dual, una mezcla de dos tradiciones distintas tradiciones - de masonería operativa, es decir el arte real de edificar, y de teorías especulativas sobre las grandes verdades de la vida y la muerte. Como un Francmasón conocido, el Conde Goblet d'Alviella, ha expresado: "La masonería especulativa" (es decir, el sistema dual que ahora conocemos como la Francmasonería) "es el descendiente legítimo de una unión fructuosa entre el gremio profesional de Masones medievales y de un grupo secreto de Adeptos filosóficos, el primero habiendo proporcionado la forma y la segunda el espíritu." *Ars Quatuor Coronatorum,* XXXII. Parte I. P.47. En el estudio de los orígenes del sistema presente tenemos por lo tanto (1) examinar separadamente la historia de cada una de estas dos tradiciones, y (2) descubrir su punto de unión.

Los que abogan del Román Colegia el origen de la Francmasonería puede que tengan razón en cuanto a lo que la masonería operativa concierne, ya que ello es al período después de la ocupación romana de Gran Bretaña que nuestros gremios Masónicos pueden con el mayor grado de certeza ser remontados … al tiempo los gremios vinieron a ocupar la posición de cuerpos privilegiados y eran conocidos como "corporaciones libres"; posterior, que York fue el primer centro Masónico en Inglaterra, en gran parte en control del Culdees[282] quién en el mismo período ejerció mucha influencia sobre el Colegio Masónico en Escocia, en Kilwinning, Melrose, y Aberdeen … todo esto es especulación. Ninguna prueba documental alguna vez ha sido producida para demostrar la existencia de gremios Masónicos antes de la famosa carta de York del año de 926 d.c., y aún la fecha de este documento es dudosa …Sólo con el período de arquitectura Gótica alcanzamos terreno firme. Aquellos gremios de obreros masones conocidos en Francia como los "Compagnonnages" y en Alemania como "Steinmetzen" realmente entonces formaron corporaciones cercanas y posiblemente poseyeron secretos

---

[282] Se dice que es la Iglesia fundada en Gales en la conversión de Druidas al Cristianismo por José de Arimathea. - OZ

conectados con su profesión es más que probable. A consecuencia de su habilidad en la edificación de las catedrales magníficas de este período, ellos ahora vinieron a ocupar una posición privilegiada parece ser justamente cierto.

… encontramos asambleas de masones suprimidos por el Acto del Parlamento a principios del reinado de Henry VI, y más tarde una fuerza armada enviada por la Reina Elizabeth rompiendo la Gran Logia Anual en York. Es posible que la fraternidad simplemente por el secreto con el cual fue rodeado excitara las sospechas de la autoridad, ya que nada podría ser más observante de la ley que sus estatutos publicados.

Los masones debían ser "hombres verdaderos a Dios y a la Iglesia Santa", también a los amos a los que ellos sirven. Ellos estaban para ser honestos en su manera de vida y "hacer ningún acto villano por el cual el oficio o la ciencia pudiese ser reprochada."[283]

[Sin embargo], La muy bien conocida anotación en el diario de Elias Ashmole que data del 16 de Octubre de 1646, claramente demuestra: "que la mayoría de los miembros presentes no eran masones operativos." Tenemos entonces la clara prueba que ya en el decimoséptimo siglo la Francmasonería había dejado de ser una asociación compuesta exclusivamente de hombres relacionados con la edificación, aunque arquitectos eminentes tuviesen altos rangos en la Orden; Inigo Jones, se dice ha sido el Gran Maestro bajo James I, y sir Cristopher Wren de haber ocupado la misma posición aproximadamente a partir de 1685 hasta 1702. Pero no fue sino hasta 1703 que la Logia de San Pablo en Londres oficialmente anunciaba "que los privilegios de la Masonería ya no debían estar reservado para masones operativos, pero extendido a hombres de variadas profesiones, proveídos ellos fueron regularmente aprobados e iniciados en la Orden."
- Yarker, *The Arcane Schools*, p. 383; *Preston's Illustration of Masonry*, p. 208 (1804)

Esto prosiguió en 1717 por *el gran coup d'état cuando la Gran Logia fue fundada*, y la **Masonería Especulativa,** la cual ahora conocemos como *Francmasonería*, fue establecida en asentadas bases con un ritual, reglas, y constitución trazada en debida forma. Es en esta fecha importante que la historia oficial de Francmasonería comienza. El diario de Elias Ashmole claramente demuestra que una ceremonia de iniciación Masónica había existido en el siglo precedente … aunque el ritual de la Francmasonería sea expresado en el inglés moderno y en ningún caso clásico, las ideas que la componen seguramente

---

283 [John Yarker, *The Arcane Schools*, pp. 269, 327, 329. 7. Publicado en el Essai sur la Secte des Illuminés por el Marques de Luchet p. 236 (edicion de 1792); Brother Chalmers Paton, *The Origin of Freemasonry: the 1717 Theory Exploded*, citando antiguos cargos preservados en un MS. en posesion de la Lodge of Antiquity en Londres, escrito durante el reinado de James II, pero "se supone que realmente es mucho mas antigua."]

llevan rastros de antigüedad extrema ... la idea central de la Francmasonería concerniente a una pérdida que le ha acontecido al hombre y la esperanza de su recuperación última es de hecho ningún otro mas que la tradición antigua secreta descrita en el primer capítulo de este libro. Ciertos escritores Masónicos de hecho atribuyen a la Francmasonería precisamente la misma genealogía que él de la temprana Cábala, declarando que esta bajó desde Adán y los primeros patriarcas de la raza humana, y de ahí por los grupos de Hombres Sabios entre los egipcios, a caldeos, persas, y griegos.

- The Rev. G. Oliver, *The Historical Landmarks of Freemasonry*, pp., 55, 57, 62, 318 (1845).

El Sr. Albert Churchward insiste en particular en el origen egipcio del elemento especulativo en la Francmasonería: "El hermano Gould y otros Francmasones nunca entenderán el significado y el origen de nuestros principios sagrados antes de que ellos hayan estudiado y hayan abierto los misterios del pasado." Este estudio entonces revelará el hecho que los Druidas, los Gimnosofistas de India, los Magos de Persia, y Caldeos de Asiria tenían ritos en todo caso religiosos y ceremonias según practicado por sus sacerdotes que fueron iniciados a su Orden, y que estos solemnemente fueron juramentados para guardar las doctrinas un secreto profundo del resto de humanidad. Todos estos fluyeron de una fuente

- Egipto. - *Signs and Symbols of Primordial Man*, p. 185 (1910)

El Sr. Churchward... En la nueva edición corregida de las *Ceremonias Perfectas* manifiesta que: "se da una teoría en que la Francmasonería se origina de cierto gremio de obreros que son conocidos en la historia como el "Colegio Romano de Artífices." No hay ninguna fundación de hecho para tal teoría. La francmasonería es ahora, y siempre fue una Escatología, como bien puede ser demostrada por lo total de nuestros signos, símbolos, palabras, y nuestros rituales.[284]... [Sin embargo], la Francmasonería ya no más lleva el sello de estos países. Ya que aunque los vestigios de Sabeísmo puedan ser encontrados en la decoración de las Logias, y breves referencias a los misterios de Egipto y Fenicia, a la enseñanza secreta de Pitágoras, a Euclides, y a Platón en el Ritual e instrucciones de los grados - aun así la forma en la cual la antigua tradición se viste, la fraseología y contraseñas empleadas, no son ni Egipcias, Caldeas, Grecas, ni tampoco Persas, sino *Judaicas*.

---

[284] *Signs and Symbols of Primordial Man*, p. 8 (1910). p. 7. [Sin embargo], El Francmason Aleman Findel esta en desacuerdo con el Roman Collegia y la teoria de Egipto, y, como el Abad Grandidier, indica que los Steinmetzen del siglo 15 sonlos verdaderos progenitores de la Orden: "Todo intento de trazar la historia de la Francmasoneria mas alla de la Edad Media ha sido un fracaso, y enmarcar el origen de la Fraternidad en los misterios de Egipto debe ser rechazada por ser una loca e insostenible hipotesis." - *History of Freemasonry* (Traduccion Inglesa), p. 25.

... Ciertos escritores Masónicos reconocen esta doble tradición, una que desciende desde Egipto, a Caldea, y Grecia, otro de los israelitas, y afirman que es de esta última que se deriva su sistema... Además, la Francmasonería moderna completamente construida sobre la leyenda Salomónica, que de la de Hiramica[285] ... el cuento completo sólo puede ser considerado como la supervivencia de un culto antiguo relatando un acontecimiento irreal, pero a una doctrina esotérica.

Una leyenda y una ceremonia de esta clase se encuentran de hecho en muchas mitologías más tempranas; la historia del asesinato de Hiram había sido presagiada por la leyenda egipcia del asesinato de Osiris y la búsqueda de su cuerpo por Isis, mientras las lamentaciones alrededor de la tumba de Hiram tiene a su contraparte en las ceremonias de lamento para Osiris y Adonis - ambos, tal como Hiram, subsecuentemente "elevado" - y más tarde que la que aconteció alrededor del catafalco de Manes, que, como Hiram, bárbaramente fue asesinado y como se dice, ha sido conocido por los Maniqueos como "el hijo de la viuda". "Pero en la forma que ellos le dieron ya que en la Francmasonería la leyenda es puramente Judaica... la Enciclopedia judía le presta color a la teoría de transmisión Cabalística al sugerir que la historia de

285 Salomon, cuando construia el Templo, empleo los servicios de un cierto artifice en bronce, llamado Hiram, el hijo de la viuda de la tribu de Neftali, quien fue enviado a el por Hiram, Rey de Tiro. Tanto sabemos del Libro de Reyes, pero la leyenda Masonica va mas alla relatando que Hiram el hijo de la viuda, refiriendose a el como Hiram Abiff, y descrito como el maestro de obra que encontró un final inesperado. Con el proposito de preservar la orden de los masones trabajando en el Templo estaba dividido en tres clases, Iniciados Aprendices, Compañeros de Oficio, y Maestros Masones, los primeros dos se distinguen por diferentes contraseñas y apretones y pagado en diferentes tasas de honorarios, el ultimo consistiendo solamente de tres personas - el mismo Salomon, Hiram Rey de Tiro, quien le había proveido madera y piedras preciosas e Hiram Abiff. Ahora, antes de completer el Templo quince de los Compañeros de oficio conspiraron juntos para averiguar los secretos de los Maestros Masones y estaban resueltos a emboscar a Hiram Abiff a las puertas del Templo. Al ultimo momento doce de los quince se retiraron, pero los tres que quedaban llevaron a cabo el plan, y luego de amenazar a Hiram en vano para poder obtener los secretos, lo mataron de tres golpes en la cabeza, uno por cada uno en turnos. Luego ellos arrastraron el cuerpo a una distancia lejos de Jerusalen y lo enterraron en el Monte Moriah. Salomon, informado acerca de la desaparicion del maestro de obra, envio a quince compañeros de oficios a buscarlo; cinco de estos, habiendo llegado a la montaña, notaron un lugar adonde la tierra habia sido removida y allí descubrieron el cuerpo de Hiram. Dejando una rama de acacia para marcar el sitio, ellos regresaron a contarle la historia a Salomon, que les ordeno ir a exhumar el cuerpo - una orden que se ejecuto de inmediato. El asesinato y exhumacion, o "levantamiento", de Hiram, acompañado de extraordinarias lamentaciones, forman el climax del oficio de la Masoneria; y cuando se hace remembranza de que en toda probabilidad tal tragedia jamás ocurrio, que posiblemente nadie conocido como Hiram Abiff alguna vez existio. [*La Enciclopedia Judia* (articulo sobre la Francmasoneria) caracteriza el nombre Hiram Abiff como una mala intrerpretacion en 2 Cronicas. ii. 13.]

- El Dr. Oliver y el Dr. Mackey asi se refieren a la verdadera y espuriosa Masoneria, el anterior descendiendo desde Noe, a Shem, Abraham, Isaac, Jacob, Moises a Salomon - de ahi la apelacion de Noeitas algunas veces aplicada a Francmasones - el posterior desde Cain y los Gimnosofistas de India a Egipto y Grecia. Ellos añaden que una union entre los dos ocurrio en el tiempo de la construccion del Templo de Salomon por medio de Hiram Abiff, quien era miembro de ambos, siendo Judio de nacimiento y artifice de Tiro, y de esta unión es que la Francmasoneria desciende. Según Mackey, por lo tanto la Masoneria Judia es la verdadera forma. - *A Lexicon of Freemasonry*, pp. 323-5; Oliver's *Historical Landmarks of Freemasonry*, I. 60.

Hiram" podría posiblemente remontarse hasta la leyenda Rabínica concerniente al Templo de Salomón, "mientras todos los trabajadores fueron ejecutados de modo que ellos no construyesen otro templo a la dedicada a la idolatría, el mismísimo Hiram fue elevado al Cielo como Enoc."
- Article on Freemasonry, giving reference to Pesik, R.V. 25a (ed. Friedmann)

... la fecha en la cual esta leyenda se origina es desconocida. Clavel piensa que el "los misterios Hebraicos existían tan antiguo como el Román Colegia, que él describe estar en gran parte Judaizado; Yarker expresa precisamente el punto de vista opuesto: "No es tan difícil de unir la Francmasonería con el Colegia; la dificultad radica en la atribución de tradiciones judías al Colegia, y decimos sobre pruebas que los cargos más viejos que tales tradiciones no tenían ninguna existencia en tiempos de los Sajónes." Otra vez: En cuanto a lo que a este país concierne, no sabemos nada acerca de documentos de masonería que daten del Templo de Salomón hasta después de las Cruzadas... "los misterios Judeo cristianos aún no eran introducidas a las corporaciones Masónicas; en ninguna parte podemos nosotros encontrar la menor parte de rastro de ellos. En ninguna parte encontramos alguna clasificación, ni aún aquella de maestros, iniciados, y aprendices. No observamos ningún símbolo del Templo de Salomón; todo su simbolismo se relaciona con labores Masónicas y con unas máximas filosóficas de moralidad."

La fecha en la cual Eckert, como Yarker, coloca la introducción de estos elementos Judaicos es el tiempo de las Cruzadas.[286]

Pero mientras reconocen que la masonería moderna en gran parte esta fundamentada sobre la Cábala, es necesario distinguir entre las diferentes Cábalas. Ya que por esta fecha al menos tres Cábalas parecen haber existido:

- primeramente, la tradición antigua secreta de los patriarcas se transmitió de los Egipcios a los Griegos y Romanos, y posiblemente por el Román Collegia a la Masonería de Gran Bretaña;

- En segundo lugar, la versión judía de esta tradición, la primera Cábala de los Judíos, de ninguna manera incompatible con el

---

286 [Ibíd., p. 242. 26. "Segun el Prof. Marks y el Prof. Hayter Lewis, el cuento de Hiram Abiff es al menos tan viejo como del siglo decimocuarto." - J.E.S. Tuckett en el Origen de los Grados Adicionales, A.Q.C. XXXII. Parte I. P.14. Debería ser notado que ningún Mason que participó en la discusión traída a evidencia para mostrar que esto databa desde antes de este período. Cf; *Freemasonry Before the Existence of Grand Lodges* (1923), por Wor. Bro. Lionel Vibert, I.C.S., p. 135, donde se sugiere que la leyenda Hiramica data de un incidente en uno de los gremios constructores francéses en 1401. 27. Yarker, op. cit., p. 348; Eckert, op. cit., II. 36. 28. Eckert, op. cit., II. 28.]

cristianismo, que desciende de Moisés, David, y Salomón a los Essenos y los judíos más cultos;[287]

● Y en tercer lugar, la Cábala pervertida, mezclada por los Rabinos con magia, barbarás supersticiones, y - posterior a la muerte de Cristo - con leyendas anti Cristianas.

La Tradición Templaría:

... Es seguramente razonable reconocer la plausibilidad de la contención puesta en marcha por un gran número de escritores Masónicos - particularmente en el Continente - que los elementos Judaicos penetraron dentro de la Masonería *[Operativa]* por medio de los Templarios. ... Según **George Sand**, quien era profundamente versado en la historia de las sociedades secretas, la leyenda Hiramica fue adoptada por los Templarios como simbólico de la destrucción de su Orden. Ellos lloraron sobre su impotencia en la persona de Hiram. La palabra se perdió y recuperado es su Imperio... El Francmasón Ragon de la misma manera declara que la catástrofe que ellos lamentaron era la catástrofe que destruyó su Orden. Más adelante, el Gran maestro cuyo destino ellos deploraron fue Jacques du Molay. *Aquí entonces tenemos dos cuerpos en Francia en el mismo período, los Templarios y los compagnonnages* [Masones Operativos], ambos poseen una leyenda concerniente al Templo de Salomón como ambos se lamentan por Jacques Maître que bárbaramente lo hicieron morir. ¿Si aceptamos la posibilidad que la leyenda Hiramica existió entre los masones antes de las Cruzadas, cómo debemos explicar esta coincidencia extraordinaria? Es seguramente más fácil creer que las tradiciones Judaicas fueron introducidas a los masones por los Templarios e injertado sobre la ciencia antigua que los gremios Masónicos habían heredado del Roman Collegia. - Eckert, op. cit., II. 28. 31. *La Comtesse de Rudolstadt*, II. 185. 32. Ragon, *Cours philosophique des Initiations*, p. 34.

... algunos símbolos Masónicos más importantes, el triángulo equilátero y la escuadra masónica sobre los dos pilares, vinieron desde tiempos Góticos. Yarker afirma que el nivel, la estrella ardiente, y la cruz de Tau, la que desde entonces ha pasado al simbolismo de la Francmasonería pueden ser remontados a los Caballeros Templarios, como también la estrella de cinco puntos en la Catedral Salisbury, el doble triángulo en la Abadía de Westminster, Jachin y Boaz, el círculo y el pentágono de la masonería del siglo catorce. Yarker cita posteriormente, que en 1556, el ojo y la luna creciente, las tres estrellas y la escalera de cinco gradas, como más pruebas de influencia Templaría. "Los Templarios eran grandes constructores, y Jacques du Molay fiel al celo de su Orden decorando iglesias en el proceso contra él en 1310; de

---

287 Esta tradicion igualmente contiene elementos del *Libro de Abraham*. - OZ

ahí la presunta conexión de los Templarios y Francmasones están unidos por tener un sustrato de verdad."[288]

... Se dice que Pierre d'Aumont y otros siete Caballeros escaparon a Escocia disfrazados de obreros masones y arrivaron a la Isla de Mull. El día de San Juan, en 1307 ellos tuvieron su primer capitulo. Robert Bruce entonces los tomó bajo su protección, y siete años más tarde ellos lucharon bajo su estándarte en Bannockburn contra Edward II, que había suprimido su Orden en Inglaterra. Se dice que Robert Bruce habia instituido la Royal Order of H.R.M. (Heredom) and Knights of R.S.Y.C.S. (Rosacruz). Estos dos grados ahora constituyen la Orden Real de Escocia, y no parece improbable que en realidad fueron traídos a Escocia por los Templarios. Así, según uno de los tempranos escritores sobre Francmasonería, *el grado de la Rosa-Croix se origino con los Templarios en Palestina* tan temprano como 1188; En este mismo año de 1314 Robert Bruce, como se dice, había unido a los Templarios y la Royal Order of H.R.M. con los gremios de obreros masones, que también habían luchado en su ejército, en la famosa Logia de Kilwinning, fundada en 1286, ... Es entonces en la Heredom of Kilwinning, "la Santa Casa de la Masoneria" - "Madre Kilwinning", como todavía es conocida para los Francmasones - que un fresco elemento especulativo puede haber encontrado su vía hacia las Logias.[289]

Una posterior indicación de la influencia de los Templarios en la masonería es el sistema de grados e iniciaciones. Los nombres de Aprendiz Iniciado, Compañero Mason, y Maestro Mason, según se dice, han provenido de Escocia, la analogía entre estos y los grados de los Asesinos ya han sido demostrados. **De hecho, muchos escritores muestran la semejanza entre la organización externa de Francmasonería y el sistema de los Ismailis:**

---

288 [John Yarker, *The Arcane School*, pp. 195, 318, 341, 342, 361. 35. Ibid., p. 196. 36. *Official history of the Order of Scotland* citado por Bro. Fred. H, Buckmaster en *The Royal Order of Scotland*, publicadas en las oficinas de los Francmasones, pp. 3, 5, 7; A.E. Waite, *Encyclopodia of Freemasonry*, II. 219; Yarker, The Arcane School, p. 330 ; Mackey, *Lexicon of Freemasonry*, p. 267.]
289 *Official History of the Order of Scotland* citado por Bro. Fred. H, Buckmaster en The Royal Order of Scotland, publicadas en las oficinas de los Francmasones, pp. 3,5,7; A.E. Waite, *Encyclopedia of Freemasonry*, II. 219 ; Yarker, *The Arcane School*, p. 330 ; Mackey, *Lexicon of Freemasonry*, p. 267; Baron Westerode en *Acta Latomorum* (1784), citado por Mackey, op. cit. 265. El Sr. Bernard H. Springett tambien asevera que este grado "originado en el Este (Sectas Secretas de Siria y el Líbano, p. 294). 38. Chevalier de Bérage, *Les Plus Secret Mystères des Hauts Grades de la Maçonnerie dévoilés, ou le vrai Rose Croix* (1768); Waite, *The Secret Tradition in Freemasonry*, I. 3; En 1784 algunos Franceses Francmasones escribieron a sus hermanos Ingleses diciendo: Nos concierne saber si en realidad existe en la isla de Mull, otrora Melrose... en el Norte de Escocia, un Monte Heredom, o si acaso no existe." [Nota: *Monte* significa la sede del Gobierno en la literatura esoterica] En respuesta, un lider Francmason, el General Rainsford, los refirió a ellos a las palabras (Har Adonai), i.e. Monte de Dios (*Notas de los papeles de Rainsford* en A.Q.C., XXVI. 99). Una mas probable explicacion parece, sin embargo, ser que el Heredom es una corrupcion de la palabra Hebrea "Harodim" que significa principes o gobernantes; F.H. Buckmaster, *The Royal Order of Scotland*, p. 5; Lecouteulx de Canteleu dice, como sea, que Kilwinning había sido el gran lugar de reunión de la Masoneria desde 1150 (*Les Sectes et Sociétés Secrètes*, p. 104). Eckert, op cit. II, 33.

"Sin duda junto con algún conocimiento de geometría es considerado como un secreto esotérico del oficio, muchos símbolos hoy corrientes de hecho se transmitieron desde tiempos muy primitivos. Pero un más cierto modelo fue la *Gran Logia de los Ismailis en El Cairo* - es decir el *Dar-ul-Hikmat*. Syed Ameer Ali también expresa la opinión que "el recuento de Makrisi de los diferentes grados de iniciación adoptados en esta Logia forma un registro invaluable de Francmasonería. De hecho, *la Logia en El Cairo se hizo el modelo de todos las Logias creadas después en la Cristiandad*. "El Sr. Bernard Springett, un Francmasón, citando pasaje, añade: "En esta última aserción estoy enormemente de acuerdo." Es seguramente por lo tanto legítimo de conjeturar que este sistema penetrado en la masonería por los Templarios, cuya conexión con los Asesinos - vástagos del Dar-ul-Hikmat - *fue un asunto de conocimiento común*.
- *Religious Thought and Heresy in the Middle Ages*, p. 372; *The Spirit of Islam*, p. 337; *Secret Sects of Syria and the Lebanon*, p. 181 (1922).

La pregunta de la sucesión Templaría en la Masonería forma quizás el punto más polémico en la entera historia de la Orden... Mackey, en su Léxico de Francmasonería, resume el asunto: "La conexión entre los Caballeros Templarios y los Francmasones repetidamente es afirmada por los enemigos de ambas instituciones y a menudo ha sido admitida por sus amigos. Lawrie, sobre el asunto, sostiene el siguiente lenguaje: "Sabemos que los Caballeros Templarios no sólo poseyeron los misterios, pero realizaron las ceremonias e inculcaron los deberes de los Francmasones" y él atribuye la disolución de la Orden al descubrimiento de ellos siendo Francmasones y de sus asambleas en secreto para practicar los ritos de la Orden.[290] Según han gobernado ellos [los Francmasones Británicos] han adoptado uno de dos cursos - ya sea que han persistentemente negado la conexión con los Templarios o ellos lo han representado como una impune y cruelmente maligna Orden.

Pero en realidad ninguno de estos expedientes es necesario para salvar el honor de la masonería británica, ni aun para el enemigo más amargo de la masonería alguna vez ha sugerido que los masones británicos hayan adoptado cualquier parte de la herejía Templaría. Los Caballeros que escaparon a Escocia pueden haber sido absolutamente inocentes de los cargos hechos contra su Orden; de hecho, hay buena razón para creer que este era el caso. Así entonces el *Manuel des Chevaliers de l'Ordre du Temple* relata el incidente de la manera siguiente:

---

290 Ver, Bouillet's *Dictionnaire Universel d'Histoire et de Géographie* (1860), articulo de los Templarios: Les Franc-Maçons prétendent se rattacher à cette secte. *Lexicon of Freemasonry*, p. 185.

Después de la muerte de Jacques du Molay, algunos Templarios escoceses se habían hecho apóstatas, ante la instigación de Robert Bruce se cobijaron las banderas de una nueva Orden instituida por este príncipe y en la cual las recepciones estaban basadas en aquellas de la Orden del Templo. Es aquí adonde debemos buscar el origen de masonería escocesa y aún aquellas de otros ritos Masónicos. Los Templarios escoceses fueron excomulgados en 1324 por Larmenius, quien los declaro ser Templi desertores y los Caballeros de San Juan de Jerusalén, Domniorum Militio espoliadores, puestos para siempre fuera del recinto del Templo: Extra girum Templi, nunc et in futurum, volo, dico et jubeo. Un anatema similar desde entonces ha sido lanzado por varios Grandes Maestros contra los Templarios que eran rebeldes a la autoridad legítima. Del cisma que fue presentado en Escocia un número de sectas nacieron. *The Royal Order of Scotland, Manuel des Chevaliers de l'Ordre du Temple*, p. 10 1825

Este recuento forma una exoneración completa de los Templarios escoceses; como apóstatas de la falsa Iglesia Cristiana y las doctrinas del Johannismo, ellos se mostraron leales a la Iglesia verdadera y a la fe cristiana como esta formulado en los estatutos publicados de su Orden. Lo que parecen, entonces, es haber introducido a la masonería su manera de recepción, es decir sus formas externas y organización, y posiblemente ciertas doctrinas Orientales esotéricas y leyendas Judaicas que conciernen a la edificación del Templo de Salomón de ninguna manera incompatible con la enseñanza de cristianismo.

… Después de la supresión de la Orden del Templo en 1312 un número de Caballeros se unieron a los Caballeros de San Juan de Jerusalén, por el cual el sistema Templario parece haber sido purgado de sus elementos heréticos. Como nosotros veremos más tarde, el mismo proceso, como se dice, ha sido realizado según la Orden Real de Escocia… Según tempranas autoridades Masónicas, la adopción de los dos San Juanes como santo patrón de la masonería surgieron, no del Johannismo, sino de la alianza entre los Templarios y los Caballeros de San Juan de Jerusalén. Es importante recordar que la teoría de la conexión Templaría con la Francmasonería fue sostenida por los Francmasones Continentales del décimo octavo siglo, quiénes, viviendo en el tiempo en que la Orden fue reconstituida en su base presente, estaban claramente en una mejor posición que nosotros para conocer sus orígenes ya que estamos separados de aquella fecha por una distancia de doscientos años. *Pero desde su primer testimonio viene a la luz en el periodo de los grados superiores*, en el cual la influencia Templaría es mas claramente visible que en la Masonería, debe ser reservado para un capitulo posterior. [Ver.:

Oratoria del Chevalier Ramsay, 1737; Baron Tschoudy, *L'Étoile Flamboyante* I. 20 1766]

El profesor Bühle enérgicamente declara que la "Francmasonería es, ni más ni menos que el Rosacrucianismo como lo modificaron los que lo trasplantaron en Inglaterra." Chambers, que publico su Cyclopedia famosa en 1728, observa: "Algunos que son amigos de la Francmasonería, hacen a la actual floreciente sociedad de Francmasones una rama de los Rosacruces, o más bien los mismos Rosacruces bajo un nuevo nombre o la relación, viz. empleados de la edificación. Y está seguro que hay algunos Francmasones que tienen todos los caracteres de los Rosacruces. Es interesante, sin embargo, notar que a los ojos de ciertos escritores Masónicos la conexión con los Rosacruces es considerada como sumamente des acreditable; la fraternidad así parecería haber sido menos intachable a lo que nos han enseñado creer. El Sr. Waite está igualmente preocupado con probar que "no hay ninguna conexión rastreable entre la Masonería y el Rosacrucianismo", y él continúa a explicar que la Francmasonería nunca fue una sociedad culta, que nunca reclamo "algún secreto transcendental de alquimia y magia, o cualquier habilidad en medicina," etc. ...el hecho indiscutible es que en la lista de Francmasones ingleses y Rosacruces encontramos a hombres que pertenecieron a ambas Órdenes y a uno entre estos dos que contribuyera grandemente a la constitución de la Francmasonería inglesa ... [por ejemplo], un eslabón importante es **Elias Ashmole**, el anticuario, astrólogo, y alquimista, el fundador del Museo Ashmolean en Oxford, que nació en 1617. Un Rosacruz declarado, y como hemos visto, también un Francmasón, Ashmole mostró gran energía en el reconstituir la masonería; él, como se dice, ha perfeccionado su organización, de posteriormente haberle añadido símbolos místicos, y según Ragon, *fue él quien preparó el ritual de los existentes tres grados de la Masonería-Iniciado Aprendiz, Compañero Masón Maestro Mason - el cual fue adoptado por la Gran Logia en 1717.* ¿De dónde vinieron estas inspiraciones frescas, más que de los Rosacruces? ¡ya que, según como Ragon también nos informa, en el año que Ashmole fue recibido en la Francmasonería los Rosacruces sostuvieron su reunión en el mismo salón en el Mason Hall! Que el Rosacrucianismo forma un eslabón importante en la cadena de la tradición secreta es por lo tanto innegable.[291] ¿Como, entonces, puede decirse que "no hay rastreable conexión entre la Francmasonería y el Rosacrucianismo"? Hay

---

291 Waite, *The Real History of the Rosicrucians.* p. 403. 64. Ibíd., p. 283; Yarker, *The Arcane Schools*, p. 430; "Yarker pronuncia que Elias Ashmole era alrededor del año 1686" el espíritu principal tanto en la masonería como en los Rosacruces, "y es de la opinión que en su diario establece el hecho" que ambas sociedades decayeron juntas en 1682. Él añade: "Es evidente por lo tanto que los Rosacruces... encontraron el Gremio vigente convenientemente listo a su mano, e injertaron sobre el sus propios misterios... también, a partir de ahora el Rosacrucianismo desaparece y la Francmasonería surge a la vida con todas las posesiones del anterior."
- *Speculative Freemasonry*, una Historica Disertacion, hecha el 31 de Marzo de 1883, p. 9; citado por Gould, *History of Freemasonry*, II. 138.

entonces, un tercer canal por el cual las Judaicas leyendas de la Francmasonería pueden haber penetrado en el Oficio.

Los Rabinos del Siglo Diecisiete:

... el escudo de armas ahora usado por la Gran Logia había sido diseñado por un judío de Ámsterdam, Jacob Jehuda León Templo, colega del amigo de Cromwell, el Cabalista **Manasseh Ben Israel**. ... El Sr. Lucien Wolf escribe que Templo "tenía una monomanía para... todo lo relacionando con el Templo de Salomón y el Tabernáculo de lo Salvaje. Él construyó los modelos gigantescos de ambos edificios." ... "Este escudo de armas", dice el Sr. Lucien Wolf, "completamente esta compuesto de símbolos judíos", y es "un intento de mostrar heráldicamente varias formas del Querubín descrito en la segunda visión de Ezequiel - un Buey, un Hombre, un León, y una Águila - y así pertenece al dominio más alto y más místico del simbolismo hebreo." ... esta visión, conocida por los judíos como el "Mercaba", pertenece a la Cábala, adonde una interpretación particular es colocada sobre cada figura para proporciona un significado esotérico imperceptible al no iniciado. **El escudo de armas Masónico es así completamente Cabalístico tal cual también es el sello sobre los diplomas de masonería, donde otra figura Cabalística, él de un hombre y mujer combinados, es reproducido.**[292]

Para resumir, entonces, los orígenes del sistema que ahora conocemos como Francmasonería no deben ser encontrados en una sola fuente. Las doce fuentes alternativas enumeradas en la Cyclopedia Masónica y citados al principio de este capítulo pueden haber contribuido a su formación. Así la Masonería Operativa puede haber descendido del Roman Collegia y por los masones operativos de la Edad Media, mientras la masonería Especulativa puede haber provenido de los patriarcas y de los misterios de los paganos. **Pero *la fuente de inspiración que no admite ninguna negación* es la Cábala judía**. El hecho queda que cuando el ritual y las constituciones de masonería fueron preparados en 1717, aunque ciertos fragmentos de las doctrinas antiguas Egipcias y Pitagóricas fueran conservados, *la versión Judaica de la tradición secreta fue aquella seleccionada por los fundadores de la Gran Logia en la cual construyeron su sistema.*

---

292 Ver: *Jewish Encyclopodia*, articulos sobre Leon y Manasseh ben Israel; Articulo sobre *"Escudo de Armas Anglo-Judio"* por Lucien Wolf en Transacciones de la Sociedad Historica Judia, Vol. II. p.157. 70; *Transacciones de la Sociedad Historica Judia de Inglaterra*, Vol. II. p.156. Una imagen del Templo forma el frontispicio de este volumen, y una reproduccion del escudo de armas de la Gran Logia se da opuesto a la p. 71; tambien *Zohar*, seccion Jethro, folio 70b (Traduccion por de Pauly., Vol. III. 311); tambien: La Cabalistica interpretacion de la Mercaba se encuentra en el *Zohar*, seccion Bereschith, folio 18b (Traduccion por Pauly., Vol. I. p. 115)

La Era de la Gran Logia: SEAN CUAL FUESEN los orígenes de la Orden que ahora conocemos como Francmasonería, esta claro que durante el siglo precedente su reorganización bajo la Gran Logia de Londres el sistema secreto de unir hombres juntos para un objetivo común, basado en las doctrinas Orientales esotéricas, habían sido anticipados por los Rosacruces. ¿Fue empleado este sistema secreto, como sea, por algún otro cuerpo de hombres? Esto es ciertamente de imaginar como en este importante siglo 17, cuando hombre de todas opiniones aliados contra fuerzas opuestas - Los Luteranos combinados contra el Papa, Católicos uniendo esfuerzos contra la invasión del protestantismo, Republicanos que conspiran a favor de Cromwell, Monarquistas a la vez conspirando para restaurar a los Estuardos, y finalmente los Monarquistas que conspiran el uno contra el otro de parte de dinastías rivales - una organización de esta clase, permitiendo una para trabajar en secreto por una causa y poner invisibles vastos números de seres humanos en movimiento, podrían demostrarse invaluables a cualquier partido:

- Mirabeau también relata que "**los Jesuitas** se lucraron de los problemas internos del reinado de Charles I para poseerse de los símbolos, las alegorías, y las alfombras (tapices) de los masones Rosacruces."
- Escritores continentales otra vez afirman que **Cromwell**, archí opositor de la Iglesia Católica, era un "**alto iniciado de misterios Masónicos**," y uso el sistema para su propia escalada al poder (2); luego, que él haya sido dejado atrás por los Levelers; que esta secta, cuyo nombre ciertamente sugiere inspiración Masónica, adopto para sus símbolos la escuadra y el compas
- Elias Ashmole, el Monarquista Rosacruz, como se dice, ha tornado el sistema Masónico contra Cromwell, de modo que hacia el final del decimoséptimo siglo la Orden se unió a la causa de los Estuardos

En cuanto a **Cromwell**, la única circunstancia que presta color a cualquier posibilidad de su conexión con la Francmasonería *es su conocida amistad con Manasseh Ben Israel*, el colega del Rabino Templo que diseñó el escudo de armas posteriormente adoptado por la Gran Logia... Que las Logias a finales del decimoséptimo siglo eran Monarquista es seguro, y hay buena razón para creer que, cuando la revolución de 1688 dividió la causa Monarquista, los Jacobinos que escaparon a Francia con James II se llevaron a la Francmasonería con ellos. Con la ayuda de Franceses ellos establecieron Logias en la cual, se dice, ritos Masónicos y símbolos fueron usados para promover la causa de los Estuardos.[293]... Mientras tanto, la Francmasonería en Inglaterra no siguió adhiriéndose a la causa de los Estuardos como lo habían hecho bajo el padrinaje de Elias Ashmole, y para el año 1717 se dice, que se había hecho *Hannoveriano*... desde esta fecha importante la historia oficial del sistema presente, puede decirse que comenzó; hasta ahora todo descansa sobre documentos vagos, de los cuales la autenticidad es con frecuencia dudosa, y que no proporciona ninguna historia continua de la Orden. En 1717 por primera vez la Francmasonería fue establecida en una base firme y en el proceso sufrió un cambio fundamental. Hasta ahora parecería haber conservado un elemento vigente, pero en la transformación que ahora ocurrió *esto completamente fue eliminado, y la Orden entera fue transformada en un cuerpo especulativo de clase media y clase alta*. Este *coup d'état*, ya sugerido en 1703, ocurrió a principios de 1717, cuando cuatro Logias de Francmasones de Londres se reunieron en la Apple Tree Tavern en Charles Street, Covent Garden[294]

...los lideres del nuevo movimiento todos aparentan haber pertenecido a la clase media, tampoco *desde este momento ya sean masones o arquitectos parecen haber jugado alguna prominente parte en la Francmasonería*... Esto es evidente, luego, que algunas circunstancias deben haber surgido las cuales los llevaron a dar este paso importante. El Dr. Bussell va mas allá al decir que la *Gran Logia fue instituida para apoyar a la dinastía Hannoveriana*. Esto sería quizás mas cercano a la verdad al concluir que si ellos eran Hannoverianos era porque ellos eran constitucionales, y la dinastía Hannoveriana ahora habiendo sido establecida deseó evitar posteriores cambios. En una palabra, entonces, ellos eran simplemente hombres de paz, ansiosos de acabar con las disensiones, quienes, viendo que el sistema de masonería era utilizado con el objetivo de promover la discordia, determinaron arrancarlo de las manos de intrigantes políticos y restaurarlo a su carácter original de hermandad, aunque no de hermandad entre masones obreros solamente, sino entre hombres traídos de todas las clases y profesiones. Por fundar la Gran Logia en Londres y preparando un ritual y "Constituciones", ellos esperaron prevenir la perversión de sus signos y símbolos y establecer la Orden en una base firme[295] ... bajo el Gran Maestro **Sir Christopher Wren**: "Su principal objetivo desde este periodo era moderar el odio religioso tan terrible en Inglaterra durante el reinado de

---

293 Ver: *Histoire de la Monarchie Prussienne*, VI. 76. 2. Lecouteulx de Canteleu, p p. 105, 106; Lombard de Langres, *Les Sociétés Secrètes en Allemagne*, p. 67; Monsignor George F. Dillon, *The War of Anti-Christ with the Church and Christian Civilization*, p. 24 (1885); Brother Chalmers I. Paton, *The Origin of Freemasonry*, p. 34.
294 [Lecouteulx de Canteleu, op. cit., p. 107; Robison's *Proofs of a Conspiracy*, p. 27; Dillon, op. cit, p. 24; Mackey, *Lexicon of Freemasonry*, p.148; Preston y su *Illustrations of Masonry*, p. 209 (1804); Brother Chalmers I. Paton, *The Origin of Freemasonry*, etc., p. 12.]
295 Dr. Bussell: *Religious Thought and Heresy in the Middle Ages*, p. 373 - Un "Otrora Gran Maestro", en un articulo titulado "The Crisis in Freemasonry", en la *English Review* en Agosto de 1922, toma la misma vision. "Es verdad... que las Logias en Inglaterra eran originalmente clubs Hannoverianos, y las Logias Escocesas eran clubs Jacobinos."

James II y de tratar de establecer algún tipo de concordia o fraternidad, al debilitar en la medida que fuese posible el antagonismo surgido de las diferencias de religiones, rangos, e intereses."

> "es ahora mas expedita solo para obligarlos a aquella Religión en la cual todo hombre este de acuerdo, dejando sus particulares Opiniones para si; eso es para ser buenos hombres y verdaderos, u Hombres de Honor y Honestidad, por cualquier Denominación o Persuasión ellos pueden ser distinguidos; cuando la Masonería se convierte en el Centro de Unión y los Medios de Conciliar verdadera amistad entre las Personas que debían haber permanecido a perpetua Distancia."
>
> "Constituciones" de la Orden, delineados por el Dr. Anderson en 1723

Los fundadores principales de la Gran Logia eran, como hemos visto, clérigos, ambos comprometidos en la predicación de doctrinas cristianas en sus iglesias respectivas. Es seguramente por lo tanto razonable de concluir que la Francmasonería en el momento de su reorganización en 1717 era Deistica sólo en el punto que invitaba a hombres a reunirse juntos sobre la comunalidad de una creencia en Dios... tanto en Jachin como Boaz (1762) e Hiram o el Gran Maestro Llave de la Puerta de ambas masonerías Antigua y Moderna por un miembro del Arco Real (1766) encontros rezos en las logias concluyendo con el nombre de Cristo. Estos pasos fueron substituidos mucho más tarde por puramente deisticas fórmulas bajo el mando del Gran Maestro el librepensador Duque de Sussex en 1813. Pero a pesar de su carácter innocuo... una carta firmada "Jachin" apareció en la revista The Gentleman's Magazine que declaraba a los Francmasones que últimamente han sido suprimidos no sólo en Francia, también en Holanda por ser "un*a peligrosa Raza de Hombres*" a continuación: "Ningún Gobierno debe sufrir tales clandestinas Asambleas en donde complots contra el Estado se lleven a cabo, bajo la *Pretenion de Amor Filial y buen Compañerismo.*" El escritor claramente inconsciente de posibles tradiciones Templarías continúa a observar que el centinela colocadó en la puerta de la logia, con una espada en su mano: no es la única señal que ellos son una Orden militar; y sugiere que el título de Gran Maestro es tomado en imitación de los Caballeros de Malta. "Jachin" además, huele un complot Papal: Ellos no sólo admitían a turcos, judíos, Infieles, pero aún a Jacobinos, no jurados y aun a los mismos Papistas... ¿Cómo podemos estar seguros que aquellas Personas que son conocidas por ser bastante artificiales, sean admitidas en todos sus Misterios? No hacen ningún escrúpulo para reconocer que hay una distinción entre Aprendices y Maestros Masones y **quien sabe si ellos no puedan tener una Orden más alta de Cabalistas, quienes guardan el gran secreto solo para ellos**," – Gentleman's Magazine, April 1737

... además, Francmasones en este período fueron divididos entre ellos y se expresaron en relación a grupos contrarios sospechas iguales que los no masones expresaron respecto a la Orden entera. Para los años después de la supresión de la masonería en Francia fue marcada por el desarrollo más importante en la historia de la Orden moderna - la inauguración de los Grados Adicionales.

El origen y la inspiración de los grados adicionales han provocado apenas no menos controversia en los círculos Masónicos que el origen mismo de la masonería. Debería ser explicado que la masonería Azul - es decir, los tres primeros grados de Aprendiz Iniciado, Compañero Mason, y Maestro Mason del cual he intentado remontar la historia - eran los únicos grados reconocidos por la Gran Logia en el momento de su fundación en 1717...

Entre los años de 1740 y 1743, el grado del **Arco Real** y la primera de la serie de *grados superiores* ahora conocidos como el **Rito Escocés** o como el **Rito Antiguo y Aceptado**. El grado A.R., que, como se dice, está contenido en el embrión en el Libro de Constituciones de 1723, **es puramente Judaica**- la glorificación de Israel y conmemoración de la edificación del segundo Templo... "el grado de Arco Real, cuando este tenía los Tres Velos, debe haber sido el trabajo, incluso si por la instrucción, de **un judío Cabalístico** alrededor de 1740, y a partir de ahora podemos esperar encontrar una tradición secreta injertada sobre el sistema de Anderson."[296]... se sugiere que los Jacobinos intrigaban para introducir el grado del Arco Real en la masonería, ellos también como se dice, han sido comprometidos en la elaboración del "Rito Escocés". Déjenos examinar esta discusión.

La aceptación o el rechazo de esta superestructura siempre formaban un tema de controversia violenta entre masones; un cuerpo que afirma que la llamada Craft Masonry es la única masonería verdadera y genuina, otros declaran que el verdadero objetivo de la masonería sólo puede ser encontrado en los grados más altos. Fue esta controversia, centrada alrededor del **grado del Arco Real**, que a mediados del décimo octavo siglo se dividió la masonería en dos bandos contrarios de Antiguos y Modernos, los Antiguos declararon que el grado A.R. era la "Raíz, Corazón, y el Tuétano de la Francmasonería" y los Modernos la rechazaron. Aunque bien trabajada por los Antiguos desde 1756 adelante, este grado definitivamente fue repudiado por la Gran Logia en 1792, y sólo en 1813 oficialmente fue recibido en la Francmasonería inglesa. – OZ

---

296 Mackey tambien piensa que el Arco Real fue introducido en 1740, pero que antes de esa fecha formo parte del grado de Maestria (Lexicon de Francmasoneria; Yarker, *The Arcane Schools*, p. 437; Revisado por Yarker del libro del Sr. A.E. Waite: *The Secret Tradition in Freemasonry* in The Equinox, Vol. I. No. 7. p. 414.

La fundación de la Gran Logia en Londres había sido seguida de la inauguración de logias Masónicas sobre el Continente - en 1721 en Mons, en 1725 en París, en 1728 en Madrid, en 1731 en La Haya, en 1733 en Hamburgo, etc. Varias de estas recibieron su autorización de la Gran Logia de Inglaterra. Pero no era la cuestión con la Gran Logia de París, que no recibió una autorización hasta 1743. Los hombres que fundaron esta logia, lejos de ser apolíticos, eran líderes **Jacobinos** involucrados en esquemas activos para la restauración de la dinastía de Estuardo. El líder del grupo, Charles Radcliffe, había sido encarcelado con su hermano, el funesto Lord Derwentwater que fue ejecutado en Tower Hill en 1716. Charles había tenido éxito en escapar de Newgate y había hecho su camino a Francia, donde él asumió el título de Lord Derwentwater, aunque el Condado hubiera dejado de existir conforme a la sentencia de muerte civil contra su hermano. Fue este Lord Derwentwater - quien posteriormente fue ejecutado por tomar parte en la rebelión de 1745 - quien con varios otros Jacobinos, como se dice, ha fundado la Gran Logia de París en 1725, y él de haberse hecho el Gran Maestro.

... Sin embargo, como con frecuencia pasa cuando los hombres forman confederaciones secretas para un objetivo totalmente honorable, sus filas fueron penetradas por confederados de otra clase... Ahora, era alrededor de 1740 cuando un *renacimiento del Templarismo* ocurrió en Francia y Alemania... si acaso ellos existieron como los descendientes lineales de la Orden del duodécimo siglo o simplemente como un renacimiento de aquella Orden. La existencia de *Germanos Templarios* en esta fecha bajo el nombre de la **Stricte Observance** (con el cual trataremos en un posterior capítulo) es de verdad un hecho indiscutible; pero que había también una *Ordre du Temple* en Francia al principios del décimo octavo siglo debe ser considerado como sumamente probable. El Dr. Mackey, John Yarker, y Lecouteulx de Canteleu (quién, debido a su posesión de documentos Templarios, tenía fuentes exclusivas de información) todos declaran que esto ha sido el caso y acepto la Charter de Larmenius como auténtica. "Es completamente seguro", dice Yarker "que había en este período en Francia una Ordre du el Templo, con un charter de John Mark Larmenius, que reclamó nominación de Jacques du Molay. **Philippe de Orléans** aceptó ser Gran Maestro en 1705 y firmó los Estatutos."[297]

---

297 [Ref: Correspondence on Lord Derwentwater, en el Morning Post en Septiembre 15 de 1922; El Sr. Waite (*The Secret Tradition in Freemasonry* I. 113) erroneamente da el nombre de Lord Derwentwater como John Radcliffe y en su *Encyclopodia of Freemasonry* como James Radcliffe. Pero James era el nombre del tercer Conde, decapitado en 1716; tambien: Gould, op. cit. III. 138. "Los fundadores rodos eran Britanicos." - A.Q.C., XXXII. Parte I. p. 6. 25. "Si buscamos en todos nuestros gravados en Ingles encontraremos que en cualquier Logia (o Logias) puedan haber existido en Paris en 1725 no deben haber estado en el charter, ya que la primera logia Francesa en nuestra nomina esta listada por 1730-32... Puede parecer probable... que la logia Derwentwater... era una informal Logia y no hizo pedido de admisión sino hasta 1732." - Gould, *History of Freemasonry*, III. 138; Tambien: John Yarker, *The Arcane Schools*, p. 462.]

... en la Gran Logia de París era cierto <u>Andrew Michael Ramsay</u> conocido como el *Chevalier Ramsay,* nacido en Ayr cerca de la famosa logia de Kilwinning, donde los Templarios, como se dice, habían formado su alianza con los masones en 1314. En 1710 Ramsay fue convertido a la fe católica romana por Fénelon y en 1724 se hizo el tutor a los hijos del Pretendiente en Roma [James II] ... Ramsay había formado una amistad con el Regente, <u>Philippe, Duque de Orléans</u>, quien era el Gran maestro del Ordre del Santo-Lazare, instituido durante las Cruzadas ... Parece probable a toda cuenta que Ramsay era un Chevalier de la Orden ... Si Ramsay fuera admitido a cualquier Orden por el Regente, esto era seguramente el *Ordre du Temple* ... el carácter infame del **Duc d'Orléans** es de conocimiento común; además, durante la Regencia - Aquel período de impiedad y disolución moral hasta ahora sin par en la historia de Francia - el jefe del consejo era el **Duque de Borbon** ...Este Duque de Borbón en 1737 se dice que se convirtió en el Gran Maestro del Templo. "Fue entonces", observa de Canteleu, "que estos dos Grandes Maestros del Templo degradaron la autoridad real e incesantemente incrementaron el odio hacia el gobierno."

Entonces parecería extraño que un hombre tan decente como Ramsay aparentaba haber sido, quien había además pero recientemente convertido a la iglesia Católica, de haber formado una amistad con el disoluto Regente de Francia, a no ser que haya habido un nexo entre ambos. Pero aquí tenemos una posible explicación - Templarismo. Sin duda durante la juventud de Ramsay en Kilwinning muchas tradiciones Templarías fueron de su conocimiento, y si acaso en Francia el se encontró en amistad con el mismísimo Gran Maestro, ¿Que de extraño tendría que el debió haber entrado en una alianza la cual resulto en su admisión a una Orden a la cual estaba acostumbrado a reverenciar y la cual, además, fue representada a el como la *fons et origo* de la hermandad Masónica a la cual el también pertenecía? Es entonces que encontramos a Ramsay en el mismo año en que el *Duque de Bourbon se hizo Gran Maestro* del Templo espontáneamente escribiéndole al Cardenal Fleury para proteger a los Francmasones en Francia:

> "En el tiempo de las Cruzadas en Palestina muchos príncipes, señores, y ciudadanos se asociaron, y juraron restaurar el Templo de los Cristianos en la Tierra Santa, y emplearse en devolver su arquitectura a su primera institución. Ellos convinieron en varios signos antiguos y palabras simbólicas traídas desde el pozo de la religión para reconocerse de entre los paganos y Sarracenos. Estos signos y palabras sólo fueron comunicados a los que prometieron solemnemente, y aún a veces al pie del altar, de nunca revelarlos. Esta promesa sagrada no era por lo tanto un juramento execrable, como lo han llamado, pero una obligación respetable para unir a Cristianos de

todas las nacionalidades en una cofradía. Algún tiempo después nuestra Orden formó una unión íntima con los Caballeros de San Juan de Jerusalén. Desde ese tiempo nuestras logias asumieron el nombre de Logias de San Juan."[298]

Este discurso de Ramsay ha levantado una tormenta de controversia entre los Francmasones porque este contiene una indicación muy decidida de una conexión entre Templarismo y la Francmasonería ... Ramsay en su carta al Cardenal Fleury apelando a la protección real para ser extendida a la Francmasonería; es por lo tanto poco probable que él habría proclamado una conexión entre la Orden que él estaba ansioso de presentar en la luz más favorable y uno que anteriormente había sido suprimido por el Rey y el Papa ... el Gran maestro recién elegido del Templo era el Duque de Bourbon, quien ya había incurrido en el descontento del Cardenal. Obviamente, por lo tanto, la influencia templaría era mejor guardarla en el fondo ... Ramsay, que indudablemente sostenía que la Orden de Templarios era de total veneración; no podía esperar que el Rey o el Cardenal compartieran su punto de vista, y por lo tanto se mantuvo más prudente al referirse a los progenitores de los Francmasones conforme a la vaga descripción de un cuerpo de cruzados ... la apelación de protección real no sólo fue rechazada, pero la nueva Orden, que hasta ahora habían permitido a Católicos entrar, ahora estaba prohibido por el edicto Real. En el año siguiente, 1738, el Papa, Clemente XII, publicó un bule, *In Eminenti*, prohibiendo la Francmasonería y ex comunicando a los Católicos que participaron en ella. - A.Q.C., XXII. Parte I. P.10... esta prohibición aparece haber sido sin efecto, ya que la Francmasonería no sólo prosperó, sino que pronto comenzó a fabricar nuevos grados... en 1747, [encontramos] la cuenta siguiente de los orígenes de Francmasonería:

"Esta Orden fue instituida por Godefroi de Bouillon en Palestina en 1330, después de la decadencia de los ejércitos cristianos, y *sólo fue comunicada a los masones franceses* algún tiempo después y a un muy

---

298 Esta oración ha sido publicada varias veces y de forma diversa ha sido atribuida a Ramsay y al Duc d'Antin. El autor de un papel en A.Q.C., XXXII. Parte I., dice sobre p. 7: "Si Ramsay entregó su discurso o no, es dudoso, pero está seguro que él lo escribió. Fue impreso en un periódico parisiense obscuro y obsceno llamado el Almanach des Cocus hacia 1741 y como se dice, había sido 'pronunciado' por Monsieur de R – Grand Orateur de l'Ordre. "Otra vez fue impreso en 1742 por Bro. De la Tierce en su Histoire, Obligations et Statu, etc. ... and De la Tierce dice que fue 'prononcé par le Grand Maître des Francs-Maçons de France' en el año 1740... A.G. Jouast (Histoire du G.O., 1865) dice que la Oración fue pronunciada en la Instalación del Duc d'Antin como Gran Maestro el 24 de Junio, 1738, y la misma autoridad manifiesta que fue inicialmente impresa en la Haya en 1738, atado con algunos poemas atribuidos a Voltaire, y algunos cuentos licenciosos de Pirón... Bro. Gould remarca: 'Si acaso tal obra realmente existió en esa fecha, fue probablemente el original de la "Lettre philosophique par M. de V--, avec plusieurs pièces galantes," London, 1757. El Sr. Gould, sin embargo, ha proveído muy buena evidencia que Ramsay fue el autor de la oración por el descubrimiento de la carta por Daruty al Cardenal Fleury, quienes juntos con la oración misma (traducida de la versión De la Tierce) le reproduce en su Historia de la Francmasonería Vol. III. p.84.

pequeño número, como una recompensa por los servicios de obligación que ellos dieron a varios de nuestro Caballeros ingleses y escoceses, de quienes la masonería verdadera es tomada. Su Logia Metropolitana esta situada sobre la Montaña de Heredom donde tuvo su primera logia en Europa y que existe en todo su esplendor. El Consejo General todavía se sostiene allí y es el sello del Soberano Gran Maestro en funciónes. Esta montaña esta situada entre el Oeste y el Norte de Escocia a sesenta millas de Edimburgo."[299]

1.	Entered Apprentice.	15.	Knight of the Sword.
2.	Fellow Craft.	16.	Prince of Jerusalem.
3.	Master Mason.	17.	Knight of the East and West.
4.	Secret Master.	18.	Rose-Croix Knight.
5.	Perfect Master.	19.	Grand Pontiff.
6.	Intimate Secretary.	20.	Grand Patriarch
7.	Intendant of the Buildings.	21.	Grand Master of the Key of Masonry.
8.	Provost and Judge.	22.	Prince of Libanus or Knight of the Royal Axe.
9.	Elect of Nine.	23.	Sovereign Prince Adept.
10.	Elect of Fifteen.	24.	Commander of the Black and White Eagle.
11.	Chief of the Twelve Tribes.	25.	Commander of the Royal Secret.
12.	Grand Master Architect.		
13.	Knight of the Ninth Arch.		
14.	Ancient Grand Elect.		

Baron Tschoudy en su *Etoile Flamboyante*, que apareció en 1766, dice que el origen cruzado de la Francmasonería es el que oficialmente se ha enseñado en las logias, donde les dicen a los candidatos para iniciación, que varios Caballeros habían puesto en marcha rescatar los sitios santos de Palestina de los Sarracenos "formaron una asociación bajo el nombre de "Franc-Masones", así indicando que su deseo principal era la reconstrucción del Templo de Salomón," ellos, posteriormente, adoptaron ciertos signos, apretones, y contraseñas como una defensa contra los Sarracenos, y finalmente aquella "nuestra sociedad", ... fraternizó sobre el equilibrio de una Orden con los Caballeros de San Juan de Jerusalén, de lo cual es evidente que los Francmasones tomaron prestada la costumbre de recibir a San Juan como el patrón de la Orden entera en general. "Después de las cruzadas" los Masones guardaron sus ritos y métodos y de este modo perpetuaron el arte real estableciendo logias, primero en Inglaterra, luego en Escocia, etc. -

299 Chevalier de Bérage, *Les plus secrets mystères des Hauts Grades de la Maçonnerie dévoilés, ou le vrai Rose-Croix.* Jerusalen. M.DCC.LXVII. (A.Q.C., Vol. XXXII. Parte I. p. 13. Se refiere, como sea, a una edicion de 1747). NB: ya que Godefroi de Bouillon murio en el año 1100, Yo concluyo que su nombre debe haber sido introducido aqui por error por de Bérage o la fecha de 1330 de haber sido una mal impresion.

Mackey confirma esto, *Lexicon of Freemasonry*, p. 304; Etoile Flamboyante, I pp. 18- 20.]

Baron Tschoudy, sin embargo, declara que todo esto falta poco para la verdad, que la Francmasonería se origino mucho antes de las Cruzadas en Palestina, y que los verdaderos "ancestros, padres, autores de los Masones, aquellos hombres ilustres de quienes no diré la fecha, ni traicionar el secreto", eran un "cuerpo disciplinado" quien Tschoudy describe por el nombre del "Caballero de la Aurora y Palestina". "Después" de la destrucción casi total del pueblo judío, "estos" Caballeros "siempre esperaban recuperar la posesión de los dominios de sus padres y reconstruir el Templo, y ellos con cuidado conservaron sus" regulaciones y la liturgia particular, "juntos" con un tratado sublime "que era el objeto de su estudio continuo y de sus conjeturas filosóficas. Tschoudy posteriormente relata que ellos eran estudiantes de las "ciencias ocultas" de las cuales la alquimia formó parte, y que ellos habían" abjurado los principios de la religión judía para seguir las luces de la fe cristiana. "En el momento de las Cruzadas los **Caballeros de Palestina** salieron del desierto del Thebad, donde ellos habían permanecido ocultos, y se habían unido a ellos a algunos cruzados que habían permanecido en Jerusalén. *Declaraban que ellos eran los descendientes de los masones que habían laborado en el Templo de Salomón*, ellos profesarón concernirse con la "arquitectura especulativa", que sirvió para disfrazar un punto de vista más glorioso. A partir de ahora ellos tomaron el nombre de Francmasones, se presentarón bajo este título a los ejércitos que hacían una cruzada y en asamblea bajo sus estandartes. - *Étoile Flamboyante*, pp. 24-9.

Desde luego que sería absurdo considerar cualquiera de las cuentas precedentes como hechos históricos; el punto importante es que ellos tienden a demostrar la falacia de suponer que la teoría Johannita Templaría originada con el revivido Ordre du Temple, desde que una tan estrechamente correspondiente a ella estaba al corriente a mediados del siglo precedente. Es verdad que en estas cuentas más tempranas las actuales palabras "Johannita" y "Templario" no occure, pero la semejanza entre *la secta de judíos que profesaban la fe cristiana*, pero poseían una "liturgia particular" y un "sublime tratado" - aparentemente alguna temprana forma de la Cabala - lidean con ciencias ocultas, y los Mándanos o Johannitas con su Cabalístico *Libro de Adán*, su *Libro de Juan*, y su ritual, son inmediatamente evidentes. Más aun, las alusiones a la conexión entre los Caballeros que habían sido adoctrinados en la Tierra Santa y las logias escocesas coinciden exactamente con la tradición Templaría, publicada no sólo por el Ordre du Temple, pero se transmitieron en la Orden Real de Escocia.

De todo esto, los hechos siguientes se destacan: (1) que mientras la masonería británica remontó su origen a los gremios operativos de masones, los Francmasones de Francia a partir de 1737 en adelante colocó el origen de la Orden en la caballería cruzada; (2) que fue entre estos Francmasones que los grados superiores conocidos como el **Rito escocés** surgió; (y 3) que, como nosotros ahora veremos, estos grados claramente sugieren la inspiración Templaría.

... **el grado de Rosa-Croix**, tal como la tradición Templaría de la cual aparenta haber descendido, es capaz de una *interpretación dual*, o más bien de múltiple interpretación, ya que ningún grado en la masonería ha sido sujeto a tanta variación ... el Dr. Oliver de verdad admite la afiliación entre la fraternidad del decimoséptimo siglo y el grado del décimo octavo siglo, y después de apuntar la primera indicación del grado de Rosa-Croix aparece en el Fama Fraternitatis en 1613, continúa a decir: Era conocido mucho más temprano, aunque no probablemente como un grado en la masonería, ya que ello existía como una ciencia cabalística desde tiempos remotos en Egipto, Grecia, y Roma, así como entre los judíos y moros en tiempos más recientes, y en nuestro propio país los nombres de Roger Bacon, Fludd, Ashmole, y muchos otros son encontrados en su listado de adeptos. – Oliver's *Landmarks of Freemasonry*, II. 81, nota 35.

Existe innegable evidencia que en las tempranas formas el Ecossais o **Grados Scots eran Católico Romano [y de origen Jesuita]**; Tengo un ritual MS. en Francés [A.Q.C., XXXII. Parte I. p. 17] del que creo ser la original *Chev. de l'Aigle or S.P.D.R.C. (Souverain Prince de Rose-Croix)*, y en el, la Nueva Ley esta declarada por ser "la foy Catholique" y el Baron Tschoudy en su *L'Etoile Flamboyante* of 1766 describe el mismo Grado como "le Catholicisme mis en grade" (Vol. en. p. 114). *Yo sugiero que Ecossais o Masonería Scots estaba propuesta a ser Católica Romana así también como una forma Estuarda de Francmasonería*, en la cual ninguno era admitido excepto aquellos devotos de ambas Restauraciones. ... ciertamente parece probable que la leyenda de la Orden Real de Escocia tenía alguna fundación de hecho y por lo tanto que las ideas incorporadas en el grado Rose-Croix del décimo octavo siglo puede haber sido copiado de aquella Orden y traído por los Jacobitas a Francia.

Al mismo tiempo no hay ninguna prueba en apoyo de la declaración hecha por ciertos escritores Continentales, que Ramsay en realidad instituyó esto o cualquiera de los grados superiores. Al contrario, en esta Oración él expresamente declara que la Francmasonería esta compuesta de los grados de masonería Craft solamente... el continua a mostrar que "Monsieur de

Cambrai convertía a Ateos en Deístas, Deístas en Cristianos, y Cristianos en Católicos por secuencia de ideas llenas de iluminación y sentimiento."

¿Podría esto no ser el proceso cuál Ramsay apuntó a introducir en la Francmasonería - el proceso que de hecho forma parte del sistema masónico en Inglaterra hoy, donde el Ateo debe hacerse, al menos por la profesión, un Deísta antes de que él pueda ser admitido a la masonería Craft, ¿ mientras el grado de Rosa-Croix esta reservado únicamente para los que profesan la fe cristiana? En cuanto a esto, el Rosa-Croix entre todos los grados superiores introducidos a Francia a mediados del siglo 18 está solo, y esto solo puede con cualquier probabilidad ser atribuido a la inspiración *Escocesa Jacobina*. No fue, de hecho, hasta que tres o cuatro años después de que Lord Derwentwater o su sucesor misterioso Lord Harnouester hubieran dimitido para Gran Maestro a favor del Duque d'Antin en 1738 que se oyó de los grados adicionales por primer vez, y no fue sino hasta ocho años después que la causa de Estuardo había recibido su golpe mortal en Culloden, es decir, en 1754, que el *Rito de Perfección* en el cual los así llamados Grados escoceses fueron incorporados fueron presentados. Sólo tenemos que echar un vistazo a la nomenclatura de los últimos veintidós de estos grados para ver que sobre la base de la masonería operativa ha sido cimentado sistema compuesto de dos elementos: *Caballería Cruzada y Tradición Judaica.* ¿Qué es esto, pero Templarismo? Incluso el Sr. Gould, por lo general tan reservado sobre la influencia de los Templarios, lo admite en este período...

> El grupo Templario ha, como sea, formado dos separadas asociaciones, los "Caballeros del Este" (1756) y el "Consejo de los Emperadores del Este y Oeste" (1758). En 1761 **un Judío llamado Stephen Morin fue enviado a América por los** "Emperadores" armado con una orden del Duque de Clermont y la Gran Logia de Paris y and portando el sonoro titulo de "Gran Electo Perfecto y Sublime Maestro", con ordenes de establecer una Logia en aquel país. En 1766 el fue acusado en la Gran Logia de "propagar extraña y monstruosas doctrinas" y su patente de Gran Inspector fue retirada **Morín, sin embargo, tuvo éxito en establecer el "Rito de Perfección". Dieciséis Inspectores, casi todos Judíos, fueron ahora nombrados. Estos incluían a Isaac Long, Isaac de Costa, Moses Hayes, B. Spitser, Moses Cohen, Abraham Jacobs, y Hyman Long. Issac Long deriva su autoridad de Morin. Fue Long quien le dio a la Institución el nombre:** *Ancient and Accepted Scottish Rite*, May 31st, 1801 El grado Kadosch puede ser resumido como la "apoteosis y real objetivo de la enseñanza Masónica: "Yo, Solo Yo, Todo mío, Todo para mi, por cualquier y por cada medio."
> - Paul Rosen, *Satan et Cie*, p. 142. - oz

En Francia... algunos de las logias Escocesas aparentan haber temporalmente manufacturado nuevos, conectando a estos muy distinguidos Escoceses Masones con los Caballeros Templarios, y así entonces dando alza a la subsecuente inundación de Templarismo. Las más tempranas de todas supuestamente han sido los Masones de Lyon, quienes se inventaron el grado **Kadosch**, representando la venganza de los Templarios, en 1741. Desde ese tiempo nuevos ritos se han multiplicado en Francia y Alemania pero todos aquellos de origen Francés contiene Caballerescos, y casi todos los grados Templarios. En cada caso el enlace que los conectaba estaba compuesto de uno o más grados Escoceses.[300]

El Kadosch del cual aquí se menciona es una palabra hebrea que significa "sacro" o "consagrado", el cual en la Cábala se encuentra en conjunción con el Tétragrammaton. El grado se dice que ha desarrollado de aquel de Gran Electo, uno de los tres "grados de venganza" celebrando con sanguinario realismo el acto de venganza por el asesinato de Hiram. Pero en su final forma de *Caballero Kadosch* - posteriormente a convertirse en el decimotercer grado del "Antiguo y Aceptado Rito Escoses", la leyenda Hiramica fue cambiado en la historia de los Templarios con Jacques du Molay como la víctima. Así que la reprobación de [los Jacobinos] atacando a la autoridad personificada por el maestro-constructor se convirtió en aprobación de ataque a la autoridad en la persona del Rey de Francia.[301]

La introducción de los grados superiores con sus tendencias políticas y, luego en, tendencias *anti-Cristianas* así entonces marcó una completa departida del fundamental principio de la Francmasonería que "nada que concierne a la religión o al gobierno jamás debían ser tema de conversación dentro de la logia." Por esta razón ellos habían sido asesinados no solo por escritores anti-masónicos pero por los mismos Francmasones. Barruel de hecho incurre en los reproches de Mounier por su competencia de Ingleses Francmasones: El alardea su respeto para su religiosa opinión y por la autoridad. Cuando el se expresa acerca de los Francmasones en general ellos son impíos, rebeldes sucesores de los Templarios y Albigenses, pero todos aquellos de Inglaterra eran inocentes.

Más que esto, todos los Iniciados Aprendices, Compañeros Masones, y Maestros Masones en todas partes del mundo eran inocentes; ***solo hay***

---

300 Gould's *History of Freemasonry*, III. 93. Thory brinda la fecha del grado Kadosch como 1743.

301 *Zohar, section Bereschith,* folio 18b; A.Q.C., XXVI: "Templar Legends in Freemasonry"; - "Este grado esta intimamente conectado con la antigua orden de los Caballeros Templarios, una historia cuya destruccion, por los unidos esfuerzos de Philip, Rey de Francia, y el Papa Clemente V, forman parte de las instrucciones dadas al candidato. El vestido de los Caballeros es negro, como un elemento de luto por la extincion de los Caballeros Templarios, y la muerte de Jacques du Molay, su ultimo Gran Maestro."
- Mackey, *Lexicon of Freemasonry*, p. 172.

culpables en los grados altos, los cuales no son esenciales a la institución, y solo pueden ser vistos por un pequeño número de gente.[302] En esta opinión de Barruel es adonde un gran numero de escritores Masónicos concurren - Clavel, Ragon, Rebold, Thory, Findel, y otros muy numerosos para mencionar; todos indican a la masonería Craft como la única verdadera clase y los grados superiores como constituyendo un peligro a la orden. Rebold, quien brinda una lista de estos escritores, cita una masónica publicación, autorizada por Gran Oriente y el Supremo Consejo de Francia, en el cual se dice que: **"de todos estos ritos resultan los mas tontos conceptos ... las mas absurdas leyendas... los mas extravagantes sistemas, los principios mas inmorales, y aquellos mas peligrosos para la paz y preservación de los Estados"**, y que por lo tanto excepto por los primeros tres grados de la Masonería, los cuales son realmente antiguos y universales, cada cosa es: **"quimera, extravagancia, futilidad, y mentiras."** ¿Acaso Barruel y Robison alguna vez usaron lenguaje más fuerte que este? - Em. Rebold, *Histoire des Trois Grandes Loges de Franc-Maçons en France*, pp. 9, 10 (1864).

Yo sugiero, entonces, que el termino **"Masonería Escocesa" se convirtió simplemente en un velo para el Templarismo** - Templarismo además, de una muy diferente clase a aquella de la cual el original grado de Rose-Croix se derivo. Fueron estos así llamados *Masones Escoceses* que, luego de la renuncia del Lord Derwentwater, "atrevidamente dieron paso al frente y reclamaron ser no simplemente una parte de la Masonería pero a *mayores privilegios* **y derecho a regir sobre la ordinaria, i.e. Masonería Craft**." [A.Q.C., XXXII. Parte I. 21.]

La Gran Logia de Francia parece, como sea, haber realizado que el peligro de someterse a la dominación del elemento Templario, y en la muerte del Duque d'Antin y su reemplazo por el Conde de Clermont en 1743, significo su adherencia a la English Craft Masonry por proclamarse a si como la *Grande Loge Anglaise de France* y reescribieron las "Constituciones" de Anderson,

---

302 El Sr. J.E.S. Tuckett, en el documento antes mencionado, cita los Artículos de la Unión de 1813, en el cual dice que la "pura antigua Masonería consiste de tres grados y no mas", y continua con la observación:

> "Acorde a esta vista esos otros Grados (los cuales por conveniencia puedan llamarse Adicionales Grados) no son Masonería real del todo, sino una extraños y espontáneos brotes surgiendo alrededor de la propia 'Craft', posterior en fecha, y la *mayoría foráneas*, i.e. *no-Británicas* en origen, y la existencia de cualquier tales grados como algunos escritores lo condenan como una contaminación de la 'pura Antigua Francmasonería' de nuestros antepasados."
> A.Q.C., XXXII. Part I. p. 5; J.J. Mounier, *De l'Influence attribué aux Philosophes, aux Francs-Maçons et aux Illuminés sur la Révolution Française*, p. 148 (1822).

Ver también la carta del Duque de Northumberland en Alnwick para el General Rainsford datada en Enero 19, de 1790, defendiendo a Barruel del cargo de atacar a la Masonería y apuntando solo a los grados superiores, A.Q.C., XXVI. p. 112.

primeramente publicadas en 1723, con la inclusión que los Maestros Escoceses debían ser colocados al mismo nivel que el simple Aprendiz y Compañero Mason y permitidos de no portar insignias de distinción.

La Gran Logia de Inglaterra aparenta haber sido reasegurado por esta proclamación así como el carácter de la Francmasonería, ya que fue ahora, en 1743, que finalmente pudo entregar una orden a la Gran Logia de Francia. Aunque en realidad *fue a partir de ese momento que la Francmasonería Francesa se degenero mas rápidamente.* La Orden pronto invadida por instigadores.[303]

... el Conde de Clermont, nominado Gran Maestro en 1743, aparenta haber tenido poco interés en la Orden y empleo a un substituto en la persona de un danzante maestro llamado Lacorne, un hombre de bajo carácter por cuya influencia las logias cayeron en un estado de anarquía. La *Francmasonería fue así entonces dividida en beligerantes facciones*: Lacorne y el grupo de partidarios de clase-baja quienes lo habían seguido a las logias fundaron una Gran Logia para ellos mismos (Grande Loge Lacorne), y en 1756 los originales Francmasones de nuevo intentaron hacer a la masonería Craft, la Masonería nacional de Francia por eliminar la palabra "Anglaise" del apelativo de la Gran Logia, y renombrándola "Grande Loge Nationale de France". Pero muchas logias todavía continúan operan con los adicionales grados. *La rivalidad entre dos grupos se torno tan violenta* que en 1767 el gobierno intervino y clausuro la Gran Logia.

... el cierre de la Gran Logia no previno las reuniones del grupo de Lacorne, el cual, al deceso del Duque de Clermont en 1772, instituyo la *"Grand Orient"* con el Duque de Chartres - el futuro "Philippe Egalité" - como Gran Maestro. La Grand Orient luego invito a la Grande Lodge a revocar el decreto de expulsión y unirse a ella, y esta oferta siendo aceptada, el partido revolucionario inevitablemente llevaba todo ante ello, y el Duque de Chartres fue declarado Gran Maestro de todos los consejos, capítulos, y logias Escocesas de Francia. **En *1782* el "Consejo de Emperadores" y los "Caballeros del Este" se** combinaron para formar el "Grand Chapitre Général de France", el cual en 1786 se junto con la logia Grand Orient. *La victoria del partido revolucionario* [Jacobinos] *estaba completa.* - Ver: Mackey, *Lexicon of Freemasonry*

> El congreso se llevo a cabo en el palacio de Fredrick, la tierra de Hess-Cassel, el hombre más rico de Europa, y el Gran Maestro de la masoneria Bavara. Las vastas finanzas de este hombre eran

---

303 A.Q.C., XXXII. Part I. 22. Es curioso que en esta discusión por miembros del **Quatuor Coronati Lodge la** influencia de los Templarios, la cual provee la única clave para la situación, esta casi enteramente ignorada; Yarker, *The Arcane Schools*, pp. 479-82.

manejadas por <u>Amschel Mayer Rothschild</u>. En el congreso la sede de los Illuminati fue transferida a Frankfurt, el centro de la dinastía Rothschild y el Jewish Bund (Logia Francmasónica).

Esta unión marca el momento del de-facto infiltrado en el liderazgo Francmasónico por Judíos Adeptos [Illuminati] y sus secuaces, según fue fundada por Weishaupt a las órdenes de los Frankistas y el Baron Rothschild, quienes en Frankfurt ya tenían sus exclusivas logias Judías.
Isaac Long - notado en la previa pagina - fue el practicante Satanista e Illuminati Gran Maestro que estableció el Baphomet en Charleston Carolina y subsecuentemente inicio a <u>Albert Pike</u> y a <u>Mazzini</u>, que juntos re-ingeniaron los últimos tres grados: 31, 32, y 33, los cuales una generación mas tarde abrió la puerta a Crowley para reformar la infame OTO, cuyo Orden Satánico completo el golpe!

Long también trajo consigo un cráneo, del cual el declaro que era del Gran Maestro De Molay. Con estas reliquias el entonces posteriormente estableció el súper rito conocido como el Paladión, "el cual conduciría la Francmasonería a la victoria." Long era hijo de Isaac Long el escritor Holandés y primordial Moraviano conectado con el Conde Zinzendorf. **Los Moravianos** eran una decadente secta de religiosos tiranos y de pretenciosa piedad que practicaron la depravación de mujeres y total alienación de la propiedad pertenecientes a sus seguidores: comunistas en el estilo de Mao Tse Tung.

[Ver: H.L Stllson, op. cit. p 649 y Lady Queensborough, op. cit. p. 192. – OZ]

El Martinista Papus atribuye las revolucionarias influencias que ahora prevalecen en las logias a *su invasión por los Templarios*, y va mas allá al explicar que esto era debido a un cambio que había ocurrido en la Ordre du Temple. Bajo la Gran Maestría del Regente y su sucesor el Duque de Bourbon, los elementos revolucionarios entre los Templarios han tenido total juego, pero desde 1741 en adelante los Grandes Maestros de la Orden eran partidarios de la monarquía. Cuando llego la Revolución, el Duque de Cossé-Brissac, quien había sido Gran Maestro desde 1776, pereció entre los defensores del trono.
Fue entonces a mediados de siglo que la *Orden del Templo* ceso de ser una fuerza revolucionaria, y los descontentos elementos que contienen, incapaz de encontrarlo en un refugio, **se arrojaron dentro de la Francmasonería, y entrando en los grados superiores los convirtió para sus propósitos subversivos.** Acorde a Papus, Lacorne era un miembro del grupo Templario, y las disensiones que ocurrieron eran principalmente una lucha entre los ex-

Templarios y los genuinos Francmasones lo cual culmino en el triunfo de estos últimos:

Los victoriosos rebeldes entonces fundaron la *Grand Orient de France*. Así un contemporario Mason es capaz de escribir: "No es excesivo decir que la masónica revolución de 1773 fue el preludio y el precursor de la Revolución de 1789." Lo que debe ser muy bien observado es la secreta acción de los Hermanos del Rito Templario. Son ellos quienes son los reales fomentadores de la revolución; *los otros solo son dóciles agentes*. - Martines de Pasqually, par Papus, président du Suprême Conseil de l'Ordre Martiniste, p. 144 (1895). Papus es el pseudonimo del Dr. Gerard Encausse.

> "El 25 de Octubre de 1762, las Grandes Constituciones Masónicas fueron finalmente ratificadas en Berlín y proclamadas para el Gobierno de todos los cuerpos Masónicos operando en el Rito Escocés sobre dos hemisferios; y fueron transmitidos al Judío, Stephen Morin, nominado a petición de Lacorne en Agosto de 1761, Inspector General para el Nuevo Mundo por el Gran Consistorio de Príncipes del Secreto Real, convocado en Paris, bajo la presidencia de Chaillon de Joinville, representante de Frederick el Grande, General de la Orden. No había rango superior al 32 ni tampoco alguien superior al Consistorio."
>
> H.L. Stillson & W.J. Hughes, *History of Freemasonry and Concordant Orders*;
> Ver tambien: Morris's Masonic Dictionary - OZ]

Pero todo esto atribuye la nociva influencia del Templarismo a los Franceses Templarios solo, y la existencia de tal cuerpo reposa en absolutamente incierta evidencia. Lo que es certero y no admite negación de parte de historiador alguno, es la inauguración de una Orden Templaría en Alemania en el preciso momento cuando los así llamados grados Escoceses fueron introducidos en la Masonería Francesa.

El Rito Paladión: El 20 de Septiembre de 1870, el Gen. Cadorna, un francmasón, entro en la Ciudad Eterna con su ejército. El mismo día, G. Mazzini y A. Pike dividieron sus poderes: A Pike se le otorgo soberana dogmática autoridad como Soberano Pontífice de la nueva Francmasonería Universal, mientras Mazzini sostenía la autoridad ejecutiva de Soberano Jefe de Acción Política, desde donde rogo a Pike para que redactara los Estatutos y rito litúrgico que ataría a los miembros de la centralizada "alta" masonería. Pike, en honor del Baphomet templario, llamaron a esta orden el *Nuevo y Reformado Rito Paladión*.

"Se acordó que la existencia de este rito seria guardado estrictamente secreto y que ninguna mención debía hacerse en las Asambleas de las Logias y templos Inner Shrines de otros ritos... el secreto de la nueva institución estaba solo a ser divulgado con gran precaución a unos pocos pertenecientes a los altos grados ordinarios..."
Un masón grado 33 era muy bien recibido en cualquier Logia sin restricción, debido a extensas ramificaciones internacionales, estos eran privilegiados para reclutar adeptos para el Paladión... un rito esencialmente Luciferino. Su religión es neo-gnosticismo Maniqueo... La Santa Sede para todo el dogma Masónico se estableció en Charleston, la ciudad sacra del rito Paladión, con Pike como Soberano Pontífice de Lucifer... en Roma con Mazzini como Soberano Ejecutivo... Sacerdote y Rey." [*Occult Theocrasy*, Lady Q. p. 215-17; Margiotta's History, p. 97. – OZ]

"Este súper rito, el cual es Masónico Luciferino espiritismo, no debe ser confundido con la maquinaria de alta masonería. *Paladismo es el Culto de Satán en los templos inner shrines de un rito superpuesto a todos los ritos. Es un culto,* una religión. La Alta Masonería es una suprema administración que involucra una organización mucho mas altamente desarrollada que el Paladismo cuyos lideres secretos, algunos de los cuales no son Luciferinos, actúan en concierto y aceptan central autoridad para que su labor pueda ser mas efectiva. En la fundación de este rito, el General Pike no creo ocultismo Masónico. *Anderson, Desaguliers, Weishaupt, Swendeburg, Lessing, Frederic II de Prussia, Mesmer, Pernety, Cagliostro, Pasqualis, St. Martin, Francia, Lord Palmerston, Gen. Contreras, Mazzini* y muchos otros trabajaron en la Gran Obra de la Cábala, pero antes de 1870, los templos inner shrines todos operaron sin otra dirección que aquella de teúrgicos rituales de Swedenburg, y los Masónicos Iniciados de Hermeticismo fueron ampliamente dispersos en diferentes escuelas las cuales eran locales y no "internacionales"." [Bataille, Le Diable au XIX siècle, vol. I p. 346 and Charconac, Eliphas Levi. P 191. - OZ]

TEMPLARISMO GERMANO E ILUMINISMO FRANCES

... en 1738, **Frederick, Coronado Príncipe de Prusia**, quien por dos años había estado intercambiando correspondencia con **Voltaire**, repentinamente evidencio una curiosidad para conocer los secretos de la Francmasonería de la cual hasta allí se había mofado como "Kinderspiel", y acordemente paso a través de una apresurada iniciación durante la noche del 14-15 Agosto ... En Junio de 1740, luego de su ascenso al trono, su interés en la Masonería no se había desvanecido, ya que lo encontramos presidiendo sobre una logia en Charlottenburg.

En este mismo año de 1740, Voltaire en respuesta a urgentes invitaciones, hizo su primera visita a Frederick el Grande en Alemania. La visita de Voltaire a Alemania continúo con dos extraordinarios eventos en el mundo masónico de Francia. La primera de estas fue la institución de los adicionales grados; el segundo - tal ves no enteramente desconectado con el primero - fue el arribó a Paris de un masónico delegado desde Alemania llamado von Marschall, quien trajo consigo instrucciones para una nueva o mas bien revivida Orden de Templarismo, en el cual el intento interesar al Príncipe Charles Edward y sus seguidores. A Von Marschall lo siguió dos años después por el Barón von Hundt, quien había sido iniciado en 1741 dentro de los tres grados de la masonería Craft en Alemania y ahora vino a consagrar a la logia en Paris. Acorde al propio relato de von Hundt, fue entonces recibido dentro de la Orden del Templo por un desconocido Caballero del Red Plume, en presencia de Lord Kilmarnock. Fue von Hundt quien, secundando al esfuerzo de von Marschall, trato de enrolar al Príncipe Charles Edward en la nueva Orden Alemana al asegurarle a el que podría surgir un poderoso apoyo por la causa Estuarda bajo la cubierta de reorganizar la Orden Templaría, de la cual el alegaba poseer los verdaderos secretos que descendían de los Caballeros del decimocuarto siglo... luego de la derrota de Culloden - en persuadir al Príncipe Charles Edward de entrar a su Orden. A cualquier paso, cuando en 1751 von Hundt oficialmente fundo su nueva Orden Templaría bajo el nombre de la **Stricte Observance**, el desafortunado Charles Edward no jugo ningún rol del todo en este esquema. Tal como el Sr. Gould verdaderamente ha observado, "ningún rastro de intrigas Jacobinas alguna vez se mezclo con la enseñanza de *Stricte Observance*."[304]

La **Orden de la Stricte Observance** era en realidad una asociación puramente Germana compuesta de hombres provenientes enteramente de la clase intelectual y aristocrática, y, en imitación de las caballerescas Ordenes del

304 A. E. Waite, *The Secret Tradition in Freemasonry*, I. 296, 370, 415; Clavel (*Histoire pittoresque de la Franc-Maçonnerie*, p. 185) dice que fue posterior al descubrimiento que "el Pretendiente, lejos de haber hecho a Von Hundt un Templar, al contrario fue hecho un Templario por el." Pero las autoridades niegan que el Príncipe Charles Edward haya sido iniciado aun en la Francmasonería; Lecouteulx de Canteleu, *Les Sectes et Sociétes Secrètes*, p. 242; Clavel, op. cit., p. 184; Gould, op. cit., III. 100; Ibíd., III. 99, 103; Waite, *Secret Tradition in Freemasonry*, I. 289:

"El Rito de la *Stricte Observance* fue el primer sistema Masónico que reclama provenir su autoridad de *Desconocidos Superiores*, irresponsablemente pero reclamando ellos mismos absoluta jurisdicción y obediencia sin cuestionar." *Histoire de la Monarchie Prussienne*, V. 61 (1788).

[Este último protocolo de la *Stricte Observance* es el principio precedido por aquel que también guía a la amenaza Jesuita. También se delinea en los *Protocolos de Sion*, como una muy necesaria herramienta de subversión. – OZ]

pasado, conocidos entre ellos bajo títulos caballerescos … Los lideres oficiales, Caballeros de la Luna, la Estrella, el Sol Dorado, o de Montaña Sacra, eran simplemente figuras-decorativas; los verdaderos lideres, conocidos como los "Desconocidos Superiores", permanecían tras bastidores, sin estar adornados pero ejerciendo suprema jurisdicción sobre la Orden …

… presagiado por los "Invisibles" del Rosacrucianismo del siglo decimo séptimo; pero ahora, apareció a plena luz del día una poderosa organización liderada aparentemente por hombres de influencia y posición pero secretamente dirigida por jefes ocultos. **Mirabeau** ha descrito el advenimiento de estos misteriosos directores:

> Alrededor de 1756 han aparecido, como salidos del suelo, hombres enviados, según dicen, por desconocidos superiores, y armadas de poderes para reformar la orden [de Francmasonería] y re-establecerla en su antigua pureza. Uno de estos misioneros, llamado Johnston, vino a Weimar y Jena, adonde el mismo se estableció. El fue recibido en la mejor manera en el mundo por los cofrades [Francmasones], quienes se vieron seducidos con la esperanza de grandes secretos, importantes descubrimientos los cuales jamás les fueron revelados. [*Histoire de la Monarchie Prussienne*, V. 61 (1788)] …

> "Mirabeau fue iniciado por el Prof. Mauvillon en Brunswick. El ascendió alto en la orden y en 1788, el inicio al Duque d'Orléans quien ya era Gran Maestro de Francmasones en ese país, y también Talleyrand. La totalidad de las 266 logias de Grand Orient fueron "iluminadas" a fines de 1789, a pesar de la Bávara supresión del culto. *No hay duda, con el terreno preparado para las obras de Voltaire y Rousseau,* d'Alembert y Diderot, y con el ejemplo del Duque de Orleans, y el esfuerzo de hombres como Mirabeau, Talleyrand, Sieyes y Condorcet, el sistema se propago con rapidez."

[Thomas Frost, *Secret Societies of the European Revolution*, Vol. I, p. 53. – OZ]

"Los Illuminati no desaparecieron después del ultimo siglo. Aun se encuentran en Alemania, Inglaterra y Rusia adonde habían formado una extraña secta en la cual la **castración -** [como en los ritos de Isis y el Dravidianos Shakti] - es uno de las pasos de iniciación. El gusto por lo sobrenatural, la pasión de lo maravilloso, constantemente los mentalmente desequilibrados hombres en cuya imaginación es fanática, para arrojarse ellos mismos en las fantásticas visiones que constituyen el Iluminismo."

[Le Forestier, *Les Illuminés*, op.cit. p 654. - OZ]

Una muy curiosa secuencia de eventos entonces ocurrieron por los cuales esta bien recapitular:

i.   **1737**. Oración del Chevalier Ramsay indicando Francmasonería de origen Templario, pero sin hacer mención de grados superiores.

ii.   **1738**. El Duque d'Antin se convierte en Gran Maestro de Francmasonería Francesa en lugar del Lord "Harnouester".

iii.   **1738**. Frederick, Príncipe de Prusia, iniciado en la Masonería en Brunswick.

iv.   **1740**. Voltaire hace su primera visita a Frederick, ahora Rey.

v.   **1741**. El Barón von Marschall arribo a Paris con un plan para revivir los Templarios.

vi.   Por primera vez se escucha en Francia el nombre de Masonería Escocesa.

vii.   **1743**. Llega a Francia el Barón von Hundt con frescos planes para revitalizar la Orden Templaría. Grado de Caballero Kadosch celebrando venganza de Templarios se dijo haber sido instituido en Lyon.

viii.   **1750**. Voltaire va a pasar tres años con Frederick.

ix.   **1751**. Von Hundt funda la Templaria Orden de la Stricte Observance.

x.   **1754**. Se funda en Francia el Rito de Perfección (temprana forma del Rito Escoses).

xi.   **1761**. Frederick acreditado jefe del Rito Escoces. Enviado a fundar el Rito de Perfección en América.

xii.   **1762**. Se ratifican en Berlín las Grandes Constituciones Masónicas.

El Sr. Gould describe esto como "la inundación del Templarismo", lo cual ambos con el Sr.Tuckett atribuyen a los así llamados "Masones Escoceses", corresponde precisamente con el decline de Jacobinos y el alza de influencia Germana ... en la historia de la *Ordre du Temple*, publicada a principios del siglo 19, *Frederick el Grande* es citado como uno de los mas distinguidos miembros de esta Orden en el pasado, y el Abad Grégoire añade que el fue "consagrado" en Remersberg (Rheinsberg?) en 1738, esto es por decir en el mismo año que fue iniciado en la Masonería en Brunswick. Existe por lo tanto una definitiva razón para conectar a Frederick con el Templarismo en esta fecha.[305] Propuestas Teorías:

---

305 *Histoire de la Monarchie Prussienne*, V. 61 (1788); *Les Sectes et Sociétés Secrètes*, p. 246; Gould, op. cit, 102. Waite (*Encyclopædia of Freemasonry*, II. 23); Mackey, op. cit., p. 331; Gould, *History of Freemasonry*, III. 93; *A.Q.C.*, XXXII; *Lévitikon*, p. 8 (1831); Fabré Palaprat, *Recherches historiques sur les Templiers*, p. 28 (1835); M. Grégoire, *Histoire des Sectes Religieuses*, II. 401. Findel dice que despues que Frederick retorno a casa desde Brunswick "una logia fue secretamente organizada en el castillo de Rheinsberg" (*History of Freemasonry*, Eng. trans., p. 252). Esta logia aparenta entonces haber sido una Templaria, no una Masonica.

1. Que los documentos producidos por la *Ordre du Temple* en el decimonoveno siglo, incluyendo el Chárter de Larmenius, eran genuinos; que la Orden no había cesado de existir desde los días de la Cruzadas; que la Templaría herejía era el Johannismo, pero que esto no era sostenido por los Templarios que escaparon a Escocia; que el grado Rose-Croix en su forma puramente Cristiana fue introducida por los Escoceses Templarios a Escocia y cuatrocientos años después traído por Ramsay a Francia; que el Maestro de este Templo en esa fecha era el Regente, Philippe el Duque de Orléans, tal como lo manifestado en el Chárter of Larmenius. Finalmente, que después de esto, frescos grados Templarios fueron introducidos desde Alemania por von Hundt, actuando de parte de Frederick el Grande.

2. Que los documentos producidos por la *Ordre du Temple* en el decimonoveno siglo, fabricaciones de inicios del siglo decimoctavo tal como M. Matter declara; eso aunque, en visión de la tradición preservada en la Orden Real de Escocia, esto aparenta ser una Buena razón para creer el cuento de los Escoceses Templarios y el origen del grado Rose-Croix, el resto de la historia de los Templarios, incluyendo el *Charter de Larmenius*, fue un invención de los "Escondidos Superiores" de la *Stricte Observancia* en Alemania, y que la *mas importante de estos "Escondidos Superiores" fue Frederick el Grande y Voltaire.* [Yo concurro con esta tesis. – OZ]

No debo intentar decidir cual de estas dos teorías es correcta; todo lo que si sostengo es que en cualquier caso el preponderante rôle en el Templarismo en esta crisis fue ejecutada por Frederick el Grande, *probablemente con la co-operación de Voltaire*, quien en su *Essai sur les Mœurs* defendía la causa de los Templarios. Permitámonos seguir la razón para arribar a esta conclusión.

Adicionales Ocho grados agregados

26. Prince of Mercy.	30. Grand Elect Knight of Kadosch.
27. Sovereign Commander of the Temple.	31. Grand Inspector Inquisitor Commander.
28. Knight of the Sun.	32. Sublime Prince of the Royal Secret.
29. Grand Scotch Knight of St. Andrew.	33. Sovereign Grand Inspector-General.

La oración de Ramsay en 1737 conectando la Francmasonería con los Templarios muy bien podría haber llegado a oídos de Frederick y le sugirieron la idea de usar la Masonería como cubierta de sus intrigas - de ahí su apresurada iniciación en Brunswick. Pero para poder adquirir influencia en una sociedad secreta siempre es necesario establecer un claim reclamo a superior conocimiento, y el Templarismo parecía proveer una fructífera fuente de inspiración. Para este propósito nueva luz debe ser enfocada sobre la Orden. Ahora, probablemente no había *alguien mejor calificado que Voltaire*, con su conocimiento del mundo antiguo y medieval y por detestar la iglesia Católica, para emprender la construcción de un histórico romance subversivo de la fe Católica - de ahí el urgente ordenar al filosofo de visitar a Frederick... Si acaso pudiese ser mostrado que aquí en el Johannismo la verdadera "primitiva Cristiandad" estaba para ser encontrada, ¡que golpe para el "infâme"! Un habilidoso falsificador puede ser encontrado para fabricar los documentos de los que se dicen haber estado preservados en los secretos archivos de la Orden. Posteriormente tenemos a von Marschall arribando en el siguiente año a Francia para reorganizar los Templarios, y von Hundt luego proclamando tener en su poder los verdaderos secretos que la Orden entrego desde el siglo decimocuarto.

Que algunos documentos portando esta cuestión fueron ya sea descubiertos o fabricados *bajo la dirección de Frederick el Grande* parece lo más probable desde la existencia de una masónica tradición para este efecto, consecuentemente el Dr. Oliver cita un Reporte de los Grandes Inspectores-Generales en el siglo decimonoveno manifestando que:

Durante las Cruzadas, en la cual habían 27,000 Masones presentes, algunos masónicos de gran importancia fueron descubiertos entre los descendientes de los antiguos Judíos, y que otros invaluables documentos fueron encontrados en diferentes periodos hasta el año de Luz 5557 (i.e. 1553), en cuyo tiempo un record salió a la luz en caracteres Sirios, relacionados con mas remota antigüedad, y en base a estos podría parecer que el mundo es muchos miles de años mayor que el de los dados en el relato de Moisés. *Pocos de estos caracteres fueron traducidos hasta el reino de nuestro ilustre y mas iluminado Hermano Frederick II, Rey de Prusia*, cuyo bien conocido celo por el *Craft* fue la causa de mucho mejoramiento en la Sociedad sobre la cual el se condescendía de presidir. - Oliver, *Historical Landmarks in Freemasonry*, II. 110.

Yo sugiero, entonces, que los documentos aquí referidos a y posteriormente publicados por la *Ordre du Temple* en el siglo diecinueve, y que si acaso no son auténticos *fueron la obra de Voltaire, probablemente con la ayuda de un Judío capaz de falsificar manuscritos sirios.* Que Johnson fuese el judío en cuestión parece probable, desde que Findel definitivamente asevera que la historia de la continuación de la Orden de Caballeros Templarios fue obra suya. Frederick, según sabemos, tenia el habito de emplear Judíos para llevar a cabo dolosas transacciones, y el bien podría haber usado a Johnson para falsificar documentos así como uso a Efraím para acuñar falsa moneda para el (Findel, *History of Freemasonry*, Traducción Inglesa p. 290). Entonces cuando en 1786 el *Rito de Perfección* fuera reorganizado y re nombrado el "Antiguo y Aceptado Rito Escocés" - siempre la misma cubierta Escocesa para Prusianismo! - se dice que fue Frederick quien condujo las operaciones, redacto las nuevas Constituciones de la Orden, y reorganizo los grados de tal forma que llegaron a ser treinta y tres grados [ver cuadro].

En los últimos grados, Frederick el Grande y Prusia jugaron una parte importante; en el decimo tercer grado de Caballero Kadosch, mayormente modelado a partir de los *Vehmgerichts*, los Caballeros portaban cruces Teutónicas, el trono esta sobre montado por el águila bicéfala de Prusia [el mismísimo antiguo icono Hitita mencionado previamente. – OZ] y el Presidente, quien es llamado Thrice Puissant Grand Master, representa al mismo Frederick; en el trigésimo-segundo grado de *Sublime Príncipe del Secreto Real*.

Nota del Editor sobre el *Secreto Real*:

Esto, *según Crowley y Reuss*, es el adquirir de Inmortalidad y longevidad vía Magia Tántrica Sexual; mas específicamente, *Pedophilia* por medio de robar la fuerza vital de la inocencia vis-à-vis *sodomía y sacrificio humano*: algo lejanamente practicado por ocultos Judíos quienes sacrificaran a un niño non-Judío anualmente antes de la Fiesta de los Tabernáculos y /o el *Passover*. Tales Judíos eran *Kaballic Magi [específicamente Hasidim -] no debe ser confundido con* Judaísmo Ortodoxo; un grupo de sinceros creyentes quienes han sido victimas por la contaminación de esta ofensa contra hombres y el cielo y airado contra sus reprobados prójimos. Existe evidencia y testimonio que la practica esta al corriente en América, con algunas familias de reconocida herencia Satánica desde la fundación del país. Actualmente, tales esfuerzos están acordados solo para aquellos Francmasones cuidadosamente seleccionados por encima del grado 32ndo. El "ojo de Horus" - tal como lo adaptado por Crowley - realmente representa el rectum y es vicariosamente le llaman el "Túnel del Tifón" en la magia de Crowley. El ritual le avala al adepto acceso a *dimensiones paralelas* en donde el puede convertirse en *"dios" de su propio universo*. Esta disciplina es llamada "Magia Transgotica". Existen ahora un número de logias de la OTO dedicada mente homosexual con esta magia en mente. Es a este Derecho que podríamos atribuir el advenimiento de los así llamados "Aliens" de seres transdimensionales y el fenómeno OVNI completo, ¡cortesía de réprobos jinn! Varias referencias a este Hasidim se hacen a lo largo del texto y no debe descartarse como insignificante. - OZ.

Frederick es descrito como el jefe de la Francmasonería Continental; en el trigésimo-tercer grado de Soberano Gran Inspector-General, la joya es de nuevo el águila bicéfala, y el Soberano Gran Comandante es Frederick, quien al tiempo cuando este grado fue instituido figuraba con Philippe, Duque de Orleáns, Gran Maestro de Gran Oriente, como su teniente.

La mas importante de estas innovaciones era el grado trigésimo -segundo, el cual en realidad era un sistema en vez de un grado para traer juntos a los Masones de todos los países bajo una cabeza - de ahí, el inmenso poder adquirido por Frederick. Para 1786 la Masonería francesa fue así enteramente Prusianizada y Frederick se había vuelto de hecho el ídolo de la Masonería por doquier. Si bien probablemente nadie nunca desprecio más profundamente la Francmasonería más profundamente.[306] como el masón Americano Albert Pike astutamente observo:

> "No hay duda que Frederick llego a la conclusión que las grandes pretensiones de la Masonería en los grados azules eran apenas imaginarios y engañosos. El ridiculizo la Orden, y pensaba que sus ceremonias eran simples juegos de niños; y algunos de sus dichos para ese efecto han sido preservados. No es del todo que seguía que bien pudiese que un día mas adelante habría de fundarlo político para colocarse a si como jefe de una Orden que ha llegado al poder."[307]

… En el siguiente año la fundación oficial de la *Stricte Observance*, eso es por decir en 1752, Lord Holdernesse, en una carta al embajador Británico en Paris, Lord Albemarle, encabezada "Muy secreta", habla de "la influencia que el Rey de Prusia ha recientemente obtenido sobre todos los consejos Franceses"; y unas pocas semanas mas tarde Lord Albemarle se refiere a "la gran influencia de la Corte Prusiana sobre los Consejos Franceses por los

---

306 Findel, *History of Freemasonry* (Traduccion Inglesa), p. 290; tambien: En este punto ver *inter alia* Mackey, *Lexicon of Freemasonry*, pp. 91, 328. En Inglaterra y en la Grand Orient de Francia la mayoria de los grados superiores han caido en desuso, y este rito, conocido en Inglaterra como el Atiguo y Aceptado Rito y en Francia como el Rito Escoces, consiste de solo cinco grados en adicion a los tres grados Craft (conocidos como Blue Masonry), el cual forma la base de todos los ritos masónicos. Estos cinco grados son el decimoctavo Rose-Croix, el trigesimo Caballero Kadosch, y el treintiuno, dos, y tres. El Ingles Francmason, al ser admitido en los grados superiores, por lo tanto avances en una a partir del tercer grado de Maestro Mason al decimoctavo grado de Rose-Croix, el cual entonces forma la primera de los grados superiores. Los grados intermedios son, como sea, aun operan en America.
307 *Scottish Rite of Freemasonry: the Constitutions and Regulations of* 1762, por Albert Pike, Sovereign Grand Commander of the Supreme Council of the Thirty-third Degree for the Southern Jurisdiction of the United States, p. 138 (A.M. 5632).

cuales están tan cegados para no poder ser capaces de jugar por ellos mismos." - RO. State Papers, Foreign, France, Vol. 243, Jan. 2 and Feb. 19, 1752.

… En el famoso discurso del Chevalier Ramsay anteriormente citado, el cual diserto en la Grand Lodge de Paris en 1737, el siguiente pasaje ocurre:

… todos los Grandes Maestros en Alemania, Inglaterra, Italia, y otros lugares exhortan a los aprendidos y todos los artesanos de la Fraternidad a unirse para proveer los materiales para un diccionario Universal de todas las artes liberales y ciencias útiles; exceptuando solamente teología y política. La obra ya ha sido comenzada en Londres, y por medio de las uniones de nuestros hermanos podría ser concluida en unos pocos años.[308]

… La *Encyclopédie* fue por lo tanto una publicación Masónica esencialmente, y Papus, mientras erróneamente atribuía la famosa oración y consecuentemente el plan de la *Encyclopédie* para la inspiración del Duque de Antin, enfatiza la importancia de este hecho. Así entonces, el escribe: La Revolución se manifiesta en dos etapas:

- Primero. *Revolución Intelectual*, por la publicación de la *Encyclopédie*, debido a la Francmasonería bajo la alta inspiración del Duque de Antin.
- Segundo. *Revolución Oculta* en las Logias, debido en gran parte a los miembros del Rito Templario y ejecutado por un grupo de expulsados Francmasones luego amnistiados. [Papus, *Martines de Pasqually*, p. 146 (1895)]

"En el siglo dieciocho la gloriosa línea de Enciclopedistas formo en nuestros templos una ferviente audiencia la cual se encontraba sola en invocar el radiante dispositivo aun desconocido a las masas: "Libertad, Igualdad, Fraternidad." [¿Protocolos de Sion? – OZ] La semilla revolucionaria rápidamente germino entre esta *élite*. Nuestros ilustres Francmasones d'Alembert, Diderot, Helvétius, d'Holbach, Voltaire, Condorcet, completaron la evolución de mentes y preparo la nueva era. Y, cuando la Bastilla cayo, la Francmasonería tuvo el supremo honor de darle a la humanidad la carta (*la*

---

308 Gould, op. cit., III. 87. El Sr. Gould cándidamente añade en una nota al pie de pagina este pasaje: "El propuesto Diccionario es una curiosa crux - ¿Sera posible que la Royal Society pueda que haya formado semejante idea?" El comienzo ya se había emprendido en Londres y era por supuesto la *Cyclopædia* de Chambers, publicada en 1728, y Chambers, quien en el siguiente año fue hecho Compañero de la Royal Society, si acaso no fuese Mason, muchos prominentes Masones figuraban entre sus amigos, incluyendo al cartógrafo Senex de quien había sido aprendiz y quien publico las *Constituciones* de Anderson en 1723. (See *A.Q.C.*, XXXII.)

Declaración de los Derechos del Hombre**)**[309] los cuales se elaboraron con devoción." - Discurso al Congreso, Grand Orient, 1904 por el Francmasón Bonnet.

Como sea, la enciclopedia estaba para ocuparse así con las artes liberales y ciencias y que la teología y política estaban por ser excluidas del contemplado esquema. ¿Como, entonces, pudieron pasar por alto que estos serian eventualmente los dos temas a los cuales los Enciclopedistas dedicarían la mayor atención, para que su obra se convirtiera principalmente un ataque a la Iglesia y monarquía? ... Se hará notar que en el año de 1746, cuando Diderot y d'Alembert se dice que se han embarcado en su tarea, coincidía con la decadencia de la Francmasonería bajo el Conde de Clermont y la invasión de las logias por los subversivos elementos; así entonces el proyecto propuesto con las mejores intenciones por los Francmasones de 1737 fue saqueado por sus revolucionarios sucesores y giraron hacia un propósito diametralmente opuesto.

... El arte de Frederick el Grande, así como el de sus sucesores al trono de Hohenzollerns, estaba para hacer uso de cada movimiento que pudo en pos del designio de la Prusiana supremacía. *El uso a los Francmasonas tal como hizo uso de filósofos y como uso a los Judíos,* para llevar a cabo este gran esquema - la destrucción de la monarquía Francesa y a partir de la alianza entre Francia y Austria. Mientras a través de sus representantes en la corte de Francia el pudo crear discordia entre Versalles y Viena y desacreditar a Marie Antoinette, mediante sus aliados en las logias masónicas y en las sociedades secretas el fue capaz de alcanzar al pueblo Francés. El oro y las imprentas de Frederick el Grande fueron añadidos a aquellas de los Orleanistas para la circulación de sediciosa literatura por toda provincia.[310] Así que en tanto el siglo avanzaba la asociación fundada por Royalistas y Católicos se torno en una maquina de destrucción por revolucionarios instigadores; los ritos y símbolos fueron gradualmente pervirtiéndose hacia un fin directamente opuesto a los cuales ellos habían sido instituidos, y los dos grados del Rose-Croix y Caballero Kadosch vinieron a simbolizar respectivamente la guerra a la religión y guerra a la monarquía de Francia:

"La Masonería no solamente ha sido profanada sino que ha servido como cubierta y pretexto para los complots de anarquía, por la oculta

309 La obra del Francmason *Lafayette*, y fue adoptada por la Asamblea Constituyente, 300 miembros eran masones.
310 En 1767 Voltaire le escribió a Frederick pidiéndole imprimir ciertos libros en Berlín y hacerlos circular en Europa "a un bajo precio el cual facilitaría las ventas." A esta Frederick le contesta: "Usted puede hacer uso de mi imprentas de acuerdo a sus deseos," etc. (carta del 5 de Mayo, 1767). Me he referido en otrora a la difamación contra Marie Antoinette hecho circular por los agentes de Frederick en Francia. Ver mi *French Revolution*, pp. 27, 183.

influencia de los vengadores de Jacques du Molay y los que continúan la obra dividida del Templo... Los anarquistas han tomado la plomada, el ángulo, y el martillo y han escrito en ellos libertad, igualdad, fraternidad. Es decir: libertad para envidiar, igualdad en degradación, fraternidad para destrucción. Esos eran los hombres a quien la Iglesia justamente ha condenado y que siempre condenara."[311]

Iluminismo Francés:

En 1754 cuando Martines de Pasqually (o Paschalis), un Mason Rose-Croix, fundo su Orden de Élus Cohens (Sacerdotes Electos), conocidos después como los *Martinistes* o los Franceses *Illuminés*... "Pasqualis era originalmente Español, quizás de la raza Judía, desde que sus discípulos heredaron de el un gran numero de manuscritos Judíos."... "esta Cabalística secta", **los Martinistes**, ahora se habían convertido en la tercer gran poder Masónico en Francia. Después de los primeros tres grados Craft llegaron los grados Cohen de los mismos - *Apprentice Cohen, Fellow Craft Cohen, y Master Cohen* - luego aquellos de Gran Arquitecto, Gran Electo de Zerubbabel o Caballero del Este: pero por encima de estos habían grados ocultos que conducen hasta el Rose-Croix, el cual forma la cúspide del edificio.

Pasqually primero estableció su rito en Marsella, Toulouse, y Bordeaux, luego en Paris, y mucho antes que las logias Martinistas se regaran por toda Francia con el centro en Lyon bajo la dirección de Willermoz, un prospero mercader residente allí. Desde este momento otras ocultas Órdenes surgieron en todas direcciones. [312]

Debajo de todas estas ocultas sectas una común fuente de inspiración se encuentra - la pervertida y mágica Cábala de los Judíos, esa conglomeración de salvajes imaginaciones y barbáricas supersticiones fundada en antiguos cultos paganos y se le ha agregado durante diecisiete siglos por sucesivas generaciones de Judíos ocultistas ... Esta influencia es particularmente a ser detectada en las variadas formas del grado Rose-Croix[313] ... En el Rito de Perfección como se opera en Francia y América esta Cabalística influencia es

---

311 Eliphas Lévi, *Histoire de la Magie, p* 407. El rol de la Francmasonería en preparar la Revolución habitualmente denegada por la conspiración de la historia es sin embargo claramente reconocida en círculos Masónicos - aplaudida por aquellos de Francia, deplorada por aquellos de Inglaterra y America. Un manual Americano en mi posesión contiene el siguiente pasaje: "Los Masones... (esta ahora bien asentada por la historia) originaron la Revolución con el infame Duque de Orleans encabezándola." - *A Ritual and Illustrations of Freemasonry*, p 31.
312 *Souvenirs du Baron de Gleichen*, p. 151; Henri Martin, *Histoire de France*, XVI. 529; Heckethorn, *Secret Societies*, I. 218; Waite, *Secret Tradition*, II. 155, 156.
313 "La magia ceremonial de Pasqually siguio a ese tipo el cual Yo conecto con el deshonroso Cabalismo Judio." - A. E. Waite, *The Secret Tradition in Freemasonry*, II. 175.

mostrada en estos grados conocidos bajo el nombre de "Inefables Grados", derivados de la creencia Judía en *el misterio que rodea el Inefable Nombre de Dios*. Se dice que en consecuencia de la gente así se refrenen de invocarlo, la verdadera pronunciación del nombre finalmente se perdió. Los judíos además creían que el Tétragrammaton estaba poseído de poderes ilimitados. "Aquel quien lo pronuncia sacude cielo y tierra e inspira a los propios ángeles asombro y terror." El Inefable Nombre entonces confirió milagrosos dones; fue gravado en la vara de Moisés y le permitía ejecutar maravillas, tal como, acorde al Toledot Yeshu, este confirió los mismos poderes en Cristo. - Mackey, *Lexicon of Freemasonry*, p. 156

Esta superstición era claramente una parte de tradición Rosacruz, para el símbolo del Tétragrammaton dentro de un triangulo, adoptado por logias Masónicas, figura en el sistema Cabalístico de Fludd.

En los "Inefables grados" esto fue investida con todo el místico asombro por el cual esta rodeada en la teología Judía, y, de acuerdo al temprano operar Americano: "Hermanos y Compañeros de estos grados recibieron el nombre de Dios tal como le fue revelado a Enoc y fueron juramentados a pronunciarlo pero solo una vez en sus vidas."[314] Este grado, el cual incluye una *Orden de Perfectos Masones*, fue traído a la luz por el Hermano R., quien lo tomo del tesoro Cabalístico del Doctor y Rabino Néamuth, jefe de la sinagoga de Leyden en Holanda, quien ha preservado sus preciosos secretos y sus costumbres, ambas estaremos viendo en el mismo orden en el cual el las coloco en su misterioso Talmud.[315]

... en el siglo dieciocho una sociedad de magos Rosacruces habían sido instituidos en Florencia de la cual se cree que data desde el siglo quince y de haber sido parcialmente, si no es que enteramente compuesta de Orientales... en 1782 un Ingles Francmasón escribe: "He encontrado algo muy curioso en Algiers en Hebreo relacionado a la sociedad de los Rosacruces, la cual existe en el presente bajo otro nombre con las mismas formas. Espero, además de ser admitido a su conocimiento."[316]... *The Gentleman's Magazine* ya lo había citado que manifestaban que los Judíos eran admitidos; de Luchet posteriormente cita la instancia de David Moses Hertz recibida en una logia Londinense en 1787; y el autor de *Les Franc-Masons écrasés*, publicado en 1746,

---

314 A.E. Waite, *The Doctrine and Literature of the Kabala*, p. 369 Ragon por otra parte brinda un recuento del filosofico grado del Rose-Croix, en el cual la sacra formula I.N.R.I., la cual juega una parte importante en la forma Cristiana de este grado, es interpretado a significar Igne Natura Renovatur Integra: Naturaleza se renueva por fuego. *Nouveau Grade de Rose Croix*, p 69; Mackey brinda como una alternativa interpretacion de los Rosacruces *Lexicon of Freemasonry*, p. 150.
315 Gustave Bord, *La Franc-Maçonnerie en Francs, des Origines à* 1815, p. 212 (1908).
316 Del General Rainsford en Octubre de 1782, citado en: *Transactions of the Jewish Historical Society*, Vol.VIII. p. 125

manifiesta que el ha visto a tres Judíos recibidos en una logia en Ámsterdam. En las "Logias de Melquisedeck" de los no-Cristianos del Continente eran abiertamente admitidos, y aquí otra vez el grado Rose-Croix ocupa el mas importante lugar. Los grados mas altos de este rito fueron los *Iniciados Hermanos de Asia*, los *Maestros de los Sabios*, y los *Sacerdotes Reales*, de otra forma conocidos como el *Grado de Melquisedeck* o los verdaderos Hermanos de la Rose-Croix.

Los Hermanos Asiáticos.... o... "los Caballeros y Hermanos de San Juan el Evangelista" sugiere inspiración Johannita y era claramente una impostura, desde que incluía judíos, turcos, persas, y armenios. De Luchet, quien como contemporáneo estaba en posición de adquirir información de primera mano, así entonces describe la organización de la Orden, la cual, será vista, como enteramente Judaica. "La superior dirección es llamada la pequeña y constante Sanedrín de Europa. Los nombres empleados por estos para ocultarse de sus inferiores son hebreos. Los signos del tercer principal grado (i.e. el Rose-Croix) son el *Urim y Thummim*... La Orden tiene los verdaderos secretos y las explicaciones, moral y física, de los jeroglíficos de la muy venerable Orden de Francmasonería."

El iniciado debe jurar absoluta sumisión y una inamovible obediencia a las leyes de la Orden y seguir sus leyes implícitamente hasta el fin de su vida, *sin preguntar por quien era dictado o cuando llegaron*:

"Quien", pregunto de Luchet, "¿dio a la Orden estos supuestos secretos? Esa es la gran e insidiosa pregunta para las sociedades secretas. Pero el Iniciado que permanece, y deberá permanecer eternamente en la Orden, *nunca llega a averiguarlo*, el no se atreve siquiera a preguntarlo, el debe prometer nunca preguntarlo. *De esta manera aquellos quienes participan en los secretos de la Orden quedaran como los Maestros*."[317]

Bajo la guía de estas variadas sectas de *Illuminés* **una ola de ocultismo azoto sobre Francia**, y logias por doquier se convirtieron en centros de instrucción en la Cábala, magia, adivinación, alquimia, y teosofía; los ritos Masónicos se degeneraron en ceremonias para la evocación de espíritus - las mujeres, que

---

317 De Luchet (*Essai sur la Sects des Illuminés*, p. 212) se refiere a las siguientes obras en conexión con la Orden: 1. *Nouvelles authentiques des Chevaliers et Frères Initiés d'Asie.*; 2. *Reçoit-on, peut-on recevoir les Juifs parmi les Franc-Maçons?*; 3. *Nouvelles authentiques de l'Asie*, por Frederick de Bascamp, nommé Lazapolski (1787) Wolfstieg, en su *Bibliograpkie der Freimaurischer Literatur*, Vol. II. p. 283, otorga a Friedrich Münter la autoría del primero de las de arriba, y también menciona entre otros a una obra de Gustave Brabée, *Die Asiatischen Brüder in Berlin und Wien*. Pero ninguna de estas se encuentran en el Museo Británico, tampoco es el libro de Rolling (publicado en 1787), el cual revela los secretos de la secta; los Libros en la lista de Wolfstieg se refiere a la Orden como la "única verdadera y genuina Francmasonería" (die einzige wahre und echte Freimaurerei).

ahora eran admitidas a estas asambleas, gritaban, se desmayaban, caían en convulsiones, y se prestaban para experimentos de la mas horrible clase.[318] Acordemente en 1771 una amalgama de todos los grupos Masónicos se efectuó en la nueva logia de los *Amis Réunis*. El fundador de esta logia fue Savalette de Langes, Tesorero Real, Gran Oficial de Grand Orient, y un alto iniciado en la Masonería – "versado en todos los misterios, en todas las logias, y en todos los complots." Para poder unirlos el hizo de su logia una mezcla de todos los sistemas sofísticos, Martinista, y Masónicos, "y como una carnada para la aristocracia organizaban bailes y conciertos en la cual los adeptos, hombre y mujer, danzaban y hacían festín, o cantaban de las bellezas de su libertad e igualdad, poco sabían que por encima de ellos había un secreto comité el cual estaba haciendo arreglos para extender esta igualdad mas allá de la logia hacia rango y fortuna, a castillos y a chalets, a marqueses y burgueses por igual."[319]

Un posterior desarrollo del Amis Réunis era el rito de los *Philalèthes*, compuesto por Savalette de Langes en 1773 a partir de los misterios Swedenborgiano, Martinista, y Rosacruces, dentro del cual los altos iniciados del Amis Réunis - Corte de Gebelin, el Príncipe de Hesse, Condorcet, el Vizconde de Tavannes, Willermoz, y otros - fueron iniciados. Una forma modificada de este rito fue instituido en Narbona en 1780 bajo el nombre de "Libres y Aceptados Masones du Rit Primitif," ... su fundador, el Marques de Chefdebien d'Armisson, un miembro de Grand Oriente y de los Amis Réunis, trajo su inspiración de ciertos Francmasones Germanos con quien ellos mantenían estrecha relación y quienes eran presumiblemente miembros de la *Stricte Observance* ... los lideres del *Rit Primitif* parecen haber sido caballeros leales y respetuosos de las leyes devotos a la religión Católica, aun en su pasión por nuevas formas de Masonería y sed por ocultos conocimientos listos para asociarse a si mismos con cada clase de aventurero y charlatán quien podría ser capaz de iniciarlos en mas misterios—los magos profesionales y hombres de misterio; y detrás de estos otra vez los escondidos directores de las sociedades secretas, los *verdaderos iniciados*.[320]

Los Magos: ... tal como los filósofos eran todos Francmasones, los principales magos no solamente eran Francmasones sino también miembros de ocultistas sociedades secretas. Es por lo tanto no como aislados

---

318 Clavel, *Histoire pittoresque*, etc., p. 167; The Baron de Gleichen, describiendo a los "Convulsionistas", decia que las mujeres jovenes se prestaban para ser crucificadas, algunas veces de cabeza, en estas reuniones de los fanaticos. El mismo vio a alguien ser clavado al piso y su lengua cortada con una navaja. (*Souvenirs da Baron de Gleichen*, p. 185.)
319 Barruel, *Mémoires sur le Jacobinisme*, IV. 263.
320 *Franciscus, Eques a Capite Galeato*, Publicado por Benjamín Fabre con prefacio por Copín Albancelli. Un papel de este libro aparece en *Ars Quatuor Coronatorum*, Vol. XXX.

charlatanes *sino como agentes de algún poder oculto* que nos debemos observar a los hombres que ahora pasaremos en un rápida evaluación.

... el famoso **"Conde de Saint-Germain"** – "El Maestro" de nuestras modernas logias co- Masónicas... de Judío ancestro... ha sido representadas por modernos escritores - no solamente aquellos quienes componen su siguiente - como una persona de extraordinarios logros, una suerte de súper-hombre inmenso sobre los magos menores de su día... Contemporarias, sin embargo, lo toman menos seriamente y lo representan más bien como un experto charlatán a quien los intelectuales de los *salones* hicieron el cabo de adulaciones. Su principal importancia al tema de este libro consiste, sin embargo, *en su influencia en las sociedades secretas*. De acuerdo a las *Mémoires authentiques pour servir à l'histoire du Comte de Cagliostro*, Saint-Germain fue el "Gran Maestro de Francmasonería", y fue el quien inicio a Cagliostro en los misterios de masonería Egipcia.[321] [Tal como lo fue también Crowley - OZ]

Joseph Bálsamo, nacido en 1743, quien asumió el nombre de Conde de **Cagliostro,** como mago eclipso por lejos a su maestro. Como Saint-Germain, generalmente se le reputaba ser un Judío - el hijo de Pietro Bálsamo, un Siciliano comerciante de origen Judío - y el no hacia secreto de su ardiente admiración por la raza Judía ... los viajes de Cagliostro mas tarde lo llevaron a Polonia y Alemania, adonde el fue iniciado en la Francmasonería, y finalmente a Francia; pero fue en Inglaterra que el mismo declaro que elaboro su famoso "Rito Egipcio", el cual fundo oficialmente en 1782 ... "el rito de Cagliostro era claramente aquel de Pasqually," y que si acaso lo adquirió de un manuscrito en Londres esto indicaría que Pasqually tenia discípulos en esa ciudad. Una mucho mas probable explicación es que Cagliostro derivo su masonería Egipcia de la misma fuente que aquel en el cual Pasqually había traído para su Orden de Martinistas, es decir la Cábala, y que no fue de un solo manuscrito sino de un eminente Judío Cabalista en Londres que el tomo sus instrucciones ... lo encontramos descrito como un "doctor iniciado en el arte Cabalístico" y un Rosacruz; pero luego de fundar su propio rito el adquirió el nombre de *Gran Copto,* es decir, Supremo Jefe de la Masonería Egipcia, una nueva rama que el deseo añadir a la vieja Francmasonería Europea.[322]

---

321 *Biographic Michaud*, articulo sobre Saint-Germain; *Souvenirs de la Marquise de Créquy*, III. 65. Francois Bournand (*Histoire de la Franc-Maçonnerie*, p.106 confirma este cuento: **"el hombre quien se llamaba a si Conde de Saint-Germain fue en realidad solamente el hijo de un Judío Alsatian llamado Wolf."** ; *Nouvelle Biographie Générale*, articulo sobre Saint-Germain; Frederick Búlau, *Geheime Geschichten und räthselhafte Menschen*

322 Frederick Búlau, *Geheime Geschichten und räthselhafte Menschen*, I. 311 (1850); Eckert, *La Franc- Maçonnene dans sa véritable signification*, II. 80, citando a Lening en su *Encyclopédie des Franc-Mafons*; Lecouteulx de Canteleu, op. cit., pp. 171, 172; Clavel, *Histoire pittoresque*, p. 175; Figuier, *Histoire du Merveilleux*, IV. 9-11 (1860).

Alrededor de 1780 **Mesmer** anuncio su gran descubrimiento de "magnetismo animal, el principio de vida en todos los seres organizados, el alma de todo lo que respira." ... moviendo el fluido en su mágica cubeta, en torno a la cual los discípulos lloraban, dormían, caían en trances o convulsiones, deliraban o profetizaban - se gano no desnaturalmente la reputación de un charlatán. Los Francmasones, ansiosos de descubrir el secreto de la mágica cubeta, presurosamente se enrolaban a si en su Orden, Mesmer fue recibido en el Primitivo Rito de Libres y Aceptados Masones en 1785. - Benjamin Fabre, *Franciscus eques a Capite Galeato*, p. 24.

... ¿Como estamos para hacer recuento de esta extraordinaria ola de Cabalismo en Europa Occidental? ¿Por quien fue inspirada? Si acaso, como aseguran escritores Judíos, ni Marlines Pasqually, Saint-Germain, Cagliostro, tampoco ninguno de los visibles ocultistas o magos eran Judíos, el problema solo se convierte mas insoluble. No podemos creer que Sanedrines, Hebreos jeroglíficos, la contemplación del Tétragrammaton, y otros Cabalísticos ritos se originaron en las mentes de Franceses y Germanos aristócratas, filósofos, y Francmasones. Volquémonos entonces, a eventos en pleno desarrollo en ese momento en el mundo Judío... esto tal ves nos provea una pista.

LOS JUDIOS CABALISTAS:

Aun, en modernas revoluciones la parte jugada por los Judíos no puede ser ignorada, y la influencia que ellos han ejercido será vista en examinación de haber sido doble - financiera y ocultista... Cuando se trataba de hacer dinero a partir de disturbio social o político, acaudalados judíos se encontraron respaldando el lado vencedor; y adonde sea que las razas Cristianas han volteado en contra de sus propias instituciones, Rabinos Judíos, filósofos, profesores, y ocultistas les han prestado su apoyo. *No era necesariamente que los judíos crearan estos movimientos, sino que sabían hacer uso de ellos para sus propios fines.*

> "El mas importante de estos grupos Cabalísticos era aquel de los Frankistas, que algunas veces era conocido como los Zoharistas o los Iluminados, por su adherencia al Zohar o libro de la Luz, o en su lugar de nacimiento Podolia como los Shabbethan Zebists, por su fidelidad al falso Mesías del siglo precedente - una herejía que ha sido "mantenida viva en círculos secretos el cual tenia algo parecido a una Masónica organización."
> [Ver: Heckethorn, Secret Societies, I. 87; También: *Jewish Encyclopædia*, Jacob Frank. - OZ]

> "Desde el siglo dieciséis una gran masa de Judíos se han asentado en Polonia, y una sucesión de obreros de Milagros conocidos por el

nombre de Zaddikim o *Ba'al Shems* han surgido. La palabra posterior, la cual significa "Maestro del Nombre," se origina con los Judíos Germanos Polacos y fue derivado de la creencia Cabalística en el milagroso uso del nombre sagrado de Jehovah, conocido como el Tetragrammaton."

[Bernard Lazare [Un Judio] *L'Antisémitisme*, p. 328. - OZ]

... en la Gran Rebelión los encontramos no entre los Ironsides de Cromwell o los miembros de su Consejo de Estado, pero proveyendo e información a los insurgentes, actuando como contratistas, prestamistas, y super-espias... un "secreto servicio" de esta clase les rindió a los Judíos un formidable oculto poder, y aun mas ya que su propia existencia era frecuentemente desconocida al resto de la población alrededor de el... los Judíos se supone que no existían en esa fecha en Inglaterra... En 1290 Edward I los había expulsado a todos... Los Cripto-Judios o *Marranos* quienes habían llegado desde España consiguieron, como sea, permanecer en el país por mimetizarse habilidosamente con su entorno... servicios Judaicos eran regularmente atendido en la secreta Sinagoga, pero "en publico, Carvajal y sus amigos eran seguidores de la practica de los Judíos secretos en España y Portugal, pasando como *Católicos Romanos* y regularmente atendiendo la misa en la capilla del Embajador Español." Pero cuando la guerra entre Inglaterra y España causo esta expediente inadvertido, los Marranos se quitaron el disfraz de Cristiandad y se proclamaron a si mismos seguidores dé la fe Judía.[323]

... en este periodo los judíos generalmente creían que la era Mesiánica se aproximaba, y parece que se les ocurrió a ellos que Cromwell podría ser apto para esta parte. Consecuentemente emisarios se despachaban para buscar los archivos de Cambridge para poder descubrir si acaso el Protector puede posiblemente ser de descendencia Judía... a cualquier costo para disfrutar completos derechos y privilegios, hasta después de la ascensión de Charles II, quien a cambio había enlistado su ayuda financiera. Mas tarde, en 1688, los Judíos de Ámsterdam ayudaron con su crédito la expedición de William de Orange contra James II; el anterior a cambio trajo muchos Judíos con el a Inglaterra. Así que un escritor judío es capaz de alardear que "un Monarca reino, el cual estaba endeudado con oro Hebreo para su diadema real."... el rol de los judíos parece haber sido de apoyar ninguna causa consistentemente

---

323 Articulo por el Sr. Lucien Wolf, "El Primer Judio Ingles", en *Transactions of the Jewish Historical Society of England*, Vol. II. p. 18. En esta cuestión ver también los panfletos por el Sr. Lucien Wolf: *Crypto-Jews under the Commonwealth* (1894), Cromwell y su obra *Jewish Intelligencers* (1891), y *Manasseh ben Israel's Mission to Oliver Cromwell* (1901), tambien articulos acerca de Cromwell, Carvajal, y Manasseh ben Israel en la *Jewish* Encyclopædia; Lucien Wolf, "El Primer Judio Ingles", en *Transactions of the Jewish Historical Society of England*, II. 20.

sino obtener un lugar en cada campo, para respaldar cualquier aventura que ofrezca chance de obtener ganancia.[324]

Aunque mezclado con estos designios materiales aun estaban sus antiguos sueños Mesiánicos. Es curioso notar que la misma idea Mesiánica permeo a los **Levellers**, los rebeldes del Commonwealth; frases tales como "Dejen libre a Israel", "la restauración esta ahora comenzando", recurría frecuentemente en la literatura de la secta. Gerard Winstanley, uno de los dos principales lideres, diserto una epístola a "las doce Tribus de Israel que están circuncidadas del corazón y dispersas por todas las Naciones de la Tierra"... El otro líder, Everard, declaro, cuando fue llamado ante Lord Fairfax en Whitehall, que "el era de la raza Judía... Por Jesús Cristo, el Salvador de todos los hombres, es el mas grande, primero, y el mas veraz Leveller del cual se haya hablado de en el mundo."... los Levellers se dice que han derivado originalmente de Germanos Anabaptistas; pero Claudio Jannet, citando Germanas autoridades, muestra que habían Judíos entre los Anabaptistas. "Ellos se dejaban llevar por su odio hacia el nombre de Cristiano e imaginaba que sus sueños de la restauración de reino de Israel seria realizado en medio de la conflagración."[325]... esta claro que para mediados del siglo diecisiete las ideas místicas del Judaísmo habían penetrado en todas partes de Europa.

En 1754 Matinez de Pasqually, un Portugués Judío Rosacruz y masón, fundo "Los Franceses Illumines", también conocida como "La Orden de Elus Cohens" (electos sacerdotes). Después de su muerte el movimiento fue liderado por Louis Claude de Saint-Martin y se volvió conocido como los Martinistas. Los Frankistas glorificaban el mal como santo, aun como medios de salvación, y citaba a la autoridad en la cábala Gershom Scholem diciendo que Frank siempre será recordado como uno de los fenómenos de la historia Judía. Los Frankistas siguieron a cabalísticos sacerdotes y obreros de falsos milagros eran conocidos como Zaddikim o *Ba'al Shems*... La estrella de 5 o 6 puntas [de Ishtar o de David] siempre ha sido el más importante símbolo de lo oculto, Magia, Brujería y Satanismo. Este símbolo es un signo cabalístico, primero usado por

---

[324] Tovey, *Anglia Judaica*, p. 275; La *Jewish Encyclopædia*, en este articulo sobre Manasseh ben Israel, dice: "El estaba lleno de opiniones cabalisticas, pero fue cuidadoso de no exponerlas en sus obras que eran escritas en moderno lenguaje e intencionado para ser leído por Gentiles." En su articulo sobre "Magia" la *Jewish Encyclopædia* se refiere a la "Nishmat Hayyim", una obra por Manasseh ben Israel la cual esta "llena de supersticion y magia" y añade que "muchos Cristianos eruditos estaban fueron engañados." Tovey, *Anglia Judaica*, p. 259; Margoliouth, *History of the Jews in England*, II. 3; Mirabeau (*Sur la Réforme politique des Juifs*, 1787) piensa que ellos puede que no hayan sido permitidos a regresar incondicionalmente hasta 1664. Fue ciertamente esa fecha que ellos fueron formalmente otorgado libre permiso para residir en Inglaterra y practicar su religion (Margoliouth, op. cit., II. 26).
[325] Margohouth, op cit., II 43; *The Digger Movement in the Days of the Commonwealth*, por Lewis H. Berens, pp. 36, 74, 76, 98, 141 (1906); Claudio Jannet, *Les Précurseurs de la Franc-Maçonnerie*, p. 47 (1187).

un Askenazi Judío Menahem ben Duji, quien cambio su nombre a *David Al-Roy*. Este hombre era un líder Ba'al Shem de los Cabalísticos, quien también decía ser el Mesías. *Se volvió la Cresta o Escudo de los Rothschild (Roth = rojo) y luego después fue adaptado como moneda Sionista.* [*To Eliminate the Opiate*, Vols. I & II, por Rabbi Marvin S. Antelman, 1974, 2002. – OZ]

De acuerdo a las Cabalísticas tradiciones, ciertos judíos de peculiar santidad o conocimiento eran capaces impunemente de hacer uso del Divino Nombre. Un ***Ba'al Shem*** era por lo tanto uno que había adquirido este poder y los emplearon en escribir amuletos, invocando espíritus, y prescribiendo curas para varias enfermedades. Polonia y particularmente Podolia - la cual aun no había sido cedida a Rusia - se volvió entonces un centro del Cabalismo adonde una serie de extraordinarios movimientos de tipo místico siguieron a continuación. En 1666, cuando la era Mesiánica todavía se creía que se aproximaba, todo el mundo Judío se convulsiono por la repentina aparición de **Shabbethai Zebi**, el hijo de un granjero avícola en Esmirna llamado Mordecai, quien se proclamaba a si como el prometido Mesías y se congregaban en su apoyo un gran numero de seguidores no solo entre los Judíos de Palestina, Egipto, y el Este Europeo, pero aun los Judíos testarudos de los Continentales bursátiles... Samuel Pepys en su Diario se refiere a las apuestas hechas entre los Judíos en Londres en los chances de "una cierta persona ahora en Esmirna" siendo aclamado Rey del Mundo y el verdadero Mesías.[326]

Las pretensiones de Shabbethai, quien tomo el titulo de "Rey de Reyes de la Tierra," dividir a los Judíos en dos; muchos Rabinos lanzaron imprecaciones contra el, y aquellos que habían creído en el estuvieron amargamente desilusionadas cuando, retado por el Sultán para probar su reclamo de ser el Mesías al permitir que le lancen flechas envenenadas, *el repentinamente renuncio a la fe Judía y se proclamo a si un Mahometano*. Su conversión, sin embargo, aparenta se solo parcial, ya que "a veces el asumía el rol de un piadoso Mahometano y re vilificaba el Judaísmo; en otras en entablaría relaciones con Judíos como uno de su propia fe." Por esto significa que el retenía lealtad a ambos, Musulmanes y Judíos.

Pero los Rabinos, se alarmaban por la causa del Judaísmo, tuvieron éxito en obtener su encarcelación por el Sultán en un castillo cercano a Belgrado en donde el murió de cólico en 1676.[327]

---

326 *Harmsworth Encyclopædia*, articulo sobre los Jews; *Diary of Samuel Pepys*, fecha de Febrero 19, 1666
327 *Jewish Encyclopædia*, articulo sobre Shabbethai Zebi B. Mordecai; Henry Hart Milman, *History of the Jews* (Everyman's Library), Vol. II. p. 445.

... **el movimiento Shabbethano** continúo en el siguiente siglo. En Polonia el Cabalismo se desato con renovadas energías; brotaron frescos Zaddikim y Ba'al Shems, el mas notado de estos siendo Israel de Podolia, conocido como **Ba'al Shem Tob**, o por las iníciales letras de su nombre, **Besht**, *quien fundo su secta de Hasidim en 1740*... Besht, mientras se opone al obcecado Rabinismo y clamando que el Zohar es su inspiración, aun, no se adhirió estrictamente a la doctrina de la Cábala ... pero evolucionaron una forma de Panteísmo, declarando que todo el universo era Dios, que aun el mal existía en Dios ya que la maldad no es mala en si sino solo en su relación al Hombre; el pecado por lo tanto no tiene ninguna positiva existencia ... llamándose a si los "Nuevos Santos", seguidores en su muerte numeraban no menos de 40,000, *hicieron a un lado no solo los preceptos del Talmud, sino todas las restricciones de moralidad y aun decencia.* - *Jewish Encyclopædia*, articulo sobre Ba'al Shem Tob; Milman, op. cit, II. 446.

El fundador de esta secta fue **Jacob Frank**, un destilador de brandy profundamente versado en las doctrinas de la Cábala, quien en 1755 colecto en torno a si un gran numero de seguidores en Podolia y vivía un estilo de oriental magnificencia, mantenido por vasta riqueza de la cual *nadie nunca descubrió la fuente*. La persecución a la que estuvo sujeto por los Rabinos lidero a los Católicos clérigos a luchar por su causa, a partir de allí Frank se arrojo a la merced de Obispo de Kaminick, y públicamente quemo el Talmud, declarando que el reconocía solamente al Zohar, del cual, alegaba, admitía la doctrina de la Trinidad.

Así entonces los Zoharistas "clamaban que ellos tenían al Mesías-Salvador como una de las tres divinidades, pero fallaban en mencionar que por el mesías ellos *se referían* a *Shabbethai Zebi*." El Obispo estaba aparentemente engañado por esta maniobra, y en 1759 los Zoharitas se declararon a si mismos convertidos a la Cristiandad, y fueron bautizados, incluyendo al mismo Frank, quien tomo el nombre de Joseph. "La insinceridad de los Frankistas pronto se volvieron aparentes, sin embargo, ya que ellos continuaron inter-matrimonios solamente entre ellos mismos y tenían a Frank en reverencia, llamándolo 'El Santo Maestro'." Pronto se volvió evidente que, mientras abiertamente abrazaban la fe Católica, ellos en realidad han retenido su secreto Judaísmo. Además, se descubrió que Frank intenta pasar como Mahometano en Turquía; "el por lo tanto fue arrestado en Varsovia y entregado al tribunal de la Iglesia bajo el cargo de fingida conversión a la Cristiandad y la divulgación de perniciosa herejía." Distinto a su predecesor en apostasía, Shabbethai Zebi, Frank, sin embargo, no llego a un final inesperado, sino que después de su liberación de prisión continuo acechando la credulidad de cristianos y frecuentemente viajaba a Viena con su hija, Eve, que tuvo éxito engañando a la piadosa María Teresa.

Pero aquí también "los sectarios planes de Frank se supieron", y el fue obligado a salir de Austria. Finalmente se estableció en Offenbach y apoyado por liberales subsidios de los otros Judíos, el resumió su otrora esplendor.[328]

Ahora, es imposible estudiar las carreras de estos magos en Polonia y Alemania sin hacerles remembrarles a sus contrapartes en Francia. El parecido familiar del **"Barón von Offenbach"**, el **"Conde de Saint-Germain"** y el **"Conde de Cagliostro"** es de una vez aparente. Todos clamaban hacer milagros, y vivieron con extraordinaria magnificencia en riqueza derivada desde una fuente desconocida, una fue ciertamente un Judío, los otros dos se creía que eran Judíos, y todos eran conocidos por ser Cabalistas. Además, los tres pasaron muchos años en Alemania, y fue mientras Frank vivía tal como el Barón von Offenbach cerca de Frankfurt que Cagliostro fue recibido en la Orden de la *Stricte Observance* en una cámara subterránea a unas pocas millas de la ciudad... ¿Es de nuevo coincidencia que Martines Pasqually fundo su "Cabalística secta" de *Illuminés* en 1754 y Jacob Frank su secta de *Zoharitas* (o Iluminados) en 1755?

... **el mas importante Baal Shem** del día, conocido como "el jefe de todos los Judíos," se muestra con documental evidencia de haber sido un iniciado de la Francmasonería y en directo contacto con los lideres de las sociedades secretas ... Conocido como el ***"Baal Shem de Londres"***, fue un Cabalístico Judío llamado **Hayyim Samuel Jacob Falk**, también llamado el Dr. Falk, Falc, de Falk, o Falkon, nacido en 1708... el fue considerado por sus semejantes judíos como un adherente del Mesías Shabbethai Zebi... En Westphalia en una ocasión Falk fue sentenciado a morir en la hoguera por hechicero, pero escapo a Inglaterra. Allí fue recibido con hospitalidad y rápidamente gano fama como Cabalista y realizador de milagros... A su arribo en Londres en 1742 Falk aparentaba no tener medios, pero poco tiempo después se le vio en posesión de considerable riqueza, viviendo en una confortable casa en *Wellclose Square... Los cuentos del los milagrosos poderes de Falk son muy numerosos para relatar* ... su pretensión de ser un adepto en practicar la Cábala, por medio de la cual el profesaba ser capaz de descubrir escondidos tesoros; por sus pretensiones el había embaucado a un acaudalado capitán al cual le había timado su fortuna, al punto que fue reducido a depender de la caridad del Rabino, y aun, a pesar de esto, acaudalados Cristianos gastaban su dinero en el, mientras Falk gastaba el botín en los hombres de su Cofradía para que así ellos pudieran propagar su fama... *Falk tenía entre sus principales amigos a los banqueros Londinenses Aarón Goldsmid y a su hijo.* Empeños prendarios y exitosa especulación le permitió adquirir una considerable fortuna. El dejo grandes sumas de dinero como caridad, y los encargados de la Sinagoga Unida

---

328 *Jewish Encyclopædia*, articulo sobre Jacob Frank; Milraan, op. cit., II. 447; *Jewish Encyclopædia*, articulo sobre Jacob Frank; Heckethorn. *Secret Societies*, I. 87.

en Londres todavía distribuyen anualmente ciertos pagos dejados por el para los pobres.

El fallecimiento de Falk ocurrió el 17 de Abril de 1782... el epitafio en su tumba: "Aquí se encuentra enterrado... el anciano y honorable hombre, un gran personaje que vino del Este, un sabio, un adepto en la Cábala... Su nombre fue conocido hasta los confines de la tierra y distantes islas," etc. Falk de hecho era mucho más que un Mason, el era un alto iniciado, el supremo oráculo al cual las sociedades secretas se aplicaban por guía. Todo esto fue revelado unos años después en la correspondencia entre Savalette de Langes y el Marques de Chefdebien de los cuales nos hemos referido en el capitulo anterior. Entonces en los *dossiers* de los líderes ocultistas suplidos por Savalette encontramos la siguiente nota en el ***Baal Shem de Londres***:

"... la gente creía que el era el Jefe de todos los Judíos y atribuían a esquemas puramente políticos todo lo que es maravilloso y singular en su vida y conducta. Se refieren a el en una muy curiosa manera, y como un Rosa-Cruz en las *Memorias del Chevalier de Rampsow...*El había tenido aventuras con el Maréchal de Richelieu, gran buscador de la Piedra Filosofal. El tenía una extraña historia con el Príncipe de Rohan Guéménée y el Chevalier de Luxemburgo relacionado a Louis XV.

Y otra vez una carta de un pupilo de Falk:

"El Barón de Waldenfels ... es, acorde a lo que se del Barón de Gleichen, los príncipes de Daimstadt... y otros, para usted y yo es el mas interesante hombre por conocer. Si acaso llegásemos a conocerlo, el podría darnos la mejor información en todos los mas interesantes objetos de instrucción. El conoce a Falk y a Wecter. El Príncipe Louis d'Haimstadt ... es también miembro del Amis Réunis, de grado 12° y encargado de los Directorios. El laboro en su juventud con un Judío de quien se cree fue instruido por Falk...."

"Escucha, mi amado hijo, de los maravillosos dones depositados en un hijo de hombre, quien verdaderamente no es un hombre, una luz de la cautividad... una santa luz, un hombre santo... quien reside actualmente en la gran ciudad de Londres. Aunque no pude entenderle completamente en recuento de su volubilidad y su hablar como habitante de Jerusalén.... Su recamara esta alumbrada por candelabros de plata en la paredes, con una lámpara central de ocho candelas hecha de pura plata labrada. Y aunque contenía aceite para arder por un día y una noche permaneció incandescente por tres semanas. En una ocasión se recluyo en su casa por seis semanas sin comer ni beber. Cuando concluyo su periodo diez personas fueron convocadas a entrar, ellos lo encontraron sentado en una especie de trono, su cabeza cubierta con un turbante dorado, alrededor de su cuello una cadena de oro con un pendiente de una estrella plateada en la cual los nombres sagrados estaban inscritos. Verdaderamente este hombre es único en su generación a razón de su conocimiento de sagrados misterios. No podría contrales de todas las maravillas que realiza, Estoy agradecido, de que he sido hallado digno de ser recibido entre aquellos que moran a la sombra de su sabiduría.... Se que muchos creerán en mis palabras, pero otros, que no se ocupan a si con misterios, se reirán de esto. Por lo tanto, hijo mío, se muy circunspecto, y muestra esto solamente a sabios y hombres discretos. Ya que aquí en Londres este maestro no ha sido revelado a alguien que no pertenece nuestra *Cofradía*."

[Carta escrita por un judío admirador de Falk,
Sussman Shesnowzi, a su hijo en Polonia. - OZ]

Aquí, entonces, tras la organización de la *Stricte Observance*, de los *Amis Réunis*, y los *Philalèthes*, al fin logramos echar un vistazo a uno de aquellos *reales iniciados* cuya identidad ha sido tan cautelosamente mantenido oculto. Para Falk, tal como vemos en estas notas, no fue un aislado sabio; el tuvo pupilos, y ser uno de estos era ser admitido al los misterios internos.[329] ... De que Falk fue el único de varios Superiores Ocultos es posteriormente sugerido por la intrigante correspondencia de Savalette de Langes. "Schroeder", leemos, "tuvo como maestro a un anciano de Suabia", por el cual del Barón de Waechter se dice haber sido instruido en la Masonería, y para haberse convertido en uno de los mas importantes iniciados de Alemania... el había conocido en Florencia a ciertos "Hermanos de la Tierra Santa", quien lo había iniciado en los maravillosos secretos; uno en particular quien es descrito como "un hombre que no es Europeo" que lo había "instruido perfectamente". Además, de Waechter, quien había partido pobre, retorno cargado de riquezas atribuidas por sus compañeros masones de la "Hermandad Asiática" que el había frecuentado en Florencia que poseían el arte de hacer oro.[330]

... En 1770 el poeta Alemán Gotthold Ephraim Lessing, después de haberse mofado de la Francmasonería, fue iniciado en una Logia Masónica en Hamburgo, y en 1778 el publico no solo su famoso drama Masónico *Nathan der Weise*, en el cual los Judíos de Jerusalén se muestran en admirable contraste

---

329 Benjamin Fabre, *Eques a Capite Galeato*, p. 84, Benjamin Fabre, op. Cit, pp. 88, 90, 98, 110; Clavel, *Histoire pittoresque*, pp. 188, 390; Robison's *Proofs of a Conspiracy*, p. 77; *The Royal Masonic Cyclopoedia* describe a *Nathan der Weise* and *Ernst und Falk* como prominentes obras de la Masoneria.
330 Clavel, *Histoire pittoresque*, pp. 188, 390; Robison's *Proofs of a Conspiracy*, p. 77.

con los Cristianos y Mahometanos, pero el también escribió cinco diálogos en la Francmasonería los cuales dedico al Duque de Brunswick, Gran Maestro de todas las Logias Alemanas, y el cual lo titulo *"**Ernst und Falk**: Gespräche fur Freimaurer."*... Lessing cometió un enorme error en así dejar a tan importante asunto fuera de las manos... el Duque de Brunswick prohibió su publicación por *peligrosa*... ¿porque? [Júzguelo usted lector]:

> Ernst, por quien Lessing evidentemente se representa a si mismo, esta al comienzo no un masón, y, mientras esta sentado con Falk en un una tabla, cuestiona al alto iniciado sobre los objetivos de la Orden. Falk explica que la Francmasonería siempre ha existido, pero no bajo este nombre. Su propósito real nunca ha sido revelado. En la superficie aparenta ser una asociación puramente filantrópica, pero en realidad la *filantropía no forma parte de este esquema*, su objeto es ser traer un estado de cosas el cual rendirá a la filantropía como innecesaria... Como una ilustración Falk apunta hacia un hormiguero al pie del árbol bajo el cual los dos hombres se encuentran sentados. "Porque", el pregunta, "acaso ¿no pueden los seres humanos existir sin gobierno como las hormigas o las abejas?" Falk continua se descripción de su idea de Estado Universal, o mas bien de una federación de Estados, en el cual los hombres ya no mas estarán divididos por prejuicios nacionales, sociales, o religiosos, y en donde mayor igualdad existirá... Ernst se va y se convierte en Francmasón... a su retorno expresa su decepción a Falk al encontrar muchos Francmasones involucrados en tales futilidades como la alquimia o la invocación de espíritus.

> Otros buscan de nuevo revivir el XXX. Falk replica que si bien los grandes secretos de la Francmasonería no pueden ser revelados por hombre alguno aun si lo quisiera, una cosa, como sea, ha sido mantenida oculta, la cual ahora puede hacerse de conocimiento publico, y esto es la relación entre los Francmasones y el XXX . "El XXX fueron de hecho los Francmasones de su tiempo." Parece probable desde el contexto y desde la referencias de Falk a Sir Christopher Wren como el fundador de la moderna Orden, que los asteriscos denotan a los Rosacruces... Falk [intuye] que hay algo detrás de la Francmasonería, algo mas antiguo y mucho mas amplio en sus objetivos que la Orden ahora conocido por este nombre, el cual los modernos Francmasones están en su mayor parte solamente "jugando a serlo."... cuando Ernst reclama que la verdadera igualdad no habían sido alcanzadas en las logias ya que los Judíos no eran admitidos, Falk observa que el mismo no los atiende, que la verdadera Francmasonería no existe en formas externas.

En otras palabras, los verdaderos iniciados no aparecen en escena. Acá entonces vemos el rol de los "Superiores Escondidos." ¡Que sorpresa que Lessing y sus diálogos eran considerados muy peligrosos para su publicación!... ¿Que ha probado el sistema del hormiguero o el de la colmena... modelo en el cual los modernos Anarquistas, desde Proudhon en adelante, han formado sus esquemas para la reorganización de la vida humana? ¿Que la idea del "Estado Mundial", "La Universal República" se convirtió en la proclama de Guerra de los Internacionalistas, Socialistas, los Masones de Grand Oriente, los Teósofos, y los revolucionarios mundiales de nuestros días?[331] [Podríamos agregar "Globalistas" de nuestros días - OZ]... ¿Quien era Falk, entonces, un revolucionario?... Un hecho gira en torno de las tinieblas que envuelven el secreto poder tras la Orleanista conspiración... basada mas que todo en evidencia puramente Judía: el Duque estaba en contacto con Falk cuando en estaba en Londres y Falk apoyaba su esquema de usurpación. Entonces así detrás del archí-conspirador de la revolución se erguía "el Jefe de todos los Judíos" el *Baal Shem de Londres*.[332] Pero ya era un mas vasto genio que Falk o Cagliostro, que Pasqually o Savalette de Langes, el que había surgido.

Los Illuminati de Bavaria:

Weishaupt no fue el originador del sistema que el llamo Iluminismo... esto [es] evidente que hombre que le apuntaban al derrocamiento del existente orden social y de todas las aceptadas religiones han existido desde tiempos remotos, y que en los Cainitas, los Carpocracianos, los Maniquænos, los Batinis, los Fatimitas, y los Karmatitas, muchas de las ideas de Weishaupt ya habían sido presagiado. A los Maniquæanos, de hecho, es que la palabra "Illuminati" puedes ser trazada – "gloriantur Manichæi se de cáelo illuminatos." Es en esta secta de **Abdullah ibn Maymun** que debemos buscar el modelo para el sistema de organización de Weishaupt. Entonces así de Sacy ha descrito en las siguientes palabras la manera de enlistar prosélitos por los Ismailis:

"Ellos procedieron a la admisión e iniciación de nuevos prosélitos solamente por grados y con gran reserva; ya que, según como la secta al mismo tiempo

---

331 *The Royal Masonic Cyclopædia* describe a *Nathan der Weise* and *Ernst und Falk* acomo prominentes en sus obras en la Masoneria. Existe, sin embargo, la posibilidad que Lessing puede que haya tenido en mente a otro Falk que vivio en el mismo periodo; este era "John Frederick Falk, nacido en Hamburgo de padres Judios, se reporta de haber sido jefe de un Colegio Cabalistico en Londres y que murió en 1824" (*Transactions of the Jewish Historical Society*, VIII. 128). Pero en vista de la parte en cual la correspondencia de Savalette de Langes muestra al *Baal Shem de Londres* de haber jugado en el antecedente de la Francmasoneria, parece mas probable que este era el Falk en cuestion... ambos fueron Judios y Cabalistas.
332 Margoliouth, op. cit., II. 121-4. Ver tambien *Life of Lord George Gordon* por Robert Watson (1795), pp. 71,72; Friedrich Bülau, *Geheime Geschichten und räthselhafte Menschen*, I. 325 (1850). *The Public Advertiser*, Aug. 22, 24, 1786.

ambiciones y un objetivo político, su interés estaba por sobre todo tener un gran numero de partisanos en todo lugar y en todas las clases sociales. Fue necesario por lo tanto acostumbrarse ellos al carácter, el temperamento, y los prejuicios de un mayor número; lo que uno revelo a algunos pudiese revolver a otros y alienada por siempre espíritus menos corajudos y consciencias menos fáciles de alarmar."[333]

En adición… Weishaupt incurre "la implacable enemistad de los Jesuitas, a cuyas intrigas el estaba incesantemente expuesto." En realidad precisamente lo opuesto fue el caso, ya que, según veremos, fue Weishaupt quien perpetuamente intrigaba contra los Jesuitas. De que Weishaupt hizo, sin embargo, traer en cierta exenta en Jesuitas métodos de entrenamiento es reconocido aun por Barruel, siendo el mismo un Jesuita, quien, citando a Mirabeau, dice que Weishaupt "admiraba sobre todas esas leyes, ese *régimen* de los Jesuitas, el cual, bajo una sola cabeza, hacia que hombres se dispersaran sobre todo el universo tendiesen hacia la misma meta; el sintió que uno podía imitar sus métodos mientras sostenía puntos de vista diametralmente opuestos." Y otra vez, en la evidencia de Mirabeau, de Luchet, y von Knigge, Barruel dice en otra parte: "Es acá cuando Weishaupt aparece especialmente de haber deseado asimilar el régimen de la secta por esa de religiosas ordenes y, sobre todo, esa de los Jesuitas, por el total abandono de su propia voluntad y juicio que es lo cual demanda para sus adeptos…" Pero Barruel continua y va mostrando "la enorme diferencia que se puede encontrar entre religiosa obediencia e Iluminista obediencia." En cada orden religiosa los hombres saben que la voz de su consciencia y de su Dios demanda obediencia *más que aquella que la de sus superiores.*[334]

Un juramento Jesuita: "En el nombre de Cristo Crucificado, Yo juro romper los lazos que aun me unen a padre, , madre, hermanos, hermanas, relaciones, amigos; al Rey, magistrados, cualquier otra autoridad a la cual yo pudiese haber jurado fidelidad, obediencia, gratitud o servicio. Yo renuncio al lufar de mi nacimiento, de allí a existir en otra esfera. Yo juro revelar a mi superior, a quien yo deseo conocer, lo que he hecho, pensado, leído, aprendido, o descubierto, y a observer y ver todo lo que venga bajo mi noticia. Yo juro cederme a mi superior, tal como si fuese yo un cadáver, privado de vida y voluntad. Yo finalmente juro de huir de la tentación, y de reveler todo en lo que logro descubrir, bien sabido que el relámpago no es mas rápido y presto que la daga que me alcanzara adonde sea que yo pudiese estar."

[Schaff-Herzog, *The Encyclopedia of Religious Knowledge: Jesuits. p. 302.* – OZ]

---

333 Silvestre de Sacy, "Mémoires sur la Dynastie des Assassins", *Mémoires de l'Institut Royal de France*, Vol. IV. (1818).
334 *History of Freemasonry*, III. 121; *Mémoires sur le Jacobinisme* (edición de 1819), Vol. III. p. 9.

... **Los Jesuitas** siendo en un sentido *una Orden militar*, reconociendo a un General en la jefatura, están unidos por la misma obligación. El sistema de Weishaupt era algo totalmente diferente. Ya que mientras todos los soldados y todos los Jesuitas, cuando obedecen a sus superiores, saben muy bien de las metas hacia las cuales tienden, los seguidores de Weishaupt fueron enlistados por los mas sutiles métodos de engaño y los guio hacia una meta enteramente desconocida para ellos... esto constituye toda la diferencia entre honestas y deshonestas sociedades secretas. El hecho es que la acusación de Jesuita intriga detrás de las sociedades secretas ha emanado principalmente a partir de las mismas sociedades secretas y podrían aparentar haber sido un dispositivo adoptado por ellos para cubrir sus propias huellas. Ninguna buena evidencia ha sido alguna vez presentada en respaldo a su contienda... En una irreligiosa República - tal como los eventos posteriormente probaron - el poder de todo el clero estaba destinado a ser destruido. La verdad es entonces, esa, lejos de asistir a los Illuminati, los Jesuitas fueron los mas formidables oponentes, *la única corporación de hombres suficientemente aprendidos, astutos, y bien organizados superaron los esquemas de Weishaupt.* En suprimir a los Jesuitas es posible que el Viejo Régimen removiera la única barrera capaz de resistir la marea de la revolución.[335]

... Weishaupt de hecho, detestaba a los Jesuitas, y tomo de ellos solo ciertos métodos de disciplina, para asegurar obediencia o de adquirir influencia sobre las mentes de sus discípulos... En 1771, ellos relatan, a un cierto mercader llamado Kölmer, quien había pasado muchos años en Egipto, retorno a Europa en busca de conversos a una secreta doctrina fundada en Maniqueísmo que el aprendió el Oriente. Camino a Francia el fue a Malta, adonde se encontró con Cagliostro y casi logran levantar una insurrección entre el pueblo. Kölmer fue por lo tanto conducido fuera de la isla por los Caballeros de Malta y se fue a Aviñón y Lyon. Allí el hizo pocos discípulos entre los Illuminés y en el mismo año fue a Alemania, *en donde encontró a Weishaupt y lo inicio* en todos los misterios de su secreta doctrina. De acuerdo a Barruel, *Weishaupt entonces paso cinco años pensando en su sistema,* el cual fundo bajo el nombre de Illuminati el 01 de Mayo, 1776 [de allí, la hoy Universal celebración del "Primero de Mayo" – OZ] y asumió el "iluminado" nombre de "Espartaco".

... Lecouteulx de Canteleu, sin embargo, sugiere que *Kölmer era idéntico a* **Altolas,** descrito por Figuier como "este universal genio, casi divino, de quien Cagliostro nos ha hablado tanto con mucho respeto y admiración. Este Altotas no fue un personaje imaginario. *La Inquisición de Roma ha coleccionado muchas pruebas de su existencia* sin poder ser capaz de descubrir cuando comenzó

---

335 Marquis de Luchet, *Essat sur la Secte des Illuminés*, pp. 28-39.

o termino, ya que Altotas desaparece... Lecouteulx de Canteleu describe a Altotas como Armenio, y dice que este sistema se deriva de aquellos de Egipto, Siria, y Persia... "Espartaco" le escribe a "Cato" que esta pensando en "calendar el sistema de los *Jeberos y Parsees*," y será recordado que los ***Jeberos*** *era una de las sectas en la cual Dozy relata que* **Abdullah ibn Maymun** encontró verdadero apoyo.[336] Weishaupt escribe:

La alegoría en la cual los Misterios y Altos grados debe estar vestida es *Adoración al Fuego* y toda la filosofía de Zoroastro o del Viejo Parsees quien hoy en día solo quedan en India; por lo tanto en los grados posteriores la Orden es llamada "Adoración al Fuego" (Feuer-dienst), la "Orden del Fuego", o la "Orden Persa" - eso es, algo magnifico mas allá de toda expectativa.

Al mismo tiempo el *Calendario Persa fue adoptado por los Illuminati*... esta pretensión de Zoroastralismo fue pura engaño igual que la posterior pretensión de Cristiandad de Weishaupt... su sistema fue parcialmente fundado en Maniqueísmo, es decir, en pervertido Zoroastralismo, *impartido a el por un hombre de Oriente*, y que los *métodos de los* **Batinis y Fatimitas pueden haber sido** *comunicadas a el a través del mismo canal*. De allí el extraordinario parecido entre su plan de organización y aquel de Abdullah ibn Maymun, el cual consistía e*n intriga política en vez de esotérica especulación*. Así entonces en el sistema de Weishaupt la fraseología del Judaísmo, las leyendas Cabalísticas de la Francmasonería, las místicas imaginaciones de los Martinistas, no jugaron ningún papel del todo. De todas formas de "teosofía", ocultismo, espiritualismo, y magia *Weishaupt expresa solo repudio, y los masones Rosa-Cruces enyunta con los Jesuitas por los Illuminati como enemigos que es necesario sacarles partida en cada giro*.[337]

... entre mas nos penetramos en su sistema, se vuelve mas aparente que todas las formulas que el emplea la cual deriva a partir de cualquier fuente religiosa - ya sea Persa, Egipcia, o Cristiana - *que apenas sirve para despistar un propósito puramente material,* un plan para destruir el existente orden de la sociedad. Entonces todo lo que era realmente antiguo en Iluminismo *era el destructivo espíritu que lo animaba* y también el método de organización que ha *importado desde el Este*. El Iluminismo por lo tanto marca una enteramente nueva departir en la historia de las sociedades secretas Europeas... "Sobre todo", le escribe a

336 "Nuestro perore enemigos los Jesuitas." – Carta de Espartaco *Originalschriften* p. 306 Figuier, *Histoire de Merveilleux*, IV. 77; *Originalschriften des Illuminatenordens* p. 230.
337 *Originalschriften des Illuminatenordens*, p. 331; En *World Revolution* Yo sugeri un parecido entre el calendario Judio y aquel de los Iluminati. Este fue un error; el calendario Judio fue adoptado por el Rito Escoces, el cual, tal como hemos visto, deriva parcialmente desde fuentes Judaicas; Asi entonces Zwack (alias Cato) escribe: "No solamente hemos obstruido los listados de los Rosa-Cruces sino rendimos su propio nombre como repudiable." - *Originalschriften*, p. 8.

"Cato" (alias Zwack), "guarda el origen y la novedad de (·) en la manera mas cuidadosa." **La pretensión de haber descubierto alguna fundación de Antigua sabiduría es la invariable alza de adeptos de sociedades secretas; la única cosa que nunca admitió fue la identidad de los individuos de quien uno esta recibiendo dirección.** [338]

... e l gran error de Robison fue el describir el Iluminismo como que surge a partir de la Francmasonería, ya que Weishaupt no se convirtió en Francmasón hasta después que el había fundado su Orden. Es verdad que Weishaupt no fue oficialmente recibido dentro de la Francmasonería hasta 1777, cuando fue iniciado en el primer grado en la Logia "Theodore de Bon Conseil", en Múnich ... [sin embargo], la Asamblea Constituyente [Revolución Francesa] en 1789 había sido formulada largamente en una logia de Alemanes Francmasones que formaban el núcleo de los Illuminati, en 1776. ¡Y aun así nos dicen que el Iluminismo no tuvo influencia en la Revolución Francesa!... ¿Que hay de la abolición de los "gremios obreros" y "todas las corporaciones", es decir, las "uniones de comercio" del periodo, el cual fue llevado a cabo por el infame Loi Chapelier en 1791, un decreto que ahora es generalmente reconocido como uno de las mas extrañas anomalías de la Revolución? Otra vez, ¿para los intereses de quien fue deshacerse de las aduanas y exonerar aranceles de Francia? ¿Para establecer la absoluta e irrestricta libertad de prensa y religiosas opiniones?... no cabe duda de su utilidad para hombres que, como Frederick el Grande, desearon arruinar Francia y romper la alianza Franco-Austriaca por la libre circulación de libelos contra Marie Antoinette, quien, como Mirabeau, tenia esperanzas de comenzar una revolución, o quien, como Voltaire, deseaba remover todo obstáculo para poder difundir anti-Cristiana propaganda.

... el hecho queda desde el tiempo en que Weishaupt asumió el control de la Orden el plan de "reforma social" descrita por Mirabeau se desvanece enteramente, ya que no encontramos en los escritos de los Illuminati acerca de algún pretendido esquema para ameliorar el lote del pueblo, y el Iluminismo se vuelve simplemente un esquema de anárquica filosofía... [¿Que por lo tanto seria entonces Weishaupt un agente?]:

"... el propuso como el fin del Iluminismo la abolición de la propiedad, social autoridad, de nacionalidad, y el retorno de la raza humana al feliz estado en el cual solamente formo a una sola familia sin artificiales necesidades, sin ciencias inútiles, cada padre siendo cura y magistrado. *Cura del cual no sabemos de que religión*, ya que a pesar de sus frecuentes invocaciones del Dios de la Natura, muchas indicaciones nos conducen a la conclusión que Weishaupt

---

[338] *Originalschriften*, p. 363. La palabra Iluminismo esta siempre representada por este símbolo - (·) - en la correspondencia de los Iluminati; ibid. p. 203

tuvo, como Diderot y d'Holbach, ningún otro Dios mas que la misma Natura. A partir de su doctrina hubo naturalmente seguido *el Germano ultra-Hegelianismo* y el sistema de anarquía recientemente desarrollado en Francia, del cual la fisiognomía sugiere un origen foráneo."[339]

"La Revolución emitida desde las Logias Masónicas, dice Lombard de Langes. Francia, en 1789, conto más de 2,000 logias afiliadas a Grand Oriente: Los adeptos numeraban más de 100,000. Los primeros eventos de 1789 fueron nada más que Masonería en acción. Todos los revolucionarios de la Asamblea Constituyente eran iniciados de tercer grado... El General Magnan había sido nombrado por Napoleón III para agrupar a todas las logias Masónicas dentro de una sola... En 1868, el Supremo Consejo y la Alianza Israelita Universal se fundió en la persona del Judío, Adolphe Cremieux, quien fue Presidente de ambos." [Encyclopaedia Britannica; Francmasonería – OZ]

Este sumario de objetivos de los Illuminati, el cual absolutamente corrobora la visión de Barruel y Robison, esta confirmada en detalle por el Socialista Pensador del siglo diecinueve Louis Blanc, quien en su admirable capitulo en las "Révolutionnaires Mystiques" se refiere a Weishaupt como "Uno de los más profundos conspiradores que jamás hayan existido."[340] George Sand también, Socialista e *intime* de los Francmasones, escribía de "la Europea conspiración de Iluminismo" y la inmensa influencia ejercida por las sociedades secretas de la "mística Alemania". Por decir, entonces, que Barruel y Robison estaban solos proclamando los peligros del Iluminismo es simplemente una *deliberada perversión de la verdad*, y es difícil de entender porque los Francmasones Ingleses debieron haber permitido a ellos mismos ser mal conducidos en esta cuestión.[341]

Para poder juzgar de esto solo es necesario consultar los escritos de los mismo Illuminati, los cuales están contenidos en las siguientes obras:

1.*Einige Originalschriften des Illuminatenordens* (Munich, 1787).
2.*Nachtrag von weitern Originalschriften, etc.* (Munich, 1787).
3.*Die neuesten Arbeiten des Spartacus und Philo in dem Illuminaten-Orden* (Munich, 1794).

---

339 Henry Martin, *Histoire de France*, XVI. 533.
340 Louis Blanc, *Histoire de la Révolution Française*, II. 84.
341 Esta claro que no estan mal conducidos. Su negación no es otra mas que una cubierta de sus propios perversos designios, ya que hoy es manifiesto que la Francmasoneria Britanica esta al mando de este deterioro. - OZ

Todos son papeles de la Orden los cuales fueron decomisados por el Gobierno de Bavaria en las casas de dos de los miembros, Zwack y Bassus, y publicó por orden del Elector. La autenticidad de estos documentos nunca ha sido negado ni aun por los mismos Illuminati; ahora veremos a partir de la evidencia de sus propios escritos: page

Iluminismo y Francmasonería:

A partir del momento en que Weishaupt hizo su admisión dentro de la Francmasonería su entera conducta era una violación del código Masónico. En vez de proceder luego de la reconocida manera por sucesivas etapas de iniciación, se ocupo a si en averiguar más secretos por amañados métodos y así sacarles ventaja para su propio sistema. Entonces después de un año de iniciación le escribe a Cato (alias Zwack):

"He tenido éxito en obtener una profunda vista dentro de los secretos de los Francmasones. Yo se el objetivo entero y lo impartiré todo en el tiempo correcto en uno de los grados más altos... tendremos nuestra propia logia Masónica: Que la tendremos como nuestro propio kindergarten. Que algunos de estos Masones nosotros no revelaremos de una vez que tenemos algo mas que los Masones tienen. Que en cada oportunidad debemos cubrirnos a nos con esta [Masonería]... A Todos aquellos que no sean aptos para la obra deben permanecer en la Logia Masónica y avanzar en eso *sin saber nada del postrero sistema*. Encontraremos este plan de un secreto círculo interno escondido dentro de la Francmasonería persistiendo hasta nuestro propio día... "Philo" [Barón von Knigge, un Francmasón y miembro de la *Strict Observance*] entonces le escribe a "Espartaco": Yo ahora he encontrado al mejor hombre, de quien a quien no puedo congratular lo suficiente: el es Mauvillon, Gran Maestro de una de las Logias Royal York. Así que con el tenemos a la logia entera en nuestras manos. El también ha obtenido de allí todos sus miserables grados]

Weishaupt se muestra a si no solamente como un instigador sino como charlatán, inventando misterios y grados para imponer en la credulidad de sus seguidores:[342]
Philo [dice otra vez] esta lleno de tales tonterías, las cuales traicionan su pequeña mente... pero ya he compuesto cuatro grados mas comparados al

---

[342] *Originalschriften*, p. 258. 297. 285. 286. 300. Parece que cuando un Francmason aparentaba haber caído en con el mismo esquema de Iluminismo, a el pronto se le permitió conocer de los postrer sistema. Pero en el caso de "Savioli" "Cato" escribe: "Ahora que el es un Mason he puesto todo sobre este (·) ante el, mostrándole lo que no es importante y que esta oportunidad tomada del plan general de nuestra (·), y según como esto lo haya complacido yo digo que tal cosa realmente existió, adonde me dio su palabra que el entraría." p. 289. 303. 361. 363. 360. 200; *Nachtrag von ... Originalschriften*, I. 67. 95.

peor de los cuales el grado de Sacerdote será juego de niños, pero no le diré a nadie acerca de ello hasta ver como van las cosas....

... Weishaupt [dice Mounier] se conoció con un Hannoveriano, el **Barón von Knigge**, un famoso instigador, con mucha práctica en el charlatanismo de las logias de los Francmasones. Por su consejo nuevos grados fueron añadidos a los viejos, y se resolvió al lucro por la Francmasonería mientras profundamente lo detestaba.

Ellos decidieron que los grados de *Entered Apprentice, Fellow Craft, Master Mason, y Caballero Escoses* debían ser agregados a aquellos de los Illuminati, y que ellos alardearían de poseer exclusivamente los secretos reales de los Francmasones y afirmar que el Iluminismo fue la real primitiva Francmasonería. "Los papeles de la Orden decomisados en Bavaria y publicados", Mounier lo vuelve a decir, muestra que "los Illuminati emplearon las formas de Francmasonería, pero eso lo consideraron en si mismo, aparte de sus propios grados, como una *pueril absurdidad* y que ellos detestaban a los Rosa-Cruz." Mounier, como un buen discípulo de Bode, toma mucho la misma visión y se compadece de lo *naïveté* de los Francmasones, quienes, "como tantos niños, pasan gran parte de su tiempo en sus logias jugando a la capilla." El americano **Mackey**, como un consistente Francmasón, muestra escasa simpatía por este traidor en el campo Masónico. "Weishaupt", escribe, "fue un radical en política y un infiel en la religión, y el organizo esta asociación, no mas con el propósito de agrandarse a si mismo, que de voltear a la Cristiandad y las instituciones de la sociedad." Y en una nota al pie de pagina el agrega que Robison y su *Proofs of a Conspiracy* "contiene una excelente exposición de la naturaleza de esta pseudo-Masónica institución."[343] La verdad es que Weishaupt fue uno de los más grandes enemigos de la Francmasonería Británica que jamás haya vivido...

Idealismo de los Illuminati: En su imagen los Illuminati *aparentan ser completamente admirables*, por supuesto no hay nada mas fácil que encontrar innumerables pasajes en sus escritos respirando un espíritu de la mas noble aspiración, y desde luego muchos excelentes hombres figuran entre los patronos de la Orden ... [tal como] la fraudulenta compañia promotora, a quien las primeras esenciales son un brillante prospecto y una larga lista de

343 *Lexicon of Freemasonry*, p. 142. Ver también Oliver y su *Historical Landmarks of Freemasonry*, I. 26, adonde los Illuminati están correctamente incluidos entre los enemigos de Masonería. Sin embargo, ambos Mackey y Oliver proceden en re vilificar a Barruel y a Robison como enemigos de la Masonería y para poder sustentar esta acusación Oliver desciende a la más flagrante cita errónea. Si buscamos en el original los pasajes que el cita en la página 382 de Robison y en la página 573 de Barruel como evidencia de sus calumnias acerca de la Masonería, encontraremos que ellos se refieren respectivamente a los Rosa-Cruces Cabalistas y los Illuminati y ¡no a los Francmasones del todo! Ver: Robison's *Proofs of a Conspiracy*, p.93, y Barruel y sus *Mémoires sur le Jacobinisme* (1818 edition), II. 244.

altamente respetables patronos que no saben nada de lo que sean el operar interno de lo concerniente. Estos métodos, perseguidos desde tan temprano como el siglo novena por *Abdullah ibn Maymun*, entra largamente dentro de la política de Frederick el Grande, Voltaire, y sus "hermanos" en filosofía - o en la Francmasonería... Voltaire en una carta a d'Alembert expresa su horror por la publicación de un anti-Cristiano panfleto, *Le Testament de Jean Meslier*, y en otro le urge para hacerlo circular por miles por toda Francia, así también Weishaupt es cauteloso en general de *exhibir el rostro de un benigno filosofo y aun de un Cristiano evangelista*; es solo por momentos que el bota la mascara y revela la sonrisa satírica detrás de ello...

¿Cual es la verdadera teoría política de Weishaupt? No otra mas que de moderna Anarquía, que los hombres debería gobernarse a si mismo y los gobernantes deberían ser gradualmente terminados... [Sus ideas a continuación]:

1)   La primera etapa en la vida de toda la raza humana es salvajismo, rudeza de naturaleza, en la cual el hombre disfruta las dos más excelentes bienes, igualdad y Libertad al máximo.

2)   Según las familias incrementaban, los medios de subsistencia comienzan a escasear, la vida nómada ceso, la propiedad fue instituida, los hombres se establecieron a si firmemente, y a través de la agricultura las familias habitaban cerca de las demás, por lo tanto el lenguaje se desarrollo y mediante el cohabitar juntos los hombres comenzaron a medirse entre ellos uno contra el otro, etc. Pero aquí fue la causa de la caída de la libertad; la igualdad se desvaneció. El hombre sintió necesidades desconocidas....

3)   Entonces los hombres se convirtieron en dependientes como menores bajo la tutela de Reyes; el humano debió alcanzar so mayoría y volverse auto gobernable:

4)   ¿Porque seria imposible que al raza humana debe alcanzar su as alta perfección, la capacidad de guiarse a si mismo? ¿Porque alguien estaría eternamente conducido que entiende como guiarse a si mismo? Además, los hombres deben aprender no solamente a ser independiente de reyes sino de cada uno: Quien tiene necesidad de otro depende de el y ha renunciado a sus derechos. Así que el necesitar poco es el primer paso a la libertad; por lo tanto los salvajes y los más altamente iluminados son tal ves los únicos hombres libres. El arte de más y más limitándose a las necesidades de uno es al mismo tiempo el arte de alcanzar la libertad....

5)   Con el origen de naciones y pueblos el mundo ceso de ser una gran familia, un solo reino: el gran lazo de natura se rompió... Nacionalismo tomo el lugar del amor humano... Ahora se convirtió en una virtud para magnificar la patria a expensas de quien sea que no este dentro de sus confines, ahora

como medio para este estrecho fin se permitió despreciar y sacar provecho de forasteros o incluso aun insultarlos. Esta virtud fue llamada Patriotismo....

6) Allí surgió del Patriotismo, Localismo, el espíritu familiar, y finalmente Egoísmo... Disminuye el Patriotismo, entonces los hombres se conocerán entre si como tales, su dependencia uno en el otro se perderá, el lazo de la unión se ensanchara....

Sera visto que toda la teoría de Weishaupt era en realidad una nueva rendición de la antigua secreta tradición relacionado a la caída del hombre y la perdida de su primitiva felicidad; pero mientras las antiguas religiones enseñaron la esperanza de un Redentor que debería restaurar al hombre a su otrora estado, Weishaupt ve a un solo hombre para su restauración. "Hombres", el observa, ya no mas amaba hombres solo a tales y cuales hombres. La palabra estaba bastante perdida... Entonces en el sistema masónico de Weishaupt la "palabra perdida" es "Hombre", y su recuperación es interpretada por la idea que el hombre debe encontrarse a si mismo otra vez. Mas adelante Weishaupt muestra como "la redención de la raza humana debe ser traída".

Estos medios son secretas escuelas de sabiduría, estos fueron desde todo tiempo los archivos de la Natura y de los derechos humanos, a través de ellos que el hombre será salvado de su caída, príncipes y naciones desaparecerán sin violencia de la tierra, la raza humana se convertirá en una familia y el mundo el hogar de razonables hombres. Solo la Moralidad traerá este cambio imperceptiblemente. Cada padre de familia será, como eran en otrora Abraham y los patriarcas, el sacerdote e indiscutible jefe de familia, y la Razón será el único código del Hombre. Este es uno de nuestros grandes secretos...[344] ... mientras eliminamos completamente idea alguna de poder divino afuera del Hombre y enmarcando su sistema en líneas puramente políticas, Weishaupt es cauteloso de no causar shock a las susceptibilidades de sus seguidores por cualquier abierto repudio aparentemente serio y aun bello que uno esta casi tentado a creer en su sinceridad... su primer idea fue hacer la Adoración del Fuego la religión del Iluminismo; la profesión de la Cristiandad por lo tanto aparenta haber sido un post pensamiento. Evidentemente Weishaupt descubrió, como otros lo habían hecho, que la Cristiandad se presta a si más prontamente a ideas subversivas más que cualquier otra religión. Y en los pasajes que siguen lo encontramos adoptando el viejo truco de representar a Cristo como un comunista y como adepto de una sociedad secreta:

"Nadie... tan astutamente ha escondido el alto significado de Su enseñanza, y nadie finalmente tan aseguradamente y fácilmente

---

344 *Oeuvres Complètes de Voltaire* (edicion de 1818). Vol. XLI. pp. 153.165, 168; *Nachtrag von ... Originalschriften*. II. pp. 54-57. 82. 59. 63. 65; *Nachtrag von ... Originalschriften*, II. 67. 80-8

dirigieron hombres en la senda de la libertad como nuestro gran maestro Jesús de Nazaret. Este secreto significado y natural consecuencia de Su enseñanza El escondió completamente... El secreto preservado a través del Disciplinam Arcani, y el objetivo apareciendo a través de Sus palabras y hechos, es darles de regreso a los hombres su original libertad e igualdad... Nadie podía entender cuan lejos Jesús era el Redentor y Salvador del mundo. La misión de Cristo fue por lo tanto por medio de la Razón para hacer a los hombres capaces de ser libres: "Cuando al fin la *razón se convierte en la religión* del hombre, así será el problema resuelto... Francmasonería es oculta Cristiandad, al menos mis explicaciones de los jeroglíficos encajaba en esto perfectamente; y en la manera en que explico la Cristiandad nadie necesita estar avergonzado de ser Cristiano, por ello dejo el nombre y lo sustituyo por Razón." [¡Esto es puro Humanismo! - OZ]

Weishaupt continúa a mostrar que la Francmasonería puede ser interpretada en la manera. La secreta doctrina oculta en la enseñanza de Cristo fue transmitida por iniciados que se "escondían ellos y su doctrina bajo la cubierta de Francmasonería", y en largas explicaciones de jeroglíficos Masónicos el indica las analogías entre la leyenda Hiramica y el cuento de Cristo. **"Yo digo entonces que Hiram es Cristo"**, y después de dar una de sus razones para esta aserción, añade: **"Acá entonces se gana mucho terreno, aunque yo mismo no puedo evitar reírme de esta explicación** [*obwohl ich selbst über diese Explication im Grund lachen muss*]." Weishaupt entonces procede a dar mas interpretaciones de sus propio invento del Masónico ritual, incluyendo a una imaginaria traducción de ciertas palabras que supuestamente se derivan del Hebreo, y termina por decir: "Uno será capaz de mostrar varias mas similitudes entre Hiram y la vida y muerte de Cristo, o **arrástrelos adentro agarrados del cabello**." ¡Tanto por Weishaupt y su respeto por la Gran Leyenda de la Francmasonería!

Pero este es desde luego solo el secreto de lo que Weishaupt llama "Real Francmasonería" en contra distinción a la clase oficial, la cual el la consideraba como totalmente des iluminada: "De no haber permanecido el noble y electo en la retaguardia... nueva depravación se habría desatado en la raza humana, y a través de Regentes, Sacerdotes y Francmasones, la Razón se habría desvanecido de la tierra." En el sistema masónico de Weishaupt, por lo tanto, los designios de la Orden con relación a la religión no esta confiados a los simples Francmasones, sino solamente a los Illuminati. Bajo el encabezado de "Mayores Misterios" Weishaupt escribe:

El hombre bueno para nada mejor permanezca como Caballero Escocés. Si acaso es, sin embargo, un particularmente industrioso co-coordinador [*Sammler*], observador, obrero, se convierte en Sacerdote... Si acaso hay entre estos [Sacerdotes] altamente especulativos intelectos, se convierte en Mago. Estos colectan y ponen en orden el más alto sistema filosófico y la obra en la Religión del Pueblo, *la cual la Orden le dará próximamente al mundo*. Deberán estos altos genios ser aptos para gobernar el mundo, ellos se vuelven Regentes. Este es el último grado. [Referencias][345]

Philo (el Barón von Knigge) también arrojo una interesante luz en los religiosos designios de los Illuminati... la necesidad de formular un sistema *que satisficiera fanáticos y libre pensadores por igual*:

"Así para poder operar en ambas de estas clases de hombres y unirlos, debemos encontrar una *explicación a la religión Cristiana*... hacer este el secreto de la *Francmasonería y volcarla hacia nuestro propósito*... Decimos entonces:

- Jesús deseaba introducir ninguna religión nueva, sino solo restaurar la natural religión y razón para sus viejos derechos.

- Por este medio el deseaba unir hombres en una gran universal asociación, y a través de la propagación de una moralidad mas sabia, alumbramiento, y el

- Combatir de todos los prejuicios para hacerles capaces de gobernarse a si mismos;

- Así el significado secreto de su enseñanza era conducir a los hombres sin revolución para universal libertad e igualdad.

Hay muchos pasajes en la Biblia de los cuales se pueden hacer uso de y explicados, y así todas pleiteando entre las sectas cesan si acaso pueden encontrar un significado razonable en la enseñanza de Jesús - *sea cierta o no*. Según como fue, sin embargo, esta simple religión fue posteriormente distorsionada, así fueron estas enseñanzas impartidas a nosotros a través de la Disciplinam Arcani y finalmente a través de la Francmasonería, y todos los jeroglíficos Masónicos pueden ser

---

345 *Nachtrag von ... Originalschriften*, II. 100-101.105: "El mismo vivia con Sus discipulos en comunidad de bienes." P. 101. Esta era una de las tempranas herejias de la era Cristiana refutada por Origen: "Ademas, el [Celsum] frecuentemente llama a la doctrina Cristiana un sistema secreto, debemos refutarlo en este punto...para hablar de la doctrina Cristiana como un sistema secreto es del todo absurdo." - Origen, *Contra Celsum*, en *The Ante-Nicene Christian Library*, p. 403 (1869). p. 106. p. 113. p. 96; *Nachtrag von ... Originalschriften*, II. 111. II. 123. 124. Ibid., II. 123.124. I. 68. II. 113. 115.

explicados con este objeto. Espartaco ha colectado muy buenos datos para esto y Yo mismo me he agregado a ellos... y así he tenido ambos grados listos...

Tan admirablemente tuvo éxito este truco que encontramos a Espartaco escribiendo triunfantemente:

"No puede usted imaginarse que consideración y sensación que nuestro grado de Sacerdote esta surgiendo. La cosa mas maravillosa es que *grandes Protestantes y reformados teólogos que pertenecen a* (·) [Iluminismo] todavía creen que la enseñanza religiosa impartida en ella contiene el verdadero y genuino espíritu de la religión Cristiana. **¡Oh! ¿Hombres, de que es lo que no se les puede persuadir? Yo** nunca creí que me convertiría en el fundador de una nueva religión... *Todos los profesores son miembros del Illuminati*,... así lo harán los pupilos convirtiéndose en discípulos del Iluminismo... Hemos proveído nuestros miembros del clero con buenos beneficios, parroquias, puestos en la Corte. A través de nuestra influencia Arminius y Cortez han sido hechos profesores en Éfeso. Las escuelas alemanas están bajo [la influencia de] (·) y ahora solo los miembros han tenido cargo de ellos. La caritativa asociación esta también dirigida por (·). Pronto traeremos sobre nosotros a todo el Instituto Bartholomew *para jóvenes clérigos*; las preparaciones ya han sido hechos y los prospectos son muy buenos, por estos medios podremos proveer a toda Bavaria con apropiados sacerdotes." [*Nachtrag von ... Originalschriften*]

Es en el "iluminado" clérigo y profesores que Weishaupt cuenta principalmente para la obra de la Orden. "Mediante la influencia de los Hermanos [el escribe], los Jesuitas han sido removidos de todos los profesorados, y la Universidad de Ingoldstadt ha sido limpiado de ellos..."

Debemos considerar [dice Weishaupt], como podremos comenzar a operar bajo otra forma. Solo si el objetivo es alcanzado, no importa bajo que cubierta tome lugar, y una cubierta es siempre necesaria. Ya que en el ocultamiento radica una gran parte de nuestra fuerza. Por esta razón debemos siempre cubrirnos *con el nombre de otra sociedad*. Las logias que están bajo la Francmasonería está mientras tanto el más apropiado velo para nuestro alto propósito, debido a que el mundo ya esta acostumbrado a esperar nada grande de ellos el cual merece atención... Tal como en las espirituales Ordenes de la Iglesia Romana, la religión era, ¡alas! Solamente una pretensión, así debe nuestra Orden también en una manera mas noble tratar de ocultarse tras una aprendida sociedad o algo por el estilo... Una sociedad escondida de esta manera no se puede trabajar en contra. En caso de una prosecución o de traición a los superiores no pueden ser descubiertas... <u>Estaremos envueltos en impenetrable tinieblas de espías y emisarios de otras sociedades</u>... "Yo no puedo usar los hombres como son", el observa, "sino que debo primero formarlos." La Juventud naturalmente se presta mejor a si para este proceso.

"Busca la sociedad de gente joven", Weishaupt le escribe a Ajax, "obsérvalos, y si acaso uno de ellos te agrada, pon tu mano sobre el." Busca jóvenes y ya habilidosa gente... Nuestra gente debe ser comprometida, emprendedora, intrigante, y capaz. Sobre todo lo primero. "De ser posible ellos deben ser de buen parecer - bella gente, *cæteris paribus*... Tal gente tiene generalmente gentiles maneras, un tierno corazón, y son, cuando están bien practicados en otras cosas, del mas grande uso en eventos, ya que su primer impresión atrae; pero su espíritu *n'a pas la profondeur des physiognomies sombres*. Ellas son, sin embargo, también menos dispuestas para motines y disturbios que las más oscuras fisiognomías. Esto es porque uno debe saber como usar la gente de uno. Sobre todo, el alto, ojo expresivo me place y el libre, abre ceja."[346]

Comenzando con solo cinco miembros (Weishaupt, y su circulo interno- su amigo Kollmer, **Francis Dashwood del Satanic Hellfire Club**, **Alphonse Donatien De Sade** de cuyo nombre sale la palabra "sadismo", y **Meyer Amschel Rothschild**), el Illuminati no estaba completamente operacional hasta 1778.

Weishaupt escribió: "La gran Fortaleza de nuestra Orden radica en su ocultamiento, dejen que nunca aparezca, en cualquier lugar en su propio nombre, sino siempre cubiertos por otro nombre, y otra ocupación. Nadie es mas apto que los tres bajos grados de la Francmasonería; el publico esta acostumbrado a ello, espera poco de ello, y por lo tanto le prestan poca atención de ello." El también escribe: "Ya que la Orden desea ser secreta, y para operar en silencio, para ello es mejor asegurarlo de la opresión de los poderes gobernantes, y porque esta secretividad le da un mayor gusto al todo." [- Rivera, op.cit. – OZ]

Weishaupt también insiste en la importancia de excitar la curiosidad del candidato y luego retirarse de nuevo, **siguiendo la manera de los Fatimitas**:

346 *Neuesten Arbeiten des Spartacus und Philo; Nachtrag von ... Originalschriften*, I. 3; *Originalschriften*, todas las citas arriba se encuentran en la obra de Weishaupt *Nachtrag von ... Originalschrifte*

No he fallado en hallar con tu [método de] recepción ["Espartaco" le escribe a "Cato"], excepto que ellas son muy rápidas... Usted debería proceder gradualmente en una forma aproximada por medio de suspenso y expectativas, primero para levantar indefinida, vaga curiosidad, y entonces cuando el candidato se declara a si, presenta el objeto, el cual el luego tomara con ambas manos. Por estos medios su vanidad también será complacida, porque uno hará surgir el placer de saber algo que los demás no saben, y sobre el cual la gran parte del mundo esta examinando en tinieblas. Por la misma razón *el candidato debe estar impresionado con la importancia de las sociedades secretas y la parte que han jugado en los destinos del mundo*: Uno ilustra esto por la Orden de Jesuitas, de los Francmasones, por las secretas asociaciones de los antiguos, uno acierta que todos los eventos en el mundo ocurren a partir de cien secretas fuentes y causas, a las cuales las secretas asociaciones sobre todo pertenecen; uno estimula el placer de callado, escondido poder y de intuición dentro de los ocultos secretos. A este punto uno debe comenzar a echar una mirada y dejar caer aquí y allá remarca *que puede haber sido interpretado en dos maneras*, para llevar al candidato al punto de decir: "Si tuviese la oportunidad de entrar a tal asociación, Iria adentro de ella de una vez." - Estos discursos, dice Weishaupt, "están para ser a menudo repetidos."

En el discurso de recepción a los "Illuminatus Dirigens", la apelación al amor del poder juega la más importante parte:

"Se da cuenta usted suficientemente lo que significa gobernar - ¿gobernar una sociedad secreta? No solamente sobre los menores o menos importantes del populacho, pero sobre los mejores hombres, sobre hombres de todo los rangos, naciones, y religiones, de gobernar sin fuerza externa, para unirlos indisoluble, de respirar un espíritu y alma en ellos, ¿hombres distribuidos por todas partes del mundo?..."

"Mis circunstancias necesitan", Espartaco le escribe a Cato, "que yo deba permanecer oculto de la mayoría de los miembros mientras yo viva. Yo estoy obligado a hacer todo a través de cinco o seis personas." Tan cautelosamente fue este secreto guardado que hasta que los papeles de los Illuminati fueron decomisados en 1786 *nadie fuera de este círculo interno sabía que Weishaupt era el jefe de la Orden*:

"Yo tengo a dos inmediatamente abajo de mi adentro de los que respirado mi espíritu entero, y cada uno de estos dos también a otros dos, y así va. En esta vía yo puedo poner a mil hombres en marcha y a arder en la manera mas simple, y así uno debe impartir ordenes y operar en política."

Entonces, así como en el caso de la sociedad de **Abdullah ibn Maymun**, "el extraordinario resultado fue traer toda una multitud de hombres de diversas creencias que estaban trabajando todos juntos en pos de un objetivo conocido solamente por unos pocos de ellos."

> "Bernard Lazare, un Judío, ha escrito que "Habían Judíos detrás de Weishaupt." Encontramos a Itzig, Friedlander, Ceerbeer, B & A. Goldsmith, Mocatta, Ephraim, Medelssohn, Naphtali Wessely, Hersheim, Lessing, Nicolai, y a otros muy numerosos de mencionar... **Moses Mendelsohn** era el jefe de la Haskalah [Judíos Illuminati]... En el Hotel de Ville en 1848, un Ejército de Francmasones fue recibido por Crémieux, un judío:
> "Los Francmasones alaban con gozo el triunfo de sus principios, y alardean de ser capaces de decir que todo el país ha recibido por medio suyo una Masónica conservación. Cuarenta mil Francmasones en 500 logias, formando una sola alma y corazón, asegurarles aquí de su apoyo felizmente a conducirnos a la labor de regeneración tan gloriosamente comenzó." Crémieux replico: Ciudadanos y hermanos de Grand Oriente, el Provisional Gobierno acepta con gusto su útil y completa adhesión. La República existe en la Francmasonería. Si acaso la República hace tal como los Francmasones han hecho, se convertirá en el borde resplandeciente de la unión con todos los hombres, **en todas partes del globo**, y en todos lados de nuestro triangulo."
> [Ver: *Occult Theocrasy*, Lady Queensborough, p. 186; Gargano, *Irish Freemasons and Their Foreign Brothers*, p. 55; Jean Izoulet, *Paris: Capitale des Religions*. - OZ]

Carácter de los Illuminati:

Acá hay unos pocos extractos tomados de cartas escritas por Weishaupt y sus más cercanos asociados. Estas hablan claramente de la naturaleza de estos hombres y los demonios que los espantan. – OZ

En Junio de 1782 Weishaupt le escribe a "Cato" lo siguiente:

> Oh, en política y moralidad están muy atrasados, mis caballeros. Juzguen mas si acaso un hombre tal como Marcus Aurelius averigua cuan mísera [Iluminismo] parece en Atenas [Múnich]; que colectivo de inmorales, de puteros, mentirosos, deudores, alardeadores, y vanos tontos que hay entre ellos. Si acaso el viera todo eso, ¿Que supones

que va a pensar el hombre? ¿Se sentiría avergonzado de encontrarse en una tal asociación, en la cual los líderes levantan las más grandes expectativas y llevan a cabo el mejor plan de tan miserable manera? Y todo esto a partir de un capricho, urgencia, etc. Juzguen ya sea que no este en lo correcto. De Tebas [Freysing] he escuchado fatales noticias; ellos han recibido dentro de la logia el escándalo del pueblo entero, el disoluto deudor Propertius, quien es trompeteado en el exterior por todo el "personal" de Atenas [Múnich], Tebas y Erzurum [Eichstadt]; D. también parece ser un hombre malo. Sócrates quien seria un hombre capital [*ein Capital Mann*] esta continuamente ebrio, Augustus en la peor repute, y Alcibíades se sienta todo el día con la esposa del administrador gimiendo y añorando: Tiberios en Corinto intento de violar a la hermana de Democedes y el esposo intervino. ¡Santo Cielo, que son estos Areopagitas! Nosotros los de arriba, escribimos, leemos y laboramos a morir, ofrecemos a (·) nuestra salud, fama y fortuna, mientras estos caballeros se complacen a si en sus debilidades, van a putear, causando escándalos y aun así son Areopagitas y quieren saber de todo.

En una posterior carta Philo continúa a enumerar los servicios que ha ofrecido a Weishaupt en el pasado:

A petición de Espartaco he escrito contra ex-Jesuitas y Rosacruces, persiguieran gente que nunca hizo un daño, lanzo a la *Stricte Observance* a la confusión, trajo a los mejores hacia nosotros, le dijimos de lo valioso del (·), de su poder, su edad, la excelencia de sus Jefes, la impunidad de sus mas altos lideres, la importancia de su conocimiento, y dadas sus grandes ideas de lo correcto de sus puntos de vista; aquellos entre nosotros que ahora están laborando tan activamente para nos pero se inclinan mucho a la religiosidad [*sehr an Religiosität kleben*] y quienes temían nuestra intención era de propagar el Deísmo, He buscado persuadir que los *Altos Superiores* tenían nada menos que esta intención. Gradualmente, sin embargo, Yo lo trabajare como me plazca [*nach und nach wirke ich dock was ich will*]. Si acaso ahora estuviera... por dar un indicio a los Jesuitas y Rosacruces en cuanto a quien los persigue... Si acaso lo hiciera saber (a unos pocos) el carácter Jesuita del hombre que nos guía quizás a todos de la nariz, no usa para sus ambiciosos esquemas, nos sacrifica tan a menudo como su obstinación lo requiera, [Si acaso yo les hiciera saber] lo que ellos deben de temer de tal hombre, de tal maquina detrás de la cual quizás los Jesuitas pueden estar escondidos o pudiesen esconderse a si; si acaso yo tuviera que asegurar aquellos que buscan los secretos que no tienen nada que esperar; si acaso yo confiaría a aquellos que tienen estima por la religión, *los principios del General*;... si acaso yo llamara la atención de las logias a una asociación detrás de la cual los Illuminati se encuentran escondidos; si acaso me asociara con príncipes y Francmasones... pero me encojo ante el pensamiento, la venganza no me llevara tan lejos.[347]

A un entendimiento finalmente se llego entre los Masones y los Illuminati, y el 20 de Diciembre de 1781, una combinada Orden fue propuesta, la cual añadiría a la organización Illuminati, los primeros tres grados de Masonería. No fue sino hasta el Congreso de Wilhelmsbad desde Julio 16 hasta Agosto 29, 1782 (el cual fue atendido por Masones, Martinistas, y representantes de otras secretas organizaciones de Europa, América y Asia), que la alianza era oficial. Aquellos en la reunión fueron puestos bajo juramento para no revelar nada. El Conde de Virieu, un Mason de la logia Martinista en Lyon, a su retorno a casa, cuando se le cuestiono acerca del Congreso, dijo: "Yo no se los confiare a ustedes. Lo único que les puedo decir es que todo esto es mucho mas serio de los que ustedes piensan. La conspiración que se esta entretejiendo esta muy bien pensada, que seria, por así decir, imposible para la Monarquía y la iglesia escaparlo." El después denuncio a los Illuminati, y se convirtió en un devoto Católico... En tanto que la Orden se propagaba por toda Alemania, se le contribuía con dinero de tales lideres familias Judías como ser los Oppenheimer, Wertheimer, Schuster, Speyer, Stern, y desde luego, los Rothschild.

[Gerald B. Winrod escribió en su libro *Adam Weishaupt: A Human Devil:* "de los treinta y nueve jefes sub-lideres de Weishaupt, diecisiete eran Judíos." Argumentos que los Illuminati era únicamente de origen Judío, están completamente infundadas. - Rivera, op.cit. – OZ]

... Mounier se ve obligado a confesar que el real designio del Iluminismo era "desestabilizar todo el orden civil", y "Ancien Illuminé" asevera en lenguaje no menos coercible que el del propio Barruel que Weishaupt "hizo un código del Maquiavelismo", que su método era "una profunda perversidad, adulaban todo lo que estaba basado y rencoroso en naturaleza humana para poder llegar a sus fines", que el no estaba inspirado por "un sabio espíritu de reforma" sino por una "fanática enemistad hostil a toda autoridad en la tierra." Los únicos puntos esenciales en los cuales los partidos oponentes difieren es que mientras Mounier y "Ancien Illuminé" niegan la influencia de los Illuminati en la Revolución Francesa y mantienen que ellos cesaron de existir en 1786, Barruel y Lombard de Langres los presento como los inspiradores de los Jacobinos y declararlos estar aun activos después que la

---

347 *Nachtrag von ... Originalschriften*, I. 39, 40. 47; *Originalschriften*, pp. 370, 371. pp. 257, 258 Dada en la cifra de los Iluminati: Denken sie, meine 18. 10. 5. 21. 12. 6. 8. 17. 4. 13. ist 18. 10. 5. 21. 12. 13. 6. 8. 17. (meine Schwägerin ist schwanger). Ver cifra en p. 1 de *Originalschnften.*; *Nachtrag von ... Onginalschrtften*, I. 14-16. I. 21. I. 99; *Nachtrag von ... Originalschriften*, I. 112.

Revolución había terminado. Que en este punto, en cualquier medida, los últimos tenían razón, lo veremos en un posterior capitulo.

La gran pregunta que se presenta después de estudiar los escritos de los Illuminati es: ¿Cual fue el motivo poder detrás de la Orden? Si acaso admitimos la posibilidad que Frederick el Grande y la Stricte Observance, operando a través de un circulo interno de Francmasones en la Logia St. Theodore, pueden haber proveído el primer ímpetu y que Kölmer inicio a Weishaupt en Orientales métodos de organización, la fuente de inspiración de la cual Weishaupt subsecuentemente trajo su anárquica filosofía todavía se mantiene obscura. Frecuentemente se ha sugerido que sus inspiraciones reales fueron judíos, y el escritor Judío Bernard Lazare definitivamente manifiesta que:

"habían Judíos, Cabalísticos Judíos, alrededor de Weishaupt."[348] Un escritor en *La Vieille France* fue mas allá al designar a estos judíos como: **Moses Mendelsohn, Wessely, y los banqueros Itzig, Friedlander, y Meyer.** Pero ninguno documental evidencia jamás ha sido producido en apoyo de estos manifestaciones. Es por lo tanto necesario examinarlos a la luz de la probabilidad.

... Todo de hecho tiende a probar que Weishaupt y sus primeros coadjutores, Zwack y Massenhausen, *eran puros Alemanes*. No obstante hay un distintivo parecido entre las ideas de Weishaupt y de Lessing y su "Falk", un parecido; entre ambos en los escritos de los Illuminati y en la obra de Lessing *Dialogues* encontramos la misma vena de ironía en relación a la Francmasonería, el mismo diseño que debe ser reemplazado por un sistema mas efectivo, las mismas denuncias de la existente orden social y de sociedad burguesa, la misma teoría que "los hombres debe estar auto gobernados", el mismo plan de obliterar toda distinciones entre naciones, aun la misma similitud de la colmena aplicado a la vida humanas la cual, así como he mostrado en otra parte, fue posteriormente adoptado por los anarquista Proudhon. Puede ser, sin embargo, legítimamente ser urgidos que estas ideas eran aquellas del circulo interno Masónico al cual tanto Lessing como Weishaupt pertenecían, y que, aunque colocadas en boca de Falk, ellos eran en ningún sentido Judaicos.

Pero Lessing fue también amigo y admirador de *Moses Mendelsohn*, de quien se ha sugerido como uno de los inspiradores de Weishaupt... Así, por ejemplo, la teoría de Weishaupt - tan extrañamente en varianza con sus denuncias del sistema de familia - eso como resultado de Iluminismo "la cabeza de cada

348 *De l'Influence attribuée aux Philosophes, aux Francs-Maçons et aux Illuminés sur la, Révolution de France*, par J.J. Mounier (1822), p. 181. Varias veces se ha manifestado que Weishaupt era un Judio. No puedo encontrar la más minima evidencia par a este efecto.

familia será lo que Abraham fue, el patriarca, sacerdote, y amo y señor de su familia, y la *Razón será el único código del Hombre*",[349] es esencialmente una *concepción Judía*... No debe, sin embargo, olvidarse que para la mente Judía la raza humana presenta un aspecto dual, *siendo dividido en dos distintas categorías* - la privilegiada raza a quien las promesas de Dios fueron hechas, y la gran masa de la humanidad que permanece afuera del pastel. Mientras la estricta adherencia a los mandamientos del Talmud y la ley de Moisés es una expectativa del postrer, *la más indefinida de credos religiosos es suficiente para las naciones excluidas de los privilegios que el nacimiento Judío confiere.* Fue así entonces que *Moses Mendelsohn* le escribió al pastor Lavater, quien había buscado ganarle sobre la Cristiandad:

"Creemos que todas las otras naciones de la tierra han sido dirigidas por Dios para adherirse a las leyes de la naturaleza, y a la religión de los patriarcas. Aquellos que regulan sus vidas de acuerdo a los preceptos de esta *religión de la naturaleza y de razón* son llamados virtuosos hombres de otras naciones y son los hijos de eterna salvación.

Nuestros rabinos están muy lejos de Proselitomania, que se nos unen para disuadir, por medio de agresivas objeciones, todos los que pasan adelante para convertirse en un converso. (El Talmud dice... que los prosélitos son tan irritantes para Israel como una cascara.)[350]

... ¿No fue esta la *"religión de naturaleza y de razón"* [Humanismo - OZ] la precisa concepción de Weishaupt?... - El salón de la bella Henriette Herz se convirtió en una suerte de tienda Midianita. Acá, un número de conexiones Judías de ciertos otros Illuminati no puede ser disputado. La más importante de estas fue *Mirabeau*, quien arribo en Berlín justo después del deceso de Mendelsohn y fue bien recibido por sus discípulos en el salón Judío de Henriette Herz. Fueron estos Judíos, "ardientes partidarios de la Revolución Francesa" en su montaje, que prevaleció en Mirabeau para escribir su gran apología por su raza bajo la forma de un panegírico de Mendelsohn.

"El salón de la bella Henrietta Herz se convirtió en una suerte de tienda Midianita. Acá, un número de jóvenes mujeres Judías en asamblea cuyos esposos estaban lejos por negocios. El mas prominente miembro de este circulo fue Frederick von Gentz, el personificaba la mezquindad, licenciosa manera, vicio y depravación cuya principal ocupación era la traición de mujeres. Una así-llamada "Banda de Virtud" (Tugenbund) estaba formada de la tal Henrietta, dos hijas de Moses Mendelssohn - Dorothea y Rebecca - y otras

349 *Nachtrag von ... Originalschriften*, II. 81.
350 *Memoirs of Moses Mendelsohn*, por M. Samuels, pp. 56, 57 (1827).

Judías juntas con Cristiano profligaban eran miembros. Así estaban Mirabeau, William von Humboldt, Jean Paul Richter y Frederick Schlegel. Comenzó con von Stein en 1807, la liga con sus "iniciaciones" se multiplicaron rápidamente y pronto figuraban en sus filas la mayoría de los Cancilleres de Estado, muchos oficiales del ejercito, y un considerable numero de Profesores. Se propaga desde el Báltico hasta el Elbe con un directorado central en Berlín." [H. Graetz, History of the Jews, Vol. V. p. 422; tambien Thomas Frost, Secret Societies, op.cit. Vol I, p. 183. – OZ]

"Detrás del Baron Nicolai estaba Moses Mendelssohn, y detrás de Mendelssohn la Cabala Judía, el Gobierno Mundial Judío Internacional."

[Le Forestier, *Les Illuminés de Bavière et la Franc-Maçonnerie Allemande*, p.486 – OZ]

Para resumir, Yo hasta acá no veo en el Iluminismo una conspiración judía para destruir la Cristiandad, sino mas bien un movimiento encontrando su principal fuerza dinámica en *el antiguo espíritu de revuelta contra el existente orden social y moral, auxiliado y respaldado quizás por Judíos que vieron en el un sistema que podría ser manejado para su propia ventaja*. Mientras tanto, el Iluminismo hizo uso de cada otro movimiento que pueda servir su propósito. Tal como el contemporario de Luchet lo ha expresado: "El sistema de los Illuminés no es abrazar los dogmas de una secta, sino de tornar todos los errores para su ventaja, para concentrar en si mismo todo lo que los hombres han inventado en la vía de la duplicidad e impostura. Más que esto, el Iluminismo no solo fue la asamblea de todos los errores, de todo truco, de toda sutileza de una clase teorética, esto fue también una asamblea de todos los prácticos métodos para entrar en acción. Ya que en las palabras de von Hammer en los Asesinos, no puede muy a menudo repetirse."

Las Opiniones son impotentes siempre cuando solo confunda el cerebro sin armar a la mano. El escepticismo y libre pensamiento mientras ellas ocupen solo las mentes de los indolentes y filosófico no han causado la ruina de ningún trono.... Es nada para el ambicioso hombre lo que la gente crea, sino es todo por saber como el puede tornarlos para la ejecución de sus proyectos.

... Así que en el ejercito de los Illuminati encontramos hombres de cada matiz de pensamiento, desde el poeta Goethe[351] hasta el malo instigador - nobles

---

351 **Goethe** fue iniciado dentro de la Francmasonería en la víspera de St. John, 1780. *The Royal Masonic Cyclopædia* observa: "Existen dos grandes escritoires clásicos Masónicos, Lessing y Goethe." El Dr. Stauffer,

idealistas, sociales reformadores, visionarios, y al mismo tiempo el ambicioso, el rencoroso, y el disgustado, hombres que se dejan llevar por lujuria o amargado por quejas, todas estas difieren en sus objetivos aun por Weishaupt y su admirable sistema de compartimentos herméticos [células] excluidos de un conocimiento de estas diferencias y todas marchando, inconscientemente o no, hacia la misma meta.

Si bien esto no fue la invención de Weishaupt pero había sido presagiado muchos siglos *antes en el Este*, fue Weishaupt, hasta donde sabemos, quien lo redujo a un sistema *obrando para Occidente* - un sistema el cual ha sido adherido a por sucesivos grupos de revolucionarios mundiales hasta el presente día. Es por esta razón que he citado mucho de los escritos de los Illuminati - todos los trucos, toda la hipocresía, todos los sutiles métodos de camuflaje la cual caracteriza a la Orden será encontrada de nuevo en la insidiosa propaganda de tanto modernas sociedades secretas como de organizaciones revolucionarias cuyo objetivo es la subversión de todo el orden, toda moralidad, y toda religión.

Yo mantengo, por lo tanto, con mayor convicción que nunca la importancia del Iluminismo en la historia de la revolución mundial. Pero para esta coordinación de métodos, los filósofos y Enciclopedistas podrían haber seguido instigando contra tronos y altares, los Martinistas evocando espíritus, los magos tejiendo conjuros, los Francmasones declamando de universal cofradía - ninguna de estas hubiera "armado la mano" y conducido a la enfurecidas chusmas a las calles de Paris; no fue sino hasta que los emisarios de Weishaupt formaron una alianza con los Orleanistas lideres que vaga teoría subversiva se convierte en activa revolución.

El Obispo de Autun (Talleyrand), Mirabeau y el Duque de Orleans, fundaron una logia en Paris en 1786 llamada el "Club Breton" el cual posteriormente vino a ser conocido como como el Club Jacobin, por el Templario Jacques de Molay. Los miembros acusados con difundir la propaganda de los subversivos principios del Club enumeraban 50,000. En 1790, este tenia 20,000 livres a su disposición, pero para finales de 1791, estos habían incrementado a treinta millones. La conspiración adopto el Masónico nombre "Egalite", y de los 605 miembros del Tiers Etat, 477 diputados eran Francmasones. [Girtaner, *Nauvelles Historiques et considérations politiques sur la Révolution Française*, 1793; tambien: Louis Aimable, *Les Neuf Soeurs. La R.L*; ambos concurren con Le Forestier, op.cit. p. 635. - OZ]

---

en *New England and the Bavarian Illuminati* (p. 172), apunta mas adelante que Goethe y su conexión con los Illuminati esta completamente establecida por Engel (*Geschichte des Illuminatenordens*, pp. 355 y seguido) y por Le Forestier (*Les Illuminés de Baviére*, pp. 396 y seguido). Es posible que *Fausto* pueda ser la historia de una iniciacion por un desilusionado Illuminatus.

El CLIMAX:

LA REVOLUCION FRANCESA

[El "Código del Infierno" o: *El Triunfo del Humanismo* – OZ]
El primer cuerpo Masónico con el cual los Illuminati formaron una alianza fue la *Stricte Observance*, a la cual los Illuminati Knigge y Bode pertenecieron ambos. *Cagliostro* había también sido iniciado dentro de la Stricte Observance cerca de Frankfurt y estaba ahora empleado como agente de la combinada orden. De acuerdo a su propia confesión su misión "era operar de tal forma que la Francmasonería gire en la dirección de Weishaupt y sus proyectos"; y los fondos que el trajo serán aquellos de los Illuminati. Cagliostro también formo un enlace con los Martinistas, cuyas doctrinas, si bien ridiculizadas por Weishaupt, fueron útiles a su plan en atraer por su místico carácter aquellos quienes podrían haber sido repelidos por el cinismo de los Illuminati. Acorde a Barruel, fueron los Martinistas quienes - siguiendo los pasos de los Rosacruces - había sugerido a Weishaupt el dispositivo de presentar a Cristo como un "Illuminatus" el cual había liderado a tan triunfantes resultados entre el clero Protestante.

… para este tiempo los francmasones Franceses y Alemanes estaban muy a la deriva en relación a todo el tema de la Masonería y precisaba de alguien para dar un punto a sus deliberaciones. Entonces en el **Congreso de Wilhelmsbad** acaecido el 16 de Julio, 1782, *y atendida por representantes de cuerpos masónicos de todo el mundo*, la primera pregunta promulgada por el Gran Maestro de los Templarios (i.e. la Stricte Observance) fue: "*¿Cual es el real objetivo de la Orden y su verdadero origen?*" Entonces, dice Mirabeau relatando este incidente, "este mismo Gran Maestro y todos sus asistentes habían trabajado por mas de veinte años con increíble ardor hacia una cosa de la cual ellos no saben ni el real objetivo ni tampoco el origen."… Pero Weishaupt tiene un muy definitivo objetivo en la mira, el cual era *tomar control de toda la Francmasonería*, y aunque el mismo no estaba presente en el Congreso, su coadjutor Knigge, quien había estado viajando por Alemania proclamándose a si mismo como el reformador de la Francmasonería, se presento en Wilhelmsbad, armado con completa autoridad de Weishaupt, y tuvo éxito enrolando a un numero de magistrados, eruditos, eclesiásticos, y ministros de estado como Illuminati y en aliarse con los diputados de Saint- Martin y Willermoz. Derrotado por este poderoso rival, la *Stricte Observance* ceso temporalmente de existir y el Iluminismo fue dejado en posesión del campo.

… una extraordinaria cosa sucedió. Un evangelista predicador e Illuminatus llamado Lanze había sido enviado en Julio de 1785 como un emisario de los Illuminati a Silesia, pero en su viaje fue fulminado por un rayo. Las instrucciones de la Orden fueron encontradas en el, y como resultado sus intrigas fueron conclusivamente reveladas al Gobierno de Bavaria. Una búsqueda inquisidora prosiguió, las casas de Zwack y Bassus le hicieron redada, y fue allí que los documentos y otras incriminatorias evidencia de las que hemos hecho referencia en los precedentes capitulo de este libro fueron decomisados y hechos conocer al publico bajo el nombre de *Los Escritos Originales de la Orden de los Illuminati* (1787). Pero antes de esta evidencia de cuatro ex-Illuminati, profesores de Múnich, fue Publicado en dos separados volúmenes.[352] La diabólica naturaleza del Iluminismo ahora ya no es un asunto de dudar, y la Orden fue oficialmente suprimida. Los oponentes de Barruel y Robison por tanto declaran que el Iluminismo finalmente llego a su fin. Veremos mas tarde por documental evidencia *que nunca ceso de existir*, y que veinticinco años después no solo los Illuminati *sino Weishaupt mismo estaba aun tan activo como siempre detrás de las escenas en la Francmasonería.*

... El mismo Weishaupt había sentado el precepto que la obra del Iluminismo podría ser mejor conducido "bajos otros nombres y otras ocupaciones", y de allí en adelante siempre lo encontraremos llevado a cabo por este habilidoso sistema de camuflaje... La primera cubierta adoptada fue la de la logia de los "Amis Réunis" en Paris... en 1787 una definitiva alianza se efectuó por los anteriormente mencionados Illuminati, Bode y Busche, quienes encontraron al viejo Illuminatus Mirabeau - quien con Talleyrand habían sido largamente instrumental en llamar a estos hermanos Germanos - y, acorde a Gustave Bord, dos importantes miembros de la Stricte Observance, el Marques de Chefdebien d'Armisson (*Eques a Capite Galeato*) y un Austriaco, el Conde Leopold de Kollowrath-Krakowski (*Eques ab Aquila Fulgente*) quien también pertenecía al Orden Illuminati de Weishaupt... El rol de los "Amis Réunis" era de recolectar juntos a los subversivos de todas las otras logias: Philalèthes, Rosa-Cruz, miembro de la *Logia des Neuf Soeurs* y de la *Logia de la Candeur* y de los más secretos comités de Grand Oriente, así como también como diputados de los *Illuminés* en las provincias. Aquí, entonces, en la logia en la Rue de la Sordière, bajo la dirección de Savalette de Langes, se encontraban entre los discípulos de Weishaupt, de Swedenborg, y de Saint-Martin, así como también los hacedores prácticos de revolución - los agitadores y demagogos de 1789.

A partir de este momento, dice un posterior reporte Bávaro acerca del asunto, un cambio completo ocurrió en la Orden de los "Amis Réunis". Hasta ahora vagamente subversivo, los Chevaliers Bienfaisants se convirtieron en los Chevaliers Malfaisants, los Amis Réunis se convirtieron en Ennemis Réunis.

352 *Historie de la Monarchie prussienne*, V. 73; *Ars Quatuor Coronatorum*, Vol. XXVI. p. 98 "Notas en los papeles Rainsford" en A.Q.C., Vol. XXVI. p. 111 *Morning Herald* en Noviembre 2, 1786 Eckert, *La Franc-Maçonnerie dans sa véritable signification*, Vol. II. p. 92 *Drei merkwürdige Aussagen*, etc., evidencia de Grünberger, Cosandey, y Renner (Munich, 1786) *Grosse Absichten des Ordens der Illuminaten*, etc., Ditto, con Utzschneider (Munich, 1786).

El arribo de dos Germanos, Bode y Busche, le dio el toque final a la conspiración. "El objetivo declarado de su viaje era obtener información sobre magnetismo, el cual solo entonces estaba haciendo una gran conmoción," pero en realidad, "lleno con el gigantesco plan de su Orden", su meta real era de hacer prosélitos:

> "Según la Logia de los *Amis Réunis* colecto todo lo que podía ser averiguado de todos de los otros sistemas Masónicos del mundo, así que la vía fue allanado pronto para el Iluminismo. También no tardo mucho antes que esta logia junto con todos aquellos que dependían de ella estuvieran impregnados de Iluminismo. El anterior sistema de todos estos estaba como si hubiese sido borrado, así que desde este tiempo en adelante el marco de los Philalèthes desapareció y en lugar de la anterior Cabalistica-magica extravagancia [*Schwärmerei*] entro en lo filosofico-politico."... "El espíritu Francés triunfo sobre el espíritu Masónico en gran numero de los Cofrades. Las Opiniones así como también los corazones eran aun para el Rey." Se preciso de las devastadoras doctrinas de Weishaupt para debilitar este espíritu y para volver los "grados de venganza" de vana ceremonia a terrible hecho.

... *Fue la Francmasonería Iluminada que hizo la Revolución*, y que los Masones que lo aclaman son Masones iluminados, herederos de la misma tradición introducida dentro de las logias de Francia en 1787 por los discípulos de Weishaupt, "patriarca de los Jacobinos". Muchos de los Francmasones de Francia en 1787 eran entonces aliados inconscientes de los Illuminati. De Acuerdo a Cadet de Gassicourt, habían en todas las logias solamente veintisiete iniciados reales; el resto estaban bastante engañados que sabían poco o nada de la fuente de donde la fresca influencia entre ellos se derivaba. La sorprendente característica de toda la situación es que los más entusiastas partidarios del movimiento eran hombres que pertenecían a las clases altas y aun de las familias reales de Europa... Intoxicados por la adulación prolífica de ellos por los sacerdotes del Iluminismo, *ellos adoptaron una religión de la cual ellos nada entendían*... Pero si acaso la gran mayoría de príncipes y nobles estaban azotados por la ceguera en esta crisis, uno pocos espíritus de largo alcance reconocían el peligro y advirtieron al mundo del inminente desastre. En 1787 el Cardenal Caprara, Nuncio Apostólico de Viena, remitió una confidencial memoria al Papa:[353]

---

[353] Gustave Bord, *La Franc-Maçonnerie en France*, etc., p. 351 (1908). De este Conde Australiano se refieren en la correspondencia de los Illuminati mas como un agente que como un adepto. Entonces Weishaupt escribe: "Yo debo intentar curarlo de teosofía y traerlo hacia nuestros puntos de vista" (*Nachtrag von... Originalschnften*, I. 71); y Philo, antes del Congreso de Wilhelmsbad, observa: "Numenius aun no es de mucho uso. Yo solamente lo llevo para que así detenga su boca de hablar en el Congreso [*um ihn auj dem Convente das Meul zu stopfen*]; pero, si acaso esta bien dirigido podríamos hacer algo de el." (ibid., p. 109); *Die*

El peligro se aproxima, ya que a partir de todos estos sueños sin sentido de Iluminismo, de Swedenborgianismo, o de Francmasonería una espantosa realidad emergerá. Visionarios tienen su tiempo; la revolución que ellos presagiaron tendrá su tiempo también.

... Y aun otra voz fue alzada:

Gente engañada... aprendan que existe una conspiración en favor del despotismo contra la libertad, de incapacidad contra talento, de vicio contra virtud, de ignorancia contra el alumbramiento... Esta sociedad le apunta a gobernar el mundo... su objetivo es universal dominio. Este plan puede parecer extraordinario, increíble - si, pero no quimérica... ninguna tal calamidad alguna vez ha afligido al mundo. Nos no queremos decir que el país adonde los Illuminés reinan cesara de existir, sino que caerá en tal grado de humillación que ya no mas contara en política, que la población disminuirá, que los habitantes que se resistan a la inclinación para pasar a una tierra foránea ya no mas disfrutaran la alegría de la consideración, ni los encantos de la sociedad, ni tampoco las ganancias del comercio. Maestros del mundo, pongan sus ojos en una desolada multitud, escucha su llanto, sus lagrimas, sus esperanzas. Una madre te pide restaurar a su hijo, una esposa a su marido, tus ciudades por los finos artes que han huido de ellos, el país para los ciudadanos, los campos para los cultivadores, religión por formas de adoración, y la Natura por seres de los cuales ella es digna. - Marques de Luchet

Cinco años después que estas palabras fueron escritas la campiña Francesa fue desolada, arte y comercio fueron destruidos, y las mujeres siguiendo el tumbrel que llevaba a Fouquier-Tinville a la guillotina gritaban: "¡Devuélvanme a mi hermano, mi hijo, mi marido!" Así entonces esta sorprendente profecía se cumplió. *¡Y aun ni una tan sola palabra ha dicho la historia acerca del tema!* La advertencia del señor de Luchet ha caído en oídos sordos entre la posteridad así como entre los hombres de su día. "No seria posible", el pregunta, "para dirigir a los Francmasones mismos contra los Illuminés al mostrarles que mientras ellos están trabajando para mantener la harmonía en la sociedad, aquellos otros están por todos lados sembrando las semillas de la discordia y preparando la ultimada destrucción de su Orden?" Hasta ahora no es muy tarde; solo si los hombres creyeran en el peligro que se puede evitar: "desde el momento en que ellos son convencidos, el necesario golpe es dejado a la secta." De otra manera de Luchet profetiza "*una serie de*

Neuesten Arbeiten des Spartacus und Philo in dem Illuminaten-Orden. p. viii (1794); De Luchet, *Essai sur la Secte des Illuminés,* p. vii; Crétineau Joly, *L'Église Romaine en face de la Révolution,* I. p. 93.

calamidades de las cuales el fin se pierde en las tinieblas del tiempo... un fuego subterráneo ardiendo eternamente y estallando periódicamente en violentas y devastadoras explosiones."
¿Que palabras podrían describir mejor la historia de los últimos 150 años?

En cuanto al rol de Mirabeau... un panfleto publicado en 1791 titulado *Mystères de la Conspiration*, el plan entero de la revolución fue encontrado entre sus papeles... decomisados en la casa de Madame Lejai, la esposa del publicador de Mirabeau, en Octubre 6, 1789:

"Debemos derrocar todo orden, suprimir todas las leyes, anular todo poder, y dejar al pueblo en anarquía. Estas leyes que nos establecemos no serán quizás ser una fuerza de una vez, pero a todo costo, habiendo dado de regreso el poder al pueblo, ellos e resistirán por el bien de su libertad la cual ellos creerán que están preservando. Debemos acariciar su vanidad, adular sus esperanzas, prometerles su felicidad después que nuestra obra haya sido puesta en operación; debemos eludir sus caprichos y sus sistemas a voluntad, ya que la gente como legisladores son muy peligrosos, ellos solamente establecen leyes las cuales coincidan con sus pasiones, su sed de conocimiento podría incluso solo dar lugar a abusos. Pero la gente son una palanca la cual los legisladores pueden mover a su voluntad, debemos necesariamente usarlos como un soporte, y rendir a odioso para ellos todo lo que deseamos destruir y *sembrar ilusiones en su senda*; debemos también comprar a toda pluma mercenaria las cuales propagan nuestros métodos y lo cual instruirá al pueblo en lo concerniente a sus enemigos a los cuales nosotros atacamos. El clero, siendo el mas poderoso a través de la opinión publica, solo puede ser destruido al ridiculizar la religión, hacienda a sus ministros odiosos, y solo representándolos como monstruos hipócritas, ya que Mahoma para poder establecer su religión primero difamo al paganismo el cual los Árabes, los Sarmathes, y los Sítianos profesaban. Los Libelos deben en cada momento mostrar frescos rasgos de odio contra el clero. Para exagerar sus riquezas, para hacer que los pecados de un individuo aparenten ser común para todos, para atribuirles todos los vicios; calumnia, asesinato, irreligión, sacrilegio, todo es permitido en tiempos de revolución. Debemos degradar la *nobleza* y atribuirle a un odioso origen, establecer un *germen de igualdad el cual nunca puede existir* pero el cual adulara al pueblo; [debemos] inmolar al mas obstinado, quemar y destruir su propiedad para poder intimidar al resto, así que si acaso no podemos destruir enteramente este prejuicio podríamos debilitarlo y el pueblo vengara su vanidad y su celo por todos los excesos los cuales los traerán a sumisión... Déjennos tener cautela sobre todo de darles a ellos demasiada fuerza; su despotismo es muy peligrosos, debemos adular al pueblo con gratuita justicia, prometerles una gran disminución en impuestos y una mas división igualitaria, mas extensión en fortunas, y menos humillación. Estas fantasías [*vértigos*] hará fanática a la gente, quienes soltaran toda resistencia. *¿Que es lo que le importa a las victimas y sus números?* Pillajes, destrucciones, quemas, y todos los necesarios efectos de una revolución? Nada debe ser sagrado y podemos decirlo como Machiavelli: ¿Que importan los medios siempre que uno llegue al fin?"[354]

"Mirabeau, en la exuberancia de una orgia, exclamo un día: "¡Ese *canalla* bien merece tenernos como legisladores!" Estas profesiones de fe, tal como vemos, no son del todo democráticas; la secta usa al populacho como carne de revolución [*chair à révolution*], como materia prima para bandidos, después del cual decomisa el oro y abunden *generaciones para tortura*. Esto verazmente es el código del Infierno.
- Lombard de Langres, *Histoire des Jacobins*, p. 31 (1820).

Es este "código del infierno" el que fue puesto en marcha en el *Projet de Révolution* que encontraremos repitiéndose en sucesivos documentos a través de los últimos cien años - en la correspondencia de la "Alta Vendita," en los *Dialogues aux Enfers entre Machiavel et Montesquieu* por **Maurice Joly**,[355] en el *Revolutionary Catechism* de Bakunin, en los **Protocolos de los Sabios de Sion**, y en los escritos de los Rusos Bolcheviques de hoy. Cualquiera que sean las dudas que puedan arrojar sobre la autenticidad de cualquier de estos documentos, *el hecho indisputable entonces es que tan temprano como 1789 este Maquiavélico plan de ingeniar la revolución y usando el pueblo como palanca para alzar a la tiránica minoría al poder, había sido formulada*; posterior, que los métodos descritos en este temprano "Protocolo" había sido llevado a cabo acorde al plan desde ese día hasta hoy. Y en cada surgir de la revolución social los autores del movimiento habían sido conocidos por estar conectado con sociedades secretas... Duport, el iniciado interno de estas sociedades secretas, "sosteniendo en sus manos todos los hilos de la conspiración masónica," que el 21 de Mayo, 1790, mostro ante el Comité de Propaganda el vasto esquema de destrucción:

"M. de Mirabeau ha establecido bien el hecho que la afortunada revolución la cual ocurrió en Francia debe y será para todos los pueblos de Europa el despertar de la libertad y para los Reyes el sueño de muerte. Pero Duport continua a explicar que mientras

354 Esta es la rabinica y cabalistica practica de *Tikkun Olam*, es decir, "el reparo y reconstruccion del mundo"
355 Crétineau Joly, *L'Église Romaine en face de la Révolution*, I. p. 93.

Mirabeau piensa que es recomendable en el presente de no concernirse ellos con algo fuera de Francia, el mismo cree que el triunfo de la Revolución Francesa debe liderar inevitablemente a "la ruina de todos los tronos... Por tanto debemos apresurar entre nuestros vecinos la misma revolución que se lleva a cabo en Francia."[356]

El plan de la Francmasonería iluminada fue entonces *nada menos que revolución mundial...* Francia en 1789 contaba con más de 2,000 logias afiliadas a Grand Oriente; el número de adeptos eran más de 100,000. Los primeros eventos de 1789 fue solo la Masonería en acción. Todos los revolucionarios de la Asamblea Constituyente fueron iniciados en el tercer grado. Colocamos en esta clase al Duque de Orleáns, Valence, Syllery, Laclos, Sièyes, Pétion, Menou, Biron, Montesquieu, Fauchet, Condorcet, Lafayette, Mirabeau, Garat, Rabaud, Dubois-Crancé, Thiébaud, Larochefoucauld, y otros.[357]

Nota del Editor

La significancia de este último párrafo revelando esto: Como entonces, así es hoy entre las legiones Francmasónicas. Usted notara que los miembros del Tercer grado o "Maestros Masones" son significantes personajes, bien conocidos por la historia y famosos por sus Humanitarias acciones, personal carácter y don de liderazgo. Sin embargo, ellos están sometidos a un cadre devoto a su destrucción y la inmolación de miñones (amma) a su servicio, ¡*y de esto están totalmente inconscientes*! Y aun estos son nuestros líderes... Las cosas no han cambiado en lo mínimo desde ese día, excepto que ahora, la Mano de esta Iblisiana Amenaza es global, como de hecho fue el intento de Weishaupt e ideólogos de la rabínica y cabalística practica de *Tikkun Olam*, es decir "el reparo y reconstrucción del mundo" que lo respaldo financieramente.

Las oficiales historias que se enseñan en las instituciones de Alto Aprendizaje bajo su auspicio - significa "todas" - en adición a esas instituciones de "Profesional Parasitismo", según el Profesor Mullins *et alii* - presentan nada de estos hechos, el cual por eso me he tomado la molestia de ponerlas a su servicio. Ahora usted puede apreciar la gran deuda que tenemos con tan finos eruditos como Madama Nesta Webster, cuyas obras han sido convenientemente vilificadas y descartadas. - OZ

Entre estos otros no solo estaban los Brisotes, que formaban el núcleo del partido Girondino, pero los hombres del Terror: Marat, Robespierre, Danton,

---

356 Deschamps, *Les Sociétés Secrètes et la Société*, II. 151, citando un documento entre los papeles del Cardenal Bernis titulado: *Discours prononcé au comité de la Propagande par M. Duport, un de ses mémoires, le 21 mai 1790*.
357 Lombard de Langres, *Histoire des Jacobins*, p. 117 (1820).

y Desmoulins. Fueron estos más feroces elementos, *verdaderos discípulos de los Illuminati*, quienes estaban para barrer a los visionarios Masones soñando con igualdad y hermandad. Siguiendo el precedente puesto por Weishaupt, clásicos pseudónimos fueron adoptados por estos lideres de los Jacobinos, así entonces Chaumette fue conocido como Anaxagoras, Clootz como Anacharsis, Danton como Horace, Lacroix como Publicola, y Ronsin como Scaevola; otra vez, siguiendo la manera de los Illuminati, los nombres de los pueblos fueron cambiados y un calendario revolucionario se adopto. El gorro rojo y pelo suelto afectado por los Jacobinos aparenta también haber sido presagiado en las logias de los Illuminati.[358]

... allí existió, dice Lombard de Langres, que la "mas secreta convención [*convention sécrétissime*] la cual dirigió todo después del 31 de Mayo, un oculto y terrible poder del cual la otra Convención se convirtió en la esclava y la cual estaba compuesta de estos primordiales iniciado del Iluminismo. *Este poder estaba por encima de Robespierre y los comités del gobierno...* fue este oculto poder el cual se apropio de los tesoros de la nación y los distribuyeron a los hermanos y amigos quienes habían ayudado en la gran labor."[359] ¿Cual era el objetivo de este oculto poder? ... ¿Que era este sino Satanismo? En desecrar las Iglesias y estampando en los crucifijos los Jacobinos habían de hecho seguido la precisa formula de magia negra:

"Para el propósito de infernal evocación... es requisito... profanar las ceremonias de la religión a la cual uno pertenece y para pisotear sus mas sagrados símbolos."[360] Fue esto lo que formo el preludio al "Gran Terror", cuando, para aquellos que lo vivieron, parecía que Francia estaba bajo el dominio de los poderes de las tinieblas... los proyectos de los Cabalistas, los Gnósticos, y las sociedades secretas, que por cerca de dieciocho siglos han socavado las fundaciones de la Cristiandad, se han satisfecho. ¿Cual, fue, el rol de los Judíos en la Revolución? En esta conexión es necesario entender la situación de los Judíos en Francia en este periodo.

LOS JUDIOS DE EUROPA:
[VER TAMBIEN EL APENDICE VII]

Después del decreto de expulsión emitido por Charles VI en 1394, los judíos, como personería, había dejado de existir; pero hacia finales del siglo un cierto número de judíos, expulsados de España y Portugal, se les permitió asentarse

---

358 Lombard de Langres, *Histoire des Jacobins*, p. 236 (1820); Ver: *Die Neuesten Arbeiten des Spartacus und Philo*, p. 71, adonde los Iluminati son descritos que visten "fliegende Haare und kleine vierekte rothe samtne Hute." Una alterna teoria es, sin embargo, que la "gorra de libertad" fue copiada de aquellos esclavos de los galeones.
359 *Histoire des Jacobins*, p. 117.
360 A.E. Waite, *The Mysteries of Magic*, p. 215.

en Bordeaux. Estos *Judíos Españoles y Portugueses*, conocidos como **Sefardí**, aparentaban consentir con la religión Cristiana y no eran oficialmente considerados judíos, pero disfrutaron de considerables privilegios conferidos a ellos por Henri II. No fue si no hasta comienzos del siglo dieciocho, durante la Regencia, que los Judíos comenzaron a reaparecer en Paris. Mientras tanto, la anexión de Alsace a finales del previo siglo había agregado a la población de Francia los *Judíos Germanos* de esa provincia conocido como los **Askenazí**.

... mientras los Sefarditas habían mostrado ser buenos ciudadanos y por tanto no fueron objeto de persecución, los Askenazi por su extorsionadora usura y opresiones se había hecho detestar por la gente, tanto así que rigorosas leyes fueron reforzadas para restringir su rapacidad... en 1784, los Judíos de Bordeaux habían acordado mas concesiones por Louis XVI; en 1776 a todos los Portugueses Judíos se les había dado libertad religiosa y permiso para habitar todas partes del reino. El decreto de Enero 28, 1790, confirió a los Judíos de Bordeaux los derechos de ciudadanos Franceses, puso el toque final a este esquema de liberación. Pero la propuesta de extender este privilegio a los Judíos de Alsace evocaba una tormenta de controversia en la Asamblea [Francesa]... "Los Judíos", dijo el Abad Maury, "han atravesado diecisiete siglos sin mezclarse con otras naciones. Ellos no han hecho mas que prestar dinero, ellos han sido la escoria de las provincias agriculturas, ni tan solo uno de ellos ha sabido como ennoblecer sus manos guiando el arado." Y continuo en apuntar que los Judíos "no deben ser perseguidos, ellos deben se protegidos como individuos y no como Franceses, ya que ellos no podrían ser ciudadanos... "Ya sea lo que hagas, ellos siempre serán forasteros en nuestro medio."... No existe de cuestión de persecución, sino de precauciones contra una raza que a voluntad se aísla del resto de la comunidad para poder perseguir sus propios intereses y ventajas.

Los Judíos de Bordeaux de hecho reconocían el odio que los Judíos Germanos fueron calculados para traer la causa Judía, y en un discurso a la Asamblea el 22 de Enero, 1790, se disociaron de las agresivas alegaciones de los Askenazi:

... aparentan ser más bien extraordinario ya que estos judíos aspiran a vivir en Francia bajo un especial régimen, para tener leyes peculiares para ellos mismos, y para constituir una clase de ciudadanos separados de todos los otros. En cuanto a nosotros, nuestra condición en Francia ha sido establecida desde hace mucho. Hemos sido naturalizados franceses desde 1550; nosotros poseemos todas clases de propiedades, y disfrutamos el ilimitado derecho de adquirir tierras. No tenemos ni leyes, tribunales, tampoco oficiales de los nuestros.[361]

¿Que parte fue la que realmente jugaron los Judíos en los tumultos de la Revolución es imposible de determinar, por la razón que ellos son infrecuente designada como tal en los escritos de contemporarios...? Es verdad, por otro parte, que ellos mismos alardearan de su revolucionario ardor. En un discurso presentando sus reclamos ante la Asamblea Nacional en 1789, ellos declaran:

Regeneradores del Imperio Francés, tu no desearías que nosotros cesemos de ser ciudadanos, ya que por casi seis meses hemos asiduamente cumplido todos los deberes como tales, y la recompensa por el celo que hemos mostrado en la aceleración de la revolución no serán para condenarnos para participar en ninguno de sus ventajas ahora que ha sido consumado... No seigneurs, todos nosotros somos muy buenos ciudadanos, y en esta memorable revolución nos atrevemos a decir que no hay ninguno de nosotros que no haya sido comprobado a si.[362]

... Cuando comenzó la gran campaña anti-religiosa, muchos de ellos entraron de corazón al ataque de toda fe religiosa, incluyendo la propia. Mientras los Festines de la Razón ocurrían en las Iglesias de Paris, encontramos "una diputación de Israelitas" presentándose en la Asamblea Nacional y depositan en el boso de la Montaña los ornamentos de los cuales ellos habían despojado a un pequeño templo que ellos tenían en la Faubourg Saint-Germain... En el vigésimo Frimario en "el Templo de Libertad", en otrora la iglesia de los Benedictinos, "el ciudadano Alexandre Lambert *hijo*, un Judío, criado con los prejuicios de la religión Judía", expresaba una violenta arenga contra toda religión:

Yo les probare a ustedes, ciudadanos, que todas las formas de adoración son imposturas igualmente degradantes para el hombre y divinidades; Yo no lo probare por filosofía, Yo no lo se, sino solo por la luz de la razón... La mala fe, ciudadanos, de la cual la nación Judía es acusada no proviene de ellas mismas sino de sus sacerdotes. Su religión, la cual les permite solo prestar a aquellos de su nación al 5 por ciento, le dice qué tomen cuanto puedan de católicos; es aun consagrado como costumbre en la oración de la mañana para solicitar ayuda de Dios para atrapar a un cristiano.

---

361 Théophile Malvezin, *Histoire des Juifs à Bordeaux*, p. 262 (1875)
362 *Nouvelle Adresse des Juifs à l'Assemblée Nationale*, le 24 décembre, 1789.

Hay mas, ciudadanos, y es en el clímax de la abominación: si acaso se comete un error en el comercio entre Judíos, se les ordena hacer reparación; pero si acaso fuesen 100 de cualquier Cristiano debe haber pagado 25 de mas, algo que no esta obligado a regresarles. ¡Que abominación, Que horror! ¿Y de donde mas proviene todo eso sino que de los Rabinos? ¿Quienes han excitado proscripciones contra nos? ¡Nuestros sacerdotes! Ah, ciudadanos, mas que nada en el mundo debemos abjurar a una religión la cual... por subyugarnos a irritantes y serviles practicas, hace imposible para nos ser buenos ciudadanos.[363]

El respaldo acordado por los judíos a la Revolución francesa parece entonces de haber sido promovido no solo por religioso fanatismo sino por un deseo para provecho nacional. Que ellos ganaron inmensamente con el derrocamiento del Viejo Orden es innegable, Por aparte de la legislación paso a su favor en la Asamblea Nacional, el desorden de las finanzas en 1796 era tal que, como M. León Kahn nos dice, un periódico contemporáneo inquiría:

"¿Ha sido la Revolución entonces solamente un esquema financiero? ¿Una especulación de banqueros?" sabemos de Prudhomme a que raza pertenecían los financieros que principalmente se lucraron por este desorden.[364] [¡Una muy repetida tesis e interrogante! - OZ]

... Que tan lejos el movimiento, el cual, como la moderna Bolchevique conspiración, parece haber tenido ilimitados fondos a disposición, fue financiado por los Judíos aun esta por ser descubierta.[365] Hasta ahora, solamente los primeros pasos se habían dado hacia elucidar la verdad acerca de la Revolución Francesa... En la opinión de un escritor de principios del siglo diecinueve, la secta que ingenio la Revolución Francesa era absolutamente internacional:

Los autores de la Revolución no son más Franceses que Germanos, italianos, Ingleses etc. Ellos forman una particular nación la cual nació y ha crecido en las tinieblas, en medio de todas las naciones civilizadas con el objetivo de subyugarlas a su dominación.[366]

---

363 *Discours de morale, prononcé le 2ième décadi, 20 frimaire, l'an 2ième de la république ... an temple de la Vérité, ci-devant l'église des bénédictins à Angèle Boutonne ... fait par le citoyen Alexandre Lambert, fils, juif et élevé dans les préjugés du culte judaïque* (1794), British Museum press-mark F. 1058 (4).
364 Léon Kahn, *Les Juifs de Paris pendant la Révolution* (1898); *Crimes de la Révolution*, III. 44.
365 Este asunto desde entonces ha sido aclarado por varios autores. Los Judíos y Banqueros Internacionales sin duda han financiado, repetidamente, todas las grandes revoluciones en el oeste por sobre los últimos años, incluyendo los Bolcheviques a quien MM. Webster cuestiona posterior. - OZ
366 Chevalier de Malet, *Recherches politiques et historiques*, p. 2 (1817).

... el **Duque de Brunswick**, en otrora el "Eques a Victoria" de la Stricte Observance, "Aarón" de los Illuminati, y Gran Maestro de la Francmasonería Germana, quien, ya sea debido a la Revolución había hecho su labor de destruir la monarquía Francesa y ahora amenazaba la seguridad de Alemania, o ya sea debido a que el estaba genuinamente desilusionado en las Ordenes a las cuales el había pertenecido, emitió un Manifiesto a todas las logias en 1794, declarando que en vista de la manera en la cual la masonería había sido penetrada por esta gran secta, la orden entera debía ser suprimida.

Es esencial citar una parte de este importante documento verbatim:

En medio del universal asalto producido por la actuales revoluciones en el mundo político y moral, en este periodo de suprema iluminación y de profunda ceguera, seria un crimen contra la verdad y la humanidad no dejar mas oculto en un velo las cosas que puedan proveer la única clave para eventos pasados y futuros, las cosas que deben mostrarse a miles de hombres que, sea que la senda que ellos hayan sido hechos seguir es la senda de la locura o de la sabiduría. Esto tiene que ver contigo, VV. FF. De todos los grados y de todos los sistemas secretos. La cortina debe ser corrida al lado, para que así sus ojos enceguecidos puedan ver aquella luz que haz buscado en vano, pero de la cual solo has podido captar unos pocos engañosos rayos... Una gran secta la cual, tomando por motto el bien y la felicidad del hombre, obraron en la penumbra de la conspiración para hacer la felicidad de la humanidad una presa para si. Esta secta es conocida por todos: sus hermanos son conocidos no menos que su nombre. Son ellos quienes han socavado las fundaciones de la Orden al punto de completo derrocamiento; Es por ellos que toda la humanidad ha sido envenenada y conducida al extravío por varias generaciones. El fermento que reina entre la gente es su obra. Ellos fundaron los planes de su insaciable ambición en el orgullo político de las naciones. Sus fundadores se las arreglaron para introducir este orgullo en las cabezas de la gente. Ellos comenzaron por declarar odio hacia la religión... Ellos se inventaron los *derechos del hombre* los cuales son imposibles de descubrir aun en el libro de Natura, y ellos urgieron a la gente a arrancarles a los príncipes el reconocimiento de estos supuestos derechos. El plan que ellos habían formado para romper todos los lazos sociales y de destruir todo orden fue revelado en todos sus discursos y hechos. Ellos inundaron el mundo con una multitud de publicaciones; ellos reclutaron aprendices de cada rango y en cada posición; ellos engañaron a los más perspicaces hombres al falsamente alegar diferentes intenciones. Ellos sembraron en los corazones de la juventud la semilla de la avaricia, y los excitaban con la carnada de las más insaciables pasiones. Inconquistable orgullo, sed de poder, tales eran los únicos motivos de esta secta: sus maestros solo tenían en la mira nada menos que los tronos del mundo, y el gobierno de las naciones estaba para ser dirigido por sus nocturnales clubs... El mal uso de nuestra Orden, el mal entendimiento de nuestro secreto, ha producido todos lo problemas políticos y morales de los cuales el mundo esta lleno hoy. Ustedes que han sido iniciados, ustedes deben unirse a nosotros alzando nuestras voces, así entonces para enseñarle a la gente y príncipes que los sectarios, los apostatas de nuestra Orden, ellos solos han sido y serán los autores de presentes y futuras revoluciones. Debemos asegurarles a príncipes y al pueblo, por nuestro honor y nuestro deber que nuestra asociación es en ninguna manera culpable de estos males. Pero para poder hacer que nuestras atestaciones puedan tener fuerza y merecer crédito, debemos hacer por príncipes y pueblo un completo sacrificio; así para poder cortar de raíz el abuso y error, debemos a partir de este momento disolver toda la Orden.

Es por esto que lo destruimos y aniquilamos completamente por el tiempo; nos preservaremos las fundaciones para la posteridad, las cuales los aclararan cuando la humanidad, en mejores tiempos, pueda derivar algún beneficio de nuestra santa alianza.[367]

Entonces en la opinión del Gran Maestro de la Francmasonería Germana, una secreta secta operando dentro de la Francmasonería había traído la Revolución Francesa y seria la causa de toda futura revolución... una ley fue pasada por el Parlamento Ingles en 1799 prohibiendo toda sociedad secreta con la excepción de la Francmasonería... [Sin embargo] no solo había el Iluminismo y la masonería de Grand Oriente contribuyeron en grande a la revolución Francesa, pero tres años después de aquella primera explosión ellos estaban tan activos como siempre... no solamente los Illuminati sino que el mismo Weishaupt todavía continuaron en intrigar mucho después que la Revolución Francesa había terminado. Directamente después que el *Reino del Terror* había terminado, las logias Masónicas, las cuales durante la Revolución habían sido reemplazados por los clubs, comenzaron la reapertura y para comienzos del siglo diecinueve estaban en una más florecientes condiciones que nunca antes. "fue la mas brillante época de la Masonería", escribió el Francmasón Bazot en su *History of Freemasonry*. Cerca de 1,200 logias existían en Francia bajo el Imperio; generales, magistrados, artista, sabios, y notables en cada línea fueron iniciados en la Orden. El más eminente

---

367 *Discours de morale, prononcé le 2ième décadi, 20 frimaire, l'an 2ième de la république ... an temple de la Vérité, ci-devant l'église des bénédictins à Angèle Boutonne ... fait par le citoyen* Alexandre Lambert, *fils, juif et élevé dans les préjugés du culte judaïque* (1794), British Museum press-mark F. 1058 (4).

de estos fue el Príncipe Cambacérès, pro Grand Maestro de Grand Oriente. Es en medio de este periodo que encontramos a Weishaupt una vez mas operando tras las escenas de la Francmasonería... ¡Uno se presta a preguntar que podría ser de extraordinaria importancia del rol en juego en este momento en la Francmasonería del Primer Imperio por este Weishaupt, quien se suponía de haber estado fuera del movimiento masónico desde que el Iluminismo fue llevado a juicio en 1786!... El Marques de Chefdebien no entretenía ninguna ilusión acerca de Weishaupt, a cuyas intrigas el siempre se había opuesto, y en una carta que data de Mayo 12, 1806, para el Francmasón Roettiers, quien se ha referido al peligro de aisladas logias Masónicas, la pregunta:

En Buena fe, muy reverendo hermano, ¿Fue en aisladas logias que la atroz conspiración de Philippe [el Duque de Orleáns] y Robespierre se formo? ¿Fue desde aisladas logias que aquellos hombres prominentes vinieron, quienes en asamblea en el Hôtel de Ville, promovieron la revuelta, devastación, asesinato? ¿Y no es en las logias unidas, co- y sub- ordinadas, que el monstro Weishaupt estableció sus pruebas e hizo sus preparar sus horribles principios?[368]

... [Por tanto] no fue la misma Francmasonería en si, sino el Iluminismo que organizó el movimiento el cual la Revolución Francesa fue la primera manifestación. Monseñor Dillon lo ha expresado [así]:

De no haber vivido Weishaupt, la Masonería podría haber cesado de ser una potencia después de la reacción consecuente en la Revolución Francesa. El le dio forma y carácter el cual causo que sobreviviera esa reacción, para energizar hasta el presente día, y el cual causaría su avance hacia su conflicto final con la Cristiandad debe determinar quien sea Cristo o Satanás quien deba reinar en esta tierra hasta el fin.[369]

Si acaso a la palabra Masonería le agregamos Grand Oriente - es decir, la Masonería que no es de Gran Bretaña, sino del Continente - estaríamos aun mas cerca de la verdad... Acaso ¿no es también al Iluminismo que un misterioso pasaje en una reciente obra de M. Lenôtre se refiere? En el curso de la conversación con los amigos del falso Dauphin Hervagault, Monseñor de Savine se dice haber "hecho alusiones en prudente y casi aterrados términos a alguna secta internacional... un poder superior a otros... el cual tiene brazos y ojos en todos lados y el cual gobierna Europa hoy."[370]... Lombard de Langres, quien, escribiendo en 1820, observa que los Jacobinos

---

368 *Eques a Capite Galeato*, p. 423
369 *The War of Anti-Christ with the Church and Christian Civilization*, p. 30 (1885).
370 G. Lenôtre, *Le Dauphin* (Traducción Inglesa.), p. 307.

eran invisibles desde el decimoctavo Brumario hasta 1813, y continúa a decir: Acá la secta desaparece; encontramos que nos guiara durante este periodo solamente nociones inciertas, dispersos fragmentos; los complots del Iluminismo yacen enterrados en las cajas de la Policía Imperial. Pero el contenido de estas cajas ya no mas yace enterrado; transportado a los Archivos Nacionales, los documentos en el cual las intrigas del Iluminismo se ven desnudas han al menos sido dadas al público. Acá no puede haber cuestión de imaginativos abades, profesores escoceses, o Americanos divinos conjurando una a boga para alarmar al mundo; estos secos oficiales reportes preparados para el ojo vigilante del Emperador [Napoleón], nunca se intentó y nunca se uso para publicación, relata calmadamente y desapasionadamente lo que los escritores han escuchado ellos mismos y observado en lo concerniente al peligro que el Iluminismo presenta a toda las formas de gobierno establecido.

el autor del mas detallado reporte es un tal <u>François Charles de Berckheim</u>, comisionado especial de policía en Mayence hacia el fin del Imperio [y un Francmasón]... el es capaz de manifestar que los Ilumines tienen iniciados por toda Europa, que no han escatimado esfuerzos para introducir sus principios dentro de las logias, y "para propagar una doctrina subversiva de todos los gobiernos establecidos... bajo el pretexto de la regeneración de moralidad social y el mejoramiento del lote y condición de hombres por medios de leyes fundadas en principios y sentimientos desconocidos hasta ahora y contenidos solamente en las cabezas de los lideres." "el Iluminismo", declara, "se esta convirtiendo en un grande y formidable poder, y temo, en mi consciencia, que los reyes y el pueblo sufrirán mucho de ellos a menos la previsión y prudencia rompan su temido mecanismo [*sus affreux restorts*]."

... El 16 de Enero, 1813, Berckheim le escribe otra vez al Ministro de Policía:

> Monseñor, ellos me escriben desde Heidelberg... que un gran numero de iniciados en los misterios del Iluminismo allí se encuentran. Estos caballeros usan como seña de reconocimiento un anillo de oro en el tercer dedo de la mano izquierda; en la parte posterior de este anillo hay una pequeña rosa, en el medio de esta rosa esta un casi imperceptible marca; al presionar esta con la punta de un alfiler uno toca un resorte, por estos medios los dos círculos de oro se desarman. En el interior del primero de estos círculos esta el dispositivo: "Sean Germanos como deben serlo"; en el interior del segundo de estos círculos están grabadas las palabras "Pro Patria."[371]

---

371 Archives Nationales, F* 6563.

Subversivas como puedan haber sido las ideas de los Illuminati, **ellas era por tanto no subversivas de patriotismo Germano**. Encontramos esta aparente paradoja corriente en todo el movimiento Iluminista hasta el presente día. En 1814 Berckheim delineo su gran reporte sobre las sociedades secretas de Alemania:

> ... Los *Ilumines* quienes quedaron en Bavaria, obligados a arroparse a si en oscuridad para así poder escapar al ojo de la autoridad, se convirtieron solo mas formidables: las rigorosas medidas de la cuales ellos fueron objeto, adornado por el titulo de persecución, les hizo ganar nuevos prosélitos, mientras los desvanecidos miembros llevaron a cabo los principios de Asociación dentro de otros Estados. Así en unos pocos años el Iluminismo multiplico sus incubadoras por todo el sur de Alemania, y en consecuencia en Saxony, en Prusia, en Suecia, y aun en Rusia... la Asociación siempre ha tenido una tendencia política. Si acaso aun retiene algunos rasgos místicos, es para poder apoyarse a si en necesidad por el poder de fanatismo religioso, y veremos en que sigue cuan bien lo sabe para hace esto en un recuento. Sin duda algunos de sus principales jefes, entre quienes hay numerosos hombres distinguidos por su fortuna, su nacimiento, y dignatarios como los cuales son envestidos, no son los bobos de estos demagógicos sueños: ellos esperar encontrar en las emociones populares que ellos menean los medios de arrebatar los reinos del poder, o a cualquier precio incrementar su riqueza y su crédito; pero la masa de adeptos cree en ello religiosamente, y, para poder alcanzar la meta mostrada a ellos, ellos mantienen incesantemente una actitud hostil hacia los soberanos ... ***Seria un error si uno confundiera Iluminismo con Francmasonería***. Estas dos asociaciones, a pesar de los puntos de parecer que ellos puedan poseer en el misterio con el cual ellos se rodean, en las pruebas que preceden la iniciación, y en otros asuntos de forma, son absolutamente distintos y no tienen ninguna clase de conexión entre si. Las logias del Rito Escocés enumeran, es verdad, unos pocos *Illuminés* entre los Masones de los más altos grados, pero estos adeptos son muy cautelosos de no ser conocidos como tales a sus hermanos en la Masonería o de manifestar ideas que podrían traicionar su secreto.

Nota del Editor: Es un error aceptar la declaración: "Seria un error si uno confundiera el Iluminismo con la Francmasonería" como la verdad completa. Tal como hemos vistos, la Francmasonería misma tiene profundas raíces en el oculto dogma de numerosos bien atestadas sectas de malvada intención que son anti éticas al Monoteísmo puro y la creencia Universal de solida religión, moralidad y ética. Aun sin la Francmasonería Illuminati que explota los deseos del hombre de servir a Dios por el aprovechamiento personal de sus líderes y, en adición, expone doctrinas de Deísmo y Monismo que niega el Tawhid y autonomía de Allah SWT así como también el ejemplo y enseñanzas de sus Profetas. – OZ

El catecismo de la secta esta compuesto de un muy pequeño numero de artículos los cuales podrían ser reducidos a este único principio: "Para armar la opinión de las gentes contra los soberanos y para operar por cada método para la caída monárquicos gobiernos para poder fundar en su lugar sistemas de absoluta independencia." Todo lo que pueda tender hacia este objetivo esta en el espíritu de la Asociación… las Iniciaciones no están acompañadas, como en la Masonería, por fantasmagóricas pruebas… sino que ellas son precedidas por largas pruebas morales la que garantizan en la mas sana manera la fidelidad de los catecúmenos; juramentos, una mezcla de todo lo que no es lomas sagrado en religión, amenazas e imprecaciones contra traidores, nada que sorprenda la imaginación es seguro; pero el único compromiso en el cual el recipiente entra es propagar los principios con los cuales el ha sido imbuido, para mantener inviolable secretividad en todo lo pertinente a la asociación, y para trabajar con todo para incrementar el numero de prosélitos. Todos los adeptos que viven en el mismo pueblo usualmente se conocen entre si… están divididos en varios grupos, que están todos en contacto unos con otros por medio de miembros de la asociación a quienes las relaciones personales une a dos o varios grupos al mismo tiempo… Estos grupos están otra vez subdivididos en muchos tantos círculos privados los cuales la diferencia de rango, de fortuna, de carácter, gustos, etc., podría necesitar: estas son siempre pequeñas, algunas veces compuesta de cinco o seis individuos [¿células? - OZ]… se reúnen frecuente bajo varios pretextos… comunican sus puntos de vista privados, acuerdan métodos, reciben direcciones que los intermediarios les traen, y comunican sus propias ideas a estos mismos intermediarios, quien entonces va y continua propagándolas en otros círculos.

Sera hará entendido que podría haber uniformidad en la marcha de todos estos grupos separados, y que un día pueda ser suficiente para comunicar el mismo impulso a todos los barrios de un gran pueblo… Estos son los métodos por los cuales los *Illuminés*, sin ninguna aparente organización, sin lideres establecidos, se ponen de acuerdo juntos desde los bancos del Rin hasta aquellos de Neva, desde el Báltico hasta las Dardanelos, y avance continuo hacia la misma meta, sin dejar rastro que podría comprometer los intereses de la asociación o aun levantar sospecha de alguno de sus miembros; la policía mas activa fallaría ante tal combinación… Como la fuerza principal de los *Illuminés* radica en el poder de opiniones, ellos han llevado ventaja desde el principio en hacer prosélitos entre los hombres que a través de su profesión ejercitan una directa influencia en las mentes, tales como *literatos, eruditos, y sobre todo profesores.*

[Tal es el caso hoy, un hecho que precipita las muchas llamadas por "Conferencias de Paz", "Diálogos", y movimientos hacia un "Congreso Universal" adonde todas las fes están Unidas. – OZ]

El postrero en sus sillas, el primero en sus escrituras, propagan los principios de la secta al disfrazar el veneno que ellos circulan bajo mil diferentes formas. Estos gérmenes, a menudo imperceptible a los ojos del vulgar, son posteriormente desarrollados `por los adeptos de las Sociedades que ellos frecuentaban, y *la mas obscura palabrería es entonces traída al entendimiento del menos discerniente.*

Es por sobre todo que en las Universidades el Iluminismo siempre ha encontrado y siempre encontrara numerosos reclutas. Aquellos profesores que pertenecen a la Asociación están desde el inicio para estudiar el carácter de sus pupilos. Si acaso un estudiante brinda evidencia de una vigorosa mente, una ardiente imaginación, los sectarios de una vez lo atrapan, ellos le suenan es sus oídos las palabras Despotismo – Tiranía - Derechos del Pueblo, etc., etc. Antes que el aun pudiera añadirle significado a estas palabras, según el avanza en edad, lectura escogida para el, conversaciones habilidosamente arregladas, desarrollan los gérmenes depositados en su juvenil cerebro; pronto sus fermentos de imaginación, historia, tradiciones de fabulosos tiempos, de todas hacen uso para llevar a cabo su exaltación al punto mas alto, y aun antes que le dijeran de una secreta Asociación, que contribuye a la caída de un soberano parece ante sus ojos el mas noble y meritorio acto… Por fin, cuando el ha sido completamente cautivado, cuando varios años de pruebas garantizan a la sociedad inviolable secretividad y absoluta devoción, se le ha hecho saber que millones de individuos distribuidos en todos los Estados de Europa compartía sus sentimientos y sus esperanzas, que un secreto vinculo los une firmemente a todos los dispersos miembros de esta inmensa familia, y que las reformas que desea tan ardientemente deben verse venir. Esta propaganda es hecha muy fácil por las existentes asociaciones de estudiantes que se reúnen juntos para el estudio de literatura, por tranzar, jugar, o aun simple disipación. Los Iluminés se insinuaron a si en estos círculos y los convirtieron en incubadoras para la propagación de sus principios.

Tal es, entonces es el continuo modo de progresión de la Asociación desde los origines hasta el presente momento; es por proveerles desde la infancia el germen de veneno en las clases mas altas de la sociedad, en alimentar las mentes de los estudiantes con ideas diametralmente opuestas a esa orden de cosas bajo la cual ellos tienen que vivir, en romper los lazos que une a los soberanos, que el Iluminismo ha reclutado el mas grande numero de adeptos, llamados por el Estado en el cual ellos nacieron de ser el bastión del Trono y de un sistema el cual les aseguraría honores y privilegios. Entre los prosélitos de esta ultima clase hay algunos sin duda que los eventos políticos, el favor del príncipe u otras circunstancias, separadas de la Asociación; pero el numero de estos desertores es necesariamente muy limitado: y aun entonces ellos no se atrevían a hablar abiertamente contra sus antiguos asociados, ya sea por temor de privadas venganzas o debido a ya sea, sabiendo del poder real de la secta, ellos quieren mantener sendas de reconciliación abiertas para si; a menudo de hecho ellos están muy atados por los juramentos que ellos han personalmente hecho, dado que lo encuentran necesario no solo considerar los intereses de la secta, sino que la sirven indirectamente, aunque sus nuevas circunstancias demandan lo contrario.

Otra Asociación muy parecida a los *Illuminés*, reporta Berckheim, es conocida como los *Idealistas*, cuyo sistema esta fundado en la doctrina de "perfectibilidad"; estas relativas sectas "acuerdan en ver en las palabras de la Santa Escritura el juramento de universal regeneración, de un absoluto nivel amiento, y es en este espíritu que los sectarios interpretan los libros sagrados."... Pero es tiempo de tornar al testimonio de otro testigo en las actividades de las sociedades secretas el cual es igualmente a ser encontrado en los Archives Nationales. Este consiste de un documento transmitido por la Corte de Viena al Gobierno de Francia después de la Restauración, y contiene el interrogatorio de un cierto Witt Doehring, un sobrino del Barón d'Eckstein, quien, luego de haber sido parte de las intrigas de la sociedad secreta, fue presentado ante el juez Abel en Bayreuth el 24 de Febrero, 1824.

Entre las secretas asociaciones recientemente existiendo en Alemania, el testigo asevero, estaban los "Independientes" y los "Absolutos". El mismo documento continua a explicar porque tantos combustibles elementos han fallado en producir una explosión en Alemania: La cosa que parecía un gran obstáculo a los planes de los Independientes... era lo que ellos llamaban el servil carácter y la perruna fidelidad [*Hundestreue*] del pueblo Germano, es decir, esa añadidura - innata y firmemente impresa en sus mentes aun sin la ayuda de la razón - el cual ese excelente pueblo por doquier sostiene a sus príncipes. "Los Germanos son al respecto [de democracia] la mas curiosa gente en el mundo... el frio y sobrio temperamento de los Germanos y su tranquila imaginación les permite combinar las mas osadas opiniones con la mas servil conducta."

Fue entonces que el Iluminismo, incapaz de provocar una chispa en su hogar de su nacimiento, propago, antes de la Revolución Francesa, a una mas inflamable raza Latina - esta vez los Italianos. Esta infame asociación, con la cual he tratado extensamente en otra parte, constituyo el Supremo Directorio de los **Carbonari y** fue liderado por un grupo de Italianos de la nobleza, entre ellos un príncipe, "el mas profundo de los iniciados, fue encargado como Inspector- General de la Orden" para propagar sus principios por todo el Norte de Europa. "El había recibido de manos de Knigge [el aliado de Weishaupt] los caires de los últimos tres grados." Pero estos eran desde luego desconocidos para la gran mayoría de los Carbonari, quienes entraron en la asociación en toda buena fe. Witt Doehring entonces muestra cuan fielmente el sistema de Weishaupt fue llevado a cabo por la **Alta Vendita**:

> Es aun una cuestión de la moralidad de la Cristiandad y aun de la Iglesia, por lo cual aquellos que deseen ser recibidos **deben prometer sacrificarse a si**. Los iniciados imaginan, acorde a esta formula, que el objeto de la asociación es algo alto y noble, que es una Orden de aquellos quienes desean una mas pura moralidad y fortísima piedad, la independencia y la unidad de su país. Uno por tanto no puede juzgar a todos los Carbonari *en masse*; hay excelentes hombres entre ellos... Pero todo cambia después que uno ha tomado los tres grados. Una vez ya en el cuarto en aquel de los *Apostoli*, uno promete derrocar todas las monarquías, y especialmente los reyes de la raza de los Bourbon [Tradicionales enemigos de los Güelfos mencionados por el Profesor Mullins. – OZ]. Pero solo es en el séptimo y último grado, alcanzado por pocos, que las revelaciones van más allá. Al fin el velo se rompe completamente para el Principi Summo Patriarcho. Entonces uno aprende que el objetivo de los Carbonari es justo el mismo que el de los *Illuminés*. Este grado, en el cual un hombre es al mismo tiempo príncipe y obispo, coincide con el *Homo Rex* del último. El iniciado jura por la ruina de toda religión y de todo gobierno positivo, ya sea despótico o democrático; asesinato, envenenamiento, perjurio, y todo a su disposición [Este es también parte del juramento Jesuita para proteger su Orden y el Papado. – OZ]. Quien no recuerda que en la supresión de los *Illuminés* se

encontró entre otros venenos, una *tinctura ad abortum faciendum*. El *summo maestro* se ríe del celo de la masa de Carbonari quienes se han sacrificado a si por la libertad e independencia de Italia, ni uno ni el otro siendo para el una meta sino un método.

Witt Doehring, quien había alcanzado el grado de P.S.P., en tanto declara que, habiendo tomado sus votos bajo una mis aprehensión, se tiene a si mismo por ser relevado de sus obligaciones y concibe que es su deber advertirle a la sociedad. **"Los temores que asaltan a los gobiernos están solamente bien fundamentados. El suelo de Europa es volcánico."**[372] ... Acorde al plan delineado por Weishaupt, la Francmasonería *era habitualmente adoptada como una cubierta*. Entonces Louis *Amis de la Vérité*, numerando a Bazard y Buchez entre Blanc, el mismo un Francmasón, habla de una logia "en la cual solemnes puerilidades de Grand Oriente solamente servía para enmascarar la acción política." Bakunin, compañero del masón Proudhon, "el padre de la Anarquía," hace uso de precisamente de la misma expresión. La Francmasonería, el explica, no es para ser tomada seriamente, sino que "pueda servir como mascara" y "como medio de preparar algo muy diferente."

> Nota del Editor: Este siendo el caso, acaso ¿No es convincente para después cuestionar el ideológico terreno en el cual la Francmasonería se para? Adonde de hecho una verdadera senda de "Divina Guía", ¿Entonces haría que sus líderes se sean inmunes a tales perversos engaños? Seguramente ellos lo serian, ¡y más seguramente no lo serían! - OZ

Yo he citado la aserción de Malon que **"el Comunismo fue entregado en penumbra a través de las sociedades secretas"** del siglo diecinueve; Yo he citado también las congratulaciones hechas por Lamartine y el Francmasón Crémieux a los Francmasones de Francia en 1848 en su parte en esta revolución así como en la de 1789; Yo he mostrado que la organización de este ultimo ocurrir de las sociedades secretas no es asunto de adivinar, sino un hecho admitido por todos los bien informados historiadores y por los mismos miembros de las sociedades secretas. Así, también en los eventos de la Comuna, y en la fundación del *First Internationale*, el rol de la Francmasonería y las sociedades secretas no es menos aparente. Los Francmasones de Francia han de hecho alardeado de su participación en revueltas políticas y sociales. Entonces en 1874, Malapert, orador del Supremo Consejo del Antiguo y Aceptado Rito Escocés, quien fue más allá al decir:

---

372 Jan Witt, dit Buloz, *Les Sociétés Secrètes de France et d'Italie*, pp. 6, 20, 21 (1830).

"En el siglo decimoctavo la Francmasonería estaba tan propaganda por todo el mundo que uno puede decir que desde esa época *nada ha sido hecho sin su consentir.*"

La secreta historia de Europa durante los últimos doscientos años aun esta por ser escrita. Hasta que es vista a la luz de *dessous des cartes*, muchos eventos que han ocurrido durante este periodo deben permanecer por siempre incomprensibles.[373]

EL PRESENTE [1920]: **MODERNA FRANCMASONERIA**

… El fundamental error de la mayoría de los escritores en esta cuestión, sean Masónicos o anti- Masónicos, es de representar a todos los Francmasones como si sostuviesen una creencia común y animada por un propósito común. Entonces por una parte las panegíricas por los Francmasones en su Orden como un todo, y por otra parte las terribles condenaciones de la Orden por la Iglesia Católica, están igualmente errados.

La verdad es: que la Francmasonería, en un sentido genérico, es simplemente un sistema de en juntar hombres para cualquier dado propósito, ya que es obvio que las alegorías y símbolos, como la x además de la y en algebra, pueden ser interpretadas en unas cien diferentes maneras.
[Esta es la esencia de la materia. – OZ]

Dos pilares se puede decir que representan fuerza y estabilidad, u Hombre y mujer, o luz y oscuridad, o cualquier otras dos cosas que nos plazca. Un triangulo puede significar la Trinidad, o Libertad, Igualdad, y Fraternidad, o cualquier otra triada. Decir que cualquiera de estos símbolos tienen un absoluto significado es absurdo… el plan de admitir candidatos en sucesivos grados de iniciación, de atarlos a secretividad por temibles juramentos, *es uno que puede ser empleado para cualquier propósito.*

Ahora, había, así como hemos visto, desde el principio, aparte de los cargos escritos, una *tradición oral* en la Masonería, en la manera de la Cábala, en la cual la guía de la sociedad dependía. El verdadero carácter de cualquier forma de Francmasonería es entonces no ser juzgado solo por sus impresos rituales, sino por la oral instrucción de los iniciados y las interpretaciones colocadas en los símbolos y ritual. Naturalmente estas interpretaciones varían en diferentes países y en diferentes periodos. La Francmasonería es descrita en su Ritual como "un peculiar sistema de moralidad, cubierta en alegoría e ilustrada por símbolos." ¿Pero que código de moralidad? ¿Pero que código de moralidad?

---

373 Louis Blanc, *Histoire de Dix Ans*, I. 88, 89; Deschamps, *Les Sociétés Secrètes et la Société*, II. 534, citando el *Monde Maçonmque* para Julio, 1867.

En estudiar la historia de la Orden encontraremos que el mismo código no era en ninguna manera común a todos los cuerpos Masónicos, ni tampoco lo es hoy. Algunos mantienen unos muy altos estándares de moral; otros parece que no poseen estándares del todo... Mr. Waite observa que "las dos doctrinas de la unidad de Dios y la inmortalidad del alma constituye la 'filosofía' de la Francmasonería." Pero estas doctrinas de ninguna manera son esenciales a la existencia de la Francmasonería, la Grand Oriente ha renunciado a ambas, pero aun se coloca como Francmasonería...

"Hay tantas masonerías como hay países; no existe la tal masonería universal." Ampliamente, como sea, la moderna Francmasonería puede ser dividida en dos clases: la variedad laboro en el Imperio Británico, en América, Holanda, Suecia, Dinamarca, etc., y la masonería de Grand Oriente, la cual prevalece en países Católicos y en la cual el más importante centro es la Grand Oriente de Paris.[374]

... Lo encontramos manifestado que la Masonería es simplemente "la aplicación política de la Cristiandad." De hecho, durante los últimos cincuenta años la Grand Oriente ha arrojado la mascara y abiertamente se ha declarado política en sus objetivos... en 1890, el Francmasón Fernand Maurice declaro "que nada debería suceder en Francia sin la oculta [mano] acción de la Francmasonería", y "si acaso los Masones escogen organizar, en unos diez años nadie en Francia será capaz de moverse fuera de nosotros (*personne ne bougera plus en France en dehors de nous*)." Este es el despótico poder el cual Grand Oriente ha establecido en oposición a Iglesia y Gobierno... Grand Oriente y su masonería no solo es política sino subversiva en sus objetivos políticos. En vez de la pacifica trilogía de masonería británica, "Amor Fraternal, alivio, y verdad", se ha adherido todo tiempo a la formula originada en las logias Masónicas de Francia y se volvió en grito de guerra de la Revolución: "Libertad, Igualdad, Fraternidad." "Es la ley de la igualdad", dice Ragon, "eso siempre ha admirado de la Masonería el Francés", y "mientras la igualdad realmente existe solamente en las logias, la Masonería será preservada en Francia."[375]

> Nota de Editor: la pre concepción de Madama Webster es ahora revelada. Esencialmente, su análisis en el contrario uso de iconografía sostiene justo como verdad para el sistema Británico. El malhechor al mando puede parecer moralmente superior, pero al final, la Francmasonería Británica sirve el mismo fin, ese siendo el triunfo de la Khassa a expensas de la amma, y esto incluye la siguiente aserción relacionada al génesis del comunismo. – OZ

---

374 *The Real History of the Rosicrucians*, p. 403; Paul Nourrisson, *Les Jacobins an Pouvoir*, pp. 202, 215 (1904).
375 Copin Albancelli, *Le Pouvoir occulte contre la France*, p. 124-125 (1908); Ragon, op. cit. p. 38, note 2.

... La política de Grand Oriente es entonces declaradamente *Socialismo International.* De hecho en un posterior pasaje Ragon llanamente indica este hecho: Cada generosa reforma, cada beneficio social deriva de ello, y si acaso estos sobreviven es debido a que la Masonería les presta su apoyo. Este fenómeno es debido solamente al poder de su organización. El pasado pertenece a el y el futuro no puede escapar de ello, Por su inmensa palanca de asociación por si sola es capaz de realizar por una productiva comunión (*communion génératrice*) esa grande y bella unidad social concebida por Jaurez, Saint-Simón, Owen, Fourier. Si los Masones lo desearan, las generosas concepciones de estos filantrópicos pensadores cesarían de ser vanas Utopías.

¿Quienes son los filantrópicos pensadores enumerados aquí sino los hombres despreciativamente descritos por Karl Marx como los "Socialistas Utópicos" del siglo diecinueve? Socialismo Utópico es entonces simplemente la abierta y visible expresión de Grand Oriente en la Francmasonería. Además, estos Socialistas Utópicos eran casi, sin excepción, Francmasones o miembros de otras sociedades secretas... "Para borrar entre los hombres las distinciones de color, rango, credo, opiniones, país; para aniquilar el fanatismo, y... la aflicción de la guerra; en una palabra, para hacer de toda la raza humana una y la misma familia unida por afecto, por devoción, por labor y conocimiento: que, mi hermano, es la gran labor que la Francmasonería ha emprendido," etc.[376]

... En una palabra, [para Francmasonería Británica] regeneración individual toma el lugar de la social reorganización advocada por Grand Oriente bajo la influencia del Iluminismo. La formula de los "Estados Unidos de Europa" y de la "República Universal" primeramente proclamada por los Illuminatus, Anacharsis Clootz, ha sido desde hace tiempo el eslogan de las logias Francesas... debe recordarse que en los países Católicos, la Masonería se ha mostrado a si militantemente anti-Católico. "la Francmasonería", uno de sus modernos oradores declaraba, "es la anti-iglesia, el anti-Catolicismo, la iglesia de la Herejía (la contre Église, le contre Catholicisme, l'Église de l'Hérésie)." El Boletín de Grand Oriente en 1885 declaro oficialmente: "Nosotros Francmasones debemos perseguir la definitiva demolición del Catolicismo."... la Grand Oriente va mas allá de esto y ataca todas las formas de religión... fue solo en 1849 que por primera vez "fue distintivamente formulado que la base de la Francmasonería es una creencia en Dios y en la inmortalidad del alma, y la solidaridad de la Humanidad." Pero en Septiembre de 1877 la primera parte de esta formula fue borrada, todas alusiones al Gran Arquitecto fueron omitidas y el estatuto ahora reza: "Su base es absoluta libertad de consciencia y la solidaridad de la Humanidad."[377] La

376 Ragon, op. cit. 53; Clavel, *Histoire pittoresque de la Franc-maçonnerie*, p. 21. 23.
377 In *La République universelle*, Publicado en 1793; Georges Goyau, *L'Idée de Patrie et l'Humanitarisme*, p. 242 (1913), citando discurso de F. Troubat en 1886. Un periódico llamado *Les États Unis de l'Europe* fue

Francmasonería Británica, la cual no admite libertad de consciencia en el sentido de Ateísmo, sino que demanda que cada Mason debe profesar creencia en alguna forma de religión y la cual insiste que el Volumen de la Sagrada Ley - en Inglaterra la Biblia, en países Mahometanos el Corán, y así va - deberían ser colocadas sobre la mesa en sus logias, desde allí rompieron toda relación con Grand Oriente. En Marzo de 1878 la siguiente resolución se aprobó por unanimidad:

> Que la Gran Logia, mientras siempre esta ansiosa de recibir en el mas fraternal espíritu los hermanos de cualquier Gran Logia extranjera cuyo proceder son conducidas acorde a las *Ancient Landmarks of the Order*, del cual una creencia en E.G.A.D.U. [Dios sin-nombre] es la primera y mas importante, no puede reconocer como "verdadero y genuino" hermano cualquiera que haya sido iniciado en las logias que niegan o ignoran esa creencia.

Gould, History of Freemasonry, III. P 26

Nota del Editor: Esta es otra absurdidad, porque el "Gran Arquitecto" según es revelado dentro de las ocultas doctrinas de la orden siendo Lucifer mismo, y el uso diferentes sagrados textos como respectivos individuales símbolos de autenticidad es tan absurdo como tal es un acto de blasfemia del cual los miembros son inadvertidos participantes. Esto se atestigua en la foto de la Islámica Gran Logia en El Cairo. En adición, esta aparente ruptura Anglo-Franco Francmasónica solo sirve para despedir el fanatismo de su respetado cadre de caballeros oficiales capaces de liderar ovejas al matadero en una exagerada resolución de una "bien colocada" Dialéctica Hegeliana. De hecho, y una vez más, esto es el ciego liderando al ciego; elegantes idiotas y su completamente aperplejados miñones. Esta es la descripción de las más altas esferas de Institucionalizado *insan.* - OZ

... no contento con renunciar el *Gran Arquitecto* cuya gloria había celebrado en cada ocasión posible y cuyas glorias han sido incesantemente cantadas en las logias, *Grand Oriente* demandaba de sus iniciados que ellos deberían declararse a si de estar absolutamente convencidos que el Gran Arquitecto no era mas que un mito. Más que esto, violentas anti-religiosas diatribas han sido permitidas y aun aplaudidas en las logias:

> "El triunfo del Galileo ha durado veinte siglos; el se esta en su turno. La misteriosa voz la cual una vez en las montañas de Epiro anuncio

publicado por Ferdinand Buisson en 1868. Ibid., p.113; Copin Albancelli, *Le Pouvoir occults contre la France*, p. 89; Gould, *History of Freemasonry*, III. 191, 192.

la muerte de Pan, hoy anuncia la muerte del Dios engañador que había prometido una era de justicia y paz a aquellos que creyeran en el. La ilusión ha durado mucho; el Dios mentiroso a su vez desaparece; el va a reunirse en el polvo de las eras las otras divinidades de India, Egipto, Grecia, y Roma, quienes vieron a muchísimas criaturas engañadas arrojarse al pie de sus altares. Francmasones, nosotros con mucho gusto manifestamos que no estamos despreocupados con esta ruina de falsos profetas. La Iglesia Romana, fundada en el mito Galileo, comenzó a declinar rápidamente en el día cuando la asociación Masónica fue constituida. Desde el punto de vista político han a menudo variado. Pero en todos los tiempos la Francmasonería se ha parado firme en este principio: Guerra a todas las supersticiones, Guerra a todo el fanaticismo."[378]

… [Sin embargo] ¿Grand Oriente todavía opera el grado *Rose-Croix*? Este grado - el cual, según como hemos visto, fue primeramente delineado (ya sea en Escocia o en Francia) para dar un significado Cristiano a la Masonería - solo fue incorporado en la Francmasonería Británica en 1846 y en nuestro país ha retenido su original carácter. Su ritual, centrado alrededor de un mundo perdido, significa que la dispensación del Antiguo Testamento ha llegado a su fin con la Crucifixión, ¡y es tan fuertemente cristiano que ningún judío, mahometano, u otro no-cristiano pueden ser admitidos!

… desde este grado, conocido como el grado dieciocho, forma en realidad el primer grado de Antiguo y Aceptado Rito, según se ha laborado en este país, los no-Cristianos están excluidos de todo este Rito y solo puede tomar los grados del *Royal Arch, Mark Mason, Royal Ark Mariner,* y *finalmente Royal Select* y *Super-Excellent Master.* Consecuentemente los treinta y tres Masones de el grado treinta y tres que componen el Supremo Concejo que dirige el Antiguo y Aceptado Rito son necesariamente y profesando Cristianos. Exactamente lo opuesto es el caso en Francia; los Rose-Croix, laboraron por profesar ateos y Judíos, solo puede ser una parodia de Cristianos misterios.

… imparciales investigadores han pronunciado la opinión que no es la Francmasonería ni aun la variedad de Grand Oriente sino **algo escondido detrás de la Francmasonería lo cual constituye el peligro principal**… M. Copín Albancelli entro en la Grand Oriente como un agnóstico y nunca ha retornado seno de la Iglesia; aun como un Francés, un patriota, y un creyente en la ley, moralidad, y ética Cristiana el se vio obligado, luego de seis años de experiencia en las logias y después de alcanzar el grado de Rose-Croix, para

---

378 Copin Albancelli, *Le Pouvoir occulte contre la France*, pp. 90. 97.

dejar la Francmasonería y, posterior, para denunciarla. A partir de lo que el mismo escucho y observo, M. Copín Albancelli declaraba que Grand Oriente de ser anti-patriótico, subversivo de toda moralidad y religiosas creencias, y un inmenso peligro para Francia... el **declara a Grand Oriente de ser un sistema de engaño** por el cual los miembros están enlistados en una causa desconocida a ellos; aun los iniciados de los grados superiores no están del todo enterados del objetivo real de la Orden o del poder detrás de ello. M. Copín Albancelli así entonces arribó a la conclusión que hay tres Francmasonerías, una sobre la otra:

(1) Masonería Blue (i.e. los tres grados Craft), en cual ninguno de los secretos reales son revelados a los miembros y el cual sirve simplemente como un lugar de sorteo para seleccionar posibles sujetos;

(2) los grados Superiores, en el cual la mayoría de los miembros, mientras se imaginan a si de haber sido iniciados dentro todo secreto de la Orden y "repletos de importancia" sobre si imaginario rol de lideres, solo son admitidos a un parcial conocimiento de la meta hacia la cual ellos tienden;

(3) el circulo interno, "los verdaderos amos", aquellos que se esconden detrás de la masonería de alto grado.

"Mientras en las bajas Masonerías los adeptos están obligados a pasar por todos los grados de la jerarquía establecida, la superior e invisible Francmasonería es ciertamente reclutada no solamente entre los treinta y tres grados sino en todos los grupos de Masonería de grado superior, y quizás aun en ciertos casos excepcionales fuera de estos." Estas interiores e invisibles Francmasonerías son en gran medida *internacionales*.

Después de haber tomado el grado de Rose-Croix, fue entonces que uno de sus superiores lo llevo a un lado y le hablo en los siguientes términos:
"Te das cuenta del poder el cual la francmasonería tiene a su disposición. Podemos decir que tenemos a Francia. No es debido a nuestros miembros, ya que solo hay 25,000 Francmasones en este país [esto era en 1889]. Tampoco es debido a que somos el cerebro, ya que tú has sido capaz de juzgar la intelectual mediocridad del gran número de estos 25,000 Francmasones. Tenemos a Francia debido a que somos organizados y la única gente que esta organizada. Pero sobre todo, tenemos a Francia debido a que tenemos un objetivo, este objetivo es desconocido; como es desconocido, ningún obstáculo puede ser puesto en esta manera; y finalmente, como no hay puesto ningún obstáculo, el camino se encuentra ampliamente abierto ante nosotros. ¿Acaso esto es lógico, o no lo es?"

"Absolutamente."

"Bien. Pero que dirías de una asociación la cual en vez de consistir de 25,000 non entidades como en la Francmasonería, estuviera compuesta de, digamos, solamente un mil individuos, pero un millar de individuos reclutados en la manera que te diré."

Y el Francmasón continuo explicando la manera en la cual tales individuos fueron seleccionados, los meses y años de observación, de supervisión, al cual estuvieron sujetos, así para formar un cuerpo de selectos hombres dentro de la Francmasonería capaz de dirigir sus operaciones.

"Te puedes imaginar ¿El poder a las ordenes de tal asociación?"

"Una Asociación así selecta haría cualquier cosa que escogiese. Podrían poseer el mundo si les place."

Ahí el más alto adepto, luego de pedir por una posterior promesa de secretividad, declaro:

"Bien, en intercambio por esta promesa, Hermano Copín, Yo estoy autorizado a hacerte saber que esta asociación existe y que, además, Yo estoy autorizado a introducirte en ella."

Fue entonces que Monsieur Copín Albancelli entendió que el punto al cual la conversación que lideraba no era, a lo el al principio suponía, una invitación a dar el siguiente paso en la Francmasonería - el trigésimo grado de Caballero Kadosch - sino para entrar por una puerta lateral a una asociación escondida dentro de la Francmasonería y por la cual la visible organización de este ultimo sirvió solo como una cubierta. Esta experiencia le ha costado una mirada a "un mundo existiendo detrás del mundo masónico, más secreto que ello, insospechado por ello como por el mundo exterior." La Francmasonería, entonces, "solo puede ser la antecámara a medio iluminar de la sociedad secreta real. Esa es la verdad."

"Allí existe necesariamente un permanente Poder dirigente. No podemos ver ese Poder, por esa razón es oculto." Por algún tiempo M. Copín Albancelli concluyo en que este Poder de ser "el poder Judío", y elaboraron la idea en una posterior obra; pero la guerra le ha llevado a desarrollar sus teorías aun en otro libro, el cual pronto aparecerá.[379]

379 Copin Albancelli, *Le Pouvoir occulte contre la France*, pp. 274-7. 284-6. 294.

Que las logias de Grand Oriente están mayormente controladas por Judíos es, en todo caso, cierto, y que estas son centres de política propaganda es igualmente innegable [y peor]: en Lisboa en Agosto de 1919, [X] se dio a conocer a varios moderados Portugueses Masones, quienes, mientras lo recibían muy bien como cofrade, se rehusaban a llevarlo a una logia, declarando que habían cortado toda conexión con la Masonería desde que había pasado bajo el control de los asesinos. Ellos además agregaron que el asesinato del Señor Paes, el Presidente en Diciembre de 1918, fue la obra de ciertas logias Portuguesas. Una especial reunión se había sostenido previamente en Paris en conjunto con la Grand Oriente de Francia, en la cual se había decidido que Paes estaba por ser removido... El actual Gobierno Portugués, de hecho, no hace secreto de su Masónico carácter e imprime la escuadra y el compas en sus notas bancarias... En el este de Europa las logias, mayoritariamente bajo el control de judíos, siguieron la línea de Socialismo Marxista. Luego de la caída del régimen de Bela Kun en Hungría una redada en las logias trajo a luz documentos claramente revelando el hecho que las ideas de Socialismo habían sido diseminadas por los Francmasones. Así entonces en las minutas de las reuniones se registro que en Noviembre 16, 1906, El Dr. Kallos habían disertado en la logia Gyor acerca de Socialistas ideales. "El mundo ideal el cual nosotros llamamos el mundo Masónico", el declaro, "que además seria un mundo Socialista y la religión de la Francmasonería es esa del Socialismo también." El Dr. Kallos entonces procedió a explicar a los miembros con las teorías de Marx y Engels, mostrando que ninguna ayuda seria encontrada en Utopías, ya que los intereses de los proletarios estaban en absoluto conflicto con aquellos de otras clases, y estas diferencias solo podrían conciliarse por guerra de clases internacional.

El movimiento de los **Jóvenes Turcos** se origino en las logias Masónicas de Salónica bajo la dirección de Grand Oriente de Italia, la que después contribuyo al éxito de **Mustapha Kemal**. Además, según nos acercamos al cercano Oriente, cuna del sistema Masónico, encontramos la Semítica influencia no solamente de los Judíos sino de otras razas Semíticas dirigiendo las logias. En Turquía, en Egipto, en Siria ahora, así como hace un mil años, las mismas sociedades secretas las cuales inspiraron los Templarios *nunca han cesado de existir*, y en esta mezcla de Este y Oeste es posible que Grand Oriente pueda traer reforzamiento de aquellas fuentes desde adonde trae su sistema y su nombre.

La Francmasonería había sido introducida en Turquía en 1738, pero hasta la Guerra Crimea - las causas de tales son solo conocidas por la Francmasonería - esta sufrió muchas vicisitudes. Por 1851, Mazzini había ya establecido su reputación como hombre de intriga internacional con sus "Movimientos de Juventud": Joven Italia, 1831

// Joven Polonia, 1834 // Joven Inglaterra (Disraeli), 1834 // Joven Europa, 1834 // Joven Suiza, 1835 // Joven Irlanda, 1843 // Joven Alemania, 1848

Ver: Thomas Frost: *The Secret Societies of the European Revolution*, 1776-1876, vol. 2, p. 147 - OZ

"Disraeli siempre estaba en deuda, siempre corto de dinero y sabemos que gente bajo tales condiciones son raras veces sus propios amos. ¿Quienes eran entonces sus Amos?"

E.T. Raymond, The Alien Patriot, p. 214

Jóvenes Turcos

"Un concejo secreto de los Jóvenes Turcos fue formado y todo el movimiento fue dirigido desde Salónica, el pueblo con mas judíos en Europa - 70,000 Judíos de una población de 100,000. En Mayo 1, 1909, los representantes de 45 logias Turcas se reunieron en Constantinopla para establecer la *Grand Oriente Otomana*; Bajo auspicios de tanto Italia como Francia."

Vizconde Leon de Poncins, *The Secret Powers behind the Revolution*, p. 66; ver tambien The Grand Orients Journal, *The Acacia*, Oct 1908 - OZ

Entre el extraño sobrevivir de las tempranas sectas del Este están **Los Drusos de Líbano**, quienes podrían ser de hecho descritos como los Francmasones del Este; su externa organización se parece mucho aquella de los grados Craft en la masonería de Occidente, aun es tal su poder de secretividad que pocos sino es que ningún Europeo alguna vez ha tenido éxito en descubrir sus secretas doctrinas. Que su tendencia es mayormente política admite poca duda; de hecho hombres íntimamente conocidos con el Cercano Este han declarado que la influencia que ejercían sobre la política de esa región es de largo-alcance tal como el de Grand Oriente sobre los asunto de Europa y que ellos forman el criadero de todas las ideas políticas y cambios. Aunque pequeña en números esta misteriosa sociedad esta compuesta de antiguos maestros en el juego de la intriga, quienes, mientras juegan aparentemente una menor parte en reuniones políticas, secretas o de otra manera, o aun permaneciendo completamente silentes, maquinan para influenciar decisiones con sorprendentes resultados.

Nuevos Desarrollos

... el *Congreso de Ginebra* en Septiembre 1902, en la cual los delegados de treinta y cuatro logias, Grandes Logias, Grand Orientes, y Supremos Concejos estaban presentes, y una propuesta fue unánimemente adoptada "tendiendo hacia la creación de un Buro Internacional para Asuntos Masónicos," al cual veinte Potencias, la mayoría europeas, dieron su adherencia. El Hermano Desmons, de la Grand Oriente de Francia, en un discurso después de una cena la declaro de haber sido siempre "el sueño de su vida" que "todas las democracias deben reunirse y entenderse una a otra de tal manera así un día formar la Universal República."…

De acuerdo al reporte oficial de los procederes, "los representantes de Bélgica, Holanda, Francia, Alemania, Inglaterra, España, Italia, y Suiza recibieron con mucho sentimiento *el amanecer de esta nueva era*… la Francmasonería se ha impuesto a si una tarea - una misión. Es una cuestión de nada menos que la reconstrucción de la sociedad en una enteramente nueva bases, las cuales deben estar mas acorde con las presentes condiciones de los medios de comunicación, de situación, y producción, así como también de una reforma de derecho, de un completo renovar del principio de existencia, especialmente del principio de comunidad y de las relaciones de los hombres entre si."

El reporte acá citado es, sin embargo, impreciso en un importante particular. Ningún delegado Ingles estuvo presente en el Congreso de Ginebra o en cualquier otra ocasión de la clase. Había un delegado de Adelaida que hablo bastante, pero el Presidente específicamente menciono a Inglaterra de no tomar parte en el movimiento. Mas tarde, en un reporte de la *Board of General Purposes* a la Gran Logia en Marzo 2 de 1921, una carta de Lord Ampthill, pro Gran Maestro, aparece, declinando a una invitación de la Gran Logia Suiza Alpina a los Francmasones Británicos de atender un Congreso Internacional Masónico en Ginebra y citando la siguiente carta de la Gran Secretaria como un temprano precedente para esta renuencia:

> Estoy dirigido a manifestar, en respuesta a la invitación para atender una Conferencia Internacional Masónica en Suiza durante el próximo Otoño, que la United Grand Lodge de Inglaterra no podrá enviar representantes a la ocasión. Nunca participan en una reunión Masónica en la cual son tratados como una pregunta abierta lo que ha siempre tenido por antiguas y esenciales *Hitos del Oficio*, estas siendo una expresa creencia en el <u>Gran Arquitecto del Universo</u> - [*debe recordarse que este engañoso título realmente se refiere a Lucifer en los grados mas altos aun de esta Logia. Esta implicación es, por tanto, que este rebufo es solo un truco para preservar la fachada del honor Británico. - OZ*] - y un obligatorio reconocimiento del Volumen de la Sagrada Ley. Su rehusar de permanecer en una fraternal asociación con tan Soberanas Jurisdicciones como la que han repudiado o tomado a la ligera estos hitos, desde hace mucho ha sido registrado y su resolución en este asunto permanece inamovible.

... es lamentable que puntos de vista tan admirablemente expresados deban ser confinados a correspondencia Masónica y no son hechos mas aparentes para el mundo en general... En el Continente, fuera de los círculos Masónicos, la diferencia entre Masonería Británica y la variedad de Grand Oriente *no es* suficientemente conocido, y la reticencia de lideres masones Británicos en esta materia no solo han jugado en las manos de incontrolables anti-Masones, que declaran a toda la Masonería de ser nociva... La Francmasonería Británica prefirió mantener una actitud de reserva, contentándose a si con la emisión de periódicas advertencias contra la Grand Oriente privadamente a las logias.

Un Jesuita singularmente amplio de mente recientemente lo ha expresado:

> Las actividades anti-clericós y revolucionarias de la Continental Francmasonería no comenzó cuando Grand Oriente finalmente abolió a Dios. Durante un siglo y mas estas fuerzas de mal han estado operando. Sin embargo, los masones ingleses solamente se encogieron de hombros y voltearon a ver hacia otro lado, Aun así el verdadero carácter de la foránea Masonería fue llevado a ser notado en tales libros como el de John Robison, *Proofs of a Conspiracy against all the Religions and Governments of Europe*... en tanto que los Ingleses Francmasones resolutamente aparten su vista de las anti-religiosas y anti- sociales actividades de sus cofrades Continentales no puede haber esperanza de algún mejor entendimiento.

Los Francmasones Británicos frecuentemente no solo han ignorado a Robison y su advertencia sino que lo han vilificado a el como el enemigo de la Masonería, aunque nunca ataco su Orden sino solo los pervertidos sistemas del Continente; *muy a menudo también ellos han exonerado a las mas peligrosas sociedades secretas, notablemente los Illuminati*, debido, aparentemente a partir de un equivocado sentido de lealtad, ellos conciben su deber de defender cualquier asociación de un carácter Masónico. Esto es simplemente suicida. [Esto estimado lector es pura astucia Satánica. – OZ] La masonería Británica no tiene mas amargos enemigos que las sociedades secretas trabajando por la subversión, la cual, a partir de los Illuminati en adelante, han siempre considerado la honesta Masonería con desprecio y usado sus doctrinas para un ulterior propósito... La doctrina de la perfectibilidad de la naturaleza humana se presta para la perversión. Nada podría ser más deseable que el hombre debería esforzarse por alcanzar la perfección. ¿Acaso no Cristo ordeno a Sus discípulos: "Por tanto sean perfectos, así como vuestro Padre en los Cielos es perfecto?" El Hombre esta por lo tanto actuando de acuerdo con principios Cristianos buscando perfección divina. Pero cuando viene a creer que el ya lo ha alcanzado el se hacia a si un dios. "Si me justifico a mi mismo," dijo Job, "mi propia boca me condenara; si digo que soy perfecto, esto también me probara como perverso." Y San Juan: "Si decimos que no tenemos pecado, nos engañamos a nosotros mismos, y la verdad no esta en nosotros." Mas que esto, si buscamos perfección en otros nos auto engañamos igual y hacemos dioses de los hombres. Esta es precisamente la conclusión a la cual la pervertida Francmasonería — [¡no existe tal cosa como ser "in pervertida" Francmasonería, ya que el entero esquema es una desviación de la Revelación Profética! – OZ] — y las formas de Socialismo que se derivan de ello arriban. Naturaleza Humana, ellos dicen, es en si divina; ¿para que entonces precisamos de otra divinidades? La Iglesia Católica esta consecuentemente en lo correcto al declarar que la doctrina de la perfectibilidad en la humana naturaleza — [*El Hombre Perfecto* de los Ismailis – oz] — conduce a la deificación de la humanidad en esa que pone a la humanidad en el lugar de Dios [lo cual es el Humanismo – OZ]. La Grand Oriente, la cual definitivamente acepta su doctrina, por lo tanto lógicamente ha borrado el nombre del Gran Arquitecto del Universo de su ritual y se ha convertido en una asociación de librepensadores y ateos.

> Nota del Editor: La perfecta Hegeliana Dialéctica con ateos por un lado (comunistas) y Luciferinos Deístas (Capitalistas) por el otro; con miñones de estos últimos creyendo que "El Gran Arquitecto" es ya sea el Dios de Abraham o Jesucristo. Ambos poblados con ciegos fanáticos. - OZ

… Es verdad que hoy el mundo esta en un estado de caos, industrial, caos político, caos social, caos religioso. En todas partes los hombres están perdiendo al fe en las causas que ellos se supone que deben representar; la autoridad cuestiona su propio derecho a gobernar, la democracia esta partida con divisiones, las clases gobernantes están abdicando a favor de inescrupulosos demagogos, los ministros de la religión intercambian su fe por popularidad. [¡Esta era la meta de Albert Pike según es expresada en su carta a Mazzini! - OZ]… No es el Capitalismo el que ha fallado, ni tampoco la Democracia, ni siquiera aun el Socialismo como principio, no es la monarquía la que se ha quebrantado ni tampoco el Republicanismo, ni tampoco otra vez la religión; *es la humanidad la que se ha desquebrajado.* Los males del Capitalismo surgen a partir del egoísmo de individuales capitalistas; Socialismo ha fallado debido a que, según descubrió Robert Owen, el ocioso, el pleitista, el mezquino ha prevenido su éxito. Si acaso los hombres fueran perfectos, el Socialismo podría haber tenido éxito, pero así cualquier otro sistema. Un perfecto capitalista amaría su empleo como a si mismo, justo como un perfecto Socialista estaría dispuesto a trabajar por el bien común. Son las imperfecciones de la naturaleza humana que previene, y siempre prevendrá, cualquier sistema de ser perfecto. Nunca habrá un Milenio de hacer del hombre. Solamente la aplicación de principios cristianos a la humana conducta puede traer un mejor orden de cosas.

> Nota del Editor: la siguiente declaración de nuevo traiciona a los prejuicios británicas de la Sra. Webster. La Khassa Británica ha sido y continúa siendo la más elitista y fascista de las organizaciones - muchos de los cuales son Francmasones. Uno solo precisa ver la manera en la cual los "Orangemen" del Norte de Irlanda han oprimido a los Irlandeses Católicos, o a la manera en la cual los Británicos Nobles han causado el desorden en su propia población de serviles durante la Industrial Revolución, o a la manera en la cual ellos han históricamente tratado los pueblos del mundo en desarrollo. Esta khassa es simplemente más elegantemente astuta. - OZ.

La presente satisfactoria condición de la Francmasonería en Inglaterra es debido no solamente a sus establecidos estatutos, pero para el carácter de los hombres que lo dirigen - hombres que no son simples testaferros como en la Francia del siglo dieciocho, sino los directores reales de la Orden. Debiera el control alguna vez pasar a las manos equivocadas y los agentes de las secretas sociedades tengan éxito en capturar un numero de logias, esta gran estabilizadora fuerza podría convertirse en una gigantesca maquina de destrucción. Cuan insidiosamente estos esfuerzos están siendo hechos lo veremos en el próximo capitulo.

[Yo podría agregar que lo que ella temió si ocurrió durante su tiempo de vida. – OZ]

SOCIEDADES SECRETAS EN INGLATERRA

Hemos visto que a partir de los Illuminati hacia adelante, las **subversivas sociedades siempre han buscado reclutas entre Francmasones ortodoxos**. La razón para esto es obvia: no solamente las doctrinas de la Francmasonería se prestan a la perversión, pero el entrenamiento proveído en las Logias hace una admirable preparación para iniciación dentro de otros secretos sistemas. El hombre que ha aprendido a mantenerse en silencio aun en lo que a el le parezcan trivialidades, que esta dispuesto a someterse a mistificación, que no hace preguntas, y que reconoce autoridad de superiores a los cuales el de ninguna manera esta legalmente obligado a obedecer, quien, además se ha vuelto imbuido con el *esprit de corps* el cual lo une a sus compañeros miembros en una común causa, es naturalmente un mejor sujeto para adepto de la secreta sociedad que el emprendedor que tiene la libertad de acertar su independencia en cualquier momento...Ahora por sus obligaciones los Francmasones Británicos tienen prohibido unirse a estas irregulares sociedades, no solamente porque sus principios entran en conflicto con aquellos de la ortodoxa Masonería, sino que en la mayoría de los casos ellos admiten mujeres... Como todos los tales cuerpos los cuales admiten mujeres en membrecía son clandestinas e irregulares...

La idea de mujeres Masones es, desde luego, no una nueva. Tan temprano como 1730 las logias para mujeres se dice que han existido en Francia... esta *Maçonnerie d'Adoption*, así como fue llamada, retuvo un puramente convival carácter; una charada ceremonial, con símbolos, contraseñas, y un ritual fue inventado como consolación... este precedente, inaugurado como una sociedad pasatiempo y acompañada de toda la frivolidad de la era, allano el camino para dos clases de mujeres miembros según Weishaupt: la "virtuosa" que asume el rol de testaferros o señuelos, y las "freer-hearted", que estaban para llevar a cabo los designios reales de la Orden... Bakunin, el discípulo de Weishaupt, sin embargo, si admitía mujeres como verdaderas iniciadas en su secreta sociedad, la *Alliance Sociale Démocratique*, pero, como Weishaupt, las dividió en clases. La sexta categoría de gente a ser empleada en la obra de revolución social es así descrita en su programa... dividido en tres clases:

- La primera, mujeres frívolas, sin mente o corazón, las cuales debemos usar en la misma manera como la tercera o cuarta categorías de hombres [por ejemplo al "tener conocimiento de sus mas sucios secretos y hacerlas nuestras esclavas"];
- La segunda, la ferviente, devota y capaz mujer, pero que no son nuestras debido a que no han alcanzado un practico entender revolucionario, sin frase - debemos hacer uso de estas como a los hombres de quinta categoría [por ejemplo al "llevarlas incesantemente a practicas y peligrosas manifestaciones, las cuales resultaran en hacer que la mayoría de ellas desaparezcan mientras hace a algunas de ellas genuinas revolucionarias"];
- finalmente, las mujeres que están enteramente con nosotros, es decir completamente iniciadas y habiendo aceptado nuestro programa por entero. Debemos considerarlas como el más preciado de nuestros tesoros, sin cuya

ayuda nada podemos hacer. *Alliance de la Démocratique Socialiste*, etc., publié par l'ordre du Congrès International de la Haye, p. 93 (1873).

... El Dr. George Martin, un entusiasta que abogaba por votos para mujeres, colaboro con María Deraismes en fundar la *Maçonnerie Mixte* en la primera logia de la Orden llamada "Le Droit Humain." The *Suprême Conseil Universel Mixte* fue fundada en 1899. La *Maçonnerie Mixte* era política y en ninguna manera teosófica u oculta, y su programa, como aquel de Grand Oriente, era Socialismo Utópico, mientras por su insistencia en la supremacía de la razón esta definitivamente proclama su antagonismo a toda religión revelada. Así entonces en el lenguaje usado por el mismo Dr. George Martin:

Una Mujer Mormona dando la Señal de 'Iniciado Aprendiz'

La *Ordre Maçonnique Mixte Internationale* es el primer mixto, filosófica, progresiva, y filantrópica Potencia Masónica en ser organizada y constituida en el mundo, colocada sobre todas las preocupaciones de las ideas filosóficas o religiosas que podrían ser profesadas por aquellos que solicitan convertirse en miembros... La Orden desea interesarse principalmente en los vitales intereses del ser humano en la tierra; desea sobre todo estudiar en sus Templos los medios para lograr la Paz entre todas las naciones y Justicia social la cual le permitiría a todos los seres humanos a disfrutar durante sus vidas la mas grande suma posible de felicidad moral y de bienestar material... Reclamando ninguna divina revelación y en voz alta afirmando que es solamente una *emanación de la razón humana*, esta fraternal institución no es dogmática, es racionalista.[380]

Adentro de este materialista y político club - erecto bajo el disfraz de Francmasonería - entro **Annie Besant** con toda extraña conglomeración de doctrinas del Este hoy conocidas como *Teosofía*.

Teosofía

¿Que es la Teosofía? La palabra, así como ya hemos visto, fue usada en el siglo dieciocho para denotar la teoría de los **Martinistas**; fue conocida dos siglos antes cuando Haselmeyer en 1612 escribió de *"la laudable Fraternidad de los Teo sofistas de la Rosa Cruz."*... El Coronel Olcott, quien con Madame Blavatsky fundo la moderna Teosófica Sociedad en New York en 1875... ella*s*

---

380 Guénon, op. cit. p. 248, citando a *La Lumière Maçonnique*, Nov-Dic 1912, p. 522.

profesaba de haber sido **iniciada en ciertas doctrinas esotéricas en el Tíbet**. Monsieur **Guénon**, que escribe con conocimiento interno del movimiento, indica, sin embargo, la existencia de *escondidos superiores en el Continente Europeo por quien en realidad era dirigida...*

Madame Blavatsky en 1875 escribió esto: "He sido enviada desde hacia América para poder verificar fenómenos y su realidad y para mostrar la decepción de la teoría Espiritualista." ¿Enviada por quien? ... Guénon observa que es muy dudoso ya sea que [ella] alguna vez haya estado en el Tíbet del todo... [El concluye que detrás] del ambiente de Teosofía existió un *misterioso centro de dirección*, que Madame Blavatsky era simplemente "un instrumento en las manos de individuos o ocultos grupos refugiándose detrás de su personalidad," y que "aquellos que creen que ella se invento todo, que ella hizo todo por si misma y por su propia iniciativa, están tan equivocados como aquellos quienes, al contrario, creen en sus afirmaciones en lo concerniente a sus relaciones con los pretendidos Mahatmas."[381]

La carrera de Blavatsky (HBL) cruza la senda de varios conocidos figuras clave en las ocultas sociedades así como también como de significantes "desconocidos". Iniciada en los Carbonari (Alta Vendita) por Mazzini en 1856 - después de extensos viajes por todo Levant adonde entro a la orden de los Drusos - ella peleo con Garibaldi en Viterbo en 1866, fue herida mortalmente pero se recupero luego de una prolongada convalecencia con Víctor Michal en Paris, un Francmasón y ilusionista-espiritista; después de los cual ella emergió como una experta médium. En 1867, en el tercer intento, ella entro al Tíbet para poder consultar con la "Gran Logia Blanca" que gobierna el mundo secretamente. Habiendo sido "enviada" por "desconocidos" maestros en Paris hacia América en 1875, ella fundo la sociedad en New York luego de consultar con Albert Pike y otros Francmasones notables quienes también eran miembros de la *Hermética Hermandad de Luxor*. Este ultimo grupo negaba el atribuido espiritismo a las "fuerzas dirigidas por vivientes hombres" en vez de los "difuntos". Ella también entro a los *Ritos de Menfis y Mizrium* bajo Yarker en 1877. En 1878, ella entro a India para formalmente fundar la Teosofía en Adiar. Ella conoció a la Sra. Besant en 1889 y murió en Londres en 1891. La meta estipulada de los Teósofos es de Una Religión y un Gobierno mundial por vía de la resurrección de las Antiguas Escuelas de Misterios. Su periódico

---

381 René Guénon, *Le Théosophisme*, p. 17, 30, 245, 248 (1921). 248, citando a *La Lumière Maçonnique*, Nov.-Dic. 1912, p. 522; Alice Leighton Cleather, *H. P. Blavatsky: her Life and Work for Humanity* p. 17 (Thacker, Spink & Co., Calcutta, 1922).

Londinense inicio como "Lucifer el Portador de Luz" y bajo la Sra. Besant se convirtió en el *Lucis Trust*, hoy de la ONU.

Rene Guenon, Le *Theosophisme; Light-bearers of Darkness*, por Ms. 'Inquire Within'; Papus, *Traite elementaire de Science Occulte;* Sedir, *Historie des Rose-Croix.* También: *Occult Theocrasy* por Lady Q. - OZ

... Hay razón para creer que la gente bajo quien Madame Blavatsky estaba trabajando en esta fecha en Paris era **Serapis Bey y Tuiti Bey**, quienes pertenecían a la "Hermandad Egipcia."... M. Guénon cita después, indica que una posterior fuente de [su] inspiración: "Para mi, Jesús Cristo, es decir el Hombre-Dios de los Cristianos, copia de los Avatares de todos los países, del hindú Krishna como del egipcio Horus, nunca fue un *histórico* personaje."

... en otra parte ella aseveraba que Jesús pudo haber vivido durante la era Cristiana o un siglo anterior "según indica el *Sepher Toldoth* Jehoshua"... acerca de los sabios que niegan el valor histórico de esta leyenda ella dice:

"... ya sea mentiras o habladurías sin sentido. *Son nuestros Maestro quienes lo afirman.* Si acaso la historia de Jehoshua o Jesús Ben Pandera es falsa, entonces todo el Talmud, la Judía ley canónica entera, es falsa. **Fue el discípulo de *Jehoshua Ben Parachia*,** el quinto Presidente del Sanedrín desde Ezra, **quien re-escribió la Biblia...** Esta historia es mucho mas cierta que aquella del Nuevo Testamento del cual la historia no dice una tan sola palabra."

Es evidente, entonces, que había otros "Amos" de los cuales Madame Blavatsky recibía su enseñanza, y que *esos otros Amos eran Cabalistas.* La misma influencia Judaica aparece mas fuertemente en un libro Publicado por la Sociedad Teosófica en 1903, en que el *Talmud* y el *Toledot Yeshu* son citados en una gran medida y los Cristianos son mofados por resentir los ataques a su fe contenida en estos libros, mientras los Judíos son representados como inocentes, perseguidas victimas:

El Cristo [dicen los místicos] nació "de un virgen"; el incauto creyente en Jesús como *el* histórico Mesías en el exclusivo sentido Judío, y en su ser *el* Hijo de Dios, no Dios Mismo, en el curso del tiempo asevero que María era esa virgen; como resultado del cual la lógica Rabínica... encontrando esta extravagancia con el natural replicar que, al ver que su paternidad no era reconocida dijeron que Jesús era por consiguiente ilegitimo, un bastardo [*mamzer*].

El escritor judío ***Adolphe Franck***... continúa en mostrar la directa influencia del Cabalismo en la moderna Teosófica Sociedad:

La Sra. Besant, sin endosar las peores blasfemias del *Toledot Yeshu*, aun así reflejo esta y otras Judaicas tradiciones en su libro *Esoteric Christianity*, donde relata que Jesús fue criado entre los Esenios, y que luego El fue a Egipto, adonde El se convirtió en un iniciado de la gran logia esotérica - es decir, la Gran Logia Blanca - de la cual todas las grandes religiones se derivan. Se podrá ver que esto es solamente una versión de la vieja historia de los Talmudistas y Cabalistas, perpetuada por los Gnósticos, los Rosacruces, y la *Ordre du Temple* del siglo diecinueve. Se debe entender, sin embargo, que en el lenguaje de los Teósofos... Jesús y "el Cristo" son dos separados y distintos individualidades, y que cuando ahora hablan de "el Cristo" ellos se refieren a alguien viviendo en un búngalo en el Himalaya con quien el Sr. Leadbeater sostiene entrevistas para arreglar acerca de su próximo advenimiento. Retratos de esta persona han sido distribuidos entre los miembros de "La Estrella en el Este", una Orden fundada en Benarés en 1911 por el Sr. Leadbeater y J. Krishnamurti con el propósito de preparar el mundo para la venida del Gran Maestro.[382]

Pero es tiempo de regresar a la alianza entre la Teosofía y la Maçonnerie Mixte. La Sra. Besant... ascendió rápidamente a través de los sucesivos grados y se convirtió muy pronto en la Vice Presidente del *Suprême Conseil*, la cual la nomino a ella como su delegado nacional en Gran Bretaña. Fue en esta capacidad que ella fundo la sucursal Inglesa de la Orden bajo el nombre de *Co Masonería* (eso es, admitiendo ambos sexos) en la Logia "Deber Humano" en Londres, la cual fue consagrada el 26 de Septiembre, 1902, y mas tarde fundo otra logia en Adiar, India, llamada "El Sol Naciente." El numero de logias inscritas en el Grand Roll of Co-Masonería, incluyendo aquellas en el exterior, ahora se dice que son no menos de 442 [1933]... Co-Masonería y su progenitor, la Maçonnerie Mixte, no eran reconocidos por ninguna otra orden de Masonería excepto la "Droit Humain," y no solamente es irreconocible sino que declaradamente repudiada por Gran Logia de Inglaterra. [Ya no es cierto – OZ] El Mason Británico, de hecho, no reconoce al Co-Mason como Mason del todo, y violaría sus obligaciones al discutir Masónicos secretos con el o ella, así que no hay manera en cual el Co- Mason se le puedan acordar

---

382 René Guénon, op. cit. p. 30. 193, citando a *Le Lotus* para Diciembre, 1887; Adolphe Franck, *La Kabbale*, pp. ii-iv. También ver *ante*, pp. 21, 66, 92; Alice Leighton Cleather, *A Great Betrayal*, p. 13 (1922);. *Christ and the New Age* (1922), editado por G. Leopold, bajo los auspicios de "La Estrella en el Este"

- El 25 de Abril, 1982, veinte grandes diarios desde Roma a Los Ángeles publicaron la siguiente cita como anuncio en *página entera*. Este último de los Christos es identificado con el Budista Maitreya y fue patrocinado por miembros de la Sociedad Teosófica:

"EL MUNDO HA TENIDO SUFICIENTE HAMBRUNA, INJUSTICIA, Y GUERRA, EN RESPUESTA A NUESTRO LLAMADO DE AUXILIO COMO MAESTRO MUNDIAL PARA LA HUMANIDAD EL CRISTO ESTA AHORA AQUÍ"

Masónicos derechos y privilegios por masones Británicos. Para poder, posteriormente, mantener la ilusión en las mentes de sus miembros que ellos son genuinos Masones, Co-Masonería, en su trimestral órgano, El *Co-Mason*, es cuidadoso de incluir noticias Masónicas relacionado a la masonería Británica ya que forma una y la misma orden... en la mayoría de las logias Co-Masónicas el ritual empleado contiene variaciones que se derivan de a partir de Grand Oriente; de hecho el carácter de Grand Oriente de la Co-Masonería ha siso siempre generalmente reconocida en círculos Masónicos... la Co-Masonería es [por lo tanto], un hibrido sistema derivados de dos fuentes en conflicto - las doctrinas políticas y racionalista de la *Maçonnerie Mixte* y el ocultismo del Este de Madame Blavatsky y la Sra. Besant. Madame Blavatsky escribió en el *Theosophist*:

Despreocupado acerca de la política: hostil a los insanos sueños del Socialismo y Comunismo, el cual aborrecen - ya que ambos no son mas que disfrazadas conspiraciones de brutal fuerza y egoísmo contra la labor honesta; a la Sociedad poco le importa la aparente administración humana del mundo material. El total de sus aspiraciones están dirigidas hacia las ocultas verdades del mundo visible e invisible. [Aunque esto podría haber sido en ese momento, Madama Blavatsky estaba disimulando o genuinamente engañada. – OZ]

... esta declaración es diametralmente opuesta a aquella de la Maçonnerie Mixte... Blavatsky partió desde su puramente oculto programa después de su arribar en India en 1879 en cuanto a reconstruir la sociedad en las bases de "Hermandad Universal." Esta idea estaba completamente ausente de su primer esquema; "la Cofradía tiene las tablas de la futura plataforma de la sociedad," escribió su coadjutor Coronel Olcott, "no fue pensado." Fue sobre estas tablas, como sea, que la Sra. Besant fue capaz de caminar al Supremo Concejo de la Maçonnerie Mixte, y añadiendo Libertad e Igualdad al principio de Fraternidad para establecer a la Co-Masonería en una definitiva base política como una preparación para las Socialistas doctrinas que su maestro había "aborrecido."... El objetivo de Blavatsky ha sido el de rehabilitar el Budismo en India, representando las enseñanzas de Gautama Buddha como un avance en Hinduismo. La Sra. Besant, sin embargo, llego a considerar *las doctrinas de los Brahmines como la fe más pura.* Aun así no era ni Budismo ni Hinduismo en una forma pura que ella introdujo a los Co Masones del Oeste, sino un oculto sistema de su propia invención, adonde los Mahatmas, Swamis, y Gurús estaban incongruentemente mezclados con los charlatanes de la Francia del siglo dieciocho... en el tercer grado la sorprendente información es confiada con una apariencia de gran secretividad que el ["El Maestro"] no es otro mas que el famoso *Conde de Saint-Germain*, quien realmente no murió en 1784, pero esta vivo ahora en Hungría bajo el nombre de Ragocsky. En un aun mayor grado, sin embargo, el iniciado se le podría decir que el Maestro es en realidad el Príncipe Eugene de Austria.[383]

Seria superfluo describir en detalle la salvaje basura que compone el credo de la Co-Masonería como esa de la mayoría de las sociedades secretas, ha sido marcada por violentas disensiones entre los miembros... mientras al mismo tiempo escándalos de una peculiarmente mala clase han sido traídos ala luz... la peculiar recurrencia de tales escándalos en la historia de secretas sociedades lo conduce a uno inevitablemente a pensar cuan lejos están estos... los resultados de los métodos de las sociedades secretas y de oculta enseñanza. Que los hombres contra quienes se levantaron cargos de perversión sexual no fueron ejemplos aislados de estas tendencias se muestra por una curiosa admisión en la parte de una de Madame Blavatsky y sus "chelas"[384]... estas deplorables proclividades peculiarmente prevalecen entre los aspirantes a conocimiento Teosófico... La Sociedad Teosófica, como Grand Oriente, niega todas las intenciones políticas y profesan trabajar solamente para espiritual desarrollo, pero los líderes parecen considerar que un radical cambio debe ocurrir en el sistema social existente antes que el verdadero desarrollo espiritual pueda ser alcanzado.

Que este cambio radicaría en la dirección del Socialismo es sugerido por el hecho que un grupo de lideres Teósofos, incluyendo a la Sra. Besant, fueron descubiertos en 1919 de tener un gran numero de acciones en la Victoria House Printing Company, la cual financiaba al *Daily Herald* en esa fecha; de hecho, la Sra. Besant en sus disertaciones sobre Libertad, Igualdad, Fraternidad, en el Queen's Hall en Octubre de ese mismo año, claramente indico que el Socialismo es el sistema de la próxima Nueva Era.... Es interesante notar que un miembro líder de la "Acción Logia," y también de la "Orden de la Estrella en el Este," fue recientemente reportado en la prensa de haber estado desde hace mucho conectado con el Partido Laboral y de haber notificado su intención de debatirse por ello en el Parlamento.[385]

... [Muchos miembros] están preparados para rendir ciega e incuestionable obediencia a los dictados de la Sra. Besant y el Sr. Leadbeater. En este respecto la Sociedad Teosófica sigue el usual plan de las sociedades secretas. Si bien nominalmente no una sociedad secreta en efecto es una, estando

---

383 Alice Leighton Cleather, *H. P. Blavatsky: her Life and Work for Humanity*, pp. 14, 20. 24. 311 (Thacker. Spink & Co., Calcutta, 1922).

384 A. L. Cleather, *H. P. Blavatsky' a Great Betrayal*, p. 69 (Thacker, Spink & Co., Calcutta, 1922)

385 *John Bull*, 7 de Junio, 1919; *The Patriot*, 15 de Febrero, 1923; *The War & the Builders of the Commonwealth*, una disertación ofrecida en el Queen's Hall por Annie Besant el 15 de Octubre, 1919, pp. 15, 18 (impreso por la Theosophical Publishing Co.).

[N.B. Co-Masonería bajo el titulo de "Estrellas del Este" es ahora una *aceptada* y *permanente* parte de la Universales *Sororities* de la Francmasoneria, especialmente de los Ritos Escoseses ala Pike. - OZ]

compuesta por círculos externos e internos y absolutamente controlada por supremos directores. El circulo interno, conocida como la Sección Esotérica, o mas bien la Escuela Teosófica del Este - usualmente referida como la E.S. - es en realidad una sociedad secreta, consistiendo en su lugar de turno de tres posteriores círculos, el mas interno compuesto de los Mahatmas o Maestros de la Logia Blanca, el segundo de los Aceptados Pupilos o Iniciados, y el tercero de los Learners o miembros ordinarios. La E.S. y la Co-Masonería son entonces componen dos secretas sociedades dentro de la orden abierta controlada por gente que son frecuentemente miembros de ambos... El Dr. Weller van Hook de quien se dice que haber sido también un Rosacruz y un importante miembro de la Grand Oriente una vez crípticamente observo que "Teosofía no es la jerarquía," implicando que solo era parte de una organización mundial, y oscuramente intuyendo que de no llevarse acabo la labor encomendada a ellos, los Rosacruces tomarían el control.

... Las filas exteriores de la Sociedad Teosófica parecen estar mayormente compuesta de inofensivos entusiastas que imaginan que ellos están recibiendo genuina instrucción en las religiones y ocultas doctrinas del Este. Que la enseñanza de la E.S. no podría tomarse seriamente por cualquier Orientalista real y que ellos podrían aprender mucho mas al estudiar las obras de reconocidas autoridades en estas materias en una Universidad o en el Museo Británico no les ocurre a ellos por un momento. Ni tampoco esto satisficiera el propósito de los líderes. Para la Sociedad Teosófica no es un grupo de estudio, sino esencialmente una sociedad propagandista la cual le apunta a substituir por la pura y simple enseñanza de la Cristiandad el sorprendente compuesto de superstición del Este, Cabalismo, y el charlatanismo del siglo dieciocho el cual la Sra. Besant y sus coadjutores han inventado.

Aun... *para transportar misticismo del Este es de vulgarizarlo y para producir una desagradable forma de ocultismo que frecuentemente termina en moral deterioro o trastorno mental.* Yo atribuyo los escándalos que han ocurrido entre Teósofos directamente a esta causa. Pero es tiempo de que ver otra sociedad en la cual este des basado ocultismo juega una parte aun mas importante.[386]

---

386 Ver: *The War and the Builders of the Commonwealth*, una disertacion ofrecida en el Queen's Hall por Annie Besant el 15 de Octubre, 1919, pp. 15, 18 (impreso por la Theosophical Publishing Co.); Diary of the Theosophical Society para Abril-Julio, 1924, p. 43; *The Theosophical Quarterly* para Octubre 1920, Abril 1921, y Abril 1922 (publicada por la Theosophical Society, New York);

Syed Ameer Ali expresa la opinion que aun para las mentes de Este, las *esotéricas especulaciones* presentan un peligro:

"El Sufismo en el mundo Musulmán, como su contraparte en Cristianismo, ha, en su practico efecto, sido productivo de muchos malos resultados. En perfectamente bien-sintonizadas mentes el misticismo toma la forma de un noble tipo de idealista filosofía; pero la generalidad de la humanidad son mas probables de des balancear sus cerebros por ocuparse a si con los misterios de la Divina Esencia y nuestras relaciones hasta aquí. Cada ignorante y ocioso espécimen de la humanidad, que, despreciando el

Rosacrucianismo:

En la actualidad, como en el siglo dieciocho, el termino "Rosacrucianismo" es usado para cubrir un numero de asociaciones que difieren en los objetivos y doctrinas: La primera de estas sociedades en ser fundadas en Inglaterra fue la *Societas Rosicruciana in Anglia*, fundada en 1867por Robert Wentworth Little por instrucciones recibidas desde el exterior. Solamente Maestros Masones son admitidos - un procedimiento no condenado por la Gran Logia de Inglaterra... Aunque ni política ni tampoco anti-Cristiana, sino al contrario, conteníendo distintivamente elementos Cristianos y reclamando que descienden de Christian Rosenkreutz - un reclamo que debe ser descartado como una absurdidad - la S.R.I.A. es aun así mayormente Cabalística... Si acaso sus progenitores pueden realmente ser rastreados más antes que los Rosacruces del siglo diecinueve - Ragon, Eliphas Levi, y Kenneth Mackenzie - ellos deben ser buscados entre ciertos masones esotéricos en Hungría y también entre los Franceses Martinistas... *Martines Pasqually* entrego a sus discípulos un gran número de manuscritos Judíos los cuales fueron presumiblemente preservados en los archivos de la Logia Martinista en Lyon. La Orden de los Martinistas nunca ha cesado de existir, y el Presidente del Suprême Conseil, el Dr. Gérard Encausse, bien conocido como "**Papus,**" un declarado Cabalista, solamente en 1916. Para estos archivos otro famoso Cabalista, el renegado Abad, Alphonse Louis Constant, quien asumió el nombre de **Eliphas Lévi**, bien podría haber tenido acceso. Se dice que uno de los mas distinguidos discípulos de Eliphas Lévi, el ocultista Barón Spedalieri de Marsella, fue un miembro de la "Gran Logia de Solitarios Hermanos de la Montaña," un "Iluminado Hermano de la Antigua Restaurada Orden de **Maniqueos,**" un alto miembro de Grand Oriente, y también un "Alto Iluminado de los Martinistas."

Antes de su muerte en 1875 Eliphas Lévi anuncia que en 1879 un nuevo político y religioso "Reino universal" seria establecido, y que este estaría poseído por "aquel quien podría tener las llaves del Este."

... el principal centro de Cabalismo estaba en Europa del Este, mientras Alemania era el principal hogar del Rosacrucianismo, y fue a partir de estas directrices que unos pocos años después, una nueva Orden Rosacruz en Inglaterra que se deriva su inspiración... **En 1880 Leopold Engel reorganizo a la Orden Illuminati de Weishaupt**, la cual, de acuerdo a M. Guénon, jugo a partir de ahí "un extremadanamente sospechosos rol político," y pronto después de esto en 1884 se dice que un extraño incidente ocurrió en Londres. El Rev. A.F.A. Woodford, un F.' M.'., se encontraba

---

conocimiento real, abandonaron los campos de la verdadera filosofía y emprendió hacia los dominios del misticismo, lo haría ser entonces como uno de los Ahl-i-Ma 'rifat." - *The Spirit of Islam*, p. 477.

volteando los contenidos en una tienda de libros de segunda mano en Farringdon Street cuando se encontró con algunos cifras MSS... precisamente la misma historia fue contada por Cagliostro en lo concerniente a su descubrimiento de un MS en Londres por el misterioso George Cofton en el cual el había fundado su rito Egipcio... por una afortunada coincidencia el clérigo que fundo la cifra MSS era conocido de dos prominentes miembros del S.I.R.A., **Dr. Wynn Westcott** y el Dr. Woodman, a quien el le llevo los documentos, y por un posterior evento afortunada coincidencia uno de ellos resulto ser la misma persona a quien la profecía de Eliphas Lévi había sido dada; Estos dos hombres ahora asumieron los seudónimos de S.A. (Sapere Aude) y M.E.V. (Magnus est Veritas), fueron capaces de descifrar parcialmente el manuscrito; S.A., con la asistencia de un Germano, luego le escribió a S.D.A. c/o Fraulein Anna Sprengel, diciendo que el y un amigo habían terminado el descifrar y que deseaban de mas información. En respuesta a ellos se les pidió elaborar las notas, y de que acaso ser diligentes a ellos se les permitiría formar una elemental sucursal de la Orden Rosacruz en Inglaterra.

... **Macgregor Mathers**, de ahí conocido como D.D.C.F. (Deo Duce Comite Ferro), quien, habiendo más tiempo a su disposición, fue capaz, por medio de larga y ardua labor, de elaborar los rituales en el estilo Masónico. El 8 de Marzo de 1888, una orden fue emitida de acuerdo al diseño dado en la cifra MSS... para permitirles de actuar como Jefes del Nuevo Templo... el nombre ahora dado a la nueva Orden "**The Golden Dawn**," estuvo acompañada de su equivalente en Hebreo "Chebreth Zerech aur Bokher" es decir "Los Compañeros de la Luz Matutina." Entre las instrucciones encontramos: "Eviten a los Católicos Romanos pero con desprecio"; también estas direcciones que concierne la Obligación: El candidato solicitando por Luz es llevado al Altar y forzado a tomar una Obligación de secretividad so pena de expulsión y muerte o paralizar cualquier hostil corriente de voluntad. Desde la subsecuente correspondencia de la Orden es visto que esto así llamado "punitiva corriente" fue realmente dirigido por los Jefes contra aquellos que se rebelen.

Golden Dawn: Como una rama de Francmasonería Oculta, sus doctrinas eran una mezcla de Lamaísmo (magia sexual) y Teosofía. Mathers era también miembro del Quartor Coronati, la Logia que apoyo a la (Secretamente Judía) Familia Crown, el y otros de este circulo, recibieron sus doctrinas "clarividentemente" de los "Ocultos Jefes del Tercer Orden". Mathers era un cercano confidente de Rudolph Steiner y Aleister Crowley. Una separación ocurrió en el grupo en 1903, y una secta bajo A.E. Waite se volvió conocida como la Stella Matutina. Ellos re-emergieron en 1912. Ver: Lady Q, op.cit. pp. 568-570. – OZ

… la Golden Dawn mas tarde se volvió ligada con los "Esotéricos Masones" en Alemania y ni la organización ni tampoco el ritual de la Orden son Masónicos, sino mas bien Martinista y Cabalística… la real base de todo el sistema - la Cábala Judía, en la cual los tres Jefes eran, o se volvieron, expertos. Mathers de hecho tradujo el famoso *Libro de Abraham el Judío* del Francés al Ingles con notas explicadoras, y Wynn Westcott tradujo el Sepher Yetzirah del Hebreo. Se dieron disertaciones a la sociedad en tales asuntos como cartas del Tarot, Geománticos Talismanes, y la Schemhamphorasch o Tétragrammaton… debido al deceso de Woodman y la renuncia de Wynn Westcott - Mathers se convirtió en el Único Jefe y profesaba de haber obtenido mas instrucciones de los Escondidos Jefes a través de su esposa - una hermana de Bergson - por medio de clarividencia y audiencia… Pero los reales directores de la Orden estaban en Alemania y conocidos como los "Escondido y Secretos Jefes de la Tercer Orden." Una curioso resemblar se hará notar con los "Ocultos Superiores" por quienes los miembros de la *Stricte Observance* en el siglo dieciocho declararon estar controlados por.

Quienes fueron estos hombres en el tiempo en que la Orden fue fundada es un misterio no solo para el mundo exterior sino aun para los mismos Ingleses iniciados… uno de los mas activos miembros de la Orden, el Dr. Robert Felkin, M.D., conocido como F.R. (Finem Réspice), mas tarde declaro que, aunque el había visitado cinco templos de la Orden en Alemania y Austria, el fue incapaz de entrar en contacto con los Escondidos Jefes, o de descubrir como la original MSS cayo en manos del clérigo quien se los entrego a Wynn Westcott… Además, le han dicho que ninguno de los "grandes Tres" que fundaron la Golden Dawn en Inglaterra eran Rosacruces reales del todo… un muy siniestro personaje, **Aleister Crowley**, había sido introducido en la Orden a recomendación de A. E. Waite (S.R. = Sacramentum Regis) el bien-conocido místico escritor. Un hombre de muchos aliases, Crowley siguió el precedente del "Conde de Saint-Germain," el "Conde de Cagliostro," y el "Barón von Offenbach" al ennoblecerse y enmascararse bajo varios títulos en torno, tales como "Conde Svareff," "Lord Boleskine," "Barón Rosenkreutz," pero usualmente conocido en la Orden como "P" por *Perdurabo*.

Crowley, quien fue un Cabalista, ha escrito un libro sobre Gótica Magia y pronto luego de haberse convertido en miembro del "Golden Dawn" se puso a trabajar con otro "Frater" en mágicos experimentos, incluyendo evocaciones, la consagración y uso de talismanes, adivinación, alquimia, etc.… En 1900 Crowley se había unido a Mathers en Paris adonde este ultimo y su esposa estaban residiendo bajo los asumidos nombres del "Conde y Condesa de Glenstrae" y se ocuparon en revivir los misterios de Isis en el Teatro Bodinière, a esta tarea se les unió una extraordinaria dama, la famosa **Madame Horos** (alias la Swami) quien decía ser la real y autentica *Sapiens Dominabatur Astris*. Crowley la describió como una "muy brava mujer y ecuánime" y *"una vampira de sorprendente poder,"* Mathers declaro que ella era "probablemente la mas poderosa médium viviente,"... esta dama... termino por iniciar una Orden en colaboración con su esposo, en el cual se dijo que ciertos rituales del Golden Dawn fueron adaptados a un propósito inmoral, con el resultado que la pareja fue llevada a juicio y finalmente condenado a penal servidumbre.

... Crowley declaro, que el había "imprudentemente atraído hacia si fuerzas del mal muy grandes y terribles soportar, presumiblemente demonios Abramelinos," Mathers comenzó a perder la razón... esta entonces era la situación en ese tiempo de su ruptura con la Orden, y el dramático incidente al que se refieren fue la repentina aparición de Crowley en Londres, quien, ya sea que haya estado actuando como enviado de Mathers o por su propia iniciativa, irrumpió en las premisas de la Orden, con una mascara sobre su rostro, una tela a cuadros sobre sus hombros, una enorme cruz de oro en su pecho, y una daga en su costado, con el propósito de tomar posesión. Este intento fue aplacado con la prosaica ayuda de la policía y Crowley fue expulsado de la Orden. Eventualmente, como sea, el tuvo éxito en obtener posesión de algunos de los rituales y otros documentos de la Golden Dawn, los cuales el procedió a publicar en el órgano de una nueva Orden suya. Esta revista, contenía una mezcla de degradado Cabalismo y vulgares blasfemias, combinado con panegíricos en hashish - ya que Crowley combinaba con perversión sexual una adicción a las drogas - las cuales podrían aparentar expresar solo los exabruptos de un maniático. Pero la excentricidad a menudo ha proveído la mejor capa para oscuros designios, y cuando se desato la guerra comprobó que había un método en la locura de un hombre a quien las autoridades persistían en considerarlo apenas como un irresponsable degenerado de un tipo no-político.

El Coronel de Policía Ruso, A. Khvylia-Olinter reporta una serie de asesinatos rituales así:

"La gente sobremanera perturbada por el termino asesinato ritual" llaman a estos crímenes, manifestaciones de "común crueldad". Ellos hablaban de la falta de correspondencia entre la evidencia y los "signos clásicos" de una misa negra. Sin embargo nadie más que Alistair Crowley provee evidencia contra esta posición. En su libro, hoy en venta libremente en Moscú, "Máster Theon" escribe llanamente: "Dependiendo del propósito mágico, empalamiento, ahogamiento, decapitación, aplastar, envenenar y quemar

puede ser todo considerado rituales actos." El también recomienda el comerse los aun temblorosos órganos de una recientemente muerta victima."
– *Path to the Apocalypse* por Yuri Vorobyevsky, Sergiev Possad, 1999, p. 57. –
OZ. Estas ultimas descripciones tienen rastros de asesinato ritual del Lamaísmo Tibetano según se describe en su *Libro de los Muertos*.

... En 1903 una división ocurrió en la Orden. A.E. Waite, un miembro inicial de este, separándose de ella con un numero de otros miembros y se llevaron con ellos el nombre de "Golden Dawn," también la bóveda y otras propiedades de la Orden. La original Orden entonces tomo el nombre de "**Stella Matutina**," con el Dr. Felkin como Jefe... En el precedente año los miembros de la Logia de Londres habían creído otra vez que ellos estaban en contacto con la *Escondida Tercer Orden* y revivieron sus esfuerzos de comunicarse con los Secretos Jefes en Alemania. Este estado de incertidumbre continuo hasta 1910, cuando Felkin y Meakin se marcharon hacia Alemania, adonde lograron encontrarse con varios miembros de la Tercer Orden, quienes profesaban ser "verdaderos y genuinos Rosacruces" y de conocer de Anna Sprengel y el comienzo de la Orden en Inglaterra. Ellos no eran, según se cree, los Secretos y Escondidos Jefes, sino más probablemente Esotéricos Masones de Grand Oriente. Estos Fratrias, sin embargo, les dijeron que para poder formar un definitivo enlace eterio entre ellos y la Orden en Gran Bretaña, seria necesario para un Frater Británico estar bajo su instrucción por un año, por acuerdo Meakin se quedo en Alemania para entrenamiento especial, para que así el podría actuar como el "eterio enlace" entre dos países. Después de un peregrinaje al Cercano Oriente, siguiendo de cerca el itinerario de Christian Rosenkreutz, Meakin regreso a Alemania, y parece haber sido ahora que pudo entrar en contacto con un cierto alto adepto de oculta ciencia.

Este extraordinario personaje, **Rudolf Steiner**, había pertenecido a la Sociedad Teosófica, y se ha sugerido que en algún periodo el podría haber estado conectado con los revividos Illuminati de Leopold Engel. Ciertamente hay alguna razón para creer que en algún punto de su carrera el entro en contacto con hombres que estaban llevando a cabo las enseñanzas de Weishaupt, el jefe de quien fue el Presidente de un grupo de sociedades secretas Pan-Germanas, y no parece improbable que la misteriosa S.D.A., bajo cuyas direcciones la Golden Dawn fue fundada, podría estar localizado en este circulo.

> **Stella Matutina:** con Crowley y Westcott como cabezas desde 1903 a 1912, Lady Q. Reporta del autor: "Inquirir Adentro" que fue realmente **Rudolph Steiner** quien nombro a Felkin jefe del reunido Golden Dawn. Ella también reporta que después de la iniciación, el

candidato estaba aterrorizado así: "Si acaso tu fallaras a este juramento de secretividad, tu sangre podría ser derramada y tu cuerpo quebrado, ya que pesada es la penalidad demandada por los 'Guardianes' del Conocimiento Oculto de aquellos que traicionan su confianza."

Para algunas de sus desvergonzadas practicas, Lady Q. recomienda leer *Lightbearers of Darkness*. – OZ

BREVE HISTORIA DE LA RELACION ENTRE RUDOLPH STEINER Y LA OTO:

24 de Noviembre 1905: Rudolf Steiner y Marie von Sivers cada uno pago 45 Marcos a Theodor Reuss por su membrecía en Memphis-Misraïm. 30 de Noviembre 1905 Steiner escribe: *"Reuss no es un hombre en el que se puede confiar... Tenemos que lidiar con "un marco" solamente y con mas [substancia] en la realidad. Presentemente nada esta detrás de la cosa. Los ocultos poderes COMPLETAMENTE se retiraron de ello."*

El 2 de Enero de 1906: Por primera vez, Steiner brinda una disertación a hombres y mujeres al mismo tiempo y llama a la "Masonería" (por lo cual el posiblemente significa el rito irregular de AASR y MM) *"una caricatura" "con adormecidas fuerzas a ser despertadas otra vez"*; lo cual es *"nuestra obra por hacer."* Steiner considera su *"deber salvar el Misraim-Dienst para el futuro"* El Misraim-Dienst es para combinar Terrestre con Celestial, Visible con Invisible y otra vez renovar los Eleusinianos Misterios. 3 de Enero 1906: Reuss firma un contrato con Steiner haciendo al último un grado 30, 67 y 89 para Berlín. Su servicio Misraïm es ahora llamado "Mística Eterna." Marie von Sivers esta autorizada para la acomodación de mujeres. *"Las exageraciones de la cultura varonil debe retractarse por las ocultas fuerzas de la mujer"* (de acuerdo a Steiner). Edición de *Oriflamme* Enero-Junio 1906: Reuss publica que Steiner es un grado 33 y grado 95 de Berlín y Diputado Grand maestro de *"Mística Eterna"* con jurisdicción sobre los miembros que el es capaz de juntar. Marie von Sivers se convirtió en el General Grand Secretaria para las Logias de Adopción (MM). Steiner también usa las expresiones *"Mística Eterna"* (M.E.) y *"Misraim-Dienst"* (M.D.). "Mística Eterna" no es una organización real similar a una Orden o una logia (aunque Steiner usa este termino en su lección el 28 de Octubre 1911): no hay ninguna fundación, no hay diplomas, no hay ordenes y los rituales son celebrados en la presencia de Rudolf Steiner solamente, y por y para miembros de la Teosófica Sociedad, solamente. En la visión de Steiner, ningún "Maestro" supervise "Ordenes" externas, sino que solo la "Escuela Esotérica" es supervisada. La "Mística Eterna" hoy es considerada como un segundo departamento en la Esotérica Escuela de

Steiner (también llamado *"Erkenntniskultische Abteilung"* = ceremonial realización/departamento gnosis). El departamento Teosófico se refiere mas al idealista y aspecto estudiante; los Masónicos rituales mas al practico aspecto de Labor de Grupo Esotérico. 15 de Agosto 1906: En una carta a A.W. Sellin, Rudolf Steiner la hace *"la condición que la Orden* [es decir AASR y MM de Reuss] *NO comunica NINGUNO de sus rituales a mí." "Yo he constituido lo que tenia que haber sido constituido, sin el Sr. Reuss alguna vez estando presente... Yo sin embargo IGNORE esencialmente la Orden* [AASR y MM de Reuss] *completamente."* Admisión a Misraim-Dienst de Steiner se rechaza a miembros de la Orden de Reuss. Pentecostés 1907: El primer departamento de la Esotérica Escuela de Steiner separada de la Esotérica Escuela de Teosofía como Steiner persigue otro sistema de enseñanza. 15 de Junio de 1907: Reuss le envía a Steiner un Edicto haciendo a Steiner un grado 33, 90 y 96 de Berlín e independientemente actuando General Grand maestro del Soberano General Grand Concejo del Rito Misraïm de Alemania. El membrete reza las expresiones ***"Rito Memphis y Mizraim de Masonería,*** *Orden de los Orientales Templarios y Esotéricos Rosacruces..."*

El Rito de Menfis

"El Rito en Inglaterra e Irlanda se deriva desde America el cual deriva del Colegio de Ritos y Grand Oriente de Francia... Egipto fue la fuente de este sistema de 96 grados que surgieron en Francia habiendo venido de los Discípulos de Menfis en 1815. En 1912, John Yarker fue electo Grand Jerofiante Imperial y a su deceso en 1913, Henry Meyer fue electo Soberano Grand Maestro según lo indicado por Aleister Crowley, Wm. Quilliam, Leon Kennedy y Theodor Reuss."

Ver: J. Yarker, *The Grand Mystic Temple* y *Speculative Mason*, Julio 1927, volumen 19. - OZ

En la Navidad de 1912, Steiner crea la Sociedad Antroposofía en Colonia/Alemania y la separa de la TS... para el fin del año 1912/13. Hasta este tiempo el colecto aproximadamente 2500 miembros. Otros 1000, retirándose de la TS en Europa y América, pronto ese unieron después... Verano de 1920, en el Congreso Internacional Francmasónico en Zúrich los Francmasones decidieron que la O.T.O. definitivamente tiene que ser considerada irregular y que cada conexión con Reuss (viviendo en Basel) tiene que ser *"tratado como una cosa del pasado"*...

1921: En la ocasión de su visita en Oslo, Rudolf Steiner declara la obra de *"Erkenntniskultische Arbeitskreis"* (= Misraïm Dienst) solemnemente disuelta...

Otoño 1921, Theodor Reuss se distancia de Aleister Crowley... la expulsión de Crowley fue afirmada por Lewis y su enemigo Reuben Swinburne Clymer. Desde ahora en adelante, la O.T.O. se partió en incontables sucursales rivales... Navidad 1923, Steiner inicia *"nuevas formas"* de la Esotérica Escuela. La Antroposofía ahora consiste de la ceremonial realización - departamento de gnosis de la Esotérica Escuela, de actividades para la libre educación religiosa de la Escuela Rudolf Steiner y de las ceremonias de la iglesia para la "Cristiana Comunidad" (fundada en 1921)... La Esotérica Escuela es transformada en la University Libre para Hermeticismo ["Geisteswissenschaften"]. Aunque Steiner fallece antes de definir los detalles de sus tres clases... Aproximadamente en 1934, Alice Sprengel, otrora miembro del M.E. (hasta 1915, cuando se hizo secretaria de Reuss), recuerda la supuesta forma de juramentación de la O.T.O.- escrita por Steiner la cual el supuestamente rompió en Agosto 1914 (CE 265, 114). La misma Alice Sprengel mas tarde inicia a Hermann Joseph Metzger el la O.T.O. de Reuss- y transfiere algunos pasajes de los rituales de Steiner a la O.T.O. La organización techo de Metzger es llamada "Psychosophische Gesellschaft", una expresión la cual es tomada de un discurso de Steiner de 1911. La O.T.O. de Metzger parece ser la única autoridad O.T.O. mundialmente, activa desde 1947.

Ver: *Rudolf Steiner: Never a member of any Ordo Templi Orientis*, por Peter-R. Koenig - NB [no es parte del libro de Mdm. Webster - OZ]

Steiner, mientras aun era un Teo sofista comenzó su propia sociedad, la **Anthroposophical Society,**[387] un nombre tomado de la obra de un Rosacruz del siglo XVII, Thomas Vaughan, "Antroposofía Mágica." El ostensible líder del Rosacrucianismo en Alemania era el Dr. Franz Hartmann, fundador de la "Orden de la Esotérica Rosa Cruz." Aunque en alguna manera conectado con Engel y su Illuminati y mas definitivamente con la Teosófica Sociedad, se creía que Hartmann era un genuino Cristiano místico. Steiner también hizo la misma profesión, y parece probable que el formaba parte del grupo de misteriosos personajes, incluyendo además de masones de Grand Oriente, Barón von Knigge, bisnieto del coadjutor de Weishaupt "Philo," quienes se reunieron en una secreta conferencia en Ingoldstadt adonde la primera Logia de los Illuminati que había sido fundada en 1776, **y decidieron revivir el**

---

[387] Yo fui en otrora un miembro de esta Sociedad por 14 años, y bien encaminado hacia la Iniciación, habiendo sido *estudiante* y *yerno* del Sr. Henning Hansman y su esposa, Sigrid, ambos miembros de los 'Círculos Internos' de *Antroposofía* y *Camphill Rudolph Steiner Schools* bajo el Dr. Karl Koenig en Aberdeen, Escocia. El Dr. K. Koenig, era de hecho un Iniciado. Estas dos personas, Henning y Sigrid, a menudo me pasaban literatura del 'Círculo Interno' de Iniciados en anticipación a mi propia iniciación. El Sr. Hansmann a menudo disertaba en el Goetheanum, Anthroposophy's World Headquarters en Dornach Suiza. Yo mismo he disertado sobre Antroposofía en Ann Arbor Michigan. El Dr. Steiner, Marie von Sivers, y Sigrid Hansmann eran de hecho judíos. - OZ.

Iluminismo en místicas líneas Cristianas usadas en un muy elástico sentido entre ocultistas. Al mismo tiempo Steiner introduce en sus enseñanzas unos fuertes elementos de Gnosticismo, Luciferianismo, Johannismo, y Masonería Grand Oriente, mientras reservan el Rosacrucianismo para sus altos iniciados.

En este ultimo punto el es extremadamente reticente, prefiriendo llamar a sus enseñanzas "oculta ciencia," ya que el reconoce que los "reales Rosacruces nunca se proclamaron como tales"; es por lo tanto solamente en el *circulo interno de su sociedad*, del cual ninguna información se da al publico y dentro de la cual los miembros son admitidos por muchas de las mismas formas de iniciación como aquellas usadas por la Grand Oriente, ese Rosacrucianismo es mencionado.

La Rosicrucian Fellowship en Oceanside, California, [derivado de Steiner] sin embargo, abiertamente profesa lo que ellos llaman Rosacrucianismo… en un libro por el líder de este grupo, lo encontramos solemnemente manifestado que de acuerdo a Max Heindl, Eva cohabito con serpientes en el jardín del Edén, que Caín fue el vástago de su unión con "el espíritu de Lucifer Sammael," y que de este "divino progenitor" desciende la mas viril porción de la raza humana, el resto siendo apenas la "progenie de padres humanos." Lectores de la presente obra reconocerán esto no como la leyenda de Masonería sino de la Cábala Judía la cual ya había sido citada… Ya sea que esto también forma parte de las enseñanzas de Steiner es imposible de decir [*lo es* - oz], ya que sus reales doctrinas son conocidos solamente por su circulo interno; aun algunos de sus admiradores en la Stella Matutina, mientras le consultan como oráculo, no son admitidos en los secretos de sus grados de iniciación y no han podido lograr obtener de el un chárter. Mientras tanto ellos mismos no les muestran a los neófitos a los que ellos buscan conquistar que ellos son miembros de cualquier secreta asociación. Esto es muy acorde con los métodos de Weishaupt y sus "Insinuantes Hermanos." El resultado de lo que Steiner llama "oculta ciencia" es entonces descrito en un conspicuo pasaje de una de sus propias obras:

> "Este es el cambio el cual el estudiante de ocultismo observa viniendo sobre si mismo - que ya no hay una conexión entre un pensamiento y un sentimiento o un sentimiento y una volición, excepto cuando el crea la conexión el mismo. Ningún impulso lo conduce de pensar a accionar si el no lo alberga voluntariamente. El puede ahora pararse completamente sin sentimiento ante un objeto el cual, antes de su entrenamiento, lo hubiese llenado de resplandeciente amor o violento odio; el puede igualmente quedarse inmóvil ante un

pensamiento el cual hasta aquí habría incitado a la acción como si lo hiciera por si mismo," etc.

... Weishaupt había dicho: "Yo no puedo usar a los hombres tal como los encontré; debo formarlos." El Dr. Steiner muestra como esta transformación puede ser lograda. Bajo la influencia del supuesto entrenamiento oculto, el cual es en realidad simplemente una poderosa sugestión, todo los natos impulsos e inhibidos brincos de acción pueden ser quebrantados; el pupilo del ocultista ya no mas reacciona a los conceptos de belleza o fealdad, de lo correcto o incorrecto, el cual, desconocido para si, formo la ley de su ser. Entonces no solo sus obras conscientes sino que sus procesos subconscientes pasaron bajo control de otro.

Si acaso este es de hecho el método empleado por el Dr. Steiner y sus adeptos, ciertamente habría alguna justificación por el veredicto de M. Robert Kuentz que "Steiner ha inventado ocultos ejercicios los cuales rinden la mente incapaz (rendent l'esprit anéanti), que el ataca al individuo al desequilibrarle sus facultades (il détraque les facultés)."[388]

¿Cual es el real poder motivo detrás de tales sociedades como la *Stella Matutina* y otra vez detrás de Steiner? Esto permanece un misterio, no solo para el mundo exterior sino para los mismos "iniciados". La búsqueda por los Escondidos Jefes, emprendida por un peregrino intrépido, uno tras otro, **parece haber terminado solo en posteriores reuniones con Steiner.** Aunque la esperanza brota eterna en el pecho del aspirante tras de oculto conocimiento, astrales mensajes incitaron a los Fratrias a posteriores esfuerzos. Uno de estos contenía la exhortación: "Vayan con Steiner, el cual no es el ultimo fin de la búsqueda, y entraremos en contacto con muchos y serios estudiantes quienes los guiaran al real maestro de la Orden, quien será tan avasalladoramente impresionante que no dejara ningún lugar a duda."

... Sera recordado que el gran objetivo de Weishaupt y los Illuminati del siglo trece era obtener control sobre todas las existentes Masónicas y ocultas Órdenes. Esto también se volvió el sueño de Rudolf Steiner y sus aliados en otros países, cuyo plan era formar lo que ellos llamaban un "*International Bund.*" La idea de un Buro Internacional para Asuntos Masónicos había ya, así como hemos visto, comenzado en Suiza; esta era la misma idea aplicada a ocultos grupos, o que todas las tales sociedades como el Rosacrucianismo, la Teosofía con sus variadas ramificaciones de Co-Masonería, etc., Herméticas Ordenes, aislados ocultistas, y demás, fueron puestas bajo control Alemán. [La

---

[388] 388 Robert Kuentz, *Le Dr Steiner et la Théosophie actuelle*, séries de articulo en la revista *Le Feu* para Octubre, Noviembre y Diciembre de 1913 y reimpreso en forma de panfleto.

Mayoría de los Principales que Yo encontré (1977-1990) como un jerofiante Antroposoficos eran de hecho Alemanes como también Judío. – OZ]

... Pero el real obstáculo al éxito se sostuvo ser la Británica Francmasonería a la cual cierto número de estudiantes de oculta ciencia, incluyendo todos los miembros de la S.R.I.A., pertenecieron. "Inglesa Masonería," se le remarco, proclamo la Gran Logia de 1717, la Madre Logia del Mundo. Son un ente orgulloso, celoso, autocrático. La Co-Masonería se deriva de la Grand Oriente de Francia, un ente ilegitimo de acuerdo a mandato Ingles. Ningún Ingles Mason puede operar junto a Co-Masones.... Si acaso la Gran Logia Inglesa escucha de algo llamado 'Esotérica Masonería' derivada de tales fuentes, bajo jefes en otrora miembros de la T.S. [Teosófica Sociedad], bajo un jefe en Berlín, no inquirirá en quien es el Dr. Steiner o cual es la naturaleza de su trabajo, simplemente dirá, Ninguno de los Ingleses Masones del *Free and Accepted Masons* puede unirse a alguna Sociedad operando pseudo-Masónicos ritos, es decir ninguno de los ordinarios aceptados Francmasones puede atender reunión alguna o sostener algún grado en este ilegitimo ente. ¡Finís!
Si acaso una logia de Orden Continental fuese establecida en Inglaterra, el Dr. Steiner estaría encarando a la Masónica dificultad. Esto es realmente serio....[389]

Otros Grupos:

... El *Clarté* es esencialmente Germano-Judío y un gran número de judíos se encuentran entre sus miembros, particularmente en la Europa Central. En la inaugural reunión del Austriaco grupo se dijo que el 80 por ciento de aquellos presentes eran de raza Judía. El punto clave de *Clarté* es el **Internacionalismo** - la abolición de la nacionalidad, destrucción de fronteras, y pacifismo o mas bien la substitución de la lucha clases por Guerra entre naciones... el credo de los lideres es profesamente Socialismo, ellos prontamente co-operan con Sindicalistas, Anarquistas, o revolucionarios de cualquier clase, llevando a cabo propaganda en los Gremios y en varias organizaciones laborales; algunos están secretamente en las filas de los Comunistas. De hecho miembros del *Clarté* han logrado penetrar dentro de casi cada grupo subversivo, aun tan lejos como Nueva Zelanda... constituye una suerte de Jerarquía Internacional de Intelectuales Socialistas, cuya influencia es hacerse sentir invisible los círculos literarios, educacionales, y artísticos alrededor del mundo. Ya que los miembros de *Clarté* eran tan cautelosos como lo fueron los adeptos de Weishaupt en preservar su incognito... [Y] propaganda... ellos pueden, *debido a la alta posición de muchos de sus miembros líderes y su* influencia con el mundo literario, asegurar el éxito de cualquier publicación que promueva sus fines...
La organización del *Clarté* así entonces se aproxima mas cercanamente, al

---

[389] Carta de Meakin al Baron Walleen, un Danes y miembro del S.M.

sistema de Weishaupt que a aquel de las otras sociedades descritas en este capitulo. Aunque en el más estricto sentido una secreta sociedad, no es en ningún sentido oculta y por lo tanto no posee ritual propio, pero, como los primeros Illuminati, reconoce la utilidad de operar a través de la Francmasonería. *Clarté*, de hecho, forma un adjunto de la Grand Oriente y tiene una logia bajo su jurisdicción en Paris.

... la extraña secta los **Faithistas**, se dice tener alguna afinidad con los Drusos, residiendo en una singularmente no romántico suburbio Londinense, cuyo "Antiguo Fundador" es el autor de una serie de tratados urgiendo al hombre a no ser mal dirigido por falsos Dioses, sino que adoren a "Jehovah el único Creador," y al mismo tiempo abogando por la nacionalización como una cura para todos los males sociales; u otra vez *El Instituto para el Harmonioso Desarrollo del Hombre en Fontainebleau*, liderado por **Gurdjieff**[390] **y Uspenski que** combina esotérica meditación con una extremadamente inadecuada dieta y ardua labor manual.

Es interesante, por cierto, denotar que el arte del movimiento conocido como **Euritmia** - no debe ser confundido con el sistema de M. Dalcroze el cual es conocido en Inglaterra solamente como Eurítmicos - forma una importante parte del currículo de la ultima sociedad, así como también de la Orden de Herr Steiner, de la Stella Matutina, y de los Rusos Bolcheviques.[391]

> **Internacionalismo**: Doménico Anghera, Gran Maestro, Supremo Concejo, Rito Escocés, declarando el juramento del 33 grado conferido sobre el General Garibaldi, 1870:
>
> "Nuestro primer paso, como edificadores del nuevo templo para la felicidad de la gloria humana, debe ser la destrucción. Para destruir el estado social presente, hemos suprimido enseñanzas religiosas y derechos individuales. Ya que hemos derrocado el poder temporal del Papa, nuestro mas terrible e infame enemigo, por medios de Francia e Italia, ahora debemos romper Francia, el mas fuerte soporte de poder espiritual. Que debemos realizar con el auxilio de Alemania. Fraterno, usted ha culminado su instrucción como jefe de Francmasonería, Pronuncie vuestro supremo juramento: 'Yo juro reconocer ninguna tierra patria sino aquella del mundo. Yo juro laborar duro, en todo lugar y siempre para destruir fronteras, limites, confines de todas las naciones, de todas las industrias, no menos que

---

[390] Gurdjieff es conocido por haber estado algunos años con los adeptos de la Secta Yezidi.

[391] **Bertrand Russell**, *The practice and Theory of Bolshevism*, p. 65 (1920); Entre las "actividades subsidiarias" de la Teosófica Sociedad puede ser mencionado la Iglesia Liberal Católica, el Gremio de Ciudadanos del Mañana, la Orden de los Hermanos de Servicio, la Cadena Dorada, la Orden de la Mesa Redonda, el Buro de Social Reconstrucción, la Liga Braille, La Theosophical Educational Trust, etc;

todas las familias. Yo juro dedicar mi vida al triunfo del progreso y unidad universal y Yo declare profesar la negación de Dios y la negación del alma.' "Y ahora hermano, ya que para ti, la patria, religión y familia han desaparecido para siempre en la inmensidad de la obra de la Francmasonería, ven a nos, ilustre, pujante y muy querido hermano y comparte con nosotros la ilimitada autoridad, el infinito poder que tenemos sobre la humanidad. La única llave de progreso y felicidad, las únicas reglas de bien son tus apetitos e instintos."

Domenico Margiotta: *Le Culte de la Nature dans la Franc-maçonnerie Universelle*. P. 45 -OZ

El Culto de Lucifer:

… La Stella Matutina puede ser solamente una oscura Fraternidad, aun la Teosófica Sociedad con todas sus ramificaciones puede que no sea de gran importancia en si misma, pero ¿Acaso alguno con conocimiento de asuntos Europeos seriamente mantenga que la Grand Oriente es una pequeña y poco importante organización? Acaso ¿No hemos visto que las investigaciones sobre las sociedades secretas pequeñas frecuentemente nos conducen de nuevo a esta gran potencia Masónica? Las sociedades secretas son de importancia, debido a que estas son, además, sintomáticas, y también debido a que, aunque la obra realmente llevada a cabo en sus logias o concejos podrían ser de trivial carácter, ellos pueden por el poder de asociación [red] y la colectiva fuerza que ellos generan para influenciar la opinión publica y para flotar ideas en el mundo exterior las cuales pueden tener consecuencias de largo alcance. El hecho que ellos existen finalmente nos despoja de la contención que las secretas sociedades de tipo subversivo y aun abominable son cosas del pasado. Estos sorprendentes cultos, estos extraños pervertidos ritos los cuales asociamos a la era del oscurantismo, *están sucediendo alrededor de nosotros hoy*. El Iluminismo, Cabalismo, y aun el Satanismo son realidades fijas.

En 1908 **Monsieur Copin Albancelli** manifestó que las circunstancias le han **costeado la prueba que ciertas Masónicas sociedades existentes son Satánicas**, no en el sentido que el diablo llega a presidir las reuniones, así como Leo Taxil pretendía, sino en que *sus iniciados profesan el culto a Lucifer*. Ellos le adoran cuan si fuese el verdadero Dios, y están animados por un implacable odio contra el Dios Cristiano, quien ellos declaran que es un impostor.

"La misma extravagancia de sus doctrinas y practicas parecen asegurar su inmunidad… ya sea que el poder que opera tras ellos es del tipo que estamos acostumbrados a llamar "sobrenatural," o ya sea que es apenas el resultado de la mente humana, no cabe duda de su potencia para la maldad y de sus muy definitivos efectos en la obliteración de todo sentido de la verdad y en perversión sexual."

Anónimo: Desafortunadamente, Yo perdí la fuente de esta declaración. Mis disculpas. - OZ

En estas sociedades se profesa que todos los mandamientos del Dios Cristiano están en desacuerdo con Lucifer; que todo lo que el prohíbe es, por el contrario, acorde con Lucifer; que en consecuencia uno debe hacer todo lo que el Dios Cristiano prohíbe y se debe rechazar todo lo que el comanda. Repito que en relación a todo eso, Yo tengo las pruebas bajo mi mano, he leído y estudiado cientos de documentos relacionados a una de estas sociedades, documentos que no tengo permiso para publicar y los cuales emanan de miembros, hombres y mujeres, del grupo en cuestión.[392]... También he visto decenas de documentos relacionados a ocultos grupos en este país los cuales practican ritos y evocaciones que conducen a enfermedad, perversión moral, desequilibrio mental, y aun en algunos casos a la muerte. Yo he escuchado de boca de los mismos iniciados recuentos de las terribles experiencias a través de las cuales ellos han pasado; pero algunos me han urgido a llevar el asunto a la atención de las autoridades. Pero desafortunadamente ningún departamento existe para la investigación de movimientos subversivos. Ya que *todos estos movimientos están íntimamente conectados con agitación revolucionaria,* ellos bien merecen la atención de Gobiernos que desean proteger la ley, el orden, y moralidad publica. [Por ejemplo], en la opinión de un 'Iniciado' quien perteneció por años a la Stella Matutina:

- la fuerza dinámica empleada conocida como "Kundalini" es simplemente una fuerza electro-magnética, de la cual la fuerza sexual es una parte, el la cual los adeptos saben como jugar, y

- *"la mano no vista* detrás de todo el ostensible Espiritismo de estas Ordenes es *un sistema de hipnotismo y sugestión muy sutil y engañoso."* Además,

- El objetivo de este grupo tal como ese de todas las Ordenes Esotéricas subversivas, es, por medio de tales procesos como eurítmicas, meditaciones, símbolos, ceremonias, y formulas, para despertar esta fuerza y producir falsa "Iluminación" con el propósito de obtener "Visionado Espiritual," lo cual es por mucho clarividencia, clari audiencia, etc.

---

[392] *Le Pouvoir Occulte contre la France*, p. 291.

- *Las ceremonias de la Orden son hipnóticas*, y por sugestión crean la necesaria atmosfera mental y astral, hipnotiza y prepara los miembros para ser voluntarios herramientas en manos de los adeptos controlando.

El mismo iniciado me ha comunicado las siguientes conclusiones concernientes al grupo en cuestión, con el permiso de citarlo verbatim:

"Yo estoy convencido que nosotros, como Orden, hemos venido a estar bajo el poder de una muy perversa oculta Orden, profundamente versada en ciencia oculta y la contraria, aunque no infalible, sus métodos siendo Magia Negra, es decir, poder electro-magnético, hipnotismo, y poderosa sugestión. Estamos convencidos que la Orden esta siendo controlada por alguna *Orden del SOL* debido a la naturaleza de los Illuminati, si no es que por la Orden misma… Cuando la iniciación se cumple y la dominación de la persona completa, ya no se precisa más de Iglesia o Sacramento. Se nos dice en la Iniciación: "No hay nada incompatible con su deberes civiles, morales, o religiosos en esta obligación." Ahora estamos convencidos que esta Orden es absolutamente contraria a nuestro deber civil, moral, y religioso; la cual siendo así, nuestras obligaciones son nulas e invalidas. Se nos dice que todo lo que ha acaecido en Rusia y otros lados es debido a estas Internacionales Ocultas Fuerzas puestas en marcha por Logias Subversivas Esotéricas. Aun se sabe que tenemos varias sucursales de estas mismas Esotéricas *Logias Masónicas* llevando a cabo su mortal obra en nuestro medio. **Inglaterra, así como también Europa, parece estar divagando en un sopor hipnótico**, y aun nuestros más probos políticos parecen paralizados y todo lo que ellos intentan se torna en bobería. ¿Hay alguno con autoridad que entienda estas cosas y se de cuenta del peligro que representa para el país y los individuos con estas fuerzas laborando por la disrupción y revolución mundial?"

"Cuando el Ulama de Azhar se iba a dormir, la Comunidad musulmana lo seguía."

Imam, M. Al-Ghazali[393] - OZ

¿Como a vista de estas declaraciones, viniendo de aquellos dentro de esos movimientos, podría alguien sostener que el Iluminismo esta muerto y que las secretas sociedades presentan ningún peligro para la civilización Cristiana?

"El [Albert Pike] fue el Gran Maestro de un grupo Luciferino conocido como la Orden de los Paladión (o Soberano Concejo de Sabiduría), el cual fue fundado en Paris en 1737. El Paladino había

---

[393] *Fi inawakal al-dawa*, Cairo, 1954, p. 12.

sido traído a Grecia desde Egipto por Pitágoras en el siglo quinto, y fue este culto de Satán el que fue introducido al círculo interno de las logias Masónicas. Estaba alineado con el Palladium de los Templarios. **En 1801, Isaac Long, un Judío, trajo una estatua de Baphomet** (Satán) a Charleston, South Carolina, adonde el ayudo a establecer el Antiguo y Aceptado Rito Escocés. **Pike, su sucesor**, cambio el nombre por el de Nuevo y Reformado Rito Paladión (o Reformado Paladión). La Orden contenía dos grados: 1) Adelphi (o Hermano), y 2) Compañero de Ulises (o Compañero de Penélope). Pike tenia a su hombre de confianza Phileas Walder, de Suiza, quien fue un ex ministro Luterano, un líder Masónico, ocultista, y espiritualista.

Sus otros cercanos colaboradores eran Gallatin Mackey (un líder Masónico), Longfellow, y Holbrook. Pike, junto a Mazzini, Lord Henry Palmerston de Inglaterra (1784-1865, masón grado 33), y Otto von Bismarck de Alemania (Mason grado 33, 1815-1898), se intención de usar el Rito Paladín para crear un paraguas Satánico que uniría a todos los grupos masónicos juntos."

Rivera, op.cit. – OZ

Una Ilustración del Andrógino Bafomet

Se reporta entre aquellos quienes han observado las presentes excavaciones en Jerusalén, que un Sumo Sacerdote Hermafrodita esta ahora conduciendo Servicios Masónicos debajo del Domo de la Roca.

El Andrógino, una combinada criatura de varón y hembra, simboliza el principio hermafrodita de la entidad de dos-caras o águila bicéfala. En la Cábala Judía, el principio de esta extraña creación de feminidad y masculinidad es conocida como "Adán Kadmon," ambos, Adán y Eva, unos Golem. Esta conjunción de opuestos es parte de la ciencia de alquimia, o Hermeticismo, y es especialmente estimada por ocultistas magos. En brujería, esto es conocido como la unión del sol y la luna, y los sacros rituales sexuales son comunes.

491

MANIFIESTOS MOVIMIENTOS SUBVERSIVOS

... Las clases obreras en todo el siglo diecinueve tenían muy genuinas razones para quejarse. Los Salarios eran demasiado bajos, los ricos algunas veces se mostraban indiferentes al sufrimiento del pobre, empleadores de labor a menudo se lucraban de toda proporción por la remuneración pagada a los trabajadores. Ni tampoco, a pesar de las inmensas reformas introducidas durante los últimos cien años, han sido niveladas todas estas dolencias. Los arrabales de nuestras grandes ciudades aun constituyen una mancha en nuestra civilización. Lucrarse desde el comienzo de la guerra ha sido más flagrante que nunca. "Argollas" y and combos proveen fabulosa riqueza para individuos o grupos a expensa de un vasto numero de consumidores. Y en todas las clases de la comunidad, justo como antes de la Revolución Francesa, la gente festejaba y danzaba mientras otros vivian al filo de la hambruna. [Una Perfecta descripción de la típica Khassa. — OZ]

Dividiendo al pueblo en la manera de Marx al no-revolucionario y al "proletariado revolucionario," encontraremos que la anterior categoría, por lejos la mas grande, combina con un fuerte respeto por la tradición un perfectamente razonable deseo de reformas social. Brevemente pide salarios adecuados, decentes viviendas, y una justa porción de las buenas cosas de la vida. Por la interferencia Estatal en los asuntos cotidianos estos no sienten más que aborrecimiento.

El ideal del Comunismo según formulado por Lenin, adonde "el conseguir comida y vestido ya no mas debe ser un asunto privado," encontraría fuerte oposición de los trabajadores - y aun mas de parte de las mujeres trabajadoras, para quienes "comprar" es así como el aliento de vida - que cualquier otro sección de la población. Aun aquellos tales aparentemente benignos esquemas Socialistas como los "comedores comunales" o "cocinas comunales" les apelan menos a la mentalidad del obrero que a la mente de clase superior que se las invento.

No es la idea Socialista de colocar toda la riqueza y propiedad en manos del Estado, sino el Anarquista plan de "expropiación," de pillaje a escala gigantesca para el beneficio de las masas revolucionarias, las cuales realmente le apela a la disgustada porción del proletariado. El Socialista intelectual podría escribir acerca de las bellezas de la nacionalización, del gozo de trabajar por el bien común sin esperanzas de lucro personal; el obrero revolucionario no ve nada que le atraiga en todo esto. Cuestionadlo en sus ideas de transformación social, y el generalmente se expresara a favor de algún método por el cual el adquirirá algo que no tiene... Que el hombre que no disfruta de las cosas buenas de la vida debería desear arrebatar su porción, debe al menos parecer comprensible, lo que no es comprensible es que el debería renunciar a toda esperanza de alguna vez poseer algo. Modernos Socialistas propagandistas están muy bien enterados de esta actitud de la clase obrera hacia sus esquemas, y por lo tanto que mientras ellos expliquen el programa real que ellos tienen la intención de poner en operación, *el cual no es nada mas que un sistema cárcelario de trabajos forzados a escala gigantesca*, que ellos no lograran alcanzar... así como un Socialista de toda su vida frecuentemente me ha dicho esta observación: **"El Socialismo nunca ha sido un movimiento obrero; siempre ha sido de la clase media o alta quienes buscan fijar los principios del Socialismo en las mentes de los obreros."**

... A partir de Babeuf, el Socialismo solo ha logrado abrirse paso al tomar prestado el lenguaje de Anarquía para poder despegar hacia el poder... Siempre el oponente de sanas reformas sociales a la cual los Socialistas ridiculizan como "fracaso" o como un fútil intento de apoyar un obsoleto sistema, este ha sido consistentemente desasociado a si de tales hombres como Lord Shaftesbury, quien hizo más por mejorar las condiciones de las clases trabajadoras que cualquier otro que haya vivido. Anarquía, por otra parte, ha sido usada por ellos apenas como un medio para un fin; para el genuino sentimiento revolucionario no tienen uso alguno. En Rusia los Anarquistas se volvieron los primeros objetos de venganza Soviética.

La cínica actitud de los Socialistas hacia el revolucionario proletariado fue ilustrado por el Sr. Bernard Shaw, quien en Diciembre de 1919 abiertamente *alardeo que el había ayudado a organizar la huelga ferrocarrilera*, y dos años mas tarde escribió acerca de la huelga de los mineros en los siguientes términos:[394]

---

[394] "La lucha de fijar en las masas la idea del control estatal Soviético, y contando, que esta idea podría realizarse y un receso debe hacerse con el maldito pasado, el cual acostumbro al pueblo a ver el trabajo conseguir comida y vestuario como un asunto 'privado' y en compra y venta como algo que me 'concierne solo a mi mismo' - esta es la mas impulsada lucha, de universal histórica significancia, una lucha por Socialista consciencia contra la burguesa-anarquista 'libertad'."

- Lenin, *The Soviets at Work*, p. 22 (The Socialist Information and Research Bureau, 196 St. Vincent Street, Glasgow, 1919); El Sr. Bernard Shaw en "Railway Strike Secrets," *Morning Post* para Diciembre 3, 1919; el Sr. Bernard Shaw en la *Labor Monthly* para Octubre 1921.

Un Estado Socialista no toleraría tal ataque en la comunidad como una huelga por un momento. Si acaso un Gremio Obrero intenta tal cosa, la vieja ley Capitalista contra los sindicatos como conspiraciones serian re-activadas dentro de veinticuatro horas y despiadadamente puesta en ejecución. Tal monstruosidad como la reciente huelga carbonera, durante la cual los mineros gastaron todos sus ahorros en dañar a sus vecinos y destruir las nacionales industrias, seria imposible bajo el Socialismo. Este fue miserablemente derrotado, como merecía serlo.

... los líderes de lo que se llama democracia podrían siempre usar el lenguaje que les plazca al hablar del pueblo. "Nuestros Campesinos," Maxim Gorky abiertamente declaro, "son brutales y sin bases, apenas humanos. Yo los odio." Se hará notar que en las descripciones de las referencias de la Revolución Francesa al salvajismo del pueblo nunca son resentidos por la prensa Liberal o Socialista; las personas de solo los líderes son sacras. Esto claramente *no es la causa de la democracia sino de demagogia* que estos campeones de la "libertad" están para defender. La revolución mundial es por tanto no un popular movimiento sino una conspiración para imponerle al pueblo un sistema directamente opuesto a sus reales demandas y aspiraciones, un sistema el cual, además, ha probado ser desastroso cada vez que se ha hecho un intento de poner en práctica.

... Pero como podríamos explicar el hecho que a pesar de la falla del Socialismo en el pasado, a pesar del gigantesco fiasco presentado por Rusia, pese, además, de la declaración por los Bolcheviques mismos que el Comunismo ha fallado y debe ser remplazado por "una nueva política económica," es decir un retorno al "Capitalismo," ¿Habría todavía un incrementado y gran numero de gente proclamando la eficacia del Socialismo como el remedio para todos los males sociales? En cualquier otro campo de experimentación humana, en medicina o invención mecánica, las fallas se echan al olvido; el profiláctico que no cura, la maquinaria que no puede hacerse operar, es prontamente relegado a chatarra. ¿Que podríamos decir de hecho del microbiólogo, quien, si acaso después de haber matado a innumerables pacientes con un particular serum iban a hacerlo publico como un logro descalificado? ¿Deberíamos entonces etiquetar a tal hombre como un inescrupuloso charlatán o a lo mejor como un peligroso visionario?

Si acaso, además, encontrásemos que grandes bandas de agentes respaldados por ilimitados fondos, estaban ocupados en presionar su remedio sobre el público y cautelosamente evadiendo toda referencia a las fatalidades que han causado, ¿No deberíamos posteriormente concluir que había "algo detrás de todo esto" - alguna poderosa compañía "manejando" el asunto con una visión de avanzar en pos de sus propios intereses privados?

… no solamente porque del Socialismo nunca se ha sabido que tenga éxito, sino que todas sus pasadas fallas son cuidadosamente mantenidas a la sombra por sus exponentes. ¿Quienes proveyeron las vastas sumas gastadas en propaganda? Si acaso en realidad el Socialismo es un surgir de los "desposeídos" contra los "poseedores," ¿Como es que la mayor parte de este dinero parece haber sido gastado en el lado de los "desposeídos"? Ya que mientras las organizaciones trabajando por la ley y el orden están en desventaja en cada solicitud de fondos, *ninguna consideración financiera alguna vez parece haber interferido con las actividades del así llamado "movimiento Laboral."*…

> Solamente es necesario echar un vistazo a la historia de los últimos cien años para darse por enterado que la "agitación" ha proveído una placentera y remunerativa carrera para cientos de clase media, autores, periodistas, oradores, organizadores, y diletantes de todo tipo quienes de otra manera habrían estado condenados a pasar sus vidas en sillas de oficina o en escritorios de escuela, y cuando leemos los recuentos del deleitoso trato provisto a estos "devotos obreros" en la causa del proletariado según es dado en los registros del First Internationale o las paginas de la Sra. Snowden, comenzamos a entender las atracciones del Socialismo como profesión.[395]

> [De verdad espero que el lector tome esta última declaración de Mdm. Webster de corazón, especialmente a la luz de lo que he relatado en mis iníciales capítulos sobre eruditos. Este no es un asunto que debe tomarse a la ligera, y ha sido continuo como una campaña contra el Monoteísmo desde el 'Alumbramiento'. – OZ]

Pero otra vez repito: *¿Quien provee los fondos para esta vasta campaña?*… con unas raras excepciones los Socialistas Intelectuales almuerzan y cenan, festejan y se divierten con tan pocos escrúpulos de consciencia como cualquier des regenerado conservador… las "falacias del Socialismo"… han sido expuesta repetidamente por hábiles escritores y desaprobado por toda experiencia, así que si esta basado meramente en ignorancia o error desde hace mucho tiempo habrían cesado en obtener credibilidad.

---

[395] Reporte de la entrevista con Máximo Gorky en el *Daily News* para Octubre 3, 1921. La Opinión expresada a mí en la conversación con un Socialista. Cf. Keir Hardie, "Comunismo, la meta final del Socialismo" (*Serfdom to Socialism*, p. 36); "Por el decreto de Mayo 22 1922, el derecho de propiedad privada de medios de producción y para producción misma fue re-establecida." Ver el articulo por Krassin en "The New Economic Policy of the Soviet Government" en *Reconstruction* (la revista mensual editada por Parvus) para Septiembre 1922; Ver *Documents de l'Internationale* de Guillaume y *A Political Pilgrim in Europe* de la Sra. Snowden.

La verdad es que no son falacias sino mentiras, deliberadamente inventadas y puestas a circular por hombres que no creen en ellos por un momento y quienes pueden por tanto solo ser descritos como inescrupulosos charlatanes explotando la credulidad del publico...

Un sistema que profesa curar todos los males de la vida inevitablemente apela a mentes generosas que *sienten pero no razonan*. En realidad mucha de esta gente, no lo sabía, eran simplemente reformadores sociales de corazón y no Socialistas del todo, y su ignorancia de lo que el Socialismo realmente significa los conduce a acobijarse bajo el estandarte de un partido que *reclama un monopolio de ideales*. Otros de nuevo, particularmente entre la inteligentsia joven, toman al Socialismo en el mismo espíritu así como hubiesen adoptado una moda en corbatas o abrigos, por temor de ser considerados como "reaccionarios."... el Socialismo al presente momento es en realidad menos un credo que un culto, fundado no en experiencia práctica sino en *irreal teoría*. *Es aquí adonde encontramos una conexión con las sociedades secretas.* M. Agustín Cochin en sus brillantes ensayos de la Revolución Francesa ha descrito que el "Mundo de las Nubes" del cual la Grand Oriente era la capital, estaba poblada por los precursores de la Revolución Francesa.

> "Mientras en el mundo real el criterio de todo pensamiento radica en ponerlo a prueba," allá en el Mundo de las Nubes el criterio es opinión. "Ellos están aquí para hablar, no para hacer; toda esta intelectual agitación, este inmenso trafico en discursos, escritos, correspondencia, no conduce al mas mínimo comienzo de la obra, de real esfuerzo." Deberíamos estar equivocados al juzgarlos duramente; sus teorías en la perfectibilidad de la naturaleza humana, en las ventajas de la salvajería, las cuales nos parecen "peligrosas quimeras," la intención nunca fue de aplicarla a la vida real, solamente al Mundo de las Nubes, adonde no presentan peligro alguno sino se convierten, al contrario, "las mas fecundas verdades."[396]

De hecho la actual fraseología de *illuminati-zada Francmasonería* ahora ha pasado al lenguaje del Socialismo; así entonces la vieja formula de "*los Estados Unidos de Europa*" y "*la Universal República*" ha sido adoptado no solo por la Sra. Besant y sus seguidores como la ultima palabra en el pensamiento moderno, sino también han reaparecido como una brillante inspiración bajo la pluma del Sr. H.G. Wells en la mas ligera variada forma del "Estado Mundial." Seria divertido, para cualquiera que tenga el tiempo, para descubrir

---

[396] *Les Sociétés de Pensée et la Démocratie* (1921). M. Agustín Cochin colaboro con M. Charles Charpentier en arrojar nueva luz sobre la Revolución Francesa, y triunfantemente refuto a M. Aulard en 1908. Infelizmente su obra fue recortada por la guerra y el fue una baja en el frente en Julio de 1916, dejando su gran historia de la Revolución inconclusa.

como muchas de las ideas de nuestros supuestos pensadores de avanzada podrían ser encontrados casi verbatim en los escritos de Weishaupt, la *République Universelle of Anacharsis Clootz*, y en las disertaciones de los oradores de Grand Oriente durante el ultimo siglo.

… aunque en Francia un experimento tras otro demostró la irrealidad de las Socialistas Utopías, las logias [Grand Oriente] siempre estuvieron allí para reconstruir el espejismo y liderar a la humanidad de nuevo a atravesar las ardientes arenas del desierto hacia las mismas fantasmagóricas palmeras e ilusorios embalses de agua.

Como sea que haya sido la manera en la cual estas ideas penetraron este país - ya sea a través de Radicales del ultimo siglo, adoradores de los Enciclopedistas Masones de Francia, o a través de Británicos discípulos de Germanos Sociales Demócratas desde el tiempo del First Internationale en adelante - es imposible ignorar esta re semblanza entre las teorías no solo de Franceses sino de moderno Británico Socialismo y las doctrinas de *illuminati-zada Francmasonería*… los reales inspiradores del [socialista] movimiento han frecuentemente sido hombres en prosperas circunstancias y de brillante intelecto quienes podrían haber sido distinguidos ellos en otras líneas de no haber escogido dedicar sus talentos a la subversión. Para llamar a Weishaupt, por ejemplo, un *"Under Man"* seria absurdo.

… Rousseau, igual que Weishaupt, sostenía que la Era Dorada de la felicidad no termino en el jardín del Edén, como popularmente se supone, pero fue prolongado en tribal y nomada vida. Hasta este momento, el Comunismo fue la feliz disposición bajo el cual la raza humana existió y el cual se desvaneció con la introducción de la civilización. La Civilización es por lo tanto la *fons et origo mali* y se debería terminarse. Dejen que ninguno exclame que esta teoría se extinguió con Rousseau o con Weishaupt; la idea que la "civilización esta toda errada" es manifestado por todos los escritos y discursos de nuestros Intelectuales Socialistas hasta hoy. Yo me he referido en otra parte a la predicción del Sr. H.G. Wells que el hombre se revertiría mas y mas a la vida nómada, y el Sr. Snowden se ha referido recientemente en tonos de evidente nostalgia a aquella era productiva cuando el hombre "vivió bajo un sistema de tribal Comunismo."… a las Socialistas Escuelas también se les enseña en el "Rojo Catecismo" las ventajas del salvajismo, entonces la interrogante: Acaso los salvajes pasan hambre en medio de la abundancia Respuesta. No; cuando hay abundante alimento todos se regocijan, festejan, y son hechos felices. Que cuando no hay suficiente alimento ellos ocasionalmente se comen unos a otros no es mencionado.[397]

... El Pacifico Comunismo es entonces simplemente un asunto de población; las condiciones bajo la cual los hombres pueden ponerse bajo el sol y disfrutar los frutos de la tierra con poco esfuerzo debe ser transformado con la multiplicación de las especies humanas en un sistema el cual reconoce la propiedad privada, o a un Estado comuna el cual impone labor compulsoria por medio de capataces con látigos. Fue quizá una apreciación de esta verdad que provocaron los prácticos exponentes de las doctrinas de Rousseau, los Terroristas de 1793, para embarcarse en su "plan de despoblar" por vía de establecer el Comunismo en unas pacificas bases... Los Intelectuales Socialistas niegan esta necesidad en el terreno que bajo su benigno régimen de Socialismo todos los hombres estarían felices y contentos trabajando con gozo por el bienestar de la comunidad.

El hecho que esto no ha probado el caso aun en voluntarios Comunistas asentamientos no los desmotiva, debido a que según se ha dicho, su credo no esta fundamentado en práctico experimento, sino en teoría, y *es acá que encontramos de nuevo la inspiración de Francmasonería Grand Oriente.* La asunción que bajo un ideal orden social todas las fallas humanas se desvanecería es derivada directamente de dos Masónicas doctrinas las cuales la Grand Oriente, bajo la influencia del Iluminismo, ha traído un *reductio ad absurdum* - **la perfectibilidad de la naturaleza humana y universal hermandad.** Toda la filosofía del Socialismo es a partir de estas falsas premisas.[398]

Este es el mecanismo e idealismo detrás de todos los Movimientos por la 'Paz', 'Gobierno global', y 'Unidas las Religiosas' organizaciones abogando Universalismo o Universales Principales. Tales grupos no tienen colmillo político, y están quietas en la desilusión que ellos están realmente logrando

---

[397] el Sr. Philip Snowden en debate sobre el Socialismo en la *House of Commons* en Marzo 20, 1923: "Por lejos el mas grandioso tiempo que el hombre ha estado sobre este orbe en el ha vivido no bajo un sistema de empresa privada, no bajo el capitalismo, sino bajo un sistema de tribal comunismo, y bien vale la pena mientras recuerden que la mayoría de las mas grandes invenciones que han sido la base de nuestra maquinaria y nuestros modernos descubrimientos fueron inventados por hombres que vivian juntos en tribus"; *The Red Catechism*, por Tom Anderson, p. 3.

[398] El siguiente extracto de un discurso por la Sra. Esther Bright a la Escuela Esotérica de Teosofía citada en *The Patriot* para Marzo 22, 1923:
"La sincera y comprensiva cooperación entre los miembros de la E.E.T. de muchas naciones formaran un núcleo en el cual las naciones puedan construir la gran cofradía la cual esperamos pueda convertirse en los Estados Unidos de Europa. ¡Estados Unidos! "¡Que bien suena cuando uno ve a la Europa de hoy!" Una revista llamada *Les États-Unis d'Europe* existió desde 1868, y M. Goyau muestra que esta formula y también aquella de la "République Universelle" eran eslóganes corrientes entre los pacifistas antes y durante la guerra de 1870 la cual ellos señaladamente fallaron en evadir."
- *L'Idée de Patrie et l'Humanitarisme*, pp. 113-15.

algo. Esto no es yihad, esto es pura bobería debido a que todo el rato sus manejadores, las *Manos de Iblis,* están maniobrando para esclavizar y robarles ciegos de todo y cada uno de los derechos divinos. - OZ

Además, la revolución mundial no solo esta fundada en las doctrinas de illuminati-zada Francmasonería, pero ha adoptado el mismo método de organización. Entonces después del plan de las sociedades secretas, *desde los Batinis hacia delante,* encontraremos las fuerzas de la revolución divididas en sucesivos grados - el mas bajo consistiendo del proletariado revolucionario, la *chair a révolution* según Marx lo expreso, sabiendo nada de la teoría del Socialismo, aun menos de los reales objetivos de los lideres; por encima de esto los semi-iniciados, los doctrinarios del Socialismo, que incluye sin duda muchos sinceros entusiastas; pero por encima de esto otra vez posteriores grados conduciendo a reales iniciados, quienes solo ellos saben hacia adonde el movimiento entero tiende... Es verdad que cierta sección de el Socialista movimiento se proclama a si Cristiano. Los Illuminati hicieron la misma profesión, así lo han hecho modernos Teósofos y Rosacruces. Pero, tal como en el caso de estas sociedades secretas, debemos preguntar sobre los así llamados Cristianos Socialistas: ¿A que se refieren por Cristo? ¿A que se refieren por Cristiandad? Examinando se encontrara que su Cristo es un ser de su propia invención, que su Cristiandad es una perversión de las verdaderas enseñanzas de Cristo... el diseño de Weishaupt de enlistar al clero en la obra de revolución mundial ha sido llevado a cabo acorde al plan.

Aquellos Católicos sacerdotes en Irlanda quienes inflamaron las populares pasiones actuaron como instrumentos de la conspiración Internacional Atea y encontraron al fin el movimiento tornándose contra ellos. Los clérigos Protestantes que profesaban "Cristiano Socialismo" están jugando la misma parte. Indudablemente sin saberlo, ellos actúan como los agentes de los Illuminati Continentales y allanan el camino, así como hicieron los emisarios de Weishaupt, para el ataque a todas las formas de religión.[399]

... Es entonces coincidencia que el año pasado una reunión Socialista y Comunista en Trafalgar Square desplego un estandarte rojo con este motto: "¿No hay Rey, no hay Dios, no hay Ley?"... la abierta manifestación de una continua conspiración la cual fue evidente hace algunos años en Portugal bajo la influencia de los Carbonarios, liderados por Alfonso Costa, cuyas declaraciones a veces llevan una azorante parecido a aquellas de Anacharsis Clootz. La difunta Duquesa de Bedford entonces describe la guerra a la religión la cual inauguro la nueva República:

---

[399] [El fin declarado de la esoterica Francmasoneria según lo expresado por Albert Pike y Mazzini - OZ]

Una de las mas celosas emprendedoras de esta gran sociedad [los Carbonarios] es, en sus propias palabras, exterminar "el mito Cristiano" en las manos de la nación de Portugal. Los pequeños niños en las escuelas llevan insignias en sus prendas con las palabras "¡No hay Dios! ¡No hay religión!" y un Británico turista que hizo un viaje a través del país de Portugal se encontró con bandas de inocentes bebes portando estandartes, en el cual la inscripción era "No precisamos de Dios."[400]

... La revolución mundial siempre se ha mostrado indulgente hacia mezquinos y corruptos aristócratas, desde el Marques de Sade y el Duque de Orleáns en adelante; es el gentil, el justo, el benevolente, quien ha caído victima de la furia revolucionaria. El Socialismo con su odio a toda superioridad, de nobles virtudes - lealtad y patriotismo - con su pasión por arrastrar en vez de edificar, sirve el propósito de una más profunda conspiración. Si acaso la Cristiana Inteligentsia puede ser destruida o derrotada y la nación privada de todos sus líderes naturales, *los revolucionarios mundiales reconoce que serán capaces de moldear al proletariado acorde a sus deseos.* Esto siendo así, la cosa que ahora llamamos Bolchevismo forma solamente una fase del movimiento el cual es llevado a cabo por incontables diferentes métodos, aparentemente desconectados pero todos con la tendencia hacia el mismo fin.

Esta conspiración desde hace mucho ha sido aparente a Continentales observadores. Algunos años antes de la guerra, Monsieur de Lannoy, miembro de una anti-Masónica asociación en Francia, en una conferencia en el teatro sobre "la influencia de sectas judeo-masónicas, en la literatura, en las modas," mostró como "el orden de cosas cuales no parecen tener conexión una con la otra están hábilmente unidas juntas y dirigidas por un único movimiento metódico hacia un fin común.

Este fin común es la paganización del universo, la destrucción de toda Cristiandad, el retorno a la floja moral de la antigüedad." Robison vio en el indecente vestido del periodo del Directorio el resultado de las enseñanzas de Weishaupt, y se rastrea a la misma causa la ceremonia que tuvo lugar en Notre-Dame cuando una mujer de floja moral fue detenida para la admiración del publico. La misma *glorificación de vicio* ha encontrado exponentes entre los modernos Illuminati en este país. En *The Equinx, the Journal of Scientific Illuminism*, se hace la propuesta que las prostitutas deben ser colocadas al mismo nivel que los soldados que han servido a su país y ser honradas y pensionadas por el Estado. La comunidad de mujeres no fue una idea que se

---

[400] Reporte del discurso por Adelina, Duquesa de Bedford, en una reunión publica para protestar contra el trato a presos politicos en Portugal, Abril 22, 1913, citado en *Portuguese Political Prisoners*, p. 89 (publicado por Upcott Gill & Son); *Evening Standard*, Mayo 14, 1923.

origino con los Rusos Bolcheviques, sino uno que ha corrido a través de todos los movimientos revolucionarios del pasado.[401]

Razón (La Razón), gravado por Darcis en el Museo Nacional, Paris.

En el *New York Herald* hace dos años apareció una circular protestando contra el así llamado culto Modernista en arte como "propaganda bolchevique mundial."

"...La entera propaganda del movimiento se dijo haber sido organizado por "una pacotilla de traficantes de arte Europeos" - en otra parte descritos como Germanos - quienes habían inundado el Mercado con las obras de artistas que comenzaron como "un pequeño grupo de neuróticos ego maniáticos en Paris estilizándose como adoradores de Satanás, el Dios de la Fealdad." Algunos de estos hombres sufrían de "enajenación visual" de locura, "mientras muchas de las imágenes exhibían otra forma de manía. El sistema de este es un incontrolable deseo *de mutilar el cuerpo humano.*" El Sadismo, según sabemos, jugo una prominente parte en ambas revoluciones, la Francesa y Rusa. El mas importante punto en todo esto no es que degenerados deben ser hallados para perpetrar estas abominaciones, sino que lo que la circular describe como Maquiavélica campaña organizada para el descargo de estos trabajos.

Ediciones *de luxe...* fueron publicadas y vendidas por los vendedores de las imágenes...cada dispositivo artificial conocido en el comercio de imágenes fue empleado para poder desacreditar y destruir la hasta ahí universalmente aceptados estándares de estética."[402]

Bajo la influencia de la así llamada oculta ciencia, la cual es, en realidad, simplemente poderosa sugestión o auto-hipnotismo, todos los impulsos naturales del hombre e inhibidos brincos de acción pueden ser quebrantados; el ya no mas reaccionara a los conceptos de belleza o fealdad, o correcto o incorrecto, la cual, desconocido para si, formaba la ley de su ser. Entonces no solamente sus obras conscientes sino que sus subconscientes procesos mentales pueden pasar a control de otro, o volverse enteramente enajenado.

---

[401] Quoted in *Le Problème de la Mode*, por el Baron de Montenach, p. 30(1913); Robison, *Proofs of a Conspiracy*, pp. 251, 252 (1798); Articulo por A. Quiller en *The Equinox* para Septiembre 1910, p. 338.

[402] *New York Herald* para Septiembre 6 y 7, 1921.

Mucho de las mismas consecuencias pueden resultar del sistema de psicoanálisis de Freud, el cual, particularmente por su insistencia en sexo, tiende a subordinar la voluntad a impulsos de tipo nocivo. Un eminente americano neuropsiquiatra de New York ha expresado su opinión del tema en las siguientes palabras:

> La **Freudiana teoría** es anti-Cristiana y subversiva para la sociedad organizada. La Cristiandad enseña que el individuo puede resistir la tentación y Freud enseña que el asunto de ceder ante o resistir la tentación es una por la cual el individuo *no es deliberadamente responsable.* Freud hace del individuo una maquina, absolutamente controlada por reflejos subconscientes... Desde luego que seria difícil probar que el psicoanálisis ha sido evolucionado como una destructiva medida de propaganda, pero en un sentido el punto es inmaterial. Ya sea consciente o inconsciente, se hace para destructivo efecto.
>
> [Comunicación privada con el autor, Sra. Nesta Webster.]

... Todo el espíritu de perversión esta contenido en la descripción de Nietzsche por su amigo Georges Brandes: Sus pensamientos robaron inquisitivamente a lo largo de prohibidas sendas: Estas cosas pasan por un valor. ¿Acaso no podemos voltearlo al revés? Esto es considerado como bueno. ¿No es en vez maldad? ¿Que mas es esto sino Satanismo? El caso de Nietzsche no debe ser explicado por el hecho que al momento de su muerte estaba loco de remate, ya que un número de gente aparentemente cuerda aun profesa desmedida admiración por el ... "La familia," dice [otro] autor, "es el núcleo de la sociedad contemporánea y su base. Quien quiera reformar realmente o subvertir, deberá comenzar por reformar y subvertir a la familia... La familia... es la principal senda de toda infelicidad, de todo vicio, de toda hipocresía, de toda fealdad moral..." y continua a mostrar que los dos países que han probado ser los mas sanos y fuertes son Alemania y los Estados Unidos de América, debido a que estos han avanzado a largos pasos hacia el amor libre.[403] El escritor de estas palabras puede que sea de ninguna importancia, pero deben ser notados debido a que ellos son asintomáticos y nos ayuda a localizar ciertos centros de infección.

... Que hay en algún lado tras bastidores un punto de contacto es sugerido por el hecho que encontramos miembros de los diferentes grupos jugando un rol doble y triple, el mismo nombre ocurre en la lista de patronos en un documento de control natal y en una revolucionaria sociedad secreta, entre los exponentes del Psicoanálisis y los miembros de un Comité Republicano

---

[403] *Le Smorfie dell' Anima*, por Mario Mariani (1919).

Irlandés; con las evidentes así como con las secretas fuerzas el gran método de guerra es la captura de la opinión publica.

Una escondida influencia detrás de la prensa contribuye poderosamente a este fin. Algunas de las mas sutiles desintegrantes propagandas durante los últimos siete años ha emanado desde la así llamada "prensa Capitalista." El *Daily Herald* es solamente la banda marcial de la Revolución. Es para los periódicos inspirados y patroneados por la Inteligentsia que debemos acudir para encontrar las doctrinas de Iluminismo puestas en marcha con la más persuasiva elocuencia. Hace mas de ochenta años un Francés dorado con extraordinario instinto profético presagio no solo el peligro que un día llegaría desde Rusia, pero que la prensa facilitaría la destrucción de la civilización:

Cuando nuestra cosmopolita democracia, llevando sus frutos postreros, deberá haber hecho de la guerra una cosa odiosa a poblaciones enteras, cuando las naciones llamándose a si los mas civilizados en la tierra deben haber terminado enervándose en sus políticos depraves... las levas del Norte se abrirán a nosotros una vez mas, entonces debemos afrontar una ultima invasión no de ignorantes barbaros sino de astutos e iluminados maestros, mas iluminados que nosotros, ya que ellos habrán aprendido de nuestros propios excesos como podemos y debemos ser gobernados. No es por nada que la Providencia apila tantas inactivas fuerzas en el Este de Europa. Un día el durmiente gigante se erguirá y la fuerza pondrá fin al reino de palabras. En vano, entonces, distraída igualdad llamara a la vieja aristocracia al auxilio de la libertad; el arma se asió otra vez muy tarde y empuñada en manos por mucho tiempo inactivas se tornaran impotentes. La Sociedad perecerá por haber confiado en palabras nulas de sentido o contradictorias; entonces los engañosos ecos de publica opinión, los diarios, deseando a toda costa mantener sus lectores, empujaran [el mundo] a la ruina solo para tener algo que relatar por un mes mas, ellos mataran a la sociedad para vivir de su cadáver.[404]

¿Cual es la influencia oculta detrás de la prensa, detrás de todos los movimientos subversivos sucediendo alrededor de nosotros? ¿Hay entonces varios Poderes operando? ¿O es solo un Poder, un invisible grupo dirigiendo a todo el resto - el círculo de *Iniciados reales*?

PAN-GERMANISMO

... Recapitulemos los testimonios de contemporario, algunos de los cuales han sido ya citados en su contexto, pero los cuales cuando son colectados

---

[404] Astolphe de Custine, *La Russie en* 1839, I. 149 (1843).

juntos y colocados en orden cronológico se forma una admirable cadena de evidencias:

En 1789 el Marques de Luchet advirtió a Francia del peligro de los Illuminati, cuyo objetivo era la dominación mundial... de Luchet presagia "una serie de calamidades de la cuales el fin se pierde en las tinieblas del tiempo, como aquellos subterráneos fuegos los cuales la insaciable actividad devora las entrañas de la tierra y la cual se escapa al aire por violentas y devastadoras explosiones."

En 1794 el Duque de Brunswick en su manifiesto a las logias Germanas dijo: Una gran secta surgió, la cual, adoptado el motto "el bien y felicidad del hombre," opero en las tinieblas de la conspiración para hacer la felicidad de la humanidad una presa para si. Esta secta es conocida por todos: sus cofrades son conocidos no menos que por su nombre... El plan que ellos han formado por romper todo lazos sociales y de destruir todo orden fue revelado en sus discursos y actos... Indomable orgullo, sed de poder, tales eran los únicos motivos de esta secta: sus maestros tenían nada menos en la mira que los tronos de la tierra, y el gobierno de las naciones estaba para ser dirigido por sus nocturnales clubes.
En 1797 Montjoie, escribiendo acerca de la Orleanista conspiración, a la cual en una obra mas temprana el había atribuido toda la organización de la Revolución Francesa en sus primeras etapas, observo: Yo no examinare ya sea que este perverso príncipe, pensando que estaba actuando en sus personales intereses, no fue movido por esa *invisible mano* la cual parece haber creado todos los eventos de nuestra revolución para poder liderarnos hacia una meta que no vemos en el presente, pero la cual pienso que veremos dentro de pronto.

En 1801 Monseñor de Savine "hizo alusiones en prudentes y casi terroríficos términos a alguna internacional secta... un poder superior a todos los otros... el cual tiene brazos y ojos en todas partes y el cual gobierna Europa hoy."

En 1817 el Chevalier de Malet declaro que "los autores de la Revolución no son mas Franceses que Germanos, Italianos, Ingleses, etc. Ellos forman una particular nación la cual nació y se ha incrementado en secreto en medio de todas las naciones civilizadas con el objetivo de sujetarlos a todos en dominación."

En 1835 el Carbonaro, Malegari, escribió a otro miembro de los Carbonari: Formamos una asociación de cofrades en todo punto del globo, tenemos deseos e intereses en común, le apuntamos a la emancipación de la humanidad, deseamos romper cada clase de yugo, y aun hay uno que no se ve, que apenas puede sentirse, y aun eso nos pesa. ¿Donde viene? Donde esta? Nadie sabe, o al menos nadie dice. La asociación es secreta, aun para nosotros, los veteranos de las sociedades secretas.

En 1852 Disraeli escribió: No fueron ni los parlamentos ni las poblaciones, tampoco el curso de la natura, ni el curso de eventos que derroco el trono de Louis Philippe... el trono fue sorprendido por las Sociedades Secretas, siempre preparados para asolar Europa.... Actuando al unísono con un gran popular movimiento ellos podrían destruir la sociedad, así como hicieron a finales del siglo pasado.

En 1874 Père Deschamps, luego de su exhaustivo estudio de secretas sociedades, entonces propuso la interrogante: Ahora debemos preguntarnos ya sea que hay algo mas que una identidad de doctrinas y personales comunicaciones entre los miembros de las diferentes sectas, ya sea que haya realmente una unidad de dirección la cual une a todas las sociedades secretas, incluyendo a la Franca Masonería. Aquí tocamos el mas misterioso punto de la acción de sociedades secretas, en aquel cual estas nacionales Grand Orientes que se declaran a si independientes una de otra y algunas veces aun se excomulgan unas con otras para esconderse mas cautelosamente tras un velo.

Finalmente Deschamps llega a la conclusión que hay "un secreto concejo el cual dirige todas las sociedades masónicas," que hay guaridas secretas adonde los jefes de las sectas se ponen de acuerdo sobre su obra de destrucción.[405]

... Ahora, los hechos conocidos: Todos los que han estudiado seriamente estos temas esta enterado que hay al presente momento cinco principales movimientos organizados a la obra en el mundo con el cual los ordenados gobiernos tienen contienda, que podría ser sumarizado así:

1. La Francmasonería de Grand Oriente. 2. La Teosofía con sus innumerables ramificaciones. 3. El Nacionalismo de tipo agresivo, ahora representado por el Pan-Germanismo. 4. Las Finanzas Internacionales. 5. La Revolución Social.

Se hará ver que, con la excepción del cuarto, estos movimientos son aquellos de los cuales yo he intentado rastrearles el curso a través de toda la primera

---

[405] Orden de las citas de arriba: *Essai sur la Secte des Illuminés* (edicion de 1792), p. 48; Ibid., p. 171; Eckert, *La Franc-Maçonnerie dans sa véritable signification*, traducido por el Abad Gyr (1854), II. 133, 134; Galart de Montjoie, *Histoire de Marie Antoinette*, p. 156 (1797); G. Lenôtre, *The Dauphin*, Traduccion Inglesa., p. 307; *Recherches politiques et historiques sur l'existence d'une secte révolutionnaire*, p. 2 (1817); J. Crétineau-Joly, *L'Église Romaine en face de la Revolution*, II. 143 (1859); - *Lord George Bentinck, A Political Biography*, pp. 552-4 (1852); - *Les Sociétés Secrètes et la Société*, I. 9; Ibid., II. 243; Ibid., II. 521; - Robison's *Proofs*

parte de este libro. Este es un hecho altamente significativo que fue solamente cuando yo había alcanzado esta etapa de mi obra que descubrí que habían independientes investigadores que habían arribado precisamente a las mismas conclusiones que yo. El problema que ahora confrontamos es por tanto este: si es que hay acaso un poder dirigiendo todos los movimientos subversivos, ¿Es acaso uno de los cinco movimientos aquí enumerados o es aun otro poder más potente y más invisible? Para poder descubrir esto, es necesario considerar ya sea que estos movimientos, aunque aparentemente divergentes en su último propósito, sin embargo no tienen ideas o algunos objetivos en común. Un fundamental punto de similaridad ciertamente será hallado entre ellos. Todo deseo de dominar el mundo y para dirigirlo a lo largo de líneas y acorde a reglas de su propia invención; más que esto, cada uno desea dirigirlo solamente para beneficio de una clase de gente - social, intelectual, o nacional según sea el caso - para la entera *exclusión de cada ser humano afuera de esa clase.* Aunque en realidad cada uno aspira a la dictadura mundial.

... Se hará notar que no solamente estos principales movimientos, sino también los menores movimientos subversivos descritos en el último capítulo, tienen en lo principal (1) una pro-Germana tendencia - ninguna, en medida alguna, son pro-Francesas ni tampoco ellas promueven el Británico patriotismo, (2) todas contienen un elemento Judío - ninguna, al menos, son "anti-Semita," [Esto fue escrito previo a la traición Judía relacionada a la 1er guerra mundial que luego alieno el Germano afecto y tolerancia de ellos. – OZ] y (3) todos tienen un más o menos decidido antagonismo a la Cristiandad. De ser así, ¿Hay un único poder tras él, es el Pan-Germánico Poder? ¿Es acaso el poder Judío? ¿O es el poder Anti-Cristiano? Examinemos cada una de estas posibilidades.

Visto bajo el aspecto de exagerado Nacionalismo, el espíritu de Pan-Germanismo no es nada nuevo.

El sueño de dominación mundial ha cautivado la imaginación de muchas razas desde el tiempo de Alejandro Magno hasta Napoleón I, pero a ningún lugar ha sido el plan llevado a cabo por los métodos Maquiavélicos los cuales han caracterizado la política exterior Prusiana y la diplomacia desde los días de Frederick el Grande en adelante... Pero el espíritu de Pan-Germanismo difiere del concepto Británico de patriotismo en que este quita los derechos de toda la otra gente y busca establecer su dominación por todo el mundo. Bajo dominación Germana cada alemán seria libre y cualquier otro ser humano un esclavo.[406]

---

[406] La candidez *pro-Britanica* del autor resplandece en este pasaje. La Elite Britanica es tan Fascista como los Nazis cuando se trata de dominacion y actitudes Arias Coloniales, aunque, mas gentil y menos entera cuando se trata de asesinato en masa 'publico'. - OZ]

Inglaterra, mientras buscaba conquistas, ha, por otra parte, siempre permitido a los habitantes de conquistados territorios desarrollar a lo largo de sus propias líneas y ha hecho uso de legislación grandemente para protegerse uno de otro. La preferencia del nativo de India por un juez Ingles a uno de su propia raza evidencia de este hecho. Pero es el posterior abandono de todo principio, la aceptación de la doctrina de que todo es permitido - mentir, traicionar, calumnia, y mala fe - para poder alcanzar este fin, que ha colocado a Alemania fuera del concierto de naciones. Robison describe el sistema de los Illuminati así llegando a la conclusión que "a nada se le tendrá escrúpulos, si acaso se puede hacer parecer que la Orden derivaría ventaja de ello, debido a que el gran objetivo de la Orden fue tenida como superior a cada consideración." Cambia la palabra Orden a Estado, y uno tiene todo el principio de moderno Imperialismo Germano. Ambos Weishaupt y Frederick el Grande fueron serios estudiantes de Maquiavelo - y ambos superaron al maestro. Esta forma de Maquiavelismo, llevado a un punto probablemente nunca soñado por el filósofo Italiano, ha corrido a través de toda la lucha de Prusia por supremacía... Así también las más parecidas características de la Revolución Francesa bajo la inspiración de los emisarios de Weishaupt y los agentes de Prusia, y del actual movimiento revolucionario inaugurado por Karl Marx y Friedrich Engels, no es tanto por su violencia como su astucia Maquiavélica: el arte popularmente conocido hoy como *camuflaje* - de vestir un diseño bajo el disfraz de algo muy diferente. [Es decir, operaciones encubiertas o *False-Flag* - OZ]

No fue sino hasta la revolución mundial fue tomada por la facción descrita por Bakunin como la "Compañía Germano-Judía" que esta reasumió su carácter Maquiavélico y gradualmente se convirtió en la formidable organización que es hoy... Justo después de la caída de Napoleón I, un escritor Francés publica un libro describiendo la "metódica perversidad" de los líderes revolucionarios y la Revolución como el comienzo de un régimen Maquiavélico.[407]

¿Cómo es que este sistema llego a ser establecido en Francia a menos bajo la guía de emisarios de Weishaupt, agentes de Frederick el Grande y del Illuminati Frederick William II?... los gobernantes de Alemania siempre han sabido que ellos pueden contar no meramente en el servilismo del pueblo sino en su ardiente espíritu nacional. Una fuerte vena de patriotismo corre a través de todas las sociedades secretas aun las de la más subversiva variedad, y fue de las Ordenes de Estudiantes Germanos, adonde los Illuminati sacaron sus discípulos, que este también se convirtió el centro de reclutamiento para la

---

[407] M. Mazères, *De Machiavel et de l'influence de sa doctrine sur les opinions, les mœurs et la politique de la France pendant la Rèvolution* (1816).

idea Imperialista Germana. En vez de combatir fuerzas subversivas, el Imperialismo Germano adopto el mucho más hábil expediente de enlistar a su servicio.

... La Francmasonería se convirtió en una poderosa ayuda al engrandecimiento Prusiano, desde 1840 en adelante la voz comandante para todas las logias salía desde Berlín, y en la revolución de 1848 los Francmasones de Alemania se mostraron como los más ardientes partidarios de la unidad Germana bajo el auspicio de Prusia. Posteriormente, Bismarck con soberbia ingenuidad enlisto no solamente a Francmasones y miembros de sociedades secretas sino también Socialistas y demócratas en la misma causa... Aun tan lejos como Italia, Bismarck logro imponer la política de autocracia alemana en hombres que estaban ostensiblemente marchando en la vanguardia de la "libertad." "Yo creo en la unidad de Alemania," Mazzini le escribió a Bismarck en 1867, "y lo deseo como deseo eso de mi propio país. Yo aborrezco el imperio y la supremacía que Francia se arroga a si sobre Europa."... Antes de 1870 la Francmasonería por todas partes del Continente ayudo a la causa de Alemania. "El Oculto Poder predico pacifismo y humanitarianismo en Francia por medio de la Francmasonería Francesa mientras predicaba patriotismo en Alemania por medio de la Francmasonería Germana." Así que aunque a través del siglo diecinueve los gobernantes de Alemania permitieron la diseminación de ideas antagónicas a la religión, hasta inicios del siguiente siglo la propia idea de Dios fue arrancada de las mentes de muchos niños Alemanes, el Gobierno Imperial tuvo cautela que no se deba permitir que nada debilite el patriotismo.[408]

... **Yo no debo agrandar aquí sobre el crimen del Staff Imperial Alemán en enviar a Lenin y sus compañeros Bolcheviques a Rusia**, debido a que ya he lidiado extensamente con esta interogante en una controversia que apareció en el *Morning Post* hace dos años.[409]... la esencial diferencia entre la actitud de Alemania e Inglaterra hacia Rusia era que mientras Ingaterra imaginara que la Revolución Kerensky seria para el bien de Rusia así también para ventaja de los Aliados, Alemania deliberadamente introdujo en Rusia lo que ella sabía era veneno...

El más grande triunfo para la Alemania Imperial radicaba en su éxito alcanzado por enlistar los propios elementos entre los Aliados el cual podría

---

[408] Deschamps, *Les Sociétés Secrètes, etc.*, I. p. xcii., citando "Discours du F. Malapert a la Loge Alsace-Lorraine" en *La Chains d'Umon*, pp. 88, 89 (1874); - ct. Eckert, *La Franc-Maçonnerie dans sa veritable signification*, II. 293; - Deschamps, op. cit.,II. 681; - *Politica Segreta Italiana*, por Diamilla Muller, p. 346 (1891); - Copin Albancelli, *Le Pouvotr occulte contre la France*, p. 388.

[409] Series de articulos titulado "Boche and Bolshevik" por Nesta H. Webster y Herr Kurt Kerlen, el cual aparecio en el *Morning Post* para April 26, 27, Junio 10, 11, 15, 16, 1922. Reimpreso en format libro por la Beckwith Company de Nueva York.

ser que la mayoría esperase que se le opusiera. Aunque no había país en el mundo adonde la monarquía fuese tan adorada, el militarismo tan universalmente admirado, adonde rango y cuna juegan tan importante parte, y las clases obreras, aunque les importan, tan rígidamente mantenida en sujeción, Alemania desde el tiempo de Bismarck en adelante siempre ha sido el "hogar espiritual" de Británicos Socialistas, demócratas, y pacifistas, tal como en Francia ella siempre ha encontrado a sus principales aliados en las logias Masónicas, y esto aunque los alemanes Socialistas y Francmasones nunca han intentado usar su influencia en favor del Masónico y Socialista ideal de hermandad universal y paz mundial, sino, al contrario, en cada crisis han lanzado en su lote al partido militar.

... A pesar de esta traición por los Socialistas de Alemania, pese al hecho que ellos han contribuido en nada a la causa del Socialismo Internacional o de paz mundial, el Británico partido "Laboral" nunca - hasta su ascensión a la oficina - esbozada en su política de públicamente abogar por la causa de Alemania, con la excepción de la Federación Social Democrática, cada cuerpo Socialista en este país ha proclamado sentimientos pro-alemanes... De hecho, cuando los intereses de Alemania era concernidos, este papel, al cual Lenin ha descrito como "nuestro propio órgano," pero el cual podría aún más verdaderamente ser reclamados por Ludendorff y Stinnes, estaba muy listo para arrojar el Socialismo a los vientos y defienden la causa del capital, en el preciso momento que estaba abogando la política del partido Laboral de un tasa por capital en todas las fortunas excediendo los £5,000 en este país, el *Daily Herald* lamento casi sollozando sobre la iniquidad de Francia en intentar tocar los bolsillos de multi-millonarios Alemanes.

... Solamente tenemos que seguir punto por punto la política del Partido Laboral Británico desde la guerra para reconocer que mientras las medidas por las que abogaba podrían ser de dudosos beneficios para los obreros, no cabe duda que cualquier beneficio que ellos podrían conferir a Alemania, con un millón y cuarto de desempleados y un gran número de la clases obreras incapaces de hallar un hogar, los profesos representantes del Laboral han persistentemente hecho clamor por la remoción de restricciones a la inmigración extranjera e importaciones. Así que si bien mediante las Uniones Gremiales el obrero Británico estaba por ser rigorosamente protegido contra la competencia de sus paisanos Británicos, ningún obstáculo seria colocado en la vía de la competencia por foránea, y frecuentemente mal pagada, labor. Que esta flagrante traición contra sus intereses no debe haber levantado una tormenta de resentimiento entre las clases obreras es seguramente evidente que la Marxista doctrina "la emancipación de la clases obreras debe ser llevado a cabo por las mismísimas clases obreras" hasta ahora no nos han llevado a grandes resultados. Emerson verdaderamente observo: "En tanto que un hombre piense, él es libre."

La mano de Alemania detrás del Socialismo debe ser aparente para todos aquellos que deliberadamente no cierran sus ojos al hecho, y es significativo denotar que entre más cerca se aproxime el Socialismo al Bolchevismo, más marcada se vuelve esta influencia. Entonces si bien ciertos grupos Socialistas, como ser la Federación Social Democrática en Inglaterra y el Partido Socialista en Francia, no se han Germanizado, los Comunistas declarados en todos los países Aliados son fuertemente pro-Germanos. Este es el caso aun en Francia, adonde los Bolcheviques encuentran fervientes partidarios en el grupo liderado por Marcel Cachin, Froissart, y Longuet, nieto de Karl Marx.

... Es necesario entender en esta conexión el dual carácter del partido Germano Monarquista desde el fin de la guerra. La gran mayoría de sus adherentes, animados por nada más reprehensible que el espíritu de militarismo y una agresiva forma de patriotismo que se ciñe a la vieja fórmula de *Deutschland über alles*, son probablemente ajenos a intriga alguna, pero detrás de esta masa de honestos Imperialistas, y sin duda desconocido a un gran número, allí acechan esas siniestras organizaciones de Pan-Germanas sociedades secretas. ... ostensiblemente instituidas para la defensa de intereses Alemanes en la frontera Rusa, existían antes de la guerra; de hecho, hay poca duda que ellos han continuado sin cesar desde los días del *Tugenbund*[410] y siempre han preservado su carácter Masónico e "iluminatizado". Pero desde el comienzo de la Gran Guerra, y aun mas desde el Armisticio, sus números han incrementado hasta en 1921 se estimaba de andar en las tres cifras. Más aun, así como en el tiempo de Weishaupt, Bavaria es todavía un centro de intrigas para las sociedades secretas, y fue aquí que Escherich fundo la *Einwohnerwehr* algunas veces conocida como la *Orgesch* u Organización Escherich, con Múnich como su sede. La Orgesch fue seguida por el **formidable club de asesinato** conocido a por todo el mundo como la *Organización C* o "Cónsul," llamada así por su fundador, el famoso Capitán Ehrhardt, cuyo sobrenombre era *"der Herr Consul."* Durante el año de 1921, no menos de *400 asesinatos políticos* se reportaron en Alemania y se dijo ser la obra de las sociedades secretas... de las ochenta personas arrestadas por complicidad en el asesinato de Herr Rathenau también se dijo que eran miembros de la misma sociedad.

Pero como en el caso de todas las sociedades secretas, los visibles lideres no eran la jerarquía real; detrás de este active cuerpo existía un circulo interno

---

[410] 'Banda de Virtud' (Tugenbund) fue formada por Henriette Hertz, dos hijas de Moses Mendelsohn - Dorothea y Rebecca - y otras Judias junto con Cristianos profijados eran miembros, según se ha mencionado previamente. - OZ

organizado en líneas Masónicas, el _Druid-enorden_, un nombre desconocido al público, y detrás de esto de nuevo otro y aun mas secreto circulo el cual parece no tener nombre:

> [_La Sociedad Thule de la cual surgió Hitler_, desconocido para Lady Webster al tiempo de sus escritos. Una organización con raíces en el misticismo Sufí. Ver Apéndice XIII para detalles - OZ].

Es en estos círculos internos los cuales, mientras los Monarquistas restantes en Alemania, trabajaban para otros fines en el exterior, y están conectados con el movimiento revolucionario mundial. Esta alianza entre los dos extremos de ardiente Monarquismo y revolucionario Socialismo existió al comienzo de la Guerra o aun antes, y, así como es bien conocido hoy, _fue el Judío Social Demócrata_, **Israel Lazarewitch**, _alias Helphandt, alias Parvus, quien arreglo con el Staff General Alemán para el paso de_ **Lenin desde** _Suiza hasta Rusia, acompañado por Karl Radek, el Austriaco Judío desertor, y otro número de judíos._

Suiza ha sido por cientos de años _un centro de intrigas revolucionarias y de secretas-sociedades._ A principios del siglo decimosexto el Papa, escribiéndole a los Reyes de Francia y España, les alerto que Ginebra era "un foyer éternel de révolution," y Joseph de Maistre, citando su carta en 1817, declaro que Ginebra era la metrópolis de los revolucionarios, cuyo arte de engaño que el describe como "el gran secreto Europeo."[411] Él se ha referido al Iluminismo como la raíz de toda la maldad en acción. Es ahora sabido que al momento de Maistre escribió estas palabras en un círculo interno de revolucionarios, reclamando directa descendencia de Weishaupt y aun de una secta más antigua que existió a finales del siglo decimoquinto, saco provecho de la caída de Napoleón I para reconstruir su organización y ocupo su sede en Suiza con sucursales en Londres y Paris. El mismo circulo secreto de los Illuminati se cree de haber estado íntimamente conectado con la organización de la revolución Bolchevique, aunque se dice que ninguno de los lideres Bolcheviques hayan sido miembros del circulo más interno, lo cual se entiende en que consiste de hombres pertenecientes a las clases intelectuales y financieras más altas cuyos nombres permanecen absolutamente desconocidos. Fuera de este absolutamente secreto círculo existió, sin embargo, un semi-secreto círculo de altos iniciados de subversivas sociedades traídas de todas partes del mundo y pertenecientes a variadas nacionalidades - Germanos, judíos, franceses, rusos, y aun _japoneses_. Este grupo, el cual puede ser descrito como el círculo activo del circulo interno, parece haber estado en contacto con, si acaso no era en control de, un comité que se reunió en Suiza para llevar a cabo el programa del Third Internationale.

---

[411] _The Times_, Junio 30, 1922; the _Morning Post_, Junio 26 y 30, 1922. Un muy curioso y bien informado articulo, del cual algunos de estos detalles son tomados, aparecen en el _West Coast Leader_, Lima, Perú, de Diciembre 14, 1921; _Lettres inédites de Joseph de Maistre_, p. 415 (1851).

Fue entonces en Suiza que al mismo tiempo altos iniciados [aunque Monarquistas] de Pana Germanas sociedades secretas se adelantaron a reunirse y que un activo centro de pro-Germano, anti-Entente, y aun Bolchevique propaganda fue establecida... las conferencias de la Second Internationale, atendida por miembros del Británico I.L.P. tuvo lugar en Suiza, y en una de estas - la Conferencia de Berna de 1919 - los delegados fueron entretenidos por un misterioso "Americano" millonario, John de Kay, quien vivía con gran estilo, pagando por servicios de prensa al costo de 2,000 francos al día, derrochando dinero en la conferencia, y al mismo tiempo subsidiando un Pacifista y Pesimista periódico llamado *La Feuille*. Es imposible, entonces, ignorar el rol de Alemania en el actual desatar de revolución mundial.

Los alemanes iniciaron disturbios para poder reducir a Rusia al caos. Ellos imprimieron masas de papel moneda para financiar sus esquemas; los billetes, de los cuales Yo poseo especímenes, pueden ser fácilmente reconocidos por una marca especial.[412] ¿Qué es lo que tiene que decir Alemania de todo esto? Simplemente que la promoción Bolchevique fue una "necesidad" militar para poder llevar acabo el derrocamiento de sus oponentes, pero que **la propaganda utilizada por ella fue en realidad de origen judío, y la Judiada, y no Alemania, fue el real autor de la revolución mundial... Por lo tanto haremos bien en** aceptar con extrema cautela consejo acerca de la interrogante Judía emanando de fuentes alemanas, y para probar la sinceridad del espíritu en el cual es ofrecida por considerar las relaciones las cuales hasta allí existía entre los alemanes y judíos.

ALEMANIA Y LA JUDIADA

... Si bien en cada país y en cada periodo, pero más particularmente en el Este de Europa durante el último siglo, los judíos han sufrido de impopularidad, fue Alemania la que organizo esta aversión en un definitivo plan de campaña. Ya sea en Rusia, Galicia, y Polonia los Judíos han encontrado con esporádica violencia en manos de campesinos, en Alemania ellos han sido sistemáticamente tenidos por las autoridades a odio y desprecio. Luther, Kant, Fichte, Schopenhauer, Treitschke, sucesivamente vituperaban contra la raza judía. A los judíos se les negaba la admisión a las logias Masónicas y a los rangos de oficiales en el ejército, mientras la sociedad los excluía hasta que se desato la guerra.

Aunque el extraordinario hecho es que de todas las naciones los Alemanes siempre han sido los favoritos de los Judíos. A través de todo el movimiento por la unificación de Alemania bajo la protección de Prusia, los judíos jugaron

---

412 Carta del Reverendo B. S. Lombard a Lord Curzon, Marzo 23, 1919.

512

una parte liderando, y en la reciente guerra Alemania hallo en ellos algunos de sus más valiosos aliados. Así como Maximilian Harden recientemente apunto:

"Los servicios de los Judíos a Alemania durante la guerra fueron enormes. El patriotismo de los Judíos estaba más allá del reproche, en muchos casos aun lúdicros y ofensivos en su intensidad." Y a pesar del "anti-Semitismo," Harden declara: "Hay una fuerte afinidad entre el Alemán y el Judío." Para los Askenazis, Alemania aún más que Palestina ha parecido ser la Tierra Prometida. Siendo algunos años antes de la guerra el Profesor Bélico Ludwig Geiger, líder de los Liberales Judíos de Berlín, denuncio "Sionistas sofismos" en las palabras: "El Germano Judío que tenga voz en la literatura Alemana debe, así como ha estado acostumbrado a por el último siglo y medio, viendo a Alemania como su patria, a la lengua Germana como su lengua natal, y el futuro de esa nación deberá ser lo único en lo cual basa sus esperanzas."[413]

¿Cómo explicaremos este irrequieta devoción? ... Desde Frederick el Grande, quien empleo al Judío Efraím para acuñar moneda falsa, para William II, que mantenía contacto con Rathenau por medio de un privado cable telefónico, los gobernantes de Alemania siempre les han permitido co-operar en sus esquemas de dominación mundial. Así como los aliados de Bismarck, que los uso libremente para llenar sus cofres de Guerra, los Judíos dirigieron el poder de las sociedades secretas a los intereses de Alemania; en 1871 el Judío Bloechreider actuó como asesor para el nuevo Imperio Germano en cuanto al mejor método de arrebatar indemnizaciones de Francia, y Alemania, mientras amontonaba insultos a los Judíos, aun así cumplía con ciertas condiciones esenciales a la empresa Judía, distinto a Inglaterra y Francia, esta nunca ha permitido ser seriamente debilitada por democráticas ideas, y por lo tanto a los Judíos - según los Británicos creyentes en autocracia - esta representa el principio de la estabilidad... Alemania siendo la casa del militarismo ofrece un amplio campo para la especulación judía. Solo debemos juntar un par de aforismos de Mirabeau con uno de Werner Sombart para percibir el lazo de unión entre las dos razas, entonces: *"La guerra es la industria nacional de Prusia"* y *"Las guerras son las cosechas de los judíos."* Desde hace mucho tiempo como en 1793 Anacharsis Clootz, el apóstol de la cofradía universal y defensor de la raza judía, declaro que si acaso Alemania estaba a ser prevenida de ir a la guerra los judíos debe ser persuadido de retirar su apoyo de sus aventuras militares:

La Guerra no comenzó o duro en Alemania sin la actividad, la inteligencia, y el dinero de los Judíos. Cargadores y municiones de toda clase fueron proveídos por Hebreos capitalistas y todos los subalternos agentes de

---

[413] *Jewish Guardian* para Enero 18, 1924; *Jewish Encyclopædia*, articulo sobre Sionismo.

aprovisionamiento militar son de la misma nación. Solo debemos llegar a un entendimiento con nuestros hermanos, los Rabinos, para producir sorprendentes, milagrosos resultados.[414]

El Sr. Ford, el americano fabricante de automotores, parece haber arribado a la misma conclusión expresada en las palabras recientemente atribuidas a el:

> "No necesitamos de la Liga de Naciones para terminar la guerra. Puesta bajo el control de los cincuenta judíos financieros más acaudalados, que provocan las guerras para su propio provecho, y las guerras cesaran."

En otra ocasión del Sr. Ford se reporta de haber dicho que los judíos que viajaron con él en el barco de Paz en 1915:

> "estuvieron fuera de lugar para convencerle" de "las directas relaciones entre los judíos Internacionales y la guerra: "ellos" entraron en detalles para decirme los medios por los cuales los judíos controlaban la guerra - como ellos tenían el dinero, como ellos habían acorralado todos los materiales básicos precisos para pelear la guerra, etc."[415]

... Está claro, entonces, que aparte de Pana-Germanismo hay otro poder operando, un poder mucho más antiguo, que busca destruir todo espíritu nacional, todo gobierno ordenado en cada país, Alemania incluida. ¿Cuál es este poder? Un gran número de opiniones replican: *el poder Judío*.

EL PELIGRO REAL JUDIO [El Paraíso de Tontos]

En consideración del inmenso problema del Poder Judío, quizás el más importante problema con el cual el mundo moderno es confrontado, es necesario dejar a un lado todo prejuicio y para inquirir en un espíritu de científico desinterés ya sea que alguna definitiva prueba exista que un concertado intento está siendo hecho por la Judiada para alcanzar dominación mundial para obliterar la fe Cristiana. Que dicho propósito ha existido entre los judíos en el pasado ha sido mostrado a lo largo de los primeros capítulos de este libro. *El concepto de que los Judíos como el Pueblo Escogido que debe eventualmente gobernar el mundo forma de hecho la base del Rabínico Judaísmo...* la religión judía ahora se asienta en el Talmud en vez de la Biblia. "El moderno Judío," uno de sus últimos traductores Judíos observa, "es el producto del

---

[414] *La République universelle*, p. 186 nota (1793

[415] *Daily Mail*, Septiembre 21, 1923; Reportaje del *Jewish World*, Enero 5, 1922.

Talmud." El Talmud en si concuerda a la Biblia solo un lugar secundario. Entonces el tratado Talmúdico Soferim dice: "La Biblia es como el agua, el Mischna es como el vino, y la Gemara es como vino con especias."[416]

...**El Talmud** no es una ley de justicia para toda la humanidad, sino un meticuloso código que aplica solo a los Judíos. *Ningún ser humano fuera de la raza Judía podría acudir al Talmud por auxilio o consuelo...* En el Talmud, Drach apunta, "los preceptos de justicia, de equidad, o caridad hacia el prójimo, no solo es aplicable en relación con el Cristiano, sino constituye un crimen para alguno que actuase diferente...

El Talmud expresamente prohíbe salvar a un no judío de la muerte... de restaurar bienes perdidos, etc., para él, tener lastima de el."... [Pero] aun los judíos no son unánimes en apoyar el Talmud; de hecho, así como ya hemos visto, muchos judíos han protestado contra ello como una entre ellos mismos y el resto de la raza humana.

... **es en la *Cábala*,** aun más que en el Talmud, que el sueño Judaico de dominación mundial recurre con la más grande persistencia. El Zohar de hecho se refiere a esto como un *fait accompli*, explicando que "la Fiesta de los Tabernáculos es el periodo cuando Israel triunfo sobre la otra gente del mundo; por eso es que durante esta fiesta arrancamos Loulab [ramas de arboles atadas juntas] y las portamos cuan si fuese trofeo para mostrar que hemos conquistado a todas las otras gentes conocidas como el 'populacho' y que los dominamos." Dios es, sin embargo, pidió el acordar a estas otras gentes un cierta parte de las bendiciones, "para que así ocupado con esta parte ellos no participen ni se mezclen con la dicha de Israel cuando él llama por bendiciones de lo alto." La situación puede entonces ser comparada con aquella de un rey que, deseando dar un festín a sus especiales amigos, encuentra su casa invadida por importunados gobernadores demandando admisión. "¿Que es lo que hace el rey entonces? Él ordena a los gobernadores a que les sirvan res con vegetales, los cuales son comida común, y después se sienta a la mesa con sus amigos y tiene los más deliciosos platillos servidos."

Pero esto es nada para el festín que tomara lugar cuando la era Mesiánica arribe. Después del retorno de los judíos de todas las naciones y partes del mundo a Palestina, el Mesías, según nos dice en el Talmud, les atenderemos con un espléndido banquete, en donde estarán sentados en mesas doradas y les regalaran vino de la cava de Adán. El primer plato consiste de un guiso de buey llamado Behemoth, tan inmenso que cada día se come el pasto de mil colinas; el Segundo de un monstruoso pez, Leviatán; el tercero de una hembra

---

[416] Michael Rodkinson (i.e. Rodkinssohn), en el Prefacio a la traducción del Talmud, Vol. I. p. x.

Leviatán cocida y picada; la cuarta de un gigantesco guiso de un ave llamada Barjuchne, de la cual solo un huevo era tan enorme que cuando se cayó del nido aplasto a trescientos cedros altos y la clara inundo a aldeas. Estos platillos son seguidos de "el más esplendido y pomposo postre" que puede ser procurado, incluyendo fruta del Árbol de Vida y "las Pomegranadas del Edén la cuales son preservadas para los Justos." Al final del banquete "Dios entretendrá a la compañía en un salón"; El Mismo se Sentara en medio de ellos, y todos lo apuntaran con el dedo, diciendo: "Vean, este es nuestro Dios: hemos esperado por él, estaremos felices y regocijandonos en su salvación."[417] Pero veamos un poco luego cómo será la manera que los judíos estarían residiendo en su antigua patria bajo la Administración del Mesías. En primer lugar, las Naciones extranjeras, en la cual les toque residir, deberán construir Casas y Ciudades, en las cuales habitaran, les construirá casas y ciudades, cultivara su terreno, y plantara sus viñas; y todo esto, sin buscar mucho alguna recompensa por su Labor. Estas sobrevivientes Naciones igualmente ofrecerán voluntariamente toda su Riqueza y Provisión: y Príncipes y Nobles deben atenderlo; y estar listos para rendirles pleitesía en toda Manera de Obediencia; mientras ellos mismos estarán rodeados de Grandeza y Placer, apareciendo en el extranjero con escarchado vestuario con joyas tal como los Sacerdotes de la Unción, consagrada a Dios ... En una palabra, la felicidad de esta Santa Nación en los Tiempos del Mesías, será tal, que la exaltada condición de ella no puede entrar en la Concepción del Hombre; mucho menos puede ser implicada en la humana Expresión. Esto es lo que los Rabinos dicen de ello. Pero el inteligente lector sin dudar lo pronunciara como el *Paraíso de Tontos*.[418]

Es interesante notar que esta concepción de la manera en la cual el retorno a Palestina estando por ser llevado a cabo ha descendido a ciertos modernos colonizadores. Sir George Adam Smith, luego de ver al Sionismo en acción en 1918, escribió:

A su visita a una recientemente establecida colonia judía en el nor-este de la tierra, alrededor de la cual un gran muro había sido erigido por el munificente patrón, Encontré a los colonizadores sentados a la

[417] Drach, *De l'Harmomie entre l'Église [C] et la Synagogue*, I. 167, citando el tratado Aboda-Zara, folio 13 verso, y folio 20 recto; - también el tratado Baba Kamma, folio 29 verso. Drach añade: "Podriamos multiplicar estas citas casi a la infinidad" - Zohar, seccion Toldoth Noah, folio 63b (traducción, De Pauly., I 373); - Zohar, seccion Toldoth Noah, folio 646 (traducción, De Pauly., I. 376); - J.P. Stehelin, *The Traditions of the Jews*, II. 215-20, citando tratados de Baba Bathra folio 74b; Pesachim folio 32, Bekhoroth folio 57, Massektoth Ta'anith folio 31 - El Zohar también se refiere a la hembra Leviathan (seccion Bô, traducción de De Pauly., III. 167) - Drach muestra que entre las delicias prometidas por el Talmud luego del retorno a Palestina será la permision de comer cerdo y tocino. *De l'Harmonie entre l'Église et la Synagogue*, I. 265, 276, citando el tratado de Hullin, folio 17, 82.
[418] Stehelin, op. cit., II. 221-4.

sombra en juegos de apuestas toda la mañana, mientras grupos de *fellahin* mal pagados hacen el cultivo por ellos. Yo dije que esto seguramente no era la intención de su patrón en ayudarles a asentarse en una tierra propia. Un Judío me replico en Alemán: "¿Acaso no está escrito: Los hijos del extranjero cuidara de tu arado y viñedos?" Yo sé que tales delincuencias se han convertido en la excepción en la colonización judía de Palestina, pero so asintomáticos de los peligros de los cuales tenemos que protegernos.

Los fellahin pueden, sin embargo, se consideran a sí afortunados que les permitan vivir del todo, porque, acorde a varios pasajes en la Cábala, todos los *goyim* deben ser barridos de la faz de la tierra cuando Israel venga a la suya. Así entonces el Zohar relata que el Mesías le declarara "a guerra a todo el mundo y todos los reyes del mundo terminaran por declararle la guerra al Mesías. Pero "el Santo, bandito sea, desplegara Su fuerza y lo exterminara del mundo."[419] Entonces:

> Feliz será el pueblo de Israel, a quien el Santo, bendito sea El, ha escogido de entre los *goyim* que la Escritura dice: "Su obra no es más que vanidad, es una ilusión de la cual debemos reírnos; todos ellos perecerán cuando Dios los visite en Su ira." Al momento cuando el Santo, bendito sea El, exterminara a todos los *goyim* del mundo, Israel por si sola subsistirá, así como está escrito: "Solo el Señor aparecerá grandioso en aquel día."

La esperanza de dominación mundial es por tanto no una idea atribuida a los judíos por "anti-Semitas," sino una muy real y esencial parte de sus tradiciones. [Esto también es verdad del *Lamaísmo*. Ver Apéndice XII - oz] ¿Que de su actitud a la Cristiandad en el pasado? Ya hemos visto aquel odio a la persona y enseñanza de Cristo no termino en el Gólgota, sino que fue mantenido vivo por los Rabinos y perpetuado en el Talmud y el *Toledot Yeshu*. La Cábala también contiene pasajes refiriéndose tanto de Cristo y de Mohammed *tan indescriptiblemente profano* que sería imposible de citarlos aquí.

> [El Cabalismo] ha contribuido a la formación del moderno Judaísmo, ya que, sin la influencia de la Cábala, el Judaísmo hoy podría haber sido unilateral, carente de calidez e imaginación. De hecho, tan profundamente ha penetrado en el cuerpo de la fe que muchas ideas y rezos ahora están inamoviblemente enraizadas en el cuerpo general de ortodoxa doctrina y práctica. Este elemento no solo ha sido

---

[419] El propio Reverendo Sir George Adam Smith, *Syria and the Holy Land*, p. 49 (1918); - Zohar, seccion Schemoth, folio 7 and 9*b*; - seccion Beschalah, folio 58b (traduccion por De Pauly., III. 32, 36, 41, 260); - Ibid., seccion Vayschlah, folio 177*b* (traduccion por De Pauly., II. p. 298)

incorporado, sino que ha afianzado en las afecciones de los judíos y no puede ser erradicado... Seguramente grupos sectarios de libre Pensadores, que se adulan a si de no haber tomado nada de la sinagoga y en su odio por igual a Jehovah y Jesús. Pero el moderno mundo Judío se encuentra también desprendido de alguna creencia sobrenatural, y la Mesiánica tradición, de la cual preserva su culto, se reduce a si a *considerar la raza Judía como el verdadero Mesias*.[420]

... ni aun la mismísima Palabra de Dios no tiene poder para mitigar la inmensa megalomanía de la raza Judía. Es dudoso de hecho ya sea que la mayoría de los Judíos la Biblia es ahora considerado de inspiración divina. "Los diez mandamientos los cuales *nosotros* le dimos a la humanidad" es una frase típica de la manera en la cual Israel ahora se arroga para si la propia autoría de las Escrituras. *La deificación de la humanidad por los Francmasones de Grand Oriente encuentra su contraparte en la deificación de Israel por los Judíos modernos*... Una raza que siempre se ha considerada con derecho de ocupar una privilegiada posición entre las naciones del mundo debe inevitablemente encontrar resentimiento, y en una primitiva era o una población resentida es apta para encontrar un escape en violencia impactante para la mente civilizada. Además, para representar a los judíos como un gentil muy sufrido pueblo, siempre las victimas pero nunca los perpetradores de violencia, *es absolutamente contrario al histórico hecho*. En las eras oscuras del pasado los Judíos se mostraron a si perfectamente capaces de crueldades no solo hacia otras razas sino uno hacia el otro.

Uno de los primeros pogromos registrados en la era Cristiana fue llevado a cabo por los mismos judíos. El Judío historiador Josefo describe un reino "sin ley y en barbarie" que fue inaugurado cerca de la mitad del primer siglo A.D. por la banda de asesinos conocidos como los **Sicarii** [también llamados 'Zelotes'], que infestaron el campo alrededor de Jerusalén y, por medio de pequeñas dagas que llevaban escondidas bajo sus vestiduras, "mataban hombres a plena luz del día y en medio de la ciudad, especialmente en los festivales cuando se mezclan con la multitud."

Durante una redada de noche en el pequeño pueblo de Engaddi ellos masacraron más de setecientas mujeres y niños. Y Josefo continúa a decir:

De alguna forma, de hecho, ese fue el tiempo más fértil en toda las maneras de perversas practicas entre los Judíos, en tanto así que ninguna clase de vileza no se haya cometido; ni tampoco ninguno

---

[420] Hastings: *Encyclopædia of Religion and Ethics*, articulo sobre la Cabala por H. Loewe; Eugène Tavernier, *La Religion Nouvelle*, p. 265 (1905).

haya inventado una nueva mala cosa si acaso él lo deseara. Tan profundamente estaban todos infectados, de forma privada y pública, y rivalizaban entre ellos por ver quien recorriera grandes tramos de impiedad contra Dios, y en injustas acciones hacia sus vecinos, hombres en el poder oprimiendo la multitud, y la multitud seriamente intentando destruir a los hombres en el poder.

... El Judaísmo siempre ha contenido un elemento de crueldad la cual encuentra expresión en el Talmud. Es del Talmud, no de la ley Musaica, de donde se derivan los inhumanos métodos de asesinato de los Judíos. El Talmud igualmente da las más horribles direcciones para llevar a cabo la pena capital, particularmente en relación a las mujeres, por métodos de lapidación, quemar, ahorcamiento, o muerte por la espada. La victima condenada a arder debe portar una bufanda alrededor de su cuello, los dos extremos son apretados por los verdugos mientras la boca se mantiene abierta forzadamente con pinzas y haciéndole tragar un hilo encendido "para que así fluya hasta sus adentros y les encoja las entrañas." Se dirá que todo esto pertenece al pasado. Cierto, la practica acá descrita puede ser considerada obsoleta, pero el espíritu de crueldad e intolerancia que dicta que aun está vivo. Uno solo tiene que estudiar la moderna prensa Judía para dares cuenta de la persecución a la cual los Judíos están sujetos de parte de miembros de su propia raza, acaso ellos infringen una fracción del código Judío... Isaac Disraeli, el padre de Lord Beaconsfield, dijo que su razón para dimitir de la Sinagoga que el Rabínico Judaísmo con sus intransigentes leyes y restringidas costumbres "corta a los Judíos de la gran familia de la humanidad." Tal sistema es de hecho absolutamente incompatible no solo con la Cristiana enseñanza pero con seculares ideas de civilización occidental. La actitud que adopta hacia la mujeres seria en si insuficiente para justificar esta aserción. ¡El rezo Judío cotidiano! "¡Bendito seas Tú, O Señor nuestro Dios, Rey del Universo, que Tu no me has hecho ser mujer!"[421]

Cuando por consiguiente decimos que nosotros debemos respetar religión judía no podemos, si acaso sabemos algo de ella, significa que respetamos esa porción de ella la cual está fundada en las Rabínicas tradiciones del Talmud y la Cábala, pero solamente esa ley ética presentada en el Antiguo Testamento, a

---

[421] Josefo, *The Jewish War* (Traducción Inglesa.), IV. 170, 334. V. 152; Ver también, por ejemplo, las descripciones de la horrible crueldad practicada en las escuelas Judias de Polonia en el siglo decimoctavo, dadas en *The Autobiography of Solomon Maimon* (Traducción Inglesa., 1888), p. 32; - Tratado de Hullin, folio 27*a*; Talmud, tratado Sanedrín (traducción Rodkinson, p. 156); - *Encyclopædia Britannica* (edición 1911), articulo sobre Lord Beaconsfield; Drach, *De l'Harmonie entre l'Église et la Synagogue*, II. 336. Esta costumbre es aun forzada; ver la muy legitima queja de una Judía en el *Jewish World* para Diciembre 21, 1923, que las mujeres todavía están relegadas a la cocina "para estar escondida detrás de la parrilla, cuando ellas pueden escuchar a sus paisanos bendecir el nombre del Todopoderoso en estridentes tonos que Tu no me haz hecho una mujer."

la cual los judíos con una vida derecha se han adherido fervorosamente y en gran manera acorde con la Cristiana enseñanza... El Rabínico Judaísmo es el declarado e implacable enemigo de la Cristiandad. Odio por la Cristiandad y de la persona de Cristo no es un asunto de remota historia, ni tampoco puede ser tomada como el resultado de persecución; esta forma una parte integral de la tradición Rabínica la que se originó antes de persecución de los Judíos por los Cristianos ocurriera, y ha continuado en nuestro país mucho después que tales persecuciones han terminado... no podemos fallar en detectar el origen de mucho de esa virulenta enseñanza anti-Cristiana que está siendo diseminada en nuestro medio hoy en día. Esta enseñanza será observada para seguir tres líneas, de las cuales el curso ha sido trazado a lo largo de este libro. Estas consisten en desacreditar la tradición cristiana al declarar que Cristo fue ya sea: (*a*) un mito, (*b*) un maestro puramente humano dotado de superior virtud y conocimiento de leyes naturales, (*c*) un loco fanático o un malefactor. Las primeras dos teorías son, así como hemos visto, aquellas que sostienen las sociedades secretas; la ultima es esencialmente Judía.

... La Antipatía por los Judíos comenzó mucho antes de la era Cristiana; en Egipto, Persia y Roma, ya sea justo o no, se volvió el objeto de sospecha a los gobernantes. La razón brindada por el Faraón para oprimir a los Israelitas fue que si acaso se les permitiera crecer muy poderosos ellos podrían unirse al enemigo en tiempos de guerra; los Emperadores de Roma los consideraban un turbulento elemento; Mohammed declaro: "SU OBJETIVO SERA INCITAR DESORDEN EN LA TIERRA, PERO DIOS NO AMA A LOS INCITADORES DE DESORDEN." Mientras tanto, la antipatía mostrada por el "pueblo" en cada país fue principalmente fundamentado en económicas bases. No fue simplemente la posesión de riqueza - la cual acorde al credo Socialista debe justificar cualquier cantidad de odio - pero la manera en la cual fue adquirida y la arrogancia con la cual fue presentada que hizo surgir sentimientos populares contra los Judíos. Un Árabe Faquí, **Abu Ishak de Elvira**, entonces alerto a sus amos del creciente poder de los judíos en España a mediados del siglo once A.D.:

> Los judíos, contentibles marginados, se han convertido en grandes señores, y su orgullo y arrogancia no tiene límites... No Tomen a tales hombres como sus ministros, sino que abandónelos en maldiciones, *por lo que la tierra entera clama contra ellos* - la que temblara y pereceremos. Voltea tus ojos a otras tierras y observa como los judíos son tratados como perros, y mantenidos aparte... Llegue a Granada, and y allí vi a los Judíos reinando. Ellos habían parcelado las provincias y la capital entre ellos: en todos lados uno de estos malditos gobernaba. Ellos cobraban los impuestos, a ellos les iba bien, ellos vestían suntuosamente, mientras tus ropas, O

Musulmanes, estaban viejas y gastadas. Todos los secretos de Estado eran conocidos para ellos; ¡Es una locura poner tu confianza en traidores! Mientras los creyentes comen del pan de la pobreza, ellos hacían banquete en el palacio... ¿Cómo podríamos prosperar si vivimos a la sombra y los judíos impresionan con la gloria de su orgullo?

En la Francia medieval la causa del jefe para quejarse contra los judíos es aquella de no trabajar con sus manos sino que enriqueciéndose a si por "excesiva usura." En el siglo decimoquinto el predicador de Strasbourg, Geyler se pregunta: "¿Están los Judíos por encima de los Cristianos? ¿Ellos no trabajaran con sus manos?... practicar usura no funciona. Es explotando a los demás mientras ellos permanecen ociosos." Tales citas como estas pueden ser multiplicadas *ad infinitum*.[422] Yo urgiría, entonces, que el problema judío debe ser abordado ni en el espíritu de supersticioso pro-Semitismo ni tampoco en el amargo espíritu de "anti-Semitismo," sino con la sanidad digna de una edad alumbrada. Para citar las palabras de Bernard Lazare, vamos a inquirir que parte "el Judío, considerando su espíritu, su carácter, la naturaleza de su filosofía y su religión," pueden ahora estar tomando parte en revolucionarios procesos y movimientos. ¿Hay, entonces, alguna evidencia que existe entre la Judiada de hoy una *organizada conspiración* teniendo por objetivo la dominación mundial y la destrucción de la Cristiandad tal como los famosos *Protocolos de los Sabios de Sion* sugiere?

La teoría de una conspiración mundial judía no resta, desde luego, en la evidencia de los Protocolos... [Sin embargo], para sugerir que alguna **Mano Oculta** ha estado operando en el mundo para levantar de inmediato una oleada de protestas Judías. Aunque los judíos inteligentes deben estar bien enterados, que ya que las sociedades secretas han contribuido a pasadas revoluciones, *su existencia y su muy real influencia no es un asunto de presunción sino de histórico hecho*. Nadie jamás advirtió al público Británico más distintivamente del peligro que ellos presentaron o del rol que los Judíos estaban interpretaban en ellos que Disraeli... Si acaso, entonces, los líderes Judíos persisten en vilificar a todo aquel que reitera las advertencias proliferadas por tan eminente miembro de su raza, es inevitable que de ellos se sospeche de tener algún interés en suprimir posteriores revelaciones... sabemos por cierto que los cinco poderes a los que nos referimos antes - Masonería Grand Oriente, Teosofía, Pana-Germanismo, Finanzas Internacionales, y la

---

[422] En esta conexion ver el articulo sobre "Jesus" en la *Jewish Encyclopædia*, adonde el lector es referido a la obra de O. Holtzmann (*War Jesus Ekstattker?*), quien "concuerda con que debe haber habido un anormal proceso mental involucrado en los dichos y comportamiento de Jesus."; *Jewish World* para Diciembre 22. 1920; Exodo. 1:10; Sura v. 60 (edicion de la libreria Everyman, p. 493); Reinhardt Dozy, *Spanish Islam* (traducción inglesa.), p. 651; J. Denais-Darnays, *Les Juifs en France*, p. 17 (1907).

Revolución Social - tienen una existencia real y ejercen una muy definitiva influencia en los asuntos del mundo.

Acá no estamos lidiando con hipótesis sino con hechos basados en documental evidencia. Sabemos en cada caso los nombres de muchos de los líderes, sus métodos de organización, sus centros de dirección, y los objetivos que persiguen. Pero en relación al poder Judío no podemos proceder con la misma certeza... Investigaciones de las actividades de tales grupos como el B'nai B'rith, Poale Zion, la Liga Judía, y los Weltverband (o la Unión Judía Internacional de Socialistas), podría sin embargo, arrojar mucha luz en esta interrogante. La costumbre de imprimir sus pidgin Germano, conocido como Yiddish, en caracteres hebreos provee a los Judíos con un más o menos código secreto por medio del cual sus ideas e aspiraciones se esconden de la gran masa de los Gentiles.

Ya sea que el poder Judío este unificado o no, *los judíos se encuentran co-operando con, si no es que dirigiendo, todos los cinco poderes de los cuales su existencia es conocida.* Así los Judíos han por mucho tiempo jugando una parte líder en la masonería Grand Oriente y predomina en los grados superiores... La preponderancia de los Judíos en los rangos de "Aurora" ya ha sido indicado, así como también la influencia de la Cábala Judía en la enseñanza de Teosofía y Rosacrucianismo, pero es importante que el ultimo punto debe se posteriormente enfatizado en conexión con la locura por el ocultismo que se esta expandiendo a través de la sociedad. Ragon ha dicho: "La Cábala es la llave de todas las ocultas ciencias"; por lo tanto es este campo de experimentación los Gentiles deben siempre estar en desventaja con el judío. De hecho el Sr. Waite, de quien ciertamente no se puede sospechar de "anti-Semitismo," va tan lejos en sugerir que el don de magia ceremonial fue "la respuesta de la Judiada a la Cristiandad como un contragolpe" a "siglos de persecución."... El rol de los judíos en la revolución social y particularmente en el Bolchevismo apenas precisa de comentario. Aun desde que la prensa Judía ha escogido negar este ultimo y muy obvio hecho y aun persiste en dejarlo como prejuicio o "anti-Semitismo" una mera declaración de hechos, podría ser bueno citar aquí unas pocas declaraciones oficiales en la materia la cual admite ninguna negación. Primero que todo, debe recordarse que el fundador y santo patrón del Bolchevismo fue el judío Karl Marx, y que fue el Anarquista Bakunin, no el Duque de Northumberland, que lo describió a el y su seguimiento en el *Internationale* como "la Compañía Judío-Germana" y la "burocracia roja."

Por tanto no es sorpresa que cuando la "burocracia roja," declaradamente fundada en las doctrinas de Marx, llegaron a establecerse en Rusia, debe haber sido en gran manera liderado por Judíos. Esto es lo que oficialmente dice el Británico White Paper sobre el asunto:[423]

Extracto del Reporte del Ministro Holandés en Petrograd el Seis de Septiembre, 1918, enviado por Sir M. Findlay, desde Christiania, al Sr. Balfour: [referencias para esta pagina[424]]

> Yo considero que la inmediata supresión del Bolchevismo la más grande asunto ante el mundo hoy, ni aun excluyendo la guerra la cual aún arrecia, y a menos, según lo manifestado arriba, el Bolchevismo esta pinchada en el capullo inmediatamente, está destinada a expandirse en una forma u otra sobre Europa y el mundo entero, según está organizada y operando por Judíos que carecen de nacionalidad, y cuyo objetivo es destruir para sus propios fines el existente orden de cosas.

El Sr. Alston a Lord Curzon; declaración del Cónsul Británico en Ekaterimburgo, Enero 23, 1919:

> Los Bolcheviques ya no más pueden ser descritos como un partido político sosteniendo puntos de vista al extremo comunistas. Ellos forman *una relativamente pequeña clase privilegiado* la cual es capaz de aterrorizar al resto de la población debido a que tiene un monopolio de tanto armas y provisiones de alimentos. Esta clase consiste primordialmente de obreros y soldados, *e incluye un gran no-Ruso elemento*, tal como los Letonios y Estonios y Judíos; estos últimos son especialmente numerosos en altos puestos.

Lord Kilmarnock a Lord Curzon, información brindada por un Francés desde Petrograd, Febrero 3, 1919:

> Los Bolcheviques lo comprendían principalmente judíos y alemanes, que eran excedentemente activos y emprendedores. Los Rusos eran mayormente anti-bolcheviques, pero eran por la mayor parte soñadores, incapaces de alguna acción sostenida, que ahora, más que antes, fueron incapaces de botar el yugo de sus opresores.

---

[423] En los Protocolos, ver Apéndice II. – "los Judíos han sido los mas conspicuos en conexión con la Francmasonería en Francia desde la Revolución." - *Jewish Encyclopædia*; A.E. Waite, *The Secret Tradition in Freemasonry*, II. 115.

[424] Ver también un muy interesante panfleto *From Behind the Vail*, Publicado por Victor Hornyanszky (Budapest, 1920), y también Madame Cécile Tormay, *The Diary of an Outlaw* (1923); - *Revolutionary Radicalism, its History, Purpose, and Tactics*, con una *Exposición y Discusión de los Pasos siendo tomados y requeridos para reducirlo, siendo el Reporte del Joint Legislative Committee investigando Actividades Sediciosas, archivado el 24 de Abril*, 1920. en el *Senado de Estado de New York* (Albany, J.B. Lyon Company, Printers, 1920); - *Revolutionary Radicalism*, Vol. I. p. 374.

El Sr. Alston a Lord Curzon, enviando Reporte del Cónsul en Ekaterimburgo el 6 de Febrero, 1919:

De la examinación de varios testigos obreros y campesinos, Yo tengo evidencia para el efecto que el más pequeño porcentaje de este distrito era pro-Bolchevique o la mayoría de los obreros simpatizaban con llamar a una Asamblea Constituyente. Testigos posteriormente manifestaron que los líderes Bolcheviques no representaban la clase obrera rusa, muchos de ellos eran judíos.

El Reverendo B.S. Lombard a Lord Curzon, Marzo 23, 1919:

He estado diez años en Rusia, y he estado en Petrograd a través de toda la revolución.... [Yo] he tenido amplia oportunidad de estudiar los métodos Bolcheviques. Se origina en propaganda alemana, y fue, y está siendo, llevado a cabo por judíos internacionales. Los alemanes iniciaron disturbios para poder reducir a Rusia al caos. Ellos imprimieron masas de papel moneda para financiar sus esquemas, los billetes, de los cuales yo poseo especímenes, pueden ser fácilmente reconocidos por una especial marca.

Como uno de los resultados, el escritor añade:

Todo negocio se paralizo, la tiendas cerraron, los Judíos se volvieron los poseedores de la mayoría de las casas comerciales, y horribles escenas de hambruna se tornó común en los distritos del país. En Hungría (adonde, así como se ha dicho, el Socialismo ha sido propagado por Judíos en la logias Masónicas, el desatar del Bolchevismo fue conducido bajo los auspicios de la misma raza.

Para, de nuevo citar un documento oficial sobre este asunto, el *Reporte sobre Actividades Revolucionarias* emitida por un Comité de la Legislatura de New York, encabezada por el Senador Lusk:

No había una organizada oposición a Bela Kun. Tal como Lenin, se hizo rodear a si con comisarios, teniendo absoluta autoridad, de los treinta y dos principales comisarios, veinticinco eran judíos, el cual era la misma proporción como en Rusia. El más prominente de estos formaban un directorado de cinco: Bela Kun, Bela Varga, Joseph Pogany, Sigmund Kunfi, y otro más. Otros líderes fueron Alpari y Samuel, quien estaba encargado del Terror Rojo, y llevo a cabo la tortura y ejecución de la burguesía, especialmente los grupos retenidos como rehenes, los así llamados contra-revolucionarios y campesinos.

El mismo Reporte publica en una lista de setenta y seis hombres procesados por el Comité bajo el cargo de criminal anarquía en América a comienzos de 1920, de los cuales la abrumadora mayoría se ve por sus nombres que son judíos... En vista de este dato oficial, ¿Cómo es posible para la prensa Judía pretender que una conexión entre los Judíos y el Bolchevismo es una maliciosa invención de los "anti-Semitas"? Que todos los Judíos no son Bolcheviques y que todos los Bolcheviques no son Judíos es desde luego obvio; pero que los Judíos están jugando una preponderante parte en el Bolchevismo es absurdo de negar... pero considerando la guerra al Capitalismo es esencialmente de tener en mente que los capitalistas hay de dos clases: nacionales industriales capitalistas - mayormente Gentiles y usualmente hombres con cerebro y energía quienes han construido prósperos negocios - e internacionales capitalistas prestamistas, principalmente, pero no exclusivamente, *Judíos que viven de la especulación*. Mientras para el primero, desasosiego social puede probar ser fatal; para el último cualquier disturbio puede proveer oportunidades de lucro. Así como M. Georges Batault lo ha expresado bien:

> Desde el punto de vista estrictamente financiero, los más desastrosos eventos de la historia, guerras o revoluciones, nunca representan catástrofes; los manipuladores del dinero y los circunspectos comerciantes pueden sacar provecho de todo, proveídos ellos saben de antemano y están bien informados... Es cierto que los Judíos dispersos por toda la faz de la tierra... están particularmente favorecidos al respecto. - *Le Probléme Juif.* pp. 41, 43.

Es significativo denotar que los capitalistas más atacados por los Socialistas y Pacifistas no son aquellos que se lucran de las guerras y revoluciones, sino aquellos que contribuyen a la prosperidad del país y proveen trabajo a millones de gente. Acá, entonces, los judíos y los Socialistas parecen encontrar un punto de acuerdo. Es evidente a cualquier costo que muchos judíos ricos consideren que no tienen nada que temer del amenazante impuesto al Capital y otros medios de expropiación. Acaso no estamos siendo irresistiblemente recordados del pasaje en los Protocolos - adonde incidentalmente el impuesto al Capital es específicamente mencionado – "LO NUESTRO NO TOCARAN, PORQUE EL MOMENTO DE ATAQUE SERA CONOCIDO POR NOSOTROS Y TOMAREMOS LAS MEDIDAS PARA PROTEGER LO PROPIO" - Examinemos ahora que parte ellos están jugando en el movimientos subversivos menores enumerados en un capitulo anterior. Freud, el inventor de la más peligrosa forma de

Psicoanálisis, es un judío. En esta conexión un eminente americano neuro psiquiatra anteriormente citado escribe:

> No solamente la teoría de Freud del psicoanálisis sino una considerable cantidad de propaganda pseudo científica de ese tipo ha estado por años emanando de un grupo de Germano Judíos que residen y tienen su sede en Viena. *A partir de estas incepciones, el psicoanálisis ha estado en manos Judías.* No hay media docena de médicos en todo el mundo, reconocidos como autoridades en este campo, cuyos nombres están identificados con este movimiento que no son judíos. Esto podría ser un accidente, pero aun así es un hecho. – carta privada a Madama Webster

... Me he referido a la cuestión de arte degenerado en un capitulo anterior, definida por una circular al *New York Herald* como "la deificación de la fealdad."... de un bien conocido Judío artista una crítica ha escrito:

> Fueron estas obras el producto de un hombre quien tenía imperfecto control sobre su material, quien, tropezando hacia la luz, vagando inevitablemente en muchas tinieblas, que busco belleza y encontró fealdad, que buscaba pureza y encontró inmundicia - aun entonces uno podría guardar silencio y esperar por mejores cosas por venir. Pero acá, aparentemente, a menos que mi lectura complete este lúdicrosamente errada, él se deleita en la deformidad y se gloria en degradación... El trae al mundo del arte un nuevo evangelio, un evangelio negro, un evangelio en el cual todo tiene que estar invertido y distorsionado: 'lo que sea repulsivo, las cosas que sean de recuento de maldad, las cosas que sean sórdidas: si acaso haya alguna insalubridad o alguna degradación: piensa en estas cosas'.

La misma influencia se hará notar en el mundo del cine, adonde, así como ya se ha apuntado, la historia es *sistemáticamente falsificada* en los intereses de odio de clases, y todo lo que puede tender, mientras se mantiene dentro de la presente ley, a socavar el patriotismo o moralidad es presionada sobre el público, y el oficio del cine es casi enteramente en las manos de los Judíos. En el narco tráfico los judíos están jugando una prominente parte ambos lados, acá y en América. Un eminente doctor Neoyorquino me escribe lo siguiente:

> Miembros del escuadrón Federal para narcóticos adjunto al Treasury Department y teniendo la función de reforzar las provisiones del Acta Harrison desde hace mucho han estado convencidos que hay una directa relación entre Radicalismo y narcotismo. Desde hace siete a diez años atrás esto se pensaba que era una manifestación de pana-

Germana propaganda. La Actividad era y todavía es mayor en la parte de los distribuidores y vendedores ambulantes que lo que hay que contabilizar por las grandes utilidades, de acuerdo a su historia. Bastante curioso, el tráfico se detuvo en grande por varias semanas siguientes a la firma del Armisticio. En una instancia, *siete regularmente médicos licenciados del "Lado Este", todos Judíos,* fueron arrestados en sucesión durante el verano de 1920 por ilegitimo uso de narcóticos con prescripciones, y cada oficina en la redada tenia grandes cantidades de literatura radical. Tales asociaciones no son in frecuentes.

En cuanto a la distribución, una reciente investigación por *Hearst's Magazine* definitivamente revelan el hecho que los ilegítimos distribuidores eran casi invariablemente de la raza Judía, y que los vendedores eran exclusivamente Judíos e Italianos. Suficiente, entonces, se ha dicho para mostrar que, ya sea como agentes o como principales, los judíos están jugando una parte en todos los subversivos movimientos. Un cristiano Judío, no un renegado de su raza sino profundamente preocupado por su futuro desarrollo, dijo recientemente a este escritor:

"El creciente materialismo entre los Judíos los ha hecho la mas destructiva fuerza en el mundo. La única esperanza para ellos es que acepten la Cristiandad. Al presente ellos son el mas grande peligro que la Cristiana civilización tiene que encarar."

... un reporte privadamente comunicado a este escritor, en 1923 manifestaba:

Parece que no tiene significancia que la Radical literatura nunca es anti-Semita, sino, al contrario, manifiestos emitidos por el Ejecutivo Comité del Partido Comunista son a menudo enfáticamente pro-Judíos. Así que hasta donde yo se, no hay una organización exclusivamente Judía en los Estados Unidos la cual esta abierta y consistentemente combatiendo al Radicalismo. El Conservador Judaísmo, leal a los Estados Unidos y sus instituciones según concebida por sus fundadores, es desorganizado e inarticulado.

... La prensa general de este pais, sobre los cuales los Judios ejercen un incrementado control, ha sesguido la misma politica. Este proceso de penetracion comenzo hace mucho en el Continente. Tan remoto como 1846 un misionero Ingles a los Judios en Berlin escribio:

Independientemente de los quince rotativos exclusivamente Judíos de Alemania, cuatro de los cuales han hecho su aparición desde el comienzo del presente año, la cotidiana prensa política de Europa está mucho bajo dominio de los Judío; como literarios contribuyentes, ellos influencian casi cada rotativo líder Continental, y según la controversia parece ser su aire nativo, y traen al campo mentales energías de marca no ordinaria, ellos no tienen falta de empleo, y si acaso algún oponente literario se aventura a tratar de arrestar el progreso del Judaísmo al poder político, se encuentra a si sujeto a noticia publica, y expuesto a ataque tras ataque en la mayoría de los diarios líderes Europeos... Yo nunca pase por una sala de lectura atestada, pero lo que pensé que Vi parado tras las escenas a un Judío, causando nuevas ideas por surgir y echar a andar, y desarrollarse en las incautas mentes de los Gentiles.[425]

Todo el mundo educacional así como el mundo político y social estar permeado con influencia judía. Cada hombre en la vida pública, cada político moderno, sea a cualquier partido que pertenezca, parece encontrarlo *de rigueur* tener su confidencial asesor judío con el que se codea, justo así en la Edad Media un príncipe tenía su doctor judío siempre a la mano para mezclar sus pociones y asegurarle una larga vida. Esto parece ser debido a no solamente por la utilidad del Judío en financiar proyectos, sino a la casi universal creencia en la superior inteligencia de la raza Judía, la cual el Judío ha logrado implantar en la mentalidad de los Gentiles. Pero el tiempo ha venido a preguntar: ¿Es el judío realmente el superhombre que nos han enseñado a considerarlo? En examinación encontraremos que en el presente así como en el pasado, sus talentos son desplegados principalmente en dos corrientes - financiera y oculta. Usureros en la Edad Media, financieros hoy, los Judíos siempre han sido sobresalientes en la creación y manipulación de riqueza, y justo así como en el último periodo ellos eran los grandes maestros de magia, así en el tiempo presente ellos son los maestros del casi mágico arte de tomar control sobre la mente individual y la del público.

El hecho es que el Judío usualmente no es un hombre de vastos conceptos, ni tampoco está dotado de gran originalidad de mente; sus habilidades consisten más bien en la elaboración o en la adaptación de las ideas de otros y hacerlas más efectivas. Por consiguiente las más importantes invenciones de los tiempos modernos no han sido hechas por judíos, sino que han sido frecuentemente mejoradas por ellos. Ni James Watt, Stephenson, Marconi, Edison, Pasteur, ni tampoco Madame Curie eran de raza Judía, y lo mismo se puede decir de casi todos los grandes hombres que han vivido desde inicios de nuestra civilización. Napoleón no era Judío, ni tampoco lo era

---

[425] *Jewish Intelligence and Monthly Account of the Proceedings of the London Society for Promoting Christianity amongst the Jews*, Abril 1846, pp. 111, 112: Carta del Rev. B.W. Wright.

Shakespeare, ni Bacon, ni Sir Isaac Newton, ni Miguel ángel, ni Leonardo da Vinci, ni Galileo, ni Dante, ni Descartes, ni Molière, ni Emerson, ni Abraham Lincoln, ni Goethe, ni Kant, ni aun Machiavelli. *Dejados a sus propios recursos, ¿Que civilización serían los Judíos capaces de crear?* Mientras Egipto, Grecia, y Roma han dejado inmortales monumentos, ¿Que monumentos ha dejado Palestina al mundo?[426]

Los Judíos, entonces, provee un alto promedio de inteligencia, ¿Pero durante los últimos dos mil años ellos han producido un poderoso genios? Además, contra este alto promedio de inteligencia debe medirse contra un igualmente promedio alto de enajenación mental. En este punto tenemos la evidencia de la *Jewish Encyclopædia*:

> Los Judíos están más sujetos a males del sistema nervioso que las otras razas y gente entre la que moran. La Histeria y neurastenia parece ser más frecuente. Algunos médicos de mucha experiencia entre judíos han ido más lejos al manifestar que la mayoría de ellos son neurasténicos e histéricos. Tobler asevera que todas las mujeres Judías en Palestina son histéricas; y Raymond dice que en Varsovia, Polonia, la histeria es muy frecuentemente encontrada tanto en hombres y mujeres Judías. La población Judía de esa ciudad es casi exclusivamente la inexhaustible fuente para el suministro de hombres histéricos para las clínicas de todo el Continente (*L'Etude des Maladies du Système Nerveux en Russie*). En relación Austria y Alemania, el mismo neurótico mal de los Judíos ha sido enfatizado por Krafft, Ebbing, etc... En New York se ha mostrado por Collins que entre 333 casos de neurastenia los cuales vinieron bajo su observación, mas del 40 por ciento eran de extracción judía, etc.[427]

El mismo americano neurosiquiatra ya citado anteriormente atribuye la predominancia de judíos en el movimiento revolucionario en América en gran manera a esta causa:

> Los Anarquistas se han desarrollado mucho de las clases criminales, y una creencia en anarquía, *per se*, es un *psicopática* manifestación. Un estudiante de anarquía, por lo tanto, no solo estaría obligado a cubrir el campo de la criminología, pero es más significativo e importante

---

[426] Gustave Le Bon va mas alla al decir que "los judios nunca han poseido ya sea artes, ciencias, o industrias, o algo que constituya una civilizacion... Al tiempo de su maximo poder bajo el reino de Salomon, fue desde el extranjero que estuvieron obligados a traer arquitectos, obreros, y artistas, de los cuales ningún rival entonces existía en Israel."

- *Les Premières Civilizations*, p.613. (1889).

[427] *Jewish Encyclopedia*, articulo sobre Enfermedades Nerviosas.

origen, la psicopatología. Algunos anarquistas están realmente dementes, mientras otros muestran marcadas psicológicas deficiencias. Bajo nuestras leyes así como están ahora enmarcadas, estas no pueden estar restringidas a menos que ellos cometan actos de violencia. Así como están, nuestros asilos están llenos con esta clase, y eso introduce otra fase del asunto. Los dementes de nuestro asilo son mayormente reclutados de la raza Judía,[428] al menos reclutados en tremenda desproporción a su número en la población.

El *Jewish World*, recientemente comentando en el "generalmente admitido" hecho que "el porcentaje de desórdenes mentales entre los Judíos es mucho mayor que entre los no-Judíos," se pregunta: "Es la causa inherente, es decir, ¿Hay una disposición racial hacia la degeneración, o es el resultado de las condiciones y causas externas?"

El escritor continua a referirse a un artículo en el *Zukunft* el cual respalda la visión que las terribles experiencias de los Judíos en la Edad Media ha afectado su sistema nervioso, y por lo tanto era la causa de la enajenación mental entre ellos "no es debido a disposición racial, no es un étnico principio, sino es el resultado de la trágica suerte del pueblo Judío."[429]

Podría ser quizás rastreada más seguramente al hábito de compadecerse de esa trágica gente. A cualquier costo, es curioso denotar que estos dos síntomas están reconocidos como las primeras etapas de una "parálisis general del demente":

> La manía que uno es objeto de persecución y "exaltadas ideas" (conocidas en Francia como la *folie des grandeurs* [ahora conocido como 'Desorden de Paranoia de la Personalidad acorde al criterio del DSM III – OZ]), son las dos obsesiones qué el Talmud y la Cábala con sus sueños de dominación mundial bajo un vengador Mesías han inculcado en la mente del Judío.

... Si acaso "todas las mujeres Judías en Palestina están histéricas," presumiblemente muchos de sus hombres sufren de la misma discapacidad, lo cual no promete nada bueno para los infortunados Árabes que viven bajo su dominio. Cuanto del problema que ya ha ocurrido en Palestina podría ser atribuido a esta causa es imposible de saber. El número de judíos en

---

[428] La Elite Illuminati fácilmente clasifica como 'Psicópatas' lo cual es "una carencia de remordimiento, consciencia, y comprensión de los sentimientos de otros." Según definido por el Dr. Essi Viding, del Institute of Psychiatry, King's College en Londres, Inglaterra; el diccionario de Webster: el psicópata es inmoral, mezquinamente exhibe tradiciones propias, es infantil en personalidad, es ilusorio, y tiene sentimientos de grandeza y omnipotencia.

[429] *Jewish World* para Noviembre 9, 1922,

posiciones de autoridad en Inglaterra se incrementa actualmente, sin embargo, un mucho mayor tema de alarma. Los Judíos y Árabes como sea ambos Semitas y podría esperarse que tengan ciertas ideas en común, pero colocar una altamente civilizada raza Aria bajo Semítico control es otro asunto... Yo no digo que no hayan honorables y justos Judíos, pero si sostengo que el espíritu de fair play el cual es la esencia del carácter británico, no es característica de la raza judía en general... El difunto Sr. Hyndman vio más allá cuando nos alertó que "aquellos que están acostumbrados a ver a los Judíos como esencialmente prácticos y conservadores, así como certeros, también, para enlistarse en el lado del prevaleciente sistema social, será obligado a reconsiderar sus conclusiones."[430]

Las causas de la reciente *debacle* del Conservador Gobierno son aun obscuras, pero el hecho queda que fue precisamente en un momento cuando la Conservadora organización ha pasado mayormente en manos Judías que el Conservatismo encara el más asombroso desastre en toda su historia.

... El gran peso de la Judiada jamás será lanzada en la escala de verdadero Conservatismo; solamente hasta donde el Conservatismo abandone sus patrióticas tradiciones y cumpla con las fuerzas de Internacionalismo podría ganar cualquier considerable apoyo Judío. Solo tenemos que seguir los compromisos en la actual política en la prensa Judía para poder dares por enterado que el único estándar por el cual los judíos hacen juicio de cualquier partido político es la medida en la cual este conferirá exclusivas ventajas a los de su propia raza.

La interrogante Judía, por tanto, no gira en torno a que ya sea que a los Judíos se les debe otorgar iguales derechos en todos lados junto al resto de la humanidad, sino que sean colocados por encima de la ley, ya sea que se les permita ocupar en todos lados una privilegiada posición.[431] Nada menos los satisfacerla, y cualquier intento de oponerse a esta proclama será siempre afrontado por ellos con el grito de "persecución." Además, esta posición de privilegio representa a una sección de la Judiada apenas una etapa en la senda a la dominación mundial. ¿Por si acaso así hemos visto por documental evidencia, este plan siempre ha existido en el pasado, este parece que ha sido abandonado al preciso momento el cual parece más propicio para su

---

[430] H.M. Hyndman, "The Dawn of a Revolutionary Epoch," en *The Nineteenth Century* para Enero de 1881.

[431] Un comité recientemente ha sido formado por la Jewish Board of Guardians para asentarse en todos los movimientos "anti-Semitas" en este país. En una reunión de este cuerpo complacientemente se anuncio que "el Comité ha obtenido la remoción de posters de un periódico anti-Semita de las paredes de un importante establecimiento, y se han dado pasos para hacer remover los otros." *Jewish Guardian*, Febrero 22, 1924. Nos asombramos ya sea que los Galeses serian capaces de obtener la remocion de posters anunciando literatura de naturaleza anti-Celta. Esta peligrosamente cerca del cumplimiento de los Protocolos.

realización? La tendencia de los actuales eventos y la tónica de la prensa Judía ciertamente no garantiza tal conclusión... esto no es para menoscabar la importancia del peligro Judío. Aunque la existencia de un circulo interno de Masónicos "Sabios" remane problemática, la Judiada en si constituye la más efectiva Francmasonería en el mundo. ¿Que precisar de iniciaciones, o juramentos, o señas, o contraseñas entre gente que perfectamente se entienden y están por doquier trabajando para la misma finalidad?... Pudiese haber, y de hecho hay muy poca unidad entre Judíos, pero hay inmensa solidaridad. Un Judío llamado Morel, refiriéndose a la persecución del convertido Rabbi Drach por los Judíos, observa:

¿Qué es lo que las más sabias medidas de las autoridades de todos los países pueden hacer contra *la vasta y permanente conspiración de una gente* la cual, como una red tan vasta como fuerte, se estira sobre el mundo entero, viene a soportar su fuerza adonde sea que un evento ocurra que interese el nombre de Israelita?[432]

La oleada de sentimientos anti-Judío que durante los últimos años ha estado pasando en este país nada tiene en común con el odio racial que inspira el "anti-Semitismo" de Alemania; es simplemente la respuesta a una pretensión que los Británicos amantes de la libertad no admitirán. Aquellos de nosotros, sacrificando popularidad y ganancia monetaria, que se atrevan a hablar de esta cuestión no tenemos odio en nuestros corazones, sino solo amor por nuestro país. Nosotros creemos que no solamente nuestra seguridad nacional sino que nuestras grandes tradiciones nacionales están en juego, y que a menos que Inglaterra se despierte a tiempo pasara bajo dominación extranjera y su influencia como el fortín de la civilización cristiana lo perderá el mundo.

CONCLUSION

... No sería una exageración decir que ningún movimiento subversivo en el mundo hoy es ya sea, pro-Francés, pro-Británico, o "anti-Semita." Debemos concluir que si acaso un Poder controla el resto es ya sea poder Pana-Germano, el poder Judío o lo que solo llamamos Iluminismo... A la luz de nuestro presente conocimiento no parece imposible que si un círculo interno de Revolución Mundial existe este consiste de un grupo de hombres puramente Internacional cuyo objetivo es aquel de Weishaupt: la destrucción del actual sistema de sociedad. Que tal objetivo pueda ser seriamente entretenido se muestra por el hecho que es abiertamente proclamado por toda

---

[432] Drach, *De l'Harmonie entre l'Église et la Synagogue*. I. 79 (1844). Es curioso denotar que el escritor judio Margoliouth hace uso de la misma expresion cuando dice, **"Estaba bien remacado que la casa [De Rothschild] se extendió como una red sobre las naciones."** - *History of the Jews in Great Britain*, II. 161 (1851).

una escuela de escritores y pensadores que van desde dóciles Idealistas hasta feroces Anarquistas que, mientras ampliamente difieren en cuanto a los métodos y el último fin por ser alcanzado, están de acuerdo en el propósito común expresado por Rabaud de Saint-Étienne en las palabras: "Todo, así es, todo debe ser destruido, ya que todo debe ser rehacerse." [El tema del secretario Mao, 'Revolución Cultural' - OZ]

... Si acaso, entonces, un circulo interno existe, compuesto de Illuminati animados por un propósito puramente destructivo es concebible que ellos puedan hallar apoyo en aquellos Alemanes que deseen desintegrar los países de los Aliados con mira a futuras conquistas [Nazis], y en aquellos Judíos que esperan establecer su imperio en las ruinas de la civilización cristiana - de ahí la soberbia organización y los inmensos recursos financieros a disposición de los revolucionarios mundiales. Por otra parte podría ser que el oculto centro de dirección consiste en un círculo de Judíos localizados en la sombra de Grand Oriente, o quizás, como los Illuminati de inicios del siglo decimonoveno, localizados en ningún lugar pero trabajando de acuerdo y usando a los Pana-Germanos e Illuminatus Gentiles como sus herramientas ... viendo hacia atrás sobre los siglos a los oscuros episodios que han marcado la historia de la raza humana desde sus orígenes - extraños y horribles cultos, oleadas de brujería, blasfemias, y sacrilegios - *¿Cómo es posible ignorar la existencia de un Oculto Poder operando en el mundo?* Individuos, sectas, o razas encendidos por el deseo de dominación mundial, han proveído a las combatientes fuerzas de destrucción, pero atrás ellos están los verdaderos poderes de las tinieblas en eterno conflicto con los poderes de la luz.

Apéndices de Webster:

I - EVIDENCIA JUDIA EN EL TALMUD

En el decimotercer siglo un convertido Judío y ex Talmudista Donin quien, en su bautismo, asumió el nombre de Nicolás, se presentó ante el Papa, Gregorio IX, "e hizo acusaciones contra el Talmud, diciendo que distorsionaba las palabras de las sagradas escrituras, y en las Agadica porciones de este se encontraban desgraciadas representaciones de Dios," que este contenía muchos crasos errores y absurdidades, agrego que "estaba lleno de abusos contra el fundador de la religión cristiana y la Virgen. Donin demostró que fue el Talmud el cual previno que los judíos de aceptar la Cristiandad, y que sin este ellos pudiesen ciertamente haber abandonado su estado de incredulidad. "Otra vez" el manifestó que los escritos Talmúdicos enseñaban que era meritoria acción matar al mejor hombre entre los

Cristianos... que era legal engañar a un Cristiano sin ningún escrúpulo; estaba permitido a los Judíos romper una promesa hecha en juramento."[433]

II - ACERCA DE LOS PROTOCOLOS DE LOS SABIOS DE SION

... Los Protocolos representan el programa de revolución mundial, y que en vista de su profética naturaleza y de su extraordinario parecido a los protocolos de ciertas sociedades secretas en el pasado, estas fueron ya sea la obra de alguna sociedad tal o de alguien profundamente versado en el conocimiento de sociedades secretas que fue capaz de reproducir sus ideas y fraseología... La así-llamada refutación de los Protocolos los cuales aparecieron en el *Times* de Agosto de 1922, tiende a confirmar esta opinión. Acorde a estos artículos los Protocolos fueron en gran manera copiados del libro de Maurice Joly, *Dialogues aux Enfers entre Machiavel et Montesquieu*, publicado en 1864. Digamos de una vez que la semejanza entre las dos obras *no podría ser accidental*, no solo hay párrafos casi idénticos, sino que los puntos varios en el programa siguen uno al otro en precisamente el mismo orden. Pero ya sea que Nilus lo copio de Joly o *de la misma fuente de donde Joly deriva sus ideas* es otra interrogante. Se hará notar que Joly, en su prefacio, nunca reclamo haber originado el esquema descrito en su libro; al contrario el **distintamente declara que "¡personifica en particular un sistema político el cual no ha variado por un tan solo día en su aplicación desde el desastroso y al fin! Muy lejos de la fecha de su entronamiento."**... Los años sesenta del siglo pasado por tanto marcan una importante era en la historia de las sociedades secretas, y fue justo en la mitad de este periodo que Maurice Joly público su libro.

... [Es] admirable que uno de los sets de paralelos... aparecieron el mismo año que el libro de Joly, y ¿Que dentro del espacio de nueve años no menos de cuatro paralelos a los Protocolos deben haber sido descubiertos? Recapitulemos los eventos de esta década en la forma de una tabla y la proximidad de datas entonces serán más aparentes:

1860. Se funda la *Alliance Israëlite Universelle*.

1864. En el Primer *Internationale* asume Karl Marx. Se funda la *Alliance Sociale Démocratique* de Bakunin (paralelos). Se publica *Dialogue aux Enfers* de Maurice Joly (paralelos citados por *Times*).

---

[433] Graetz, *History of the Jews*, traducción Inglesa. Vol. III. p. 591 ff; - Confirmado por Werner Sombart, *The Jews and Modern Capitalism* (traducción Inglesa.), p. 203: - "Mata aun al mejor de los Gentiles." El Zohar también dice: "la Tradición nos dice que el mejor de los Gentiles merece la muerte." - Sección Vaïqra, folio 14*b* (traducción de De Pauly., Vol. V. p. 42).

1866. Primer Congreso del *Internationale* en Ginebra.

1868. *Biarritz* de Goedsche (paralelos citados por el Sr. Lucien Wolf).

1869. *Le Juif* de Gougenot Des Mousseaux, etc., *Polémique contre les Juifs*, de Bakounine.

Alfred Rosenberg

… Al momento cuando Maurice Joly escribió su *Dialogues*, las ideas que acuerpaban eran vigentes en muchos diferentes círculos. Es interesante, además, denotar que los autores de las dos últimas obras a las cuales nos referimos anteriormente, el Católico y Realista Des Mousseaux y el Anarquista Bakounine, entre los cuales es imposible imaginar conexión alguna, ambos en el mismo año denunciaron el creciente poder de los Judíos a quienes Bakounine describe como "la más formidable secta" en Europa, y otra vez asevera que una fuga de información ha tomado lugar en las sociedades secretas. Entonces en 1870 Bakounine explica que su sociedad secreta se ha desbandado debido a que sus secretos han sido revelados[434] y que su colega Netchaïeff ha arribado a la conclusión que "para poder fundar una seria e indestructible sociedad uno debe tomar por base la política de Machiavelli." Mientras tanto Gougenot Des Mousseaux ha relatado en *Le Juif*, que en Diciembre de 1865 él había recibido una carta de un estadista Alemán que decía:

> Desde la recrudescencia revolucionaria de 1848, Yo había tenido relación con un Judío quien, por vanidad, traiciono los secretos de las sociedades secretas con las cuales había estado asociado, y que me advirtió ocho o diez días de antelación de todas las revoluciones que estaban a punto de desatarse en cualquier punto de Europa. Le debo la inamovible convicción de todos estos movimientos de "pueblos oprimidos," etc., etc., son invención de media docena de individuos, quienes giran sus órdenes a las sociedades secretas de toda Europa. El terreno está absolutamente minado bajo nuestros pies, y los judíos proveen un largo contingente de estos mineros…[435]

… los *Protocolos* son una vasta mejora a *Dialogues* de Joly. Los más desconcertantes pasajes que contienen no se encuentran en obras anteriores,

---

[434] James Guillaume, *Documents de l'Internationale*, I. 131.

[435] *Correspondance de Bakounine*, publicada por Michael Dragomanov, p. 325; *Le Juif*, etc., pp. 367, 368.

ni tampoco, lo que hay que remarcar, son varias de las sorprendentes profecías concernientes al futuro las cuales el tiempo ha realizado ... Para sumar entonces, los Protocolos no son un simple plagio de la obra de Maurice Joly, en cualquier caso los proféticos pasajes agregados por Nilus u otro queda sin explicar [ver addendum abajo – OZ], o estos son una revisada edición del plan comunicado a Joly en 1864, actualizado y suplementado así para encajar en modernas condiciones por los continuadores del complot... seria más fácil, sin embargo para absolver a los Judíos de toda sospecha de complicidad si acaso ellos y sus amigos han adoptado una curso más derecho desde el tiempo en que los Protocolos aparecieron.

Cuando hace algunos años una obra del mismo tipo fue dirigida contra los Jesuitas, conteniendo lo que suponía ser un "Plan Secreto" de revolución cercanamente resemblando a los Protocolos[436] los Jesuitas se complacieron en ninguna invectiva, no hicieron apelación que el libro debe ser quemado por el común verdugo, recurrieron a ninguna fantástica explicación, sino que calladamente pronunciaron que el cargo era una fabricación. Entonces el asunto termino.

Pero desde el momento en que los Protocolos fueron publicados los Judíos y sus amigos han recurrido a cada tortuoso método de defensa, trajo presión sobre los publicadores - tuvieron éxito, de hecho, en temporalmente detener las ventas - apelo a la Secretaria para poder hacer su supresión, inventándose una refutación tras otra, todas mutuamente exclusivas de cada una, así que para el tiempo en que la solución ahora pronunciada de ser la correcta aparecería, ya nos habíamos asegurado media docena de veces que los Protocolos habían sido completamente y finalmente refutados.

Addendum: La 'explicación' es provista en *Occult Theocrasy* de Lady Q. que cita como fuentes a Gould y su *History of Freemasonry*, vol. II y a L. Fry con *Waters Flowing Eastward*. Estos autores citan a un Judío llamado Joseph Schorst, por ser responsable de abstraer los Protocolos de la Logia de Mizriam en Paris en 1884. El padre del Sr. Schorst era un falsificador, y el mismo fue misteriosamente asesinado en Egipto. El Sr. Fry denota que aun antes del libro de Joly, otro judío, Jacob Venedy publico *Machiavelli, Montesquieu, Rousseau* en Berlín, en 1850. Un extremadamente detallado recuento es brindado por Lady Q. [Vol. II pp. 407 a la 420]. En resumen, El rastro de lo que se conoce como los Protocolos es fácilmente encontrado por alguien que pueda leer la 'posición de la tierra' así como era, y cada

---

[436] *Revolution and War or Britain's Peril and her Secret Foes*, por Vigilant (1913). Una gran porción de este libro exponiendo la sutil propaganda del Socialismo y Pacifismo es admirable; es solo adonde el autor intenta colocar todo esto a la carga de los Jesuitas que enteramente falla en sustentar su caso.

campamento a lo largo del camino fue hecho por unos eminentes Judíos compañeros asociados con y guiando las Secretas Sociedades, más importantemente, Las *Templarías Logias y Ritos de Mizriam y Menfis y La Alliance Israelite Universelle*. El carácter principal que une la generación entre el Sr. Venedy a Schorst es el Judío, Adolphe Cremieux [y su confidencial agente, León Gambetta]. Cremieux jugo una prominente parte en el *Damascus Affair* [Asesinato Ritual Hasidico de un Sacerdote Católico, Padre Thomas 1840]; la Fundación de la *Israelita Universelle*; la Logia de Mizriam, Grand Oriente y Rito Escoses, y Gran Maestro del ultimo - sin mencionar sus intrigas como agente y enemigo para/de Napoleón III y Disraeli, este último con el cual el compartió apoyo financiero de Rothschild. Disertando a la asamblea General de la Alliance Israelite Universelle en 1864 dijo:

"La Alliance no está limitada a nuestro culto, este vocifera su apelar a todo los cultos y quiere penetrar en todas las religiones así como ha penetrado en todos los países. Emprendamos osadamente la unión de todos los cultos bajo una bandera de Unión y Progreso. Tal es el eslogan de la Humanidad."

El rastro de los Protocolos distintivamente conduce a nombres como Fould, Rothschild, Montefiore, Disraeli, Goldsmith, Marx, Hess, Jacoby, Lassaille, Riesser también - todos Judíos. Alfred Rosenberg, otro Judío [imagen anterior],

convenientemente puesto en las manos de los mentores de la Sociedad Thule de Hitler bajo el auspicio de Detriech Eckhart, otro Judío y Adepto de la magia Rosacruz. Rosenberg se convirtió en el ideólogo de Hitler. La meta Illuminati con la 'Solución Final' nazi era de exterminar todos Judíos verdaderamente religiosos. Es realmente muy simple de ver, una vez que uno acepte las profundas hondonadas de iniquidad de la cual esta gente es capaz – Omar Zaid.

[FIN DEL APENDICE VIII – SOCIEDADES SECRETAS, POR NESTA WEBSTER]

APENDICE IX

LA FRANCMASONERIA HABLA POR SI MISMA

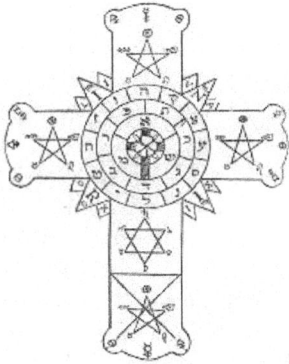

Cruz Rosacruz

➢ ☐ "Si acaso la Francmasonería fuese simplemente una Cristiana institución, el Judío y el Musulmán, los Brahmán y Budistas, no podrían tomar parte conscientemente de su iluminación."
- Albert Mackey, **Encyclopedia of Freemasonry**, p. 182, Mason Grado 33.

➢ "La Masonería tiene nada que ver con la Biblia; no está fundada en la Biblia, ya que si fuese, no sería Masonería, sería algo distinto."
- The **Digest of Masonic Law**, p. 207-209.

➢ "La Humanidad, 'in-toto', entonces, es el único Dios Personal." - J.D. Buck, **Mystic Masonry** , p. 136, Mason Grado 32

➢ "La Francmasonería es una búsqueda por Luz. Esa búsqueda nos lleva directamente otra vez, como ves, a la Cábala.... Todas las verdaderamente dogmáticas religiones se han emitido a partir de la Cábala y retornan a ella; todo científica y grandeza en los religiosos sueños de los Illuminati... todas las Masónicas asociaciones le deben sus Secretos y sus símbolos." - Albert Pike, **Morals and Dogma** , p. 741,]

➢ "En los modernos ritos de brujas, encontramos términos y expresiones que también son usadas en la Masonería, el Amanecer Dorado, y otras tales sociedades ocultas." - Arnold and Patricia Crowther, **The Secrets of Ancient Witchcraft**, p. 22.

➢ "Los grados de Martinismo abundaron en las reverías (placeres, es decir sexo) de los Místicos." - Albert Mackey, **Encyclopedia of Masonry**, p. 552

➢ "Que es lo más absurdo y lo más impío que el atribuir el nombre de Lucifer al diablo, esto es, para la maldad personificada. El intelectual Lucifer es el espíritu de inteligencia y amor; es el paracleto [uno que aboga]; es el Espíritu Santo, adonde el Lucifer físico es el gran ángel de universal magnetismo." - Eliphas Levi, Francmasón Grado 33, Rosicruz Adepto a la Magia, **The Mysteries of Magic, A Digest of the Writings of Eliphas Levi.**

➢"Aquellos cual debemos decir a la masa es: 'Adoramos un dios, pero es el dios que uno adora sin superstición.' Para ti, Soberano Gran Instructor General [un masón grado 33], decimos esto... lo puedes repetir a los Cofrades de los grados 32, 31, y 30... La Masónica religión debe ser, por todos los iniciados de los grados altos, mantenidos en la pureza de la Luciferina doctrina... Así es, Lucifer es Dios, y desafortunadamente Adonay [Dios de la Santa Biblia] es también Dios... la doctrina de Satanismo es una herejía; y la verdadera y pura filosófica religión es la creencia en Lucifer, el parigual de Adonay; pero Lucifer, Dios de Luz, Dios de Bien, está luchando por la humanidad contra Adonay, el Dios de Tinieblas y Maldad." - Lady Queensborough, **Occult Theocrasy**, p. 220-221, citando una carta de Albert Pike al 23 Supremos Concejos del Mundo en Julio 14, 1889. La Historia no registra que la Francmasonería alguna vez proceso a Lady Queensborough por libela.

➢ "LUCIFER, el Portador de Luz... ¿Es el que porta la Luz? ¡No lo dude!... El verdadero nombre de Satanás, los Cabalistas dicen, es Yahweh (DIOS) al reverso; ya que Satanás no es un dios negro, sino una negación de Dios. Para los Iniciados, este no es una Persona, sino una Fuerza..." - Albert Pike, **Morals and Dogma**, p. 321, p 102]

➢ "El resultado es luz o iluminación. Tales son los Illuminati." - J.D. Buck, Mason Grado 33, *Mystic Masonry*, Introduction, p. xl.

➢ "Los Grados Blue (los Grados de la Logia Blue) no son más que atrio o pórtico del Templo. Parte de los símbolos son desplegados allá al Iniciado, pero él es intencionalmente mal conducido por falsas interpretaciones. No es la intención que él debe entenderlas; sino la intención que él deba imaginar que las entiende." - Albert Pike, *Morals and Dogma*, p. 819;

➢ "Es esto lo cual ha servido como la base para nuestra organización de SECRETA MASONERIA LA CUAL NO ES CONOCIDA POR, CON OBJETIVOS LOS CUALES NO SON NI AUN SOSPECHADOS POR ESTE GANADO, ATRAIDA POR NOS DENTRO DEL SHOW EJERCITOS DE MASONICAS LOGIAS PARA PODER ARROJAR POLVO EN LOS OJOS DE SUS COMPAÑEROS... la masonería ciegamente sirve como una pantalla para nosotros y nuestros objetivos, pero el plan de acción de nuestra fuerza, aun su muy morada, permanece para el pueblo entero un misterio desconocido." - *Protocolos de los Sabios de Sion*

➢ "Presidentes, Reyes, etc., todos son hechos Masones 'honorarios' Grado 33. Esto nada prueba. Este es el gran engaño. El éxito del sistema entero depende en la sólida integridad y política y social prominencia de sus afiliados cuyas virtudes los hacen valiosos como señuelos. El Antiguo y Aceptado Rito Escocés maneja su propio Servicio Secreto el cual coopera con los Servicios Secretos nacionales de todos los países para así servir los objetivos y propósitos del Internacionalismo... Dejemos que la autoritaria enseñanza de Mackey sea continuamente tenida en mente que; 'la misión y objetivo de la Francmasonería es la adoración del 'Gran Arquitecto del Universo'. Esto seguido de que las logias deben tener algo para que el bobo se le

llame a hacer adoración. Y lo que perversos hombres y diablos inventen más oficio que el Antiguo y Aceptado Rito Escocés, el cual ahora rige los ritos del mundo. Esta arrebata y se apropia de todas las religiones sino su santidad y justicia. Y todo de Cristo sino su verdad y sacrificio. Esta mezcla cosas sacras con cosas profanas, hasta que todo el complejo es profanidad; y citando la Biblia como si fuese verdad, lo cual notoriamente no lo es, este ha modelado un sistema oscuro, del cual los ángeles escapan y en el cual demonios habitan. Cada logia es una Sinagoga de Satanás y su ritual es hechicería."

Blanchard, Francmasón Grado 33,
Scottish Rite Masonry Illustrated vol. II. p. 162

El difunto Albert Mackey, Soberano Gran Comandante de la Francmasonería Internacional.

The late Albert Mackey, Sovereign Grand Commander of International Freemasonry.

El Soberano Concejo (Judío) Patriarcal en Hamburgo eran las herramientas voluntaria de Lemmi, y con 50,000 Masones, quienes eran simultáneamente Paladistas de la Federación de Hamburgo, bajo sus órdenes como Jefe de Acción Política manejaron una espléndida campaña de propaganda para demandar la remoción del Dogmático Directorio en Charleston hacia Roma, con el pretexto que el Vaticano podría ser combatido mejor a cuarteles cerrados. Luego de algunas sorprendentes intrigas, el voto fue contra los americanos delegados en Mayo de 1893. Lemmi y los Judíos de Hamburgo triunfaron. La mano oculta sobre la Alta Masonería se convirtieron totalmente judía y Euro céntrica.

Ver: Onslow Yorke, *Secret History of The International, pp. 52-56;* y Lady Q. p 290 – OZ

En 1917, esta *re-organización* - la cual era esencialmente embrionica en 1902 - se adjuntaron a los existentes charters bajo el titulo general de *Iluminismo*, ligado vía 'Patentes' de la *Antigua Orden de Orientales Templarios* a las *Societas*

Rosicruciana en Anglia, y sin obstrucción se declaró a si el 'súper rito'. Copias de las Patentes están anexadas en la obra de Lady Queensborough, *Secret Societies*, de la cual tengo una copia. - OZ

> "Una vez ya en los altos grados, a un hombre quien ha, muy tarde, sido encontrado ser obstinado, puede continuar al más alto punto visible de iniciación a lo largo del carril preparado por aquellos no quieren que él sepa nada. Todo es bello, todo es noble, el solo ve lo mejor, y por siempre publicita el bien de la Francmasonería. Aunque en esta capacidad no hay nada más que podría hacer, él se convierte en un importante factor en reclutamiento." - Lady Q. p. 297

Un Testimonio Poco Conocido

Luego del triunfo del Europeo Judío *Concejo Patriarcal*, los americanos perdieron la supremacía de su Dogmático Concejo el cual fue entonces transferido a Roma en Mayo de 1893. El siguiente extracto es tomado de la obra de Doménico Margiotta, *Le Palladisme*, p. 32. Es el testimonio de La Croix du Dauphine, Mayo 18, 1895, como agente de la familia Borghese:

> "Naturalmente los agentes de la familia Borghese fueron admitidos sin impedimento a todos los salones y habitaciones del palacio, con la excepción de uno que estaba cerrado, y el cual los regentes se rehusaron obstinadamente a abrir. Luego los agentes del propietario de las instalaciones (el Príncipe Borghese) insistieron en que se le permitiera entrada a aquella habitación y amenazaban a finalmente forzar la puerta. Encarando tal amenaza, los guardias de Lemmi se vieron obligados a rendirse y los representantes del arrendador entraron el templo Paladino.

> En sus paredes laterales estaban colgando magníficas lustrosas cortinas rojo y negro. A la parte posterior se encontraba una gran pieza de tapete sobre el cual estaba la figura de Satanás cuyos pies eran un altar. Aquí y allá había triángulos arreglados, escuadras y otros simbólicos signos de la secta así como también libros y Masónicos rituales. En todo alrededor había sillas doradas. Cada una de estas, en la moldura que encabezaba el respaldar, tenía un ojo de cristal; el interior del templo estaba alumbrado por electricidad, mientras en medio del templo se erguía un curioso trono, aquel del gran Satánico Pontífice.

Debido al estado de terror en el cual esta inesperada vista los había clavado, los visitantes se marcharon en una apresurada retirada sin posterior examinación del lugar."

APÉNDICE X

LA INSTITUCION DE MAGIA SEXUAL ASOCIADA CON FRANCMASONES DE GRADOS SUPERIORES

Nota del Autor: Estos rituales tienen que ver con muy pocos hombres (y mujeres) selectas para Francmasónica Iniciación más allá del grado 32. Aun entre estos, solamente unos pocos son seleccionados para ir más dentro de rituales puramente Satánicos de la OTO y relacionadas logias tales como la Paladión y otras. La mayoría de ordinarios Francmasones no tienen idea que esta esfera existe. En adición, el lector debe también realizar que la OTO, según establecida por Crowley y otros, ahora se ha convertido más bien en un diverso grupo de diletantes, algunos de los cuales poco tienen que ver con la Francmasonería. Sin embargo, los adeptos principales están vivos y bien y tienen mucho que hacer con el circulo interno de 'sombras' en el ápice de Francmasónicas e Illuminati Pirámides de congruidad. Estos ritos están íntimamente asociados con los Misterios Egipcios de Isis y Osiris (también conocidos como los 'Derechos de Menfis') - según preservados por la 'Cofradía Asiática' - y otros de antiguo origen Babilónico y Sumerio, y aun estos podrían ser rastreados hasta ritos que ahora sabemos que se han originado en la antigua Dravidia de Caín. Usted vera según continúe leyendo, que estos ritos paralelos a aquellos del Lamaísmo muy cercanamente, y es para el Tibetano Dali Lama y su sequito de adeptos que la Satánica posteridad debe la 'perfección' de estos rituales acorde a la Iblisiana sutileza; si acaso fuese lo contrario, Hitler habría tenido muy poca razón de buscarlos e importar unos pocos pelotones de estos endiablados Monjes para asentar la guerra en Berlín. Usted también llegara a enterarse porque la sodomía es tan prevalente entre nuestros líderes, incluyendo la Ummah. Para poder alcanzar una (*gestalt*) perspectiva para esta última acusación, por favor realice un completo repaso del Apéndice XIII. - OZ

ASPECTOS DE LA INICIACION A LA OTO Y THELEMA

Extractos editdos y tomados de *The Ordo Templi Orientis Phenomenon*, por Peter R. Koenig

Hymenaeus Beta XI°
Frater Superior
Ordo Templi Orientis
O. T. O.

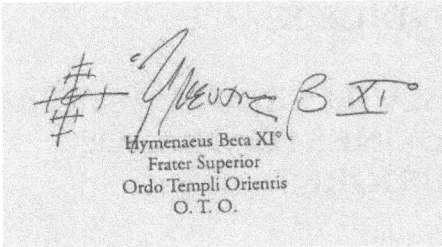

Una Típica firma de un Iniciado de Grado Undécimo, usando el Sigilo de Crowley. Este grado está dedicado a la Magia de homosexual sodomía. Allí ahora existen un gran número de logias de Órdenes exclusivamente homosexuales del Undécimo grado, aunque el rango es mejor ostentado por bisexuales quienes son capaces en reproducción y así entonces prestarse a si hacia la encarnación de demonizados vástagos. Algo que estas criaturas tienen por divino.

Basado en la obra de Crowley, Líber LXV y sus Comentarios adonde el Adepto tiene que *"asumir el rol de mujer"*, mayoritariamente la Comunicación con el Santo Guardián Ángel (S.G.A.) es visto en el contexto del undécimo grado.

> *"Yo debo adorar el Falo más (identificarme con Él, o Ello): ... y yo debo fornicar... más y aprender más... Yo debo visualizar el Sigilo de mi S.G.A. mientras fornico."* *"Yo debo practicar el acto sexual mucho, hasta que la necesaria muscular sabiduría se hunda dentro del inconsciente y pueda Yo concentrarme en la voluntad."* *"Primero, el Ángel es tanto femenina como Él es masculino; de hecho este es omnisexual. Segundo, nosotros no sabemos si acaso una mujer podría alcanzar el Conocimiento y Conversación con la mira puesta en la sedienta copa de su Diosa, en vez de a la pelada vara de El...; en otras palabras, yendo por una senda en la cual los Hombres-Símbolos no son... Pero esto si lo sabemos: que para ella deba identificarse con su Ángel como una mujer, allí todavía restaría la tarea de identificarse con el cómo un Hombre"* – Marcelo Ramos Motta, Iniciado de la OTO

El Undécimo Grado en la Tifonia-O.T.O.

La T.O.T.O. está basada en *sexo durante la menstruación* y está considerada por algunos como el verdadero reversar del grado Undécimo, es decir, ser parte del mismo ciclo. La Tifonia O.T.O. está ocupada en efectivas transmisiones y comunicaciones desde el 'espacio exterior' con el propósito de abrir Portales. Las Tifonianas 'deidades' denotan especificas operaciones de alquimia psicofísica la cual involucra esencias o elixires segregadas (arrojadas y/o consideradas inmundas) por el organismo humano. Se considera que Crowley no estaba enterado de la verdadera formula ya que el Undécimo grado Tifoniano involucra específicos *kalas* que están enteramente ausentes del organismo masculino.

Ocultos Racistas y modelos a seguir

Crowley puede ser considerado como un político oportunista asociado con cualquiera en cualquier lugar, y manejando el negocio de su religión para su privado entretenimiento. Sin embargo, entre más fallaba con sus políticas ambiciones y sus utópicos intentos, más él se exhibía como el fundador de una religión. Crowley atrajo fanáticos de todos los caminos de la vida. Él fue un irritador (no solamente al respecto de su visión política), quien había edificado una religión para marginados con estilo propio. Uno estaría duro poner a considerar esta religión como ya sea filantrópica o democrática. Thelema siempre aspira a volverse una religión estatal, sin importar de cual estado, es decir su fundador trato de congraciarse a si con su religión a cualquier cosa parecida a un estado, sin importar cuan totalitario o radical fuese. Para el, la presencia de un elemento anti cristiano era el asunto principal. La cosa sorprendente de estos esfuerzos es que el Thelema y la O.T.O. no quieran substituir la Cristiandad sino hacerla retornar a su original condición. Entonces, Crowley escribió en 1944, enteramente a lo largo de las líneas de Theodor Reuss que era la tarea de la O.T.O *"de restaurar la Cristiandad a su real estatus de religión fálica solar"*. Ni aun así uno debe descartar la enarbolada clientela atraída por este tópico. Ni tampoco debe uno hacer luz de Crowley y su anti-Semitismo y otras embarazosas características para poder hacerle aceptable para academia y lo convencional. Este escritor no asevera que Crowley, Thelema o la O.T.O son fascistas o Nazis: Crowley también tenía conexiones con personajes comunistas. Sus totalitarias ideas podían mezclarse con la "derecha" o la "izquierda," y ambos "derecha" e "izquierda" si acaso se empuja a extremos se oscurece en sombras de totalitario. En este sentido, uno podría llamarlo un fascista pero uno igualmente podría llamarlo un comunista, y él tampoco estaba en el final análisis. Sin embargo, es obvio que algunos misantrópicos elementos pueden ser encontrados en la biografía de Crowley, el concepto de Thelema y en instrucciones para miembros de la O.T.O. y su entorno.

Las organizaciones ocultistas están frecuentemente encarando el reproche de valorar ideas de extrema Derecha; no menos debido a la distinción de Aleister Crowley entre "ordinarios" humanos que son comparados a *perros*[437] y quienes sirven, y una superior clase de *dioses* humanos que rigen a los *perros*. [Liber AL] La idea de Crowley en 1937 idea de la utilización comercial de la Suástica en tazas de porcelana y su sugestión de discutir el Thelema *"como la base para el nuevo orden Nazi"* [entrada en el diario data del 5 de Mayo de 1936] indica la asunción de una totalitaria convicción por Crowley. Por otra parte, luego de la

---

[437] El termino 'Perro' es tradicionalmente usado por Satanistas como peyorativo para aquellos que en realidad sirven al Sacerdote Satanico en sus altares. - OZ

toma del poder por parte del Nacional Socialista, más de dos docenas de organizaciones tipo Logias, incluyendo ocultos grupos, fueron prohibidas.

El decreto del SS Reichsführer circulando en 1937 fue la política conclusión de propaganda Nazi contra los francmasones y similares organizaciones. A la Gestapo le fue girada la orden de disolver todos los prohibidos grupos los cuales no habían sido aún perseguidos.

El 'decreto de la SS' fue probablemente el telón de cierre en el Germano Masónico drama. Previo a esto, a las Logias se les había pedido se disolvieran ellas mismas.

Aquellas que se resistieron fueron finalmente prohibidas en 1937. Eugen Grosche, fundador de la Fraternitas Saturni, huyo de los Nazis hacia Suiza y Karl Germer, el mejor amigo de Crowley, termino en un campo de concentración. Sin embargo, los documentos del FBI en un reporte que el supuestamente alardeaba acerca de la raza Maestra:

"Informante aviso que el sujeto ha manifestado que él es de la opinión que HITLER esta en lo correcto al creer que los Germanos son la "Raza Maestra".

La conversación del sujeto es supuesta violenta propaganda Nazi... que el a menudo escucha que ALEISTER CROWLEY está siendo consultado por HITLER concerniente a su "Magia Negra" y el a menudo escucha a GERMER decir que él, GERMER, es un creyente en HITLER y su ideología al extremo que él, también cree que los Germanos son una "Raza Maestra". Me preocupa debido a que su conversación es violenta propaganda Nazi."

Sobre Thelema

Sin embargo, antes que añadir las etiquetas "totalitario" o "fascista" a los Crowleyitas debemos delinear las principales características de la visión mundial Thelemica. Muchos Thelemitas se consideran a sí ser divinos agentes, actuando desde una "Verdadera Voluntad" - mientras los no Thelemitas son meros 'objetos' - así indicado en los dictados de Crowley, "los esclavos deben servir." Los "esclavos quienes deben servir" son todos y cada uno que vive en dependencia (acorde a la visión mundial Thelemica): dependientes, subordinados, adictos, debiluchos; en otras palabras: los esclavizados. Similarmente, Grosche hablo de "cosas, objetos, material". En ocultistas términos el Thelemita es un dicótomo, viéndose a si como ser superior o un 'elegido', mientras todos los demás son nada. Esta suerte de Thelemita (ciertamente, hay excepciones a la regla) vive en un mundo regido por el bien y el mal; desde luego, como un ser superior estos Thelemitas podrían alcanzar un nivel que está por encima de eso (el "cruce del Abismo") - pero aun así el mundo abajo del abismo es solamente blanco y negro. Los Thelemitas están atrapados en tales relaciones; todos son víctimas y culpables, amos esclavos, dioses y sub-humanos. Y esto es reflejado en su lenguaje cuando ellos describen sus críticos, ex-miembros, las iglesias (Cristianas), el gobierno, la administración o a quien sea que apunten. Esto es contradictorio a auto retrato de Thelema detallado al público del cual nuevos miembros deben ser traídos. No solamente es la ideología religiosa-filosófica totalitaria Thelema, sino también la actitud emocional, los concepciones valorables, las opiniones acerca de ser escogido, las identificaciones de roles, el proyectado injusto destino de los Thelemitas y la asunción de la justificada predominancia sobre no-Thelemitas se derivan a partir de todas estas consideraciones. Viéndolo políticamente, esto es expresado en todas las orientaciones políticas resultantes de una anti-democrática perspectiva.

Junto con Crowley, Theodor Reuss, el fundador de la O.T.O., publico pro-Germana propaganda durante la Primera Guerra Mundial. Ese hecho está documentado suficientemente... Crowley parece haber sido un oportunista político, un hipócrita cuyo primer principio era el interés propio:

> "Yo ciertamente no soy un anarquista, ya que la familia es la más pequeña y vil unidad de gobierno: ni un Socialista, ya que el Estado es la más grande y menor unidad humana. Yo supongo entonces, que - con Ethyl como sin - Yo quiero un sistema Patriarcal-Feudal manejado por iniciados Reyes." "Esta es la doctrina central del Thelema en este asunto. ¿Qué es lo que debemos entender por él? Que este imbécil y nauseabundo culto de debilidad - democracia algunos la llaman - es declaradamente falsa y vil."... "El principio de elección popular es una fatal engaño; sus resultados son visibles en cada supuesta democracia. El hombre electo es siempre la mediocridad; él es el hombre seguro, el hombre sólido, el hombre que le desagrada a la mayoría menos que a cualquier otro; y por tanto nunca el genio, el hombre de progreso e iluminación." - *Magick Without Tears*, Capitulo 46

Los Thelemitas están forzados a caer en las propias interpretaciones de Crowley. Los nuevos comentarios de Crowley en *Líber AL* describen a los *"ateos"* (es decir, los no-Thelemitas) en estos términos:

"Cristianos y otros trogloditas – pero más especialmente los parásitos del hombre, los Judíos" [III; 11].

En otro lugar, Crowley interpreta el sangriento, bélico lenguaje de su *Líber AL*, la Biblia de los Thelemitas, para ser aplicada literalmente:

> *"... especialmente Judíos y Protestantes Cristianos"* son como *"rastrojo"* el cual debe ser exterminado [III; 18]. *"Los Miembros de la Orden han de considerar a aquellos sin su luz como desposeídos de cualquier tipo de derechos, ya que ellos no han aceptado la Ley, y son por tanto, así como eran, trogloditas, sobrevivientes de una pasada civilización, y para ser tratados acordemente. La amabilidad debe ser mostrada hacia ellos, así como a otro cualquier animal, y cada esfuerzo debe hacerse para traerlos a la Libertad."* Líber CI, 28

"La intención es que el laico poder del Estado sea traído en la ley de Thelema" *Líber CI*, 40

Similarmente Guido Wolther ya entonces alegaba en conexión con su magia sexual en la Fraternitas Saturni, en una extraña palabrería:

> *"El Pene de un no-miembro jamás insertes en tu vagina. Pene y semen de un laico van dentro de la boca [...] No tengan consideración por el laico – deséchenlo cuan si fuese un viejo guante – si acaso el, ya no tiene más que dar."*
> - In Nomine Demiurgi Nosferati, Munich 1999, pagina 111

Reuss deseaba que los susodichos doctores-sacerdotes enseñasen aun a los niños que la concepción de los órganos sexuales son algo sagrado y que el acto sexual es el Puente que conecta a los hombres con Dios. La O.T.O. de Reuss. "Los Niños deben aprender los secretos del acto sexual de doctores-sacerdotes, hasta que estén casados." - *El Programa de Construcción y las Guías Principales de los Gnósticos Neo-Cristianos* O.T.O., 1920. Crowley añadió en su "Nuevo Comentario a Líber AL"(cuasi la palabra del profeta): *» Además, la Bestia 666* [Crowley] *aconsejo que todos los niños deben estar acostumbrados desde la infancia a ser testigos de cada tipo de acto sexual, así como también el proceso de nacimiento.*

El redentor de la Asen es no otro más que 'Frauja', gótico para Cristo. Metzger en su juventud era un comunista. Probablemente esta temprana inclinación surgida de su espiritual figura paternal, Félix Lazerus Pinkus, el X° para Suiza en los años 1940s.

Pinkus obtuvo un doctorado con su disertación sobre "Die moderne Judenfrage" [la moderna interrogante Judía]. El pertenecía a la Allgemeine Zionistenverband (Asociación Universal Sionista). En 1907 el laboraba en el teatro de la ciudad Lindau como Dramaturgo... Pinkus se volvió un experto en economía y política en la representación comercial de la Unión Soviética. Distinguiéndose por su propia iniciativa entre la clase media Judía de Prusia, él y su esposa lideraban un complejo domicilio en su mansión "Krystall" en Zúrich e intentaron conectar el estilo de vida de un banquero con el estilo de vida de alguien con una visión de un mundo liberal-social-idealista, en el cual ninguna de las tentaciones culturales fueron omitidas. Además él estaba activo en la *Loge (Logia) B'nai B'rith*, periodista ocasional para el Völkerbund, y traductor de Ingles. Reuss también quería que el matrimonio y reproducción estuviese regulado por la O.T.O.

> *"Cada hombre, mujer, niño y niña sobre 14 serán regularmente examinados por médicos delegados del ministerio de salud del Pueblo Supremo. Las Personas (masculino o femenino) a quienes el ministerio de salud del Pueblo Supremo no halle capaces de producir hijos saludables no se les permitirán casarse. La Gente que produzca hijos a pesar este decreto, será castigado con forzada labor pública."*
> - Theodor Reuss, *Parsifal und das enthüllte Grals-Geheimnis*

Contrario a la Cristiandad y las otras religiones mundiales, el Thelema no ha tenido antigua tradición de hermenéuticas, exegesis o apologéticas que abarcan miles de años. Tampoco hay algún intento de construir alguna tal tradición, debido a que todo acerca del Thelema finalmente siempre se refiere a la absoluta autoridad de Aleister Crowley.

> *"Aquellos que discuten el contenido de este Libro [El Libro de la Ley] están para ser rechazados por todos, como centros de pestilencia. Todas las cuestiones de la Ley deben ser decididas solamente por apelar a mis escritos, cada para sí mismo."*

El 30 de Mayo del 2001, el gobierno Francés emitió "La Ley para Reforzar la Prevención y Represión de Grupos de Carácter tipo Secta" también conocido como "la ley anti-culto". La ley se refiere a 172 listadas religiones, entre ellas la O.T.O.

Nota del Autor:

Es obvio a partir de estas declaraciones e historia, que la O.T.O. es una fuente de profunda degeneración y enmarañadas redes de confuso extravío; un estado de caos perfeccionado por el cual Iblis y sus más altos Iniciados en el Illuminati - tales como los Srs. Pinkus y Metzger - puedan tejer sus tapetes de engaño y perdición involuntaria. Este es el preciso dilema espiritual que los Profetas y sus sabios discípulos nos han advertido contra ellos una y otra vez. Ningún hombre puede soportar esta locura sin la guía de Allah! Y tal refugio no puede ser sin 'obediencia'. Además, el Sr. Koenig está errado, las raíces de esta locura se encuentran en el Tantra y Lamaísmo según esta discutido abajo. Considerando esto y lo que le precedió, veamos como la actual OTO se presenta a aspirantes hierofantes. – OZ

Ordo Templi Orientis

La Gran Logia de Gran Bretaña e Irlanda del Norte - Paz, Tolerancia, Verdad: Salutación a Todos los Puntos del Triángulo; - Respeto a la Orden. A Todo aquel que le concierne: Bienvenido y Salud.

HAZ LO QUE TE QUIERAS DEBE SER EL TODO DE LA LEY.

Las siglas O.T.O. significan Ordo Templi Orientis, La Orden del Templo de Oriente, o, así como algunas veces se le conoce como, La Orden de Orientales Templarios. Esta es una Orden Thelemica externa dedicada al alto propósito de asegurar la Libertad del Individuo y su avance en Luz, Sabiduría, Entendimiento, Conocimiento y Poder. Esto se logra a través de Belleza, Coraje y Astucia, en la Fundación de la Hermandad Universal.

El Éxito es tu prueba; el coraje es tu armadura; ve adelante, ve adelante, en mi fuerza; ¡y no debes voltear por nada! – *Líber AL* III: 46 La Ley del Thelema puede últimamente ser cumplida solamente a través de los esfuerzos de cada individuo. Sin embargo, muchos dignos aspirantes a la Gran Obra tienen una genuina necesidad por información, guía, compañerismo o la oportunidad de asistir a sus compañeros aspirantes y servir a la humanidad. Tales aspirantes se encontraran bienvenidas en la O.T.O. La Gran Logia del Reino Unido es una muy notable Logia del chárter y Sección Nacional de Ordo Templi Orientis. Todos los miembros iniciados de la O.T.O. que residen en el Reino Unido (incluyendo territorios y dependencias) son miembros de la Gran Logia del Reino Unido. La Membrecía en la Gran Logia de la O.T.O. confiere membrecía en la O.T.O. (Internacional). La O.T.O. es la primera de las órdenes del Viejo Aeon en aceptar *El Libro de la Ley*, recibido por Aleister

Crowley en 1904, con su mensaje de una revolución en el pensamiento humano, cultura y religión, basado en una sola suprema admonición: la Ley del Thelema – Haz lo que quieras. Esta ley no es para ser interpretada como una licencia para deleitarse en cada impulso, sino más bien como un mandato para descubrir y cumplir la Verdadera Voluntad de uno, dejando a otros hacer lo mismo en sus propias maneras únicas. "Cada hombre y cada mujer es una estrella."

La estructura de la O.T.O., como aquella de la Francmasonería y las antiguas escuelas de misterios, está basada en una graduada serie de iniciaciones, o grados. En estos Grados, la O.T.O. busca instruir al individuo por alegoría y símbolo en los profundos misterios de la existencia, y por tanto asistir a cada uno descubrir su propia naturaleza. Los Grados introductorios de la O.T.O. progresivamente activan el cuerpo psíquico del Iniciado. Cada hombre y mujer mayores de Edad (18 años), libre y de buen reporte tienen un irrenunciable derecho a los grados introductorios de la O.T.O. La O.T.O. tiene activas sucursales en países alrededor del mundo y publicaba varios periódicos, diarios y boletines desde la Sede Internacional, incluyendo *The Equinox*, *The Oriflamme* y *The Magical Link*. Entes Locales alrededor del mundo también produciendo tesoros de información.

Los interesados son invitados a escribir al Cuerpo Local Oficial más cercano para más información sobre actividades, funciones, regionales publicaciones o Eclesiásticas ceremonias. A inicios de 1996, una nueva corporación fue fundada para llevar a cabo la obra de la Gran Logia Estadounidense de la O.T.O, mientras la existente corporación se reorganice así como la Sede Internacional de la O.T.O. El 30 de Marzo de 1996, **Sabazios X°** fue nombrado el Gran Maestro General Nacional para la Gran Logia Estadounidense.

El Primero de Mayo del 2005, fue establecida una Gran Logia para el Reino Unido. Actuando O.H.O. Himeneos Beta XII° ceremonialmente presento a Frater Hyperón X° a la Orden en una misa Gnóstica celebrada en Conway Hall en Red Lion Square, Londres. Este alegre evento ocurrió 93 años al mes luego del previo X° para Reino Unido, Aleister Crowley, fue elevado a esa oficina. Sus heraldos una nueva fase en el desarrollo de la OTO en Europa. Más recientemente, el 16 de Abril del 2006, la OTO Australiana alcanzo el estatus de Gran Logia bajo el liderazgo de Frater Shiva X°. Amor es la Ley, el amor bajo la voluntad.

APÉNDICE XI

ILUMINISMO MODERNO

Lo que sigue es un breve pero pertinente extracto de la obra de Lady Q, *Oculta Teocracia* Capitulo CX, p 571-581

El Moderno Iluminismo así como lo conocemos, fue fundado por Karl Kelner en 1895. El murió en 1905 y fue sucedido por Theodore Reuss, el agente de John Yarker. En 1902, Reuss nombro a Westcott como Regente de los Illuminati en Inglaterra así estableciendo la interfaz en el directorado entre la Sociedad Rosacruz en Anglia y el Iluminismo Germano. Acorde al *Equinox*[438] vol. III no.1, a 1919 iniciados se les enseña que el Iluminismo [según expresado en la OTO] es el cuerpo en cuyas manos se concentran conocimiento y sabiduría de los siguientes cuerpos:

The Gnostic Catholic Church	Holy Order of the Rose Croix of
Knights of the Holy Ghost	Heredom
Order of the Illuminati	Holy Royal Arch of Enoch
Knights Templar	A & P Freemasonry
Knights of St. John	Rite of Memphis
Knights of Malta	Rite of Mizrium
Knights of the Holy Sepulcher	Scottish Rite Masonry
Hidden Church of the Holy Grail	Swedenbergian Rite of Masonry
Hermetic Brotherhood of the	Order of the Martinists
Light	Order of the Baha'i

Y muchos otros de igual merito si acaso de menos fama... manifestando además que:

"La dispersión del original sabiduría secreta habiendo llevado a confusión, fue determinado por los Jefes de todas estas órdenes para recombinar y centralizar sus actividades, aun como luz blanca, dividida en un prisma, puede ser recompuesta."

Estábamos por adivinar el significado secreto de la OTO descubriremos la Orden de *To Ov*, griego para emanación de fluido o 'invisible fuego'. Este es el *To Ov* del neo-Platonismo, el cual esta supuesto a duplicar y luego triplicar. De

---

[438] El Periódico Illuminati: un órgano oficial de los Adeptos Atlantes y la OTO, copias de las cuales se mantienen en la Librería del Congreso pero no en el Museo Británico.

Él [*To Ov*] procede el masculino logos y el femenino Aura o Ánima o Espíritu Santo de tiempos antiguos.

El *To Ov* [Adam Kadmon} estaba poseído de estos dos principios de Generación. Este 'fuego', de otra forma conocido como Kundalini, fuerza sexual, luz astral, etc., radica la naturaleza 'fálica' de la sabiduría secreta de la OTO. Fue Kelner (un Judío) quien revivió la esotérica organización de la OTO e inicio el plan para completar la consolidación de todos los cuerpos ocultistas bajo una sola gobernación. Reuss y Kelner sostienen que esta organización tenía el expreso propósito de substituir la religión fálica por la Cristiandad.

En la *Bibliothèque* de Paris está el documento que contiene la constitución de la OTO. Antes de 1917 era una secreta organización conocida solamente para adeptos jefes de las anteriormente mencionadas órdenes y aun operando bajo el A & A Rito Escocés como un vínculo entre este y los Grupos Internacionales no oficiales. Los prominentes personajes a su inicio fueron: Theodore Reuss, Mathers, Prince Hartmann y Aleister Crowley. Aparte del fálico componente, la OTO buscaba unir con el avivamiento del Gnosticismo vía el estudio de la Cábala, Esotérico Lamaísmo y Yoga Hindú. Este buscaba extraer de estas prácticas aplicaciones de Hechicería Oriental y Brujería Occidental pero solamente para servir fines materialistas.

"La sangre es la vida... los Hindúes enseñan que la sangre es el principal vehículo de la vital Prana. Hay base para creer que existe una sustancia definitiva, no aislada aun así, cuya presencia hace la diferencia entre materia viva o muerta. No sería sabio condenar a aquellos salvajes quienes arrancan el corazón e hígado de un adversario y lo devoren mientras aun está caliente. Fue la teoría de antigua Magia que cualquier ser viviente es un almacén de energía y varían en cantidad de acuerdo al tamaño y salud, y desigualdad acorde a su carácter mental y moral. Al morir, esta energía es liberada repentinamente. El animal debe por lo tanto ser muerto dentro de un círculo o triangulo, para que su energía no escape. La victima debe ser escogida de acuerdo a los propósitos del mago... por el más alto propósito espiritual usando a un niño varón de perfecta inocencia y alta inteligencia es la más apta y satisfactoria victima... aquellos magos que para objetar el uso de sangre se han enfrascado en reemplazarla con incienso... Pero el sangriento sacrificio, aunque más peligroso, es más eficaz; y para casi todo propósito el sacrificio humano es mejor. El verdadero gran mago será capaz de usar su propia sangre, o posiblemente aquella de un discípulo, y que sin sacrificar la vida física irrevocablemente." - Aleister Crowley, *The Master Therion, Magick*, 1930, p. 93

"Esta es la fórmula de nuestra Magia: insistimos que todos los actos deben ser iguales; que la existencia aserto el derecho de existir; que a menos que la maldad sea un mero termino expresando alguna relación de riesgosa hostilidad entre fuerzas igualmente auto-justificadas, el universo es inexplicable e imposible como no compensada acción; que las orgias de Baco y Pan no son menos sacramentales que las Misas de Jesús; que las cicatrices de sífilis son sacras y dignas de honor como tal." Ibíd. p. 338

"Dios es verdad y en él la luz y tinieblas son una. Aquel quien sabe que nunca miente, ya que, si acaso el desea mentir su mentira se vuelve verdad. Cual sea el pecado que cometa, cualquier maldad que realiza, él nunca es culpable... cualquier cosa que pudiese hacer su luz nunca es menos, ya que, dice Dios. "Soy el alma universal, en mi hay bien y mal para corregirse uno al otro. Aquel que sabe que jamás es un pecador." - Eliphas Levi, mentor de Crowley: citando la *Oupnek'hat [Brahmanian Hindu book of Magick]* en *Historie de la Magie*, p 76.

[Quizá algunos de ustedes que se hayan tomado la molestia de leer más allá, comprenderán mi preocupación concerniente al Arrianismo Brahmín. – OZ

La OTO atrae dentro de su órbita a todos aquellos quienes, con desordenada ambición y limitada capacidad, esperan en alguna manera nebulosa, mediante la glorificación de si, salvar la humanidad. Para ensanchar su atractivo, el sistema es representado como acuerpando el secreto conocimiento que conlleva a todo éxito material. Cada esfuerzo es hecho para atraer gente acaudalada, en su mayoría mujeres, a las 'Profesas Casas' de la Orden. En estos centros, el 'Culto de la Desnudez' y otras excentricidades son cultivadas, y las victimas rápidamente se vuelven amenas a la insinuante sugestión de tal como anhelo de sus bienes mundanales... Pretextos de producir renovada juventud y vigor atrae muchos adeptos y promete a sus iniciados el alcance de sus ambiciones y deseos.

Al entrar en la OTO, los aspirantes deben adquirir completa subordinación de su voluntad a aquella de 'Desconocidos Superiores'. Bajo oculto dominio, el Arte, la Música y la Política todos tienden al mismo fin: confusión, una calculada e inducida confusión; ya que las mentes que están confusas obedecerán y ser prosternaran a sus escondidos amos... Una mente que es positiva no puede ser controlada. Para el propósito de oculto dominio las mentes deben ser rendidas a pasivas y negativas para que así el control pueda se logrado. Las Mentes constantemente trabajando hacia un fin definitivo son un poder, y el poder puede oponerse al poder para bien o para mal. El esquema para dominio mundial puede ser malogrado por el reconocimiento de este solo principio, pero, así como desafortunadamente no ha sido reconocido, permanece sin ser desafiada.

APÉNDICE XII

THELEMA

Les presento a continuación la revista completa debido a que ha sido tan bien escrita, sucinte y pertinente, No habría manera posible de mejorar en ya sea estilo o contenido, y como tal me ahorra la molestia. - OZ

SANGRE EN EL ALTAR:

LA SECRETA HISTORIA DE LA MÁS PELIGROSA SOCIEDAD SECRETA DEL MUNDO

Por Craig Heimbichner. Una Revista por Cornelia R. Ferreira,
Re impreso con permiso de *Catholic Family News*, Agosto 2005.

Según el Vaticano II comenzaba, una muy poco conocida sociedad secreta, la *Ordo Templis Orientis* (OTO), condujo una ceremonia para celebrar la inauguración del Concilio. El icono ocultista de la OTO, la "Estela de la Revelación," fue transportada a través de Alemania desde Hamburgo hasta Zúrich, de allí en adelante hasta Stein, en donde se corono en la capilla de la OTO, con campanas sonando, para un Gnóstico ritual. Justo que es esta Ordo Templis Orientis, ¿y que avanzado conocimiento tuvo de los designios del Concilio que les causo celebrarlo? Estas interrogantes son contestadas en *Sangre en el Altar*, según Craig Heimbichner devela la historia y obras de lo que él llama la más peligrosa sociedad secreta, el poder detrás del Invisible Gobierno o Criptocracia. La Criptocracia está involucrada en la transformación o "procesamiento alquímico" de la conciencia de la masas por medio de manipulación psicológica de la mente. Con la ayuda de secretas sociedades, la pruebas son establecidas y las respuestas medidas para "moldear" los eventos mundiales. La meta es hacer que las masas vivan como títeres controlados en el Nuevo Orden Mundial. Establecida hace un siglo, la OTO es la "escuela de graduados" de la Francmasonería, y se auto titula la "Masónica Academia." Esta contiene todos los grados de la Masonería e Iluminismo y es la más alta sociedad secreta para la elite Francmasona. Una internacional organización, la OTO es una *organizada religión exenta de impuestos en los Estados Unidos*. Los escritos de su por mucho tiempo jefe, el agente de Inteligencia Británico y Satanista Aleister Crowley (difunto en 1947), quien se hacía llamar la Gran Bestia 666; revela que la OTO está basada en Satanismo.

Crowley llamaba a Satanás "mi Señor" y dijo, en relación a la OTO, "Nosotros no tenemos escrúpulos en restaurar la adoración al diablo." Sin embargo, en la OTO, la adoración al Diablo no es abiertamente hecha bajo el nombre de Satanás, sino clandestinamente bajo el nombre del ídolo cabeza de cabra Bafomet. También los términos León y Serpiente, Bafomet es adorado como Dios en la misas Gnósticas, la central liturgia de la OTO. Compuesta por Crowley, la Gnóstica Misa no es una misa Negra, es decir, una reversada misa católica, sino una blasfema parodia de la Católica Misa. Es muy importante entender que las raíces de la Francmasonería se entrelazan con el Judaísmo, según esta nos ayuda a ver la mano de la Masonería detrás de los Judaizadores en la iglesia Católica. Toda Masonería, dice el Sr. Heimbichner [un Judío], está subordinado al Judaísmo. Un "operativo clave" en el establecimiento de la OTO era miembro del B'nai B'rith, la cual es Francmasonería Judía. La esencia de la Francmasonería, dice el Sr. Heimbichner, puede ser rastreada a la Sumeria adoración a Satanás - [la cual se origina en Dravidia y luego exportada a Sumeria vía los mercaderes marítimos Dravidianos. - OZ] - que paso al antiguo Egipto y Babilonia. Las antiguas formas de adoración al Diablo fueron entonces preservadas y pasadas a través de enseñanza oral de los rabinos judíos como las "*tradiciones de los antiguos o ancianos,*" fuertemente condenados por Jesucristo (ver: Marcos. 7:1-13; Mateo. 15:1-9).

Después de la destrucción del Segundo Templo en el año 70 A.D., la enseñanza oral fue gradualmente escrita en lo que se convirtió en el Talmud y la Cábala. El Talmud y la Cábala, la última siendo completamente Gnóstico y de magia negra, forma las bases del Judaísmo, una religión "manifiestamente distinta" de la religión de los Israelitas del antiguo Testamento. El Judaísmo es "una secta muy pesada con nada escritural, tradición de hombres y pagana superstición." El Sr. Heimbichner cita a autoridades Judías sobre la Cábala y expertos en oculto simbolismo para exponer el hecho que ciertos ritos Cabalistas corresponden a las oculta Hindú Tántrico yoga técnicas de magia sexual. Estos depravados rituales son una continuación de la magia del templo de los Cananeos, Babilónicos y otras naciones, la cual les atrajo la ira de Dios. Su propósito en el Judaísmo es fusionar los aspectos divinos masculinos y femeninos para producir el andrógeno, balanceado, "completo varón" Judío, el "cuerpo de Dios," llamado Adam Kadmon.[439]

> "El deber de todos los piadosos Judíos," dice una autoridad en la Cábala citada por el Sr. Heimbichner, es recitar una Cabalista formula cotidiana para místicamente promover esta unidad. La Jewish Encyclopedia admite, dice el Sr. Heimbichner, que el Gnosticismo Judío incluye oculta magia y esta *inspira Gnosticismo Cristiano.* Este ocultismo fue también transmitido a través de los Maniqueos, Cátaros y otros grupos, eventualmente corrompiendo a los Caballeros

---

[439] Este es el exacto propósito de Tibetano Lamaísmo según descrito en el Apéndice XII.

Templarios del siglo decimosegundo, transformándolos en una Orden ocultista. La Orden fue condenada y clausurada por la Iglesia por adorar a Bafomet y practicar sodomía - la cual los ocultistas consideran "avanzada" magia sexual. La Templaría tradición se abrió camino en la Francmasonería, y magia sexual "radica en el corazón de la Francmasonería de alto nivel tal como existe en la OTO." Es el "supremo secreto" de la Masonería, conocido solo por altos Masones. Hay magia sexual en los grados octavo y novena de la OTO y homosexualidad en el decimoprimer grado, el más alto. Y aun los más bajos niveles de Masonería, la Logia Azul, enseña la Gnóstica negación de Dios y la afirmación del hombre como Dios, gobernador de sí mismo, una divinidad "alzada" - es decir, un tipo de Anticristo.

La Doble Mentalidad

Craig Heimbichner revela que esta enseñanza es un típico engaño OTO/Masónico. Albert Pike, Soberano Gran Comandante del Rito Escocés de Masonería, confeso en su libro de 1871 *Morals and Dogma*, el cual es "el definitiva dogmática declaración de creencia Masónica," que los miembros de la Blue Lodge son deliberadamente engañados en cuanto a los significados de Masónicos símbolos. Solamente los "Adeptos," o "Electos" llegan a conocer los ocultos secretos. Es el propósito de la Masonería, dice Pike, "de esconder la Verdad, a la cual llama 'Luz', de [masones de nivel bajo]." Según denota el Sr. Heimbichner, "la ilusión de auto-gobierno y divinidad es usada como una intoxicante droga para inocular a incautos en las logias y afuera en hacer creerse a sí mismos omnipotentes y omniscientes," sobre posible esclavizamiento o engaño. La verdadera "luz" que los masones juran perseguir, y la cual se encuentra en los más altos niveles de la Masonería, Pike enseñaba, debe ser recibida de Lucifer, el "Portador de Luz." Él dijo que la búsqueda por Luz nos lleva de regreso a la Cábala, y Crowley afirma esto, también acertando que la Cábala es "toda la base" de la OTO. Entonces, concluye el Sr. Heimbichner, "la Francmasonería es una guardería de Luciferianismo de la cual prometedores candidatos son seleccionados [para altos grados], mientras otros son dejados para siempre a la sombra, contentos de explotar sus compadrazgos-conexiones y de interpretar su charada de caridad." Satanás siendo el padre de mentiras, la Masónica "caridad" es una pretensión escondiendo del verdadero propósito de la Francmasonería, el cual es el totalitario control del mundo de acuerdo a Cabalísticos principios.

El Sr. Heimbichner denota que "la Masónica identificación con Lucifer es un intento de invocar la sobrenatural fuerza que energiza tiránico mandato," y el cita escriturales pasajes que comparan a tiránicos reyes con Satanás. En modernos tiempos, tenemos la Revolución Francesa y el Comunismo, ambos

"impuestos en el nombre de loables Masónicos ideales de fraternidad e igualdad, y promesas Judeo-Bolcheviques de un paraíso para obreros y campesinos." El Sr. Heimbichner hace la importante observación que el Cabalístico intento de fundir la divinidad de varón y hembra, así como también combinar dos opuestos pilares de Piedad y Severidad en su Árbol de Vida, indica que es inherentemente contradictorios - de hecho, dialectico - en su naturaleza.

Esta produce una "Doble Mentalidad," la cual, según practicada por sus discípulos Masónicos/OTO, genera "una hipnosis de confuso pero convincente doble-discurso." Los lectores indudablemente recordaran la obra de George Orwell, 1984, una retrato de la insanidad producto del doble-pensar que caracteriza a una sociedad totalitaria. Control sobre la mente de una persona se completa cuando puedes hacer que el simultáneamente sostenga dos contradictorias ideas como igualmente válidas.

El andrógeno Bafomet, adorado por la OTO, simboliza la Doble Mentalidad, es decir, duplicidad de dos caras. Esto cuenta para el embuste practicado a los Masones mismos. Pero buscando el total control del mundo, la OTO ha estado también propagando el doble pensamiento a través de la sociedad y la Iglesia, intentando controlar ambos, el pilar izquierdo de libertinaje y radical hedonismo, y el pilar derecho de preferencia por mandato autoritario aristocrático, y cultura clásica.

El Sr. Heimbichner ha rastreado la infiltración de miembros de la OTO dentro del gobierno y milicia Estadounidense, la NASA, Hollywood, el FBI, grupos "patriotas" de ultra derecha y el Movimiento Nueva Era. El provee ejemplos de cómo su amplia influencia en la elite le ha permitido transformar a las masas, "propagando la 'energía de Satanás' por todo el planeta." El usa el ejemplo del líder de la OTO James Wasserman[440] [a la derecha] para ilustrar como la OTO infiltra la Derecha, y declara que él y otros investigadores han recopilado evidencia de ocultos agentes en el movimiento de la Tradicional [Católica] Misa.

---

[440] James Wasserman se unió a la Ordo Templi Orientis en 1976. En 1979, fundo la Logia TAHUTI, una de las más antiguas continuas Logias O.T.O. en el mundo. El ha jugado un rol clave en numerosas seminales publicaciones del cuerpo literario de Crowley. Tres de estas incluyen su supervisión de la edición de Weiser de 1976 de *El Libro de la Ley*, en el cual el holográfico manuscrito fue adjuntado al corregido tipográfico texto de la publicación de 1938 de la OTO - de conformidad con las instrucciones del libro pro primera vez en un popular volumen. Luego de años de negociación, el arreglo para profesionalmente re-fotografiar las pinturas tarot de Crowley/Harris para una mejorada segunda edición de la baraja *Thoth Tarot* publicada en 1977, en la cual el contribuyo el *Libreto de Instrucción*. En 1983, el trabajo con dos miembros de la O.T.O. para producir *The Holy Books of Thelema*, una colección de inspirados escritos de Crowley (Clase A).

Ciertamente este crítico ha encontrado doble-mentalidad en Tradicionalistas quienes promueven un "Católico" ocultismo, aun sugiriendo que la Misa Negra puede ser lícita. Otros Tradicionalistas se sumergen dentro de la trance-inducidas "profecías" de Nostradamus o constantemente buscando modernos, reprobados videntes. Y los Tradicionalistas que piensan que acaso San Juan en la pintura de "La Ultima Cena" es realmente María Magdalena que ha sido alquímicamente procesada por el blasfemo libelo contra Jesucristo y su Iglesia en "El Código Da Vinci." Fuera del movimiento Tradicionalista, la transformación es un espléndido éxito.

Ver:

http://sekhetmaat.com:8008/www/html/events/2004_symposium/james.html

Las más claras indicaciones son el rehusar de neo-conservadores de criticar al Papa Juan Pablo por su sincretismo y sacrílegas Masas, aunque sabiendo que estas acciones pueden ser erradas; y la oferta de canonizarlo como un mártir aunque haya muerto pacíficamente en cama y amado por el mundo.

> **Acá hay un *inserto* de otro autor que es relevante para esta sección. - OZ**
> Siguiendo los pasos Rosacruces de Madame Blavatsky y su Teosófico movimiento, el auto proclamado gurú **Sir Laurence Gardner**, justo así como el Alemán Guido von List anterior a él, está en una mesiánica misión para iniciar el mundo en sus alocadas desilusiones racistas que de alguna manera se las arregla para lograr publicación en las corrientes populares. Su libro "Génesis de los Reyes Griales" no solamente intenta racionalizar el "Satanismo y Vampirismo", sino que trata de justificar el genocidio como el más consistente y apropiado método usado por "los Dioses" cuando la población de la Tierra se hace "muy grande o agotadora" para la gobernante elite de manejar. Gardner está ayudando al descendiente del Rey Charles I, el Príncipe Michael Stewart, para ejecutar una "callada Restauración en Escocia". Es un disturbio que el Príncipe Michael deba estar asociado con Gardner, quien es hijo de Gerald Gardner, el notorio ocultista y padre de la moderna brujería. Gardner es también el Attache Presidencial ante el *Concilio Europeo de Príncipes* - incluyendo al Príncipe Otto von Habsburg de Austria, el Príncipe Bernhard de los Países Bajos, y la Británica Familia Real - quien admite que ellos reciben fondos de la CIA. Gardner deletrea sus objetivos claramente cuando escribe que ellos "nacen y se crían para ser líderes de la humanidad... quienes aguardan la Restauración de nuestra verdadera herencia

universal.".... la racionalización de Gardner del Vampirismo se vuelve sublime:

"Los suplementos Endocrinales son usados hoy por establecimientos de órgano-terapia, pero sus inherentes secreciones (como ser melatonina y serotonina) se obtienen de disecadas glándulas de animales muertos y les falta los verdaderamente importantes elementos los cuales existen solamente en manufactura glandular en humanos vivos."

... Recientes reportes por el más reconocido periódico Británico, "The Sunday Times", dio recuentos testimoniales describiendo "Misas Negras en las cuales niños morían frente a audiencias que incluyen prominentes miembros de la sociedad Belga." Un investigador dijo "Era como regresar a la Edad Media." Esta actividad ha sido ligada a la "pedófila red asesina" Belga y Francesa la cual salió a la luz en 1996, seguido de muchos arrestos de alto perfil por el nuevo electo gobierno de Francia. Documentación recuperada fue firmada por alguien que se describe así como el Dios Egipcio Anubis, solicitaba "presentes" para los Altos Sacerdotes de la Orden, y daba específicos detalles de la edad y sexo que las victimas debían tener. A inicios de este año la británica "Scotland Yard" y su escuadrón de crimen comenzó una mayor investigación sobre abuso y asesinato ritual Satánico organizado.
- Alex Constantine, *Blood, Carnage and the Agent Provocateur* (1993)

La Ley de Thelema

Intentando destruir la moralidad Cristiana, el jefe de la OTO Aleister Crowley predicaba la Ley de Thelema: "Haz lo que quieras," o, así como se conoce en la jerga popular, "Haz lo tuyo." El influencio altamente el movimiento hippie y el uso de drogas psicodélicas. Crowley fue popularizado por los Beatles y otros rock stars, Hollywood y las grandes tiendas de libros. Su involucrar en sacrificio animal, y su llamado por sacrificio humano, pudo haber sido un factor en los asesinatos de Manson.

Junto al discípulo Gerald Gardner (1884-1964, imagen luego)[441], el creo el moderno sistema de Wicca o "brujería blanca," la cual no es tradicional brujería, sino la "brujería" y adoración a la diosa practicada por feministas y modernistas monjas Católicas. Los films de *Harry Potter* y los libros que

---

[441] Ver: *Wiccan Roots: Gerald Gardner and the Modern Witchcraft Revival* and *Gerald Gardner and The Cauldron of Inspiration*, por Philip Heselton

 promueven la noción de la "buena bruja," han sido acreditados por la Pagana Federación de Inglaterra por hacer interesar a miles de adolescentes en la brujería. Films de Disney films, shows de TV y estrellas pop también le lanzan Wicca a los jóvenes, observa el Sr. Heimbichner. Las cartas Tarot de Aleister Crowley no solamente introducen la juventud a la OTO, sino que también son la base videojuegos de interpretar roles que incrementadamente figuran temas oscuros, derramamiento de sangre y demonios de la OTO.

Dado su propio uso de magia sexual, el bisexual Crowley predicaba que todas las perversiones deben ser practicadas abiertamente, y que "la niñez debe estar acostumbrada desde la infancia a ser testigo de cada tipo de acto sexual." El Sr. Heimbichner comenta que su "su consejo ha sido tomado de corazón por Hollywood y su industria del entretenimiento y el las casas publicadoras de New York," mientras algunos miembros de la OTO han promovido el "amor hombre/niño." Además, dice, el notorio 'sexólogo', Alfred Kinsey (difunto en 1956), cuya influencia en educación sexual ayudo a erosionar la moralidad Americana, era amigo de Crowley, a quien cito como una "mayor inspiración." Kinsey "era un pederasta quien uso cientos de niños en actos sexuales conectados con su afamada investigación médica," pero fue glorificado en un film de Hollywood de Fox estudios en el 2004. El Sr. Heimbichner hace dos importantes puntos aquí. Primero, su investigación muestra que las raíces de este avanzado cáncer de pedofilia, que aun ha manchado a Sacerdotes Católicos, realmente no radican en Crowley o la OTO, *sino en el Talmud*. Segundo, dada su propia promoción de inmoralidad, el exabrupto de los medios relacionado a la clerical homosexualidad traiciona su Doble Mentalidad y es parte en hipnosis de masas. La doble mentalidad de los Medios en cualquier contexto "pone a prueba el estado de trance del populacho," es decir, lo que las masas aceptaran como noticias oficiales o explicaciones. El programar o transformar las mentes es entonces ajustada dependiendo en la respuesta.

El Sr. Heimbichner provee ejemplos de doble-discurso desde el Talmud y la Judía Ley hecha por hombres, de "rabínicas sanciones de molestar niños," aun contra niñas menores de tres años de edad. No sorprendentemente, "sodomía en la sinagoga," dice el Sr. Heimbichner, "es un bien-guardado secreto." El cita un reciente reporte en el periódico Israelí Ha'aretz, "que décadas de sodomizar los [escuela de Talmud para varones] estudiantes fue permitido y encubierto por el más grande de los ultra-Ortodoxos rabinos."

No hay, desde luego, protesta en los controlados medios Occidentales. Mientras tanto, nuestras otrora Cristianas sociedades han sido "transformadas" para aceptar la sexual perversidad como un 'derecho humano', y la institucionalización de perversas uniones como "matrimonio." Es solamente cuestión de tiempo y posterior re-educación antes que la pedofilia sea sancionada debido a que "Crowley consideraba cualquier separación entre homosexualidad y pederastia como artificial y absurdo y se rehusaba a restringirse a sí." Restricción, el enseñaba, es Pecado. El Sr. Heimbichner observa, "El Pecado de Restricción" es ahora visto por influyentes educadores Americanos, periodistas y jueces precisamente tal como Crowley los veía.

Ahora, es muy obvio que el mundo de hoy está completamente orientado a la juventud. Las Leyes se aseguran que la juventud no sea disciplinada. La Educación es "niño-céntrica." Las Modas, música y entretenimiento están engranadas hacia el consumidor joven. Los partidos Políticos tienen sus alas jóvenes, la edad de votación está siendo rebajada, y los gobiernos y las Naciones Unidas buscan el impulso de la juventud. Aun la Iglesia Católica ha entrado en escena, predicando la Ley del Thelema - haz lo que quieras - a los jóvenes. Hay "Masas" de jóvenes o niños altamente corruptos que les apelan a ellos. La Juventud es motivada a discutir – criticar - tradicionales creencias y prácticas de la Iglesia. En vez de enseñarles a ellos a seguir los Mandamientos de Dios y la Iglesia, a ellos e les enseña a descubrir sus propios valores e inventarse su propia espiritualidad. Esta Thelemica intriga culmina en las salvajes extravagancias llamadas World Youth Days. Esto justo sucede que Aleister Crowley predijo el avance de "Crowleyanidad" en la cultura popular engendraría el "Aeon de Horus," la era del Coronado y Conquistador Niño, el cual derrocaría el "Aeon de Osiris," la era del "Dios Muriente." En otras palabras, dice Heimbichner, la *Nueva Era* de Crowley es una en la cual "Dios el Padre es derrocado por Horus el Hijo," en tanto que una rebelde cultura joven emerge. (Según el Papa Leo XIII explicaba en su acusación de Francmasonería, *Humanum Genus*, la Masonería controla las masas, especialmente a la juventud, mediante el "evangelio del placer.") Crowley además planeo que ambas, la rebelión "Izquierdista" y la reacción "Derechista" estaría controlada por la OTO. Así que, por ejemplo, tenemos a tanto la sociedad y la Iglesia de nivel diocesano, a través de programas para padres de supuesta juventud homosexual, lavando el cerebro de los padres para aceptar el pecaminoso "estilo de vida" de su hijo (la batalla para hacerlos aceptar el cohabitar ya ha sido ganada).

Sangre en el Altar

A principios del siglo veinte, la OTO casi logra colocar a uno de sus miembros Satanistas en el trono Papal. Mariano Cardinal Rampolla, Secretario de Estado bajo Leo XIII, fue elegido al papado luego del deceso de Leo. Solamente el ejercer del privilegio de vetar la elección papal, el Emperador Franz Josef de Austria-Hungría condujo a la remoción de Rampolla y en vez la elección del Papa San Pio X. Pero a través de Rampolla, quien "influenciaba en hombres clave," "la OTO tuvo la oportunidad de brindar consejo, plantar semillas y ultimadamente moldear la política dentro del Vaticano" en las siguientes décadas, denota Heimbichner. El sigue el rastro de influencia hasta el Francmasón Arzobispo Annibale Bugnini, arquitecto de la destrucción de la Misa Tridentina. Es digno de notar que además de incluir a Rampolla en su lista de miembros en su Manifiesto de 1917, la Judaica OTO también reclama que los Jefes de varias Ordenes Católicas de Caballeros como "iniciados del más alto rango." Esto incluye a los Caballeros de San Juan, Malta y el Santo Sepulcro.

Lo cual nos lleva de regreso a ¿Porque la OTO celebraría la inauguración del Vaticano II? Esta obviamente tiene avanzado conocimiento de la Judaización, cultivación y Thelemizacion de la Iglesia que ahora toma lugar abiertamente. El resquebrajar de la verdadera Iglesia y la erección de una falsa, anti-Católica Contra iglesia, apenas notada por la gradualmente hipnotizado abolengo Católico, muestra que la fe de la OTO en el Vaticano II no estuvo mal colocada. De hecho, en 1970, narra el Sr. Heimbichner, un retrato pintado por un Alemán Luterano mostraba a un "repelente, maldad" Paul VI, agarrando una daga y destruyendo la Basílica de San Pedro, mientras estaba rodeado de símbolos Illuminati y Satánicos. El pontífice frescamente comento que el retrato era "un espejo de la situación en la iglesia de hoy," y que "uno casi precisa de una nueva filosofía para lograr alcanzar el contenido de esto en su contexto." Esta nueva filosofía es la filosofía del Thelema o voluntad propia, explica Heimbichner, mientras el contexto de la destrucción de la iglesia es el Aeon de Horus, en el cual la satánica Masónica Nueva Era reemplaza la Cristiandad. El final Aeon proclamado por Crowley será el Aeon de Maat, la era del Anticristo o el falso *Judío Mesías*. En ese tiempo, dice Heimbichner, "los lideres Francmasónicos esperan finalmente cumplir su ritual de Tercer Grado al reconstruir el Templo de Salomón para que así la sangre pueda volver a fluir sobre el altar de Jerusalén, desafiantemente reversa y anuladora, en la mente Talmúdica y ocultista, la sangre de Cristo." Según Crowley le exclamo a un Judío rabino: "Dejen que el Anti-Cristo surja, déjenlo anunciar a Israel su integridad." La OTO esta allanando el camino para el "anhelado para Judeo-Masónico sueño de reedificar el Templo de Salomón para que así la sangre de animales pueda una vez más ser presentada ante el rabínico altar." ¿Que tan cerca estamos de este evento? Bien, el Sr. Heimbichner cita a un rabino que dice que la tradición Judía llama al reestablecimiento del Sanedrín Judío como "una necesaria condición para la reedificación del Templo."

Luego el cita un reporte de prensa Israelí del 14 de Octubre del 2004, que anunciaba: Luego de secretas preparaciones que duraron más de un año, el Sanedrín... reiniciara su operación luego de 1,500 años. Craig Heimbichner finalizó su libro advirtiendo que deberíamos sacrificar nuestro tiempo y energía en perseguir la verdad. Debemos rechazar la Doble Mentalidad, desencantar el Thelemico trance y revertir el alquímico-hipnótico proceso para que no nos sacrifiquen en el altar de la OTO, para nuestra condenación. (p. 135) Desde luego, como católicos, la manera de evadir tener una Doble Mentalidad es ceñirse firmemente a la Tradición, evitar toda novedad, y rechazar lo fantástico.

Cornelia Ferreira es co-autor, junto a John Vennari, de _World Youth Day: From Catholicism to Counter-church_, el cual analiza oculta infiltración del Catolicismo y ofrece un devastador retrato del naufragio que fue el pontificado del Papa Juan Pablo II. (Re impreso con permiso: CFN)

De Acuerdo al Desertor Illuminati de Alto Nivel y aristócrata Italiano, Leo Zagami:
"El Tiempo se agota... los Estados Undidos muy pronto será lanzada a una completa dictadura. La mayoría de la gente en los EUA sospechan que algo malvado y extraño está ocurriendo o han escogido ignorar los signos del fascismo, aferrándose como niños a un sueño Americano hoy completamente obliterado. Pero una cosa es segura, la mayoría de los Americanos estarán mal preparados cuando venga el espectáculo final dictatorial, dejándolos como impotentes esclavos del Nuevo Orden Mundial Illuminati, liderado por el Vaticano y los Jesuitas. La interrogante nos envuelve:

¿Cuánto tiempo antes que los EUA sean reducidos a total dictadura, completamente bajo el yugo de los miñones de Satanás?

De acuerdo a Zagami, el completo control Illuminati de los EUA está programado para no más tarde del 2010, según los años precedentes traerán más terrorismo a mayor escala que los ataques del 11 de Septiembre del 2001.

"Ellos usan el terrorismo para ponerlos bajo la vara, así es como nos gustaba decir en la Logia P2 de Monte Carlo," dijo Zagami... "Ellos me conocen muy bien, y ellos saben por mi linaje aristocrático, mi muerte solo puede ser autorizada por el Conde Hans Kolvenbach (El Papa Negro) y el mismísimo

Papa gay, Ratzinger. Así que, si me matan, ustedes sabrán quien autorizo mi muerte. *Pero dudo si acaso lo harían ya que he dejado la Iglesia Católica, convirtiéndome en Musulmán y saben que si me matan, harán de mi un mártir Musulmán,* y Yo pienso que no querrán eso." Dijo Zagami.

Durante dos horas que duró su entrevista radial, dijo como un hombre llamado Klaus Schmidt,[442] de Bavaria, un agente de la fuerzas de la ley con entrenamiento Nazi recientemente había visitado los EUA, atendiendo una reunión en la Gran Logia Francmasónica en Virginia, una Logia Illuminati de alto-nivel adonde Schmidt está instruyendo a miembros y comenzando una seria carga para la dictadura completa en los EUA.

Leo Lyon Zagami[443], convertido al Islam con el deliberado propósito de infiltrar el movimiento Fetullah Gulen. Su esposa era miembro. El asumió el nombre, Khaled Saifullah Khan luego de su conversión al Islam, y es en el proceso de confirmar la mayoría de lo que es presentado hasta acá vía entrevistas personales. Luego de dos años de hiatos de rebelión contra la Logia P2, durante tal tiempo el revelo muchas de sus intenciones, el retorno a las filas Illuminati convencido que podía ser uno de los 'Buenos Muchachos' y reformar la sociedad desde adentro. Desde entonces su esposa musulmana se divorció de él.

El finado Malachi Martin: Entra a los Jesuitas [Reconocido Exorcista]

"Desde 1958 hasta 1964, Malachi Martin sirvió en Roma como sacerdote Jesuita, allí estuvo cercanamente asociado con, y llevo a cabo sensibles

---

[442] El Sr. Klaus Schmidt: Oficial Policial, Policía Estatal de Bavaria, con mas de 40 años de servicio, veterano de todas las Misiones Policiales de la UE en Albania. Nació en 1945, nativo de Fuerth/Bavaria. Graduado del Curso De Comando Mayor, la Academia Nacional del FBI, Ejecutivo del FBI entrenado en Quántico, Virginia y la Universidad de Princeton, entrenamiento de Comandante de la DEA y Liderazgo de la West Point y entrenamiento de Comando. Estudio desde 1985 hasta 1990 Ciencias Políticas y Sociología en la Universidad de Wuerzburg y se le otorgo una beca para la Universidad Southern California adonde se graduó del Instituto de Control de la Delincuencia. Graduado de la Clase Superior Ejecutiva en Contraterrorismo en el Colegio para Estudios de Seguridad en Alemania.

[443] Leo Lyon Zagami, ex-miembro del Comitato Esecutivo Massonico – Comité Ejecutivo Masónico (CEM) de Monte Carlo. El era, hasta recientemente, un miembro de alto nivel del Italiano Illuminati, un francmason grado 33, un verdadero informante y alto miembro de la infame Logia Francmasónica P2. El era el "príncipe", preparado para asumir del mas viejo Illuminati "rey", Licio Gelli. El es de linaje Illuminati aristócrata y por lo cual involucrado en la Orden Illuminati desde la niñez. Sin embargo, Leo decidió que había sido suficiente de toda la maldad… a puertas cerradas. Lo dejo todo y huyo a Noruega. Ver: http://www.leozagami.com

misiones para el renombrado Jesuita, el Cardenal Agustín Bea y los Papas Juan XXIII y Pablo VI. Liberado de sus votos de pobreza y obediencia a su propia recuesta (pero aun sacerdote), el ultimadamente se mudó a New York y se convirtió en escritor de best-sellers de ficción y no-ficción.

Martin primero había hecho explicita referencia al diabólico rito acaecido en Rome en su libro de *no-ficción* el best-seller sobre geopolítica y el Vaticano, *The Keys of This Blood*, en el cual escribe:

"Lo más aterrador para [el Papa] Juan Pablo [II], él se había enfrentado contra la irremovible presencia de una maligna fuerza en su propio Vaticano y en ciertos obispos de cancillerías. Era lo que los sabios Prelados llamaban la 'superfuerza.' Los Rumores, siempre difíciles de verificar, ataban su instalación al comienzo del reinado del Papa Pablo VI en 1963. De hecho Pablo había aludido gravemente a 'el humo de Satanás el cual ha entrado al Santuario'...una oblicua referencia a un entronamiento con ceremonia por Satanistas en el Vaticano. Además, la incidencia de Satánica pedofilia - ritos y prácticas - ya había sido documentada entre ciertos obispos y sacerdotes ampliamente dispersos en Turín, en Italia, y Carolina del Sur, en los EUA. Los actos culticos de Satánica pedofilia son considerados por profesionales de ser la culminación de los ritos de los Arcángeles Caídos." *(p. 632.)* - 21 de Noviembre del 2006, por Greg Szymanski, *ARCTIC BEACON*

Ver los siguientes para Investigar sobre el tema del Satanismo y Asesinato de Culto

Larry Kahaner, *Cults That Kill: Probing the Underworld of Occult Crime* (New York: Warner, 1987 Margot Adler, *Drawing Down the Moon: Witches, Druids, Goddess-Worshippers, and Other Pagans in America Today* (New York: The Viking Press, 1979)	Justine Glass, *Witchcraft: The Sixth Sense* (North Hollywood, CA: Wilshire, 1965 Lewis Spence, *An Encyclopaedia of Occultism*, New York , NY: Citadel Press, 1996 Richard Cavendish, *The Black Arts* (New York: G. P. Putnam's Sons, 1967

APENDICE XII

Un MANUAL SOBRE MAGIA SEXUAL TANTRICA:
fons et origo

<u>Nota del Autor</u>: No puedo enfatizarlo suficiente la importancia del siguiente extractos pasajes, y recomiendo al serio intelectual que estudiante que obtenga el libro y le dé una completa revisión. Hasta ahora, la oculta historia indica que la Cábala es la fuente de la vulgaridad practicada dentro de los círculos de magia Satánica e Illuminati. Sin embargo, el lector pronto se dará por enterado que esto no es así. Toda la evidencia hasta hoy exhumada de históricas fuentes - incluyendo estudios arqueológicos y oceánicos - indica que los iníciales sitios de urbana civilización para esta época posterior a la 'Era del Hielo' yacía a lo largo del Valle del Rio Hindús en el moderno Paquistán. Esta región precede a la civilización de la Antigua Sumeria, y es conocida por eruditos 'en el saber' como la Dravidiana Civilización. Se le hace referencia en el libro de Génesis, Capitulo II, como "La Tierra de Nod" adonde los 'Hijos de Caín' se establecieron bajo la abyecta maldición de Allah. Prototípicos Dravidianos - seguidos de la Cultura Harappan - practicaban sacrificios humanos, fueron inicialmente Matriarcales, antropófagos, y difundieron su modo de vida por todo el Sud Este de Asia y Australia miles de años antes de cualquier pensamiento de los 'Anunaki' [Ángeles Caídos] fue registrado en arcilla de la Antigua Sumeria, Acadia y Babilonia. Su Diosa Madre era Shakti, la Kali de hoy en día, y sus iniciaciones ocurrieron en profundas cavernas adonde el aspirante era 'en-capucha-do', medio-calzado, expuesta la rodilla izquierda, y era conducido en pos mediante un 'cable remolcador' alrededor de su cuello como lo hacen los Francmasones de hoy durante su rito del Primer Grado: Entered Apprentice - según registrado por Albert Pike más de 100 años antes que esta civilización fuese científicamente descubierta.[444] Está claro que los Arios (Caucásicos) tomaron control de este valle en algún punto de tiempo durante el segundo milenio AC, y que sus militares khassa se establecieron así como sacerdotes Brahmán al rescribir ambos el Hinduismo y Budismo para apoyar su elite cadre de misoginia chauvinista. Los Tantras en la magia Sexual parecen haber sido registradas en algún momento durante el siguiente milenio y este entero periodo coincide con el advenimiento de Harut y Marut en Babilonia durante la Cautividad Israelita y su subsecuente perversión del registro Adamita según fue dado a los profetas.

Este bien investigado trabajo explica el Oculto Origen y sistema de Oriental Misticismo con su terrible arquetipo de magia Sexual adoptada por los

---

[444] Ver: *Noahs Flood*, Ryan & Pitman, Columbia Univ., Simon & Schuster, 2000

Illuminati y avanzada locura de Crowley. Acá se encuentran los sofisticados e institucionalizados precedentes para toda forma de perversión Religiosa y sexual por las cuales los Nazis fueron tan famosos. De hecho, este es el Fascista 'Credo de Caín' y la Crowliana fuente de locura. Listados abajo están los contenidos seguidos por pertinentes extractos de misoginia y la metafísica base de chauvinismo masculino, rituales de sacrificio humano, y regicidio religiosamente orientado. Luego de una complete examinación, no hay error en que los principios presentados abajo y aquellos adoptados por los Ilumines (Satanistas) son esencialmente lo mismo. Excepto por la cultural parafernalia y tradicionales mitos utilizados ahora en Occidente, *son idénticas* ideologías; más especialmente cuando se comparan a las obscenas blasfemias presentadas en la Cábala y el Talmud. Después de leer esto, les garantizo que miraran a los monjes Budistas, sacerdotes Brahmín, Gurú Hindú y el Rabínico Hassidim con el horror que no admite lugar a lastima. - OZ

LA SOMBRA DEL DALAI LAMA

Por Víctor & Victoria Trimondi, Copyright 2003 (Extractos Reimpresos con permiso)

Ver también: *Hitler-Buddha-Krishna — An Unholy Alliance from the Third Reich until now.* Ueberreuter Verlag, Victor Trimondi); *War of Religions — Politics, Faith and Terror in the sign of the Apocalypse.* Wilhelm Fink Verlag con Víctor Trimondi)

Contenidos:

1 – Budismo y Misoginia (histórico repaso)
El "sacrificio" de Maya: la leyenda de Buda / El meditativo desmembramiento de mujeres: Budismo Hinayana / La transformación de mujeres en hombres: Budismo Mahayana

2 – Budismo Tantrico
La explosión de sexus: Budismo Vajrayana / Místico amor sexual entre los sexos y cosmogónico eros / El gurú como manipulador de lo divino / La apropiación de ginergia y estrategias de poder androcéntrico / El absoluto poder de la "gran hechicera" (Maha Siddha)

3 - El "Sacrificio Femenino Tantrico"
La karma mudra: la mujer real / La Inanna mudra: la mujer de imaginación / Karma mudra vs. Inanna mudra / La macha mudra: la mujer interna / El "Tantrico sacrificio femenino"

4 – La Ley de Inversión

El lenguaje crepúsculo / Sexual deseo / El incesto tabú / Comiendo y Bebiendo impuras sustancias / Necrofilia / Asesinato Ritual / Símbolo y realidad / Concurrencia con lo demoniaco / La agresión de la divina pareja / Criticismo Occidental

5 - Puro Shaktismo y Feminismo Tantrico, y Alquimia

El ginocentrico sacrificio masculino / La vajra y el hacha de doble-cabeza / La dakini
Kali como conquistada diosa del tiempo / El "alquímico sacrificio femenino"

6 - Kalachakra: Las Iniciaciones Públicas y Secretas

Las siete bajas publicas iniciaciones y su simbólica significancia
El auto-sacrificio del pupilo / El Árbol de linaje / La divina máquina del tiempo
Las cuatro más altas "secretas" iniciaciones / Esperma y sangre de menstruación como mágicas substancias
La "Ganachakra" y las cuatro "Altísimas" iniciaciones

7 - Kalachakra: Los Interiores Procesos

La candali: la mujer fuego / La "teoría de gota" como una expresión de androginia
Excursos: El místico cuerpo femenino / El método o manipulación de lo divino

8 - El ADI Buddha: Su cuerpo Místico y sus Astrales Aspectos

El "Poder de diez": El místico cuerpo de ADI BUDDHA / Los astrales-temporales aspectos del ADI BUDDHA / Rahu - el tragador del sol y la luna
Kalagni y la oscuridad del día del juicio
El mito de eterna recurrencia

9 - El ADI Buddha: El Principio Mandala y el Gobernante del Mundo

El Budista cosmos mandala / El principio mandala / El Kalachakra y mandala / El Gobernante del Mundo: El sociopolítico ejercicio de poder por el ADI Buddha
Poder Profano y Espiritual

10 - El Agresivo Mito de Shambhala

Geografía del reino de Shambhala / Los reyes y administración de Shambhala
El "furioso que gira la rueda": La marcial ideología de Shambhala / Letales maquinas bélicas
La "final batalla" / Buda versus Allah / Los no-Budistas origenes del mito de Shambhala / Evaluación del mito de Shambhala / "Interno" y "externo" Shambhala

11 - El Manipulador del Amor Erótico
Parte II – **Política como Ritual, Introducción: Política como Ritual**.
Mito e historia / La batalla de los sexos e historia / El sagrado Ritual /
Escatología y política / Historia y misticismo

1 - El Dalai Lama: Encarnación de Dioses Tibetanos
Buddha Amitabha: La deidad del sol y la luz / Las variadas mascaras de
Avalokiteshvara / El XIV Dalai Lama como el supremo maestro Kalachakra
/ El XIV Dalai Lama sobre sexualidad y magia sexual

2 - El Dalai Lama (Avalokitshvara) y la Demonesa (Srinmo)
La esclavitud de la diosa de la tierra *Srinmo* y la historia del origen del Tíbet /
Porque las mujeres no pueden trepar puras montañas de cristal /
¿Matriarcado en la Tierra de las Nieves? / La imaginación occidental / Las
mujeres en la pasada sociedad Tibetana / La alquímica división de lo
femenino: Los Tibetanos dioses Palden Lhamo y Tara / Tara—La Madonna
del Tíbet / El lamento de Yeshe Tshogyal / El mitológico precedente al
conflicto Tibetano-Chino: Avalokiteshvara y Guanyin / Wu Zetian (Guanyin)
y Songtsen Gampo (Avalokiteshvara) / Ci Xi (Guanyin) y el Decimotercer
Dalai Lama (Avalokiteshvara) / Jiang Qing (Guanyin) y el Decimocuarto
Dalai Lama (Avalokiteshvara) / Feminismo y Tantrico Budismo / El XIV
Dalai Lama y la interrogante de los derechos de la mujer

3 - Las Fundaciones de la Tibetana Budocracia
La historia del pensamiento de estado Budista / El Dalai Lama y el estado
Budista son uno / La fingida creencia del XVI Dalai Lama en la democracia
occidental / El "Gran Quinto" - Absoluto Gobernante Sol sobre el Tíbet /
Magia como política - el mágico mundo del V Dalai Lama / Los predecesores
del V Dalai Lama / Los sucesores del "Gran Quinto": Los Decimotercer y
Decimocuarto Dalai Lamas / Encarnación y poder / El "Gran Quinto" y el
sistema de encarnación / El sagrado poder de los reyes Tibetanos y su
conferir sobre los Dalai Lamas / El XIV Dalai Lama y la cuestión de la
encarnación / La introducción de la doctrina de encarnación en occidente /
Las variadas ordenes de Budismo Tibetano (Gelugpa, Kagyüpa, Nyingmapa,
Sakyapa, Bön) / Unificación de la Tibetana Budista Orden bajo el Absoluto
Reino del XIV Dalai Lama / El "asunto Karmapa"

4 - Realidad Social en el Antiguo Tíbet
La Occidental imagen del Tíbet / La social estructura del antiguo Tíbet /
Tibetana Ley criminal / Clerical comercio / Política intriga / Más recientes
desarrollos en la histórica imagen

12 – Ocultismo Fascista y su Cercana Relación al Tantrismo Budista
El XIV Dalai Lama y sus amigos del *nacionalsocialista* / La conexión Nazi–Tibetana / Julius Evola: Un fascista Tantrico / Miguel Serrano: El "amigo" del Dalai Lama y su jefe ideólogo de "esotérico Hitlerismo" / El ex hombre de la SS-Heinrich Harrer: enseñante del XIV Dalai Lama / Julius Evola: el asesor "Tantrico" de Benito Mussolini / Miguel Serrano: "amigo" del Dalai Lama y jefe ideólogo de "esotérico Hitlerismo"

13 – El Gurú Japonés del Día del Juicio Shoko Asahara y el XIV Dalai Lama
Shoko Asahara y su relación con el XIV Dalai Lama / La montada guerra Shambhala / El sistema de rituales de la secta es Tántrica Budista / Dioses de Asahra / El Japonés Chakravartin / Asesinato, violencia y religión / El Armagedón Japonés / Religión y laboratorios de química / La canción de Sarin / Los contactos internacionales / Los dos hermanos diferentes

14 – China y su Metafísica Rivalidad con Tíbet
Mao Zedong: el sol rojo / La Gran Revolución Cultural Proletaria / La "deificación" de Mao Zedong / Mao Zedong y sus "Tántricas prácticas" / ¿Una espiritual rivalidad entre el XIV Dalai Lama y Mao Zedong? / La era post-Mao en Tíbet / Una pana-Asiática visión del Tantra Kalachakra/ Taiwán: ¿Un trampolín para el Budismo Tibetano y el XIV Dalai Lama? / Están interesados los Chinos en el mito Shambhala?

15 - La Budocratica Conquista de Occidente
Robert A. Thurman: "El padrino académico de la causa Tibetana" / La robada revolución / Thurman y su plagiada historia / Una mundial Budocracia / Tíbet ¿Una tierra de alumbramiento? / Thurman como "sumo sacerdote" del Tantra Kalachakra

16 - Tácticas, Estrategias, Plagios, Ilusiones
El "lobby del Tíbet" / La manipulación de los "Verdes" / El ilusorio mundo de inter religioso dialogo y el movimiento ecuménico / Moderna ciencia y Tantrico Budismo / Cosmogonía Budista y la visión mundial postmoderna / El yoga como computadora / Hollywood y Budismo Tantrico

17 - Conclusión
El Atavistico patrón de Budismo Tibetano / *Lucha de Religiones*: la fundamentalista contribución de Lamaísmo / ¿Retorno al racionalismo?

Bibliografía: ha sido incluida para que así usted no piense que esta es una 'obra ligera'. Lo siguiente es solamente una de ocho páginas de citaciones.

Adorno, Theodor W., *Drei Studien zu Hegel*, Frankfurt 1971. Ahmad, Zahiruddin, "Sino-Tibetan Relations in the Seventeenth Century", en: *Serie Orientale Roma XL*, Roma 1970.

Alexiou, Stylianos, *Minoan Civilisation*, Heraclion, sin fecha.

Allione, Tsultrim, *Women of Wisdom*, Londres 1984.

Andrews, Lynn, *Der Geist der vier Winde. Mein Weg zu den Schamanen im tibetischen Luktang Tal*, Munich 1993.

Ardussi, John y Epstein, Lawrence, "The Saintly Madman in Tibet", en: James F. Fischer (ed.), *Himalayan Anthropology: The Indo-Tibetan Interface*, La Haya 1978.

Aris, Michael, *Hidden Treasures and Secret Lives: A Study of Pemalingpa and the Sixth Dalai Lama*, Nueva Delhi 1988.

Armelin, I., *Le roi détenteur de la roue solaire en révolution (Cakravartin). Selon le Brahmanisme et selon le Bouddhisme*, Paris, fecha de publicacion desconocida.

Asahara, Shoko, *Supreme Initiation: An Empirical Science for Supreme Truth*, New York 1988.

Asahara, Shoko, *The Teachings of the Truth*, 5 volumenes, Fujinomiya 1991–1993.

Assmann, Jan, *Politische Theologie zwischen Ägypten und Israel*, lugar de publicacion desconocido, 1991.

Augustat, Wilhelm, *Das Geheimnis des Nicholas Roerich. Agni Yoga und die geheimen Lehren*, Munich 1993.

Avalon, Arthur, *Die Schlangenkraft. Die Entfaltung der schöpferischen Kräfte im Menschen*, Berna, etc. 1975.

Avedon, John E., *An Interview with the Dalai Lama*, New York 1980.

Avedon, John E., *Ein Interview mit dem Dalai Lama*, Munich 1982.

Avedon, John E., *In Exile from the Land of Snows*, Londres 1985.

Azis, Barbara Nimri, "Moving Towards a Sociology of Tibet", en: *The Tibet Journal* vol. XII, No. 4, 1987.

Bachelard, Gaston, *Psychoanalyse des Feuers*, Frankfurt 1990.

Banerjee, Biswanath, *Über das Lokadhatu Patala, I. Kapitel des Laghu-Kalacakra-Tantra-Raja*, Munich 1959.

Banerjee, Biswanath, *A Critical Edition of Sri Kalacakratantra Raja*, Calcutta 1985.

Barkmann, Udo B., "The revival of Lamaism in Mongolia", en: *Central Asian Survey* 1997, 16 (1), 69–79.

Batchelor, Stephen, *The Awakening of the West: Encounter of Buddhism and Western Culture*, Berkeley 1994.

Bataille, George, *Der Heilige Eros (L' Èrotism)*, Frankfurt, 1974

Baudler, Georg, *Töten oder Lieben. Gewalt und Gewaltlosigkeit in Religion und Christentum*, Munich 1994.

Bauer, Wolfgang, *China und die Hoffnung auf Glück. Paradiese, Utopien, Idealvorstellungen in der Geistesgeschichte Chinas*, Munich 1989.

Bawden, C. R., *The Modern History of Mongolia*, Londres 1969.

Beckwith, Christopher I., *The Tibetan Empire in Central Asia: A History of the Struggle for Great Power among Tibetans, Turks, Arabs and Chinese during the Early Middle Ages*, Princeton 1987.

Beger, Bruno, *Meine Begegnungen mit dem Ozean des Wissens*, Königstein 1986.

Bell, Charles, *Tibet Past and Present*, Londres 1927.

Bell, Charles, *The Religion of Tibet*, Delhi 1994.

Bellinger, Gerhard J., *Im Himmel wie auf Erden. Sexualität in den Religionen der Welt*, Munich 1993.

Benard, Elisabeth Anne, *Chinnamasta: The Awefull Buddhist and Hindu Tantric Goddess*, Delhi 1994.

Bergier, Jacques and Pauwels, Louis, *Aufbruch ins dritte Jahrtausend. Von der Zukunft der phantastischen Vernunft*, Berna, etc. 1962.

Bernbaum, Edwin, *The way to Shambhala – A Search for the Mythical Kongdom beyond the Himalayas*, Garden City, New York 1980.

Bernbaum, Edwin, *Der Weg nach Shambhala. Auf der Suche nach dem sagenhaften Königreich im Himalaya*, Hamburgo 1982.

Bertrand, Gabriele, Geheimnisvolles Reich der Frauen. *Zwei Jahre unter tibetanischen Stämmen in Assam*, Zurich 1957.

Beyer, Stephen, *The Cult of Tara: Magic and Ritual in Tibet*, Berkeley, etc. 1978.

Bharati, Agehananda, *Die Tantra-Tradition*, Freiburg 1977.

Bhattacharyya, N.N., *History of the Tantric Religion*, Manohar 1982.

Binder-Schmidt, Marcia (ed.), *Advice from the Lotos Born: A Collection of Padmasambha's Advice to the Dakini Yeshe Tsogyal and other close disciples*, Aaarhus, etc. 1994.

Birnbaum, Raoul, *Studies on the Mysteries of Manjushri. A group of East Asian mandalas and their traditional symbolism*, lugar de publicacion desconocido, 1983.

Bishop, Peter, *The Myth of Shangri-La: Tibet, Travel Writing and the Western Creation of Sacred Landscape*, Londres 1989.

Bishop, Peter, *Dreams of Power: Tibetan Buddhism in the Western Imagination*, Londres 1993.

Blavatsky, Helen P. *The Secret Doctrine*. Originalmente fue publicado en 1888. Theosophical University Press. Version electronica ISBN 1-55700-124-3 (version impresa disponible).

Bleichsteiner, *Die Gelbe Kirche. Mysterien der buddhistischen Klöster in Indien, Mongolei und China*, Vienna 1937.

Block, Alexander, *Ausgewählte Werke* vol. 1: *Gedichte, Poeme*, Munich, sin fecha.

Blofeld, John, *Der Weg zur Macht. Praktische Einführung in Mystik und Meditation des tantrischen Buddhismus*, Weilheim 1970.

Blofeld, John, *Bodhisattva of Compassion: The mystical tradition of Kuan Yin*, Boston 1988.

Blue Annals (transl. George N. Roerich), Delhi 1995.

Boucher, Sandy, *Turning the Wheel: American Women Creating the New Buddhism*, San Francisco 1985.

Brackett, D.W., *Holy Terror: Armageddon in Tokyo*. New York 1996

Brauen, Martin, *Das Mandala. Der heilige Kreis im tantrischen Buddhismus*, Cologne 1992.

Broido, Michael M., "Killing, Lying, Stealing and Adultery: A Problem of Interpretation in the Tantras", en: Donald P. Lopez, *Buddhist Hermeneutics: Studies in East Asian Buddhism* 6, Honolulu 1988.

Brauen, Martin, *Traumwelt Tibet — Westliche Trugbilder*, Berna, etc. 2000.

Bronder, Dietrich, *Bevor Hitler kam — Eine historische Studie*, Ginebra, 1975.

Bronfen, Elisabeth, *Over Her Dead Body: Death, Femininity and the Aesthetic*, Manchester 1992.

EL TANTRICO SACRIFICIO FEMENINO

Capítulo 3, Parte I: extractos de las más significativas declaraciones:

El Tantra *Vajrayana* distingue tres tipos de mujer:

> 1. La "mujer real" (**karma mudra**). Ella es una real compañera humana. Acorde a la Tántrica doctrina ella pertenece a la "esfera del deseo".
> 2. La "imaginaria mujer" o "mujer espíritu" (**inana mudra**). Ella es dirigida por la imaginación meditativa del yoga y solamente existe allá o en su fantasía. La *inana mudra* está colocada en la "esfera de formas".

3. La "mujer interna" (**maha mudra**). Ella es la mujer internalizada vía la Tántrica praxis, sin existencia independiente del yoga. A Ella ni aun se le acredita con la realidad de una imaginada forma, por lo tanto ella cuenta como una figura de la "esfera sin forma".

"El *karma mudra*... tiene una significancia puramente pragmática e instrumental y es superfluo al final" escribe el Italiano Tibetologo Raniero Gnoli en la introducción a un comentario *Kalachakra* (Naropa, 1994, p. 82). Después del acto sexual ella ya no es "de más al Tantrico que la cascara de un cacahuate", dice Benjamín Walker (Walker, 1982, pp. 72–73). Ella ha hecho su deber, transfirió su energía femenina al yoga, y ahora sucumbe al desdén cual tiene el Budismo para toda mujer "normal" como símbolos de la "suprema ilusión" (*maha maya*). No hay mención de una iniciación de la compañera femenina en los codificados textos Tantra del Budismo...

> "Entre las últimas fases del progreso del Tantra," Benjamín Walker nos dice, "es unión sexual en el plano astral, cuando el invoca elementales espíritus, demonios y los espíritus de los muertos, y su copulación con ellos" - Walker, 1982, p. 74.

Un *karma mudra* entonces presenta un excepcionalmente difícil reto a las habilidades espirituales del adepto, ya que la mujer *real* humana debe también ser reconocida como una ¡ilusión (*maya*)! Esto significa, en la final instancia, nada menos que eso que el yogui ya no más cede el entero mundo físico, el cual es Indio en tradición se concentra en la forma de una mujer, una independiente existencia, y que como consecuencia el reconoce la materia como un concebid de su propia consciencia. El por lo tanto se libra a si de todas las restricciones impuestas por las leyes de la naturaleza. Semejante radical disolución de realidad se cree que acelera varias veces el proceso de iniciación el cual de otra forma toma numerosas encarnaciones.

... "la senda secreta sin un consorte no cederá perfección a seres" (citado por Shaw, 1994, p. 142). Tsongkhapa, fundador de la secta Tibetana Gelugpa sostiene la misma opinión: "Una compañera es la base del cumplimiento de liberación" (citado por Shaw, 1994, p. 146). Las mujeres Imaginadas solamente son recomendables para menos calificados individuos, o pueden servir al comienzo de la senda ritual como preliminar ejercicios, reporta Miranda Shaw, quien hace referencia a modernos Maestros Gelugpa como Lama Yeshe, Geshe Kelsang Gyatso y Geshe Dhargyey (Shaw, 1994, pp. 146, 244, notas 26, 27, 29). Una adicional razón para el uso de *karma mudra* puede ser visto en el hecho que para sus mágicas transformaciones el yoguita necesita una secreción el cual la mujer expresa durante el acto sexual y al cual se refiere como la "semilla femenina" en los textos. Es considerado un concentrado corporal de *ginergia*. Este deseado fluido vaginal posteriormente será el sujeto de una detallada discusión.

Pero aunque su autónoma femenina existencia ha sido disuelta, su femenina esencia (*ginergia*) no se ha perdido. Vía un acto de magia sexual el yoga se ha apropiado de esto y con ello este logro el poder de un *andrógino*. El destruye, por así decirlo, el exterior femenino poder internalizarlo y producir una "mujer interna" como parte de sí mismo. "El absorbe la Madre del Universo dentro de sí mismo", así como esta descrito en el *Kalachakra Tantra* (Grünwedel, *Kalacakra IV*, p. 32).

Pero la *Inanna mudra* aún existe afuera del maestro Tantrico, la "mujer interna", sin embargo, así como su nombre indica, ya no más puede ser distinguida de él y se ha convertido en parte de su ser. En general, del *maha mudra* se dice que reside en la región del abdomen. Allí ella danza y actúa como un oráculo tal como lo hizo la diosa Griega *Metis* una vez en el abdomen de *Zeus*. Ella es la "in-nata" y produce el "in-nato gozar del cuerpo, el in-nato gozar del lenguaje, el in-nato gozar del espíritu y el in-nato gozar de consciencia" (Naropa, 1994, p. 204).

El Tantrico maestro masculino ahora tiene el poder de asumir la forma femenina de la diosa (que es desde luego un aspecto de su propio cuerpo místico), eso es, que él podía aparecer en la figura de una mujer. De hecho, el aún tiene la mágica habilidad de dividirse a si en dos seres con género, una deidad femenina y una masculina. Él además puede multiplicarse a si en varias *maha mudras*. En el *Guhyasamaja Tantra*, con la ayuda de mágicos conjuros el llena un palacio entero con figuras femeninas, estas mismas todas partículas de su cuerpo sutil.

Ahora uno podría pensar que para el iluminado yogui el libro de sensuales placeres estaría cerrado, ya que para el ya no hay más mujeres exteriores. Pero lo contrario es el caso. Su lujuria no es transformada, sino más bien hecha eterna. Aunque en su imaginación, el está "unido día y noche [con el *maha mudra*]. El yogui a menudo dice, él no podría vivir sin su beso y abrazo" (Dasgupta, 1974, p. 102). El aún es capaz de imaginativamente estimular los órganos sexuales de la mujer interna para poder combinar su placer erótico con el suyo (el simultáneamente goza en ambos), y esto inmensurablemente lo intensifica. (Farrow y Menon, 1992, pp. 271, 272, 291)

A pesar de esta sexual turbulencia él retiene una estricta consciencia de la polaridad de las primales cósmicas fuerzas, es justo cuando estas son asimiladas dentro de su propia persona. Él es simultáneamente masculino y femenino, y tiene ambas sexuales energías bajo su absoluto control. El encarna el teatro Tantrico entero. Él es el director, actor, audiencia, trama y escenario en un individuo.

Semejantes agitados juegos son, sin embargo, solo un lado de la Tántrica filosofía, en el otro está el concepto de eterno ocio de ser, ligado a la imagen de la *maha mudra*. Ella aparece como la "Altísima Inamovible", quien, como un claro, espejo mágico, refleja una femineidad tornada en cristal. Una obediente femineidad sin voluntad propia, la cual cumple con las apariencias, las órdenes, los deseos y fantasías de su maestro. Una autómata femenina, quien no desea nada, y bendice al yogui con su divino conocimiento y sacra sabiduría.

Ya sea móvil o inmóvil, erótico o espiritualizado - la *maha mudra* es universal. Desde un Tantrico punto de vista ella encarna el universo entero. Consecuentemente, quien sea que tenga control sobre su "mujer interna" se convierte en amo del universo, un pantocrátor. Ella es una paradoja, eternal e indestructible, pero aun así, como todo el cosmos, sin una independiente existencia. Por esta razón ella es conocida como un *"espejo mágico"* (Naropa, 1994, p. 81). En final instancia, ella representa el "vacío"...

Acorde a Govinda *ella cumple un rol comparable a aquel de la musa...* "inspiración"... Jung propuso que el alma humana de un hombre tiene doble género, esta tiene una parte masculina y una femenina, la *animus* y la *ánima*. En una mujer lo reverso es cierto. Su femenina *ánima* corresponde a un masculino *animus*. Con algunas calificaciones, el profundo psicólogo estaba convencido que la parte del otro-genero del alma puede originalmente ser encontrado en la psiquis de cada persona. Jung entonces asume que el alma humana posee una primaria androginia, o ginandria, respectivamente. La meta de una integrada psicología es que el individuo reconoce su mitad de otro-género y trae dos partes del alma en harmonía... que el lado femenino del yogui es inicialmente encontrado fuera de si - ya sea en la forma de una mujer real o la figura de una imaginaria - y debe ser primero integrada a través de sacras prácticas sexuales.

El maestro Tantrico usa a una mujer humana, o al menos una *inana mudra* para crear su andrógino cuerpo. El destruye su autónoma existencia, roba su *ginergia*, integra esto en la forma de una "mujer interna" y entonces se convierte en un poderoso súper ser con doble-genero. Podemos, hipotéticamente, describir el proceso así: el sacrificio de la mujer exterior es la precondición para el establecimiento de la interna *maha mudra*.

EL SACRIFICIO DE SAMSARA

... La Mujer per se – así como Buddha Shakyamuni repetidamente enfatizaba en muchas de sus declaraciones - funciona como la primera y más grande causa de ilusión (maya), sino igualmente como la fuerza que genera el fenomenal mundo (samsara). Es la meta fundamental de cada budista el sobreponerse a este embustero samsara. Este mundo de apariencias experimentadas como femeninas, le presenta este gran reto. "Una mujer", Nancy Auer Falk escribe, "era la veraz imagen de convertirse y de todas las fuerzas de ciego crecimiento y productividad el cual el Budismo conoce como Samsara. Como tal ella también era el enemigo - no solamente a nivel personal, como una individual fuente de tentación, sino también en un nivel cósmico" (Gross, 1993, p. 48). En esta misoginia lógica, es solamente luego de la ritual destrucción de la femenina es que el ilusorio mundo (maya) puede ser sobre montado y transcendido... **la mujer - como madre y amante - es la maldición la cual nos encadena a nuestra ilusoria existencia.**

... en el Budismo Mahayana, *el cadáver desnudo de una mujer era considerado* como lo más provocativo y efectivo objeto de meditación que un iniciado podría usar para librarse a sí de la red de *Samsara.* Inscrito en la iconografía de su cuerpo estaban todas las vanidades de este mundo. *Por esta razón, aquel quien se prosternara sobre un decadente cuerpo femenino podría alcanzar iluminación en su vida actual. Para incrementar la intensidad de la macabra observación, era usual en varias monásticas órdenes Indias el desmembrar el cuerpo. Orejas, nariz, manos, pies, y senos eran cercenados y el desfigurado tronco se volvía el objeto de contemplación. "en Budista contexto, el espectáculo la mujer mutilada servía para hacer despliegue del poder del Buda, el rey de la Verdad (Dharma) sobre Mara, el amo de la Esfera del Deseo.", escribe Elizabeth Wilson en una discusión de semejantes prácticas, "Al borrar los mensajes sexuales emitidos por los cuerpos de atractivas mujeres a través del horrible espectáculo de mutilación, el superior poder del rey de Dharma se hace manifiesto a los ciudadanos de la esfera del deseo." (Wilson, 1995, p. 80).*

"COMIENDO" LA GINERGIA [El Origen del Canibalismo - oz]

Pero a *Vajrayana* le concierne más que el desempeño de un drama cósmico en el cual la femenina y sus cualidades son destruidas por metafísicas razones. El Tantrico reconoce a la mayoría de las femeninas propiedades como extremadamente poderosa. El por lo tanto no tiene la más mínima intención de destruirlas como tales. En contraste, el desea hacer suyas las fuerzas femeninas, lo que él quiere destruir es solamente la portadora física y mental de *ginergia* - la mujer real. Por esta razón, el "Tantrico sacrificio femenino" es de un diferente carácter al cosmogónico sacrificio de la feminidad del inicial Budismo. **Esto está basado a partir de un antiguo paradigma en el cual las energías de una criatura se transfieren a su asesino.** El oferente del sacrificio quiere absorber la vital substancia de la ofrenda, en muchos casos al consumirla luego de haber sido asesinada. A través de esto el no solo "integra" las cualidades del muerto, sino que también cree que puede burlar la muerte, por haberse alimentado del cuerpo y alma de la víctima sacrificada.

En esta conexión la observación que mundialmente el sacro sacrificio esta contextualmente ligado con comida y comer, es de algún interés. Es necesario matar plantas y animales para poder sustentarse uno mismo. Las cosas muertas son subsecuentemente consumidas y así parece como una necesaria condición para el mantenimiento y propagación de vida. Comer incrementa la fuerza, por eso era importante el literalmente incorporar el enemigo. En canibalismo, el devorador integra las energías de aquellos que ha asesinado, ya que los antiguos humanos no hacían ninguna básica distinción entre procesos físicos, mentales o espirituales, la misma lógica aplica al "comer" de fuerzas no-corpóreas. Uno también comía almas, o *prana,* o la *élan vital.* En las *Vedas,* esta general "devoradora lógica" condujo a la concepción que los dioses se sostenían a si de los fluidos vitales de ritualmente asesinados humanos, justo así como los mortales consumen los cuerpos de animales para energía y manutención. Entonces una crítica-racional sección del *Upanishads* advierte contra semejantes sacrificios humanos, ya que estos no avanzan hacia el individual alumbramiento, sino que solamente beneficia a seres sobrenaturales sedientos de sangre.

… Aunque el temprano Budismo encontró expresión para agudo criticismo de los ritos Védicos, especialmente el sacrificar de personas y animales, la antigua mentalidad sacrificial resurge en la vida ritual tántrica… Sacro canibalismo fue siempre comunión, santa unión con el Espíritu y las Almas de los muertos. Se convierte en **Eucarística comunión** cuando el the sacrificio es un asesinado dios, cuyos seguidores comen de el en una cena. [¡Esta es la esencia de la descabellada Trinidad! - OZ] Dios y hombre son primero uno cuando el hombre o mujer ha comido del santo cuerpo y bebido de la sagrada sangre de su dios. Lo mismo aplica en relación a la diosa. El Tantrico yogui se une con ella no justo en el acto sexual, sino sobre todo a través de consumir su santa *ginergia,* la mágica fuerza de *maya.* Algunas veces, así como veremos, el por eso bebe de la sangre menstrual de su compañera. Solamente cuando la sangre femenina también pulse en sus propias venas es que el estará *completo,* un andrógino, un amo de ambos sexos.

Para ganar la "*ginergia*" para sí, el yogui debe "matar" el poseedor de las vitales sustancias femeninas y después "incorporarla". Semejante acto de violencia no necesariamente implica el asesinato real de su *mudra,* esto también puede ser ejecutado simbólicamente. Pero un ritual real de asesinato de una mujer es por igual medida no está prohibida, y no es de sorpresa que **ocasionales**

referencias pueden ser encontradas en los textos *Vajrayana* los cuales desvergonzadamente e inescrupulosamente demanda el hecho de matar a una mujer. En un comentario en el *Hevajra Tantra*, en un punto donde una consorte de sabiduría (*dombi*) de baja-casta está siendo disertada, se para bruscamente, ¡"Te matare, o *Dombi*, Tomare tu vida!" (Snellgrove, 1987, vol. 1, p. 159).

SATI O EL SACRO INAUGURAL SACRIFICIO

… Así como en Francés antropólogo René Girard convincentemente alega en su ensayo sobre *Violence and the Sacred*, el original acto asesino es normalmente no recordado del todo durante posteriores simbólicas ejecuciones, pero también no puede ser totalmente olvidado. Es importante que el violento origen de su sacrificial rito pueda estar envuelto en misterio para el participante del culto. "Para mantener su estructural fuerza, la inaugural violencia no debe hacer una apariencia", clama Girard (Girard, 1987, p. 458). Solamente así pueden los participantes experimentar esa particular carga emocional y ambivalente mixtura de crimen y piedad, culpa y expiación, violencia y satisfacción, temblar y represión, el primero presta la mística aura de santidad a los eventos del culto.

… Más temprano, sin embargo, clama que las famosas reliquias del Indologó D. C. Sircar, de la "gran diosa" que se dice haber sido encontradas en la *Shakta pithas*. En el corazón de su culto estaba la adoración de su *yoni* ('vagina') (Sircar, 1973, p. 8). Solo podemos concurrir con esta opinión, aunque también debemos apuntar que la mayoría de los cultos matriarcales de los cuales conocemos igual exhibe una fálica orientación. Acá el falo no señaliza un símbolo de dominación machista, sino que era en vez el juguete de la "gran diosa", con el cual ella podía sexual-mágicamente manipular hombres y ella obtener placer. También creemos que es importante notar que las prácticas de cultos Indios ginocéntricos no estaban exentos de sacrificial obsesión. En contraste, existe comprehensiva literatura la cual reporta los horribles ritos realizados en el *Shakta pithas* en honor a la diosa *Kali*. Sus seguidores se prosternaban ante ella como la "consumidora de carne cruda", la que estaba constantemente hambrienta de sacrificios humanos. Los individuos dedicados a ella primero eran alimentados hasta estar lo suficientemente rechonchos para satisfacer el paladar de la diosa. En particulares días festivos las víctimas eran decapitadas en su templo de cobre (Sircar, 1973, p. 16). Naturalmente solo podemos especular que el "desmembramiento dela diosa" en el mito *Sati* podría ser una reacción masculina a la original fragmentación del dios masculino por la ginocéntrica *Kali*. Pero esta asesina reciprocidad no debe ser vista puramente como un acto de venganza. En ambos casos es un asunto de energía vital incrementada la cual es lograda por el sacrificio del sexo opuesto. Al hacerlo, los "revolucionarios" androcéntricos yoguis hacen uso de una praxis ritual similar y simbolismo a las agresivas seguidoras femeninas del temprano matriarcado, pero con reversadas premisas.

El SACRIFICIO EN FUEGO DEL DAKINI

Acá el adepto también hace a malignas mujeres inmunes a través del fuego:

"Uno hace las ofrendas a quemar dentro de un triángulo... Si acaso uno ha hecho esto tres días seguidos, concentrándose sobre el objetivo de la mujer, entonces uno puede así dirigirlas, aun por la infinidad de tres eones" (Gäng, 1988, p. 225). Una "mujer ardiendo" con el nombre de *Candali* juega tan significativo rol en las iniciaciones *Kalachakra* que hemos dedicado un capítulo entero a esta última. En este contexto también examinaremos la "ignición de la energía femenina", un evento central a lo largo de la senda mágica sexual de iniciación del Tantrismo.

.. "los caminantes del cielo/celestiales" fueron en otrora humanos "sabios compañeros", quienes, luego de haber muerto en un ritual de fuego, continuo funcionando al servicio de las tántricas enseñanzas como seres espíritus femeninos (*genios*). El vio en los dakinis las "almas de los asesinados *mudra*s" desvanecidos por magia, y creyó que después de su muerte sacrificial ellos tomaron forma de espantos como fantasmas Budistas (Grünwedel, 1933, p. 5). ¿Porque, se preguntaba, los dakinis siempre sostienen copas de cráneo y hachuelas en sus manos en visuales representaciones? Obviamente, tal como se puede leer por todas partes, para advertir a los iniciándose contra el transitorio y decepcionante mundo de *samsara* y para cortarlos de él. Pero Grünwedel ve esto en una luz completamente diferente: Para el, justo aso como los santos despliegan los instrumentos de su martirio en la Cristiana iconografía, así también las tántricas diosas demuestran su mortal paso con cuchillos y cráneos; igual que sus Europeas hermanas, las brujas, con las cuales tienen tanto en común, ellas deben arder en la hoguera (Grünwedel, *Kalacakra III*, p. 41) Grünwedel rastrea el origen de este femenino sacrificio hasta la marcada misoginia de las tempranas fases del Budismo: "Los insultos [lanzados hacia] la mujer suenan horribles... El cuerpo de la mujer es un verdadero caldero del infierno, la mujer una mágica forma de los demonios de destrucción" (Grünwedel, 1924, vol. 2, p. 29).

Algunos Tantra aun explícitamente confirman la tesis de Grünwedel que los dakinis fueron alguna vez "mujeres de carne y sangre", quienes fueron después transformados en "seres espíritus" (Bhattacharyya, 1982, p. 121). Entonces así era sacrificada como un *karma mudra*, una mujer humana para poder después ser transformada en una *inana mudra*, una mujer imaginaria. Pero el proceso no termino allí, entonces la *inana mudra* todavía tenía una existencia externa al adepto. Ella también precisaba de ser "sacrificada" para poder crear la "mujer interna", la *maha mudra*. Un pasaje del *Candamaharosana Tantra* así llanamente urge al adepto: "Amenacen, amenacen, maten, maten, ejecuten a todo Dakini!" (Citado por George, 1974, p. 64) pero ¿Cuál es la intención detrás de un feroz sacrificio dakini? La misma que aquella detrás de todos los otros Tántricos rituales, nombradamente la absorción de *ginergia* sobre la cual se funda la omnipotencia del yogui. Acá el tan-anhelado elixir femenino tiene sus propios nombres específicos. El adepto lo llama la "sangre del corazón del dakini", la "esencia del corazón del dakini", el "corazón vital del dakini" (Herrmann-Pfand, 1992, p. 342). "Vía la 'conversión' los Dakinis se devienen a protectores de la religión, una vez que ellos hayan rendido su 'corazón vital' a su conquistador", un texto Tantra registra (Herrmann-Pfand, 1992, p. 204).

Esta "rendición del corazón" puede a menudo ser brutal. Por ejemplo, una historia Tibetana cuenta como el yoguini Magcig declara que ella está dispuesta a que le cercenaran los senos con un cuchillo - ya sea en realidad o solo imaginación no está claro. Su corazón era luego sacado, "y mientras la roja sangre - goteaba, goteaba - fluía fuera", reposada en un cráneo hecho taza. Entonces el órgano fue consumido por cinco dakinis que estaban presentes. A continuación de esta horrible operación cardiaca Magcig se ha transformado en un dakini (Herrmann-Pfand, 1992, p. 164). Tan macabro como es este cuento, por la otra parte muestra que el Tantrico sacrificio femenino no precisa necesariamente de ser llevado a cabo contra la voluntad de la mujer a sacrificar. En contraste, el yoguini a menudo ofrece su sangre del corazón voluntariamente debido a que ella adora a su amo. Así como Cristo, ella permite que la crucifiquen por amor. Pero su gurú puede que jamás permita a este amor ser libre. Él tiene un deber sacro para controlar los sentimientos del corazón, y el poder para manipularlos.

En el corazón del dakini yace el secreto de la iluminación y así de universal poder. Ella es la "Reina de Corazones", quien - así como Diana, Princesa de Gales - debe enfrentar una violenta "muerte sacrificial" para poder entonces brillar como el puro ideal de la *monarquía* (el "autocrático gobernar" de los yoguis). Lama Govinda también hace referencia a una feroz sacrificial apoteosis del dakini cuando el proclama en una visión que todas las fuerzas femeninas están concentradas en los caminantes celestiales, "hasta que se enfoca en un punto así como a través de un lente ellos se encienden en un calor supremo y se convierten en la sagrada llama de inspiración la cual lleva a perfecta iluminación" (Govinda, 1991, p. 231). No preciso decir que acá la inspiración y alumbrar del varón maestro Tantra solo es la intención y no aquel de su sacrificio femenino.

VAJRAYOGINI

… *Vajrayogini* es la más importante divina figura femenina en las más altas prácticas yoga del Budismo Tibetano. La diosa es adorada como, entre otras cosas, "Matrona del Mundo", la "Madre de todos los Budas", "Reina de los Dakinis", y una "Poderosa Poseedora de Conocimiento" [Reina del Cielo – oz]. Su reverencial culto es tan único en Lamaísmo androcéntricos que se recomienda una más cercana examinación. Al hacerlo halaremos un documento sobre praxis *Vajrayogini* por el lama Tibetano Kelsang Gyatso.

VAJRA YOGINI EN EL CÍRCULO ARDIENTE

En la praxis *Vajrayogini* un total de tres tipos de sacrificio simbólico femenino se distinguen, dos de estos consisten en la ofrenda de *inana mudras*, esto es, de "mujer espíritu" que son traídas de la imaginación del pupilo. En la tercer ofrenda sacrificial el presenta su maestro con una real compañera sexual (*karma mudra*) (Gyatso, 1991, p. 88). Una vez que todas las mujeres han sido presentadas al gurú y él les haya absorbido sus energías, la imagen del *Vajrayogini* surge en su corazón. Su cuerpo aparece en rojo y resplandece como el "fuego apocalíptico." En su mano derecha ella sostiene un cuchillo común mango en forma de *vajra*, en su izquierda un cráneo hecho tazón colmado de sangre. Ella carga una vara mágica cruzando sus hombros, la punta está adornada con tres diminutas cabezas humanas. Ella porta una corona formada de cinco cráneos. Además de otras cincuenta cabezas cercenadas ligadas en una cadena la cual cuelga alrededor de su cuello; bajo sus pies la divinidad Hindú *Shiva* y el rojo *Kalarati* se retuercen en dolor.

A partir de allí su imagen penetra al pupilo, y toma posesión de él, transformándolo en sí mismo vía una internalizada iconográfica dramaturgia. Que el sadhaka ahora representa la divinidad femenina es considerado un gran misterio. Entonces el maestro ahora susurra a su oído, "Ahora estas entrando en el linaje de todos los yoguinis. Tu no debes mencionar estos sagrados secretos de todos los yoguinis a aquellos quienes no hayan entrado la mandala de todos los yoguinis o aquellos quienes carecen de fe" (Gyatso, 1991, p. 355). El pupilo replica con orgullo divino, "yo soy el Cuerpo a Disfrutar de *Vajrayogini*!" (Gyatso, 1991, p. 57) o simplemente y directamente dice, "¡Yo soy *Vajrayogini*!" (Gyatso, 1991, p. 57). Entonces, así como una recientemente surgida diosa el viene a sentarse cara-a-cara con su gurú. Ya sea que este último ahora goza unión sexual con la sadhaka en tanto *Vajrayogini* no pueda ser determinado a partir de los textos disponibles.

[Sin duda este principio es avanzado por Crowley a la etapa de iniciación que justifica magia homosexual en la avanzada Francmasónica, Illuminati, Paladión y rituales de la OTO. De ahí el adopta el supremo androgénico sobrenombre: 'Bafomet'. – OZ]

A cualquier precio debemos considerar a esta diosa artificial como una máscara femenina, detrás de la cual se esconde el masculino sadhaka quien ha asumido su forma. Él puede por supuesto hacer esta mascara a un lado otra vez. Es impresionante justo cuan vivida e inadornada la descripción de esta reversa transformación del "pupilo *Vajrayogini*" a su original forma es: "Con la claridad del *Vajrayogini*", él dice en un texto ritual, "Yo doy mis senos y desarrollo un pene. En el lugar perfecto en el centro de mi vagina las dos paredes se transforman en acampanados testículos y el stamen en el mismísimo pene" (Gyatso, 1991, p. 293). Otras transfiguraciones de cambio de sexo también se conocen de la praxis *Vajrayogini*.

Así, por ejemplo, el maestro puede jugar el rol de diosa y dejar a su pupilo que tome el rol masculino. Él también puede dividirse en una docena de diosas - aunque son siempre hombres (el gurú o sus pupilos) quienes juegan el rol femenino.

[Este reversar en el juego de roles-hombres vistiendo como mujer (travestismo, algo lo cual J. Edgar Hoover, masón grado 33rd, se denoto que hacia[445]) - ha sido parte y paquete de iniciaciones a muchas Fraternidades de Colegios y Universidades Occidentales por los últimos 150 años. Tal como uno puede ahora apreciar, esto representa el concertado esfuerzo de los Iniciados Occidentales para de-sensibilizar la khassa y amma hacia la ¡aceptación de prácticas contrarias a los Monoteístas Mandamientos! Esto es de hecho, la *fons et origo* del Thelema, para el cual el místico principio de androginia es fundamental. – OZ]

CHINNAMUNDA

El temible ritual *Chinnamunda* (*Chinnamastra*) también se refiere a un "Tantrico sacrificio femenino." Al centro de este drama ritual encontramos una diosa (*Chinnamunda*) que se decapita ella misma. Iconográficamente, ella se muestra así: *Chinnamunda* se para erguida con su mano derecha sosteniendo la hachuela con la cual justo se ha decapitado. A su izquierda, con la palma alzada ella sostiene su propia cabeza. Tres espesos chorros de sangre salpican de la base de su cuello. El del medio se curva en un arco hacia la boca de su cercenada

---

[445] Terry, Jennifer (1999). *An American Obsession: Science, Medicine, and Homosexuality in Modern Society.* University of Chicago Press. pp. pg. 350.

cabeza, los otros dos fluyen hacia las bocas de dos diosas menores quienes flanquean *Chinnamunda*. Ella usualmente tropieza sobre uno o más pares de amantes. Este sangriento culto está distribuido en ambos, Budismo Tantrico e Hinduismo... "Chinnamasta [*Chinnamunda*] toma vida y vigor de la pareja copulando, luego la derrama en abundancia al cortar su propia cabeza para alimentar a sus devotos" (Kinsley, 1986, p. 175). Entonces, una "pareja sacrificial" y el robo de su energía de amor se encuentran en el escenario de este rito de sangre tan difícil de interpretar.

Sumario

Una relación entre fertilidad y sacrificios humanos también se forma en la antigua cultura India de las *Vedas*. La Tierra y la vida que sostiene, de hecho el universo entero, fueron formadas de acuerdo al Védico mito de origen, por el independiente auto-desmembramiento de la santa figura adámica *Prajapati* [Adam Kadmon de la Cábala y Osiris de los Egipcios. – OZ] Sus varios órganos y extremidades formaron los bloques de construcción de nuestro mundo. Pero estas yacían sin liga y dispersas por doquier hasta que los sacerdotes (los *Brahmanes*) vinieron y sabiamente los re combinaron a través de ejercer constantes ritos sacrificiales. Vía los sacrificios, los brahmanes garantizaron que el cosmos permaneciera estable, y eso les dio enorme poder social. Todos estos aspectos pueden, al menos en general, contribuir al "Tantrico sacrificio femenino", pero los centrales factores son los dos elementos ya antes mencionados:

> 1. La destrucción de la femineidad como un símbolo de altísima ilusión (Budismo *Hinayana* y *Mahayana*)

> 2. El sacrificio de la mujer para poder absorber su gi*nergia* (*Tantrayana*).

Terminemos este capítulo a una vez más resumir por qué el sacrificio femenino es esencial para el rito Tantrico: todo lo cual se opone a desprenderse de este mundo, el cual está caracterizado por sufrimiento y muerte, todo lo obscuro de *Maya*, el entero embuste de *samsara* es la *vergonzosa obra de mujer*. Su liquidación como un ente autónomo nada trae a este nuestro mundo de apariencias. En la Tántrica lógica de inversión [es decir Satanismo – OZ], solamente transcendiendo la femineidad puede conducir a iluminación y liberación del infierno del renacer. Ella sola promete la vida eterna. El The yogui puede entonces llamarse a sí mismo un "héroe" (*vira*), debido a que él ha tenido el coraje y las altas artes precisas para absorber la más destructiva y el mas ser base en el universo dentro de sí mismo, para poder no solo hacerlo inmune sino también transformarlo en positiva energía para el beneficio de todos los seres.

EL REGICIDIO COMO EL MITO DE ORIGEN DEL LAMAISMO Y EL RITUAL DE SACRIFICIO EN TIBET

EL ASESINATO DEL REY LANGDARMA

... Esto es justo tal que no fue sorpresa que su hermano, Langdarma, quien lo sucedió en el trono, quería reversar el monástico despotismo el cual Ralpachan había establecido. Langdarma estaba firmemente resuelto a trabajar junto con las viejas fuerzas Bon una vez más y comenzaron con una persecución de budistas, expulsándolos o forzándolos a casarse. Todos sus privilegios fueron removidos, los yoguis Indios eran acorralados para que salieran del país y los sagrados textos (los tantras) fueron quemados. [Estas son típicas acciones de un Profeta. – OZ] para los lamas, Langdarma entonces aun hoy cuenta como el archí-enemigo de la enseñanza, una manifiesta encarnación de maldad. Pero su radical actividad anti-Budista estaba para durar solamente cuatro años. En el año 842, su destino le alcanzo. Su asesino cabalgo a Lhasa sobre un blanco caballo pintado de negro con carbón y envuelto en un manto negro. *Palden Lhamo*, la temible tutelaría deidad de los posteriores Dalai Lamas, había encomendado al monje Budista, Palgyi Dorje, el "liberar" Tíbet de Langdarma. Desde que el rey pensaba que era un sacerdote Bon quien lo había llamado, él le cedió a su asesino una audiencia. Bajo su bata Palgyi Dorje había Escondido un arco y flecha. Él se inclinó primero, pero mientras aún se estaba levantando el hirió a Langdarma en el pecho a corta distancia, hiriéndole fatalmente y exclamando: "Soy el demonio Yashe Negro: cuando alguno quiera matar a un impío rey, que lo haga tal como yo he matado a este" (Bell, 1994, p. 48). Entonces se montó en su caballo y huyo. En su escape el lavo al animal en un rio, para que su color blanco reapareciera, luego el volteo su capa negra la cual ahora igualmente se volvió blanca. Así logró escapar sin ser reconocido.

Hasta el presente día, la historia oficial Tibetana legitima este "tiranicidio" como un necesario acto de desesperación por los perseguidos budistas. Para poder acallar una mala consciencia y traer la obra acorde con los mandamientos Budistas contra cualquier forma de matar, pronto se evaluó como un gesto de compasión: al ser asesinado, a Langdarma se le previno de acumular aún más mal karma y lanzando más gente a la ruina. Semejante "compasionados" asesinatos, los cuales - así como veremos - fueron parte de la políticas del Estado Tibetano, evitaron usar la palabra "matar" y lo remplazaron con términos como "rescate" o "liberar" [La proclama

Francmasónica/Comunista para rebelión, o el término de la CIA, 'Neutralización' – OZ].

"Para *liberar* al enemigo de la doctrina a través de la compasión y conducir su consciencia hacia una mejor existencia es uno de los más importantes votos - [juramento secreto Francmasónico - OZ] - para ser tomados en empoderamiento Tantrico", escribe Samten Karmay (Karmay, 1988, p. 72). En semejante caso todo lo que se requiere del "rescatador" es que al momento del acto de matar *él debe desearle al asesinado, un buen renacer* (Beyer, 1978, pp. 304, 466; Stein, 1993, p. 219).

... A través de su asesinato, el sacrificio de mandato secular en favor de poder clerical se completó,[446] ambos realmente y simbólicamente, y los monjes con su Budocracia entonces ocuparon el lugar de autocrático regente... La inmensa significancia del regicidio se hace claro inmediatamente cuando se les recuerda que los antiguos reyes eran en la mayoría de los casos equiparados con una deidad. Entonces lo que aconteció no fue el matar de una persona sino de un dios, usualmente con intención melodramática que el ser ritualmente asesinado será resucitado o que otra deidad ocuparía su lugar... René Girard, en su estudio de *La Violencia y lo Sagrado*, significa que un "miembro fundador" influencia todos los subsecuentes desarrollos culturales y religiosos en una sociedad y que una colectiva compulsión para constantemente repetirse, ya sea simbólicamente o en lo real. Esta compulsiva repetición ocurre por tres razones: primordialmente debido a la culpa de los asesinos quienes creen que ellos serán capaces de exorcizar la obra mediante repetición; segundo, así para poder refrescar las propias fuerzas por medio de aquellas que fluyen de la víctima a su verdugo; tercero, como una demonstración de poder. De ahí una cadena de violencia religiosa se establece, la cual, sin embargo, se hace incrementadamente "simbolizada" entre más la comunidad sea removida del original criminal evento. En lugar de humanos a sacrificar, la quema de efigies ahora emerge.

Los lamas repiten el crimen en una danza misteriosa realizada anualmente, la *danza cham*... una ejecución de esta danza cham solo pude ser llevada a cabo por monjes de la orden. A esta también se le hacía referencia como la "danza de los **sombreros negros**"... Entonces *Yama*, el dios cabeza de toro de los muertos, aparece y perfora el corazón, los brazos y piernas de la figura con su arma y ata sus pies con una soga. Una campana repica, y *Yama* comienza por arrancar las extremidades de la víctima y rajar abierto el pecho con la espada. Ahora arranca el corazón sangriento y otros órganos internos los cuales

---

[446] Francmasones hacen esto bajo la cubierta de avanzar en el secularismo, cuando de hecho ellos apenas avanzan en su propio culto e indeliberadamente aquella de los Ilumines. - OZ.

habían sido anteriormente colocados dentro del *lingam*. En algunas versiones del juego el entonces come la "carne" y bebe la "sangre" con un sano apetito. En otros, el momento ha arribado en el cual los demonios animales (los enmascarados bailando) caen sobre el ya desmembrado *lingam* y lo despedazan de una vez. Las piezas son arrojadas en todas direcciones. Los diablos Asistentes colectan los dispersos fragmentos en cráneos humanos y en una celebradora procesión son traídos ante *Yama*, sentado sobre un trono, con un noble gesto toma uno de los sangrientos pedazos y calmadamente los consume antes de dar el resto gratis para consumo general con una señal de mano. A un tiempo, los otros participantes misteriosos descienden y tratan de arrebatar algo. Un zafarrancho ahora resulta, en el cual muchas piezas del *lingam* son deliberadamente lanzadas a la hacinada audiencia. Todos agarran un fragmento el cual se comen.

En esta clara escena caníbal, los danzantes clericales cham quieren apropiarse de algo de la energía vital de la víctima Real. Acá también, la antigua idea de que los poderes de un enemigo son transferidos a uno por matarlo y devorarlo es la intención apenas oculta. Entonces cada ejecución de la cham se repite en un nivel "artístico" la política apropiación del poder secular real por el Lamaísmo. Pero siempre tengamos en mente que la distinción entre símbolo y realidad la cual encontramos normal no existe dentro de una Tántrica cultura. Por lo tanto, el Rey Langdarma es sacrificado junto con su secular autoridad en cada ejecución de la danza cham. Esto es muy entendible por qué el Quinto Dalai Lama, en cuya persona todo el poder mundano de los Reyes Tibetanos se concentró por primera vez, envalentono mucho la danza cham.

Porque es la víctima y de ahí el "enemigo de la religión" conocido como *lingam*? Según sabemos, esta palabra Sanskrit significa "falo"... este simboliza el remplazo de la cadena dinástica de herederos - la cual sigue las leyes de reproducción y presupone el acto sexual - por el sistema de reencarnación. En su estudio de campo, Robert A. Paul también observo como el día siguiente a una ejecución de la danza cham el abad y sus monjes vistieron como dakinis y aparecieron en el sitio sacrificial para poder colectarlos restos dispersos y quemarlos en un fuego junto a otros objetos. Ya que los lamas "varones" conducen este final acto en el disfraz de (hembras) "caminantes del cielo", parecería como que aun otro Tantrico sacrificio femenino está oculto tras el simbólico regicidio.

EL SACRIFICIO SUSTITUTO - [la cabra Judas - oz]

El sacrificio de un *lingam* fue una particular especialidad del Quinto Dalai Lama, el cual había realizado no justo durante la danza cham sino que también lo uso, así como pronto veremos, para la destrucción de enemigos. Estamos lidiando con una ampliamente esparcida práctica en la vida cultural Tibetana. En cada concebible ocasión, pequeñas figurillas de repostería (*torma* o *bali*) fueron elaboradas para poder ser ofrecidas a los dioses o demonios. Hechas a partir de tsampa o margarina, estas fueron a menudo hechas en formas de antropomórficas figuras... todo lo que es malvado, aun las propias malas característica, pueden ser proyectadas en la torma para así después ser destruida... estamos lidiando con el ritual *bali* según fue codificado por el Quinto Dalai Lama. El propósito de la ceremonia consiste en impedir a los dakinis u otros malignos espíritus de llevarse con ellos a una persona enferma o agonizante adentro de sus dominios... pero los dakinis que quieren detenerle a él o a ella, no han sido aún satisfechos. Por esta razón los textos recomiendan un sacrificio substituto. Los caníbales femeninos se les ofrecen una pirámide *bali* consistente en un cráneo, arrancadas tiras de piel [humana], lámparas encendidas llenas con grasa humana, y varios órganos flotando en un hediondo liquido hecho de cerebro, sangre y bilis. Esto se supone que es para mitigar la avaricia de los "caminantes del cielo" y distraerlos de la persona enferma (Herrmann-Pfand, 1992, p. 466).

LA "CABRA DE EXPIACION" TIBETANA

El antropólogo, James George Frazer, igualmente hace una conexión entre regicidio ritual y los simbólicos ritos sacrificiales practicados por muchos pueblos a comienzos de un año. El año pasado, representado por el viejo gobernante, es sacrificado, y el Año Nuevo celebra su entrada con la figura de un joven rey.

> [Imitado por los Druidas, quienes anualmente remplazan a su joven rey con otro luego de atar el rey del año viejo a un árbol de Roble y le remueven su corazón. – OZ].

En el curso del tiempo los Reyes gobernantes fueron capaces de escapar de este rito, profundamente anclado en la historia humana, al designar sustitutos sobre los cuales el ritual de violencia pueda ser descargado... Este rol de humana "cabra expiatoria" durante la festividad Tibetana de año Nuevo (*Monlam*) era llevado a cabo por una persona que lleva el nombre de "rey de lo impuro", "demonio buey", o "*rey salvador*"[447]... En un tiempo pre-arreglado el "buey demonio" aparecía en frente de la catedral de Lhasa, la Jokhang. Allí, un monje del monasterio Drepung lo esperaba en una magnifica bata. En la escena ahora montada en la cual él representaba al Dalai Lama. Primero hay una violenta batalla de palabras en la cual la cabra de expiación hace mofa de

---

[447] Acá encontramos la raíz de la Cristiana Blasfemia. - OZ.

la enseñanza Budista con una filosa lengua. Luego el que pretende ser el Dalai Lama lo desafía a un juego de dados. Si acaso el "rey de lo impuro" fuese el ganador, las desastrosas consecuencias para el país entero hubiese sido inmensas, pero se habían hecho preparaciones para asegurar que esto no ocurriera... después de su derrota el perdedor huía... ya sea que fuese expulsado a lo salvaje o llevado cautivo y encerrado por un tiempo en una de las cámaras de horror del monasterio Samye. Se consideraba un buen augurio si acaso el moría.

Realmente su deceso se esperaba, o al menos lo añoraban. Se creía que las cabras de expiación atraían toda forma de rara enfermedad o morían bajo misteriosas circunstancias. Si acaso el personaje aun así salvaba su pellejo, se le permitió retornar a Lhasa y otra vez asumir el rol... los que sacrifican son liberados de todo mal, los cuales la cabra de la expiación lleva con si hasta la muerte, y la sociedad retorna a un estado de pureza original. Acordemente, el poder del ritual aplicado no es asunto de propio-interés, sino más bien un medio de alcanzar lo opuesto, paz social y un estado sin disturbios... Luego, una vez la "Gran Quinta" haya institucionalizada las celebraciones, la anarquía reina en Lhasa durante el periodo de las festividades de año nuevo:[448]

... Heinrich Harrer, quien experimenta varios festines a finales de los años cuarentas, describe uno de ellos en las siguientes palabras: "Cuan si fuese despertando de una hipnosis, en este instante las decenas de miles zambullen orden dentro del caos. La transición es tan repentina que uno queda sorprendido. Gritando, salvaje gesticulación... tropiezan unos con otros hasta el suelo, casi se matan entre ellos. Los que rezan [monjes], aun sollozando y absorbidos extasiadamente, se tornan en dementes furiosas. ¡Los monásticos soldados comienzan su labor! Enormes Huge bloques con hombreras y rostros ennegrecidos - para que así el disuasivo efecto sea ensanchado. Ellos la arremeten contra las masas con sus estafetas... aullando, ellos reciben los golpes, pero aun ye el azotado retornan de nuevo como si estuviesen poseídos por demonios" (Harrer, 1984, p. 142). La festividad Tibetana de Monlam es entonces una variante sobre las paradojas que ya hemos examinado, en la cual, acorde con las tántricas leyes de inversión, anarquía y desorden son deliberadamente evocadas para así estabilizar la Budocracia totalmente. Durante esos días, las embotelladas agresiones anti-estado de los sujetos pueden ser completamente descargadas, aunque sea solo por un tiempo limitado y bajo los golpes de los bastones de los monásticos soldados.

---

[448] **Saturnalia** *sustantivo.* (*Plural.* Igual o **Saturnalias**); 1(usu. **Saturnalia**) *Historia Romana.* El festival de Saturno en Diciembre, esta caracterizado por irrestringida alegría para todos, es el predecesor de la Natividad; 2 (como *sing.* o *pl.*) una escena de salvaje revuelo o tumulto; una orgía. Diccionario Oxford. 10ma Edición. - Los Illuminati y Rosacruces también son conocidos como 'la Hermandad Negra de Saturno'. - OZ.

... entonces toda la idea tántrica esta fundamentalmente basada en el sacrificio del humano (la persona, el individuo, el cuerpo humano) para beneficio de los dioses o de los yoguis... las deidades tutelarías (*dharmapalas*) [o *Gran Hermandad Blanca de Teosofía*, los así-llamados 'Maestros Ascendidos'; en realidad, *reprobados genios* – OZ] - como recompensa por su labor ellos aun demandan más sangre humana y aun más carne humana.

Semejante comida caníbal es llamada *kangdza* en tibetano. Estas son expuestas gráficamente como cuerpos desmembrados, corazones que han sido arrancados, y pieles peladas en macabras thangkas, las cuales son adoradas en sagradas cámaras dedicadas a los mismos demonios. *Kangdza* significa "dadivas de sueños-cumplidos," sin equivocarse indicando que la gente eran de la opinión que ellos podían cumplir sus grandes sueños mediante sacrificios humanos. Que esto realmente fue entendido entonces se demuestra por el constante uso de partes de cadáveres humanos en la magia Tibetana, al cual dedicaremos el siguiente capítulo.

ASESINATO RITUAL COMO ACTUAL PROBLEMA ENTRE EXILIADOS TIBETANOS

Los terribles eventos del 4 de Febrero de 1997 en Dharamsala, la sede del gobierno Indio del Decimocuarto Dalai Lama, demostraron que el ritual de sacrificio humano entre tibetanos de ninguna manera es un asunto del pasado sino más bien continúa ocurriendo hasta hoy en día. Acorde a reportes policiales, en ese día entre seis y ocho hombres irrumpieron en la celda del septuagenario lama, Lobsang Gyatso, el líder de la escuela Budista dialéctica, y lo asesinaron junto a dos de sus pupilos de numerosas puñaladas. La obra sangrienta fue llevada a cabo en la inmediata vecindad de la residencia del Dalai Lama en una edificación que forma parte del monasterio Namgyal. El Instituto Namgyal es, así como hemos ya mencionado en varias ocasiones, responsable de ejecutar el ritual del *Kalachakra Tantra*. La prensa mundial - en cuanto a solo los que reportaron el crimen del todo - estaba horrorizada por la extrema crueldad de los verdugos. Las gargantas de las víctimas habían sido rebanadas y de acuerdo a algunos reportes de prensa su piel había sido parcialmente arrancada de sus cuerpos (*Süddeutsche Zeitung*, 1997, No. 158, p. 10). Existe un rumor entre la comunidad de exiliados Tibetanos de que los perpetradores habían succionado la sangre de las víctimas para poder usarla con propósitos mágicos. Todo esto ocurrió en justo menos de una hora... El "portavoz" para el Dalai Lama en los EUA, Robert Thurman, también vio el asesinato como un acto ritual: "Los tres fueron apuñalados repetidamente y cortados de manera así como exorcismo." (*Newsweek*, Mayo 5, 1997, p.43)

EL SACRIFICIO RITUAL DEL TIBET

Primordialmente, así como hemos ampliamente demostrado, un políticamente orientado maestro tantra (especialmente si practica el *Kalachakra Tantra* así como lo hace el Dalai Lama) *no está del todo interesado en fortalecer y mantener un Estado establecido y ordenado.* Semejante posición conservadora es válida solamente mientras esta no se atraviese en el camino hacia la meta final, la conquista del mundo por una Budocracia.[449] Esta senda imperial para el control mundial esta pavimentada con sacrificios: el sacrificio de *karma mudra* (la sabia consorte), el sacrificio de la individual personalidad del pupilo, el simbólico sacrificio de mundano reinado, etc.

Justo así como el gurú es capaz de evocar estados mentales en su *sadhaka* (pupilo) el cual lo conduce a la *comunidad.* Entonces la idea Budista/tántrica de Estado tiene una esencialmente simbólica naturaleza y fundamentalmente sin diferencia a los procedimientos los cuales el yogui ejecuta dentro de su energía corporal y a través de rituales prácticas. Desde el punto de vista del *Kalachakra Tantra,* todos los importantes eventos en la historia Tibetana apuntan *escatológicamente* al control del universo por un *Chakravartin* (gobernante mundial [Maitreya]).

La precondición para esto es la destrucción del viejo orden social y la construcción de una nueva sociedad a lo largo de los lineamientos establecidos en la Dharma (la enseñanza) [el Iluminista principio de Caos. – oz] Siguiendo semejante lógica, y de acuerdo con la Tántrica "ley de inversión," la destrucción de un Tíbet nacional podría convertirse el requisito para una *más alta* transnacional orden Budocrática. ¿Acaso - ahora debemos preguntarnos - ha sido sacrificado el pueblo Tibetano para que así sus energías vitales puedan ser liberadas para la expansión mundial del Lamaísmo? Así fantástica y cínica como tal mítica interpretación de la historia pueda sonar, *esta es clandestinamente distribuida ampliamente en los ocultos círculos de Tantrico Budismo.* Orgullosa referencia se hace en comparación con la Cristiandad aquí: justo así como Jesucristo fue sacrificado para salvar al mundo, así también el Tíbet de antaño fue destruido para que así la Dharma se difundiera alrededor del globo… Luego de tal purificación, la entidad está lista para el siguiente nivel de expansión en servicio. Los Tibetanos eran espiritualmente fuertes lo suficiente para soportar este ardiente terreno así para poder pavimentar la vía para su definida parte en la edificación del *nuevo mundo.* En este último, los autores nos aseguran, la "primera nación Sagrada" se convertirá en un "punto

---

[449] Esto claramente explica la pre-eminencia del Dalai Lama en la Illuminati *World Council of Churches* y en otras 'ecuménicas' congregaciones en las cuales Sufíes desviados han jugado un importante rol. - OZ.

de síntesis" de "amor universal, sabiduría y Buena voluntad" (citado por López, 1998, p. 204).

Robert Thurman (el "portavoz del Dalai Lama" en América) discute tal teoría en su libro *Essential Tibetan Buddhism*. "El más convincente sino más bien dramática [teoría]," Thurman escribe, "es que Vajrapani (la Bodhisattva de poder) emano así como Mao Tse-tung y emprendió el vil pecado de destruir las instituciones Budistas Dharma [del Tíbet], junto a muchos seres, por tres principales razones: para prevenir otro, ordinariamente humano, materialistas de cosechar las consecuencias de tan terribles actos; para desafiar a los Tibetanos Budistas a que suelten la trampa de su religión y filosofía y forzarlos a lograr la habilidad de acuerpar una vez más en esta terrible era sus enseñanzas de desprendimiento, compasión, y sabiduría, y para diseminar a los Indo-Tibetanos profesores Budistas y para diseminar sus enseñanzas por todo el planeta entre todos los pueblos, *ya sea religioso o secular*, en este tiempo apocalíptico cuando la humanidad debe tomarse un cese a la violencia hacia la paz para poder preservar toda vida en la tierra" (citado por López, 1998, p. 274).

Entonces, para el actual Dalai Lama, su primordial preocupación no es la libertad de la nación del Tíbet, sino en vez la diseminación del Tantrico Budismo a escala global. "Mi principal preocupación, mi principal interés, es la Tibetana cultura Budista, no solo política independencia", él dijo a finales de los ochentas en Estrasburgo (*Shambhala Sun*, Archivo, Noviembre 1996).

MAGIA COMO INSTRUMENTO POLITICO

Desde su escape del Tíbet (en 1959), el Decimocuarto Dalai Lama ha negociado el escenario político internacional y cultural como un sensible demócrata e *iluminado* hombre del mundo. Como asunto por supuesto el llanamente clama a todas las occidentales "virtudes" de humanismo, libertad de opinión, racional argumento, creencia en el progreso técnico y científico, etc. Pero esta práctica, fachada de razonamiento es engañosa. Detrás de ella esta oculta una profundamente enraizada creencia en poderes sobrenaturales y mágicas practicas las cuales están supuestas a ejercer una decisiva influencia sobre los eventos sociales y políticos.

INVOCACION DE DEMONIOS

... invocaciones de demonios no eran del todo raras ocurrencias ni tampoco estaban restringidas a las esferas de vida personal y familiar. Estas fueron en general entre las más preferidas funciones de los lamas. De ahí, "demonología" era una alta ciencia enseñada en las monásticas universidades, y el lidiar ritual con malévolos espíritus eran - así como veremos en un momento - una importante función del Estado lamaísta.

Para que los demonios aparezcan, a ellos se les debe ofrecer los apropiados objetos de su lujuria como un sacrificio, cada clase de diablo tiene su propio gusto en particular. René von Nebesky-Wojkowitz describe numerosas culinarias especialidades del Lamaísta "libro de recetas para demonios": pasteles hechos de harina oscura y sangre; cinco diferentes surtido de carnes, incluyendo carne humana; el cráneo de un vástago relación incestuosa llena con sangre y semillas de mostaza; la piel de un niño; tazones de sangre y cerebro; una lámpara llena con grasa humana con un pabilo hecho de cabello humano; y una masa mixta de llagas, cerebro, sangre y entrañas humanas (Nebesky-Wojkowitz, 1955, p. 261).

Hacia finales de los años cuarenta los lamas Gelugpa enviaron a *Kschetrapala* a la batalla contra los chinos. Él fue lanzado dentro de un pastel sacrificial de unas tres yardas de alto (o *torma*). Este fue entonces puesto a la luz en las afueras de Lhasa, y mientras los sacerdotes bajaban el estandarte de su Victoria el demonio se liberaba y volaba en dirección a la amenazada frontera con su ejército. Una batalla real de los espíritus ocurría aquí, como un "demonio Chino de nueve cabezas", del cual se asume de haber asistido a los comunistas en todo asunto concerniente al Tíbet, aparecía en el campo de batalla. Ambos espíritus príncipes (el Tibetano y el Chino) han sido enemigos mortal por siglos. Obviamente el de nueve cabezas emergía desde esta final batalla de los demonios como el vencedor.

Los chinos reclamaban que 21 individuos fueron asesinados en este ritual enemigo para que así sus órganos pudiesen ser usados para el enorme *torma*. Familiares de las víctimas se supone de haber testificado de esto (Grunfeld, 1996, p. 29). Ahora, uno puede con buena d razón dudar de los Chinos con sus acusaciones debido a la política situación entre el "Reino Medio" y la "Azotea del Mundo, "pero no porque ellos contradigan la lógica de Tibetanos ritos de guerra - estos han sido registrados en numerosos textos Tántricos.

MAGIA VUDU

... Bajo el Quinto Dalai Lama ellos e volvieron parte de la elevada política de estado. El "Gran Quinto" tenía un terrible "recetario" (el Manuscrito Dorado) grabado en negras thangkas el cual estaba exclusivamente ocupado en mágicas técnicas para destruir un enemigo. En él también se describen numerosas variaciones sobre el así-llamado ritual gan tad: un hombre o una mujer representando a la víctima es tendida en el centro de un círculo. Tienen grilletes con pesadas cadenas alrededor de sus manos y pies. Alrededor de los personajes el maestro tantra ha escrito dañinos dichos como el siguiente. "la vida sea cortada, el corazón sea cortado, el cuerpo sea cortado, el poder sea cortado, la descendencia sea cortada" (Nebesky-Wojkowitz, 1993, p. 483). Esto último significa que los familiares de la víctima deben ser también destruidos. Ahora la sangre menstrual de una prostituta debe gotear en los conjuros, a los que se les dan cabello y uñas. Acorde a algunos textos, un poco de sucio desprendido de un zapato, o alguna plasta de la casa de la víctima es suficiente. Luego el maestro ritual dobla el papel en un pedazo de tela, la cosa entera se rellena el cuerno de un yak con otros horribles ingredientes los cuales prefiero no tener que listar. Guantes deben ser utilizados cuando se conduce el ritual, ya que las sustancias pueden tener los más dañinos efectos sobre el mago si acaso este entra en contacto con estos. En un cementerio él solicita un ejército de demonios para que desciendan sobre el cuerno y lo impregnaran con su destructiva energía. Luego es enterrada en la tierra del enemigo, el cual pronto muere después... cuando los tibetanos iban a la guerra con los Nepaleses, los lamas tenían a un sustituto hecho del comandante del ejército Nepalés y conducía un destructivo ritual con esto. El comandante muy pronto después fallecía y los planes de invasión del ejercito enemigo tenían que ser abandonados (Nebesky-Wojkowitz, 1993, p. 495).

POLITICAS MANDALA

... La mayor Tibetana exhibición "Weisheit und Liebe" (Sabiduría y Amor), en vista en Bonn en el verano de 1996 así como también en numerosas locaciones alrededor del mundo, fue diseñada a lo largo precisamente de estas líneas por Robert A. F. Thurman y Marylin M. Rhie. La concepción detrás de esta exhibición, Thurman escribe, "es simbólicamente significante. Este... trae sus principios guías desde la mandala de la "rueda del tiempo" [Kalachakra], el místico sitio el cual acuerpa la perfecta historia y cosmos del Buda... A través de la construcción de esta exhibición la historia del Budismo y del Tíbet fue presentado como una obra de misterio dramatizada por siglos. Cada época en la historia de la Budista doctrina cuenta como una tipo de iniciadora etapa en la evolucionaría progresión de la humanidad la cual se supone culminara en el establecimiento de un estado global Shambhala [El Brahmín Fascismo Ario. - oz]. El mismo iniciador rol fue cubierto por las cuatro escuelas Tibetanas. Todas estas se encontraban - en la interpretación del exhibidor - en una jerárquica relación una con la otra. Cada escalón está basado en el anterior a este: los Sakyapas sobre los Nyingmapas, los Kagyupas sobre los Sakyapas, y los Gelugpas sobre los Kagyupas. El mensaje fue que la historia del Budismo, especialmente en Tíbet, había tenido que progresar como un iniciado a través de las individuales escuelas y sectas paso a paso para así posteriormente desarrollar su conocimiento y luego alcanzar su más alta meta mundanal en la persona del Dalai Lama.

Addendum Posteriores:

❖ "En su obra *Magick in Theory and Practice*, Crowley explica las razones para muerte ritual y porque pequeños niños son las mejores víctimas: "Esta era la teoría de antiguos magos que cualquier ser vivo es un almacén de energía que varía en cantidad de acuerdo al tamaño y salud del animal, y en calidad acorde a su carácter mental y moral. Al morir este animal su energía es liberada repentinamente. Para el más alto operar espiritual, uno debe acordemente escoger aquella victima que contenga la fuerza y pureza más grande. Un niño varón de perfecta inocencia y alta inteligencia es la más satisfactoria y apta víctima." Crowley añade en un nota al pie de página que acorde a los registros de la Orden de Orientales Templarios por Frater Perurabo, el realizo semejante sacrificio unas 150 veces por año entre 1912 y 1928. Alex Constantine, *The Konformist Newswire*, 2007

❖ "Ya que las penalidades de magia recaen más pesadamente en los indefensos niños, la gente que practica magia invariablemente adopta ritos que conducen a su extinción. Parece ser que los Polinesios rutinariamente mataron a más de la mitad de sus de sus niños. Lo mismo se cometió en algunas partes del Este de África hasta hoy en día. Los Jagas de Angola mataban a todos sus niños, para que así su marcha no se retrasara. Ellos mantenían sus números al tomar a niños y niñas de cuyos padres ellos habían matado y devorado. En Mesoamérica, los indígenas Maya asesinaban a todos los niños excepto el último... Los Sacerdotes Cartagineses renovaban su divino poder al persuadir la gente de sacrificar sus hijos a Moloch. 'los niños eran colocados en las manos de imagen de bronce con cabeza de res, desde el cual ellos se deslizaban dentro de un feroz horno, mientras la gente danzaba al compás de la música de flautas y tambores para ahogar los lamentos de las victimas ardiendo. [Ver: *Fires that Cry*, por Anthony Hargis]

❖ Esta abominación también fue adoptada por los Israelitas. A razón de esta blasfema contaminación, Allah los destruyo según esta registrado en el Antiguo Testamento [Ver los libros de Ezequiel, Jeremías y Oseas]. La adoración fue re-introducida durante el Siglo 7 AC por el Rey Manasés luego que el Rey Josías había librado enteramente la tierra de sus sacerdotes y templos. Poco tiempo después, Israel fue destruida y llevada cautiva a Babilonia, mientras que otros huyeron a Egipto. Allah abandonó el Templo y los dejo sin profeta por 400 años, durante este tiempo los magos Hebreo

Babilónicos re-escribieron sus sagrados textos, establecieron los que se convirtió en Rabínicas Tradiciones, Halakah, Talmud, Cábala, etc., y comenzaron el largo camino a la perdición vía el desarrollo de ocultas instituciones que se han finalmente cristalizados como la profetizada *Bestia* del Nuevo Orden Mundial Illuminati. Debe hacerse notar que la Satánica práctica de humana inmolación - especialmente los mejores de entre sus niños - fue también aquella de la antigua Troya, la cual fue destruida durante la ascendencia Israelita en Palestina. Los sobrevivientes de Troya eran conocidos como 'gente del mar' o Fenicios, y es su semilla que estableció la practica en el antiguo Cartago, Tiro y Sidón., así también Pergamo. Hiram el de la Mítica Fabricación Francmasónica, era el Rey de Tiro. - OZ.

Baripada, Orissa: Once personas han sido arrestadas en conexión con el supuesto sacrificio de dos pequeños niños en la aldea del distrito Mayurbhanj. Harishchandra, 9, y Deepak, 7, fueron asesinados en la aldea Tilopal el Sábado supuestamente como parte de un sacrificio ritual. Su padre Padmalochan Gahan y madre Minati están entre los arrestados por los asesinatos. Los otros arrestados incluyen a unos Tántricos y familiares de Minati. La pareja dijo que cometieron el crimen por consejo de un Tantrico quien les aseguro que los niños estarían vivos posterior a la muerte después de la muerte de su ultimo hijo y juntos les traerían buena fortuna con ellos. Jueves 04 de Enero del 2007 a las 17:59, IBNLive

Lunes 18 de Abril del 2006, VIA: BBC, *EXTRACTOS DEL ARTICULO:* **Horroroso Sacrificio de Niños en la India: E**n las remotas aldeas norteñas se siente como si poco ha cambiado. Las comunidades permanecen olvidadas y declaradamente subdesarrolladas, con poca literalidad y abyecta pobreza. Estas son condiciones que por décadas han creado superstición y una profundamente enraizada creencia en lo oculto.

Ha sido propuesto que los Aztecas con sus sacrificios humanos y canibalismo puede ser mejor explicado como una respuesta a presión de la población y hambruna. La más grande porción de canibalismo, sin embargo, coincidía con el tiempo de las cosechas, no con periodos de escasez, y es mejor explicado como una acción de gracias. Tenochtitlán recibía grandes cantidades de alimentos como tributo y se ocupaban en intensa (chinampa) agricultura. Solo estas dos fuentes podrían haber proveído suficiente para alimentar prácticamente la población entera de la ciudad. Los Aztecas también consumían varios animales e insectos que eran buena fuente de proteína. La cantidad de proteína disponible de sacrificios humanos no hubiese sido una significante contribución a la dieta. El Canibalismo no estaba motivado por hambruna sino por una creencia que esta era una manera de conectar con los dioses. **Science** 12 de Mayo de 1978, Vl. 200, No. 4342 paginas 611-617:

Aztec Cannibalism: An Ecological Necessity? Bernardo R. Ortiz de Montellano

Moses Kafeero, el portavoz policial para Uganda central dijo a reporteros acá el Lunes que a pesar de los esfuerzos para traer culpable a la justicia, el crimen principalmente le apuntaba a niños han continuado por todo el país. La Policía ha formado un comité de 15 hombres para fortalecer las investigaciones dentro del perturbado patrón de sacrificio infantil esta aun por alcanzar mucho éxito. "Nuestra gente aún cree en brujería, hemos hablado, mucha gente ha sido llevada a la corte pero el problema está aún entre nosotros," dijo Kafeero. La brujería que implica sacrificio infantil es usualmente practicada para traer fortuna, buena salud y demás en algunos países Africanos. Matia Kasaija, ministro estatal Ugandés para asuntos internos recientemente dijo que la lucha contra el sacrificio infantil ha sido complicada por el incremento en otros tipos de crímenes que le apunta a la niñez como el secuestro, abducción y robo de niños. Acorde al ministerio del interior, hubo 230 de tales casos en el 2006 mientras que en el 2007 decayó a 108 pero se disparó a 318 el año pasado. **Rising Child Sacrifice Worries Ugandan Authorities 2009-03-24 05:09:19, Xinhua News**

Ver también: *The Strange World of Human Sacrifice* por Jan N. Bremmer, Rijksuniversiteit te Groningen. Faculteit der Godgeleerdheid, Peeters Publishers, 20

APÉNDICE XIII

HITLER, EL SUFISMO, Y LO OCULTO

… En 1912, varios Germanos ocultistas con radical inclinación anti-Semita decidieron formar una logia "mágica" a la cual ellos llamarían la Orden de los Teutones. Los principales fundadores fueron Theodor Fritsch, un editor de un periódico anti-Semita; Philipp Stauff, pupilo del racista Guido Von List, y Hermann Pohl, el canciller de la Orden. (Pohl renunciaría tres años después para fundar su propia logia bizarra, la Orden Teutónica Walvater del Santo Grial.) La Orden de Teutones se organizó dentro de los lineamientos de los Francmasones o los Rosacruces, teniendo diferentes grados de iniciación, solamente a personas que estuviesen completamente documentadas de ser de puro ancestro "ario" se les permitía unirse. En 1915, a Pohl se le unió Rudolf Blauer, quien tenía un pasaporte Turco y practicaba meditación Sufí. El también diestro en astrología y era un admirador de Lanz Von Liebenfels y Guido Von List, ambos patológicamente anti-Semitas. Blauer usaba el nombre Rudolf Freiherr Von Seboottendorf. Él era muy acaudalado, aunque se desconocía el origen de su fortuna. Él se convirtió en el Gran Maestro de la Orden de Bavaria y el fundo la Sociedad Thule, con el visto bueno de Pohl, en 1918.

… en 1919 cuando Hitler conoció a Dietrich Eckart. *Muchos biógrafos han desestimado la influencia que Eckart ejerció en Hitler.*

"¡Sigan a Hitler! El bailara, pero soy Yo quien entona la pieza. Yo lo he iniciado en la 'Secreta Doctrina', abrió sus centros en visión y le dio los medios para comunicarse con los Poderes. No se lamenten por Mi; ya que he influenciado la historia mas que cualquier otro Alemán."

Las agónicas palabras de Dietrich Eckart; Satanista y líder del grupo de iniciados Thule en Bavaria.

Eckart fue un rico publicador y editor-en-jefe de un diario anti-Semita al cual el llamo en Alemán llanamente. Eckart era un comprometido ocultista y maestro de magia. Como un iniciado, Eckart perteneció al círculo interno de la Sociedad Thule Society así como también a otras órdenes esotéricas. No cabe duda que Eckart - quien había sido alertado a Hitler por otros Thulistas - entreno a Hitler en técnicas de auto confianza, proyección propia, persuasiva oratoria, lenguaje corporal y discursiva sofisticacion. Con estas herramientas, en un corto periodo de tiempo el fue capaz de mover el obscuro partido laboral de la atmosfera de club y salón cervecero hacia un movimiento de masas. El orador cargado de emoción se convirtió en un experto orador, capaz de mesmerizar a una vasta audiencia. Uno no debe desconsiderar la influencia del ocultismo en Hitler.

Su supuesto subsecuente rechazo a los movimientos esotéricos y de Francmasones, de Teosofía, de Antroposofía, no necesariamente significa lo contrario. Los Ocultos círculos desde hace mucho tiempo han sido parapetos para el espionaje y trafico de influencias. Hitler y su aparato de espiar bajo Canaris y Heydrich estaban bien enterados de estos conductos, particularmente de la dirección de Bretaña el cual tiene dentro de su agencia de inteligencia MI5 a un departamento conocido como el *Buro Oculto*. De que estas potenciales fuentes de problemas fueron purgados de la vida no deben tomarse a significar que Hitler y las sociedades secretas Nazi no estaban influenciadas por místicos y ocultos escritores como ser Madame Blavatsky, Houston Stewart Chamberlain, Guido Von List, Lanz Von Liebenfels, Rudolf Steiner, George Gurdjieff, Karl Haushofer y Theodor Fritsch. Aunque Hitler luego denuncio y ridiculizo a muchos de ellos el si dedico su libro Mein

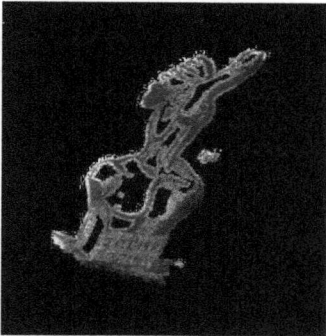

Kampf a su maestro Dietrich Eckart.

Un frecuente visitante a la Prisión de Landsberg adonde Hitler se encontraba escribiendo *Mein Kampf* con la ayuda de Rudolf Hess, era el General Karl Haushofer, un profesor universitario y director del Instituto de Geopolítica de Múnich. Haushofer, Hitler, y Hess sostuvieron largas conversaciones juntos. Hess también guardo registros de estas conversaciones. Hitler y sus demandas por "Espacio Habitable" Alemán en el este a expensas de las Eslavas naciones estaban basadas en las teorías geopolíticas del sabihondo profesor. Haushofer también tenía inclinación hacia lo esotérico… como un agregado militar en Japón, él había estudiado Budismo Zen. *Él también había atravesado iniciaciones a manos de Lamas Tibetanos.* Él se convirtió en el segundo "mentor esotérico" para Hitler remplazando a Dietrich Eckart.

En Berlín, Haushofer había fundado la Logia Luminosa o Sociedad Vril. El objetivo de la logia era explorar los origines de la raza Aria y para realizar ejercicios en concentración para despertar las fuerzas del "Vril." Haushofer fue un estudiante de magia Ruso y metafísico Gregor Ivanovich Gurdyev.

[Es decir., George Gurdjieff, que fue Iniciado por los adoradores SatanistasYezids del Norte de Kurdistán[450]]

VRIL (Kundalini): según la obra de Bulwer-Lytton *Coming Race*, usa el tremendo "Vril" – lo llamaban el "Agua de Phtha"; sus descendientes lo llamaban la *Anima Mundi* [Androginia de los Magos medievales. – OZ] el alma del universo; y aun después los hermetistas medievales le dieron el término "luz sideral," o la "Leche de la Celestial Virgen," la "Magnes," y muchos otros nombres. Pero nuestros modernos sabios no aceptarían ni lo reconocerían tales apelaciones; ya que es pertinente a la magia, y la magia es, en su concepción, una desgraciada superstición. IU 64. JC: "el fuego vivo," el "Espíritu de Luz" o "la energía de Agni" así como nos lo describe Master M. El "Vril." Y en esta apelación de "fuego vivo" también podríamos descubrir el significado de la encrucijada sentencia en el Zend-Avesta que dice que hay "un fuego que brida conocimiento del futuro. Ciencia y amigable discurso," es decir, desarrolla una extraordinaria elocuencia en el Simple, el sensitivo, y aun en algunos oradores.

> Es el Vril de la obra de Bulwer Lytton "Coming Race," y de las razas venideras de nuestra humanidad. El nombre Vril podría ser ficción; la Fuerza en si es un hecho con pocas dudas en India así como la misma existencia de sus Rishis, desde que es mencionado en todas las obras secretas. Es esta Fuerza vibratoria, la cual, cuando se apunta hacia un ejército de un Agni Rath fijado en una aeronave, en un globo y de acuerdo a las instrucciones encontradas en el Ashtar Vidya, reduce a cenizas a 100,000 hombres y elefantes, así de fácil como a una rata muerta. Se hace alegoría en el Vishnu Purana, en el Ramayana y en otras obras, en la fábula sobre el sabio Kapila cuya mirada convirtió en un montón de cenizas a los 60 mil hijos del Rey

---

[450] <u>Un Interesante Titbit Sufí:</u> "por ejemplo; *este celebre bronce en el Vaticano* [imagen arriba] tiene los órganos masculinos de generación colocado sobre la cabeza de un gallo, el emblema del sol, apoyado por el cuello y hombros de un hombre. En esta composición ellos representan al poder generativo o 'El Salvador del Mundo' [Soter Kosmoi]; un titulo siempre venerable, bajo cualquier imagen sobre la cual sea representada. La Serpiente y el Gallo (o Pavo Real o Fénix) son símbolos de poder. Como tales son adoradas o propiciadas por los Yezidis, y ha sido para muchos un dolor de cabeza la identificación para aquellos expertos en los misterios Gnósticos quienes los han encontrado gravados sobre sellos de incierto origen en el Medio Oriente."

[Daraul, op.cit. pp. 141-142]

Este vulgar ídolo (arriba a la derecha) esta íntimamente asociado con las antiguas tribus Yesidi del norte de Mosul, y según re-formadas por el Sufí Sheik Adi: es decir, Adi ben Mosesfir ben Ismail ben Moses ben Marwan ben al-Hassan ben Marwan ben al-Hakam ben al-'As ben Umayya. El simbolismo esta enteramente asociado con el 'Culto del Pavo Real' así como lo mencionado por Idris Shah en su obra 'Way of the Sufi'. Ellos adoran al Shaitan, y los Ishmailies son su as ardiente círculo interno. Los Jazaros mencionados previamente, también estaban muy afiliados con este culto. - OZ

Sagara, y el cual esta explicado en las esotéricas obras, y al que se refieren como el Kapilaksha – "El Ojo de Kapila."

¿Y es esta Fuerza Satánica que a nuestras generaciones se les permitió agregar a su stock de juguetes de bebe Anarquista, conocido como melenita, dinamita cronometradas, naranjas explosivas, "canastas de flores," y tales otros inocentes nombres? Es esta destructiva agencia, la cual, una vez en manos de algún moderno Atila, es decir, un anarquista con sed de sangre, reduciría a Europa en unos pocos días a su estado primitivo caótico sin dejar ningún hombre en pie para que relate el cuento - es esta fuerza la que se convertirá en propiedad común de todos los hombres semejantes?

J.W. Keely and the Vril: Julio 2005.
Jeremy Condick. jpcondick@ntlworld.com

Ambos, Gurdjeiff y Haushofer sostenían que ellos tenían contactos con secretas logias Tibetanas que poseían el secreto de "Superman." La logia incluía a Hitler, Alfred Rosenberg, Himmler, Goering, y subsecuentemente el médico personal de Hitler, el Dr. Morell. También se sabe que Aleister Crowley y Gurdjieff tenían contacto con Hitler. Hitler y sus inusuales poderes de sugestión se vuelven más fácil de entender si uno mantiene en mente que el tenía acceso a "secretas" psicológicas técnicas de logias esotéricas. Haushofer le enseño las técnicas de Gurdjieff, las cuales, en cambio, estaban basadas en las enseñanzas de los Sufíes y los Lamas Tibetanos, y lo familiarizaron con la enseñanza Zen de la Sociedad Japonesa del Dragón Verde (Yakuzza).

… Tan pronto como el movimiento Nazi tuvo suficientes fondos, este comenzó a organizar numerosas expediciones al Tíbet y estas sucedieron una tras otra prácticamente sin interrupción hasta 1943. Una de las más tangibles expresiones de interés Nazi en el Tíbet fue la adopción de su más profundo y místico de los símbolos - la esvástica. Acorde a la tradición Cabalística y oculta teoría, la fuerza caótica puede ser evocada al reversar el símbolo. Y así el símbolo apareció como la bandera de la Alemania Nazi y la insignia del partido Nazi, una indicación para aquellos quienes tienen ojos para ver así la oculta naturaleza del Tercer Reich.

Ver: *The Unknown Hitler* por Wulf Schwartzwaller, Berkeley Books, 1990

"Sebottendorff fue un iniciado de los misterios de Oriente en Turquía así como también de la Francmasonería. Él fue director de la Turca Luna Creciente Roja y fue nombrado Maestro de la Orden de Rose Garland (Rosenkranz)." En 1910, mientras residía en Estambul, Sebottendorff controlaba su propia sociedad secreta basada en una combinación de misticismo Islámico Sufí, masonería, alquimia e ideología anti-Bolchevique. "Sebottendorff creía que la esotérica tradición del Islam, particularmente el Sufismo, era la más pura corriente de Antigua Sabiduría y que había promovido el ocultismo en Europa a través de los Rosacruces, alquimistas y auténticos Francmasones de la Edad Media. ... **secretos Maestros Musulmanes les han confiado la misión de 'iluminar' Alemania a través de la revelación de los secretos de magia avanzada e iniciación dentro de antiguos misterios Orientales.** Sebottendorff y su Thulista objetivo de revivir la pagana "Aria" cultura, simbolismo, y mitología sostenían que el Sufismo es "el desarrollo de la primigenia religión de la raza Aria."

Hitler et les Societes Secretes, por Rene Alleau

"Sebottendorff fue un iniciado de los misterios Derviches de Oriente en Turquía así como también de la Francmasonería. Él fue director de la Turca Luna Creciente Roja y fue nombrado Maestro de la Orden de Rose Garland (Rosenkranz)." En 1910, mientras residía en Estambul, Sebottendorff controlaba su propia sociedad secreta basada en una combinación de misticismo Islámico Sufí, masonería, alquimia e ideología anti-Bolchevique. El peleo heroicamente en la Guerra de los Balcanes entre 1912-13 y dirigió la Turca Luna Roja Creciente. Él también fue nombrado Maestro de la Orden de Rose Garland (*Rosenkrantz*). Años después el titulo su autobiográfica novela *Der Talisman des Rosenkreuzers* (El Talismán Rosacruz), confirmando un enlace con la original Orden Rosacruz.

"Se reporta que él conoció la antigua variedad de esoterismo (misticismo oriental) por medio de contacto directo personal con iniciados de varias órdenes Derviche. No hay razón para dudar de esto, ya que Sebottendorff indiscutiblemente sabía mucho sobre misticismo Islámico, particularmente sobre Sufismo en todos sus aspectos." - Francis King, *Satan and Swastika*

El 17 de Agosto de 1918 la Sociedad Thule se fundó en Bavaria. Cerca de dos décadas más tarde, el Barón Sebottendorff escribió acerca de este evento: "Esta decisión fue importante, ya que Bavaria por lo tanto se había convertido en la cuna del movimiento Nacional Socialista." Para Noviembre de ese año la sociedad Thule tenía 1,500 miembros activos… Adolf Hitler no era miembro del Thule y no se uniría al saliente Partido Obrero Alemán (ala política del Thule, luego a convertirse en el Partido Nacional Socialista Obrero de Alemania) hasta finales de 1919. Alfred Rosenberg y Rudolf Hess fueron activos Thulistas, ambos sostenían altos cargos en el Tercer Reich. ¿Este [Thule] supuestamente era una isla que había desaparecido en algún lugar en el extremo Norte; de Groenlandia? ¿o Labrador? Como la Atlántida, de 'Thule' se pensaba que había sido un centro mágico de una desaparecida civilización."

El escritor Francés Jean Robin alega que las Fuentes de poder original del Partido Nacional Socialista Obrero Alemán fueron Sebottendorff y la Sociedad Thule, el cual deriva desde las derviches Bektashi en Turquía (ver: Hitler, *l'elu du Dragon*). Así como su compatriota el autor Rene Alleau, Robin muestra que la idea central de Sebottendorff (o mas bien, de aquellos que lo inspiraban) era dar a un popular movimiento aun embrioncito y con un velo por su política estructura, la interna coherencia de un Profeta con seguidores militantes, formando una secta de devotos comparable con los Ismaelianos 'fedayín' (Asesinos) guiados por su espiritual líder, el viejo de la Montaña.

Seguido al asesinato de siete prominentes Thulistas por los Comunistas el 30 de Abril de 1919, sabemos de una intensa lucha se desato dentro de la Sociedad Thule... esto condujo a que los pocos iniciados verdaderos se retiraran del Thule y la sociedad declino, hasta que en 1923 el Barón Sebottendorff huyo de Alemania a Turquía. Un proceso de contra-iniciación

se disparo, del cual, así como lo muestra Jean Robin, Hitler fue el primario, si acaso inconsciente, agente. El mismo Hitler confeso ser un "sonámbulo en la vía que la Providencia dicte" y "viviendo en un sueño."

El líder Nazi de la SS, Walter Schellenberg, escribió sobre Hitler en sus memorias:

"...Esa idea de El mismo siendo Mesías Germano fue la fuente de su poder personal. Esto le permitió convertirse en el gobernante de un pueblo de 80 millones - y en espacio de 12 cortos años para dejar su huella indeleble en la historia."

Recordatorio que el Francés esotérico Rene Guenon advirtió como el falso Mesías se convierte en inconsciente herramienta de maliciosas fuerzas sobrenaturales:

"Cuando reflejas que estos falsos Mesías no han sido mas que mas o menos inconscientes herramientas de aquellos que los conjuran, y cuando uno piensa mas particularmente en la serie de intentos hechos en sucesión en tiempos contemporáneos, uno esta forzado a la conclusión que estas eran solamente pruebas, experimentos así como eran, los cuales serán renovados en variadas formas hasta que se alcance el éxito... pero puede que no lo haya, detrás de tales movimientos, algo mucho mas peligroso lo cual sus lideres quizás nada sepan acerca de, como resultado siendo ellos mismos las inconscientes herramientas de un poder demoniaco superior?"

Roger Garaudy, el filósofo político francés, observo:

> "El Hitlerismo fue una catástrofe humana la cual desafortunadamente, tenia un precedente en la política aplicada sobre cinco siglos por los Europeos colonialistas a la 'gente de color'. Lo que Hitler hizo a gente blanca, eso hicieron con los Indígenas Americanos, de los cuales ellos mataron al 75% (también a través de labor forzada y epidemias, aun mas que por masacres); justo así como le hicieron a los Africanos, de los cuales deportaron entre 10 y 20 millones, lo cual significa que a África le robaron de 100 a 200 millones de sus habitantes ya que por cada uno cautivo vivo morían diez durante la captura por traficantes de esclavos."

El Baron Sebottendorff:

> "Debe ser mostrado," escribe el Barón, "que la Oriental Francmasonería todavía retienen fervorosamente aun hoy las antiguas enseñanzas de sabiduría olvidada por la Francmasonería moderna, cuya Constitución de 1717 fue una departida de la vía verdadera."

En la obra *Before Hitler Came*, Sebottendorff ofrece una detallada discusión de la importancia del Islam y la Antigua Sabiduría la cual el sentía que le daba a la fe Musulmana un especial dinamismo. "Islam," el escribió, "no es una estática religión; mas bien lo contrario su vitalidad es superior a la Cristiandad." Sebottendorff creía que la esotérica tradición del Islam, particularmente el Sufismo, era la mas pura corriente de la Antigua Sabiduría y que esta había promovido el ocultismo Europeo a través de los Rosacruces, alquimistas y auténticos Francmasones de la Edad Media. El Dijo:

> "Nadie puede acusarme de profanación, ni de sacrilegio en develar el curso de estos misterios... estos son los medios que la comunidad de derviches tradicionalmente usan para poder adquirir especial fortaleza por medio de inusuales técnicas. Estas son, por la mayor parte, hombres quienes aspiran al más alto rito, del cual provienen aquellos que han estado preparados para sus misiones como espirituales lideres del Islam... *Este alto rito es la practica base de la Francmasonería*, y esto inspiro en tiempos pasados la obra de los alquimistas y de los Rosacruces... pero replica a la acusación de mi siendo culpable de algún tipo de traición: Yo te lo digo llanamente que este libro ha sido escrito por *instrucciones de los lideres de su Orden*."
>
> *Bevor Hitler Kam*, según citado por Jean-Michel Angebert,
> *The Occult and the Third Reich*

"Una vasta organización de incredulidad, de monstruosas proporciones, intenta doblegar a su voluntad el mundo civilizado. Las religiosas instituciones han sido tan gravemente debilitadas que ni aun son capaces de organizarse, ni hablar de un frente unido. Si acaso los espirituales lideres no se paran firmes en Occidente, el caos podría llevar todo al abismo. Ante esta clase de peligro, la *Hermandad Musulmana* recordaba que la tradición decía que hubo un tiempo, en Europa, cuando los hombres poseían conocimiento último... El inminente peligro disipo cada objeción a la publicación (de esta obra)."

Bevor Hitler Kam segun citado por Angebert, op. cit.

Rene Alleau relata que Sebottendorff también escribió que:

"...'secretos maestros Musulmanes' le han confiado la misión de 'iluminar' Alemania a través de la revelación de los secretos de avanzada magia e iniciación dentro de antiguos misterios Orientales."
Hitler et les Societes Secretes

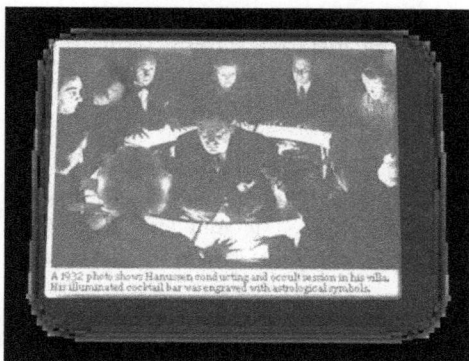

A 1932 photo shows Hanussen conducting an occult session in his villa. His illuminated cocktail bar was engraved with astrological symbols.

E.H. Palmer, en su ampliamente respetado texto del siglo 19, *Misticismo Oriental,* sostiene que el *Sufismo* es *"el desarrollo de la Primigenia religión de la raza Aria."* Ambos, los Rosacruces y los Francmasones de Europa encuentran la última fuente de sus enseñanzas en el Oriente. Enlaces Sufi-Europeos son discernibles en mucha de la historia *escondida* de Occidente.

Una cruz Celta del siglo 9, hoy en el Museo Británico, incorpora la declaración Islámica en Árabe, *Bismillah ir Rahman ir Rahim*, sugiriendo cercanas conexiones. El Maestro Sufi, Hakim Jami, dijo que el Sufismo depredaba al Profeta Mohammed, declarando que Platón, Hipócrates, Pitágoras y Hermes eran parte de una inquebrantable línea de Sufica transmisión. Como un iniciado de misticismo Islámico, Sebottendorff podría acertadamente llamarse a si un Rosacruz, un hermano Musulmán y un Odinista. El núcleo del Nacional Socialismo era el racismo del Darwinismo social.

Uno de los pocos miembros iníciales de la Sociedad Thule no purgado desde el Partido Nazi en los años 1930s fue el cercano asesor de Hitler, Rudolf Hess (1894-1987). Hess, fuertemente influenciado por las ideas de Sebottendorff, comía comida biodinámica, estudiaba a Rudolf Steiner y su Antroposofía, así como también misticismo, astrología y herbalismo... Jean Mabire muestra que la huida de Hess hacia Gran Bretaña en Mayo de 1941 en una desesperada misión para llevar la guerra a su fin, fue el ultimo intento de la vieja Sociedad Thule - hace mucho disuelta o llevada a la clandestinidad - para hacer contra a las acciones de un Fuhrer que había completamente deformado su visión. SIN LA SOCIEDAD THULE NO HUBIESE HABIDO TERCER REICH.

En resumen, es simplemente asombroso que la enseñanza moderna de la historia - cuando muchos están obsesionados con los que sucedió bajo Adolf Hitler en el Tercer Reich - parece estar *deliberadamente estructurado* así para ignorar el crucial rol de la Sociedad Thule entre los años 1919 a 1924.

Enormes obras de escolaridad, como Hohne en la cuidadosa elaboración de la transformación del Schutzstaffel o la SS de ser un detalle de la protección personal de un partido político, a ser un enorme imperio industrial con sus propios oficiales uniformados y sus propias divisiones de combate, no contienen un tan solo comentario de la Sociedad Thule. ¡Y Hohne fue extremadamente cuidadoso en su investigación!

NOTA: los extractos de arriba fueron tomados del historiador Holandés J. Pasteur y se hayan en línea, y su pagina sobre la Sociedad Thule apunta pesadamente al Dr. Louis L. Snyder, *Encyclopedia of the Third Reich*, McGraw-Hill Inc., 1976. Su presentación sobre Thule es citada al interés público y a su sitio web puede tener acceso directamente usando el enlace:

http://www.btinternet.com/~j.pasteur/ThuleSociety.html
From New Dawn, No. 41, March-April 1997

El Vienes Hanussen - cuyo nombre real era Herschel Steinschneider, el hijo de un Judío del espectáculo vaudeville - comenzó su carrera como lo que los Estadounidenses llaman un "carny," uno que hacia trabajos raros en un circo ambulante hasta que comenzó su propio periódico y amenazo con publicar cosas viles de gente que el conoció a menos que le pagasen! Este chantajista de poca monta pronto se volvió interesado en hipnosis y médiums y publico varios libros sobre el tema, eventualmente convirtiéndose en el primor del set socialite internacional.

Un hombre que nunca fallo en amenizar en fiestas sino que también proveía mas seria asistencia a aquellos de sus anfitriones que precisaran de leerle el horóscopo o realizar un conjuro. Se teñía el cabello de rubio para encajar en su nueva persona así de un Danés aristócrata, y se zambullo en la frentica, excitante atmosfera de inicios de los años 1930s, Berlín competía con astrólogos, clarividentes, y médiums de cada descripción. Aunque nunca el había leído la carta astral de Hitler anteriormente, ahora en los últimos días de 1932 con Hitler decaído y al borde de hacerse daño a si mismo, Hanussen erigió su natalicio y probablemente una transitada o progresada carta y apareció ante Hitler con una extraña prognosis.

… Para poder librarse a si de este malvado conjuro, el dijo, uno debería ir al pueblo natal de Hitler: en el tiempo de la luna llena, A medianoche, en el patio de la casa de un carnicero, y remueve un *mandrake* del suelo. Ahora un mandrake es una raíz con forma de hombre famosa por todo el folclor Europeo por sus propiedades ocultas y medicinales. Acorde a algunas tradiciones, uno debía taparse las orejas con tela o algodón antes de sacar la raíz de la tierra, ya que esta emitiría un penetrante alarido que rompe los tímpanos. Un perro se utilizaba a veces para halar la raíz de la tierra en lo que el mago mantenía sus manos tapando sus propias orejas. El resultante alarido - se dice - normalmente mataba al perro. El mandrake es también conocido por sus poderes como un afrodisiaco, y como un amuleto de protección. Debemos asumir que Hanussen estaba pensando en esta última propiedad en conexión con Hitler. También, la significancia de la yarda del carnicero no debe ignorarse: semejante lugar debe haber brindado al entorno la peculiar cualidad de una verdadera orgia de sangre Teutónica, descuartizamiento, muerte, y dolor, la cual hubiese sido absorbido místicamente por la raíz misma.

Hanussen decidió realizar los necesarios rituales el mismo y montar el set para el lugar de nacimiento de Hitler en Austria, retornando el día de Año Nuevo de 1933 con la raíz amuletica y con una predicción: que Hitler retornaría al poder comenzaría el 30 de Enero, una fecha equivalente al pagano Sabbat de Oimelc: uno de los cuatro días "cruz-cuarto" del calendario de brujas. Parece una descabellada predicción pero - luego de una serie de bizarras coincidencias y maquinaciones conspiratorias a medio cocer de parte de sus oponentes - Hitler paso de ser un político lavado a Canciller de Alemania con nauseabunda velocidad en treinta días y, el 30 de Enero de 1933 el asumió el poder.

Hanussens y sus imposiblemente optimistas predicciones se hicieron realidad ese día. Ese no fue el fin de la habilidad de Hanussen para predecir el futuro, sin embargo, ya que el 26 de Febrero de ese mismo año - durante una sesión espiritista sostenida esa noche en su propio y lujosamente amueblado "Palacio del Ocultismo" en Lietzenburger Strasse y atendido por la crema y nata

Berlinés - el predijo que los Comunistas en Alemania intentarían una revolución, señalada por la destrucción (por fuego) de un importante edificio gubernamental. El día siguiente, el Reichstag estaba en llamas y Hitler tenia todas las excusas que necesitaba para pasar de ser Canciller de Alemania a ser el Fuhrer del Tercer Reich. La historia Europea ha sido cambiada para siempre, y una vez mas el vidente de la Sociedad estaba en la mira.

Pero, seis semanas después en Abril de 1933, Hanussen estaba muerto: asesinado en un bosque en las afueras de Berlín por un agente o agentes desconocidos. Había una especulación de que Hitler ordeno esta ejecución ya que Hanussenn "sabia demasiado" o quizá podría aun haber tenido conexiones al Partido Comunista (de ahí su precisa predicción del incendio al Reichstag; algunos médiums y psíquicos - Hannussen no fue la excepción - son conocidos por "ensanchar" sus habilidades al recopilar inteligencia de sus clientes por anticipado o por instalar dispositivos en las habitaciones en las cuales las sesiones espiritistas son sostenidas, etc. Siendo justos, sin embargo, ninguna cantidad de sucios trucos podrían haber explicado la exacta predicción de Hanussen del enorme éxito de Hitler en Enero. Otra versión que el asesinato de Hanussen enfureció al Fuhrer, y que ordeno la sentencia de muerte para los perpetradores, Karl Ernst, quien fue ejecutado durante la purga de Rohm con un alocado "Heil Hitler" en sus labios. Otra historia, que el Conde Wolf Heinrich von Helldorf había hecho que Ernst arrestara y asesinara a Hanussen debido a que el Conde le debía dinero, es también vigente. Se dice que Hanussen armaba orgias en la villa Wannsee del Conde, en donde atractivas jovencitas - usualmente "actrices" - eran puestas en hipnóticos trances y para hacerlas remedar orgasmos. El conde era mas bien un tipo degenerado que derrochaba dinero, y término debiendo mucho a Hanussen, quien llevaba las cuentas del conde a donde quiera que fuera. Sin necesidad de decirlo, las cuentas nunca fueron halladas. Y entonces, por supuesto, el padre de Hanussen era Judío lo cual hubiese sido razón suficiente para ejecutar al inordinadamente influyente vidente. Desafortunadamente nunca sabremos que ocurrió, ya que Hannusen murió así como el había vivido: el *Conde St. Germain* de Weimar y la temprana Alemania Nazi, un completo y completo misterio.

Unholy Alliance, A History of Nazi Involvement with the Occult, Peter Levenda Avon Books, 1995. También ver: Richard Cavendish, *The Black Arts* (New York: G. P. Putnam's Sons, 1967, NY: Citadel Press, 1996. El historiador Holandés: J. Pasteur, *The Thule Society*, New Dawn, No. 41, Marzo-Abril de 1997.

"EL COMUNISMO ES ADMITIDO POR AUTORIADES JUDIAS DE SER UNA CREACION DE ELLOS"
(*JEWISH ENCYCLOPEDIA; THE AMERICAN HEBREW, 1920*)

Bibliografia

☐ Adams, John Quincy: *Letters on Freemasonry*, 1833, P& P Ministries, 1708 Patterson Road, Austin, Texas 78733

☐ Adler, Margot: *Drawing Down the Moon: Witches, Druids, Goddess-Worshippers*

☐ *Other Pagans in America Today* (New York: The Viking Press, 1979)

☐ Affifi, A. E.: *The Mystical Philosophy of Muhyid Din-Ibnul Arabi*

☐ Alexander, John B.: *Non lethality*

☐ Algar, Hamid: "An Introduction to the History of Freemasonry in Iran." *Middle Eastern Studies, Vol. 6. (1970)*

☐ Al-Ghazali, Imam Abu Hamid Muhammad: *The Scandals of the Batinites*

☐ Al'Attas, E.M.N: *The Nature of Man and the Psychology of the Human Soul*, ISTAC, 1990

☐ Ali, Tariq: *The Clash of Fundamentalism*, London, 2002

☐ Ali, Syed Ameer: *The Spirit of Islam*

☐ Al-Ghazali, Imam, M.: *Fi inawakal al-dawa*, Cairo, 1954,

☐ Allen, Gary: *Nixon's Palace Guard*. Boston: Western Islands

☐ Al-Mulk, Nisam: *Rules for Kings*, translated by Hubert Drake, London, Routledge and Kegan, 1960

☐ Al-Rahim, Muddathir Abd:*The Human Rights Tradition In Islam*, Praeger, 2005 - Relevance, *Al-Shajarah*, (ISTAC), 2006, Vol ii, no 2 - Al-Ghazali's Political Thought: Its Nature and Contemporary

☐ Ansari, Dr. Hamied: Civilization and its Enemy, *Int. Conf. on Ibn Khaldun's Legacy*, ISTAC, Nov. 2006

☐ Ansari and Ahmad, *Islamic Perspectives*, The Islamic Foundation, Leicester, 1979

☐ Antelman, Rabbi Marvin S: *To Eliminate the Opiate*, Vols. I & II, 1974

☐ Al-Waad'iee, Sheikh Abu Abdur-Rahmaan Muqbil ibn Haadee from Sa'dah in Yemen: *Historical Development of the Methodologies of al- Ikhwaan*, Salafi Publications, March 2003

☐ As-Sufi, Shaykh Abdalqadir: *The Return of the Khalifate*, Cape Town, South Africa, 1996

Technique of the Coup de Bank, Palma de Mallorca, Spain, 2000

Now It Is Clear, internet: www.murabitun.org 12/2001

The Oldham Intifada, internet: www.murabitun.org 6/2001

☐ Atran, Scott: *In Gods We Trust*

☐ Aydelotte, Frank: *American Rhodes Scholarships*:

☐ Badri, Malik B.: *The Dilemma of Muslim Psychologists*, MWH, London, 1979

Contemplation, An Islamic Spiritual Study, Medeena Books, 2000

☐ Baharudin, Nordalia binti and Kopanski, Ataullah Bogdan: - Muslim Heraldry and Vexillology: Origins, Developments and Controversies by *Al-Shajarah*, 2006, vol II #2, ISTAC.

☐ Bailey, Alice: *A Treatise On White Magic*

☐ Baring, Evelyn: *Modern Egypt, vols. I & II, London, 1908 (British Library)*

☐ Bartholomew, Robert, E.: —*The Protean nature of mass sociogenic illness, from possessed nuns to chemical and biological terrorism fears*, - The British Journal of Psychiatry *(2002) 180: 300 306 © 2002*

☐ *Bastiat, Frederic (1801-1850): Economic Sophisms*

☐ *Bergh, H. E (ed):* The Writings of Thomas Jefferson, *1791*

☐ Bernal, Martin: *Black Athena*

☐ Baigent, Michael: *Holy Blood, Holy Grail The Messianic Legacy The Temple and the Lodge*

☐ Beare, Margaret E.: "Corruption and organized crime: Lessons from history," - *Crime, Law and Social Change*, Vol 28, No. 2,

☐ Blavatsky, Helena: *The Secret Doctrine*,

☐ Bloom, Alan: *The Closing of the American Mind*

☐ Bodansky, Yossef: *Bin Laden: The Man Who Declared War On America*, 1999

☐ Boullata, Issa: *Trends in Contemporary Arab Thought*, Albany, State Univ. of N.Y. Press, 1990

☐ Boyer, Pascal: *Religion Explained*

☐ Bradley, F. H.: *Appearance and Reality;*

☐ Brewton, Pete: *The Mafia, CIA and George Bush*

☐ Brisard, Jean-Charles: *Forbidden Truth: The Economic Environment of Osama bin Laden*

☐ Buck, J.D.: *Mystic Masonry*

☐ Burman, Edward: *The Assassins - Holy Killers of Islam*

☐ Butler, Samuel: *The Way of All Flesh*

☐ Butler, Maj. Gen. D. S.; U.S.M. Corps: *War is a Racket*, Ferral House, 1936

☐ Campbell, Anthony: *The Assassins of Alamut Creative Mythology, Penguin, 1968*

☐ Cavendish, Richard: *The Black Arts* (New York: G. P. Putnam's Sons, 1967

☐ Chaitkin, Anton: *Why Albert Pike's Statue Must Fall: The Scottish Rite's KKK Project*

☐ Chamish, Barry: *The Deautsch Devils, Israel Betrayed*

☐ Chang, Jung and Jon Halliday: *Wild Swans* and *Mao: The Unknown Story*, Touchstone, 2003

☐ Charny, Israel W.: *Fascism and Democracy in the Human Mind: A Bridge between Mind and Society*, 2006.

☐ Chiniquy, Charles (ex-Jesuit): *Fifty Years in the Church of Rome*, 1886

☐ Chomsky, Noam: MIT. *Conversations on Imperial Ambition; Necessary Illusions,* South End Press, 1989

☐ Chossudovsky, Michel: *The Globalization of Poverty*, 2nd Edition, University of Ottawa, Pub. SE Asia by Thinker Library, Sdn. Bhd. Selangor, 2007.

☐ Clark, Austin H.: "Animal Evolution," *Quarterly Review of Biology,* Vol. 3, No. 4, December 1928

☐ Coleman, Dr. John, *Illuminati in America, World in Review*, (2533 N. Carson St, NV 89706), USA, 1992 *Black Nobility Unmasked World-wide, 1985 Conspirators' Hierarchy: The Story of the Committee of 300*, 1992

☐ Conrad, Joseph: *Heart of Darkness*

☐ Constantine, Alex, *Virtual Government: CIA Mind Control Operations in America*, Feral House, 1997 *Blood, Carnage and the Agent Provocateur* (1993)

☐ Copleston, F. C.: *A History of Philosophy*, IV, "Spinoza"

☐ Corti, Count Egon Caesar: *The Rise of the House of Rothschild,* Boston, 1972 (copyright, 1928)

☐ Coulson, N. J.: *A History of Islamic Law*, Edinburgh Univ. Press, 1964

☐ Cowles, Virginia. *The Rothschilds: A Family of Fortune,* New York: Alfred A Knopf, Inc., 1973

☐ Craig, Mark, retired Australian Chief Detective: *Chinese Organized Crime* , 1996

☐ Crowther, Arnold and Patricia: *The Secrets of Ancient Witchcraft,*

☐ Dadrian, Vahakn N.: *Key Elements in the Turkish Denial of the Armenian Genocide: A Case Study of Distortion and Falsification*, Cambridge, MA and Toronto: The Zoryan Institute, 1999

☐ Dall, Curtis: *My Exploited Father-in-Law*

☐ Darwin, Francis; editor: *The Life and Letters of Charles Darwin*, Vol. 2, (New York: D. Appleton and Co., 1898

☐ Davis, James R.: *Fortune's Warriors: Private Armies and the New World Order*, Douglas and McIntyre, 2000

☐ Dawkins, Richard: *The God Delusion*

☐ DeCamp, John: *The Franklin Cover Up, Child Abuse, Satanism and Murder in Nebraska*, AWT, Inc. (PO Box 85461, Lincoln, NE 68501), USA, 1996

☐ Dekmejjan, H.R.: *Islam in Revolution*, Syracuse University Press, 1985

☐ Denton, Sally: *The Money and the Power: The Making of Las Vegas and Its Hold on America*

☐ Dicks, Henry V.: Licensed Mass Murder: A Socio-Psychological Study of Some SS Killers, *Contemporary Sociology*, Vol. 3, No. 3 (May, 1974)

☐ Dirlik, Arif: *Critical Enquiry,* Winter, 1994, Duke University

☐ Dowan, John: *History of Romanism*, 1845

☐ Downward, James Shelby: *The Call to Chaos*;

☐ Durant, Will: *The Story of Civilization*

☐ Eaton, Guy: *Islam and the Destiny of Man*, Islamic Books Trust, 2001

☐ Edersheim, Alfred: *The Life and Times of Jesus the Messiah*, 1883

☐ El Amani, Dawood S.: *The Marriage Contract in Islamic Law in the Shariah and Personal Status Laws of Egypt and Morocco* (London, Graham and Trotman, 1992.

☐ El Fadl, Khaled Abou*: Speaking In God's Name,* Yale University, 2001

☐ Ellenberger, H.F: *The Discovery of the Unconscious,* Allen Lane, Penguin Press, London, 1970

☐ Eisenman, Robert: *James the Brother of Jesus.* (Faber and Faber) *The Facsimile Edition of the Dead Sea Scrolls.*

☐ Elmore, W.T.: *Dravidian Gods in Modern Hinduism.* Univ. of Nebraska, 1915

☐ Epperson, A. Ralph: *The Unseen Hand,* Tucson, Arizona: Publius Press, 1985

☐ Erikson, Mark: "Islamism, Fascism, & Terrorism", *Asia Times*, 2002

☐ Ewen, Stewart*: Captains of Consciousness*, MacGraw Hill, 1976, p. 85

☐ Eysenck, H.J: *Psychology is About People,* London, Penguin, 1972,

☐ Fanon, Frantz: see *Black Skins–White Masks, A Dying Colonialism, The Wretched of the Earth*

☐ Farb, Peter: *The Insects*, Life Nature Library, New York: Time Incorporated, 1962

☐ Fay, Peter: *The Opium War*, Univ. N. Carolina Press, 1975

☐ Foucault, Michel: *The Order of Things: An archeology of the Human Sciences,* New York, Vintage Books, 1970.

☐ French, Douglas E.: *Separating Money and the State, Part I*; *Eighty Years of Destruction.*

☐ Frost, Thomas: *Secret Societies of the European Revolution*

☐ Gasman, Daniel: Haeckel's Monism and the Birth of Fascist Ideology: *Studies in Modern European History*, vol. 33. New York, Peter Lang. 1998.

☐ Gibb, H.A.R.: *Encyc. of the World's Religions*, ed. R.C. Zaehner B&N, NY, 1997

☐ Gilder, G.: *Sexual Suicide*, Bantam Books, NY, 1975

☐ Glass, Justine: *Witchcraft: The Sixth Sense* (North Hollywood, CA: Wilshire, 1965

☐ Goff, Kenneth: *The Soviet art of Brainwashing - A Synthesis of the Russian Textbook on Psychopolitics*

☐ Goleman, Daniel: *Vital Lies, Simple Truths: The Psychology of Self-Deception*

☐ Ragg, L & L trns: *The Gospel of Barnabas*. (Clarendon Press, Oxford, England, 1907)

☐ Graham, OJ: *The Six Pointed Star*, Fletcher, NC: New Puritan Library, 1984

☐ Griffin, Des: *Descent into Slavery*

☐ Gunderson, Ted, *McMartin Scientific Report* (1993)

Corruption: The Satanic Drug Cult Network and Missing Children,vol. 1-4 Satanism & the CIA's International Trafficking in Children,

☐ Gupta, Kiran: *Polygamy—Law reform in modern Muslim states: A Study in Comparative Law*, XII, ICLR [92].

☐ Hall, Manly P. 33°: *Lectures on Ancient Philosophy*

☐ Hall, R.: "Monism and Pluralism," *Encyclopedia of Philosophy*;

☐ Hamill, John: *The Strange Career of Herbert Hoover*

☐ Harris, Ray: *Aryan Patriarchy and Dravidian Matriarchy*, 2007 *Christianity, The Great Lie*

☐ Haupt, Jr., Regenald C. : *The Gods of the Lodge*, Victory Publishing Co., P.O. Box 15251, Savannah, Georgia

☐ Heimbichner, Craig: *Blood on the Altar: The Secret History of the World's Most Dangerous Secret Society*

☐ Heselton, Philip: *Wiccan Roots: Gerald Gardner and the Modern Witchcraft Revival - Gerald Gardner and The Cauldron of Inspiration*

☐ Hinde, Robert: *Why Gods Persist*, by

☐ Hobsbawm, Eric: *Age of Empire*, Random House, 1987

☐ Hoffman, Michael A. II: *Secret Societies and Psychological Warfare*

☐ Holmes, Oliver Wendell: *On the Indians*,

☐ Hosein, Imran: *Jerusalem in the Qur'an*. Masjid Dar al'Qur'an, NY, 2002

☐ Hougan, Jim: *Spooks: The Haunting of America: The Private Use of Secret Agents*

☐ Howe, Frederick C.: *The Confessions of a Monopolist, Chicago*,

☐ Howard, David, M.: *The Dream That Would Not Die: The birth and growth of the World Evangelical Fellowship 1846- 1986*, The Paternoster Press, 1986.

☐ Husain, S.A.Q.: *The Pantheistic Monism of Ibn al-»Arabi*, Lahore, SH Muhd. Ashraf, 1979

☐ Issawi, Charles: *Egypt at Mid-Century*, Oxford Univ. Press, 1954

☐ Iserbyt, C. T.: *The Deliberate Dumbing Down of America*, former Senior Policy Advisor, U.S. Dept. of Education

☐ Josephus, *Antiquities of the Jews, AD 93*

☐ Kahaner, Larry: *Cults That Kill: Probing the Underworld of Occult Crime*, New York: Warner, 1987

☐ Kaplan, David E.: *Yakuza: The Explosive Account of Japan's Criminal Underworld* by

☐ Katz. Jacob (*1723-1939*): *The Order of the Asiatic Brethren; Jews and Freemasons in Europe*

☐ Kamali, A.H: *The Nature of the Islamic State*, Karachi, 1977

☐ Kayali, Hasan: *Arabs and Young Turks, Ottomanism, Arabism and Islamism in the Ottoman Empire 1908-1918*, Berkely, Ca., 1997

☐ Keddie, N.R.: *Sayyid Jamal ad-Din Al-Afghani*, Berkeley, Ca., *1972; Afghani and Abdul*, Univ. of London, 1992

☐ Kedourie, Elie: "Young Turks, Freemasons, and Jews." *Middle Eastern Studies Vol. 7. (1971)*.Kepel, Giles: *Muslim Extremism in Egypt: The Prophet and Pharaoh, U. of Calif. Press*, 1986

☐ Khoury, Elias: *The Little Mountain*, 1977, Univ. Minnesota Press

☐ Klann, Jim: *The Panic of 1907 and the Birth of the Federal Reserve*

☐ Kline, M. J. (ed.) *A Dissertation on the Canon and Feudal Law* (1765), *Papers of John Adams* vol. 1 (1977)

☐ Klebnikov, Paul: *Godfather of the Kremlin: the Life and Times of Boris Berezovsky*

☐ Knight, Steven and Melvyn Fairclough: *Dope, Inc*

☐ Koenig, Peter R.: *The Ordo Templi Orientis Phenomenon*,

☐ Knuth, E. C.: *Empire of the City*,

☐ Kruger, Henrick: *The Great Heroin Coup* , Forward by Peter Dale Scott, 1980

☐ Kupellian, David: *The Marketing of Evil*, WND Books, 2007

☐ Lachower, Fischel and Isaiah Tishby - English translation by David Goldstein: *The Wisdom of the Zohar: An Anthology of texts*, Oxfordshire; New York, Oxford University Press, [1987]

☐ Landau, Jacob M.: "Prolegomena to a Study of Secret Societies in Modern Egypt." *Middle Eastern Studies, Vol. .1*

☐ Laski, Harold J.: *The Socialist Tradition in the French Revolution, Autobiography of Wolfe Tone*

☐ Leese, Arnold: *Jewish Ritual Murder*, London, 1938;

☐ Lehman, Dr. L. A.: *Behind the Dictators*, 1942

☐ Leonne, A. J.: *The Jesuit Conspiracy*, 1829

☐ Levenda, Peter: *Unholy Alliance, A History of Nazi Involvement with the Occult*, Avon Books, 1995.

☐ Levi, Eliphas: *LaClefds Grande Mysteies The Mysteries of Magic,*

☐ Levine, Isaac: *The Mind of an Assassin*, Don, New York, New American Library/Signet Book , 1960

☐ Levitt, B. Blake: *Electromagnetic Fields*, 1995

☐ Loftus, John & Mark Aarons: *The Secret War Against The Jews*, St. Martin's Press 1994.

☐ Longford, Elizabeth: *Pilgrimage of Passion- The Life of Wilfrid Scawen Blunt*, London, 1979

☐ Lina, Juri: *Architects of Deception - Under the Sign of the Scorpion*

☐ Ludendorff, General Erich: *The Destruction of Masonry by Unmasking Its Secrets,*

☐ Mackey, Albert: *Encyclopedia of Freemasonry"*

☐ Madden, H.: *Phantasmaia*, (1845)

☐ Makow, Henry: *Hitler Didn't Want World War*

☐ Mandel, Michael: *How America Gets Away With Murder,* Pluto Press, 2007

☐ Maksudoglu, Mehmet: *Osmanli History - 1289-1922,* , International Islamic University Malaysia, 1999

☐ Margiotta, D.: *Adriano Lemmi*

☐ Mark, Christopher: *"Grand Deception: The Theft of America and the World,"*

☐ Marks, John: *The Search for the Manchurian Candidate The CIA and Mind Control*, McGraw-Hill, 1980

☐ Martin, Malachi: *The Keys of This Blood,*

☐ Martin, Richard C. Chief Ed.: *Encyclopedia of Islam*

☐ McClenachan, Charles Thompson 33rd Degree, Grand Master of Ceremonies of the Supreme Council in the Northern Jurisdiction, United States: *The Book of the Ancient and Accepted Scottish Rite of Freemasonry*, Masonic Publishing Company in 1914. Available at Pattee Library, Pennsylvania State University

☐ McCoy, Alfred W.: *The Politics of Heroin: CIA Complicity in the Global Drug Trade*

☐ Michelson, Charles: *The Ghost Talks*, 1944

☐ Miller, Dame Edith Starr [aka: Lady Queensborough] *Occult Theocrasy,* Los Angeles, CA. 1933

☐ Mills, James: *The Underground Empire: Where Crime and Governments Embrace*

☐ Mises, Ludwig von: *The Theory of Money and Credit,* , Yale University Press, 1953

☐ Magoliouth, D.S.: *Harut and Marut*, Oxford.

☐ Morton, Frederic : *The Rothschilds: A Family Portrait,* New York: Collier Books, 1991

☐ Muhlstein, Baron James: *The Rise of the French Rothschilds.* NY: The Vendome Press, (1980)

☐ Mullins, Eustace: *The World Order, A Study in the Hegemony of Parasitism*, Boring, OR: CPA Book Publisher, 1985;

Secrets of the Federal Reserve, The London Connection, 1991, first edition 1952

☐ Murray, John: *Cecil Rhodes, The Man and His Work*, London, 1913

☐ Nadwi, Syed Abul Hasan Ali: *Faith Versus Materialism - The Message of Surat-ul-Kahf*, Islamic Book Trust, 2006

☐ Nebesky-Wojkowitz, René de: *Oracles and Demons of Tibet*

☐ Niblock, Tim: *Social Structure and the Development of Saudi Arabian Political System*, Croom Helms, London, 1981

☐ North, Gary: *Unholy Spirits, Occultism and New Age Humanism*, 1966

☐ Nueberger, G.J.: *The Great Gulf Between Zionism and Judaism*

☐ O'Brien , Cathy and Phillips, Mark: *TRANCE-Formation of America, The True Life Story of a CIA Slave*, 1995.

☐ Paris, Edmund: *The Secret History of the Jesuits*, Chick Pub, Ontario, California, U.S.A. 1975

☐ Parfrey, Adam: *Apocalypse Culture*, Portland: Feral House, 1990.

☐ Passmore, J.: *A Hundred Years of Philosophy*

☐ Pasteur, J.: *The Thule Society*, New Dawn, No. 41, March-April 1997

☐ Pauwels and Ber: *The Morning of the Magicians*

☐ Pease, Edward: *History of the Fabians*

☐ Peck, M. Scott: *Denial of the Soul: Spiritual and Medical Perspectives on Euthanasia and Mortality,* *1997*

☐ Perkins John:, *Confessions of an Economic Hit Man,*

☐ Phelps, Eric John: *Vatican Assassins*, (History of the Jesuit Conspiracy) - 3rd Ed. 2006, 1700 pp,

☐ Pike, Albert: *Morals & Dogma of A & A Scottish Rite Freemasonry*, 1871

☐ Ponty, Maurice Merleaux: *The Primacy of Perception and Other Essays*, Northwestern Univ. Press, 1964

☐ Potter, Jerry Allen and Fred Bost: *Fatal Justice, Reinvestigating the McDonald Murders*, W. W. Norton Co., New York, London, 1997

☐ Prideaux Humphrey; Bishop of Norwich: *The True Nature of Imposture*, London, E. Curll and J. Hooke 1697

☐ Quigley. Carrol: *Tragedy and Hope*; Martin, Rose. *Fabian Freeway*. Boston: Western Islands, 1966.

☐ Quinton, A. M.: "Pluralism and Monism," in *Ency. Brit.*

☐ Rahman, Fazlur: *Hadith and Sunnah-Ideals and Realities*, compiled and ed. by P.K. Koya, Islamic Book Trust, KL, 1996

☐ Rahnema, Ali: *Pioneers of Islamic Revival*, London, *1994*

☐ Rabow, Jerry: *50 Jewish Messiahs*, Gefen Publishing, Jerusalem, 2000;

☐ Ranger, Terrence and Eric Hobsbawm: *The Invention of Traditions*

☐ Raymond, E.T.: *The Alien Patriot*

☐ Rivera, David Allen (ex-Jesuit): *View From the Wall*, 2002, NY.

☐ Roberts, M.: *From Oedipus to Moses*, Routledge and Kegan, 1977

☐ Rockwell, Llewellyn H.: *Banks on the Dole*

☐ Rodriquez, Felix I. and John Weisman: *Shadow Warrior*, Simon and Schuster, 1989.

☐ Ross, Colin A., MD: *Bluebird*

☐ Rothbard, Murray: *The Mystery of Banking*, Forward by Gary North. New York: Richardson and Snyder, 1983; *Taking Money Back;*

☐ Rousseau, Jean-Jacques: *The Social Contract*, 1762

☐ Roy, Asim: *The Islamic Syncretic Tradition in Bengal*

☐ Rowe, Dennis (Ed): *International Drug Trafficking*, Univ. Chicago Office of International Criminal Justice, National Institute of Justice, Wash. D.C., 1988

☐ Russell, Bertrand: *The Impact of Science on Society*, 1953

☐ Rutz, Carol: *A Nation Betrayed*

☐ Ryan & Pitman: *Noah's Flood*, Columbia Univ., Simon & Schuster, 2000.

☐ Said, EW: *Reflections on Exile Orientalism* "On Lost Causes," *Tanner Lectures on Human Values*, vol.18, 1997

The Clash of Definitions "Identity, Authority and Freedom," *Transition,* vol. 54, 1991, Duke Univ *"Business Goes Back to College."*

☐ Sadat, Jehan: *A Woman of Egypt*, Simon and Schuster, 1987

☐ Sampson, Anthony: *The Money Lenders,* New York: Penguin Books, 1983

☐ Sampter, Jessie: *Guide to Zionism;*

☐ Salhab, Walid Amine and Hrh Prince Michael of Albany: *The Knights Templar of the Middle East: The Hidden History of the Islamic Origins of Freemasonry,* Nov. 2006;

☐ Sanger, Margaret: *The Pivot of Civilization*, 1921

☐ Saunders, Francis Stoner: *The CIA and the Cultural Cold War*

☐ Sayeed, S.M.A.: *The Myth of Authenticity, A Study in Islamic* Fundamentalism, Kitab Bhavan, New Delhi, 1999.

☐ Schoenburg, Nekama: *The Unifying Factor: A Review of the Kabalah*, Northvale, N.J., J. Aronson, 1996.

☐ Schuon, Fritjof: *Light on the Ancient Worlds*, Perennial Books

☐ Scott, Sir Walter: *History of Napoleon*

☐ Seagrave, Sterling: *Soong Dynasty - Marcos Dynasty*

☐ Shaw, George Bernard: *The Intelligent Woman's Guide to Socialism and Capitalism*, 1928 *The New Student*, 1922

☐ Short, Martin: *Inside the Brotherhood*

☐ Siddiqui, Habbib: *Al-Munabbihat - The Counsel*, Islamic Books Trust, Kl. 2007 "Masonry in Middle East", *Al-Jazeerah*, Dec. 26, 2004

☐ Simon, Leon: *Studies in Jewish Internationalism, 1920*

☐ Singer, P.W.: *Corporate Warriors: The Rise of the Privatized Military Industry*, Cornell Univ. Press, 2003

☐ Smith, David: *The Rothschilds*

☐ Sonbol, Amira El-Azhary: *The New Mamluks: Egyptian Society and Modern Feudalism*, , Syracuse U. Press, 2000

☐ Spangler, David: *Revelation - Birth of A New Age*

☐ Spence, Lewis: *An Encyclopaedia of Occultism*, New York , NY: Citadel Press, 1996

☐ Springmeier, Fritz: *Be Wise as Serpents,* Portland, OR.: Privately published, 1991 *Bloodlines of the Illuminati*, Ambassador House (PO Box 1153, Westminster, CO 80030), USA, 1999 2ed.

☐ Springmeier, Fritz and C. Wheeler: *The Illuminati Formula used to create an Undetectable Total Mind Controlled Slave*, (916 Linn Ave, Oregon City, OR 97045), 1996.

☐ Springmeier, Fritz and C. Wheeler and Lauren Stratford: *Satan's Underground*, Pelican Publishing, 1998

☐ Spuler, Bertold: *The Age of the Caliphs,* Princeton, Markus Weiner, 1995,

☐ Still, William: New world Order, Lafayette, Louisiana: Huntington House Publishers, 1990

☐ St. Clair-Tisdall, W.: The Sources of Islam, *The Muslim World*, Vol. XX, 1930;

☐ Streatfield, Dominic: *Cocaine, An Unauthorized Biography*, London, ISBN 1-85227 921 4TBS, 2001 *Brainwash*, Thomas Dunn Books, 2007

☐ Sükrü, Hanioğlu, M.: "Notes on the Young Turks and Freemasons", 1875 - 1908. *Middle Eastern Studies Vol. 25. (1989)*

☐ Sullivan, K.: *MK Ultra*, (PO Box 1328, Soddy Daisy, TN 37384), USA, 1998.

☐ Sutton, Antony C.: *America's Secret Establishment: An Introduction To The Order of Skull & Bones - Wall Street & The Bolshevik Revolution - National Suicide:Military Aid to the Soviet Union How the Order Creates Revolution - America's Secret Establishment - The Jewish Conspiracy Theory about the Bolshevik Revolutions*

☐ Szanto, Andres, Editor: —What Orwell Didn't Know —Propaganda and the New Face of American Politics. *Public Affairs Reports,* 2006

☐ Tabatabai, Allamah Sayyid Muhd Husayn: *Shi'a* Trns: Sayyid Husayn Nasr, Ansariyan Pub. Qum, Iran 1981

☐ Tarpley, Webster B.: Surviving the Cataclysm: Your Guide Throught The worst Financial Crisis in Human History, 1999

☐ Tarpley, Webster B & Anton Chaitkin, *George Bush: The Unauthorized Biography*

☐ Tattersall and Schwartz: *Extinct Humans,* Nevraumont, NY, NY, 2000

☐ Teik, Khoo Boo: *Paradoxes of Mahathirism. An Intellectual Biography of Mahathir Mohamad,* Oxford, 2003

☐ Taylor, Brice,: *One Woman's Valiant Escape from Mind Control,* Starshine Pub, 1995

☐ Thadani, Giti: *Sakiyani: Lesbian Desire in Ancient and Modern India Moebius Trip,* Cassell Pub., 1996

☐ Thomas, Gordon: *Gideon's Spies,* St. Martin's Press, 1999

☐ Tibawi, L.: *British Interests in Palestine, 1800-1901,* London, Oxford Univ. Press. 1961

☐ Trotsky, Leon (Illuminati): *My Life: The Rise and Fall of a Dictator*
The Bolsheviks and World Peace, New York: Boni & Liveright, 1918

☐ Trimondi, Victor & Victoria: *The Shadow of the Dalai Lama, 2003*

☐ *Understanding Human Behavior,* Waverly Press, 1983

☐ Uris, Leon: *MILA 18,* Doubleday, 1961

☐ Vadillo, Umar Ibrahim: *The Esoteric Deviation in Islam,* Publisher: Madinah Press, Madinah Media (2003)

☐ Victorian, Dr. Armen: *Mind Controllers The Pentagon's Penguin,* Lobster Books, Jun. 1993;

☐ von Hammer, *The History of the Assassins,* pp.

☐ Vorobyevsky, Yuri, and Possad, Sergiev: *,Path To The Apocalypse,* 1999.

☐ Wallman, Joseph: *The Kabalah, from its inception to its Evanescence,* Theological Research Publishing Co. Brooklyn, New York, 1958

☐ Ward, J.S. and W.G. Sterling: *The Hung Society.*

☐ Ward, Rear Admiral Chester, USN ret.: *Review of the News,* 9 Apr 80

☐ Wasserman, James: [Illuminati/OTO Initiate, USA] *The Templars and the Assassins; The Slaves Shall Serve.*

☐ Webster, Nesta: *Secret Societies,* Boswell Pub., London, 1924

☐ Wechsberg, Joseph: *The Merchant Bankers,* New York: Pocket Books, 1968

☐ Wagener, Otto: *Hitler: Memoirs of a Confidant,* Yale University, Aug, 1985

☐ Wilhelm, Kaiser: *England Under the Heel of the Jew,* London, 1918

☐ Winstedt, Richard: *The Malay Magician*, by Oxford University Press, 1993

☐ Wise, Jennings C.: *Woodrow Wilson: Disciple of Revolution*, New York: Paisley Press, 1938

☐ Wolkstein & S. Kramer: *Inanna: Queen of Heaven and Earth*, New York, 1983.

☐ Zaid, Omar: *Trinity: The Metamorphosis of Myth*, Penpress, Eng. 2007

☐ Zahavi, Amotz: Tel Aviv Univ., 1990. Arabian Babblers: The quest for social status in a cooperative breeder.

Behavioral Ecology , Vol. 10 No. 6: 636-640

☐ Zakaullah, Mohd. Arif: *The Cross and the Crescent*

Índice

B

F

Fabian, 28, 29, 36, 37, 38, 39, 40, 43, 44, 45, 49, 50, 51, 57, 92, 94, 101, 106, 114, 209, 229, 230, 495
Fabian Society, 36, 50, 229, 230
Falwell, Rev., 140, 165
Fatimah
Prophet's Daughter, 83, 84, 152
Fatimid, 99, 156, 157
Fatimids, 152, 263
Fatimites, 263, 268, 327, 329
Fazlur Rahman, 24, 53, 134
FDR, 31, 51, 52, 57, 96, 239
Federal Reserve Act, 39, 50, 206
Federal Reserve System, 41, 43, 51, 52, 69, 78, 214
FEMA, 99
Fénelon, 295
Fire Worship, 329, 335
Ford Foundation, 28, 41, 42, 205
Fordham University, 57
Foucault, Michel, 64
Frank, Jacob, 49, 319, 322, 323
Frankist
Deviant Jewish Sect, Shabatai Zve, v, vi, 26, 29, 32, 51, 54, 219
Frankists, 26, 30, 57, 303, 319, 321, 322
Franz Josef
Emperor, 453
Frederick the Great, 304, 306, 308, 309, 310, 313, 330, 333, 341, 407, 408, 413
Freedman, Benjamin H., ix, 242
Freemasonry, v, vi, x, xiii, 53, 54, 55, 56, 60, 62, 78, 79, 82, 86, 90, 96, 97, 98, 102, 103, 106, 110, 113, 115, 116, 128, 140, 141, 143, 144, 157, 161, 176, 187, 188, 203, 212, 222, 251, 252, 254, 260, 265, 267, 277, 280, 281, 282, 283, 284, 285, 286, 287, 288, 289, 290, 291, 292, 293, 294, 295, 296, 297, 298, 299, 300, 301, 302, 303, 304, 305, 306, 307, 308, 309, 310, 311, 312, 313, 314, 315, 316, 317, 318, 323, 325, 326, 327, 329, 330, 331, 332, 333, 335, 336, 337, 338, 339, 342, 344, 345, 346, 347, 348, 350, 354, 356, 357, 358, 362, 363, 364, 365, 366, 367, 368, 369, 370, 371, 372, 373, 374, 375, 380, 383, 389, 390, 391, 398, 399, 400, 401, 406, 408, 422, 429, 433, 435, 436, 437, 438, 444, 445, 448, 449, 450, 453, 483, 485, 486, 490, 494, 495, 496
French Illuminism, 313
French Masonry, 305, 311
French Revolution, 37, 77, 79, 211, 245, 313, 330, 341, 343, 345, 350, 354, 356, 357, 361, 394, 396, 398, 405, 407, 450, 494
Freudian psychology, 234
Friedman, Milton, 47, 50
Fritsch

L

M

R

S

U

V

W